HISTOIRE

DE

L'ÉGLISE RÉFORMÉE

D'ANDUZE

DEPUIS SON ORIGINE JUSQU'A LA RÉVOLUTION FRANÇAISE

Écrite d'après des documents complètement inédits

PAR

J.-P. HUGUES

Pasteur, Président du Consistoire d'Anduze.

DEUXIÈME ÉDITION

PRIX : 7 fr. 50 cent.

SE VEND
DANS TOUTES LES LIBRAIRIES PROTESTANTES
DE PARIS ET DES DÉPARTEMENTS.
1864

HISTOIRE

DE

L'ÉGLISE RÉFORMÉE D'ANDUZE

MONTPELLIER, TYPOGRAPHIE DE BOEHM ET FILS.

HISTOIRE

DE

L'ÉGLISE RÉFORMÉE

D'ANDUZE

DEPUIS SON ORIGINE JUSQU'A LA RÉVOLUTION FRANÇAISE

écrite d'après des documents complètement inédits

Avec 5 plans

PAR

J.-P. HUGUES

Pasteur, Président du Consistoire d'Anduze.

DEUXIÈME ÉDITION

PRIX : 7 fr. 50 cent.

SE VEND
DANS TOUTES LES LIBRAIRIES PROTESTANTES
DE PARIS ET DES DÉPARTEMENTS.
1864

Depuis l'établissement de la Réforme jusqu'à nos jours, Anduze a été l'un des plus solides boulevards du Protestantisme français ; — une riche pépinière de ministres de la parole de Dieu ; — un asile ouvert à tout proscrit pour la cause protestante; — un lieu de dépôt pour les archives de la province synodale des Cévennes ; — un abri tranquille pour les assemblées ecclésiastiques ; — un centre de ralliement pour les armées huguenotes ; — un quartier général pour les chefs de ces armées ; — la place-forte restée la dernière à tomber devant les armées de Louis XIII ; — la seule ville en France dont la population, depuis trois siècles, en dépit des persécutions, soit demeurée presque toute protestante ; — en un mot, la Genève des Cévennes, ainsi que, non sans quelque raison, elle se plait à se qualifier.

J'ai pensé qu'il était bon de faire connaître le passé de cette Église. Une telle histoire, me suis-je dit, si elle était complète, puisée aux sources originales, riche en documents inédits, écrite dans un sage esprit de modération et d'impartialité, ne pourrait faire que du bien; elle contribuerait à dissiper les préventions que quelques hommes politiques et plusieurs de nos frères de l'Église romaine nourrissent contre les Réformés, et surtout contre ceux de nos contrées; elle fournirait des matériaux aux écrivains qui entreprendront un jour l'histoire générale de la Réforme française; elle satisferait la curiosité des esprits d'élite qui aiment à connaitre les hommes et les villes ayant joué un rôle dans le monde religieux ; elle servirait de stimulant au zèle de nos frères en la foi; elle appellerait sur l'Église dont elle déroulerait les annales, les regards et les sympathies de tout le monde protestant.

Sous l'empire d'une telle pensée, je me suis donné la tâche d'écrire cette histoire. Les difficultés étaient grandes, presque insurmontables! Néanmoins elles ont été impuissantes à fatiguer ma persévérance. Dix-sept ans de ma vie ont été consacrés à recueillir les matériaux nécessaires à mon œuvre. On m'a vu pénétrer partout où je croyais pouvoir découvrir quelque document utile. J'ai fouillé dans les papiers de famille, dans les études des notaires, dans les archives publiques de Nimes, de Montpellier, d'Anduze, de Genève, de la Hollande, surtout dans les grands dépôts de Paris. J'ai compulsé tous les mémoires, toutes les grandes histoires où j'espérais puiser quelques renseignements : travail pénible, mais tellement attrayant qu'il a pris toutes les heures de mes loisirs et devenait presque la source des préoccupations les plus sérieuses de mon esprit !

Arrivé à la fin de mes longues investigations, je me décide à en publier les résultats. Mon travail embrassera les trois premières périodes de l'histoire de l'Église réformée d'Anduze. Je raconterai comment celle-ci s'est constituée ; — la part qu'elle a prise dans les grandes luttes armées du XVIe et du XVIIe siècle ; — les vexations sans nombre dont elle eut à souffrir avant la révocation de l'Édit de Nantes ; — sa persévérance durant les persécutions ordonnées par les gouvernements de Louis XIV et de Louis XV contre les Églises *sous la Croix* ; — enfin quelle fut son existence avant la Révolution française.

Tel est le cadre que je me suis proposé de remplir, n'ayant d'autre but que de concourir au triomphe de la vérité historique, aux progrès de la foi selon l'Évangile, et au développement de l'esprit de tolérance et de charité. Puissé-je n'avoir pas été trop au-dessous de ma tâche, et puissent mes forces n'avoir pas trahi ma bonne volonté !

J.-P. HUGUES,
Pasteur-Président.

HISTOIRE

DE

L'ÉGLISE RÉFORMÉE D'ANDUZE

LIVRE PREMIER

LA RÉFORME A ANDUZE DEPUIS SON INTRODUCTION DANS CETTE VILLE JUSQU'A LA PUBLICATION DE L'ÉDIT DE NANTES (1545-1598).

CHAPITRE PREMIER

L'ÉGLISE CATHOLIQUE A ANDUZE AU MOMENT OU LA RÉFORME S'ÉTABLIT DANS CETTE VILLE.

SOMMAIRE.

Introduction, Églises, Cimetière, Chapellenies, Couvents, Confréries, Asiles hospitaliers. — Œuvres pies et de bienfaisance.

I.

Le plus grand événement des temps modernes est sans contredit la révolution religieuse qui éclata dès les premières années du XVIe siècle, et qui, dans la bouche de ses panégyristes aussi bien que dans celle de ses détracteurs, porte le nom de RÉFORME.

Cette révolution fut immense ! Elle transforma les idées, les mœurs, les pratiques religieuses, les institutions politiques de la plus grande partie des peuples, créa une littérature nouvelle, fit pénétrer un souffle rénovateur dans les châteaux, dans les chaumières, dans les cloîtres, dans les universités; enfin elle imprima une telle secousse au trône Pontifical que celui-ci, malgré les plus héroïques efforts, n'a pu se rétablir sur sa base ébranlée et qu'il est resté chancelant jusqu'à ce jour!

Rappeler cette grande épopée dont le monde entier a été le théâtre, dont la durée embrasse plus de trois siècles, dont quelques-uns de ses épisodes s'appellent : la Saint-Barthélemy, la Guerre de Trente Ans, la Révocation de l'Édit de Nantes; dont les principaux personnages sont : Luther, Zwingle, Calvin, Léon XI, le cardinal de Lorraine, Charles-Quint, François Ier, Gustave Vasa, Guillaume-le-Taciturne, les Guises, Coligny, Henri IV, Sully, Duplessis-Mornay, le duc de Rohan, Richelieu, Louis XIV, Claude, Bossuet! rappeler dis-je une telle épopée, est l'œuvre des grands écrivains à qui Dieu a daigné accorder le rare privilège de manier le burin de l'histoire. Aux hommes marqués du sceau du génie revient une si haute mission. Nous n'avons ni le droit ni l'intention d'y prétendre! A nous à qui Dieu n'a confié qu'un seul talent, celui de rechercher et de mettre en lumière les traces du passé, à nous le rôle modeste de courir après les débris de l'Église Réformée de France, et d'exposer aux yeux de tous ce que nous sommes parvenu à découvrir.

Heureux de ressembler ainsi aux ouvriers chargés d'extraire les matériaux du fond des carrières, de les équarrir, de les transporter sur des chantiers, en attendant que d'autres plus habiles les polissent et les mettent sur place, nous avons passé une grande partie de notre vie à fouiller partout pour découvrir les traces du passé de l'Église d'Anduze. Nos investigations poursuivies avec la passion qu'inspire toute œuvre que l'on aime, n'ont pas été infructueuses, et maintenant qu'elles touchent à leur terme, nous allons soumettre à l'appréciation de tous les fruits de nos recherches. Nous raconterons comment s'est formée cette Église; comment elle s'est constituée; quelle fut sa part dans la grande lutte que la réforme française eut à soutenir dans les XVIe et XVIIe siècles. — Nous dirons les longues et cruelles épreuves qu'elle eut à supporter avant la révocation de l'Édit de Nantes; sa patience héroïque, son énergique persévérance durant la rude période *des églises sous la croix*; enfin sa reconstitution après la Révolution française, sous le régime du concordat de l'an x [1].

---

[1] La ville d'Anduze, située à l'une des entrées des Cévennes, est bâtie entre le Gardon et une montagne nommée Saint-Julien, sur le flanc oriental de laquelle elle s'élève en amphithéâtre. Sa population générale est de 5,400 âmes dont 800 au plus sont catholiques, et tout le reste protestant. Elle appartient au département du Gard, à l'arrondissement d'Alais et elle est chef-lieu de canton. Elle possède un Tribunal de commerce duquel ressortent les cantons voisins de Saint-Jean du Gard et de Lédignan. Elle est également le chef-lieu d'un Consistoire dans le ressort duquel on compte cinq paroisses, sept temples, six pasteurs et une population protestante de 8,000 âmes sur une population générale de 9,000 habitants.

Anduze est situé au nord de Nimes à une distance de 47 kilomètres, et au couchant d'Alais à une distance de 13 kilomètres. Elle possède deux industries principales, la filature de la soie et la chapellerie, qui occupent plus de 1500 ouvriers.

C'était autrefois une ville fermée formant baronnie puis marquisat, ayant au XVIe siècle une population qu'on peut évaluer à 3,000 âmes. Elle était le chef-lieu d'une viguerie considérable qui portait le nom d'Anduzenque; celle-ci se divisait en haute et basse Anduzenque, et elle embrassait dans le ressort de sa juridiction les communes suivantes: dans la haute Anduzenque, Générargues, Saint-Sébastien, Mialet, Toyras, Corbès, Saint-Jean de Gardonenque, Peyrole, Carconac, Saumane, Saint-André de Valborgne, Saint-Marcel de Fonfouillouse, Sainte-Croix de Caderle, Soudorgues, Lasalle, Colognac, Saint-Bonnet, Vabre; — Dans la basse Anduzenque, Tornac, Marsillargues, Lezan, Saint-Jean de Serres, Saint-Nazaire, Colombières et Ai-

Mais avant de commencer notre récit, il est de notre devoir de chroniqueur de raconter ce qu'était l'Église catholique dans cette ville au moment où elle fut supplantée par la Réforme. Sans doute, il nous est impossible de peindre exactement sa physionomie; toutefois nous pouvons en donner une idée suffisante en énumérant les édifices religieux, le personnel clérical, les œuvres pies et de bienfaisance qu'elle avait fondées. Cette sommaire nomenclature fera comprendre quelle dut être la force de la réformation à son début et la faiblesse du catholicisme, puisqu'elle put battre en brèche ce dernier si fortement établi et s'installer sur ses ruines!

II.

Parlons d'abord des édifices consacrés au culte. Anduze possédait six églises:

L'église paroissiale de Saint-Étienne;

L'église de Notre-Dame du Bourg;

La chapelle de Saint-Julien;

La chapelle Sainte-Anne;

La chapelle de la Maladrerie;

L'église du Couvent des Cordeliers.

Chacune d'elles était pourvue d'une ou de plusieurs cloches; l'église paroissiale en possédait même quatre [1]. L'Église Saint-

---

gremont, Saint-Benezet, Travignargues, Maruejols-les-Gardons, Lédignan, Ribaute, Vermeil, Cassagnoles, Legozac, Boisset, Gaujac, Ceyran, Bagard.

[1] La délibération qui suit, extraite du même registre, fait mention des cloches des églises d'Anduze.

3 Mai 1549,

« ..... Semblablement, les dits consuls au nom que dessus ont baillé la charge à sonner les cloches de la dite ville à Raymond Cabot, boucher d'icelle, qui moyennant ce que dessus est faisant la meilleure con-

Étienne avait également un jeu d'orgues, pour lequel les consuls, en 1537, furent autorisés à traiter avec un prêtre étranger qui était de passage [1]. Les croix grandes et petites, les osten-

dition pour la ville à lui délivrer à la chandelle éteinte pour le prix de 30 livres tournois avec les pactes suivants :

» Premièrement a été dit que le dit Cabot sera tenu à avoir gens suffisants pour faire sonner les dites cloches de la grande église en tout temps convenu, à charge du preneur de faire sonner la cloche appelée *la Clédonne* et une autre *la Nudolière* à branle, et les autres quand bon lui semblera.

» Ensemble, icelle de notre Dame du Bourg, faire sonner la grande, tant de jour que de nuit.

» Item a été convenu qu'il sera tenu de faire sonner les dites cloches que dessus est dit, dès aujourd'hui jusqu'à la fête de la croix de septembre prochain, et de faire tenir un homme à la chapelle de saint Julien tous les jours, qui sera tenu de demeurer depuis 5 heures du matin jusqu'à 5 heures du soir, et sera tenu de sonner la cloche de la dite chapelle incontinent qu'il verra le temps couvert et chargé de nues ; et sonner celles des autres églises que dessus est dit.

» Item, quand le dit Cabot ne feroit sonner les dites cloches, les consuls y pourront commettre gens pour icelles faire sonner aux dépens du dit Cabot.

» Item, a été de pactes, moyennant que dessus, les consuls seront tenus payer la somme de 30 livres tournois dans le dit temps, ce que le dit Noguier a promis faire. — Et pour ce, les susdites parties respectivement ont obligé, les dits consuls les biens de la communauté, et le dit Cabot sa personne et biens aux cours susdites, et ont juré.

» Fait au lieu que dessus, en présence de Guillaume Noguier de Tornac, et Jean Crès du lieu de Boisset. »

[1] La délibération suivante nous a révélé l'existence de ce jeu d'orgue dans l'Église de Saint-Étienne.

« L'an 1537, et le vingt-huitième jour du mois d'août, a été exposé par les messieurs consuls qu'il y avait un prêtre dans la ville qui étoit venu du dehors qui savoit toucher les orgues et icelles rebillier (raccommoder) ; qu'ils avoient parlé avec lui pour monter les orgues de l'église paroissiale, lequel s'étoit offert, pourvu que la ville lui donna la somme de vingt livres pour une année, qu'il toucheroit les orgues pendant une année, les jours de dimanche et bonnes fêtes, en célébrant le service divin, et iceux rabilieroit à ses dépens pourvû que la ville lui fournit des peaux pour faire les soufflets et autres choses nécessaires, et qu'il seroit bon de retenir le dit organiste et y adviser.

soirs, les reliquaires, les custodes, les patènes, les encensoirs, y abondaient[1].

» A été conclud que si le dit organiste est homme capable à faire toucher les orgues, que les consuls lui payeront au nom de la ville la dite somme de 20 livres et fournir de peaux nécessaires aux dépens de la ville, pourvû que le dit organiste rabille les orgues, et iceux sera tenu de toucher en célébrant le service divin les jours de fêtes et dimanche, durant une année à ses dépends. »

[1] Voici l'état estimatif des joyaux et ornements qui se trouvaient à cette époque dans les églises d'Anduze. Nous le copions textuellement sur l'ancien registre des délibérations de la ville.

« L'an 1548 et le dimanche 29 mai et en l'Église paroissièle de Saint-Étienne d'Anduze et dans la sacristie d'icelle, Pierre André et Jean Deleuse, consuls de la dite ville, ont confessé avoir receu du sieur Marc Dumoulin et Jaques Deleuse, jadis consuls de la dite ville pour l'année passée, les joyaux et reliquaires estant en cette Esglise ci-après désignés, lesquels feurent bailhés aux susdits Dumoulin et Deleuse, l'année passée en garde et pour ce :

» 1º La clé de la sacristie ou l'on tient les susdits reliquaires et joyaux ;

» 2º Plus trois clés une grande et deux petites d'un coffre enchassé dans la muraille ou se ferment les dits joyaux ;

» 3º Plus une autre clé du coffre auquel l'on tient les écritures de la dite ville ;

» 4º Plus la grande croix d'argent avec son pommeau ;

» 5º Plus une autre petite croix d'argent en laquelle il y a des lignes couleur dorée ;

» 6º Plus une petite croix d'argent avec son pied en laiton doré ;

» 7º Plus un grand calice d'argent ouvré et surdoré avec sa patene ;

» 8º Plus trois autres calices d'argent garnis de leurs patères ;

» 9º Plus une custode d'argent avec laquelle on porte le *Corpus Christi* aux malades avec une petite croix au dessus ;

» 10º Plus une coupe ou bien gobelet d'argent doré avec son couvercle au dessus, susdoré ;

» 11º Plus une autre custode dorée avec laquelle on porte le *Corpus* devant, au jour de la fête, durant la procession ;

» 12º Plus le relicataire (reliquaire) de sainte Anne ;

» 13º Plus un autre reliquaire avec une croix d'argent ;

» 14º Plus un autre reliquaire d'argent ;

» 15º Plus un saint Étienne d'argent avec deux angelets d'argent, et une pierre entre les mains du dit saint Étienne et les quatre ailes des dits d'argent ;

III.

Un clergé nombreux dont le personnel nous paraîtrait aujourd'hui hors de proportion avec les nécessités du service, était attaché à ces différentes églises. En tête des « *Capélans* »

» 16° Plus un autre reliquaire de cuivre avec un verre;
» 17° Plus deux chandeliers d'argent;
» 18° Plus un encensoir pendant à trois chaînes;
» 19° Plus deux orphelins (?) d'argent;
» 20° Plus une croix d'argent;
» 21° Plus deux cueillers et deux patènes d'argent que l'on a coutume de bailler au diacre pour le sacre de la dite Eglise;
» 22° Plus une autre croix d'argent que l'on porte à la procession et que l'on a coutume de bailler au diacre;
» 23° Plus le reliquaire de saint Julien garni d'argent en deux pièces;
» 24° Plus un passel de perles menues;
» 25° Plus un petit coffre d'ivoire, et dans icelui il y a d'autres reliquaires;
» 26° Plus un anneau d'or;
» 27° Plus deux petites croix d'argent avec leurs Évangiles d'argent;
» 28° Plus une petite croix d'argent doré pour porter au *Corpus* qui est dans le coffre d'ivoire;
» 29° Plus une petite caisse avec son couvert tout couvert d'argent;
» 30° Plus deux couronnes d'argent doré;
» 31° Plus deux coffres de bois petits;
» 32° Plus un petit coffre couvert de fer blanc;
» 33° Plus deux pièces de taffetas qui sont dans le dit coffre;
» 34° Plus une petite croix en laquelle il faut le pommeau et pieds enchâssés en verre;
» 35° Plus un coffre garni de velour vert avec deux roses faites de perles et une croix de fils d'or au milieu;
» 36° Plus un petit pater de coural (corail) avec un gros pater noir au bout.
» 37° Plus une grande pierre blanche non garnie;
» 38° Plus une autre pierre garnie et enchâssée;
» 39° Plus deux autres petites blanches non enchâssées;
» 40° Plus une autre petite blanche garnie et enchâssée;
» 41° Plus une bourse dans laquelle il y a quelques reliquaires;
» 42° Plus un petit coffre de plomb.

(c'est ainsi qu'on appelait alors les membres du clergé séculier) se trouvait un prieur ; sous les ordres de celui-ci venaient un vicaire et douze prêtres d'un rang inférieur.

Les *capélans* habitaient dans la maison du Prieur, vulgairement appelée *la Clastra*.

Les dispositions intérieures de cette demeure presbytérale permettaient à tous ces prêtres de loger sous le même toit.

Au-devant du prieuré et au milieu du cimetière s'élevait l'église paroissiale de Saint-Étienne.

Les legs, les offrandes des fidèles, les redevances, les dîmes, les propriétés appartenant à l'université du clergé d'Anduze, suffisaient, et au-delà, aux besoins de tous ses membres.

IV.

Nous venons de dire que l'église paroissiale était construite au milieu du cimetière de la ville. Ce champ de repos offrait cette particularité qu'il contenait dans son enceinte un assez grand nombre de chapellenies (*capellaniés*, dans la langue du pays). Elles appartenaient toutes à des particuliers. On les avait construites probablement sur des tombeaux, et elles étaient disposées de telle sorte que le culte divin, au besoin, pouvait y être célébré. Au reste, il en existait d'autres dans divers

---

» Lesquels joyaux, clés, reliquaires, les susdits les dits consuls en ont tenu quittes les susdits Dumoulin et Deleuse, et les ont fait tenir quittes de vers la communauté de la dite ville, et iceux bien et duement garder et entretenir jusqu'à la fin de l'année de leur consulat, ou bien quand ils en seront requis par les habitants de la dite ville, et pour ce ont obligé leurs personnes et biens aux cours présidiales et conventions royaux de Nismes, ordinaires du dit Anduze, et ainsi l'ont juré sur les saints Évangiles de Dieu, par eux et chacun d'eux touchés.

» Fait au lieu susdit en présence de Bernard Daublan, prêtre, et Pierre de la Salle du dit Anduze. »

quartiers de la ville. Selon la coutume du temps, à chacune d'elles étaient attachés des bénéfices réservés aux prêtres qui étaient appelés à y officier.

V.

A côté des membres du clergé séculier, Anduze possédait des moines de divers ordres. Les uns étaient soumis à la règle de saint François et portaient le nom de Cordeliers. Leur couvent était situé aux portes de la ville. Le nom des autres nous est inconnu; nous savons seulement que leur monastère se trouvait assez loin de la ville, dans un quartier appelé Montaigu. A quelle époque remontait la fondation de ces cloîtres? S'il faut en croire l'historien de l'Église de Nimes (tom. I, pag. 322), les Cordeliers vinrent s'établir à Anduze dans le courant du XIIIe siècle. Impossible de trouver la date précise de la création de leur couvent. Toutefois il est positif qu'il existait en l'année 1527, car nous avons découvert dans les archives de la ville le testament d'un nommé Jean Vidal, qui avait fait, dans le courant de cette même année, un legs assez important « à l'église du couvent de Saint-François. »

Ce legs ne fut pas le dernier, pas plus qu'il n'était le premier. Les testaments, à cette époque, en contenaient souvent de pareils; aussi le monastère des Cordeliers possédait-il terres, vignes, olivettes, censives et redevances. Il comptait douze religieux, dont six pères et six frères, qui figurent avec leurs noms propres dans le testament d'un Bertrand d'Airebondanse, à la date du 7 octobre 1477.

VI.

Au moyen âge, à cette époque de ferveur religieuse, les monastères, malgré leur multiplicité, n'étaient pas suffisants pour satisfaire aux besoins de dévotion. On se rattachait à l'Église sous le costume civil, à défaut de soutane et de froc. De là, dans toute la France, la création de confréries. Il en existait six à Nîmes ; Anduze en avait cinq :

La confrérie de Saint-Étienne ;

La confrérie de Dieu ;

La confrérie de Notre-Seigneur ;

La confrérie de Notre-Dame ;

La confrérie de l'Hostie, ou corps du Seigneur.

Elles dataient au moins du commencement du xve siècle, car il en est fait mention dans le compoix de la ville dressé en 1428. Elles jouissaient toutes de certains revenus. C'étaient des associations libres auxquelles les laïques s'affiliaient et qui avaient été instituées en vue de la bienfaisance et de l'assistance mutuelle. Malheureusement elles avaient fini par s'écarter du but de leur fondation, et elles ne servaient, au moment où la Réforme éclata, que de point d'appui à l'autorité du clergé et de décoration aux cérémonies religieuses, où elles venaient parader bannière au vent et recteur en tête.

VII.

Il est regrettable que ces associations eussent ainsi dégénéré ; car en ces temps de guerres intestines, de violences, de pillages, de maladies contagieuses, de misères de toutes sortes, les habitants d'une même ville étaient obligés de se rapprocher les uns des autres sous l'égide de la religion, et de se prêter un mutuel secours. Mais quoique très-utiles, de pareilles institutions n'étaient pas suffisantes. Les fléaux qui désolaient nos contrées réclamaient impérieusement la fondation d'asiles hospitaliers. Anduze avait les siens ; c'étaient :

La Charité ;

La Maladrerie, ou maison de Saint-Lazare ;

L'Hôpital.

La Charité donnait aux nécessiteux des secours en nature, tels que : vêtements, pain, aliments de toutes sortes ; elle correspondait par son institution à nos bureaux actuels de bienfaisance.

La Maladrerie, ou maison de Saint-Lazare, était destinée à recevoir les lépreux, si nombreux à cette époque, les pestiférés et les autres malheureux atteints de maladies contagieuses. Elle était située à une assez longue distance des murs d'enceinte, non loin des rives du Gardon.

L'Hôpital était ouvert aux vieillards et aux autres malades ; il n'était pas éloigné de la ville. Chacun de ces établissements possédait des revenus importants.

Il est juste de ranger dans la catégorie des œuvres pies ou de bienfaisance qui existaient à Anduze jusqu'à la dernière moitié du XVIe siècle :

Le bassin pour les âmes du purgatoire ;

Le bassin pour le luminaire de Notre-Dame (*la candéla dé Nostra-Dona*);

Le bassin des pauvres à vêtir ;

Le bassin de Saint-Étienne ;

Le bassin de Saint-Julien ;

Le bassin de Notre-Seigneur.

Tels étaient les édifices religieux, les institutions ecclésiastiques, les fondations de charité et de piété dont le catholicisme avait doté la ville d'Anduze. Ces œuvres, consacrées par le temps, enracinées par les traditions, les croyances, les intérêts, les besoins de la population entière, semblaient assurer à l'Église romaine dans notre ville cévenole une domination inébranlable.

Et néanmoins cette même Église était attaquée, dès l'année 1548, du haut de la chaire par un moine, aux applaudissements d'un grand nombre de ses membres ; et dès l'année 1560 elle était publiquement abandonnée par la population entière, entraînant dans sa chute la ruine de toutes les fondations qu'elle avait créées : tant étaient minés les fondements du catholicisme à cette époque, tant étaient vermoulus ses appuis, et tant était fort et irrésistible le souffle de l'esprit régénérateur qui agitait le vieux monde Chrétien et lui promettait une entière transformation [1] !

---

[1] Les lecteurs trouveront en tête des Pièces justificatives, des détails très-circonstanciés sur l'emplacement, les biens-fonds, les redevances des divers édifices religieux et des associations dont nous venons de faire l'énumération.

CHAPITRE II

DES CAUSES QUI ONT FAVORISÉ DANS ANDUZE L'ÉTABLISSEMENT DE LA RÉFORME.

SOMMAIRE.

Le mouvement général. — La situation topographique. — Les Colporteurs. — La famille d'Airebaudouze. — Les premiers prédicateurs. — La vue des souffrances des martyrs. — Les mœurs du clergé.

I.

Vers le milieu du XVIe siècle, l'heure de la rénovation religieuse avait sonné pour la France. La traduction des Livres Saints en langue vulgaire, l'étude des auteurs sacrés, les écrits polémiques de Luther que l'imprimerie multipliait et faisait arriver en tous lieux, les désordres du clergé, les souffrances du peuple, avaient préparé lentement le mouvement immense qui allait éclater sous le nom de Réforme Française. Dès que ce mouvement se fit sentir, il obtint l'approbation des savants dans les Universités ; il électrisa la jeunesse de toutes les écoles ; il pénétra dans les palais du roi et gagna beaucoup de princes et de grands seigneurs ; il renversa les barrières des cloîtres, et en arracha une foule de moines et de religieuses ; il attira les artisans du Nord, les laboureurs du Midi, la bourgeoisie et la noblesse de presque tout le royaume. En vain François Ier et ses successeurs voulurent-ils par les supplices et les persécutions arrêter le torrent ; celui-ci grossissant en dépit des obstacles vint fondre comme une mer en courroux sur l'Église romaine et déchaîna sur elle sa puissance. Le catholicisme, étourdi du coup, parut presque anéanti. Que les guerres de religion n'eussent pas éclaté ; que la Société de Jésus et autres sociétés analogues n'eussent pas été appelées à fonctionner en toute hâte, comme des machines de sauvetage ; que Henri IV, résistant aux inspirations de son intérêt propre, n'eût pas acheté par une honteuse apostasie son entrée dans la capitale, et la France, qui sous les trois avant-derniers Valois avait adopté la Réforme avec enthousiasme, serait à cette heure entièrement protestante !

La ville d'Anduze obéit à l'impulsion générale. Fut-elle entraînée à son insu et contrairement à sa volonté? Assurément non. Elle savait bien ce qu'elle faisait quand elle suivit le torrent, car il existait pour elle des causes empruntées aux circonstances locales, qui lui conseillaient de céder spontanément au mouvement dont la force se faisait sentir dans toutes les provinces du royaume.

II.

Théodore de Bèze, tout en se réjouissant de la faveur signalée avec laquelle les doctrines évangéliques furent reçues dans les Cévennes, et particulièrement à Anduze, semble s'en étonner. « Ce fut en ce même temps (1560), dit-il, que ceux des montagnes des Cevènes (un pays aspre et dur, s'il y en a un en France, et qui pourroit sembler des moins capables à recevoir l'Evangile par la rudesse de l'esprit des habitans), receurent neanmoins avec une merveilleuse ardeur la verité de l'Evangile, auxquels s'adjoignirent non seulement quasi tout le commun, mais aussi les gentilhommes et les grands seigneurs; telle-

-ment que quasi en un instant furent dressées plusieurs Eglises : à savoir celle de Mellet (Mialet), par Robert Maillard; celle d'Anduze, par Pasquier Boust, qui est l'entrée des Cevènes du coté de Nismes, et dont les seigneurs faisoient telle profession de l'Evangile que l'un d'iceulx s'étant retiré à Genève y a exercé longtemps le ministère, et depuis est mort ministre à Nismes en très grande reputation; celle de Sauve, par un nommé Tartas; celle de Saint-Jean, par un nommé Tardieu; celle de Saint-Germain-de-Camberte (Calberte), par un auparavant libraire à Genève; le labeur duquel conjoint avec un singulier exemple de bonne vie profita tellement, qu'en peu de temps il acquit au Seigneur ceux de Saint-Etienne de Ville Francesque, du Pont de Montvert, Saint-Privat, Gabriac et autres lieux circonvoisins. » (*Histoire ecclésiastique des Eglises réformées au royaume de France*; Anvers, 1580, tom. I, pag. 218.)

Assurément, l'illustre compagnon d'œuvre de Calvin n'aurait pas été dans la surprise, s'il avait vécu au milieu des populations de nos contrées et s'il en avait étudié les dispositions naturelles. Il aurait bien vite compris que le caractère de ces mêmes populations les devait amener à embrasser, dès le début, les idées favorites du moment.

En effet, la race cévenole est naturellement portée à s'enflammer pour toutes les innovations. Ardente, impétueuse, semblable par sa vivacité aux autres races méridionales, elle subit promptement les impressions du dehors, et elle laisse éclater avec enthousiasme les sentiments qu'elle éprouve. Elle accueille avec une joie expansive tout ce qui lui paraît être une conquête dans le domaine des intérêts matériels et religieux. Fière, elle méprise les bassesses; indépendante, elle s'insurge contre tout homme et toute institution qui pourraient enchaîner sa liberté. On conçoit dès-lors sans peine que la population anduzienne, avec sa nature passionnée, se soit élevée comme un seul homme contre l'Église romaine et son clergé dont elle avait beaucoup à se plaindre, et qu'elle ait été si prompte à accueillir les propagateurs de la Réforme, venant à elle avec le prestige de nouveaux apôtres de l'Évangile.

III.

D'ailleurs, cette population si impressionnable souffrait depuis longtemps. La peste, la guerre, la misère semblaient à l'envi vouloir l'étouffer dans leurs terribles étreintes. La peste sévissait à Anduze presqu'à l'état permanent. Les guerres ruineuses de François Ier faisaient fait peser journellement sur les habitants des charges accablantes. Dans un seul registre des délibérations, le relevé des taxes extraordinaires dont le Conseil général de la ville avait eu à s'occuper pendant un très-court espace de temps (deux ou trois années au plus, 1536-1537), nous a fait éprouver un véritable serrement de cœur.

Tantôt c'étaient des charretées de blé ou de farine que la ville d'Anduze avait été obligée de fournir et d'envoyer au camp qui était près d'Avignon.

Tantôt c'étaient des réparations à faire aux murailles de la ville, afin de se tenir en état de défense contre l'ennemi (Charles-Quint), qui se trouvait alors en Provence.

Tantôt c'étaient des soldats qu'il fallait équiper et envoyer à l'armée du roi.

Tantôt c'étaient des compagnies d'hommes de guerre qu'il fallait recevoir, loger et nourrir.

Tantôt c'étaient d'autres compagnies de gascons dont on redoutait le passage, et auxquelles il fallait faire prendre une autre route, en essayant de corrompre les chefs avec de l'argent.

Tantôt c'étaient des provisions de guerre, blé, farine, avoine, châtaignes, qu'il fallait acheter en prévision d'un siége.

Tantôt c'étaient des munitions et des armes (poudre, plomb, boulets, canons) qu'il fallait se procurer.

Tantôt c'étaient des compagnies qu'il fallait organiser par chaque quartier de la ville, des chefs à nommer, un service militaire à établir [1].

Et tout cela pour résister à un ennemi qui avait presque toujours été vainqueur de François Ier, qui était maître en ce moment d'une des provinces voisines, et que les généraux français ne croyaient pouvoir arrêter qu'en ravageant eux-mêmes la contrée et en faisant le vide devant lui ! Quelles humiliations, quelles charges pour la population anduzienne, si misérable et en même temps si fière ! Comme elle devait maudire ce roi dont les fautes et l'orgueilleuse ambition l'exposaient à de si grandes infortunes ! M. Michelet affirme, dans son volume intitulé *La Réforme*, pag. 349, que le protestantisme en France eut sa principale source dans les grandes et cruelles circonstances de 1521, quand nos populations du Nord, délaissées sans défense par le roi, levèrent les mains et les yeux au ciel. « Nos ouvriers en laine, s'écrie-t-il, tisseurs, cardeurs de Meaux, prêchèrent, lurent, chantèrent aux marchés pour leurs frères encore plus malheureux, les paysans fugitifs, que les horribles ravages de l'armée impériale faisaient fuir jusqu'en Brie, comme un pauvre troupeau sans berger et sans chien. » L'illustre écri-

---

[1] Pour toutes ces impositions de guerre, voyez les détails aux Pièces justificatives.

Seconde édition.

vain a raison ! Plus les peuples sont malheureux par la faute de ceux qui les gouvernent, et plus ils se jettent avec empressement dans les bras de Dieu, ne serait-ce que pour protester avec plus d'éclat. Ne soyons donc pas surpris si les tisserands, les laboureurs, les petits marchands d'Anduze, aussi humiliés, aussi écrasés, aussi menacés que les cardeurs de Meaux, mais plus impatients, plus impétueux, se mirent à maudire le roi avec plus d'exécration, chanter, lire, prier avec plus d'ardeur, et accueillir avec un empressement plus grand encore les doctrines capitales de la Réforme, qui ont la vertu de relever l'homme abattu et de le remplir de confiance, en le plaçant sous l'égide impénétrable de la Providence divine.

IV.

Deux circonstances géographiques, particulières à Anduze, contribuèrent encore puissamment à faire pénétrer au sein de sa population les principes et les prédicateurs de la Réforme. Comme le dit Théodore de Bèze, cette ville est à l'entrée des Cévennes du côté de Nimes. On ne peut se rendre de la région de la plaine dans celle de la montagne sans traverser ses murs. Il arrivait donc que les nombreux colporteurs, missionnaires partis de Genève ou d'ailleurs pour distribuer les écrits des Réformateurs, passaient forcément dans Anduze, y répandaient les livres dont ils étaient porteurs, et propageaient les doctrines nouvelles [1].

---

[1] Il est curieux de lire ce que Florimond de Remond dit de ce puissant moyen de propagande ; je vais citer textuellement :

« ...... Comme Luther à sa venue mit l'Ecriture sainte entre les mains du peuple, d'où l'on vit naître tant d'herésies du soir au matin ; de

De plus, Anduze était déjà une ville d'industrie et de commerce. A cause de sa position centrale au milieu de plusieurs villages et bourgs considérables ; à cause de ses marchés et de ses foires, il existait dans ses murs un grand nombre de marchands chez lesquels venaient se pourvoir les habitants des localités voisines, et ceux des hautes Cévennes. Or, ces marchands étaient journellement appelés, par les besoins de leur négoce, à Nimes et à Montpellier, véritables foyers de la Réforme naissante. Ils se trouvaient chaque année à la célèbre foire de Beaucaire, rendez-vous général des commerçants de toute l'Europe, et à cette époque entrepôt de tous les livres publiés par les Réformateurs. Ils ne manquaient pas d'apporter

même firent ceus qui vindrent semer à son exemple le schisme en la France; car avec un merveilleux soin, sans aucune epargne, ils firent imprimer en divers lieux les Bibles françoises, traduites en leurs fantaisies, ils donnent le premier honneur à un nommé Pierre Robert Olivetan, qui, l'an 1535, à la prière des herétiques cachés en quelques vallées de la Provence qu'on appeloit Vaudois, entreprit le premier cette traduction qu'ils firent imprimer à leurs dépens en la ville de Neuchatel, en Suisse. Un seul marchand, comme raconte Bèse, nommé P. Buffler, vendit tout son bien pour fournir à telles depenses. Plusieurs compagnons des imprimeurs de la France et d'Allemagne, au bruit du profit qu'on leur offroit, y accouroient, lesquels après s'ecartoient partout pour debiter ces bibles, catéchismes, boucliers, marmites, anatomies et autres tels livres; surtout les petits Psalmes, quand ils feurent rimés, lavés, dorés, reglés. Leur seule joliveté convioit les dames à la lecture ; et comme les avares marchands au seul flairer du gaing ne craignent de sillonner les mers et prendre le hazard de mille et mille fortunes et tempêtes ; en cette même sorte ces compagnons d'imprimerie à l'apetit du gaing qui leur avoit donné le premier gout, et pour avoir plus facile accès es villes et sur les champs dans les maisons de la noblesse, aucun d'entre eux se faisoient contreporteurs (colporteurs) de petits affiquets pour les dames, cachant au fond de leurs balles ces petits livrets dont ils faisoient présent aux filles, mais c'etoit à la derobée comme d'une chose qu'ils tenoient bien rare pour en donner le gout meilleur. »..... (*Histoire de la naissance, progrès de l'hérésie en France*, tom. II, pag. 170.)

avec leurs approvisionnements de marchandises, les livres condamnés par la Sorbonne et par l'Inquisition. Ils racontaient aussi les événements religieux qui se passaient au dehors, et dont on leur avait fait le récit. De cette manière, ils devenaient à leur tour les propagateurs des idées pour lesquelles, au reste, ils éprouvaient tous un penchant décidé.

V.

A cette propagande indirecte, mais efficace, venait se joindre celle d'une famille considerable, qui exerçait à cette époque une grande influence sur toute la contrée. Je veux parler de la famille d'Airebaudouze.

Les Airebaudouze venaient de s'ennoblir au moment où les principes de la Réforme commençaient à se répandre dans le royaume. Après avoir acquis une fortune considérable dans le commerce, ils avaient acheté à beaux deniers comptants, vers l'année 1545, la baronnie d'Anduze. Mais à peine furent-ils entrés dans les rangs de la noblesse titrée, qu'à l'exemple de tous les seigneurs de la contrée, ces anciens marchands, jadis si bons catholiques, se prononcèrent hautement pour la Réforme : leur ardeur alla si loin que l'un d'eux, qui était archidiacre à la cathédrale de Nimes, jeta le froc aux orties et se retira à Genève pour y étudier la théologie, de la bouche même de Calvin. Il en revint avec le titre de pasteur. C'était Pierre d'Airebaudouze, qu'on appelait ordinairement Monsieur d'Anduze. Au dire de ses contemporains, il était compté parmi les prédicateurs les plus en renom de l'époque ; tellement que les Églises de Lyon, Nimes, Montpellier, se le disputaient, et que Genève ne le leur prêtait qu'à contre-cœur. — Après plusieurs démarches de la part du consistoire de Nimes, il vint s'établir dans cette ville, où il termina ses jours avec la réputation bien méritée d'un serviteur de Dieu rempli de zèle et de savoir [1].

Or, si tels étaient les Airebaudouze, et en particulier Mon-

---

[1] Plusieurs des membres de la famille d'Airebaudouze ont laissé un nom dans l'histoire du protestantisme français. Guy d'Airebaudouze, président de la Chambre des Comptes de Montpellier, fut condamné à mort par contumace, par arrêt du parlement de Toulouse rendu au mois de mars 1569, contre les religionnaires de Montpellier qui avaient pris part à la destruction du fort Saint-Pierre. (Ce fort était l'ancien monastère de Saint-Germain, construit par Urbain V en forme de forteresse).

En 1562, une assemblée de protestants nomma à Nimes un d'Airebaudouze (lequel? ne serait-ce pas le précédent baron d'Anduze?) pour faire partie du conseil des dix membres donné à Crussol, lorsque les protestants reconnurent celui-ci pour leur chef.

En 1574, le même d'Airebaudouze fit encore partie avec Clausonne de Nimes, Montvaillant des Cévennes, Saint Florent d'Uzès, tous zélés réformés, d'un conseil mi-partie, composé de vingt-quatre membres que Damville, alors allié aux protestants, avait attaché à sa personne.

Un autre d'Airebaudouze fut conseiller en la chambre de l'Édit de l'Isle-au-Jourdain (cette chambre fut transférée à Castres par Henri IV en 1595).

Un autre d'Airebaudouze (François) avait eu sa baronnie confisquée par le duc de Montmorency, à cause de sa participation aux guerres de religion en Languedoc; il se distinguait comme l'un des chefs protestants. En 1598, il obtint du parlement de Paris un arrêt de restitution de sa baronnie. Voici le texte de cet arrêt :

« Arrêt du parlement de Paris entre M. François d'Airebaudouze, seigneur et baron d'Anduze d'une part, et haut et puissant seigneur Henri, duc de Montmorenci, pair et connétable de France, à raison de la saisie que le dit seigneur connétable avoit fait faire de la dite baronnie d'Anduze, et établissement de commissaires et officiers, par lequel arrêt auroit été fait main-levée au dit seigneur d'Anduze de la saisie, et condamne le dit connétable aux frais et dépens. »

Par transaction du 16 octobre 1599, reçue par Me Noël Blanque, notaire de Montpellier, le dit seigneur connétable, par procureur, se départ de tous les droits et actions qu'il pourrait prétendre sur la dite baronnie d'Anduze et consent que le dit seigneur d'Anduze en jouisse pleinement et paisiblement.

Un autre d'Anduze (Claude-Guy), seigneur de Clairan, ancien de

sieur d'Anduze, n'est-il pas naturel de croire que cette famille aussi nombreuse que puissante dut mettre en jeu toute son influence sur les habitants de sa baronnie, afin de leur faire accepter les principes religieux qu'elle avait adoptés avec enthousiasme ? Certainement Monsieur d'Anduze, ce prédicateur éloquent entre tous, lui qu'on recherchait dans le Midi comme étant des mieux qualifiés pour gagner les esprits à la cause de la Réforme, Monsieur d'Anduze, dis-je, ne manqua pas d'inoculer chez les habitants de sa ville natale la foi nouvelle dont il était un chaleureux propagateur, et sans nul doute aussi les efforts de son zèle ne durent pas être déployés en vain !

VI.

Pierre d'Airebaudouze ne fut ni le seul ni le premier *prêcheur* qui fit connaître à la population d'Anduze les doctrines de la Réforme. Avant lui, d'autres moines étaient venus faire entendre les mêmes enseignements. Nous parlerons avec détails, dans le chapitre suivant, de deux cordeliers qui, revêtus encore de leur robe monastique, étaient montés dans la chaire de la paroisse de Saint-Étienne, et avaient annoncé l'Évangile à la manière Luthérienne. Ils étaient du nombre de ceux qui excitaient l'indignation de Florimond de Remond, et lui arra-

---

l'Église de Canoblet (ne faut-il pas lire Manoblet ?), fut député au synode national de Charenton, en 1631, par la province des Cévennes.

Pierre d'Airebaudouze, le célèbre prédicateur connu sous le nom de Monsieur d'Anduze, est mentionné dans l'*Histoire littéraire de Lyon* par Colonia. Voici comment il est représenté dans cet ouvrage : «...Le plus éloquent et le plus emporté de tous les ministres que Calvin envoya lui-même de Genève à Lyon était un apostat nommé d'*Anduze...*» Nous renvoyons nos lecteurs aux détails que nous donnons dans les Pièces justificatives sur ce pasteur si célèbre.

chaient des plaintes que nous croyons devoir citer textuellement, tant elles peignent bien la désertion des cloîtres qui se produisit en ce temps là...«Plusieurs moines libertins et folâtres[1], de tous ordres et de tous aages, ennuiés de vivre dans les cloîtres en obedience et chasteté sous les reigles de leur vœu, prêtent l'oreille, et au bruit de cette religion jetée au monde d'une charnelle felicité accueillent ceux qui leur en portent la première nouvelle, leur touchent en main, promettent être des leurs, quitter le froc, et se dechapperonner, et jeter les entraves qui les empêchent d'aller à Christ. Ces vœux de religion, ce célibat, leur disoit Calvin, comme il a écrit depuis, sont les filets pour surprendre les ames... Les bons religieux auxquels la garde étoit commise appellent et crient après ces échapés; mais comme les poulains hors de l'attache, foulant aux pieds et petillant sur le champ tapissé pour leur pasture, se moquent de leur maitre qui les suit, ainsi ces moines échapés courant par le monde, se rient à la voix de leurs gardiens et prieurs qui les rappelle, et pauvres brebis égarées s'en vont ça et là faire l'office de pasteurs. A leur exemple plusieurs nonnains incontinentes prennent la clef des champs, déchirent leurs voiles pour prendre un mari, ou faire pis. On jettoit des petits bulletins et des livrets propres pour les séduire par dessus les murailles des cloitres, ou par le moyen des contreporteurs (colporteurs) on leur faisoit tomber en main ce qu'on jugea propre en de telles amorces. Bref, en plusieurs lieux tout se débande, moines et moinesses s'accouplent ensemble, se font compagnons de for-

---

[1] Nous ne souscrivons pas, bien entendu, à ces qualifications injurieuses. Si les moines déserteurs des couvents eussent été libertins et folâtres, ils seraient restés dans leurs couvents, théâtres journaliers des plus scandaleux désordres.

tune en la liberté ou plutôt licence, comme ils avoient été en la sainte servitude. Et comme le renard d'Ésope ayant la queue coupée préchoit les autres de se la couper, ainsi de même ces défroqués convient les autres à quitter le froc et à se defratrer... » (*Hist. de la naissance*, etc., tom. II, pag. 195, 196.)

Ces moines défroqués, ces échappés des couvents, ainsi que les appelle Florimond de Remond, devaient déployer dans leur prosélytisme une ardeur irrésistible ; et puisque quelques-uns d'entre eux vinrent se faire entendre à Anduze, on comprend combien leurs invectives brûlantes contre l'Église dont ils avaient brisé les liens devaient enflammer la population cévenole, déjà si bien disposée à les applaudir !

VII.

Il est vrai qu'il en coûtait à ces prêcheurs de venir apporter dans Anduze ce que les écrivains catholiques du temps appelaient le *levain de l'hérésie*. On verra dans le chapitre suivant que l'un d'eux, qui avait eu ce courage en 1547, fut maltraité par le prieur et poursuivi ensuite par l'inquisiteur général de Toulouse. On verra qu'un autre, dix ans plus tard, fut brûlé sur la place publique de la ville. Mais leurs enseignements n'étaient pas expulsés et ne périssaient pas avec eux ; au contraire, ils pénétraient plus profondément encore dans l'esprit de la population ! C'est un très-mauvais procédé pour arrêter les progrès des nouvelles doctrines, que d'allumer les bûchers et dresser les échafauds. Le spectacle des supplices auxquels on condamna les premiers propagateurs de la Réforme fut une des grandes causes de leurs succès. Florimond de Remond le reconnaît lui-même. Voici comment il s'exprime à ce sujet :

«...Les feux cependant etoient allumés partout ; et comme d'un côté la justice et severité des lois contenoit le peuple en son devoir, aussi de l'autre l'opiniatre resolution de ceux qu'on trainoit au gibet, auxquels on voyoit plutôt emporter la vie que le courage, en étonnoit plusieurs. Car, comme ils voyoient les simples femelettes chercher les tourmens pour faire preuve de leur foi, et allant à la mort ne crier que « le Christ, le Sauveur », chanter quelque pseaume ; les jeunes vierges marcher plus gaiement au supplice qu'elles n'eussent fait au lit nuptial ; les hommes s'éjouir voyant les terribles et éfroyables apprêts et outils de mort qu'on leur avoit preparés, et mi-brûlés et rotis contempler du haut des buchers, d'un courage invaincu, les coups des tenailles receus, porter un visage et maintien joïeux entre les crochets des bourreaux, être comme des rochers contre les ondes de la douleur : bref, mourir en riant ; comme ceus qui ont mangé l'herbe sardinienne, ces tristes et constants spectacles jettoient quelque trouble non seulement dans l'ame des simples, mais des plus grands qui les couvroient de leur manteau, ne se pouvant persuader la plupart que ces gens n'eussent la raison de leur côté, puisqu'au prix de leur vie ils la maintenoient avec tant de fermeté et de resolution. Autres en avoient compassion, marris de les veoir ainsi persécutés. Et contemplant dans les places publiques ces noires carcasses suspendues en l'air, avec des chaines vilaines, reste des supplices, ils ne pouvaient contenir leurs larmes ; les cœurs même pleuroient avec les yeux. Cependant les curieux desiroient voir leurs livres, et sçavoir le fonds de leur créance, et pourquoi on les faisoit mourir : et n'aiant d'autre guide que leur propre sens et jugement, quelques-uns se laissoient séduire, embrassant avec une telle opiniatreté les premieres impressions qui leur entroient dans la tête, qu'il n'y avoit crainte de mort ni espèces de tourmens qui les en pût arracher. Si, qu'il sembloit que tant plus on en envoïoit au feu, d'autant plus on en voïoit renaitre de leurs cendres... »

Ces sages réflexions semblent avoir été inspirées à notre historien catholique par ce qui se produisit à Anduze. Le frère Claude Rozier, cordelier, qui, ayant été condamné à faire amende honorable, à avoir la langue coupée et à être brûlé à petit feu, subit sa peine dans la ville cévenole, sur la place publique, Claude Rozier, dis-je, excita la pitié et enflamma le zèle, comme nous le verrons plus loin, des témoins de sa mort héroïque. On voulait arrêter la population anduzienne dans les voies de la Réforme par la vue du supplice de ce martyr, et l'on ne fit que l'encourager à redoubler d'ardeur et à persévérer jusqu'à la fin.

VIII.

A toutes ces causes de désertion venait se joindre le spectacle des défauts du clergé. Les prêtres d'Anduze, qui auraient dû s'appliquer à ramener leurs ouailles à force de douceur, de zèle, de patience, les encourageaient à les abandonner par leurs négligences, les travers de leur conduite et les procès continuels au milieu desquels ils vivaient. Au reste, il en était de même dans toute la chrétienté. Au dire des écrivains les plus catholiques, ces désordres du clergé furent la principale cause de la révolution religieuse du xvie siècle.

« ... Surtout les vices et l'ignorance de plusieurs prêtres, s'écrie Florimond de Remond (confessons hardiment que tous nos malheurs sont en partie visiblement nés de là); servit de prétexte pour s'éloigner de l'ancienne Église. Le bon Pie II disoit fort bien que, comme les médecins ignorants tuent les corps, aussi les prêtres ignorants tuent les âmes. Ce pendant qu'ils dorment profondément dans leur ignorance et dans leurs vices, Dieu, qui ne sommeille pas, après une longue patience, venant avec des pieds de laine, les surprend endormis et les eveille avec un bras de fer.... » (*Hist. de la naissance*, etc., tom. II, pag. 188.)

L'auteur de l'*Histoire de l'Église de Nimes*, M. Germain, professeur à la Faculté des lettres de Montpellier, s'exprime en ces termes : « Pendant que le peuple de Nimes contemplait les reliques de saint Baudile et criait au miracle, un mot terrible retentissait dans le monde. La Réforme était dans toutes les bouches ; tous les chrétiens la sollicitaient avec instance, tous l'appelaient de leurs vœux. La mesure des abus était comblée : elle avait atteint jusqu'au trône pontifical lui-même !...

»Les abus des siècles précédents renaissaient de toutes parts sous François Ier. Grâce à la douce quiétude dont jouissait depuis longtemps l'état monastique, la licence des cloîtres était presque proverbiale. En 1512, par exemple, pour nous renfermer dans notre sujet, les religieuses de Saint-Sauveur de la Fontaine de Nimes avaient élu une abbesse de réputation si équivoque, que le Conseil de ville avait cru devoir prier l'évêque de Nimes de ne pas ratifier l'élection, et avait même déclaré que, dans le cas où Guillaume Briçonnet aurait la faiblesse d'y accéder, il en appellerait comme d'abus : « attendu, disait-
»il en parlant de la nouvelle abbesse, qu'elle n'estoit personne
»pour l'être, pource qu'elle n'estoit fame de bien ».

»Nonobstant cette courageuse opposition, le désordre continua. En 1532, le relâchement était devenu tel parmi les religieuses de Saint-Sauveur, qu'on fut obligé d'invoquer contre leurs scandales l'autorité du parlement de Toulouse.

» Les couvents d'hommes n'offraient pas un tableau plus consolant. La rivalité existait naguère entre les Pères de la Merci et les Trinitaires, à propos du droit de quête dans les églises de la sénéchaussée. Maintenant il y avait lutte entre les Franciscains réformés et non réformés, entre les Observantins et les Cordeliers. Les Cordeliers, déjà suspects d'intelligence avec leurs voisines les Clarisses, chassaient les Observantins de leur couvent et ne consentaient à le rendre, sur les ordres du roi, qu'après l'avoir dépouillé de ses ornements les plus précieux.... » (*Hist. de l'Église de Nimes*, tom. II, pag. 1 et *passim*.)

» .... L'opposition des Souverains Pontifes, dit Capefigue, avait seule empêché l'accomplissement d'une pensée (celle de la réformation de l'Église par elle-même) qui pouvait arrêter un schisme puissant prêt à briser l'unité romaine. Les deux conciles généraux (ceux de Bâle et de Constance) ne recevaient aucune exécution. Leurs lois si sages, leur constitution si modérée, n'excitaient plus parmi les clercs qu'un stérile respect. Les mœurs ne s'étaient pas corrigées; aucune réforme d'abus; les monastères rejetaient au loin la règle. On voyait toujours les moines dissolus secouer les sévères contraintes des ordres de saint Bernard et de saint Benoit. Leurs tables opulentes, pour me servir des expressions d'Érasme, croulaient accablées sous les vases de vins et les poissons aromatisés; les monastères offraient comme un théâtre de pugilat et de désordres. Les grandes institutions des religieux mendiants n'avaient rien corrigé; leurs richesses étaient au moins aussi considérables que celles des ordres primitifs. On voyait des moines passer d'un institut à un autre, se séculariser pour mener une vie plus commode et plus libertine. Les clercs séculiers n'avaient pas

une vie plus irréprochable ; la cohabitation avec une concubine devenait une coutume, et ce n'était point sans raison que les sonnets des poètes et les déclamations des savants appelaient une réformation des mœurs. « Oh! les cafards, s'écrie encore
» Érasme, ils n'épargnent pas les cinq sens de nature pour les
» femmes et pour le vin. »

» Mais que pouvait-on attendre au sein d'une Église alors conduite par des papes du caractère d'Innocent VIII, d'Alexandre VI, de Jules II, vastes têtes d'ambition séculière, mais pontifes peu réguliers dans leurs mœurs! Innocent VIII, tout occupé des querelles de l'Italie et des conquêtes des Turcs en Europe! Alexandre VI, ce Borgia de grande et triste mémoire, si bien en rapports de sentiments et d'opinions avec l'Italie telle que Machiavel l'a décrite! Et Jules II, tout rempli de ses idées de gloire et pénétré de la pensée qu'il fallait relever la tiare à toute la hauteur de l'empire! » (*Hist. de la Réforme et de la Ligue*, tom. I, pag. 28.)

Et plus loin : « .... Trois mauvais vices existaient parmi le clergé : ignorance, avarice et luxure. Ignorance naît du manque d'étude ; et combien de bénéfices sont donnés à gens qui ne savent rien de l'escole ! Et c'étoit honteux de voir comment les clercs exerçoient leur devoir ; les évêques chargeant de leur faix des vicaires indignes : l'infâme passion du gain dominoit les prédicateurs, tandis que les prélats s'abimoient dans les magnificences [1]. » (*Idem*, tom. I, pag. 169.)

---

[1] Ajoutons à tous ces *témoignages non suspects* celui d'un homme d'église, que nous allons extraire de l'*Histoire du Languedoc* par Dom Vaissette ; tom. V, pag. 159.

« Ce prince (François Ier) eut la douleur de voir le Luthéranisme, le Calvinisme et plusieurs autres nouveautés profanes s'introduire en France, sous son règne. Il fit divers efforts pour arrêter le mal dans sa

Le clergé d'Anduze ne valait pas plus que les autres clergés du royaume et de la chrétienté. Quoiqu'il se soit offert à nous dans un champ très-restreint d'observation (depuis 1539 jusqu'en 1549), néanmoins ses faits et gestes que nous avons pu noter nous le représentent sous un aspect qui est loin de prévenir en sa faveur.

D'abord le prieur ne résidait pas dans sa paroisse ou, s'il l'habitait, il ne s'y trouvait pas journellement. Est-il question de lui, on ne le voit jamais figurer en personne ; il est toujours représenté ou par le régent (maître d'école) ou par le curé-vicaire. Une seule fois il est fait mention de sa présence ; mais le rôle qu'il joue dans cette circonstance est peu propre à nous donner, comme on le verra au chapitre suivant, une haute idée de sa modération et du calme de son esprit. La conduite qu'il tint en ce moment était plutôt celle d'un soudard que d'un prêtre de Jésus-Christ.

source, et on usa d'une extrême rigueur en divers endroits du royaume contre les premiers novateurs qui osèrent publier ou enseigner leurs erreurs ; mais la sévérité du châtiment et celle des édits royaux ne purent empêcher les progrès de l'hérésie. Ils furent si rapides qu'ils causèrent, peu de temps après la mort de ce prince, des maux infinis dans toute la France et en particulier dans la province (du Languedoc), et qu'ils ébranlèrent les fondements de l'État. Ils durent leur principale origine à la corruption des mœurs, au relâchement de la discipline ecclésiastique, à l'ignorance du clergé et à la négligence des évêques, qui, la plupart, dévorés par l'ambition et l'avarice, cherchoient à accumuler bénéfices sur bénéfices et s'embarrassoient fort peu du soin de leurs diocèses, dont ils étoient presque toujours absents et dont ils abandonnoient le gouvernement à leurs grands-vicaires. D'un autre côté le clergé régulier, las de porter le joug de la règle, cherchoit à le secouer ; de là vient qu'on vit depuis le commencement du XVIe siècle, mais surtout sous le règne de François Ier, tant d'anciennes cathédrales ou abbayes, où la vie régulière avoit été pratiquée jusqu'alors, quitter les observances monastiques pour embrasser, en se sécularisant, une vie plus commode et moins dépendante. »

Ce prieur, qui se faisait remarquer par l'emploi peu canonique de ses forces athlétiques, ne possédait pas à un aussi haut degré le talent pour la prédication. Nous le savons par une décision des habitants prise dans une assemblée générale de la ville, tenue en 1548. Ses paroissiens se plaignirent : « que le prieur ne daignoit pas prêcher ni faire prêcher, quoique les dixmes lui fussent payées et autres charges ecclésiastiques; qu'il persistoit dans son refus, nonobstant un arrêt du parlement de Toulouse qui enjoignoit aux prieurs de prêcher ou de faire prêcher en leurs églises et prieurés, et enseigner leurs paroissiens, comme pasteurs de l'église... Ils décidèrent, en conséquence, de porter plainte devant les commissaires extraordinaires tenant les Grands jours au Puy, et de faire requisition pour que le prieur vînt prêcher à ses paroissiens d'Anduze, ou qu'il se pourvût d'un prêcheur. »

Mais si notre prieur n'avait ni aptitude ni bonnes dispositions pour la chaire, il en avait beaucoup pour les affaires litigieuses. Au début de cette histoire, nous le trouvons engagé dans un long procès avec son vicaire, procès relatif à quelques redevances, qui ne fut terminé à l'amiable qu'après avoir été porté devant toutes les juridictions, et lorsque la Réforme les eut dépouillés l'un et l'autre de ce qu'ils se disputaient.

Il était en contestation avec les consuls de la ville, à cause de quelques bassins pour les quêtes enlevés par ordre de l'autorité consulaire, et dont il exigeait le rétablissement dans l'église paroissiale.

Il était en différend avec le corps des prêtres de la ville, à qui il refusait un repas annuel que les usages anciens et certaines stipulations écrites lui faisaient une obligation de fournir.

Il était en procès avec quelques habitants qu'il avait fait

citer devant les Cours compétentes, et à cette occasion le conseil général s'était réuni, nous dit le registre municipal (année 1540, pag. 138), « pour délibérer sur les inquisitions faites par ordre du dit prieur. »

Il était en instance auprès de l'inquisiteur général de Toulouse, auquel il avait dénoncé l'infortuné prêcheur qu'il avait brutalement frappé, ne se tenant pas pour satisfait de la rigoureuse correction manuelle qu'il lui avait infligée.

Il avait également assigné devant le redoutable tribunal de l'inquisition les consuls et les habitants de la ville, qu'il accusait d'avoir pris la défense du frère prêcheur.

Au reste, le prieur d'Anduze avait des imitateurs dans le voisinage. Un de ses collègues se trouvait engagé, à la même époque, dans une série d'affaires litigieuses avec plusieurs particuliers de la ville, à qui il réclamait certaines redevances. — Le père gardien du monastère de Montaigu s'emparait des forêts et paturages de la ville, et maltraitait les pauvres qui allaient y chercher du bois [1].

---

[1] « L'an 1537 et le 13 février, en présence du conseil-general assemblé, a esté exposé par messieurs les Consulz qu'ils avoient eté advertis par aulcuns habitans de la dite ville que noble et religieux frère Jean, de Narbonne, moyne d'Aniane, habitant au mas de Labaou journellement, se permettoit d'occuper les palus et bois de la dite ville et principalement le teroir et boscaige de Paleyroles, duquel clandestinement en bailloit a nouvel a chapt a aulcungs certaines pièces et arpents ; — aussi quand les pauvres gens de la dite ville alloyent querir et charger le boys, et les trouvoit mal accompagnés, il, accompagné de aulcungs ses appostats, les deschargeoit et leur ostoit leurs faix aux aulcungs, et aux autres les faisoit rançonner, par quoi les dits consulz ont requis y adviser et remedier ainsi que de droict.

» A esté conclud sans aucune discrépance (désaccord) que la dite ville continue sa possession et use de ses droitz, libertés et facultés ainsi que jusques ici en a jouy et use ; et en ce faisant chacun aille au dict boys de Paleyrole, quérir du boix quand bon lui semblera, et aultre-

Malheureusement ces prêtres cupides, si jaloux de défendre leurs intérêts pécuniaires, se montraient peu empressés à s'acquitter des charges qui leur incombaient. Ceux d'Anduze et de Tornac avaient laissé dépérir une des églises de la ville, par leur négligence à faire les réparations auxquelles ils étaient légitimement astreints. Il fallut que, dans l'année 1557, les consuls se préoccupassent de l'état de délabrement dans lequel se trouvait cet édifice religieux, et prissent une délibération tendant à rappeler les prieurs à leurs devoirs [1].

Tel était le prieur, tels étaient les prêtres ses subordonnés. Le curé-vicaire aimait également à plaider. La série des procès dans lesquels nous l'avons vu engagé est en quelque sorte interminable. Mais s'il avait l'humeur litigieuse, il n'avait, pas plus que son supérieur, le goût pour la chaire. Le conseil de ville, ayant à s'assurer d'un prêcheur, décida «qu'on s'adresserait à un cordelier, et, à défaut de ce dernier, au père gardien du couvent d'Anduze, s'il voulait accepter». Quant au curé-vicaire, il n'en est nullement fait question.

Les *capélans* ne reculaient pas davantage devant les procès; ils ne redoutaient pas même les contestations avec le vicaire et le prieur. Nous en avons la preuve dans les deux pièces suivantes, qu'il nous paraît utile de citer textuellement.

» *Protestation pour la Université du Clergé de la ville d'*ANDUZE.

»Au nom de Dieu soit fait, amen! L'an à l'incarnation de Notre-Seigneur Jésus-Christ 1540, et le 4ᵉ jour du mois

ment d'usé d'iceulx ainsi que par ci-devant la dite ville a accoustumé en user et jouir.... »
(Registre de la mairie, année 1537, folio 31.)
[1] Voyez à l'Appendice le texte de cette délibération.

Seconde édition.

d'aoust, sachent tous que dans la cuisine de la maison claustrale du prieuré de saint Estienne de la dite ville,

» Par devant maistre Vidal Blanchet, prêtre séculier, diacre, recteur et gouverneur de la dite maison claustrale en l'absence de M. le prieur du dit prieuré, sont venus vénérables personnes Maistre Raymond de la Juncquière, Antoine de Narbonne, Michel Cazal, Raymond Nègre, Jehan de Thomas, Pierre de la Porte, prêtres séculiers natifs de la dite ville, faysant et représentant la plus grande et seine (saine) partie de la Université du clergé de la dite ville;

» Lesquels, par la bouche du dit de la Porte, procureur du dit clergé, a dict et expausé comme la dite université ayt esté et soit en possession et saysine, de temps que n'est mémoire du contraire, qu'ils prennent dans la dite mayson claustrale aux dépens du dict M. le Prieur et pour le service que les prêtres du dict clergé font en la dite église aujourd'hui disner aux dépens du dit M. le Prieur en la dite mayson claustrale.

» Et ce, pour un anniversaire qu'ils ont célébré aujourd'hui, et les prebtres de la dite université ont accoustumé célébrer le lendemain de l'*invention* (?) de Saint-Estienne proto-martyr... Ainsi, comme on a dict apparoir et estre contenu en quatre instruments grossoyés... Et par ainsi ont sommé et requis le prieur de la dite eglise, et ses rentiers, en personne du dit diacre, qu'il leur donnat la dite refection corporelle ainsi qu'il estoit tenu; autrement ont protesté à l'encontre du sus dit M. le Prieur et ses rentiers de tous et chascungs dommages intérêts et despens.

» Lequel Blanchet diacre leur a respondu qu'il n'en avoit charge ni mandement du dit M. le Prieur, ni de ses rentiers, de leur procurer a disner et ne se mesloit que de governer les clefs, et par conséquent ne entendoit leur donner à disner...

» Et de ce que dessus, les dits prêtres ont requis acte et instrument leur etre fait par moi notaire soussigné.

» E. DE CANTALUPA. »

« *Requisition pour Maistre* MICHEL CASAL, *rentier du prieuré d'Anduze.*

» L'an 1554, et le 27me jour du mois de janvier, en la ville d'Anduze et dans la chambre de Maistre Raymond de la Jonquière, prieur de Générargues, procureur et syndic du clergé de la ville d'Anduze, s'est présenté le dit Maistre Michel Casal, rentier sus dit, lequel parlant au dit syndic, Maistre Guillaume Calvin, prieur de Colombières, Fornier, Aldebert, Carbonnel, et Vidal Blanchet, prebtres dudit clergé illec présents, les a requis lui bailler la cottité et part provenant de l'argent du dict clergé à partir et diviser entre le prieur du dit Anduze et prebtres du dit clergé, et mesmes la part de l'argent qui fut dernièrement divisé entr'eux.

» Le dit syndic et prebtres dessus nommés ont dict qu'ils n'entendent pas que aultres fassent le service pour le dit prieur que luy-mesme en personne ; et si le dict prieur fait en personne le dict service es ebdomades (les semaines) accoustumées de ancienneté, ils offroient luy bailher sa part ; — aultrement, non... etc. » (*Regist. des non. perpétuels* de l'année 1554 d'Est. de Cantalupa, page 154.)

Ces prêtres, si mal disposés à partager avec le vicaire l'argent qui provenait du service de l'Église, se montraient également très-peu portés à payer leur cote-part des aumônes qui étaient à leur charge. En 1548, une distribution de pain ayant été faite aux pauvres, selon la coutume, le jour de l'Ascension, à l'orgerie de la ville, le clergé refusa d'y participer. Le conseil général fut aussitôt convoqué par les consuls, qui exposèrent à l'assemblée la conduite répréhensible des prêtres. L'assemblée indignée donna commission aux consuls de contraindre ces derniers à remplir leur devoir, et il fut stipulé que s'ils s'exécutaient et payaient en argent la valeur du pain qu'ils auraient dû fournir, cet argent serait employé à faire des réparations à l'hôpital.

Hélas ! cet asile de l'indigence avait grandement besoin qu'on lui fît l'application de la somme susdite, car depuis l'année 1537 il tombait en ruines. Nous ne pouvons nous empêcher de rapporter le tableau navrant qui en est fait dans une délibération du conseil : « La même année 1537, et le 3me jour du mois de mars,...... a été exposé par les dits consuls que l'hopital s'en alloit par terre, et n'y avoit point d'hospitalier, ne biens meubles quelconques, par quoi non y avoit pauvres que se allasse en icelui reduire, ain (mais) estoyent constraingtz de coucher parmi les rues, ce qu'estoit grosse deshonneur à la dite ville, et mespris des pauvres de Jésus-Christ. Pourquoi ont requis adviser et y pourvoir en icelle sorte que Dieu s'en contente... » (*Registre des délibérations*, année 1537, folio 37 verso.)

Les consuls avaient raison. Un tel délabrement de l'hôpital était une honte, non pas tant pour la ville que pour le clergé, qui savait bien que les pauvres passaient la nuit en plein air dans les rues, comme des chiens, et n'en prenaient pas souci ! Ils n'en avaient pas le loisir, occupés qu'ils étaient à défendre sans cesse leurs intérêts pécuniaires. Oh ! comme ils devaient s'attirer le mépris de leurs ouailles en se montrant, au regard de tous, violents, querelleurs, bassement avides et négligents des besoins des pauvres [1] !

Mais tandis que ces prêtres étaient comme des pierres d'achoppement pour la population d'Anduze, voilà que les propagateurs des idées nouvelles se présentaient devant elle, tenant la conduite la plus austère, ayant sans cesse sur leurs lèvres des paroles assaisonnées de sel en grâce, selon la magnifique expression de l'Évangile, et présentant le spectacle édifiant des mœurs des premiers chrétiens. Florimond de Remond, cet ardent ennemi des disciples de la Réforme, lui qui avait vécu au milieu d'eux, est obligé de rendre hommage à la sainteté de leur vie. «... Les premiers luthériens qui passèrent en France, dit cet historien, voire même les calvinistes, qui vindrent sous cette modestie et simplicité chrétienne, pipèrent le monde. Car ceus qui ne pouvoient croire qu'en une vie si chrétienne comme étoit la leur en apparence pût loger une fausse doctrine, et que sous le riche habit du duc Anchises fut cachée une boue de bien mauvaise odeur, étoient ébranlés en leur ancienne créance, couroient après ces hommes qui ne respiroient que toute sainteté. Le nom du Seigneur et du Christ étoit à tout propos en leur bouche, le *certes* seul ou *en vérité* leur serment habituel. Ils se déclaroient ennemis du luxe, des débauches publiques et folatreries du monde, trop en vogue parmi les catholiques. En leurs assemblées et festins, au lieu des danses et haubois, c'étoient lectures de Bibles qu'on mettoient sur table et chants spirituels, surtout des pseaumes,

---

[1] Voyez aux Pièces justificatives les détails que nous donnons sur les procès des membres du clergé d'Anduze.

quand ils furent rimés. Les femmes, à leur port et habit modeste, paraissoient en public comme des Eves dolentes ou Magdelaines repenties, ainsi que disoit Tertulien des femmes de son temps. Les hommes tout mortifiés sembloient être frappés du Saint-Esprit. C'étoient autant de saints Jeans prêchant au désert. Celui qui étoit élu surveillant, quoique de diverses troupes, au rencontre, leur parloit des yeux. Il les reconnaissoit à leur seul geste, comme cet ancien escrimeur sçavoit distinguer par l'entregent de leur démarche ceux qui avoient aprins dans la salle l'art d'escrime. Avec cette modestie extérieure, ce n'étoient qu'obéissance et humilité. Ils tachoient de s'établir, non avec la cruauté, mais avec la patience, non en tuant, mais en mourant. De sorte qu'il sembloit que la chrétienneté fut revenue en eulx en sa première innocence, et que cette sainte réformation dut ramener le siècle d'or. » (*Hist. de la naissance*, tom. II, pag. 193.)

Après un tel témoignage, il n'y a plus rien à ajouter. Placée entre des prêtres querelleurs et avides qui la traitaient avec dureté, et des hommes qui venaient à elle avec toutes les vertus des temps apostoliques, la population d'Anduze ne pouvait pas rester indécise ; aussi ne balança-t-elle pas. Obéissant aux impulsions qu'elle recevait, elle suivit le torrent et se prononça tout entière pour la Réformation.

CHAPITRE III

SYMPTÔMES ET PRÉLUDES DE LA RÉFORMATION A ANDUZE.

SOMMAIRE.

La Prédication du cordelier Nicolas Ramondy.—Brutalité du Prieur. Décision prise à cette occasion. Dénonciation du Prieur à l'Inquisiteur de Toulouse. Ordre de celui-ci de lui amener Nicolas Ramondy. — La population entière, en 1557, accueille les prédicateurs venus de Genève. — Expédition armée, envoyée par le parlement de Toulouse. — Claude Rozier. Guy de Morange. Pasquier Boust.

I.

Les causes dont nous avons fait dans le chapitre précédent la rapide énumération, et qui favorisèrent l'introduction de la Réforme dans la ville d'Anduze, ne produisirent pas des effets instantanés. Malgré toute leur puissance, elles n'arrachèrent pas tout d'un coup la population de cette ville aux croyances et aux pratiques du catholicisme, et ne l'amenèrent pas sans transition à la profession publique des doctrines évangéliques.

Il est impossible de dire à quelle époque précise la ville d'Anduze reçut les premières impressions de la vérité évangélique. Nous trouvons bien deux ou trois faits, dans l'histoire de cette ville, qui nous montrent que dès l'année 1540 la population était déjà en lutte avec son clergé [1] ; mais ce ne

---

[1] Pour donner une idée de cette mésintelligence, nous transcrivons la pièce suivante :

Protestation faicte par le diacre d'Anduze, au nom de Monsieur le Prieur, en l'encontre de Messieurs les Consulz de la dite ville.

L'an à l'incarnation de Notre Seigneur mil cinq cent quarante et le premier jour du moys de janvier, heure de mydy ou environ, en la

fût qu'en l'année 1547 que ses sympathies pour les hommes et les doctrines de la Réforme se révélèrent de la manière la

ville d'Anduze, et al devant la porte de lesglise parochielle de St Etienne, par devant les dits Mrs les Consulz, est venu maistre Vidal Blanquet prestre séculier, diacre de l'esglise parochielle de St Etienne, lequel comme procureur soydisant de noble et vénérable homme frère Aldebert Dragon dict Pontpeyrant, prieur de la dicte esglise, certiffie, comme disoit, les dits Consulz avoir oustés sans le consentement du dict Monsieur le Prieur, trois ou quatre bassins pour lesquels on avoit accoustumé faire la queste pour la dicte esglize, et par ainsi, au nom que dessus a protesté à lencontre deulx et de la dite ville de tous dommaiges interetz et despens, et de ce a demandé acte luy estre faicte par moy notaire soubzsigné.

Les dictz Mrs Consulz lui ont respondu que par délibérations du Conseil de la dite ville avoit esté dict et conclud que ny auroit doresnavant aultrez bassins que fissent queste par la dicte esglize du mandement de la dicte esglize, et qu'ils avoient esté et estoient en possession et sayssine y mestre les bassins et recteurs d'iceulx, les hoster sans aulcune contradiction, protestant de nove trouble à l'encontre de luy. Et si le dict Mr le Prieur y veult mectre d'aultrez, les y mectra, si bon lui semble.

Et après ce, les dicts Messieurs Consulz ont exposé au dict maistre Vidal Blanquet et à maistre Pierre Solier regent la cure de la dicte esglize ; qu'il est venu à leurs notices le cimintière, neuf ou dix ans sont passez, aussi despuis un an en ça avoir esté polleu par ung meurtre, et effusion de saing faict au dict cimintière, maliseusement comme a esté, et est à tous notoire, et des puys en ça, plusieurs corps des habitants de la dicte ville y estoient mys en sépultures, et par ainsi a sommé et requis le dict maistre Vidal comme procureur soy-disant du dict Monsieur le Prieur, aussi le dict Mr Pierre Solier qu'ilz fissent absoldre ou bien begnyr le dict cimintière, aultrement ont portesté à lencontre deulx de tous dommaiges interetz et despens que en pourriont venir à la dicte esglise, en avoir recours en justice.

Le dict maistre Vidal a respondu que cella se appartenoist a faire au dict Monsieur le Prieur, ou à ses rentiers, et le dict maistre Pierre Solier aussi a respondu que ne donnoit aulcune licence d'ouvrir le dict cimintière ne denterrer les corps en icelle, mais bien le dict Monsieur le Prieur, que de ce en prenoit preuve; et aussy qu'il luy en avoit apparcu, ne apparoissoit que le dict cimintière fust pollué ou interdict, et de ce a demandé acte lui estre faicte par moy notaire soubzsigné.

plus caractéristique. Nous allons raconter à quelle occasion les tendances vers les idées nouvelles se trahirent pour la première fois.

Un cordelier du nom de Nicolas Ramondy avait été appelé pour prêcher le carême. Un beau jour, du haut de la chaire, celui-ci fit entendre des propos qui scandalisèrent le clergé de la ville. C'étaient sans nul doute des paroles dirigées contre les prêtres ou contre certaines doctrines du catholicisme.

La population entière avait entendu le prédicateur, et loin d'être blessée de son langage elle y avait applaudi. Le lendemain le prieur fit demander le frère Ramondy, désirant avoir une explication avec lui. Les consuls consentirent à le lui présenter, mais à la condition bien expresse qu'il n'aurait à craindre de sa part aucun mauvais traitement.

Sur la promesse du prieur, les consuls conduisent le prédicateur dans la sacristie de l'église. Tout le clergé y est réuni; mais à peine frère Ramondy est-il arrivé, que le prieur vomit contre lui des invectives, et, non content de l'accabler d'injures, il lui applique un vigoureux soufflet qui fait jaillir le sang de toute la figure. Les consuls interviennent aussitôt; ils arrachent le cordelier des mains de son brutal agresseur, et ils l'entraînent hors de l'enceinte sacrée.

Là ne s'arrête pas leur intervention. Le lendemain ils réunissent le conseil-général de la ville. Tous les habitants assistent à la séance. En présence de l'assemblée frémissante, les

Faict au lieu que dessus es presence de maistre Jehan Sabatier, Jehan Thoumas, Jehan Fornier, prestres de la dicte ville, et de moy Jean de Cantalupa, notaire royal.

Nota. — Il existait auprès de la grand'porte de l'église Saint-Étienne une treille sous laquelle on avait coutume de tenir conseil pour la reddition des comptes par les recteurs des bassins.

consuls racontent l'événement de la veille, ils le représentent comme une insulte faite à la dignité de leur charge, comme une profanation de l'église, une souillure pour le lieu saint.

L'assistance partage l'indignation de ses magistrats ; elle décide que l'église Saint-Étienne devra être purifiée par le prieur lui-même, à cause du sang du prédicateur dont elle a été souillée ; que les prédications cesseront dans cette enceinte tant qu'elle restera « polluée », et que le carême continuera d'être prêché dans l'église du couvent des Cordeliers par celui qui a été la victime des brutalités du prieur.

Au reste, cet événement occupe une trop grande place dans les débuts de la Réforme à Anduze, pour que nous ne citions pas textuellement le document qui nous en a révélé l'existence :

« *Conseil général pour délibérer d'aller en conseil de ce que le prieur de la ville avait bailhé ung soufflet au prêcheur.*

»L'an 1547 et le vingt-sepstième jour du mois de mars, en la ville d'Anduze, diocese de Nismes, et dans la maison consulaire d'icelle, conseil général sonné au son de la cloche et cryé à voix de trompe et crye publique comme est de coustume, a esté tenu, auquel ont esté assemblez par devant sieur Guillaume Giberne, lieutenant du baille, M. Marc Dumolard et Jacques Deleuze, consuls de la dite ville, Pierre Calvin, Jehan Gras, etc., etc.

»Par devant lezquels entre aultres choses par les dits M^{rs} les Consulz a été expausé que hier 26me jour du mois de mars, après diner, à la précipitation de frère Aldabert Dragon de Pompeyran, prieur de l'église parochielle de la dite ville, ils et sieurs Marqués Gervais et Guillaume Lombart, consulz l'année précédente, avoyent faict venir dans la dicte église frayre Ramondy, précheur en icelle pour la présente caresme, pour parler avec le dict prieur de quelques paroles qu'il disoit avoir dictes et les expliquer.

» Le dict prieur, avec l'assistance de plusieurs prestres et aultres gens d'église, se seroit prins à courousier avec paroles facheuses et oultraiges, avec le dict précheur ; et de faict lui auroit bailhé un grand soufflet sur ses joues avec telle roideur que de la bouche du dict précheur seroit sorty sang dont auroit rendu la dicte église polluée, et l'eussent-ils deurément endommagé si ne feussent esté les dicts Mrs Consulz et aultres habitants de la ville qui le luy hostèrent ; combien que auparavant le dict prieur eut promis aux dicts Mrs Consulz ne lui faire aucun dommage ne oultraige, mais le pourroit faire venir en pleine seurté. Par ainsi regardassent que seroit besoing faire, et quel ordre on y donnera, car non-seulement avoir esté faict oultraige au dict précheur, mais bien à toute la ville qui estoit là représentée par les dicts Mrs Consulz.

» Sur quoi par la plus grande partie des susnommés avoit esté conclud que l'un des dicts Mrs Consulz s'en iroit consulter le dict faict avec gens savants, et suyvant leurs conseilz, on y besoigneroit ; de laquelle consultation ou résolution on advertiroit les dicts habitants en plein conseil. Et au nom du dict conseil s'en iroient les dits Mrs Consulz requérir le dict prieur vouloir faire absoudre la dicte esglise paroichielle, attendu la dicte effusion de sang ; autrement protesteront contre lui de toutes protestations nécessaires avec acte de notaire, et ce pendant le dict précheur préchera dans l'esglise des Cordelliers jusque autrement y fusse pourvu, donnant plein pouvoir et puissance aux dicts Mrs Consulz de ce faire. Escripvant moy

Jehan de Cantaloupe, notaire royal et greffier de la dicte maison consulaire soubsigné[1]..»

Le prieur se soumit-il aux injonctions des consuls ? Nous n'en savons rien ; mais ce que nous savons fort bien, c'est qu'il ne se tint pas pour battu. Plein de colère, il dénonça le frère Ramondy, les consuls et les habitants d'Anduze à l'inquisiteur général de Toulouse.

Il en obtint un commandement pour faire saisir le cordelier et le faire conduire dans les prisons du tribunal de l'inquisition. Aussitôt il présente une sommation aux consuls, en leur enjoignant de se soumettre aux ordres de l'inquisiteur, sous peine de 500 livres d'amende. Voici le texte du procès-verbal du conseil de ville, où les faits et gestes du prieur à cet effet se trouvent racontés :

«*Conseil pour délibérer sur le commandement que le prieur d'Anduze avoit fait faire aux consulz de prendre et de saisir au corps frayre* NICOLAS RAMONDY, *précheur de la caresme passée.*

»L'an 1547 et le 18ᵉ jour de septembre, en la ville d'Anduze, diocèse de Nismes et maison consulaire d'icelle, par devant le sieur Guillaume Giberne, lieutenant de baïlle, sire Marc Dumoulins, Jacques Deleuze, consulz modernes de la dicte ville, conseil général appelé le soir précédent au son de cloche et aujourd'hui matin à voix de trompe et crye publique, a esté tenu, auquel ont esté présents : Pierre Lavergne, Barthélemy Flavard, Guillaume Soubeyran, Germain Baylle, Pierre

---

[1] *Archives de la ville d'Anduze*, registre de délibération, année, 1547, pag. 320.

Cabanis, André Novis, Louis Cazalis, Pierre Crouzet, Pierre Rosel, Antoine Bancillon, Bernard Barnier, Pierre André, Pierre Calvin, Jacques de la Salle, Guillaume Puech, Claude Fabre, André Baudoin, Martin Giberne, Pierre Bourguet, Girault Saulage, André Bringuier, Pierre Simon, Jehan Thomas, Estienne Gras, Estienne Reynaud, Claude Combe et plusieurs aultres habitants de la dicte ville qui ne feurent pas escripts.

»Par devant lesquels les dicts consulz ont expausé que en vertu de certaines lettres par frère Aldebert Dragon, prieur du prieuré de Saint-Estienne d'Anduze, obtenues de l'inquisiteur général de la foy du pays du Languedoc, demourant à Tholoze, le dict prieur joint à lui le procureur général du roi, leur faict faire commandement de prendre ou faire prendre et saisir au corps frayre Ramondy Nicolas, ayant presché la caresme passée en la dicte ville, et celui faire conduire et mener prisonnier aulx prisons à Tholoze sous peine de 500 livres d'amende, pour aller respondre aux charges et informations contre lui faictes, et en ce cas de refus ou négligence de ce faire que le prieur s'en prendroit à leur personne propre; le double desquelles lettres ensemble du commandement à eulx faict ont exibé lequel par moy secrétaire greffier, soussigné a esté lue à haute voix, lequel entendu par les habitants surnommés, conclud a esté que les susdits consulz feront leur diligence pour saisir au corps le dict frayre Ramondy et se transporteront pour y celui appréhender, ainsi qu'il est requis et nécessaire aux dépens de la ville et fairont selon le commandement à eulx fait[1]. »

Voilà donc les consuls chargés d'aller à la poursuite de

[1] *Archives de la ville*, registre de délibération, année 1547, pag. 325.

celui dont ils s'étaient quelques mois auparavant constitués les protecteurs. Probablement leurs recherches ne furent pas sérieuses, et Nicolas Ramondy ne dut pas tomber entre leurs mains. Nous sommes porté à le croire, car nous n'avons pas vu figurer son nom au livre des martyrs de Crespin, et toutes nos recherches personnelles faites aux archives de la Cour impériale de Toulouse, où se trouvent les registres de l'ancien parlement, ne nous ont rien fait découvrir au sujet de ce confesseur de la foi réformée. S'il avait été pris et conduit devant l'inquisiteur général, c'en était fait de lui. Il eût été condamné au dernier supplice, et son nom aurait figuré dans la lugubre nomenclature de tous ceux qui furent alors victimes des rigueurs de l'impitoyable inquisition.

II.

Dix ans après cette affaire, en 1557, nous trouvons notre population se portant en foule à la suite des prédicateurs venus de Genève. Ceux-ci, pleins de résolution, prêchent à Anduze et dans toute la contrée devant des assemblées de deux mille à trois mille auditeurs. Le sénéchal avait voulu dissiper ces rassemblements considérables, et dans ce but il avait envoyé de forts détachements de soldats; mais ces mesures militaires n'avaient nullement intimidé les habitants de nos contrées. Encouragés par la noblesse, qui s'était mise à leur tête, ils avaient continué d'aller entendre les prédicateurs envoyés par Calvin. Le mouvement vers la Réforme avait pris de telles proportions dans Anduze et les pays environnants, que le roi Henri II crut ne pouvoir l'arrêter qu'en faisant arriver sur les lieux une armée entière.

Dans les lettres-patentes qu'il adressa à ce sujet, le roi se plaignait de ces assemblées formidables comme d'autant d'actes de rébellion contre son autorité, et d'insulte contre la religion catholique. En conséquence, il ordonnait au sénéchal de Nîmes de réunir tous les hommes d'armes, tant à pied qu'à cheval, qu'il trouverait dans sa sénéchaussée, de convoquer toute la noblesse du pays, d'appeler le ban et l'arrière-ban, de faire marcher le canon et toutes les autres machines de guerre; et avec ces forces réunies, de prêter assistance aux commissaires extraordinaires que le parlement de Toulouse envoyait dans les Cévennes pour arrêter les prédicateurs venus de Genève, et les punir sévèrement ainsi que leurs sectateurs.

La force armée mise à la disposition des commissaires du parlement avait l'ordre de pénétrer partout pour atteindre les fauteurs des rassemblements et de s'en emparer morts ou vifs. Dans le cours de cette véritable croisade, si des meurtres étaient commis, leurs auteurs étaient amnistiés à l'avance, et il était défendu de les poursuivre en justice.[1]

---

[1] Les lettres-patentes qui organisèrent cette expédition nous paraissant utiles à l'intelligence de notre récit, nous allons les reproduire dans leur entier.

*Lettres patentes d'*Henry *II contre les hérétiques des Cevennes* (1557).

Henry par la grâce de Dieu roy de France : au seneschal de Nismes, ou son lieutenant, salut. Nous ayant, ces jours passés, entendu qu'un soy-disant religieux avoit presché publiquement en la ville d'Anduze plusieurs propos erronés et scandaleux contre notre religion, et que votre lieutenant criminel s'étoit transporté sur les lieux; et informé et décerné plusieurs décrets, tant contre le dit prétendu religieux, que autres ses sectateurs et imitateurs, plusieurs desquels s'estoient assemblés en grand nombre, faisant prescher, tant par le dict religieux que autres les dits propos et opinions erronées et scandaleuses; Nous aurions par nos lettres patentes mandé à votre dit lieutenant criminel, assembler le prévôt de nos amez et feaux les marechaux de France en

Munis de pleins pouvoirs si étendus, les commissaires du parlement, escortés d'une véritable armée, s'élancèrent à la re-

notre dict pays de Languedoc, avec ses lieutenans et officiers, et aultres personnaiges en tel nombre qu'étoit requis, pour mettre ses décrets à exécution, et procéder contre les delinquans et coupables, ainsi que plus à plain contiennent nos lettres patentes sur ce expédiées; suivant lesquelles votre lieutenant prévot et autres auroient commencé procéder à exécution des dits décrets sont avertis que les dicts prescheurs et autres leurs favoris mal sentans de nostre religion se seroient assemblés en grand nombre, jusqu'à deux ou trois mille personnes, tenans les champs au pays des Cevenes avec main forte et armes et resistance; même en la ville de Saint Maurice contre les officiers tant spirituels que nostres, favorisant certains prescheurs qu'ils ont fait venir de Genève, et par force et violence fait prescher publiquement les dicts prescheurs et autres les dites folles, erronnées et scandaleuses opinions, et ont fait et commis plusieurs grands et énormes scandales publics en la ville de Saint Privat* et autres lieux circonvoisins, contre l'honneur de Dieu et sa très sainte mère, et très adorable Sacrement, et aultrement contre et en mépris et irréverence de nostre dite religion, dont avertie notre dite Cour de parlement de Tolose auroit commis et délégué plusieurs présidents et conseillers d'icelle pour se transporter sur les lieux, faire et parfaire le procès aux délinquans et contre eux procéder, ainsi que le cas le requerroit. A cette cause, et à ce qu'ils puissent plus commodément et seurement vaquer au fait de leur dite commission, Nous avions voulu sur ce pourvoir.

Ci, vous mandons, commettons et enjoignons, que ou les dits commissaires et aultres procédans contre les susdits trouveront aucuns empechemens, rebellions, forces ou désobeissance, leur donner main forte et armée, si besoin est, et les commissaires voyent que faire se doivent; et pour cet effet, faites convoquer et assembler le ban et arrière-ban de vostre senechaussée, gens de guerre, tant de pied que de cheval estans en icelle, et ez environs, ensemble les seigneurs des lieux, consuls et communautés des villes et aultres, et ce, sur peine de confiscation de corps et biens, et d'estre dit rebelles et désobeissans à Nous et à justice, en tel et en si grand nombre que la force et l'autorité Nous en demeure et à justice; de manière que ceulx que trouverez coupables soient prins vifs ou morts; et pour ce faire, menez le canon et aultres équipages que verrez estre nécessaires; et si en procédant à l'exécution des dicts décrets, informations, aucuns délinquans font resistance, et se trouvent blessés et tués, Nous ne voulons, ni enten-

* Est-ce Saint-Privat de Vallongue?

cherche des prétendus coupables; ils parcoururent la contrée dans tous les sens, remplissant leur mandat avec la dernière rigueur. Ils firent périr dans des supplices affreux plusieurs de ceux qui tombèrent entre leurs mains. Un auteur contemporain raconte cette terrible expédition de la manière suivante :

« En 1556 et 1557, plusieurs predicants vindrent de Genève et preschèrent à Anduze. Ils se firent entendre à Saint-Jean, Sauve, le Vigan et autres lieux du diocèse de Nismes. La cour du parlement envoya ung president et deux conseillers, sçavoir : M. le president Malras, d'Also et Fabri, pour procéder contre ceulx qui s'estoient trouvés aux dictes assemblées; de sorte que plusieurs furent prisonniers, plusieurs bruslés, et aultres firent amende honoraire. Les commissaires amènent les prisonniers en grand nombre à Nismes, et prennent pour leur assister aucuns des conseillers et advocats au présidial. Avant qu'ils eussent procédé à aucun jugement de mort, les habitans du pays des Cévènes et Gevaudant obtinrent une abolition generale qui est presentée à Nismes et intérinée [1]. »

dons que aucune chose en soit imputée à vous, vos lieutenans, prévost, ni aultres qui vous accompagneront aux prises, ni que aucuns soient receus à se rendre parties pour raison des dits homicides et blessures, etc. Et tous ceux qui vous assisteront, déclarons exempts de toute punition, amende, correction, et sur ce avons imposé et imposons à nostre procureur présent et advenir, et à toutes personnes qui en vouldroient poursuivre réparation de ce faire, et de contraindre les subjets au dit ban et arrière-ban, seigneurs et aultres, vous assister en la forme susdite, vous avons donné et donnons plain pouvoir par ces présentes.

Donné à Compiègne le troisième jour du mois de juillet, l'an de grâces MDLVII et de nostre règne le XIme. Signé par le roi en son conseil, etc.

(*Hist. du Languedoc*, tom. V, pièces justificatives, pag. 119.)

[1] Extrait d'un Journal manuscrit, cité en entier dans Ménard, *Hist. de Nismes*, tom. IV, preuves 2.

Seconde édition.

L'infortuné cordelier Claude Rozier, qui a été mentionné dans le chapitre précédent, se trouva au nombre des « plusieurs bruslés » dont nous parle l'auteur anonyme. Voici ce que le notaire Étienne de Cantalupa a consigné dans ses notes sur ce martyr d'Anduze[1] : « Nota que le dimanche, 22me jour du mois d'aoust, Frère Claude Rozier, cordellier de la ville d'Allès, ayant presché la caresme passée dans la presente ville d'Anduze, et descouvert les abus de la papaulté, l'official de Nismes fit enquérir contre luy, ou il se retira à Genève et se maria... Et estant venu de part de sa, fut prins et condamné par messires Malras et d'Alson estans en ce pays, à faire amende honoraire, la langue coupée et bruslé à petit feu, au devant de la fontaine, le jour susdit, et moureust en vray martir, sostenant toujours la religion ! »

V.

Le choix qu'on avait fait de la ville d'Anduze pour être le lieu du supplice de l'infortuné Claude Rozier, le témoignage public rendu à sa constance par un des hommes les plus honorables de la ville[2], les forces considérables qu'on avait déployées pour s'emparer des soi-disant coupables, sont autant de preuves des progrès immenses opérés en 1557 par les idées nouvelles, dans l'esprit des habitants d'Anduze et des lieux environnants.

La trace de ces progrès se trouve dans les registres des no-

---

[1] Registre de 1557, folio 62, verso.
[2] Étienne de Cantalupa était non-seulement notaire, mais encore greffier consulaire; charge importante à cette époque, où les consuls savaient à peine signer.

taires de l'époque. A mesure que la population se fortifiait dans la foi réformée, on voyait disparaître des actes publics, tels que mariages et testaments, les formules catholiques, et à leur place on en substituait d'autres de plus en plus en harmonie avec les doctrines évangéliques professées par les habitants. Véritables baromètres des dispositions religieuses de l'époque, les instruments (les actes) des notaires donnent d'une manière infaillible la mesure exacte, pour ainsi dire jour par jour, du degré de ferveur à laquelle la population Anduzienne était arrivée. Nous avons donc soigneusement compulsé ces recueils des actes publics, et nous avons pu constater la gradation ascendante des dispositions dont les habitants de la ville et de la contrée environnante étaient animés pour la profession publique des principes de la Réformation.

Jusques en 1556, tous les mariages sont encore « solemnisés en saincte mère l'Esglise, comme est de bonne coustume », et le préambule « se sont signés du signe de la saincte croix » se lit en tête de tous les testaments.

Mais en 1557, époque du martyre de Claude Rozier, on trouve déjà quelques mariages dans lesquels la qualification « saincte mère » n'accompagne pas le mot « Esglise. » On veut se marier *en l'Église*, mais non pas en *la sainte mère l'Église*; ce qui est bien différent au point de vue des doctrines de l'époque. — Dans quelques testaments, il n'est plus fait mention du « signe de la croix ».

De 1558 à 1559, ces omissions deviennent générales. Auparavant, il était dit que les testateurs avaient fait prière dévotement à *Jésus-Christ*, et dès ce moment il est stipulé qu'ils font leurs prières « à Jésus-Christ seul advocat et médiateur ».

En 1560, toute trace de formules catholiques disparaît entièrement. Les nouveaux mariés déclarent dans leurs contrats de mariage que leur union « sera solemnisée comme est coustume de faire par les vrais fidelles Réformés, suivant la doctrine et sainct Evangile de Notre Seigneur Jésus-Christ. — Les testateurs invoquent le nom de Dieu, l'assistance et conduite de son sainct Esprit ; ils le prient dévotement par sa bonté et miséricorde au nom et en la faveur de Notre Seigneur Jésus-Christ, leur seul advocat et médiateur, leur pardonner leurs offenses [1]. »

---

[1] Voici deux extraits de testament et de contrat de mariage qui donneront la mesure des doctrines religieuses professées universellement dans les Cévennes à l'époque où elles se déclarèrent ouvertement pour la Réforme.

Sachent tous.... que l'an de l'incarnation 1562 et le 2e jour du mois d'avril fut présent Vincent Favier,..... lequel après avoir invoqué le nom de Dieu, l'assistance et conduite de son St Esprit, a fait et ordonné son testament comme s'ensuit. Et premièrement a déclaré qu'il veult vivre et mourir en l'union de la foy telle que nous l'avons en la saincte parole de Dieu, et qu'il persévérera jusques à la fin dans l'espérance du salut qui nous est acquis par notre Seigneur J. C., notre seul advocat et médiateur au nom duquel il a recommandé son âme à notre bon Dieu, le suppliant de toute humilité, que quand il la voudra retirer du corps lui plaise la recevoir en sa miséricorde et la conserver en la compagnie des siens jusques au jour de la résurrection bien heureuse, sous l'espérance de laquelle il veult et ordonne après que l'âme sera séparée de son corps, icelui soit honestement ensepvelly suivant la coustume des vrais fidelles et enfants de Dieu réformés suivant sa doctrine et son Saint-Évangile.

1562, 5 avril mariatge de Jules Barbusse et Agnète Bastide, du dit jour comme mariatge soit solemnisé le jour des nopces en l'assemblée des vrays fidelles et enfants de Dieu réformés suivant sa doctrine et Saint-Evangile de Nostre Seigneur Jésus-Christ.

VI.

On le voit, les progrès dans la profession publique des doctrines évangéliques allaient toujours en croissant! N'en soyons pas étonnés. Immédiatement après la terrible expédition des commissaires du parlement de Toulouse, Guy de Morange était arrivé à Anduze. Ce nouvel apôtre de la Réforme, appelé quelquefois Desméranges, était de Clermont en Auvergne. Partisan zélé des idées nouvelles, il s'était rendu à Genève, où il avait été demander sans doute aux leçons et aux encouragements de Calvin la science qui fait le docteur, le dévouement qui fait le martyr! Reçu bourgeois à Genève en 1555, il fut envoyé à Anduze en 1557, presqu'au moment où les vents des cieux dispersaient les cendres du bûcher de Claude Rozier. Accepter la mission d'aller annoncer les doctrines évangéliques dans les Cévennes, au lendemain du supplice de Claude Rozier, c'était courir au-devant de la mort! Guy de Moranges le savait, et il n'hésita pas. Ah! c'est qu'il sortait de cet héroïque séminaire appelé Genève, et qu'il était du nombre de ces victimes dévouées que Michelet a si bien qualifiées, en s'écriant à la fin de son admirable volume intitulé *La Réforme*, pag. 484: .. « Dans cet étroit enclos (Genève), sombre jardin de Dieu, fleurissent pour le salut des libertés de l'âme ces sanglantes roses sous la main de Calvin. S'il faut quelque part en Europe du sang et des supplices, un homme pour brûler et rouer, cet homme est à Genève prêt et dispos, qui part en remerciant Dieu et lui chantant ses psaumes. » Tel était Guy de Moranges, second Farel, ennemi implacable des hommes, des pratiques, des doctrines de l'Église romaine.

Il travaille avec ardeur à la démolition de l'antique édifice papal, et quand on s'associe à lui pour cette œuvre de renversement et de réédification, il applaudit avec transport...

Le portrait que nous traçons n'a rien d'exagéré. On peut en juger par la citation suivante, empruntée à l'historien Inberbis (*Histoire des guerres de religion dans l'Auvergne*, tom. I, pag. 49) :

« Ceux d'Issoire appelèrent de Genève (1562) le ministre Guy de Morange. Son premier discours fut prononcé dans la cour de Guillaume de Terme, juge. Le peuple y accourut en foule, soit par curiosité, soit par conviction. Bientôt une foule nombreuse, entraînée par la prédication, parcourut la ville pendant la nuit, abattit les croix qui se trouvaient sur son passage, déchira les effigies de la Vierge, et reçut les félicitations du ministre pour cette conduite. Les catholiques se plaignirent à Morange, qui les reçut avec hauteur et dédain, et leur dit: « Vous êtes donc fâchés, messieurs, de l'avènement du Christ?» Cette réponse répandue poussa les religionnaires aux derniers excès. Ils brisèrent à coups de pierre les fenêtres des prêtres, les insultant, les menaçant de mort s'ils n'abandonnaient leurs croyances ou la ville. Les ecclésiastiques et les religieux restés fidèles n'osèrent plus sortir, pour éviter les injures et les huées qui les accompagnaient. Un presche de Morange applaudit encore à ces actes, les approuva complètement et n'y reconnut que la vivacité et le dévouement de la foi. »

Bouillant prédicateur à Issoire en 1562, Guy de Moranges s'était montré probablement animé de la même ferveur à Anduze en 1557. Là aussi, comme dans l'Auvergne, quelques années avant, il enflamma les esprits, il excita ses auditeurs à s'enrôler ouvertement dans les rangs de la Réforme, et, lorsqu'il vit que son œuvre était accomplie dans cette contrée, il alla la recommencer dans une autre.

Il ne resta qu'une année à Anduze, où il fut remplacé par M⁰ Pasquier Boust. D'où venait ce dernier? Nul ne le sait. Les recherches les plus minutieuses ne nous ont pas aidé à soulever le voile qui dérobe à nos regards les antécédents de la vie du vénérable Pasquier Boust. Était-il envoyé de Genève, cette pépinière inépuisable de hérauts de l'Évangile? Nous ne saurions le dire; seulement nous pouvons affirmer qu'il était de la trempe de ceux qui en venaient. Il avait la même ardeur et la même persévérance. Il croyait, lui aussi, au succès des vérités dont il s'était chargé d'être le propagateur dévoué, et ses espérances ne furent pas trompées. En effet, ce fut sous le ministère de ce digne serviteur de Christ, et probablement par son impulsion, que l'Église de Dieu fut «dressée» à Anduze, c'est-à-dire définitivement organisée. Honneur à sa mémoire, comme à celle de Guy de Moranges, de Claude Rozier, de frère Nicolas Raymondi, de Pierre d'Airebaudouze et de tous ceux qui ont été, pour le triomphe de la Réforme à Anduze, les dignes messagers de Dieu! Ils y ont fait fructifier la semence de la Parole divine; qu'ils soient à jamais bénis!

CHAPIRE IV

ORGANISATION DE L'ÉGLISE RÉFORMÉE D'ANDUZE.
(1560)

SOMMAIRE.

Conjuration d'Amboise. — Organisation de l'Église d'Anduze. Époque précise de son établissement définitif. — La population se déclare entièrement pour la Réforme. — Fragment du registre du Consistoire. — Expédition du maréchal de Villars.

I.

Henri II, cet impitoyable persécuteur des protestants, était mort le 10 juillet 1559, et il avait eu pour successeur François II, son fils, jeune prince à peine âgé de seize ans. Un tel changement de règne, qui amenait un enfant sur le trône, avait naturellement encouragé les espérances des partisans de la Réforme. Ceux-ci se montraient en ce moment d'autant plus satisfaits, que deux membres de la famille royale, le roi de Navarre et son frère le prince de Condé, venaient de se rallier à eux. Malheureusement les Guises, ces ennemis acharnés des idées nouvelles, s'étaient habilement emparés de l'autorité souveraine, et sous le nom de François II, devenu leur neveu par son mariage avec Marie Stuart, ils gouvernaient le royaume. Maîtres absolus, ils continuaient contre ceux qu'on appelait encore les *Luthériens*, les persécutions commencées sous les règnes précédents. La force seule pouvait éloigner ces étrangers du gouvernement de la France; de là, la conjuration d'Amboise, qui éclata le 1ᵉʳ février 1560. Ce coup de main ne réussit pas, et les Guises firent périr, sans forme de procès, les conjurés qui avaient été pris les armes à la main. Presque tous appartenaient à la noblesse protestante. Une telle manière de se débarrasser de ses ennemis vaincus, excita l'indignation des gentilshommes de la province. Ces derniers, voulant venger la mort de ceux que les Guises avaient fait pendre au balcon du château d'Amboise, encouragèrent la constitution définitive des Églises réformées, comme un défi jeté à la face des princes lorrains.

La Cour effrayée perdit courage. Au lieu de pousser son triomphe jusqu'au bout, elle pensa qu'il était plus sage de calmer l'effervescence de la noblesse. Elle fit publier l'Édit de Romorantin (mai 1560), qui proclamait l'abolition de toutes les poursuites à l'égard de ceux qui avaient été trouvés en armes aux environs d'Amboise. Mais cette résolution tardive, prise pour un signe de faiblesse, contribua seulement à augmenter la confiance des disciples de la Réforme, et précipita le dénouement en faisant *dresser* des Églises partout où elles n'avaient été que *plantées*. Voici ce que nous trouvons à ce sujet dans un journal anonyme cité par Ménard. (*Histoire de la ville de Nîmes*, tom. IV, pag. 3.)

« Le 20 may 1560, jour de feste de Saint-Bauzille, il y eut grand bruit pour les assemblées. Plusieurs furent emprisonnés, et aultres poursuivis, les magistrats, vicaires, chanoines ayant fait armer à ces fins des soldats.

» En juin cela cessa, et on recommença à prescher. Ceulx des assemblées ayant presché de nuit ès maisons privées, se faschèrent et voulurent prescher à la pointe du jour. Les sieurs Mauget et La Serre preschèrent une semaine l'ung après l'aultre.

»En plusieurs lieux ceux des assemblées prennent des temples (églises); à Nimes on preint le temple de Saint-Estienne joignant la Maison Carrée... »

C'est alors que l'Église réformée d'Anduze fut *dressée*, c'est-à-dire régulièrement constituée. La date précise de son organisation définitive est connue, et nous sommes heureux de la consigner dans notre récit. Nous l'avons trouvée en tête d'un registre de baptêmes et de mariages, qui fut ouvert à cette époque, et dont nous donnons textuellement l'inscription :

XX JUIN 1560,

AU NOM DE DIEU,

Le livre de l'Église fondée par la miséricorde de Dieu, en la ville d'Anduze, où est inscrit baptêmes, mariages, sépultures des membres d'icelle, commencé le 20ᵐᵉ du mois de juin l'an mil-cinq-cents-soixante, par moi Guilhaume Flavard, diacre d'icelle, député par le Consistoire à enregistrer ce dessus. Le tout soit à l'honneur de Dieu, augmentation de son Église et utilité de nos prochains !

Voilà donc la rupture consommée entre Anduze et Rome ! Les habitants de cette ville cévenole ont un pasteur venu de Genève, un consistoire composé de diacres et d'anciens appelés quelquefois *surveillants*, des registres où ils consigneront les actes publics de leurs mariages, des naissances de leurs enfants et des décès de leurs parents. Ils n'ont rien à faire désormais avec les prêtres de l'Église catholique !

Moment solennel pour cette ville : une ère nouvelle s'ouvre pour elle ! ère pleine de périls néanmoins ; car les Guises, enivrés du sang des réformés, pourront bien profiter de leur puissance pour ordonner l'extermination des habitants d'Anduze et du reste des Cévennes. N'importe, ceux-ci sont résolus à tout souffrir. Quoi qu'il puisse leur arriver, tous les malheurs possibles viendraient-ils fondre sur eux, ils n'observeront plus les cérémonies papistiques, et ils ne se replaceront plus sous l'autorité détestée de leur ancien clergé.

Ce changement de religion fut-il décidé en assemblée générale des habitants, dans la salle de la maison consulaire? fut-il précédé d'une de ces discussions qui avaient lieu habituellement sous la présidence des consuls, toutes les fois qu'il s'agissait d'une détermination importante? Nous devons le croire, si nous nous en rapportons à une tradition qui nous l'affirme, et si nous nous rappelons que les habitants de Milhau en Rouergue, et de plusieurs autres villes du Languedoc, sortirent de cette manière de l'Église catholique. Au reste, en abolissant la messe par une délibération publique, prise en assemblée générale, les Anduziens auraient suivi sur ce point, comme ils l'avaient fait pour beaucoup d'autres, l'exemple qui leur avait été donné par la ville de Genève.

Mais si le manque de documents nous réduit sur ce sujet à de simples présomptions, nous pouvons du moins constater que la population entière, sauf deux ou trois familles, entra résolûment dans les rangs de la Réforme. A cet égard, les preuves les plus positives abondent. Actes notariés, registres du consistoire, aveux des catholiques [1], viennent servir de témoins. Nobles, magistrats, bourgeois, marchands, laboureurs, arti-

---

[1] Dans une lettre à M. le maire d'Anduze, écrite à la date du 10 février 1811, la marguillerie de cette ville s'exprimait de la manière suivante :

« .... Depuis cette époque (1556) jusqu'en 1560, ils (les habitants d'Anduze) furent séduits par des prédicans de Genève et embrassèrent la Réforme, à l'exception de *trois familles* seulement qui restèrent

sans, s'enrôlent sous la bannière des disciples de la Réforme; moines et prêtres abandonnent les couvents et les presbytères [1], et se joignent à eux!

Où vont-ils sous cet étendard? Courent-ils à la recherche des plaisirs de la chair, impatients de toute discipline et de tout frein? vont-ils à la poursuite des richesses et des joies de la terre? On les en a accusés, et on les en accuse encore; mais cette imputation mensongère, sans cesse reproduite, tombe anéantie devant le témoignage des faits.

Lorsque les partisans des idées nouvelles renversent les confessionnaux, ce n'est pas que ceux-ci leur paraissent trop sévères; c'est, au contraire, parce que les prêtres qui s'y asseyent tiennent une conduite trop relâchée, et que leur morale n'est pas assez austère. Aussi les réformés se hâtent-ils, dès qu'ils ont secoué le joug de Rome, d'instituer des consistoires, vé-

---

fidèles à la foi de leurs pères.....» (Voyez Reilhan; *Histoire manuscrite de l'Hôtel-de-Ville et presbytère d'Anduze*, pag. 517.)

Le nombre des familles catholiques, malgré tous les efforts du clergé et de la Cour, ne s'accrut pas à Anduze, et était resté le même jusqu'en 1634. Nous en avons la preuve dans une requête adressée à l'intendant en 1689 (quatre ans après la révocation de l'Édit de Nantes!) par les consuls catholiques pour repousser certaines prétentions du prieur. Il est dit dans cette requête, « qu'en l'année 1634, toute la ville d'Anduze faisait profession de la religion P. R., à la réserve de deux ou trois familles. » (Voyez Reilhan, *Histoire*, etc., pag. 374.)

[1] Nous trouvons la confirmation de la désertion des prêtres d'Anduze dans l'enregistrement du baptême suivant:

« ..... En 1563, et le 22 mars, fut baptisée, par le pasteur Pasquier Boust, Magdeleine Rorette, fille à maître Antoine, jadis prebtre, et de .... Cresse, présantée par Jacques Recolin. » (Registre des baptêmes.)

Le vicaire d'Anduze, Me Michel Cazal, ne résista pas au torrent. Après avoir hésité pendant quelques années, il abjura le catholicisme et fit même partie du consistoire, où nous le voyons figurer en 1569.

Plusieurs bonnes raisons me font présumer que tous les cordeliers du couvent d'Anduze embrassèrent également la Réforme.

ritables tribunaux de mœurs où ils seront censurés, si leur vie publique et privée est en désaccord avec la pureté de l'Évangile, dont ils ont juré de faire profession.

Le consistoire institué à Anduze le jour que l'Église y fut dressée (le 20 juin 1560), comprit ainsi la charge dont il avait été investi, et dès ses premiers débuts il s'en acquitta courageusement. Nous avons trouvé les traces de sa vigilance et de sa sévérité dans quelques notes écrites, probablement à titre de *memorandum*, sur le premier feuillet du registre des baptêmes et mariages dont nous avons déjà fait mention.

« Du dimanche dernier de mars 1561 : Antoine Rouret a joué avec Jacques Coste, d'Anduze, et a confessé avoir perdu deux escus.

» Rousselle, femme Mentale, a esté appelée par une aultre foys, et n'a pas voulu oubéir, a été fort close (interdite) de cette scène de Pâques.

» La femme de Guillaume Teissier a été appelée pour une aultre foys.

» La femme Monnyer et son mary seront appelés en consistoire, dimanche prochain, pour cause de quelques blasphèmes.

» A esté ordonné par l'avis du consistoire d'envoyer dix livres à la bourse à Nîmes, pour donner à quelques pauvres de la contrée.... »

Après avoir lu ces quelques lignes, preuves conservées providentiellement de l'austérité et de la charité de l'Église naissante d'Anduze, on n'osera plus affirmer encore, je pense, que la Réforme n'a été pour nos pères qu'une révolte contre toute autorité disciplinaire, et qu'une satisfaction offerte aux passions charnelles. Ah! des hommes qui auraient obéi à de pareils mobiles n'auraient pas investi les consistoires d'une magistrature morale si sévère, et surtout n'auraient pas consenti à se soumettre à leurs décisions !....

II.

Mais les vents et les tempêtes ne tardèrent pas à fondre sur cette Église naissante. Elle venait à peine d'être constituée, lorsqu'un violent orage éclata sur elle, comme sur toutes les autres de la contrée.

La Cour ayant été avertie de la révolution religieuse qui venait de s'accomplir dans le Bas-Languedoc, pensa qu'il était urgent de l'étouffer au plus vite, et dans ce but elle fit avancer le comte de Villars, lieutenant général du roi, avec un corps de troupes considérable.

Celui-ci se rendit d'abord à Nimes ; il s'empara du château royal, et déploya les plus grandes rigueurs contre les réformés. Les plus compromis, tels que pasteurs, membres du consistoire et autres, devinrent les objets de sévères poursuites ; ceux qui ne parvinrent pas à s'échapper furent pris et jetés dans les prisons. Une contribution de guerre fort onéreuse fut imposée. Les assemblées publiques des protestants cessèrent, la terreur régnait dans la ville. Satisfait de son œuvre d'intimidation, et s'imaginant avoir anéanti l'Église réformée de Nimes, le comte de Villars poursuivit l'exécution de son mandat. Il se rendit à Montpellier et à Aigues-Mortes, où il déploya les mêmes rigueurs contre les réformés. Il partit ensuite pour des Cévennes, accompagné de ses troupes. Il s'arrêta à Anduze [1],

---

[1] Voici comment l'auteur anonyme cité par Ménard, et auquel nous avons fait déjà un petit emprunt, raconte les débuts de l'expédition de Villars :

dont il fit le quartier général de ses expéditions et l'entrepôt de ses munitions de guerre. Il avait avec lui un président et quelques conseillers du parlement de Toulouse, pour faire le procès de tous ceux qu'il voulait frapper avec rigueur. Le récit de cette sanglante expédition nous a été laissé par des écrivains de religion contraire ; nous donnerons d'abord la parole à Dom Vaissette, écrivain catholique[1], et par conséquent non suspect, qui l'emprunte lui-même à un auteur contemporain[2].

« ..... En septembre (1560), les Estats sont convoqués à Beaucaire, et on fait grand bruit contre les assemblées. Ceulx de Nismes sont sommés de vuider et laisser la ville pendant la tenue des Estats, mais ils n'en voulurent rien faire.

» Le comte de Villars, lieutenant général, en l'absence de monseigneur le Connestable, vient à Beaucaire pour présider aux Estats. Il escrit à Nismes pour faire cesser les dites assemblées et les menace, à faulte de ce faire, de mettre à exécution les ordres qu'il a. Ceulx des assemblées, après plusieurs intimidations, quittent la ville.

» Les Estats se tiennent à Beaucaire, où fut fait grand bruit des assemblées. Le comte de Villars fait venir beaucoup de compagnies de gens d'armes de Provence, Daufiné et autres lieux, disant qu'on n'avoit fait cesser les assemblées à temps.

» Le 10 octobre, logement chez ceux qui s'étoient trouvés aux dites assemblées. Il y eust même logement à Montpellier. Cela dura environ huit ou dix jours, puis les gens de guerre vuydèrent.

» Les capitaines Quadon et de la Corone, mis en garnison à Nismes, et le seigneur de l'Estrange laissé gouverneur aux gages de 100 livres le mois, lequel désarma tous les habitants de Nismes. Il fit murer toutes les portes de la ville, ormis celles de la Corone et des Jacopins. Jour et nuit, sentinelles aux murailles. Quinze constitués prisonniers. Le premier saisi fut Jean Coderc cordonnier, mais qui avoit quicté son métier pour faire la guerre, avoit hanté les assemblées et sçavoit beaucoup de ce qui s'estoit fait, même ès consistoires.

» Commissaires pour procéder contre ceulx des assemblées de Nismes, Montpellier et aultres villes, envoyés de Tolose par le parlement.

» M. le comte de Villars met garnison à Uzès, Bagnols, Anduze et aultres lieux. »

[1] *Hist. du Languedoc*, tom. V, pag. 196.
[2] Montagne.

«... Le seigneur de Saint-Jean de Gardonenque, fils du seigneur de Toiras; le seigneur de Cardet, le baron de Fons, et le plus jeune fils du baron de la Fare, qui avoient accepté la qualité de chefs des religionnaires dans le bas Languedoc; Pierre Robert, lieutenant de viguier de Nismes; Philippe Chabot; les deux fils du seigneur de Maillane, de Beaucaire, qui étoient allés à Genève pour servir à l'entreprise sur Lyon, et qui en étoient revenus; Guillaume Sandic, seigneur de Saint-Georges, et quelques-uns des principaux habitants de Montpellier, assemblèrent des troupes dans les Cevènes, à la première nouvelle de l'entrée du comte de Villars dans le pays. Le comte fit aussitôt proclamer dans toutes les villes les défenses de retirer, loger ou favoriser les rebelles, ni aucun ministre, ni aucun prédicant de Genève, leurs complices ou autres contre lesquels il y avoit des procédures de justice, sous peine de prise de corps et confiscation de biens; avec ordre de se saisir de leurs personnes, de les conduire dans les prisons les plus voisines; de lui donner avis de leur retraite; de raser ou de brûler les maisons de leurs receleurs, si on pouvait les prendre, ainsi que les maisons des séditieux et des rebelles, dont il déclare les biens confisqués.» En même temps, le terrible général se rendit à Anduze, le 16 novembre, « à la tête de la gendarmerie, tant à pied qu'à cheval; il alla ensuite à Alais, et dans les Cevènes, il fit raser les maisons de quelques gentilshommes, chefs des religionnaires, qui s'étoient absentés, et rétablit la paix dans le pays...»

Cette expédition, si froidement racontée dans l'*Histoire générale du Languedoc*, se trouve aussi mentionnée par Théodore de Bèze, dans son *Histoire ecclésiastique des Églises réfor-*

mées de *France* [1]. Autant Dom Vaissette se montre insensible et presque satisfait dans sa narration, autant l'historien protestant laisse dans la sienne éclater sa douleur et son indignation. Nous avons donné la parole au premier, il est juste que nous prêtions l'oreille aux plaintes du second.

« ... Les Eglises des Cevènes ayant été dressées comme nous avons dit cy-devant, encores qu'elles fussent favorisées de grands seigneurs et gentils hommes, toutefois n'eurent faute d'ennemis, entre lesquels n'est à oublier un certain personnaige nommé Dominique du Puy, renommé par deux détestables crimes, a savoir de fausse monnoye et d'atheisme, dont mesmes il tenoit escole, ayant ordinairement en la bouche un blasphème que j'auroy horreur d'escrire, n'estoit qu'il est requis que tout le monde entende de quel esprit ont été menés telles gens, à savoir, qu'il ne faloit point se fier en ce bellistre de Jésus-Christ, ni croire une douzaine de mendians qui ont esté ses apôtres. Et toutes fois tant s'en fallut que ce monstre cognu de tous fut appréhendé et puni selon ses démérites, qu'au contraire sous couleur qu'il se monstroit ennemi de ceux de la religion; l'autre crime aussi notoire de fausse monnoye s'escoula, et fut ce duquel il se servoit le plus. Le président Malras envoyé du parlement de Toulouse avec autres commissaires aux Cevènes, pour rompre tout ce qui commenceroit à se dresser quant à la religion, lesquels ce bon Dominique conduisoit de maison en maison, faisant tomber les uns en personne, et les biens des autres entre les mains des commissaires, tesmoins entre autres les maisons plustost que la mort des sieurs de Pontavilles et de la Meganelle. Ce nonobstant

[1] Tom. I, fol. 339.

les Eglises continuèrent jusques à ce qu'estant Sainct-Jean de Gardonnenque la retraite ordinaire des affligés, comme située en pays fort de soy-mesmes : joint que le seigneur du lieu estoit des plus affectionnés à la religion, le comte de Villars, lieutenant pour le roy en Languedoc envoyé en ce temps pour pratiquer les Estats particuliers, après avoir fait le pis qu'il avoit peu, tant à Montpellier, à Aigues-Mortes et pays circonvoisins, se délibéra de faire encore pis au dit lieu de Sainct-Jean, et autres Eglises des Cevènes ; de quoi averti le seigneur de Sainct-Jean, homme de guerre et de bon cœur, voyant qu'il n'y avoit ordre de garder la place, se retira avec tout ce qu'il peut de ses sujets ès forts et bocages d'alentour.

» De Villars cependant, avec deux compagnies d'infanterie et une de gendarmerie d'ordonnance, arrivé à Sainct-Jean, et n'y trouvant personne de resistance, envoya partie de ses gens de pied pour venir où le dict sieur de Sainct-Jean pourroit s'estre retiré, lequel ne faillit, estant découvert, de se montrer à eux, qui au lieu de le charger s'en retournèrent, rapportant ce qu'ils avoient veu, dont le sieur comte effrayé s'en retournant droit à Anduze, en intention de revenir plus fort, et cependant renvoya les dits gens de pied au dit Sainct-Jean, où ils ne faillirent de faire un terrible ménage, fouillant partout après avoir pillé tout ce qu'ils trouvèrent ès maisons, sans que le dict sieur de Sainct-Jean y peust remédier, lequel estant adverti, comme le comte venoit avec toutes les compagnies colonnelles pour passer plus outre, exhorta chacun de se retirer où il pourroit, se recommandant à Dieu.

» Leur retraite fust dans les bois et les cavernes, endurant de telles froidures qu'aucuns y moururent, y estant mesmes les femmes et les enfants avec quatre ministres, à savoir celui d'Anduze, de Sommières, de Melet et de Sainct-Jean, qui faisoient tous devoir de fortifier et consoler toutes ces pauvres brebis esgarées, ayant leur part de leur affliction. Cependant ces compagnies exercèrent toutes cruautés avec les pillages à l'environ de Sainct-Jean, a bien une grande lieue, n'espargnant pas même ceux de leur religion, jusques à violer femmes et filles, deux desquelles moururent entre leurs mains; mettans le feu en plusieurs maisons, entre lesquelles, par commandement du dict sieur comte, furent rasées celles du dict sieur de Sainct-Jean, du sieur de Cardet, et l'hostellerie de Sainct-Jaques, et ne tint pas à lui que le sieur de Sainct-Jean ne fut pris, mais Dieu le garantit, combien qu'il ne fut point d'une lieue loin des ennemis en une petite caverne, de laquelle il les voyoit monter et descendre d'Anduze.

» Cette désolation dura environ quinze jours, après lesquels s'étant retirés ces pillards, à grand peine estoient sortis les derniers, quand les habitans moins esloignés retournans à Sainct-Jean, tirèrent droict au temple (l'église catholique) où ils ne laissèrent pas une image, et survint le reste, puis après à la foule, trouvans un terrible ménage en leurs maisons, louans Dieu toutes fois à haute voix, combien que leurs ennemis ne fussent encore esloignés, et commencèrent de s'assembler plus courageusement que jamais.

Cette désolation fut bien grande, nonobstant laquelle l'église de Melet ne fut jamais abandonnée par les ministres qui s'y estoient retirés, encore qu'il y eut au dict lieu une compagnie de Gascons très méchants; et y fut telle l'assistance de Dieu, que les susdicts ministres n'y eurent point de mal, mais qui plus est y firent prières et exhortations, nonobstant la rage de Satan et de ses adhérens. Ceux-là doncques avec ceux de Sainct-Jean qui estoient de retour, s'assemblans incontinent à un petit village nommé Égledines, après avoir invoqué le nom de Dieu, se résolurent de visiter et redresser les pauvres Eglises circonvoisines, et mesmes les plus étrangeres, pour lequel effect fut despuis député Robert Maillard, ministre de Melet, pour visiter les Eglises d'Alais, Uzès, Bagnols, et Pont-Saint-Esprit, et autres de ce quartier-là; Jean de la Chasse, pour Nismes et autres Eglises circonvoisines; Pasquier Boust, ministre d'Anduze, pour son Eglise et autres d'alentour; Tartas, ministre de Sauve, pour Sainct-Hippolyte, Ganges, le Vigan et autres des Cevènes; Jean Grignan, ministre de Sommières et des Eglises d'alentour; Olivier Tardieu, ministre de Sainct-Jean, pour Montpellier et autres lieux circonvoisins, — ce que tous exécutèrent avec une merveilleuse assistance de Dieu, nonobstant toutes les garnisons et empeschemens, de sorte qu'il se trouva à la fin que cette persécution avoit plustôt peuplé que ruiné les Eglises. »

III.

Ainsi donc, l'expédition de Villars n'amena pas les résultats qu'on en attendait. Malgré les jugements sommaires rendus par les commissaires du parlement de Toulouse; malgré les saccagements et les incendies qui éclairaient la marche des hommes de guerre; malgré les impositions ruineuses dont il dut frapper les habitants d'Anduze et le reste des Cévennes, à l'instar de ce qu'il avait fait à Nimes et à Montpellier, le farouche maréchal ne parvint pas à faire déloger des montagnes ceux qu'il était venu y poursuivre ! Et cependant, il en avait fait la promesse solennelle dans une lettre qu'il avait écrite au roi, à la date du 11 novembre 1560..... « Sire, avait-il écrit d'Aigues-Mortes, j'ai receu le pouvoir qu'il vous a pleu me faire despécher, suivant lequel, et qu'il vous plaist me commander, je compte de si bien faire pour votre service, que j'espère, Sire, qu'avec l'aide de Dieu vous en aurez contentement. Je suis venu en ceste ville faire despécher les ministres qui y sont, et pourveoir aux autres affaires nécessaires, attendant l'un de vos président et conseillers, auxquels il vous a pleu commander de me venir trouver pour faire le procès des séditieux ; en délibération, Sire, de bientoust m'eschemyner aux montagnes, pour y trouver grand nombre de cette quanaille, qui se y est retirée, que j'espère, s'il plaist à Dieu, en faire aussi bien desloger comme j'ai de la poisgne..... »

Le maréchal de Villars, jaloux de tenir sa parole, était venu dans ce pays de montagnes; il avait lancé ses soldats après les Réformés, qu'il appelait « quanaille » ; il les avait dispersés, il croyait les avoir anéantis, et ils restèrent, et ils restent encore dans ces mêmes contrées représentés par leurs descendants, autant dévoués aux principes de la Réforme que l'étaient leurs pères au moment où Villars s'acharnait contre eux.

Tant il est vrai que le fer et le feu sont des moyens impuissants pour comprimer les consciences ! Aussi un écrivain, très-zélé catholique, parlant de cette même expédition, ne peut s'empêcher de faire les réflexions suivantes : « On convertit difficilement par le glaive. La religion ne se commande pas !... vouloir la défendre par le sang et les tortures, c'est la souiller ! La foi s'insinue, elle ne s'impose jamais... Il y a donc erreur et usurpation toutes les fois que la puissance politique évangélise par le glaive !... Aussi la tyrannie religieuse, outre qu'elle est injuste, a-t-elle été, pour la plupart du temps, stérile pour le règne de la vérité. L'histoire du xvi° siècle l'a bien donné à connaître [1] ! »

L'Église réformée d'Anduze, foulée par cette horde soldatesque, ne fut pas écrasée et se releva plus dévouée qu'auparavant, après que le flot qui venait de passer sur elle se fut entièrement retiré [2].

Il est vrai que les circonstances politiques qui survinrent immédiatement, contribuèrent puissamment à ranimer ses forces... Au moment où Villars venait d'achever son œuvre de compression dans les Cévennes, le roi de France, François II, cessait de vivre (10 décembre 1560).

Aussitôt, grand changement dans les hautes régions politiques, et par contre-coup grande amélioration dans les affaires protestantes. La mort du jeune roi, en amenant sur le trône Charles IX, un enfant de onze ans, plaçait la régence entre les mains de François de Bourbon, roi de Navarre, qui était réformé ; elle ouvrait les portes du cachot où le prince de Condé venait d'être jeté, elle l'arrachait à la mort à laquelle il avait été condamné par le Parlement, et que les Guises allaient lui faire subir ; elle le plaçait de nouveau à la tête du parti déjà si puissant de la Réforme. Catherine de Médicis, si avide d'exercer le pouvoir suprême, allait se tourner de ce côté, afin de se l'attacher par des concessions. Le chancelier de L'Hopital, favorable aux idées nouvelles, pourrait plus facilement s'abandonner à ses secrets penchants. Les Guises, dépouillés brusquement de l'autorité dont ils jouissaient auprès du roi

---

[1] Germain ; *Hist. de l'Église de Nismes*, tom. II, pag. 60.
[2] La croisade de Villars n'obtint pour tout résultat qu'une interruption de quelques mois dans la célébration des baptêmes. Nous voyons en effet, par le registre, que depuis le 3 novembre 1560 jusqu'au 4 février 1561, on ne baptisa aucun enfant.

défunt, à titre d'oncles, seraient forcés d'ajourner les projets de destruction qu'ils avaient conçus contre les réformés ! Telles étaient les espérances que la mort de François II faisait naître dans l'esprit des Huguenots, espérances qui reçurent en partie leur réalisation. Dès ce moment tout changea d'aspect.

Le comte de Villars, au lieu de poursuivre le cours de ses expéditions sanglantes, donna sa démission. Les États du royaume, assemblés à Orléans, entendirent Coligny plaidant hardiment la cause de ses coreligionnaires. Le chancelier de L'Hopital parla de support et de tolérance, et l'Édit de Janvier fut rendu. Cet édit n'était pas entièrement favorable aux réformés, puisqu'il leur interdisait de se réunir dans l'enceinte des villes, qu'il leur prescrivait de rendre les Églises dont ils s'étaient emparés, qu'il défendait la tenue des synodes et des consistoires sans autorisation préalable, etc. Mais parce qu'il permettait les assemblées hors de l'enceinte des villes jusqu'à la décision du prochain concile, qu'il défendait qu'on les inquiétât,... les réformés le reçurent avec satisfaction, comme symptômes de dispositions meilleures, et comme acheminement à des traitements plus équitables. D'ailleurs les nouvelles qui arrivaient de la Cour étaient rassurantes. Les protestants de Nimes, entièrement tranquilles, s'empressèrent d'organiser leur consistoire, et ceux d'Anduze qui, sous le coup de l'expédition du comte de Villars, avaient interrompu l'administration des sacrements, et probablement la célébration du culte, recommencèrent résolûment à baptiser leurs enfants et à tenir des assemblées religieuses, dès les premiers jours du mois de février 1561 [1].

---

[1] Nous avons dit, dans une précédente note, que les baptêmes et les mariages furent interrompus depuis le 3 novembre 1560 jusqu'au 4 fé-

Le mouvement religieux, un moment contenu dans nos contrées, recevait des circonstances politiques une impulsion nouvelle... Ceux qui n'avaient pas encore osé se déclarer pour la Réforme, se ralliaient à elle ouvertement ; des Églises s'organisaient là où l'on n'avait pas eu le courage d'en dresser [1]... Les proscrits pour cause de religion rentraient dans leurs demeures... La France semblait vouloir se précipiter tout entière dans les bras de la Réforme... Le frère de Coligny, cadet de Châtillon, cardinal et prince de l'Église, faisait célébrer la

vrier 1561..... A cette dernière date, nous trouvons la mention du baptême suivant : « ..... 4 février (1561), a esté baptisé par M⁰ Robert Maillard, ministre de Mellet, Jehan Arnaud, fils à Antoine (Arnaud) dit Gellet, marchand, et Junie de Vollars (?) présenté par M⁰ Robert, notaire. »

[1] Les choses se passèrent ainsi entre autres à Saint-Sébastien, comme il résulte d'un mémoire conservé dans les archives de cette commune et dont nous nous allons donner l'extrait suivant:

« Devant vous, très-honorés seigneurs, nosseigneurs les commissaires députés par le Roy pour informer des infractions faites aux édicts de pacification.

» Les consulz et les habitans de la R. P. R. du lieu de Saint-Sébastien d'Aigrefeuille ;

« Contre le syndic du clergé du diocèse de Nismes : disent qu'il y a cent ans, et ce fut immédiatement après l'édict de Janvier mil cinq cents soixante-et-un, que généralement tous les habitans du dict lieu se firent recevoir en la dite religion ; depuis lequel temps, l'exercice public d'icelle y a esté librement faict jusques à aujourd'hui sans aucune interruption ni empeschement.

» Disent de plus qu'il y fut alors estably un consistoire, et que pendant le susdit temps, l'Eglise du lieu eut seulle d'ordinaire un ministre.

» Pour justifier de cette vérité, les produisans soubstiennent que depuis le sus dit edict jusqu'à l'année 1629, il ne se seroit celebré aucune messe au dit lieu, tant à cause des guerres civiles que de ce qu'il n'y avoit, au dit lieu, aucun habitant catholique, comme n'y a encore, n'ayant esté la religion catholique, apostolique, romaine restablie au dit lieu que sur la fin de l'année 1629, en vertu de l'edict de la dite année. »

(Archives municipales de la Commune de Saint-Sébastien.)

Sainte-Cène à la manière de Genève, dans son palais épiscopal de Beauvais. Répondant à l'entraînement général, le chancelier de L'Hopital fait rendre l'Édit de Juillet (1561), qui donne une extension plus grande aux articles de l'Édit de Janvier favorables aux protestants ; la reine-mère fait prêcher un ministre devant elle, dans le château de Saint-Germain ; elle autorise le fameux Colloque de Poissy, dans lequel, du 9 septembre jusqu'au 15 octobre, Théodore de Bèze, accompagné de douze pasteurs, vient disputer sur la religion, en présence de toute la Cour, avec cinquante-deux prélats, à la tête desquels se trouvent le cardinal de Tournon et le cardinal de Lorraine. Pendant que ce grand tournoi théologique tient le royaume entier dans l'attente, les protestants de Nimes s'emparent de l'église des Observantins, dans les premiers jours de septembre, et y célèbrent leur culte. Ceux de Montpellier en font de même, le 24 de ce mois, pour l'église connue sous le nom de Notre-Dame-des-Tables. Le 20 octobre, ils se rendent maîtres du château de Saint-Pierre, où les chanoines s'étaient retranchés [1]. Viret est arrivé dans nos contrées le 5 du mois. Viret, le pro-

---

[1] Une nouvelle preuve de l'époque précise de l'installation du prêche dans l'église paroissiale d'Anduze nous est fournie par l'*Histoire du Languedoc*, tom. V, pag. 203. « ..... Ce ne fut pas seulement à Nismes ou les religionnaires s'emparèrent des églises à mains armées pour y faire l'exercice public de leur religion; nonobstant l'édit de juillet; car en conséquence d'un synode ou assemblée générale qu'ils tinrent à Sainte-Foy, en Agenois, et qui fut leur premier synode tenu en France, et d'un colloque ou assemblée provinciale tenu à Roquecourbe, dans le diocèse de Castres, au commencement de septembre, ils s'armèrent partout, comme de concert, et s'emparèrent par force, au mois d'octobre 1561, d'une des principales églises dans la plupart des villes ou bourgs de la Province, pour en faire des temples de leur religion. »

Dans la même *Histoire* (pag. 204), on trouve un fragment d'une lettre écrite à la reine-mère et au connétable de Montmorency, par un

pagàteur, avec Farel, de la Réforme dans la Suisse romande; Viret, l'ami et le collaborateur de Calvin à Genève! Il est malade à la suite d'un coup d'épée qu'il a reçu d'un prêtre, et d'une tentative d'empoisonnement. Il vient demander la guérison au climat du Midi et à la science des médecins de Montpellier! Mais il vient aussi pour le grand œuvre auquel il a consacré sa vie! Il prêche à Nimes, à Montpellier, partout! Il exerce sur tous ceux qui l'écoutent une influence irrésistible; il rallie à la Réforme des localités entières qui ne s'étaient pas encore détachées de l'Église de Rome. Visita-t-il la ville d'Anduze, où une Église considérable était déjà dressée? Nous nous plaisons à le supposer. Quoi qu'il en soit, Anduze, encouragée par Nimes et Montpellier, rétablit le culte réformé dans l'église paroissiale de Saint-Étienne, le 23 octobre 1561. Nous en avons la preuve dans le registre des baptêmes de l'époque, où nous lisons ce qui suit :

« Le XXIII (octobre 1561) et au GRAND TEMPLE, a esté baptisée Anne Carbonelle, fille à Jaques Rocher (boucher), et Jehanne Afflatete, présentée par Guillaume Ribes marchand. »

Tout allait donc au gré des désirs des réformés du royaume. Mais à peine recueillaient-ils les fruits de leur persévérance,

nommé Sabbatier, procureur général du parlement de Toulouse, qui s'exprimait comme suit, à la date du 18 octobre 1561.

« ..... Je ne feroy pas long discours de ce qui se dispose et traicte présentement à Montpellier, pour être exécuté au dict Montpellier, Nismes, Sommieres, Sauve, ANDUZE, Vigan, Ganges, Lunel, Castres, Lavaur, Puilaurens, Mazamet, Château-neuf d'Arri (Castelnaudary), Revel, Villefranche de Lauraguais, Rabastens, Gaillac, Realmont, Tholoze et presque en toutes les autres villes du Languedoc, représentant la ruine et la désolation prochaine de tout ce pays; si par la grâce de Dieu et votre providence le dict pays n'est secouru.

qu'un appel aux armes parti d'Orléans fut répété par les échos des montagnes des Cévennes; et les réformés d'Anduze, ainsi que tous leurs frères, eurent à s'armer pour commencer la première guerre de religion.

Hélas! nous voilà donc appelé déjà à entretenir nos lecteurs de la période la plus triste de notre histoire nationale. Pendant près de quarante ans, la France va nous présenter le spectacle affligeant d'une nation qui se déchire les entrailles par les mains de ses propres enfants. Époque douloureuse que nous voudrions faire disparaître des annales de notre patrie! Mais elle restera dans la mémoire des hommes comme une flétrissure, et aussi, je l'espère, comme un salutaire enseignement. Avant d'étudier la part que la ville d'Anduze prit à ces sanglants débats, il est bon de suspendre un moment notre récit, et de méditer dans le recueillement ces prophétiques paroles de Jésus-Christ allant à la mort : « Quiconque frappera de l'épée, périra de l'épée. »

CHAPITRE V

ANDUZE PENDANT LA PREMIÈRE GUERRE DE RELIGION.
(1er avril 1562 — 7 mars 1563.)

SOMMAIRE.

Massacre de Vassy, cause de la première guerre de religion. — Les protestants prennent les armes dans toute la France. — Anduze se fortifie. — Le fléau de la guerre épargne les Cévennes. — La paix est conclue après l'assassinat du duc de Guise devant Orléans.

I.

Tandis que la ville d'Anduze se remettait à peine de la secousse qu'elle avait reçue de la terrible expédition de Villars, de graves événements se passaient loin de ses murs et lui préparaient de nouvelles épreuves. Les progrès des disciples de la Réforme, l'ardeur croissante qu'ils déployaient, la bienveillance dont ils paraissaient honorés de la part de Catherine de Médicis, étaient vus de très-mauvais œil par leurs adversaires. Ceux-ci se plaignaient avec amertume, sous le prétexte que les protestants commettaient de continuelles infractions aux derniers édits. Les réformés, de leur côté, faisaient entendre des griefs bien plus nombreux et surtout bien plus légitimes. Les plaintes et les méfiances éclataient de toutes parts. Une collision était imminente; elle ne se fit pas longtemps attendre. Le massacre de Vassy en fut l'occasion (avril 1562). Chacun sait ce que fut ce massacre et qui en fut l'auteur. Le 4 mars

(un dimanche), les protestants de cette petite ville de la Champagne [1] étaient réunis pour le prêche, au nombre de 1,200, dans une grange, hors des murs de la ville, selon les termes du dernier édit.

Le duc de Guise y arrivait en ce moment, à la tête d'une escorte considérable. Il se rendait à Paris pour se mettre à la tête du parti catholique. Les protestants entonnaient un psaume. Le duc, outré de colère à l'ouïe de ce chant, envoie intimer l'ordre de le faire cesser. Les réformés ne tiennent aucun compte de cette défense. Le duc de Guise, rendu furieux par ce refus, se dirige vers l'assemblée, l'épée à la main, accompagné d'un grand nombre des siens tous armés. Le massacre commence. Les protestants cherchent à se sauver, mais ils sont enveloppés. Soixante d'entre eux tombent mortellement frappés ; plus de deux cents sont grièvement blessés.

II.

Ce massacre fut comme le tocsin dans toute la France. Les protestants, remplis à la fois d'indignation et de crainte, veulent venger leurs frères et se défendre eux-mêmes. Les gentilshommes de leur parti se concertent avec le prince de Condé qui, d'accord avec eux et se mettant à leur tête, va s'emparer de la ville d'Orléans. Maître de cette place-forte, le frère du roi de Navarre expédie des lettres circulaires dans lesquelles il justifie son entreprise, et demande aux Églises « de lui envoyer et des hommes et de l'argent. Il faut se hâter, dit-il, afin de

---

[1] La ville de Vassy, dans l'ancienne Champagne, est aujourd'hui un chef-lieu d'arrondissement du département de la Haute-Marne, à 45 kilomètres de Chaumont. Elle compte une population de 2,694 habitants.

résister aux ennemis de la religion chrétienne qui tiennent le roi et la reine captifs » (7 avril).

Ces lettres pressantes furent comme une traînée de poudre. Partout où il existait des protestants, l'argent fut levé, les hommes furent armés et mis sur pied.

Les auteurs catholiques sont unanimes à nous l'apprendre.

« Le 4 mai 1562, dit l'un d'eux (d'Aigrefeuille, *Hist. civile et religieuse de Montpellier*, pag. 284), à la persuasion de Monsieur Moncassin, l'Église de Pignan, par acte de délibération publique, fournit au roi Charles dix soldats, payés pour sa défense et celle de l'Évangile.

»Le 6 du dit mois, à la persuation de Me Guilhaume Montaud, ministre de Montbazin, les habitans du dit lieu promettent au roy deux hommes pour la même cause.

»Conste par acte que, la même année, vingt-cinq volontaires de Mauguio furent servir le roy. Item, Poussan, à la persuasion de M. Benoît Arnaldi, offrit au roi trois hommes armés. A Cournonterral, pour la même cause et à la persuasion de leur ministre, ils donnèrent douze hommes au roi.

»Saint-Yberi, pour la même cause, promit au roi dix hommes, savoir : cinq piquiers avec morion et cinq sans morion.

»A Cournonsec, ils font trois hommes pour maintenir la religion, comme ils s'expriment dans l'acte qui en fut dressé. »

III.

Et la ville d'Anduze, que fit-elle, que promit-elle, que donna-t-elle dans cette circonstance pressante? Nous voudrions pouvoir le dire. Nous serions heureux de raconter d'après des documents authentiques l'impression produite sur la population de notre ville par la nouvelle du massacre de Vassy, l'accueil fait aux manifestes du prince de Condé, les délibérations prises dans les assemblées générales de la maison consulaire. Nous voudrions faire assister nos lecteurs à ces séances animées où le sang cévenol bouillonnait dans toutes les têtes. Malheureusement, les documents nous font défaut, et nous sommes condamné sur ce point à garder un silence qui nous pèse. Cependant il nous est permis d'affirmer que la ville d'Anduze prit une grande part à la levée de boucliers de toutes les Églises du royaume. C'est Dom Vaissette, l'historien du Languedoc, qui nous l'apprend lui-même.

« On compte, nous dit-il, parmi les villes rebelles qui levèrent l'étendard de la révolte dans le seul Languedoc, Montpellier, Montauban, Castres, Nismes, Castelnaudary, Uzès, Pézenas, Aiguesmortes, Tournon, Rabastens, Montréal, Saint-Pons, Agde, Montagnac, Lunel, ANDUZE, Sauve, Ganges, Bagnols, Pont-Saint-Esprit, Viviers, Privas, Annonay, avec les Cevènes, le Vivarais [1]. »

La ville d'Anduze, décidée à prendre part à la guerre entreprise « pour la défense de l'Évangile », se mit aussitôt en mesure d'y figurer selon son importance. S'il nous est impossible de dire le nombre de soldats qu'elle « promit au roy », les subsides en argent qu'elle décida de fournir, il nous est permis d'apprendre à nos lecteurs qu'elle se hâta de mettre ses murailles en état de défense. N'était-elle pas une place-forte, une ville de sûreté, et par conséquent la réparation de ses remparts n'intéressait-elle pas la cause protestante tout entière ?

[1] *Histoire générale du Languedoc*; tom. V, pag. 226.

Il existe un acte notarié qui fait foi de l'empressement de la ville à se mettre sur un bon pied de défense, et qui par conséquent trouve ici naturellement sa place.

«*Oblige pour Maistre* JEHAN PLANCHON *de la ville d'Uzès.*

» Le vingt-cinquième jour du mois de juillet (1562), feurent présents sieurs Pierre de Lafarelle et Nicolas Portal, consulz de la ville d'Anduze, lesquels de leur gré et suyvant le pouvoir à eulx donné par la communaulté de la dite ville, et avec le consentement de noble François d'Airebaudouze, sieur et baron d'Anduze, sieurs Pierre André et Jehan de la Serre, et de moi notaire soussigné, députés par la communaulté du dict Anduze, quant au faict des reparations des murs de la dite ville, ont dict et confessé debvoir à maistre Jehan Planchon de la ville d'Uzès, commis du sieur de Servan, recepveur du diocèse de Nismes, absent, et à maistre Nicolas Pellet, commis aussi du dit recepveur en la ville et viguerie d'Anduze, présent et acceptant, la somme de deux cents livres tournois pour cause de pret à eulx réellement faict et receu par le dict de Lafarelle des mains du dict Pellet, en monnoie illec comptée en présence de moi notaire et tesmoins sous escripts, aux fins de icelle somme employer aux reparations des murs communs du dict Anduze, laquelle somme de deux cents livres tournois les dits consulz en ont quicté le dict Planchon, auquel ont promis icelle païer d'aujourd'hui en un an prochain; et à ces fins ont obligé les biens de la dite communaulté d'Anduze, aux Cours présidialle, commissaires royaulx de Nismes, ordinaire d'Anduze. Ainsi l'ont promis et juré.

»Faict au dict Anduze, au devant de la botique de sieur

Pierre Agulhon, ès présence du dit Agulhon, Jehan Aurivel, Guillaume Savy et de moi Etienne de Cantalupa[1]. »

IV.

Voilà donc la ville d'Anduze se préparant à se défendre si elle venait à être attaquée... Elle ne le fut pas, grâce aux circonstances de la guerre qui tinrent toujours les armées éloignées de nos Cévennes !

Il ne peut pas entrer dans notre plan de raconter, même sommairement, les diverses péripéties de cette guerre fratricide qui pendant un an couvrit la France de meurtres, d'assassinats, et la transforma en un vaste champ de bataille. La guerre était partout, atroce, impitoyable ! Les villes, les villages étaient tour à tour pris, repris, saccagés. Les protestants s'acharnaient contre les églises catholiques, qu'ils incendiaient, en jetant dans les flammes les tableaux, les statues, qu'ils appelaient des idoles!.. Les catholiques couraient sur les réformés et les massacraient comme des bêtes fauves ! A la tête des uns et des autres se trouvaient des chefs dont la cruauté est devenue historique : Montluc chez les catholiques, le baron des Adrets chez les protestants ! Des négociations étaient entamées pour la cessation des hostilités;... mais bientôt elles étaient abandonnées. Plus le sang coulait, plus la rage des combattants augmentait. On voyait des populations entières, abandonnant les places-fortes qu'elles ne pouvaient plus défendre, fuir en toute hâte pour échapper à la rage des vainqueurs et pour aller chercher au loin, au milieu des plus

---

[1] *Registres des non perpétuels d'Étienne de Cantalupa* (fol. 23, année 1562).

grands dangers, des villes où elles espéraient trouver un asile assuré.

V.

Tandis que l'on se battait ainsi avec un acharnement sans égal, dans les diverses provinces de la France, la guerre était surtout allumée dans le Languedoc... D'un côté, Baudiné, comte de Crussol, de la maison des ducs d'Uzès, qui tenait la campagne depuis le Rhône jusqu'à Béziers, à la tête des protestants ; de l'autre, Joyeuse, qui commandait depuis Narbonne jusqu'à Toulouse, ayant sous ses ordres les catholiques et les soldats du roi. Le chef protestant recevait des renforts qui lui venaient des Cévennes et dont faisaient partie, par conséquent, les soldats fournis par la ville d'Anduze [1].

Baudiné se vit retirer le commandement supérieur quelques mois après le commencement des hostilités, et fut remplacé par son frère aîné le duc de Crussol. En plaçant celui-ci à leur tête, les protestants du Languedoc lui adjoignirent un conseil de guerre composé de dix membres, sans l'avis duquel il ne pouvait rien entreprendre, et à la tête duquel nous voyons figurer le baron d'Anduze, noble François d'Airebaudouze [2] ; témoignage éclatant de la confiance que les protestants accordaient à ce gentilhomme et qui rejaillissait aussi sur la ville dont celui-ci possédait la seigneurie.

---

[1] »..... 14 juillet 1562. Baudiné cependant faisait aussi son amas de toutes parts pour secourir Pezenas ; lui estans envoyées forces de pied et de cheval des Cevènes, d'Anduze, du Vivarès, d'Uzès, de Nismes, de Lunel, qui se rendirent à Agde où il devait se joindre. » Théod. de Bèze.; *Histoire ecclésiastique des Églises réformées de France*, tom. III, liv. 10, fol. 158.

[2] Dom Vaissette; vol. V, pag. 234.

J'ai déjà dit qu'on se battait dans tout le Languedoc, excepté dans les Cévennes... Cette contrée montagneuse et toute peuplée de protestants était un épouvantail pour les armées et les chefs catholiques. Ces derniers se gardaient bien de s'y aventurer ; aussi notre ville d'Anduze ne vit pas approcher l'ennemi : bonne fortune que grand nombre de localités eurent à lui envier dans la province, et nous pouvons dire dans toute la France : quelles furent, en effet, les places-fortes, les bourgs et les villages ouverts qui, en dehors des Cévennes, n'eurent pas à souffrir du fléau de la guerre alors déchaînée dans tout le royaume !

Enfin, la paix fut conclue après que les deux armées ennemies se furent rencontrées dans la plaine de Dreux, et que le duc de Guise eut été assassiné devant Orléans, dont il faisait le siège (18 février 1563).

Le prince de Condé, qui était prisonnier depuis la bataille de Dreux (19 décembre 1562), entama des négociations avec Catherine de Médicis, et de part et d'autre l'on signa un traité appelé la *paix d'Amboise*, qui fit mettre bas les armes aux deux partis et qui termina la première guerre de religion, le 7 mars 1563.

CHAPITRE VI

ANDUZE DEPUIS LA PAIX D'AMBOISE JUSQU'A LA REPRISE DES HOSTILITÉS.
(Mars 1563. — Septembre 1567.)

SOMMAIRE.

Principales dispositions du traité de paix signé à Amboise. — Accueil fait à ce traité. — Garnison d'Albanais mise dans Anduze. — Restitutions exigées de l'ancien vicaire. — Établissement d'écoles élémentaires supérieures. — Extinction de la mendicité.

I.

L'Édit de pacification signé à Amboise portait en substance : que la liberté de conscience était généralement reconnue ; que le culte réformé était maintenu dans les villes où il était exercé jusqu'au 7 mars courant ; que dans le reste de la France ce culte serait célébré, excepté les maisons nobles, seulement dans les faubourgs d'une seule ville par bailliage ou sénéchaussée ; que Paris et toute sa prévôté étaient exempts de tout exercice dudit culte ; que les ecclésiastiques seraient remis, *dès maintenant*, en leurs églises, maisons, biens, possessions et revenus, pour en jouir et user comme ils faisaient auparavant,.,. etc., etc.

Cet édit ne contenta aucun parti. Cependant les réformés ne tardèrent pas à s'y soumettre, quoiqu'ils fussent loin d'en être satisfaits [1]. Caylus, officier supérieur de l'armée du roi,

---

[1] Lorsque Coligny eut pris connaissance du traité de la paix d'Amboise, il s'écria : Restreindre la religion à une ville par bailliage, c'est ruiner

envoyé dans le Languedoc pour le faire recevoir, trouva les protestants de cette province disposés à s'y conformer.

Il écrivit à Catherine de Médicis « que, de la part des calvinistes, tout s'était passé fort tranquillement ; qu'ils avaient congédié toutes les garnisons, abandonné les églises aux catholiques, et rétabli ceux qui s'étaient absentés dans la possession de leurs biens ; qu'au contraire, les catholiques avaient fait difficulté, dans plusieurs villes, de recevoir les religionnaires qui en étaient sortis, et enfin que les ecclésiastiques refusaient de revenir et de faire l'exercice de leur religion dans plusieurs villes, de crainte d'être molestés. » (*Histoire du Languedoc*, tom. V, pag. 256.)

Les prêtres d'Anduze n'étaient certainement pas de ce nombre, puisque nous les voyons, après la paix d'Amboise, allant et venant dans la ville. Mais il faut ajouter que nous y trouvons au même temps une troupe de gens de guerre envoyés par Damville, gouverneur de la province. Probablement cette garnison avait mission de prêter main-forte aux membres du clergé. Terribles soldats que ces protecteurs donnés au prieur d'Anduze et à son vicaire ! c'étaient des mercenaires indisciplinés, dont le gouverneur du Languedoc avait composé son escorte ordinaire. Ce ramassis de cavaliers venus de la Slavonie et de l'Albanie, vivaient à Anduze aux dépens des habitants, qu'ils rançonnaient et pillaient à merci[1]. Pour donner une idée de leurs extorsions, il nous suffira de dire que

---

plus d'églises par un trait de plume, que les forces des ennemis n'en eussent pu abattre en dix ans. Calvin en ressentit un tel déplaisir, qu'il traita Condé de « misérable ». (*Lettres françaises de Calvin*, tom. II, pag. 495.)

[1] Voyez de Thou ; *Hist.*, tom. IV, pag. 535.

la ville avait été obligée, en un seul mois, de contracter deux emprunts[1] montant à 150 livres tournois (1,500 fr. de notre monnaie actuelle), « pour achapter de munitions pour l'entretenement de la compagnie des Albanoys. »

II.

Tandis que la ville d'Anduze gémissait des violences de ces pillards, le prieur et le vicaire, qui, faute d'ouailles, ne célébraient pas le culte, passaient leur temps à vider d'anciens procès, à régler de vieilles affaires[2], et se voyaient contraints de consentir à d'humiliantes transactions. C'est ce qui arriva en particulier au curé-vicaire, maître Michel Cazal. Ce faiseur d'affaires, aussi intrépide que peu délicat, avait été, avant l'introduction de la Réforme, syndic du clergé d'Anduze, et précempteur (administrateur) de l'hôpital. Profitant des immunités de sa charge, il avait aliéné à son profit deux immeubles appartenant aux pauvres. Bien plus encore, il avait dépouillé l'hôpital de « certaines rentes, pensions, censives et notamment de deux pièces de terre » (une olivette et une vigne), et il s'était adjugé le tout. Spoliation scandaleuse d'autant plus blâmable qu'elle avait été faite au préjudice des pauvres, par un prêtre chargé de veiller sur leurs intérêts ! Mais les consuls ne laissèrent pas l'auteur de ces larcins jouir paisiblement, à l'abri de la paix d'Amboise, de ses coupables usurpations. Ils le

---

[1] Voyez aux Pièces justificatives la quittance faite à l'occasion de ces deux emprunts au sieur Pierre Combel, marchand et premier consul de la ville.

[2] Voyez aux Pièces justificatives « l'accord et transaction passés, en 1566, entre Me Michel Cazal, vicaire d'Anduze d'une part, et noble messire Étienne de Laure, prieur du dit Anduze, d'autre part.

forcèrent à les restituer, et dans la double transaction qui intervint [1], ils firent constater par le notaire chargé de dresser « l'instrument » (l'acte); les abus de confiance de cet infidèle administrateur.

III.

La morale était vengée : les pauvres de l'hôpital avaient été rétablis dans leurs propriétés légitimes ! très-bien. Mais là ne devaient pas se borner les préoccupations municipales. L'instruction de la jeunesse réclamait également les sollicitudes de la communauté et de ses magistrats. Ceux-ci comprirent leurs obligations et s'appliquèrent à les remplir. Anduze possédait seulement « des pédagogues », c'est-à-dire des maîtres d'école chargés d'enseigner la lecture et l'écriture. Au temps où la population était catholique, qu'un tel enseignement pût lui suffire, nous ne nous en étonnerions pas; mais depuis qu'elle avait embrassé la Réforme et que, par conséquent, elle s'était livrée tout entière à la lecture, à l'étude des Saints Livres et des ouvrages de controverse, son horizon intellectuel s'était agrandi, un système d'enseignement plus élevé et plus complet lui était devenu nécessaire. La communauté ne tarda pas à le reconnaître, et chargea ses consuls d'y pourvoir au plus tôt. Ces magistrats se mirent à la recherche de maîtres suffisamment qualifiés et en trouvèrent deux (Guillaume Bergier et Bernard Arnaldy), avec lesquels ils conclurent un traité (le 29 octobre 1564). Ces maîtres s'engageaient « à régenter les écoles de la ville, et à faire tous les jours des lectures [2]. Ils ne demanderaient ni

---

[1] Voyez aux Pièces justificatives, l'accord fait et passé entre Me Michel Cazal, d'une part, et les consuls d'Anduze, d'aultre.

[2] Quelles leçons ? probablement elles roulaient sur l'interprétation de

ne prendraient aucun salaire des enfants qui assisteraient à leurs leçons. De leur côté, les consuls devaient leur payer la somme de 50 livres par an. Ils devaient aussi contraindre les pédagogues à mener leurs élèves aux escoles, « pour entendre les lectures que Guillaume Bergier et Bernard Arnaldy feraient journellement. »

A son début dans Anduze, la Réforme se hâtait donc de produire ses fruits naturels. Fille de l'Évangile, qui est « une lampe à nos pieds et une lumière à nos sentiers », amie des lettres et des sciences, elle se préoccupait de la culture de l'esprit aussi bien que du salut de l'âme; elle se montrait jalouse de rester fidèle au principe qu'elle avait pris pour base et pour drapeau, savoir : la foi fondée sur les Saintes Écritures, interprétées par la raison individuelle. Calvin ouvrait un collége à Genève en 1559 ; et, l'année de la mort de ce grand réformateur [1], les consuls d'Anduze, au nom de la communauté, créaient des écoles pour un enseignement supérieur, acheminement à l'établissement du collége qu'ils devaient instituer plus tard.

IV.

La réforme sociale devait nécessairement accompagner dans Anduze la réforme intellectuelle et la réforme religieuse, car l'une ne peut pas aller sans les autres. Après la paix d'Amboise, dès que notre ville put jouir d'un peu de calme (en 1566), elle essaya de porter remède à l'une des plus grandes plaies qui lui venaient du catholicisme, — je veux parler de

---

l'Écriture sainte. Voyez aux Pièces justificatives « le bailh des écoles de la ville d'Anduze. »

[1] Calvin mourut à Genève le 27 mai 1564, âgé de 56 ans.

la MENDICITÉ. La France, à cette époque, était inondée de mendiants qui la rongeaient comme les sauterelles dévorent les champs sur lesquels elles s'abattent. Cette nouvelle plaie d'Égypte était produite par les largesses des couvents et des autres établissements ecclésiastiques qui cherchaient à s'attacher la plèbe. Des nuées de pauvres se montraient donc partout, courant d'un cloître à un autre, d'un prieuré à un autre, et lorsqu'ils avaient reçu le pain, le vin et la pièce de monnaie qui les attendaient, ils allaient se livrer à l'ivrognerie et à toutes sortes de désordres. Dans toutes les villes et toutes les bourgades du royaume, des « cours de miracles » étaient ouvertes aux mendiants qui les remplissaient jour et nuit.

Du moment que la France entière souffrait de cette lèpre, la ville d'Anduze ne pouvait pas en être préservée. Un document authentique de l'époque nous apprend qu'elle en était rongée et qu'elle en gémissait : elle voyait dans la mendicité une école de fainéantise pour les enfants, une occasion de désordres pour les jeunes filles, un danger permanent pour la santé publique, un mauvais emploi des largesses de la charité.

Devenue protestante, notre ville Cévenole voulut mettre un terme aux ravages de cette honteuse plaie. Elle arrêta donc, dans une assemblée générale de ses habitants, un règlement de police dont voici les dispositions principales : Il ne serait plus permis aux pauvres de mendier dans les rues et devant les portes des maisons de la ville ; mais il serait fait, à un jour fixé de la semaine, des distributions en argent, par des députés nommés à cette intention, à tous les indigents de la ville reconnus vraiment dans le besoin. L'aumône serait faite également aux étrangers passant par la ville, afin de les mettre en mesure de continuer leur voyage.

Ce règlement allait faire peser sur les habitans une assez lourde charge. Pour en alléger le poids, le conseil général appela le prieur à son aide. Cet ecclésiastique était obligé « de donner l'aulmone de pain et de vin, trois jours de la semaine, c'est-à-dire les dimanche, mercredi et vendredi, au-devant de la porte de la maison claustrale, à tous les pauvres qui se présentaient tant de la ville que du dehors..... »

Cette obligation datait de fort loin, et « de toute ancienneté les prieurs s'y étaient soumis..... » Cependant le fermier du prieuré, profitant des troubles survenus pendant la dernière guerre de religion, avait refusé de continuer les distributions d'aumônes, sous le prétexte qu'elles n'étaient pas stipulées dans son bail. Les consuls étaient intervenus comme tuteurs des pauvres, et avaient obtenu de la cour du sénéchal l'autorisation d'obliger le prieur à « continuer l'aulmone accoustumée. » Celui-ci n'était guère en position d'opposer de la résistance. Quoiqu'il fût rentré dans la possession de tous ses revenus en vertu de la paix d'Amboise, il ne se trouvait pas moins à peu près seul, en présence d'une population qu'il avait intérêt à ménager. Il souscrivit donc à tout ce que la communauté exigeait de lui, et après avoir pris connaissance « du règlement politique sur l'aulmone qui avoit été dressé par la communaulté de la ville, d'un commun accord et avec bonne et juste occasion, », il consentit à payer une contribution annuelle de cinquante livres tournois. Moyennant cette somme, il fut déchargé des distributions qu'il devait faire chaque semaine [1].

Ce règlement politique, qui fut immédiatement mis à exé-

---

[1] Voyez aux Pièces justificatives le texte de la transaction passée entre les consuls d'Anduze et le prieur, pour le fait de l'aumône et de l'extinction de la mendicité.

cution, resta fidèlement observé pendant de longues années. Ainsi, la Réforme valut à la ville d'Anduze l'insigne honneur d'avoir devancé d'une année les dispositions que le chancelier de L'Hôpital fit décréter par l'assemblée de Moulins, au sujet de la mendicité [1].

[1] Voyez ce que Martin, dans son *Histoire de France*, dit au sujet de la mendicité qui rongeait alors la France, et des décisions prises à ce sujet par l'assemblée de Moulins; tom. IX, pag. 200.

Nota. — A l'heure présente, la mendicité est interdite dans Anduze, et les pauvres de la ville ainsi que ceux du dehors reçoivent des secours au moyen d'une souscription volontaire, à laquelle participent la plupart des habitants. Cette institution date de l'année 1846. — L'auteur de cette Histoire, qui s'honore d'en avoir inspiré l'idée à l'administration municipale, ne savait pas alors que la mesure qu'il proposait était une imitation de ce que les habitants d'Anduze avaient institué environ trois cents ans auparavant; mais il n'est pas moins heureux de ce plagiat. Les enfants doivent être toujours fiers de marcher sur les traces de leurs pères, alors même qu'ils les imitent à leur insu !

CHAPITRE VII

ANDUZE PENDANT LA DEUXIÈME GUERRE DE RELIGION.
(Septembre 1567. — Mars 1568.)

SOMMAIRE.

Les préparatifs secrets de Catherine de Médicis pour l'extermination des protestants, forcent ces derniers à reprendre les armes. — Anduze se met en mesure de se défendre. — Démolition des églises; expulsion des prêtres. — L'armée des protestants du Midi vient se former à Anduze. — Péripéties de la deuxième guerre de religion. — La paix est conclue.

I.

La guerre est déplorable, surtout quand au nom de la religion elle arme les citoyens d'un même pays et les lance les uns contre les autres. Nous n'avons donc pas assez de regrets de la reprise des hostilités, qui eut lieu dans le mois de septembre 1567; toutefois nous sommes obligé de reconnaître qu'elle était inévitable. Les réformés étaient à bout de patience; non-seulement ils ne voyaient point de terme aux injustices et aux vexations dont ils étaient les victimes, mais encore ils avaient à appréhender de plus grands malheurs. On les avisait de toutes parts que des complots sinistres étaient tramés contre eux par Catherine de Médicis, de concert avec le roi d'Espagne Philippe II. Ils étaient avertis secrètement que, sous l'inspiration du sanguinaire duc d'Albe, de nouvelles vêpres Siciliennes se préparaient contre eux. Un historien catholique (Davila) affirme que la perfide mère de Charles IX, tout en cherchant à endormir la vigilance des chefs huguenots par de fallacieuses promesses, s'engageait vis-à-vis du pape à travailler sans relâche à l'extirpation de l'hérésie. « Que les calvinistes eussent éclaté quelques jours plus tard, dit Lacretelle dans son *Histoire des guerres de religion*, et la reine, qui avait préparé contre eux une armée assez forte, et une troupe presque aussi nombreuse d'espions, d'assassins et d'incendiaires, donnait à la fois le signal de la guerre et celui des massacres. Les épées et les poignards se tiraient le même jour ; les chefs militaires des protestans étaient arrêtés ; on livrait à la mort leurs ministres ; on incendiait les châteaux des nobles ; la multitude se soulevait dans la plupart des villes contre des hommes désignés depuis longtemps à sa haine fanatique[1]. »

II.

La guerre recommença donc. Elle fut courte, mais désastreuse. Elle renouvela les horreurs qu'elle entraîne ordinairement après elle : massacres, pillages, saccagements, dévastations. Au premier signal qui fut donné, les protestants prirent les armes et se mirent en état de défense dans toutes les villes où ils étaient supérieurs en nombre.... Anduze, de plus en plus fidèle à la cause, ne manqua pas de suivre le mouvement. A l'exemple de Nîmes, sur les préparatifs de laquelle, à cette époque, nous avons les détails les plus précis[2], notre ville résolut de se fortifier et de prendre toutes les mesures nécessaires. C'est dans une réunion extraordinaire des habitants que cette détermination dut être prise. Connaissant la vivacité naturelle de nos concitoyens, leurs anciennes habitudes municipales, il nous semble que nous assistons à cette assemblée et que nous entendons les diverses résolutions qui y furent acclamées. Pouvoir fut donné certainement aux consuls de se concerter avec

---

[1] Lacretelle ; *Histoire des guerres de religion*.
[2] Voyez Ménard ; tom. V, pag. 32.

les hommes compétents pour la construction de nouvelles fortifications, pour les réparations à faire aux anciennes murailles, pour l'achat et l'approvisionnement du matériel de guerre : pistoles, arquebuses, canons, poudre, balles et boulets ; on décida d'acheter des provisions de bouche : blé, seigle, châtaignes. L'argent manquait sans nul doute, il manquait toujours ! on décida de contracter un emprunt, de s'emparer des deniers royaux et des revenus ecclésiastiques, d'imposer tous les habitants, de les organiser en compagnies, et de les armer. Quatre capitaines furent élus (un par quartier) ; diverses commissions furent nommées, et sans nul doute il fut décidé que les églises et tous les édifices religieux, tels que maison du prieuré, couvent des Cordeliers, chapellenies, seraient immédiatement démolis, afin que leurs matériaux servissent à la construction de nouvelles fortifications. — Tristes assemblées où les cités décident de se mutiler elles-mêmes, pour se préparer à se défendre contre les attaques de l'ennemi ! La date précise de cette résolution nous est inconnue ; mais si la ville d'Anduze obéit en cette circonstance à l'impulsion venue de Nimes, elle prit toutes ces mesures de guerre dans la dernière moitié de décembre 1567 [1].

---

[1] A défaut de date précise, nous n'hésitons pas à rapporter la démolition des édifices catholiques d'Anduze au commencement de la seconde guerre de religion ; nous avons de bonnes raisons pour la faire remonter à cette époque.

D'abord, jusqu'à la fin de l'année 1567, toutes les fois que les documents qui ont passé sous nos yeux font mention de ces mêmes édifices, ils en parlent comme étant encore parfaitement intacts. Mais à dater de ce moment il n'en est plus question, et s'il en est parlé, c'est pour dire qu'ils n'existent plus.

De plus, le témoignage de l'historien du Languedoc suffirait à lui seul pour dissiper nos incertitudes, s'il nous en restait à ce sujet :

« Le prince de Condé et Coligny, nous dit Dom Vaissette (tom. V,

L'expulsion des prêtres et des moines dut être décidée en même temps que la démolition de leurs églises. Les circonstances du moment réclamaient cette mesure de rigueur : pouvait-on laisser des ecclésiastiques catholiques dans une ville qui était une des places principales du parti protestant, et qui s'attendait d'un moment à l'autre à être assiégée? Voilà les fruits des guerres intestines ! Tandis que le pic et la pioche faisaient tomber les murailles séculaires des édifices religieux ; tandis que la population entière, avec des frémissements de joie et de colère, transportait les matériaux de ces mêmes édifices sur les emplacements où l'on avait résolu de construire des bastions, des ravelins, des demi-lunes, — des prêtres, des moines étaient expulsés de leurs demeures, dépouillés de tout ce qu'ils possédaient, et n'emportaient que la rage dans le cœur et le désir insatiable de la vengeance ! Et ce qui se passait à Anduze pour les catholiques, se reproduisait dans d'autres villes pour les protestants. Là où les sectateurs des deux religions étaient en minorité, ils se condamnaient eux-mêmes à fuir, s'ils

pag. 475), ayant levé l'étendard de la révolte, envoyèrent des émissaires dans toutes les provinces, et aussitôt toutes les villes où les religionnaires étoient les plus forts prirent les armes, et le Languedoc en particulier se vit replongé dans les horreurs de la guerre civile. Les villes de Castres, Montpellier, Anduze, Nismes, Viviers, Saint-Pons, Uzès, le Pont de Saint-Esprit, Bagnols, furent des premières à se déclarer en faveur du prince de Condé et à secouer le joug de l'autorité légitime. Les religionnaires y rasèrent la plupart des églises, de même que dans trois cents autres villes, bourgs et villages des environs, dont ils se rendirent maîtres. »

Enfin, ce qui fait disparaître toute espèce de doute à cet égard, c'est que les Cordeliers, dans toutes les réclamations qu'ils élevèrent plus tard pour la reprise de leurs biens, font dater de cette même année 1567 la ruine de leur monastère. Et le procès-verbal de la dédicace de l'Église catholique construite en 1688, fixe la ruine de la première église à l'époque que nous avons indiquée plus haut.

ne voulaient pas être mis en prison, ou bien honteusement expulsés [1].

III.

Sur ces entrefaites, une armée considérable de protestants s'était rassemblée et était venue camper autour d'Anduze et d'Alais. Elle était forte de plus de 1,200 chevaux et plus de 6,000 hommes de pied. D'où venait-elle et où allait-elle? Dom Vaissette, l'historien du Languedoc, va nous l'apprendre...
« Au commencement de ces seconds troubles, le prince de Condé avoit envoyé faire des levées d'hommes dans toutes les provinces, et leur avoit ordonné de le joindre incessamment. Celles du haut Languedoc, du Quercy, de la Guyenne, au nombre de 500 chevaux et de 4,000 fantassins, s'assemblèrent dans les environs de Castres et de Montauban, sous les ordres de Bernard Roger de Comminges, vicomte de Bruniquel; Bertrand de Rabastens, vicomte de Paulin; Antoine, vicomte de Montclar, et du vicomte de Caumont. Ces troupes

---

[1] Voici la conduite que les protestants, au dire de Dom Calmet, tinrent, entre autres, à Montpellier et à Castres (*Hist. du Languedoc*, tom. V, pag. 175). «...... Ceux de Montpellier ayant pris les armes et s'étant assurés de la ville, démolirent la cathédrale, l'église et le couvent des Jacobins, l'église Saint-Jacques qu'ils avoient épargnée jusqu'alors. S'étant emparés du consulat et de toute l'autorité politique, ils chassèrent les ecclésiastiques et autres catholiques qui y étoient revenus.
» A Castres, les religionnaires s'assurèrent de la ville, le 29 septembre, et arrêtèrent dans son lit Guillaume d'Oraison qui en étoit évêque et qui y étoit venu dès le soir précédent, dans le dessein de les prévenir. Ils arrêtèrent aussi le doyen de Burlatz, tous les ecclésiastiques, religieux, prêtres, chanoines, jacobins, cordeliers et trinitaires, qu'ils congédièrent après les avoir mis à rançon, afin d'avoir de quoi soudoyer les troupes qu'ils levèrent. Enfin ils arrêtèrent en même temps tous les autres catholiques, qu'ils gardèrent dans la vue de les échanger contre ceux de la religion qui seroient arrêtés ailleurs »....

s'étant accrues jusqu'à 7,000 hommes, se mirent en marche vers le Quercy, le dimanche du 18 octobre (1567) et attaquèrent en passant la tour ou le château de Fronton, entre Toulouse et Montauban. Comme les vicomtes n'avoient pas de canon, ils sapèrent les murs, aidés par les paysans des environs, forcèrent la place et firent main basse sur tous ceux qui s'y trouvèrent. Ils continuèrent leur route par le Rouergue et les Cévènes, et allèrent joindre vers Alais et ANDUZE les troupes que le vicomte d'Arpajon avait levées en Rouergue, et une partie des Provençaux et des Dauphinois commandés par Mouvans et Rapin. Les autres étoient restés en Provence et en Dauphiné, sous les ordres de Cipière, qui en avoit besoin pour tenir tête à Gordes et à Maugiron, qui y commandoient pour le roi et qui avoient assiégé Saint-Marcellin. Toutes les troupes religionnaires étant rassemblées aux environs d'Alais (et d'Anduze), composèrent une armée de 1,000 à 1,200 chevaux, de 5,000 à 6,000 hommes de pied, sans compter celles de Dacier qui, ayant joint, prit le commandement de l'armée[1]. »...

Quel aspect étrange et réjouissant à la fois pour les habitants d'Anduze! Voici des Poitevins, des Gascons, des Provençaux, des Cévenols, ramassis confus de vieillards, de jeunes gens, de paysans, de nobles, d'artisans, de bourgeois, parlant tous la langue de leur province, portant le costume de leur pays, mal armés, bizarrement équipés, peu exercés au métier de la guerre! — Mais ces étranges soldats sont des frères en la foi, pieux, dévoués, lisant la Bible sous la tente, assistant avec régularité au prêche que les ministres font dans le camp,

---

[1] Ce Dacier n'était autre que Baudiné comte de Crussol, frère puiné du comte de Crussol que nous avons vu, sur la fin de la première guerre de religion, à la tête des réformés du Languedoc.

matin et soir, qui se sont enrôlés pour la querelle de Dieu, résolus et à vaincre et à mourir ! Comme nos Anduziens enthousiastes durent les accueillir avec empressement! comme ils durent se joindre à eux pour chanter ensemble les psaumes des batailles et appeler les bénédictions du Dieu des armées !

Il ne peut pas entrer dans notre plan de suivre cette armée qui, après plusieurs engagements où tantôt elle eut l'avantage et tantôt elle fut battue, parvint à joindre le prince de Condé devant Chartres, dont il faisait le siège. Nous n'entrerons pas davantage dans les détails des péripéties de cette guerre, qui fut également chanceuse pour les deux partis, et pendant laquelle ceux-ci, reconnaissant leur insuffisance, appelèrent à leur secours l'appui des étrangers ; nous dirons seulement que la ville d'Anduze ne vit aucune armée ennemie s'approcher de ses murs. Elle n'eut donc pas plus à souffrir dans cette seconde guerre que pendant la première ; seulement elle eut à supporter, et ce n'était pas peu, les charges générales de la guerre. Enfin, une bataille ayant été livrée le 10 novembre 1567, aux portes mêmes de la capitale, dans la plaine de Saint-Denis, sans avantage pour aucune des deux armées,.... les chefs des protestants et des catholiques sentirent la nécessité de déposer les armes, et un traité de paix plus favorable aux réformés que celui d'Amboise, fut signé à Lonjumeau, le 25 mars 1568.

CHAPITRE VIII

ANDUZE PENDANT LA TROISIÈME GUERRE DE RELIGION.
(Depuis le 27 septembre 1568, jusqu'au 8 août 1570.)

SOMMAIRE.

La guerre recommence — L'armée des protestants du Midi se rassemble à Anduze. — Les protestants de cette ville attaquent plusieurs places voisines. — Ils confisquent les revenus ecclésiastiques et font des emprunts. — Une commission s'établit dans leurs murs pour opérer la vente des biens ecclésiastiques. — Anduze se fortifie et fait fondre des canons. — Les assemblées des protestants se tiennent dans la maison consulaire. — Les prêtres catholiques rentrent dans la possession de leurs revenus et de leurs biens après l'Édit de Saint-Germain.

I.

La paix venait à peine d'être signée, et l'on prévoyait déjà qu'elle ne serait pas de longue durée. Protestants et catholiques continuaient à se tenir sur la défensive, et faisaient de nouveaux préparatifs de guerre. Les hostilités étaient inévitables, elles recommencèrent [1].

---

[1] « Les chaires, dit Anquetil dans son *Histoire de la Ligue*, retentissaient d'invectives contre les hérétiques, de réflexions sur la paix, d'exhortations pour la rompre. Échauffée par ces prédications, la populace se ruait sur les protestans partout où elle était supérieure en nombre. En moins de trois mois, plus de mille réformés furent égorgés à Amiens, à Auxerre, à Rouen, à Bourges et dans plusieurs autres villes. Catherine de Médicis obtenait du pape l'autorisation d'aliéner une partie des biens du clergé pour 150,000 livres de rente, à l'effet de poursuivre l'extermination des hérétiques. »

En même temps, dans le Languedoc, le parlement de Toulouse refusait d'enregistrer l'Édit de Lonjumeau, et ne s'y résignait qu'après y avoir été contraint, imposant encore pour condition que l'exercice de la religion réformée ne serait pas rétabli dans tout le ressort de sa sénéchaussée.

Sur ces mêmes entrefaites, Joyeuse, chef des armées catholiques

Le prince de Condé, l'amiral de Coligny, Jeanne d'Albret, se jetèrent dans la ville de La Rochelle et publièrent un manifeste dans lequel ils justifiaient leur prise d'armes (28 août 1568).

Immédiatement Dacier rassembla un corps d'armée dans les Cévennes, et manœuvra de manière à faciliter le passage du Rhône aux troupes huguenotes de la Provence et du Dauphiné. Lorsqu'il les eut ralliées, il vint camper dans Anduze et dans ses environs.

Voilà donc notre ville cévenole devenue une seconde fois le quartier général, le point de ralliement des forces protestantes dans le midi de la France! Voilà donc la population anduzienne réjouie à la vue de l'armée imposante réunie pour le triomphe « de la sainte cause de l'Évangile », et vivement émue en même temps à la pensée des nouveaux combats qui allaient se livrer, du sang qui allait couler et des chances qu'on allait courir! Les forces rassemblées autour de notre ville étaient considérables : elles se composaient de 25,000 hommes de pied, dont 17,000 arquebusiers et 5,000 piquiers; — 1,500 hommes de cavalerie; — 1,150 arquebusiers à cheval. Dacier les commandait en chef. On les avait divisées en trois corps : celui du Languedoc ayant à sa tête Baudiné ; — celui de Provence qui obéissait à Mouvans ; — celui du Dauphiné sous les ordres de Montbrun.

Ainsi organisés, les réformés quittèrent leur campement et, s'éloignant d'Anduze, ils se dirigèrent vers le Rouergue.

---

dans le Midi; introduisait sous divers prétextes des troupes dans Montpellier. Les réformés, qui lui avaient ouvert les portes de cette ville, ne tardèrent pas à s'apercevoir de ses mauvaises dispositions. Les plus compromis craignant pour leur vie se retirèrent dans les Cévennes. De ce nombre étaient cinq consuls et deux pasteurs.

Arrivés à Milhau, les chefs décidèrent qu'une partie de leurs forces resteraient dans le pays pour y guerroyer, tandis que l'autre, sous les ordres de Dacier, irait rejoindre à La Rochelle l'armée du prince de Condé.

Nous n'avons pas à raconter les péripéties de cette guerre; il nous suffira de dire qu'au mois de février 1569 les deux armées ennemies s'étant rencontrées à Jarnac dans l'Angoumois, le prince de Condé fut fait prisonnier et lâchement assassiné; — que l'amiral de Coligny prit aussitôt le commandement en chef de l'armée protestante, obligée de lever le siège de Poitiers et ensuite écharpée à Moncontour; — que néanmoins l'Amiral ayant rallié Montgommery, qui tenait victorieusement dans le Béarn, pénétra dans le Languedoc, le traversa dans son entier, s'arrêtant tantôt pour se défendre, tantôt pour attaquer; — qu'enfin, après s'être signalé à Arnay-le-Duc, il arriva à La Charité, et signa un traité de paix qui fut suivi, le 15 août 1570, de l'Édit de Saint-Germain. Par ce nouvel édit de pacification, le plus favorable de tous ceux qui avaient été accordés aux protestants, ces derniers obtenaient la liberté du culte dans tout le royaume et même, comme garanties, des places de sûreté qui leur étaient données pour la première fois.

Cela dit, revenons à Anduze; et de tout ce qui s'y fit pendant ces deux années de guerre, racontons sommairement ce que nous avons pu recueillir.

II.

Tandis que l'armée des réformés et celle des catholiques manœuvraient pour se surprendre et se livraient des batailles, Anduze prenait sa bonne part aux entreprises tentées des deux côtés contre les villes et les troupes ennemies. Nous en avons la preuve dans les *mémoires* d'un auteur contemporain nommé Philippi [1].

« Les protestants, dit-il, retirés à Anduze, Sauve, Alais et dans les Sevènes, firent des courses dans le pays bas au mois de septembre (1568.) »…. Juillet « (1569), les catholiques prirent Combalès (Fontanès), les Sommières ; et les protestants d'Anduze et autres lieux des Sevènes, surprirent Monpézat. Vers la mi-août, ils s'emparèrent de Melgueil, lieu auparavant très fort d'assiette, mais qui l'an auparavant avoit été démantelé, de manière qu'en peu de temps ils furent maîtres de tous les villages entre Montpellier, Sommières et Lunel. »

Mais les villes ne se maintiennent pas sur le pied de guerre, elles ne paient pas leur part des contributions nécessaires à l'entretien des armées en campagne, sans qu'elles aient à se procurer des ressources pécuniaires. La ville d'Anduze avait dû prendre cette précaution indispensable. D'abord elle s'empara de tous les revenus ecclésiastiques : dixmes du prieuré, propriétés des monastères, de la vicairerie, de la dominicature [2]. Elle recourut en même temps à des emprunts ; entre autres, dans le mois de novembre 1569, elle en contracta un de mille livres tournois (10,000 fr. de notre monnaie), « pour employer aux réparations des murailles communes ». Cette somme devait être déposée entre les mains d'un Pierre de Lafarelle. Mais elle était trop considérable pour qu'on pût l'obtenir en entier et une seule fois. Un habitant de la ville, nommé Jean de Serres, prêta seulement 500 livres, et encore garda-t-il 50 francs

---

[1] Voyez la collection de Michaud, Mémoires de Philippi, tom. VIII.
[2] Voyez aux Pièces justificatives l'acte notarié d'une vente passée par les consuls d'une partie de la dîme du prieuré.

pour l'intérêt de l'argent. C'était donc à dix pour cent que la ville d'Anduze empruntait ! Quel taux usuraire, et comme il accuse l'état désastreux dans lequel les finances de la communauté se trouvaient en ce moment[1].

III.

Au reste, plus les exigences usuraires auxquelles notre ville cévenole devait se soumettre nous paraissent grandes, et plus nous devons applaudir à l'esprit de sacrifice dont elle était animée. A tout prix elle voulait être une place de sûreté pour ses habitants, et de refuge pour ses amis du dehors. Telle était son ambition, et nous devons dire à sa louange qu'elle atteignit parfaitement ce double but. Les protestants de Montpellier, de Nîmes et des autres localités voisines, dès qu'un orage venait à gronder et mettait leurs jours en danger, se hâtaient de fuir vers les Cévennes, et venaient se réfugier dans les murs de notre ville[2]. Aussi, pendant les derniers mois de l'année 1569, nous y trouvons tranquillement installée une commission procédant à l'exécution du mandat qu'elle avait reçu. Ménard, l'historien catholique de la ville de Nîmes, va nous dire quelle

---

[1] Voyez aux Pièces justificatives l'acte notarié de cet emprunt.

[2] Tous les protestants de Nîmes qui, à tort ou à raison, se trouvaient impliqués dans la désastreuse affaire de la Michelade, s'étaient réfugiés dans Anduze. C'est même dans cette ville qu'ils s'organisèrent en colonne d'attaque, au dire de Fournier, lorsqu'ils voulurent s'emparer de leur ville natale tombée au pouvoir des catholiques. (Voy. Ménard, t. V.) — A la date du 10 juin 1570, Me Étienne de Cantalupa, notaire d'Anduze, reçut le testament d'un nommé « Me George Crusier, principal du collége de Montpellier, né dans le duché de Clèves, en Allemagne, qui s'étoit retiré dans la ville d'Anduze depuis les troubles dressés à Montpellier. »

était cette commission, et ce qu'elle était chargée de faire :...
«Malgré ce rabaissement, raconte notre auteur (tom. V, p. 48), les religionnaires ne laissoient pas de disposer à leur gré des biens ecclésiastiques de Nismes et du diocèse, encore qu'ils n'eussent pas la liberté d'en jouir; mais ils se fondoient sur l'avenir, dont ils espéroient de profiter à leur tour. Ils passoient des ventes après des enchères de diverses parties de ces biens. Comme ils n'étoient pas libres dans la ville de Nismes, celle d'Anduze fut le lieu qu'ils choisirent pour cela. Deux commissaires, appelés l'un Damauson, et l'autre de Contour, présidoient à ces aliénations, et un notaire nommé Richard en passoit les actes. Ces commissaires avoient été nommés par les princes de Navarre et de Condé, qui étaient : Henri, prince de Navarre et de Béarn, fils de Jeanne d'Albret, reine de Navarre, et le jeune Henri de Bourbon, fils aîné de Louis, prince de Condé qui avoit péri à la bataille de Jarnac, tous deux alors chefs du parti des religionnaires. Les ventes dont je parle se faisoient à Anduze, tant au nom de ces deux princes qu'en celui de Jeanne d'Albret, reine de Navarre. Le registre où elles étaient insérées est venu jusqu'à nous; il est intitulé : *Ventes des biens temporels et revenus ecclésiastiques du diocèze et viguerie de Nismes*. Les ventes durèrent trois mois consécutifs. En voici les différents articles ; ces faits sont trop curieux pour les omettre..... »

Quelque curieux qu'ils puissent paraître, nous ne les rapporterons pas dans leur totalité. Nous renvoyons ceux de nos lecteurs qui désireraient les connaître, à l'ouvrage et à la page de Ménard que nous avons cités plus haut. Seulement, comme témoignage à l'appui du récit de l'historien de Nimes, nous mentionnerons la vente faite devant ces mêmes commissaires d'une maison jadis « cappelenie » appartenant à un prêtre de la ville d'Anduze [1]. Actes regrettables, spoliations malheureuses que nous déplorons, mais qui malheureusement étaient encouragées par des confiscations bien plus considérables dont les catholiques frappaient journellement leurs adversaires !

IV

En faisant traverser le Languedoc à son armée, Coligny se trouvait en vue de Montpellier le 15 mars 1570. Il aurait pu se jeter dans les Cévennes, où il aurait trouvé des positions formidables et des amis dévoués. Damville, chef des armées catholiques, le redoutait; aussi expédia-t-il en toute hâte un de ses lieutenants vers la ville d'Alais, avec ordre de garder cette partie de la province et d'y tenir en échec l'armée de l'Amiral dans le cas où elle y pénétrerait. L'envoyé du général catholique avait parfaitement exécuté les ordres de son chef et faisait beaucoup de ravages dans ces quartiers. Anduze était donc menacé, et la prudence conseillait d'augmenter les moyens de défense. Les habitants se mirent aussitôt à l'œuvre et prirent les précautions nécessaires pour repousser les attaques de l'ennemi.

D'abord ils passèrent un traité avec un fondeur nommé Guillaume Molet, « pour la facture de deux pièces de canon d'artillerie, au prix de 300 livres ». Ce dernier vint établir ses appareils dans la ville même, tant le besoin était pressant, et fondit sur place les deux canons qui lui avaient été commandés [2].

---

[1] Voyez aux Pièces justificatives un extrait de cette vente.
[2] Peut-être quelques-uns de nos lecteurs trouveront que l'artillerie

En même temps on fit élargir et creuser plus profondément les fossés de la ville; d'autres travaux de défense furent entrepris. Les circonstances étaient pressantes. Des ouvriers nombreux furent mis à l'œuvre, et pour stimuler leur zèle et leur faire terminer les travaux dans un très-court espace de temps, les consuls s'engagèrent à leur fournir les instruments nécessaires.

V.

En s'occupant des fortifications de leur ville, les protestants d'Anduze ne perdaient pas de vue les nécessités du culte public. Les édifices religieux venaient d'être détruits; au nombre des églises ruinées se trouvait celle de Saint-Étienne, la plus spacieuse de toutes. Les habitants y avaient installé le prêche dès le début de la Réforme, et probablement ils ne l'avaient pas restituée au clergé après l'Édit d'Amboise. Après la démolition de cette église, où tenir leurs assemblées religieuses? Ils choisirent la maison consulaire. Là se trouvait une salle destinée jadis aux réunions des membres de la confrérie de Saint-

---

de la ville d'Anduze, composée de deux pièces de canon, était peu formidable. L'observation est juste. Mais à notre tour, nous ferons remarquer qu'à cette époque ces engins de guerre étaient excessivement rares. Les armées alors en campagne et les places-fortes les plus considérables n'en possédaient pas un plus grand nombre. M. Charonnais, auteur de l'*Histoire des guerres de religion* dans les Hautes-Alpes, raconte que le bourg de Tallard, place très-fortifiée, dans le voisinage de Gap, avait seulement deux canons, et que l'on comptait minutieusement les boulets que l'on envoyait à l'ennemi; car, fait observer l'auteur, le coup de canon coûtait cher, et il fallait justifier de ses dépenses. Il ajoute encore qu'une armée considérable réunie par Lesdiguières pour assiéger Briançon, place très-bien défendue, n'amenait avec elle que *deux* pièces de canon. Selon Ménard, à la même époque, l'arsenal de Nimes contenait seulement deux canons montés et un fauconneau (tom. IV, pag. 391).

Étienne ; elle était peu convenable, sans doute elle manquait d'espace et de jour. On obvia au premier de ces inconvénients en établissant des galeries tout autour des murs, et au-dessous des galeries, des rangées de gradins ; on remédia au manque de lumière, en pratiquant de larges fenêtres qui s'ouvraient sur la cour d'une maison voisine. Le propriétaire, pieux et protestant zélé, avait autorisé généreusement la communauté à pratiquer ces grandes ouvertures, mais cette faculté précieuse pouvait être retirée d'un moment à l'autre ; il était donc urgent de la rendre inaliénable. De là un contrat, à la date du 17 mars de la même année (1570), qui garantissait le droit de prendre du jour sur la maison du généreux voisin [1]. Nous notons cette particularité, parce qu'elle nous donne la mesure de la ferveur et de la foi des protestants de cette époque. Ils seront mal installés dans ce lieu de prière, ils y seront privés d'air, d'espace, de jour. N'importe ! pourvu qu'ils puissent s'y réunir, y prier ensemble, y entendre la parole de Dieu. Mais la Cour, le parlement de Toulouse, les États de la province sont hostiles à leurs croyances, la guerre est allumée, d'un moment à l'autre l'ennemi assiégera leurs remparts ; peut-être demain leur temple provisoire sera démoli, et la vie leur aura-t-elle été arrachée. N'importe ! ils veulent prouver par leur installation dans cette nouvelle maison de prière, qu'ils sont décidés à rester fidèles aux principes évangéliques, et qu'en présence des plus imminents périls leur confiance reste inébranlable. Les chants qu'ils entonnèrent la première fois dans ce temple improvisé semblent retentir encore à nos oreilles, et nous croyons les entendre entonner ce verset du psaume 100 :

---

[1] Voyez aux Pièces justificatives un extrait de ce contrat.

> Entrez ès portes d'icelui,
> Louez-le et celebrez chez lui
> Partout son honneur avancez
> Et son très-saint nom bénissez !

Et cet autre verset du Psaume 111.

> Cent mille hommes de front
> Craindre ne me feront,
> Encore qu'ils l'entreprinssent,
> Et que pour m'estonner,
> Clore et environner
> De tous côtés me vinssent.

Plus favorable aux protestants que celles qui l'avaient précédée, la paix de Saint-Germain fut reçue avec une vive satisfaction par les habitants d'Anduze. Ils se hâtèrent d'ouvrir les portes de leur ville à l'ancien prieur et à l'ancien vicaire. Fidèles exécuteurs des articles du traité dont la teneur portait « que les ecclésiastiques seraient rétablis dans leurs anciennes propriétés », ils restituèrent à ces deux prêtres tous les domaines et revenus qui leur avaient été confisqués pendant la guerre au profit de la ville. Ils firent plus encore : ils les dédommagèrent, par une transaction passée à l'amiable, des pertes qu'ils avaient essuyées dans les derniers troubles[1]. En agissant ainsi, ils se montraient d'autant plus accommodants, qu'un article du traité les tenait « quittes et déchargés.... des rentes, revenus et argenterie, vente des biens-meubles, tant ecclésiastiques et autres, prinz et levez, tant à l'occasion de la présente que des précédentes guerres, etc.... » Encouragés par

---

[1] Voyez aux Pièces justificatives.

ces procédés conciliants, le prieur et le vicaire vinrent dans Anduze et y réglèrent certaines affaires particulières[1].

Tandis que ces prêtres se montraient dans la ville en toute sécurité, des legs considérables étaient faits « à la bourse des pauvres de l'Église réformée ». Entre autres, nous avons noté un don de 200 livres tournois (2,000 francs de notre monnaie), à la condition expresse que cette somme ne recevrait pas une autre destination et serait exclusivement appliquée au soulagement des nécessiteux[2]. Preuve touchante de l'esprit de charité et de sollicitude chrétienne dont les protestants d'Anduze étaient animés à cette époque! En même temps, les événements qui se succédaient étaient bien propres à les remplir de joie. Deux synodes nationaux se réunissaient coup sur coup ; le roi Charles IX faisait des avances aux chefs réformés, entre autres à l'amiral Coligny, dont il écoutait les conseils avec un respect filial ; la France offrait des secours aux protestants des Pays-Bas ; les Guises étaient presque tombés en disgrâce ; le fils de Jeanne d'Albret, Henri de Navarre, se mariait avec la sœur du roi. Que le présent était réjouissant pour les réformés ! que l'avenir s'offrait à leurs regards sous un riant aspect ! Espérances trompeuses, jouissances éphémères qui furent bientôt démenties par le tocsin du 24 août 1572! Hélas! les massacres dont la cloche de Saint-Germain-l'Auxerrois donna le signal, vinrent bientôt annoncer aux protestants d'Anduze et de tout le royaume qu'il ne leur restait d'autre alternative que de reprendre le glaive des batailles, ou de tomber sous le poignard des assassins!

---

[1] Voyez aux Pièces justificatives.
[2] Voyez aux Pièces justificatives.

CHAPITRE IX

ANDUZE PENDANT LA QUATRIÈME GUERRE DE RELIGION.

(Depuis le jour de la Saint-Barthélemy, 24 août 1572, jusqu'à la mort de Charles IX, 31 mai 1574).

SOMMAIRE.

Sécurité des habitants d'Anduze pendant le massacre de leurs frères à Paris. — Leur anxiété en apprenant cette fatale nouvelle. — Incertitude des protestants du Languedoc après la Saint-Barthélemy. — Anduze se range au nombre des villes qui prennent les armes. — La quatrième guerre de religion.

I.

Pendant que le tocsin du 24 août sonnait dans Paris, les protestants d'Anduze assistaient à leur prêche. C'était un dimanche. Ils appelaient les bénédictions de Dieu sur la personne royale de Charles IX, à la même heure où ce monarque féroce tirait avec son arquebuse, de la fenêtre du Louvre, sur les malheureux réformés. Les Anduziens se réunirent encore dans leur temple le mercredi suivant, 27 août, selon leur coutume, et assistèrent au culte le dimanche d'après, 31 du même mois, sans rien savoir des tristes événements accomplis pendant cette semaine fatale[1] !

Hélas ! l'ignorance où ils se trouvaient de l'horrible bou-

---

[1] Nous avons relevé les baptêmes qui furent célébrés dans le temple d'Anduze dans la semaine de la Saint-Barthélemy. « — Le dimanche, 24 août, fut présenté Jacques Campredon, fils à Barthélemy et Delphine Bareste, présenté par Guillaume Cazalis. — Le mercredi, 27, Jean, fils d'Étienne Espagnac et de Marguerite Ricarde, présenté par Bernard Cadel de Tornac. — Le dimanche, 31, Magdeleine, à Jehan Cabanis et à Pétronie Peresse, présentée par Pierre Soubeyran. »…..

cherie de leurs frères ne tarda pas à s'évanouir. Le lundi 1ᵉʳ septembre, la fatale nouvelle leur était connue.

Il est vrai que la lettre qui l'annonçait officiellement, publiée dans la ville à son de trompe, contenait un récit de fantaisie arrangé pour la justification du roi et pour maintenir les protestants dans le calme. Toutefois, telle que les consuls la faisaient lire dans les rues et carrefours, elle était bien propre à jeter les esprits dans de terribles anxiétés [1] !

---

[1] C'était une lettre de Charles IX, écrite au vicomte de Joyeuse le jour même du massacre, dans laquelle se trouvait entre autres le récit suivant :

« Monsieur de Joyeuse, vous avez entendu ce que vous escripvis, avant hier, de la blessure de l'admiral, et que j'estois après à faire tout ce qui m'estoit possible pour la vérification du fait et le chastiment des coupables, à quoi il ne s'est rien oublié. Despuis, il est advenu que ceulx de la maison de Guise et les aultres seigneurs et gentilshommes qui leur adhèrent, et n'ont pas petite part dans cette ville, comme chacun sait, ayant sceu certainement que les amis du dict admiral vouloient poursuivre sur eulx la vengeance de cette blessure pour les soupçonner, a cette cause et occasion se sont si fort esmeus cette nuit passée, qu'entre les ungs et les aultres a été passée une grande et lamentable sédition, ayant été forcé le corps de garde qui avoit été ordonné à l'entour de la maison du dict admiral, lui tué avec quelques gentilshommes ; comme il a esté massacré d'aultres en plusieurs endroits de la ville. Ce qui a été mené avec une telle furie, qu'il n'a esté possible y mettre le remède tel qu'on eut pu désirer, ayant eu assez a faire a employer mes gardes et aultres forces pour me tenir le plus fort en ce château du Louvre, pour après faire donner ordre par toute la ville à l'apaisement de la sédition, qui est à ceste heure amortie, grâces à Dieu..... n'y ayant en ceci rien de la rompure de l'edict de pacification, lequel je veux être entretenu autant que jamais. Et d'aultant qu'il est grandement à craindre que telle exécution ne soulève mes sujets les uns contre les autres et ne se fasse de grands massacres par les villes de mon royaume, en quoi j'aurais un merveilleux regret ; je vous prie faire publier par tous les lieux de votre gouvernement que chacun aye à demeurer en repos et se contenir dans sa maison, ne prendre les armes, ne s'offenser les uns les aultres, sur peine de la vie, et faisant garder soigneusement mon edict de pacification.... »(Ménard ; tom. V, Pièces justificatives, pag. 81.)

Mais si la douleur des Anduziens fut profonde, même en écoutant la lettre mensongère du roi, quelles ne durent pas être leurs terreurs lorsque les événements leur furent connus dans leur épouvantable réalité! Peu à peu ils apprirent que le roi avait tout ordonné, qu'il avait même pris part à l'horrible massacre de ses sujets, que les gentilshommes catholiques, les bourgeois, les artisans, les gardes du roi s'étaient transformés en bourreaux pendant une semaine; que l'Amiral avait été assassiné; que son corps décapité avait été traîné dans les rues, pendu à Montfauçon; qu'un jubilé extraordinaire avait été célébré le jeudi 28 août, auquel le roi avait assisté avec toute sa cour; que le Parlement avait fait le procès à la mémoire de l'Amiral et ordonné qu'une procession solennelle aurait lieu chaque année, en commémoration de la journée de la Saint-Barthélemy; que des instructions secrètes avaient été envoyées dans toutes les provinces pour que les protestants y reçussent le même traitement que dans la capitale! Lugubres nouvelles grossies par l'épouvante, et néanmoins qui étaient encore au-dessous de la vérité! Les massacres, en effet, avaient été réellement ordonnés et avaient commencé sur plusieurs points du royaume. A Meaux, à Rouen, à Orléans, à Angers, à Saumur, à Troyes, à Bourges, à La Charité, à Lyon, on avait égorgé les protestants! Quel sort était réservé à ceux d'Anduze? Sans doute ils étaient nombreux et défendus par de fortes murailles; mais le roi n'aurait-il pas raison d'eux et de leurs moyens de défense?

Plusieurs semaines se passèrent dans ces anxiétés, dont rien n'est capable de retracer les horreurs. Chaque jour apportait aux habitants d'Anduze la nouvelle d'un nouveau massacre. Aujourd'hui il s'agissait de Castres, le lendemain de Rabastens; le surlendemain de Toulouse. En recevant ces messages sinistres, leur courage s'affaiblissait, le désespoir s'emparait de leurs âmes. Il en était de même dans toute la province. Un auteur contemporain nous a laissé le tableau le plus navrant des terribles anxiétés dans lesquelles les réformés du Languedoc étaient plongés en ce moment [1].

« ... Plusieurs de la Religion aigris par le désespoir, nous dit cet auteur, se mocquoyent, affirmant qu'il n'y avoit propos que ceus des villes de Montauban, Nismes, Millau, Privas, Aubenas, Mirebel, *Anduze* et autres du Vivarès et des Sevennes entreprinssent de resister, veu qu'on avoit fait si grands carnages de leurs frères : que le Roy avoit ses forces entières, tout le royaume à son commandement. Qu'après telles tempestes, il n'y avoit prince ni gentilhomme en France qui osast faire profession ouverte de la religion, ni moins faire teste à l'armée d'un Roy si puissant. Et quand à la Rochelle, ils estymoyent qu'à la première baterie, les habitans se présenteroyent la corde au col et les poitrines nues pour recevoir tel traitement qu'il plairoit au Roy..... »

...« Dans le trouble de leur esprit, ils alloient même jusqu'à se reprocher à eux-mêmes et au prince de Condé, ainsi qu'à l'amiral Coligny et aux autres grands seigneurs d'avoir pris les armes contre leurs princes légitimes. Ils considéroient ce qui leur arrivoit comme une juste punition de leur rébellion. Plusieurs conseilloient donc d'ouvrir les portes aux garnisons catholiques..... »

Heureusement tous ne pensoient pas ainsi. Quelques-uns « avoient délibéré de ne se laisser écorcher tout vifs..... Le

---

[1] Voyez, *Mémoires de l'Estat de France sous Charles neufiesme*, tom. II, pag. 115, l'article intitulé: *Estat du Languedoc après le massacre de la la Saint-Barthelemi, 24 août 1572.*

désespoir fit espérer ;... la sagesse des Rochellois qui paroyent si dextrement aux coups remit le cœur au ventre à plusieurs. Ceux de Montauban n'estoyent des derniers. Persévérant en leur constance accoustumée, nonobstant les lettres que le roy et aultres, près et loin, leur escrivirent, se résolurent de n'ouvrir leurs portes à ceux qui vouldraient les égorger et escorcher de par le roy, ains (mais) de se défendre jusques au bout... » Quant à ceux de Nimes, il s'en fallut peu qu'ils ne rendissent la ville au roi..... « Ceux qu'on estimoit les plus avisés disoyent que c'étoit folie manifeste de vouloir garder la ville contre les forces du roy..... Mais l'opinion de la plupart fut qu'il ne falloit pas se presser ; que Dieu assisteroit aux siens ; que s'il falloit resister et mourir en une juste défense, cela seroit plus supportable que de se livrer aux mains des brigans qui leur feroyent même grâce qu'à ceux de Paris, Lyon, Castres, Toulouse et aultres lieux. Que la mort de ceux qui resistoient à l'injuste fureur de l'ennemy étoit plus honneste et douce que de se laisser massacrer par des bourreaux, que cette resistance étoit légitime, de droit humain et divin ; que s'ils mourroyent ainsi en se defendant, leur mort seroit précieuse devant Dieu, qui, pour certain, les regarderoit en pitié et leur donneroit quelque couverture en si grandes extrémités...... Clausonne et plusieurs autres ayant remontré cela bien amplement, la plus grande voix porta qu'on ne recevroit pas garnison de par le roy, ains qu'on attendroit un temps plus doux ; cependant on repondroit paisiblement au sieur de Joyeuse. Cela étant ainsi arresté, ils avertissent ceux des Sevennes et du Vivarès, et les exhortent à faire leur devoir, car ils étoyent assaillis des mêmes armes que ceux du Languedoc....

» ... Sur ces entrefaites, le sieur de Joyeuse escrivoit fort souvent à ceux de Nismes, les exhortant à s'abstenir de faire presches, afin qu'à cette occasion ils ne fussent chargés d'être rebelles. L'affaire étant mise en délibération, l'avis porta qu'ayant esgard à la nécessité présente, on ne prescheroit point de jour, mais de nuict. Le peuple, adverti de cette dernière résolution au dernier presche qui se fit de jour, se contristoit grandement et pleuroit à chaudes larmes. Toutesfois calant aucunement la voile en telles tempestes, ils s'accomodèrent à ces assemblées nocturnes, qui furent beaucoup plus fréquentes et grandes que celles qu'on faisoit de jour. Ceus des Sévennes et Vivarés firent le mesme ès places qu'ils tenoyent.... »

Après avoir exhalé des plaintes amères, après avoir longtemps flotté dans l'indécision, les habitants d'Anduze, à l'exemple de ceux de Nimes, refusèrent de recevoir une garnison catholique, et la seule concession qu'ils firent aux circonstances terribles du moment, à l'exemple de leurs frères de Nimes, ce fut de changer l'heure de leurs services religieux; au lieu de se réunir pendant le jour, ils tinrent leurs assemblées durant la nuit [1]. Si ce changement dans les heures du culte augmenta la ferveur des protestants de Nimes, comme il dut agir sur les âmes facilement impressionnables de nos Anduziens! Avec quel empressement ils devaient aller écouter le presche, dès que leur ville était enveloppée des ténèbres de la nuit! Avec quelle fébrile avidité ils devaient recueillir les paroles de consolation et

---

[1] Pendant le mois de septembre on célébra dans le temple d'Anduze 17 baptêmes et 5 mariages. Nous avons remarqué que sur les 17 baptêmes il y en eut 5 d'enfants apportés d'Alais;— et sur les 5 mariages, 1 dont les parties contractantes venaient de Montpellier et un autre de Saint-Hippolyte. L'Église d'Anduze était-elle en ce moment critique la seule qui eût le courage et la possibilité de célébrer le culte public?

d'espérance qui leur étaient adressées par leurs pasteurs, maître Pasquier Boust et maître Bertrand Alphonse!

Ces assemblées nocturnes, si propres à enflammer les cœurs, surtout au lendemain des massacres de la Saint-Barthélemy, ne durent pas se prolonger longtemps; car après quelques semaines passées dans la terreur et l'incertitude, à l'exemple de La Rochelle, Sancerre, Montauban et Nimes, les autres places appartenant au parti protestant s'étaient déclarées ouvertement pour la résistance. Anduze était de ce nombre. Déjà nous avons vu figurer son nom dans la liste des villes que l'auteur des *Mémoires de France sous Charles IX* signale comme ayant levé la tête après la Saint-Barthélemy. Ménard et Dom Vaissette en disent autant. Mais pourquoi invoquer ces témoignages? n'avons-nous pas des preuves matérielles de la position belligérante prise par notre ville après le massacre du 24 août? Elle commença d'abord par établir une communication facile entre les diverses parties de ses fortifications, et bientôt après elle fit acquisition de munitions de guerre[1].

Les hostilités étaient engagées : dans l'Ouest, où l'on se battait devant La Rochelle qui était assiégée par une nombreuse armée, ayant à sa tête le duc d'Anjou, frère du roi; — au Centre, la petite ville de Sancerre se défendait contre un corps de troupes qui en fit le siége pendant plus de trois mois; — dans le Midi, tout le Languedoc était sous les armes. Mon-

---

[1] Le 18 novembre 1572, les consuls passent un traité « pour faire ouvrir une porte dans la tour ronde, à la hauteur de la muraille de la ville. » (Registre d'Ét. de Cantalupa, fol. 206.) — Le 4 décembre de la même année, les consuls achètent de la poudre à un nommé Claude Pomier, d'Alais. L'acte d'achat n'est pas couché dans les registres du même notaire; il y est seulement mentionné fol. 375, année 1572, avec cette remarque : « le dict acte est en liasse. »

tauban avait fermé ses portes; Nimes refusait de recevoir garnison et se préparait activement à repousser toute attaque.

A la nouvelle de ces préparatifs, Damville arrive dans le Languedoc, envoyé par Charles IX, avec ordre de lever une armée et de faire rentrer les réformés sous son obéissance. « Il fit sommer les habitans de Nismes, nous dit Dom Vaissette, de se soumettre au roi ; mais au lieu d'obéir, ils surprirent la ville d'Uzès; le 21 d'octobre (1572), tuèrent les prêtres et rançonnèrent les autres habitants catholiques. Enfin les religionnaires de Nismes, Boullargues, Saint-Côme, Aubenas, Privas, ANDUZE, le Chaylar et de quelques autres villes du Vivarais et du Bas-Languedoc, s'étant associées, levèrent entièrement l'étendard de la révolte et bruslèrent les bourgs et villages catholiques des environs, sous les ordres de Saint-Romain qu'ils avoient élu pour chef et général des quartiers d'Uzès, de Nismes, des Cevennes, du Vivarais, et à qui ils avoient donné un conseil. Damville fit aussitôt ses préparatifs pour les réduire et résolut d'assiéger et de reprendre la ville de Sommières.

» Les habitans de cette ville (les protestants) avoient pris les armes après le massacre de la Saint-Barthélemy et s'étoient assurés de la ville. Mais le capitaine Pouget, qui en étoit viguier, s'enferma dans le chateau avec quelques soldats, et ayant reçu du secours reprit la ville. Les religionnaires de Sommières se retirèrent alors à Anduze, à Sauve, dans les Cevennes, y levèrent 500 hommes, et ayant pratiqué une intelligence dans la ville, ils y rentrèrent le 6 de novembre sous la conduite d'Antoine Dupleix, seigneur de Gremiand. »

Tandis qu'Anduze ouvrait ses portes aux réfugiés de Sommières et leur prêtait assistance, elle avait été choisie pour la tenue des Etats de la partie du Languedoc soumise aux protestants. La première séance de cette assemblée eut lieu le 7 du mois de février 1573. C'est Ménard qui nous l'apprend lui-même (tom. V, pag. 87). « .... Le premier consul de Nismes, nous dit cet auteur, et le sieur de Servas s'y trouvèrent comme députés de la ville. Dans cette assemblée, on convint d'une union entre toutes les Églises réformées du Languedoc, et l'on en dressa les articles, que tous les assistants firent serment d'observer.

» En outre, on jura l'observation d'un règlement qui avoit été dressé pour la justice, la guerre, et la police concernant les Églises en général, et qui ne paroit pas différent de celui qui avoit été fait quelques mois auparavant dans l'assemblée tenue à Nismes. De plus, les États d'Anduze délibérèrent d'imposer sur le pays la somme de 120,000 livres. Ils en firent en même temps le département, suivant lequel la quote-part de la viguerie de Nismes monta à 7,200 livres... »

Après le siége de Sommières, plusieurs trêves suspendirent successivement les hostilités dans le Languedoc, en attendant que la paix fût signée entre les deux partis. Elle le fut en effet devant La Rochelle, le 24 juin 1573 ; mais comme elle ne pouvait pas satisfaire les protestants de tout le royaume, ceux-ci restèrent sur le pied de guerre, et les catholiques en firent autant.

Cependant les deux partis restaient en présence sans se battre, les pourparlers continuaient ; pour qu'ils pussent aboutir à quelques résultats définitifs, une nouvelle trêve aurait été consentie ; mais une assemblée politique tenue à Anduze soulevait des difficultés (c'était probablement la même dont nous venons de parler, et qui ne s'était pas séparée depuis le mois de février). Ses exigences contrariaient vivement le gouverneur de la province ; fatigué de l'opposition qu'il rencontrait de ce côté, il écrivit la lettre suivante, dont la teneur donne la juste mesure de l'état des choses dans la province, et du rôle important de notre ville à cette époque.

« Messieurs (les consuls de Nismes).

»J'ai reçeu la lettre que vous m'avez escripte par Charretier mon secretaire, et entendu par son rapport comme les affaires se sont passées et démenées entre vous et lui. Estant très aise que les publications ayent été faites comme il m'a dict à Nismes et à Beaucaire de la prolongation de la surcéance d'armes, mais encore désiré-je que ceulx de l'assemblée qui se faict a Anduze cessent toutes difficultés, et le plus promptement qu'ils pourront, les apprennent et y adhèrent pour éviter tant de confusions qui en pourroient réussir (résulter). Il m'a semblé bon leur en escrire la lettre ci incluse que je vous prie de leur faire tenir par celui que vous y envoyerez de votre part, et l'accompagner des vostres qui soient de la bonne encre [1].... etc. »

Montpellier, 20 octobre 1573.

Signé : H. Montmorenci.

Nous ignorons l'effet produit à Anduze par *la lettre* que le maréchal écrivit, et par celle qu'il fit écrire par les consuls de la ville d'Anduze ; nous savons seulement que le premier jour de décembre de la même année, il y eut à Milhau en Rouergue une assemblée générale des députés de la noblesse protestante et des Églises réformées du Languedoc, au nombre desquels

---

[1] Archives de la mairie de Nismes ; recueil intitulé : *Troubles religieux*, vol. I, n° 13.

figuraient ceux de notre ville d'Anduze. Celle-ci continuait donc à prendre sa bonne part dans le maniement des affaires générales concernant la religion. Ce qui fut décidé à Milhau n'entre pas dans le cadre de notre récit ; nous le passerons donc sous silence, ainsi que les négociations entamées dans la province. Les pourparlers se poursuivaient entre Damville et les chefs des réformés, au moyen de trèves plus ou moins bien gardées qui étaient acceptées de part et d'autre et qui se succédaient de mois en mois. On était arrivé vers le commencement de mai 1574, sans avoir pu s'entendre sur les bases et les articles « d'une bonne paix », lorsqu'on apprit la mort de Charles IX. Ce prince termina sa vie le 31 mai 1574, à l'âge de 24 ans, dévoré par une maladie de consomption. Dans ses derniers moments son âme était torturée par les remords, au souvenir des massacres qu'il avait ordonnés dans la nuit néfaste de la Saint-Barthélemy. Juste punition de son crime, et terrible exemple pour les princes qui, loin de rechercher l'amour de leurs peuples, ne craignent pas de s'en faire les bourreaux !

CHAPITRE X

ANDUZE PENDANT LES QUATRE GUERRES DE RELIGION QUI EURENT LIEU DEPUIS L'AVÈNEMENT DE HENRI III AU TRÔNE DE FRANCE JUSQU'A LA MORT DE CE ROI. (1574 — 1589.)

SOMMAIRE.

Les cinquième, sixième, septième et huitième guerres de religion.—Souffrances du Languedoc. — Anduze n'est pas assiégé. Réparations et agrandissement de ses fortifications.—Réquisitions. Impositions extraordinaires.—La peste et les précautions prises pour s'en défendre.—Assemblée dans Anduze des députés des Églises réformées de la province. Union de ces Églises.—Derniers événements du règne de Henri III.

I.

Henri III, frère et successeur de Charles IX, occupa le trône pendant quinze ans. Sous ce prince, dont les vices furent la honte de la royauté, la France vit à quatre reprises ses enfants tourner leurs armes fratricides les uns contre les autres, et continuer la triste série des guerres de religion. On s'était arrêté à la quatrième de ces guerres sous Charles IX, la cinquième éclata immédiatement après l'élévation de Henri III au trône de France. Elle dura deux ans, et fut terminée, le 6 mai 1576, par la paix dite de *Monsieur*[1]. Comme ses dispositions étaient favorables aux réformés [2], elle ne fut pas longtemps respectée.

---

[1] Elle fut appelée *Paix de Monsieur*, parce qu'elle avait été négociée et conclue par le duc d'Alençon, Monsieur, et frère du roi.

[2] En effet, elle autorisait les réformés à célébrer leur culte, Paris excepté, dans toutes les villes du royaume; elle leur accordait des

Le roi lui-même, d'accord avec la Ligue, excita contre les réformés les États-Généraux, qui se tenaient à Blois, et les hostilités recommencèrent dès les premières journées de 1577. Elles ne se prolongèrent pas longtemps, et furent terminées, le 17 septembre de la même année, par un traité de paix signé à Bergerac... Ce nouveau traité, à peu près semblable au précédent, fut mal accueilli et encore plus mal observé [1]. Henri, roi de Navarre, fit un appel aux armes le 6 avril 1580, et il entra en campagne. C'était la septième guerre; mais comme elle avait été désapprouvée par la plus grande partie des réformés de France, elle se concentra dans le haut Languedoc ; et après la prise de Cahors, dont le fils de Jeanne d'Albret se rendit maître de vive force, la paix fut rétablie par un traité signé au Fleix, le 16 novembre de la même année... La huitième guerre eut lieu quatre ans après. La Ligue l'avait exigée. Cette association puissante, dont l'objet avoué était « l'extermi-

---

Chambres mi-parties dans les huit parlements du royaume ; — elle les autorisait à tenir garnison dans huit places de sûreté ; — elle défendait d'inquiéter désormais les prêtres et les religieux mariés, et légitimait leurs enfants ; — elle désavouait les massacres de la Saint-Barthélemy ; — elle restituait les biens des victimes à leurs veuves et à leurs enfants ; — elle annulait les jugements rendus contre ceux de la religion réformée depuis Henri II ; — elle abolissait les processions et autres monuments institués en mémoire de la mort du prince de Condé et de la Saint-Barthélemy ; — elle déclarait que le prince de Navarre, le duc d'Alençon, n'avaient rien fait que pour le service du roi, etc. Les seuls articles qui pussent un peu flatter l'amour-propre humilié des catholiques étaient ceux qui maintenaient le paiement des dîmes aux ecclésiastiques, et qui annulaient les ventes des biens d'Église faites par les protestants.

[1] Il en différait néanmoins par un point essentiel, et qui consistait en ce que les protestants ne seraient pas libres de célébrer leur culte dans toutes les villes du royaume, mais seulement dans les villes et villages où il était établi au moment où la paix était conclue, et dans une seule ville par sénéchaussée ou bailliage.

nation des huguenots », après avoir reçu des subsides considérables de l'étranger, et après avoir terminé secrètement ses préparatifs, dicta ses conditions à Henri III, qui fut forcé de souscrire à tout ce qu'on lui imposait. Le 15 juillet 1585, il publia un édit qui défendait l'exercice du culte réformé dans tout le royaume, qui prononçait le bannissement de tous les ministres, et qui obligeait tous les protestants de France à se convertir dans le délai de six mois, sous peine de confiscation et d'exil... Les réformés furent atterés! Les plus avisés d'entre eux vendirent leurs biens en toute hâte et s'expatrièrent, les plus timides se convertirent, les plus résolus coururent aux armes. On se battit avec un tel acharnement, que la mort de Henri III (1589) ne put faire cesser les hostilités.

II.

Chaque fois que la guerre recommença, le royaume fut tout en feu ; le Languedoc surtout en ressentit les terribles effets. Nos lecteurs auront une idée du triste état où se trouvait cette province, par le passage suivant, extrait des instructions que les protestants de Nimes remirent à des commissaires envoyés au roi de Navarre :

« ..... Remontrer pareillement à son Hautesse que le diocèze de Nismes, par-dessus tous les autres, a beaucoup souffert, ayant esté continuellement mangé, pillé et ravagé par l'amy et l'ennemy, toutes les deux armées, d'une main et d'autre, y ayant presque continuellement campé ou séjourné, la ville de Nymes deux fois assiégée ; la ville de Sommières autant ; la ville et fort de Saint-Gilles par trois fois, de manière qu'est rendue presque du tout inhabitable ; la plupart des maisons bruslées, démolies, ruinées. La ville d'Alès longtemps assiégée ; la ville et chateau de Vauvert par deux fois assiégé, battu, pris et repris ; de même de Manduel, Beauvoisin, Bernis, Calvisson, le Caylar, Villevieille, Durfort, Saint-Marcel, Saint-Jean-de-Serres et plusieurs autres. Semblablement les villages d'auprès Nymes où les camps ont campé, mis en toute ruyne, et ce a souffert, outre les garnisons ordinaires et autres impositions, le dégat, dépopulation et ruine de leurs oliviers et autres gerbiers ; et le Rhosne qui par deux fois a inondé et dévasté tout le plat pays, la chaussée ayant été expressément rompue par l'ennemi [1]..... »

La ville d'Anduze ne put échapper à toutes les calamités dont la guerre accablait le Languedoc ; toutefois elle eut encore la bonne fortune de ne pas tomber entre les mains des ennemis. Elle ne fut pas même assiégée, et il n'y eut aucun dégat dans son terroir.

Nous comprenons fort bien les causes qui empêchèrent les armées catholiques de s'approcher de ses murs : pour venir l'attaquer, il fallait s'aventurer dans une contrée couverte d'une population entièrement dévouée à la cause des réformés, entreprise hardie qu'il était sage de ne pas tenter à l'aventure ; d'ailleurs, il ne s'agissait pas d'une de ces petites places sans importance dont on s'empare d'un coup de main : c'était une ville forte par son assiette naturelle, forte par ses travaux de défense, forte par le nombre et l'énergie de ses habitants ; après Nimes, elle passait pour la plus considérable de la province [2] ; les ennemis le savaient, et ils se tenaient prudemment à distance.

[1] Ménard ; tom. V ; preuves, pag. 136.
[2] Nous en avons la preuve dans la note suivante, que nous avons découverte aux archives de l'Hôtel de Ville de Nimes :

III.

Jaloux de conserver à leur ville son importance stratégique, les Anduziens, pendant ces quatre longues guerres, ne cessèrent de veiller à l'entretien et à l'agrandissement de leurs fortifications. Tantôt ils faisaient abattre un pan de mur dont ils soupçonnaient la solidité, et le faisaient reconstruire ; tantôt ils élargissaient et creusaient plus profondément les fossés dont leurs remparts étaient ceinturés ; tantôt ils fortifiaient les ravelins placés au-devant des portes d'entrée de la ville ; tantôt ils élevaient des demi-lunes et autres travaux de défense ; tantôt ils réparaient les corps-de-garde placés au haut de la montagne, d'où ils pouvaient apercevoir au loin la marche de l'ennemi ; tantôt ils se procuraient des cloches qu'ils suspendaient sur les tours de la ville, afin d'appeler à leur secours, en cas d'attaque imprévue, les habitants des villages voisins. Nous voudrions pouvoir transcrire tous les documents de l'époque qui nous donnent la mesure des soins attentifs, presque journaliers, que la ville apportait à l'entretien de ses moyens de défense, mais nos citations par leur multiplicité deviendraient fastidieuses ; obligé de nous restreindre, nous nous bornerons aux extraits suivants :

« L'an 1577 et le 28 juin, furent présents M° Jacques Deleuze, docteur es droits, juge en la ville d'Anduze ; nobles

---

« Lieux réservés a dementeler au diocèze de Nismes par l'accord fait à Beaucaire, le 26 juillet 1574 :
» Nismes, ANDUZE, Sauve, Vigan, Meyrueys, Sumène, Aulas, Vezenobre, Massilhargues, Bernis, Aimargues, Marguerite, Saint-Gilles, Sommières, Alès, Bezouce, Menduel. »

Antoine Auquier bailli, Charles Solier, Gaulceu de la Farelle; sieurs Pierre Combel, Jean Molle, et moi notaire soussigné, députés du Conseil politique de la dite ville, sachant que, suivant le pouvoir a eux donné, arresté en conseil politique d'icelle ville, sieur André Novis et Simon Puechredon, consuls d'icelle, auroient emprunté et se seroient obligés en leur nom propre, en présence de Jaques Gardies, syndic du lieu de Saint-Sebastien, deux cloches sans matables, entières, pesant, l'une 150 livres, et l'autre 140 livres, et icelles avoir mises et posées, l'une à la porte du Pont, et l'autre à la porte de la Boucarié pour la garde de la dite ville, et icelles avoir promis rendre à la volonté du dit syndic [1]...... »

«....L'an 1577 et le troisième jour du mois de septembre, fut présent sire Bernard Ligier, consul, lequel a bailhé à priffait à Antoine Bonnal vieulx masson dudit Anduze;... c'est à faire une crotte (voûte) au ravelin [2] de la porte de la Bouquerie, depuis le carré de la tour de ladite porte vers le ravelin, jusqu'à l'endroit de la cremade de tieures (tuf) du trou par ou passe l'eau de la rue de la hauteur qui sort à plain pied de la crotte de ladite tour; plus monter la muraille de ladite tour devers la ville de trois pans de hault, pour faire tomber l'égout d'icelle tour et crotte dans ledit ravelin;... plus faire trois cœurnières (meurtrières) à chascun côté, et quatre au-devant et dessus de la dite crotte;.... et le tout sera fait de bonne massonnerie à chaux et à sable, bien et dûment, et le dict consul sera tenu fournir fustes, tuiles, clous nécessaires [3]....»

---

[1] Registre d'Ét. de Cantalupa; année 1577, folio 155.
[2] On appelle ravelin, en terme de fortifications, un ouvrage de défense extérieure formé de deux faces qui forment un angle saillant.
[3] Registre d'Ét. de Cantalupa; année 1577, fol. 220.

.....« L'an 1588, et le neuvième jour du mois de novembre, estably en personne syre Raymond de la Farelle, premier consul de la ville d'Anduze, lequel assisté de syre Jehan Reboul, Blaise Pontier, Nicolas Descourts, Guillaume Flavard, a bailhé a priffait à Antoine Valmalette, masson dudit Anduze, sçavoir et :

A faire et bastir à pierres sèches un petit membre pour faire sentinelle à la montagne de Saint-Julien, près des piliers où repose la cloche, ayant ledit membre, de hauteur huit pans, aultres huit pans de longueur, et six pans de large dans œuvre; et faire deux petites fenêtres, enduire la muraille en dedans et faire une entrée audit membre basti à chaux et à sable. Icelui membre couvrir de lauses ou tuiles amourtésées; — faire une porte de bois à la tour du corps de garde (placé sur la même montagne de Saint-Julien) icelle pailler (fermer à clef), et rendre la clef avec la serrure. Aussi couvrir le couvert, et fournir les tuiles qui seront nécessaires; — aussi relever la murailhe, et bastir une porte à pierres sèches, dernier (derrière) le temple (l'église) de Saint-Julien, et sera tenu fournir le tout et parachever lesdites réparations dans quinze jours prochains [1]..... »

IV.

La ville d'Anduze, pendant cette période désastreuse, ne se contenta pas de se préparer à bien recevoir l'ennemi, elle accepta son contingent des charges extraordinaires dont la province fut accablée. Soldats, provisions de bouche, matériel, argent (surtout l'argent), tout ce qu'on lui demandait, elle

---

[1] Registre d'Ét. de Cantalupa, année 1588, fol. 423.

le fournit. Et ce n'était pas peu ! les réquisitions étaient presque journalières. Aujourd'hui, pour ravitailler une ville assiégée, une autre fois pour payer la solde des troupes en campagne ; Thoré, gendre de Coligny, se voyait-il pressé dans Montpellier par l'armée catholique, il partait secrètement pour Anduze, parcourait les Cévennes, le Rouergue, le Querci, et revenait au bout de quelques semaines avec des milliers d'hommes équipés et avec d'abondants approvisionnements. Quelques mois après, un autre chef protestant faisait des demandes pareilles, et la ville d'Anduze fournissait sa quote-part. Elle fut imposée, lorsque Montmorency ordonna que le diocèse de Nîmes fournirait pour le charroi de son artillerie 35 mulets, 15 charrettes, 20 quintaux de poudre[1]. — Autre réquisition sur Anduze, lorsque le même Montmorency ordonna une nouvelle levée sur le diocèse, à la date du 2 octobre 1586, pour venir en aide aux villes du Gévaudan (Meyrueis et Florac) qui étaient assiégées par Joyeuse. — Autre imposition, lorsque Montmorency demanda un grand approvisionnement de poudre pour les compagnies qu'il envoyait au secours des villes de la viguerie du Vigan, que les ligueurs tenaient étroitement bloquées[2] (1er août 1587). — Autre imposition après la célèbre bataille de Coutras, lorsque Henri de Navarre demanda 200,000 escus à prendre sur toutes les Églises du bas Languedoc pour le paiement des troupes allemandes venues en France au secours des protestants[3]. — Autre imposition lorsqu'une trêve de quelques mois fut conclue entre les deux partis

---

[1] Archives de l'Hôtel de Ville de Nismes; registre des délibérations du Conseil de ville du XVIe siècle.
[2] Ménard; tom. V, pag. 240.
[3] Ménard; tom. V; preuves, pag. 180.

(15 août 1588), à la condition que les diocèses de Nîmes et d'Uzès payeraient la somme de 5,000 escus [1]. — Autre imposition lorsque Saint-Agrève, dans le Vivarais, se trouvant attaquée par les ligueurs, le 26 septembre 1588, il fut décidé que chaque viguerie du diocèse enverrait pour la délivrance de cette place forte un secours en argent et en hommes armés [2]. — Autre imposition lorsque, à la demande du roi de Navarre, dans une assemblée générale tenue au Pouzin en Vivarais, fut décidée nouvelle levée de gens de guerre, tant de pied que de cheval, le 29 mai 1589 [3].... Et tant d'autres que nous ne mentionnerons pas, les unes, parce qu'elles n'ont pas laissé de traces, les autres, à cause de leur multiplicité!

V.

On est effrayé à l'ouïe de toutes ces charges, et l'on se demande avec étonnement comment les villes et les villages de la contrée pouvaient y suffire. Elles les supportaient néanmoins, mais à la condition douloureuse de confisquer les revenus ecclésiastiques, de recourir à des emprunts et à des impositions extraordinaires. Sous le règne de Henri III, comme auparavant, toutes les fois que la guerre recommença, la ville d'Anduze versa dans la caisse de la communauté les revenus du prieuré, de la vicairerie et des établissements monastiques [4].

---

[1] Ménard; tom. V; preuves, pag. 240.
[2] Ménard; tom. V; preuves, pag. 249.
[3] Ménard; pag. 257.
[4] Mais ils les restituaient dès que la paix était rétablie, se montrant ainsi scrupuleux observateurs des clauses des traités qui stipulaient que les ecclésiastiques rentreraient dans la possession de leurs biens et de leurs revenus. Nous en avons la preuve dans la déclaration suivante :

En outre, les consuls frappèrent à toutes les portes, et, sans regarder au taux usuraire qu'on exigeait d'eux, ils empruntaient de l'argent. Enfin, les habitants, à plusieurs reprises, furent cotisés extraordinairement [1]. Voici le texte d'un bail qui pourra donner à nos lecteurs une idée de ces impositions

« L'an 1579 et le 12me jour du mois de may, fut présent messire Antoine de Cazalis, sieur de la Barreze, archidiacre de St Germain des Allès, lequel comme procureur de messire Jehan de Valenciennes, religieux de l'abbayie de St Pierre de Vienne, prieur du prieuré de la présente ville, dit avoir receu reallement de contant (comptant) des consuls de la ville d'Anduze, la somme de cinquante escuts sol, pour payement entier du prix de l'arrentement de la dernière tierce année courante et présente des fruicts du dit prieuré du dict Anduze, etc... »
(Ét. de Cantalupa, registre de 1579, fol. 181.)

[1] Il serait trop long de détailler toutes les cotisations extraordinaires dont la ville d'Anduze et sa viguerie furent frappées; nous nous bornerons à indiquer sommairement les suivantes:

« ...... Le 8 février 1575 fut faicte au consul Solier quittance pour monsieur de Vignaulx, et aultres gendarmes des trouppes du sieur de Terrides. (Ét. de Cantalupa, registre de 1575, fol. 15 verso, où il est dit que cette quittance est en liasse.)

» .... Le 24 février 1575, furent présens : noble Charles Solier, premier consul de la ville d'Anduze; sire Antoine Fornier, consul de la Salle; André Penarier et Jean Drouillon, consuls de Saint-Jean de Gardonenque et Antoine Gervais, député de Soudorgues, d'une part — Et noble Aurias Dumas, sieur de Codolet de la ville d'Alais, et noble François des Vignolhes d'Anduze, d'autre part. Lesquels de leur gré et sur les choses soubs escriptes se sont convenus et accordés la mutue et solemne stipulation intervenue comme s'ensuit:

» C'est que le dict Dumas sera tenu lever, tant des habitans de la ville d'Anduze que des villaiges de la viguerie du dict Anduze, la somme de 2,241 livres 14 sols (près de 22,000 fr. de notre monnaie), cottisée, imposée sur la dite ville et viguerie pour payement et remboursement de la dépense faicte par les troupes et gens à cheval de guerre menées par les sieurs de Terrides et Daudon, passant ès villes et viguerie d'Anduze, Salve (Sauve), Vigan, bas-pays, entre ci et trois mois suivans, à la charge qu'il sera tenu, comme prendra et levera les dicts deniers, appeler le dit de Vignolhes qui sera tenu controler ce que le dict Dumas recepvra, et en sa présence mettra l'argent qu'il recepvra

et de l'état de confusion et de misère dans lequel se trouvaient Anduze et sa viguerie :

« L'an 1577, et le quatorzieme jour de septembre, furent présens sire André Novis, Bernard Ligier et Simon Puechredon, consuls de la ville d'Anduze, lesquels comme ayant charge à eulx donnée par l'assemblée de la viguerie d'Anduze, suivant le commandement et commission du sieur de Thoré, commandant pour les Eglises au pays du Languedoc, ont bailhé la recepte et levée d'une imposition et despartement de la somme de 800 livres faicte sur ladite ville et viguerie, suyvant ce qui dans un coffre, et chacun d'eulx tiendra une clef; duquel coffre ne leur sera permis bailher argent à personne, sans avoir appelé et avoir permission des consuls d'Anduze, de Saint-Jehan et de la Salle, afin que chacunes de ces dictes villes et villaiges soient proportionnellement remboursées du dict argent, de ce que leur est deu par recognoissance de la dicte dépense.... » etc., etc.

« ..... 20 may 1587, bail passé entre les consuls d'Anduze et un habitant de la dite ville, pour la levée des deniers faite par ordre du duc de Montmorenci afin de libérer la communauté d'une somme qui lui avait été imposée. » (Ét. de Cantalupa; registre 1587, fol. 176.)

« .... 28 mars 1589..... Sire Bernard Léger et Loys Gineste, consuls d'Anduze; sire André Perrier, du lieu de Saint-Jean de Gardonenque; Pierre des Vignolles, de la Salle, députés des lieux et villaiges de la viguerie haulte d'Anduze ; — noble Pierre d'Ayrebaudouze, seigneur de la Blaquière, et sire Claude Dumas, députés de la viguerie basse d'Anduze, lesquels ont bailhé à lever à maître Jehan Mote, de la ville, une imposition et desportement de deniers faicte sur les habitans de la ville et viguerie d'Anduze, faicte aujourd'hui, et se montant à la somme de 772 livres 14 sols 7 deniers pour payer les debtes de la dicte ville et viguerie..... » etc., etc. (Ét. de Cantalupa; registre de 1589, fol. 88.)

Le 11 juillet de la même année, le même Mote passa un bail pour la levée des deniers sur Anduze et sa viguerie d'une imposition de 1164 livres 13 sols 9 deniers. (Ét. de Cantalupa; reg. de 1589, fol. 168.)

Le 15 septembre de la même année, un autre bail fut passé entre les consuls et les députés d'Anduze et sa viguerie, et le même Jean Mote, pour la levée d'une imposition de 502 livres 7 sols 6 deniers. (Ét. de Cantalupa; registre de 1589, fol. 181.)

a esté arreté en la dite assemblée de la dite viguerie tenue à Anduze, au mois de septembre, et sire Loys Gineste, marchant de cette ville, présent et acceptant sous les pactes et qualités suivans :

» C'est que le dit Gineste sera tenu lever les deniers de la dite imposition, montant à 800 livres, sur les villaiges et lieux de la dite viguerie, suyvant le despartement sur ce fait, le double duquel signé par l'un des consuls, le dit Gineste a dit avoir en son pouvoir, et des sommes en icelui conténues a promis rendre bon compte, et prester le reliquat à la dite ville dans deux mois prochains, et faire bons les dits deniers, sauf les lieux qui seront ci-après occupés par les ennemis, et où et quand viendroit un édit de paix par lequel le dit Gineste seroit empesché à la levée des dits deniers, ou bien par un siége en la présente ville, lors et advenant l'ung des dits cas, icelui Gineste ne sera tenu faire les dits deniers bons ni des dits lieux occupés, ains (mais) rendra compte avec prestation de serment de ce qu'il aura levé et exigé.

» Item, et le dit Gineste sera tenu payer les sommes qui lui seront mandées payer par mandement, signées des dits consuls ou aulcun d'iceulx, aux personnes nommées, et en rendant son compte seront reçus pour deniers comptants, et décharge de semblable somme de la dite recepte en ligne de payement et de dépense.

» Item, et où et quand y auroit aucun lieu ou villaige de la dite viguerie qui fut refusant à payer sa cottité, les dits consuls seront tenus lui donner main forte, lui bailher des souldats pour faire les exécutions nécessaires dehors la dite ville, lors et incontinent qu'ils seront requis, lesquels dits souldats le dit Gineste sera tenu faire payer de leurs vacations et journées.

» Item sera permis au dit Gineste lever et prendre pour ses gages et leveure, des villes, lieux, villaiges d'icelle viguerie, un sou par livre, oultre et par dessus de la dite imposition des deniers qu'il recepvra, et à faulte de payement sera permis au dit Gineste commander l'arrest aux dits consuls, syndics et habitans de chacung villaige, ensemble au bétail, soit au dedans de la ville ou dehors, et iceulx détenir prisonniers en l'arrest clos dans maison, jusques avoir payé; et faire payer les despens qui auroient été contre eulx faits. Sauf qu'il sera tenu avant que les pouvoir arrester, leur envoyer mandement de payer leurs cottités. Et pour observer les choses sus dites et ne pouvoir y contrevenir, les dites parties se sont obligées réciproquement, etc. »

VI.

Pauvre contrée et pauvre ville! Que de charges, que de calamités! d'autant plus qu'au fléau de la guerre vint se joindre celui de la peste. On s'y attendait, et en prévision de l'épidémie les meilleures précautions hygiéniques avaient été prises. Nos lecteurs pourront en juger par le document qui va suivre :

« ..... L'an 1578, et le vingt-septième jour du mois de décembre, furent présens sires Claude Paulet, Barthélemy Julien, Loys Gineste et Mathieu Bony, consuls de la ville d'Anduze, d'une part; Et maître Nicolas Rosselet, chirurgien du dit Anduze, d'autre. Lesquels de leur gré se sont convenu.... comme s'ensuit :

C'est que le dit Rosselet sera tenu comme a promis, où et quand plairoit à Dieu d'affliger les habitans de la dite ville de peste, de s'abandonner (dévouer), servir, panser de son art ceux de la dite ville et habitants d'icelle malades et touchés de la dite maladie, sans rien prendre ni demander d'eux, ou ce seroit ce qu'ils vouldroient donner librement pour ses peines, sans aultrement les pouvoir contraindre à aulcun payement; — ni abandonner la ville durant la dite maladie, ni aller hors icelle panser aulcung malade sans permission des dits consuls, lesquels seront tenus donner et payer audit Rosselet pour chacun mois qu'il suivra, la somme de trente escuts sol., payables à la fin de chaque mois, lequel temps commencera lorsqu'il sera mis en besogne par les dits consuls pour panser quelconque malade, suivant lequel temps sera nourri et entretenu de sa bouche aux despens de la ville, et jusques à ce qu'il lui sera permis de se meler parmi les sains.

»Item, et jusques à ce qu'il sera mis en besogne et en charge, les dits consuls seront tenus de lui donner et payer pour chacun moys six escuts, comme lui fut accordé le neufvième du dit mois par les consuls modernes et députés de la dite ville, et laquelle somme de six escuts pour payement de ce mois commençant au dit jour neufvième, le dit Rosselet a receu reallement du dit Paulet, premier consul, en présence de moi, notaire et tesmoins souscrits [1].....»

Malgré les soins du chirurgien Rosselet et beaucoup d'autres précautions qui furent prises, la peste éclata et fit de grands ravages au sein de la population anduzienne [2]. Ainsi, toutes les épreuves à la fois venaient exercer la patience et le dévouement de nos ancêtres !

[1] Ét. de Cantalupa; registre de 1578, fol. 465.
[2] Ménard et Dom Vaissette en font mention. Voici comment ce dernier nous le raconte..... « En l'année 1587, il y eut plusieurs villes de la province qui furent affligées de la peste. Les peuples qui en souffrirent le plus furent ceux du Vivarais, du Vélay et les habitans d'ANDUZE, de Sommières, Restinclières, Castries, et de plusieurs villages des environs de Montpellier (*Histoire du Languedoc*, tom. V, pag. 419).

VII.

Plusieurs semaines avant l'invasion de la terrible épidémie, Anduze avait vu se réunir dans ses murs une assemblée politique composée des députés de toutes les Églises du bas Languedoc. Cette réunion extraordinaire, autorisée par Montmorency, avait pour objet de rechercher les moyens les plus propres à arrêter les desseins des perturbateurs du repos desdites Églises. Elle devait en même temps rédiger un traité d'union que chacune d'elles accepterait, « pour s'establir en une solide paix [1] ».

L'assemblée était imposante (elle se composait de plus de 300 membres). Dans son sein elle comptait des députés de la noblesse, de la bourgeoisie et du corps pastoral. Elle siégea pendant plusieurs jours, sous la présidence des sieurs de Saint-Cosme et de Montvaillant. Les séances commencèrent le 22 novembre et furent terminées le vingt-sixième jour du même mois (1578).

Elle dressa d'abord un cahier de doléances, qu'elle envoya aux États de la province réunis alors à Béziers, et dans lequel elle se plaignait des contraventions faites au dernier édit... Elle rédigea ensuite la déclaration de l'*Union*, qui était l'objet principal de sa convocation. Ce manifeste commençait par le préambule suivant :

« ... Comme l'union et la concorde est le vrai et certain

---

[1] Ménard, Jean de Serres, Dom Vaissette et tous les historiens font mention de cette assemblée des Églises réformées du bas Languedoc, dont les députés se réunirent à Anduze. Le traité d'union qui y fut dressé se trouve en entier dans le cinquième volume de l'*Histoire du Languedoc*; preuves, pag. 265.

moyen d'entretenir toute société, aussi est-elle principalement nécessaire en l'Église de Dieu ; et même en ce temps et cette province où les ennemis du repos public tâchent par tous moyens de l'envelopper en nouvelles confusions, et lui ravir le fruit de la paix et tranquilité tant désirée de tous gens de bien, et ce par artifice d'autant plus dangereux que, sous ombre de la paix, ils pensent allumer la guerre. C'est la raison qui a esmeu les Églises réformées du bas pays de Languedoc, composées des seigneurs de la noblesse, pasteurs des dites Églises et tiers-État du dit pays, à s'assembler à Anduze le XXII novembre de cette année 1579, sous l'autorité du roi de Navarre, et de faire et contracter ensemble perpétuelle union et alliance, aux conditions ci-dessous spécifiées, louant Dieu que leur intention a été suivie d'un commun accord et consentement, et d'une bonne et heureuse issue...» Vient ensuite une longue suite d'articles pour la lecture desquels nous renvoyons à l'*Histoire du Languedoc*, tome V, *preuves*, pag. 265.

Le manifeste se termine par l'engagement qui suit :

«Nous, seigneurs, gentilhommes, capitaines, consuls et députés, tant des villes capitales et vigueries des diocèses de Montpellier, Nismes, Uzès, Vivarès, Mende, Béziers, Agde et Lodève, faisant profession de la religion réformée, soubsignés, n'ayant d'autre plus grand désir et affection, après le service de Dieu, que de vivre et mourir sous l'obéissance, observation et entretenement des édits du roi notre souverain, et nous représentant les déclarations et ordonnances faites par Sa Majesté sur l'exécution du dit édit qui enjoignent et commandent à tous ses sujets de s'opposer aux infracteurs de paix, s'assembler avec armes au son du tocsin pour courir sus, leur resister et les mettre en pièces, et que nonobstant ce, plusieurs ennemis du repos public ne cessent de comploter, faire assemblées de gens de guerre, tenir la campagne, emprisonner, rançonner, tuer les sujets du roi, et surprendre, retenir les villes avec pillage, ravissement de femmes et filles, outre une infinité de maux et extorsions qu'ils commettent au grand regret de tous les gens de bien, ce qui pourroit apporter une ruine finale de ce royaume, s'il n'y est promptement obvié par quelque remède convenable. A cette fin, connaissant le besoin que nous avons de nous tenir bien unis et soigneusement sur notre conservation et entretenement de la liberté de nostre religion, cejourd'hui XXVII novembre, assemblés en la ville d'Anduze, promettons et jurons devant Dieu, les mains levées au ciel, de nous tenir bien unis ensemble, en la manutention de la liberté de notre religion et conservation de nos Églises, et comme membres d'un même corps donner toutes aydes et force les uns aux autres, selon que la necessité du premier assailli le requerra; ne rien dire, faire, ni entreprendre de ceux qui auront charges et commandement en icelles, et en special pour nous opposer aux courses, pilleries, rançonnemens et autres maux susdits; pour cet effet y employer nos vies, biens et moyens qui sont ou seront en notre pouvoir, et après avoir pris Dieu pour témoin et juge de notre promesse, s'il advient qu'aucun de notre religion se voulust soustraire de notre parti, qu'il soit poursuivi comme perfide et déserteur de la cause de l'Église...»

VIII.

Sous l'empire des dispositions qui avaient inspiré ce manifeste, forte de l'appui de l'*Union* qui avait été jurée et organisée dans son sein, la ville d'Anduze, durant les dernières années du règne de Henri III, se montra telle qu'elle avait été auparavant : pacifique, mais ne reculant pas devant les nécessités du moment ; pauvre, ruinée, mais acceptant sa part des charges de la guerre ; toujours dans l'attente d'un siège, mais n'étant pas attaquée. Continuant à être une place de refuge où les grandes assemblées politiques pouvaient se réunir en toute sécurité, elle joua un rôle important dans les affaires des Églises réformées de la province, et suivit avec une sollicitude inquiète le cours des événements. Ceux-ci, dont la marche, pendant un certain temps, avait été lente et indécise, se précipitèrent, vers la fin du règne de Henri III, avec une rapidité qui nous permet à peine de les suivre.

Le 28 octobre 1587. La célèbre bataille de Coutras, gagnée par Henri, roi de Navarre, sur l'armée catholique.

Le 12 mai 1588. La fameuse Journée des barricades, où la populace de Paris s'insurgea contre l'autorité du roi, et porta le duc de Guise en triomphe au Louvre.

Le 15 mai 1588. La fuite de Henri III, qui sort de Paris et se retire dans les provinces de l'Ouest, sous un déguisement ridicule.

Le 1er juillet 1588. La convocation des États-Généraux à Blois.

Le 16 octobre 1588. L'ouverture de ces mêmes États, où pas un réformé n'avait pu être admis, et dont tous les membres étaient dévoués à la Ligue.

Le 23 décembre 1588. Assassinat du duc de Guise, frappé par les sicaires de Henri III, dans l'antichambre du cabinet de ce prince.

Le 17 janvier 1589. Déchéance du roi, prononcée par la Sorbonne, aux acclamations de la populace parisienne.

Le 1er avril 1589. Traité d'alliance de Henri III avec Henri, roi de Navarre, chef des protestants.

Le 30 juillet 1589. Blocus de Paris par les armées des deux rois.

Le 1er août 1589. Assassinat, à Saint-Cloud, de Henri III par Jacques Clément.

En tuant le roi, ce moine fanatique croyait frapper au cœur la cause protestante et sauver la Ligue. Mais il avait calculé avec sa passion religieuse, oubliant qu'elle a été, de tout temps et pour tous une très-mauvaise conseillère. Contrairement à ses espérances, son poignard atteignit la Ligue, qui finit par succomber sous les efforts persévérants de Henri IV, et dès ce moment les réformés du royaume, sérieusement menacés, commencèrent à respirer, et virent s'ouvrir des destinées plus prospères. Solennels avertissements de la Providence, qui nous montrent une fois de plus la vérité de ces profondes paroles : L'HOMME S'AGITE ET DIEU LE MÈNE!

CHAPITRE XI

ANDUZE DEPUIS LA MORT DE HENRI III JUSQU'A LA PROMULGATION DE L'ÉDIT DE NANTES.
(1589—1598.)

SOMMAIRE.

Soumission du bas Languedoc à l'autorité de Henri IV. — La Ligue redouble ses efforts pour écarter ce prince du trône de France; elle est battue, et à la longue elle est anéantie. — Agrandissement du local qui servait de lieu du culte dans la maison consulaire aux protestants d'Anduze. — Les doctrines professées et prêchées dans cette église. — Ses deux premiers pasteurs. — Difficultés au sujet de leurs honoraires. — Anduze chef-lieu de colloque. — Son attitude au moment où l'Édit de Nantes est promulgué.

I.

L'historien Ménard nous apprend « que le bas Languedoc, après la mort de Henri III, se soumit avec hâte à l'autorité du nouveau roi [1] ». De la part de cette partie de la province, rien de plus naturel qu'un tel empressement. Là était le foyer du protestantisme méridional. Or, le dernier roi n'avait-il pas signé entre les mains des ligueurs l'Édit de 1585, qui se réduisait pour eux à ces deux mots : la messe ou l'exil ! N'était-il pas le fils de Catherine de Médicis, de cette nouvelle Jézabel qui avait ourdi tant d'intrigues pour consommer leur ruine !

Avec Henri III s'éteignait la race des Valois, si impitoyable pour les réformés, tandis qu'avec Henri IV le trône passait entre les mains des Bourbons, qui leur avaient été toujours favorables. Henri de Navarre, fils de Jeanne d'Albret, partageait

---

[1] *Histoire de la ville de Nismes*; tom. V, pag. 258.

leur foi ; il était le protecteur de leurs Églises ; il avait le commandement supérieur de leurs forces ; autour de lui se rangeaient les hommes les plus dévoués à leur cause : les Sully, les d'Aubigné, les La Trémouille, les Laforce, les Duplessis-Mornay. Obligé par les circonstances à s'appuyer sur les protestants, il devait forcément leur être favorable, alors même que des intérêts politiques l'engageraient à sortir de leurs rangs.

Les protestants, à l'avènement de Henri de Navarre au trône de France, crurent donc être arrivés au terme de leurs peines. Enfin ils ne seraient plus les parias, les enfants maudits de la grande famille française, les victimes désignées à la mort ou à la proscription ! Leurs espérances étaient peut-être un peu prématurées, car ils avaient encore beaucoup à appréhender de la Ligue. Celle-ci, en effet, était bien loin de se déclarer vaincue et de renoncer à l'extirpation de l'hérésie. Soutenue par les subsides de l'Espagne, fortifiée par des milliers de reîtres et de Suisses catholiques, enflammée par les prédications fanatiques des moines et des prêtres, maîtresse de la capitale et des villes principales des provinces, la Ligue allait déployer les plus grands efforts pour empêcher Henri IV de gravir les marches du trône. Elle tenait plusieurs armées en campagne, dont une dans le Languedoc, mais seulement dans la partie occidentale de la province. Toulouse, qui comptait parmi les villes les plus dévouées à la Ligue, lui fournissait de nombreux subsides en hommes et en argent. N'importe, les ligueurs devaient échouer devant la bravoure, l'habileté du fils de Jeanne d'Albret. Henri IV, fort de son droit, du courage de ses soldats huguenots, de l'habileté de ses lieutenants, triompha de tous ses ennemis. Il les battit à Arques (22 septembre 1589), à Ivry (13 mars 1590). Après plusieurs rencontres où il eut presque toujours le dessus, il entra, le 22 mars 1594, dans la capitale, qu'il avait assiégée deux fois ; malheureusement ce fut au prix d'une abjuration [1]. Cette apostasie est d'autant plus regrettable, qu'elle a fait douter de l'élévation du caractère de Henri de Navarre, et qu'après tout elle ne le protégea pas contre le poignard des assassins.

II.

Mais avant que tous ces événements se fussent déroulés, presque au lendemain du meurtre de Henri III, les habitants d'Anduze, parfaitement rassurés, oubliant leurs misères, s'empressèrent de réaliser un projet longtemps nourri et forcément ajourné : je veux parler de l'agrandissement et de la restauration de ce qu'ils appelaient leur temple. Leur temple ! Il fallait une grande bonne volonté pour donner ce nom au local où ils avaient installé leur culte en 1567. Qu'on se figure une salle basse, humide, aux côtés irréguliers, ayant la forme d'un trapèze, véritable arrière-boutique dans laquelle on pénétrait par un corridor étroit, obscur, et l'on comprendra que nous hésitions à lui donner la qualification de temple [2]. Encore si ce local avait racheté toutes ces défectuosités par l'étendue de son enceinte ! Mais il avait des dimensions tout à fait insuffisantes pour le nombre d'auditeurs qui s'y réunissaient. Nous en avons mesuré l'étendue : cette salle avait 14 mètres de longueur sur 6 mètres de largeur, en tout 84 mètres carrés de superficie ! En calculant quatre auditeurs par mètre carré, et en tenant compte des places supplémentaires des galeries (tribunes,)

---

[1] Il avait abjuré huit mois auparavant, le 25 juillet 1593, entre les mains de l'archevêque de Bourges, dans l'église de Saint-Denis.
[2] Voyez le plan n° 1.

son enceinte ne pouvait contenir que 450 personnes. Or, la population d'Anduze, à cette époque, qui était de 3,000 âmes au moins, et celle des villages environnants qui venaient assister régulièrement au culte dans notre ville, par suite du manque de pasteurs, fournissaient journellement 1,200 auditeurs. Comment pouvaient-ils y trouver place ? Nous ne saurions résoudre ce problème qu'en supposant les femmes assises dans l'enceinte sur de petits escabeaux, ayant leurs enfants sur leurs genoux; les vieillards sur les gradins, et les hommes debout dans les galeries. Mais quel entassement ! quel danger pour la santé publique, surtout en ces temps où les épidémies étaient presque en permanence !

Dès les premiers moments, on avait été frappé de ces graves inconvénients, et l'on avait résolu d'y apporter remède. Mais l'argent était rare, et le peu dont on pouvait disposer devait servir aux besoins incessants de la guerre. L'agrandissement du temple était forcément ajourné. On s'en dédommageait en disant que cet état de choses ne se prolongerait pas. N'avaient-ils pas été d'ailleurs plus à l'étroit quand ils s'étaient réunis dans les grottes de Mialet ? Les premiers chrétiens n'avaient-ils pas été entassés dans les catacombes ? Au reste, ne faut-il pas souffrir pour la cause de l'Évangile ? Ainsi l'on raisonne dans les premières ardeurs d'une foi naissante. Alors on est heureux d'offrir à Dieu ces incommodités comme un léger sacrifice ; mais à mesure que les années s'écoulent, la ferveur s'affaiblit, et ce que l'on supportait au commencement, à la longue devient intolérable.

C'est ce que les habitants d'Anduze éprouvèrent. Aussi, dès que la mort de Henri III leur eut permis de détourner leurs regards des exigences de la guerre, ils décidèrent l'agrandissement de leur temple. Le 15 octobre 1589 (deux mois à peine après le coup de poignard de Jacques Clément), les ouvriers commençaient les premiers travaux, et le 22 novembre 1590 les consuls faisaient élever une « grosse cloche » sur le faîte de l'édifice entièrement restauré[1]. La dépense totale montait à 1,000 livres, somme considérable pour l'époque. Le temple ainsi restauré était plus éclairé, plus régulier, plus aéré,... surtout plus vaste[2];... mais il ne pouvait contenir que 600 auditeurs, et, comme nous l'avons dit plus haut, les assemblées ordinaires en comptaient au moins 1,200. On s'étouffait moins dans ce local; c'était beaucoup sans doute, mais ce n'était pas assez. Un temple répondant à l'importance de la population était encore à faire. En attendant, les Anduziens s'entassèrent dans celui qu'ils venaient d'agrandir.

J'ai toujours admiré la facilité avec laquelle les hommes s'amincissent eux-mêmes, comme s'ils avaient la propriété de se passer au laminoir, quand il s'agit de s'introduire dans un lieu où la foule se presse. Là où il semble que tout est plein, ils se glissent et parviennent à s'établir. Pourvu que leurs yeux voient, que leurs oreilles entendent, ils sont satisfaits. Et ils restent immobiles, des heures, des demi-journées entières, dans une atmosphère viciée, trempés de sueur et ne tenant pas compte de la fatigue. Cela se voit tous les jours, mais il faut qu'un grand mobile les attire et les enchaîne. Ce mobile existait pour les habitants d'Anduze: c'était la piété.

III.

On était, en effet, pieux dans cette ville cévenole, et c'est là le secret de cet entassement auquel les habitants se condam-

---

[1] Voir à l'Appendice les détails de ces travaux de restauration.
[2] Voyez le plan n° 2.

Plan du 1.er Temple protestant d'Anduze.

Établi dans la maison Consulaire en 1567.

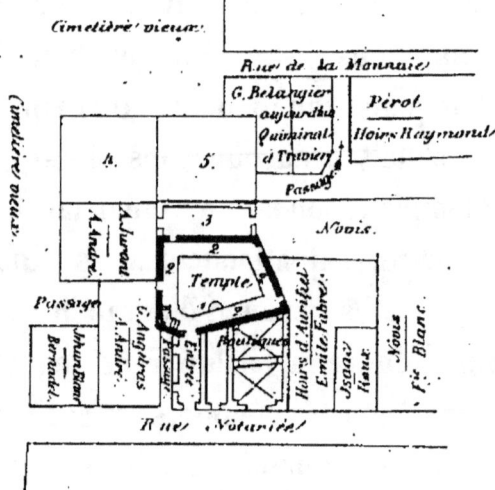

LÉGENDE.

1. Chaire à prêcher.
2. Tribunes.
3. Réfectoire de la Maison Consulaire.
4. Terrain clôturé.
5. Terrain communal appelé Bastide.

La surface était de 93 m. 50 c. et avait 11 m. 00 c. de large sur 8 m. 50 c. de profondeur.

Nota. Dans chaque carré, le nom au dessus de la ligne est celui du propriétaire en 1567, et le nom au dessous celui du propriétaire actuel.

Échelle de 1 à 1000.

Agrandissement du 1er Temple protestant d'Anduze en 1590

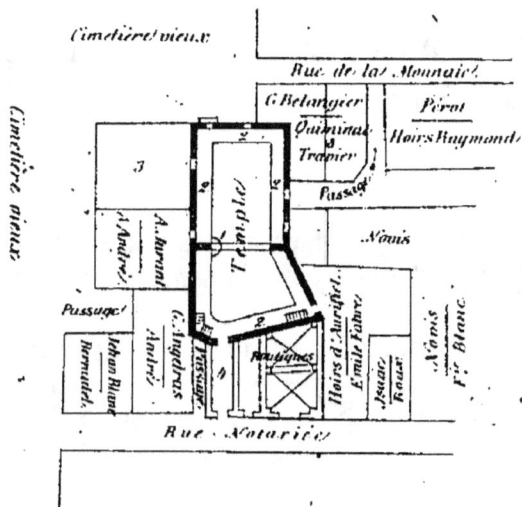

LÉGENDE

1. Chaire.
2. Tribunes.
3. Nouvelle Maison consulaire.
4. Entrée du Temple.

Surface du Temple déjà existant .... 93 m 50 c
Agrandissement dudit de 9 m 00 de
large sur 13 m 00 de long .... surface ...... 117 m 00 c
Surface totale ...... 210 m 50 c

Nota. Dans chaque carré, le nom au-dessus de la ligne est celui du propriétaire en 1367, et le nom au-dessous celui du propriétaire actuel.

Échelle de 1 à 1000.

Irague del.   Boehm & fils, Montpellier

naient volontairement[1]. Et non pas seulement les femmes et les enfants, mais les jeunes gens et les vieillards ; non pas seulement les pauvres et les artisans, mais les riches, les bourgeois et les nobles ; non pas seulement les ignorants, mais les esprits intelligents et cultivés ! On se plaisait à professer les doctrines rigides de la Réforme en toute circonstance, et surtout à l'article de la mort. Nous allons en fournir la preuve par la citation suivante, extraite d'un préambule de testament, où un notaire d'Anduze avait fait précéder ses dispositions dernières de sa profession de foi.

---

[1] On aura une idée de la ferveur des protestants d'Anduze de cette époque, par les deux délibérations du Conseil de ville dont nous donnons un extrait textuel :

« L'an 1595, et le mardi 4 avril, dans la maison consulaire, en la presence de noble François d'Ayrebaudouze, seigneur du dit Anduze, le conseil publique de la presente ville assemblé, messieurs Marc Paulet et Barthelemy Teissier, second et quart consulz, assistés de plusieurs autres habitans.

» Les dits messieurs les consulz ont exposé que du jourd'hui en huit jours, les messieurs du synode de cette province se doibvent assembler en cette ville, et seroit bon d'avoir un aultre ministre avec monsieur Alphonse, attendu que ung ministre seul n'a pas moyen de servir la ville, et que de ancienneté il y en avoit deux, et aussi d'en parler à messieurs de ce colloque et seroit bon y deliberer, attendu la grande nécessité que la presente ville a de avoir un aultre pasteur.

» A esté conclud suyvant la plus grande opignon : Attendu le grand nombre des habitans de la presente ville, que seroict bon de recourir (rechercher) un aultre ministre avec monsieur Alphonse, et pour y pourvoir et faire le négoce pour recouvrir le dit ministre dans ceste province ou ailheurs, ont eleu et depputé les dits messieurs les consulz, sires Jean Lavergne et Maurice Robert cy-presents, aulx fins de voir en toute diligence de recouvrer un aultre pasteur, aux despens de la dite ville et communauté, aulx lieux qu'ils pourront, soit en ceste province ou dehors, et ou ils n'auroient moyen de le recouvrer, ni en ceste province ni en d'aultres lieux de ce pays de Languedoc, se retirer à Genève, ou aux pays des Allemagnes, ou aux lieux que ils pourront, et faire toutes les diligences pour le dict faict, aux despens de la dite ville et communauté ; ce que les dits messieurs les consulz Lavergne et Robert ont

Seconde édition. 10

«Au nom de Dieu soit fait, *Amen !* écrivait, le 17 août 1595, Me Étienne de Cantalupa, sous la dictée d'Antoine Roquète son collègue. Scachent tous que par devers moy, notaire royal soubsigné, estably en personne, Me Jehan Roquète, notaire royal de la ville d'Anduze, lequel estant de sa bonne memoire, destenu malade dans son lit, invoquant le nom de Dieu, a recommandé son ame à Dieu, en la miséricorde duquel il a eu promis y vaquer le plus promptement et diligemment qu'ils pourront au recouvrement d'un pasteur, et les dessus nommés, tant en leur nom que des aultres habitants, ont promis et promettent aux dicts messieurs les consulz Lavergne et Robert, de les agarantir des dommages, vacations, frais et mises que ils y auroient fourni et vaqué à leur première requisition. Moi Marc Roquète, notaire royal et secretaire soubsigné. »
(Registre des délibérations de l'Hôtel-de-ville du XVIe siècle, 1595, fol. 5 verso.

« L'an 1595, et le dimanche septième jour du moys de may, le Conseil general assemblé à huit heures du matin en la maison consulaire, en présence de M. Ricaud, docteur es droits, juge du dit Anduze, pour monseigneur le conestable.

» Sire Bernard de Ligier, bourgeois, Me Marc Paulet, notaire royal et Barthelemy Teissier, premier, second, quart consulz, en presence de....

» A esté exposé s'il ne seroit pas bon tacher de recouvrer M. Baille, ministre, ou tout aultre pour ayder à monsieur Alphonse, le dit ministre qui est déjà vieulx et tout seul, et quand il s'en va dehors, la presente ville et esglise d'icelle se trouve toute seule et sans aulcung pasteur, chose de grande importance et prejudiciable à tout le public, requerant sur ce y estre deliberé, afin qu'ils y procèdent suyvant la conclusion qui sera prinse.

» Conclud à la plus grande voix que tant pour le soulagement du dit monsieur Alphonse, que aussy afin que la presente ville aye deux pasteurs, et qu'elle soit servie ordinairement tous les jours d'une predication, suyvant la coustume ancienne du temps que M. Pasquier y estoit, que l'on tachera d'avoir, recouvrer le dit sieur Baille, ou en son deffault un aultre ministre de la part ou sera plus propre, donnant à ces fins le pouvoir aux consulz d'en faire la poursuite necessaire, fornir et payer tout ce qu'il sera besoing, avec promesse de les garantir au nom de toute la dite communaulté, tant de leurs fornitures que vacations à peyne de tous despens, dommages et intérêts.

(Registre de l'Hôtel-de-Ville, année 1595, fol. 6 verso.)

et a sa confiance et espérance; au nom et par les mérites de Notre-Seigneur Jésus-Christ, son Fils unique, lequel il a toujours tenu et tient pour son seul sacrificateur, advocat, intercesseur et redempteur éternel, en qui il met toute son espérance en la mort et passion d'icelui pour l'entière remission de ses pechés; et pour justification et glorification qu'il a attendue, espérant en la vie éternelle de son ame, son corps se reposant cependant en la terre, jusqu'à la future et générale resurrection des morts, afin que en icelle il jouisse en corps et en ame de toute plénitude de gloire, et qu'il soit rendu conforme, demeurant vivant en la vie éternelle, au corps glorieux de Jésus-Christ, pour louer, avec tous les Saints, Dieu le Pere, Dieu le Fils, Dieu le Saint-Esprit, les trois personnes un seul Dieu, de nature et d'essence, et que Dieu soit tout en lui; et tous les Saints. Et afin qu'il n'aille pas à trépas sans avoir disposé de ses biens, a fait et ordonné son testament nuncupatif de la manière que s'ensuit[1], etc... »

IV.

Calvin n'aurait pas mieux dit. C'étaient donc les doctrines du réformateur de Genève qui étaient professées et par conséquent enseignées à Anduze, dans toute leur rigidité, dans toute leur pureté primitive. Les ministres de l'Évangile qui les prêchaient étaient M° Pasquier Boust et Bertrand Alphonse, chargés des fonctions pastorales presque pendant un demi-siècle. Il sera parlé au long de ces deux vénérables serviteurs dans la liste que nous donnerons, à l'Appendice, des pasteurs qui ont desservi l'Église d'Anduze; pour le moment, nous

[1] Ét. de Cantalupa, année 1595, fol. 88.

puisons dans leur histoire deux faits utiles à connaître, parce qu'ils sont comme des traits de mœurs ecclésiastiques de l'époque.

Nous noterons d'abord que les filles de M° Pasquier Boust furent dotées, à l'époque de leur mariage, par l'Église d'Anduze. Elles en reçurent une somme de cinquante livres (500 fr. de notre monnaie). Acte de générosité bien louable, et qui prouve que la famille du pasteur devenait à cette époque la famille adoptive de toute l'Église. Il paraît que le consistoire avait refusé de faire ce don à la dernière fille de M° Pasquier Boust[1], et que celui-ci l'avait réclamé, se fondant sur des conventions antérieures. L'affaire fut portée devant le colloque d'Anduze, qui donna gain de cause au vieux pasteur. Le consistoire en appela au synode de la province, réuni en 1601 dans la ville de Nîmes. L'assemblée jugea l'affaire en litige de la manière suivante :

« *Fille de M° Pasquier, ci-devant ministre à Anduze.*

» Ouï le colloque et l'Eglise d'Anduze, et le témoignage de M. Robert, et qu'il appert que déjà la dite Eglise d'Anduze a payé pour la première fille d'icelui sieur Pasquier, a conclu

---

[1] Anduze n'était pas la seule ville protestante qui dotait les filles de ses pasteurs; les autres Églises et les provinces synodales en faisaient autant, du moins dans le bas Languedoc. Pour en donner la preuve, nous nous bornerons à deux citations :

Synode de Montpellier, 1598. « Le colloque de Montpellier accorde à la fille de M. Malgoirès, pour aider à la colloquer en mariage, trente escus......... »

Synode de Montpellier, 1605. « Cent francs seront donnés à la fille de M. Bayet, pasteur à Cardet, pour son mariage, attendant lequel l'Église d'Anduze mettra en profit, pour icelle, les premiers deniers qui seront prins. »

qu'il a esté bien jugé par le colloque d'Anduze, et mal appelé par l'Eglise d'Anduze, laquelle payera à M° Pasquier cinquante livres pour Madame sa fille, suyvant l'accord dès longtemps fait entre la dite Eglise et le dit sieur Pasquier, selon lequel la dite Eglise a donné semblable somme à chacun de ses enfants, et ce dans un mois precisément [1]. »

La ville d'Anduze n'était pas engagée dans ce seul différend ; elle en avait encore deux autres avec M° Bertrand Alphonse et M° Esaïe Baille. Ce pasteur, comme on l'a vu dans une note, avait été appelé, pour ainsi dire, avec acclamation. Afin de le faire arriver au plus tôt, la ville avait pris à sa charge les frais de son voyage, tant elle était impatiente de le posséder. Dès son arrivée, le Conseil de ville, satisfait, consentit à prêter le ministère de ses deux pasteurs aux petites Églises voisines, à la condition toutefois qu'elles contribueraient, pour leur juste part, au paiement des gages de ses pasteurs. Il est probable que les annexes ne s'exécutèrent pas avec assez de largesse et de ponctualité, car le Conseil de ville, revenant sur sa première décision, retira à MM. Alphonse et Baille l'autorisation d'aller prêcher au dehors.... Les colloques et synodes devant lesquels l'affaire fut portée, donnèrent tort au Conseil de ville.

Voici le texte des décisions qui furent prises par ces deux assemblées :

Actes du colloque d'Anduze, tenu à Lasalle le 6 mai 1596 :

« ..... M. de la Blaquière pour l'Eglise de Tornac, et les anciens de Saint-Paul, Saint-Sebastien, Generargues, Ribaute, Cardet, Ledignan, Aigremont, ont requis être assistés par un des pasteurs d'Anduze, ou des deux par tour. — Sur quoi,

---

[1] Archives du consistoire de Nimes. Registre des délibérations des synodes provinciaux du Languedoc.

l'ancien d'Anduze et le sieur Gineste ont déclaré, au nom de toute l'Eglise, avoir besoin de tous leurs deux pasteurs, et les vouloir entretenir.

»Toutesfois que s'il faut qu'ils preschent ès Eglises voisines, ils entendent qu'elles entrent aux frais de leur entretenement, et ce au soulagement de la ville. — La compagnie exhorte tant les deux pasteurs que l'Eglise de secourir les Eglises circonvoisines, d'un commun consentement et soulagement de tous. »

L'avis si sage du colloque fut confirmé par le synode provincial, tenu à Montpellier le 21 août 1596. Nous lisons ce qui suit dans les *Actes* de cette assemblée :

« Monsieur Alphonse est laissé aux Eglises d'Anduze, pour y continuer son ministère avec M. Baille, et servir par ensemble les Eglises circonvoisines, Ribaute, Cardet, Lezan, Tornac, Cassagnoles, Generargues, Saint-Sebastien ; de l'aveu du colloque et autorité de la compagnie. »

On se conforma de part et d'autre à cette double décision. Les pasteurs d'Anduze prêtèrent leur ministère aux Églises qui leur en firent la demande, et celles-ci furent imposées en proportion des services qui leur étaient rendus.

Ces arrangements déplaisaient à l'Église d'Anduze ; malgré les décisions du colloque et du synode, son Conseil de ville persista dans ses exigences[1] et signifia à ses pasteurs qu'au lieu de 600 livres de gages dont ils faisaient la demande, il ne leur en accorderait que 500. Nouvel appel devant le colloque et le synode. Alors les députés du Conseil, allant au-delà

---

[1] Voyez à l'Appendice, dans l'article biographique de M. Baille, les diverses décisions prises à ce sujet par le Conseil de ville.

du mandat dont ils avaient été investis, produisirent un ancien traité par lequel M. Alphonse, au début de son ministère, s'était engagé à desservir la ville pour la somme de 50 livres; et dans leur emportement, peut-être simulé, ils demandèrent que leurs pasteurs fussent condamnés à se contenter, pour leurs honoraires, de cette modique somme[1].

L'assemblée, qui était réunie à Sauves le 17 mai 1597, fut indignée des prétentions injustes des députés d'Anduze, et rendit le jugement qui va suivre :

« *De Messieurs Alphonse et Baille et de l'Eglise d'Anduze.*

»Les pasteurs de l'Eglise d'Anduze appelants de ce que pour le différend qui est entr'eux et la dite Eglise, le colloque de Lasalle auroit deputé deux pasteurs et deux anciens pour le vuider, et à ces fins se transporter en la dite Eglise.

»Le sire Jean Veirier et Guilhaume Roquette, députés pour la ville d'Anduze, ont dit que les pasteurs ne servent leur susdite Eglise comme il appartient, estant occupés au service des petites Eglises circonvoisines, requièrent qu'ils prêchent tous les jours, et qu'ils se contentent de la somme de cinquante livres pour leur etat annuel, suivant la teneur du contract que Me Alphonse a passé avec la dite ville, lequel ils ont exhibé avec requeste de la dite ville.

»La Compagnie a jugé que le contract que le pasteur de la

---

[1] Nous avons peine à comprendre cette prétention, d'autant plus que nous avons trouvé dans les registres d'Ét. de Cantalupa, notaire, à la date du 25 mai, un bail passé par le premier consul pour « recouvrer les sommes contenues en un département faict sur les habitants de la ville d'Anduze de la somme de 805 livres 17 sols 1 denier, pour employer au payement des gages et estat accordé à messieurs les ministres d'Anduze. »

ville d'Anduze a passé avec la dite ville est incivil, inutile, et de la nature de ceux que font les pupilles, voire mesme contre les articles de la discipline, laquelle ne permet à aucun pasteur de contracter avec son Eglise, sinon soubs le bon plaisir des assemblées ecclésiastiques, exhortant les Eglises cependant a ne contreindre leurs pasteurs a aucunes formalités semblables, ains, (mais) que purement et simplement ils enregistrent au livre du consistoire leurs promesses et leur baillent leur entretenement raisonnable avec lequel ils puissent entretenir leur famille suyvant les articles de l'assemblée de la Rochelle, à quoy particulièrement l'Eglise d'Anduze est exhortée pour l'estat de ses pasteurs, afin qu'avec plus grande liberté et repos d'esprit ils vaquent à leur charge, et même s'ils ne peuvent entretenir deux pasteurs, qu'ils congédient l'un deux, et pour le regard des prédications les pasteurs en conviendront avec les consistoires, et les Eglises voisines seront pourvues à la distribution...... »

La leçon était sévère, mais elle était aussi un peu méritée.

V.

Nous avons trop souvent parlé, dans ce chapitre, de colloques, de synodes, pour que nous ne disions pas un mot de la place assignée à l'Église d'Anduze dans la classification des Églises réformées de France. Depuis l'année 1559 jusqu'à l'époque où notre récit nous a conduit, le royaume avait été divisé par les protestants en seize Provinces ecclésiastiques [1]. Chacune d'elles

---

[1] Ces seize provinces étaient:
Ile de France et pays Chartrain; La Brie; Normandie; Bretagne; Orléans et Berry; Touraine, Anjou, Maine et Vendoumois; Le haut et bas Poitou; Saintonge, Aunis, ville et gouvernement de La Rochelle; Angoumois; Périgord, Gascogne et Limousin; haut et bas Vivarais avec

se subdivisait en Colloques, et à la tête de chaque colloque il existait une Église qui en était comme le chef-lieu et lui donnait son nom. Les Colloques, à leur tour, se composaient de plusieurs Églises ou Consistoires. Les assemblées des provinces ecclésiastiques, et ces provinces elles-mêmes, portaient le nom de Synode. Elles se réunissaient au moins une fois par an, tantôt dans une Église chef-lieu de colloque, et tantôt dans une autre. Au-dessus des synodes provinciaux on avait établi le Synode national, assemblée souveraine, véritable cour de cassation dont les décisions étaient sans appel. Les assemblées de colloque étaient formées d'un pasteur et d'un député laïque de chaque consistoire; les assemblées des synodes provinciaux, d'un pasteur et d'un ou deux laïques de chaque Église du ressort synodal; les assemblées du synode national, d'un pasteur et d'un ou deux députés de chaque province ecclésiastique. Anduze faisait partie de la province du bas Languedoc [1], qui était divisée en six colloques: ceux de Nîmes, de Montpellier, d'Uzès, d'Anduze, de Saint-Germain et de Sauve. Anduze était donc un chef-lieu de colloque. Ce titre prouvait et augmentait en même temps son importance ecclésiastique, d'autant plus que le colloque qui lui empruntait son nom embrassait dans son ressort plus de quarante-trois Églises, dont quelques-unes comptaient une population considérable [2]. De là, dans notre ville, des assemblées presque jour-

le Vélay; le bas Languedoc; le haut Languedoc avec la haute Auvergne; le Bourbonnais et la basse Auvergne; le Lyonnais et le Foretz; Béarn; Bourgogne; Provence; Dauphiné.

[1] Quelques années après l'Édit de Nantes, les Cévennes furent détachées du synode du bas Languedoc et constituèrent une nouvelle province ecclésiastique. Nous parlerons dans la suite de ce démembrement.

[2] Alais, Lasalle, Saint-Jean-du-Gard.

nalières du colloque, des arbitrages continuels, des réunions fréquentes du synode provincial, des députations nombreuses envoyées dans les villes voisines pour assister aux réunions générales des Églises de la province [1] ; de là, enfin, le rôle relevé que la ville d'Anduze jouait dans le bas Languedoc et l'on peut dire dans tout le royaume.

Telle fut notre ville jusqu'à l'Édit de Nantes. Affairée, parce qu'elle était le chef-lieu d'un grand colloque ; — poussant un peu loin ses exigences, parce qu'elle était une Église de premier ordre ; — un peu processive, parce qu'elle était cévenole ; — parcimonieuse, parce qu'elle était appauvrie [2] ; — fervente, parce qu'elle était chrétienne ; mais surtout dominée par la mauvaise

---

[1] Voyez, à l'Appendice, les décisions prises par le Conseil de ville au sujet de ces députations.

[2] La délibération suivante donnera la mesure de la détresse dans laquelle la ville se trouvait à cette époque :

« Du lundi, dix-septième jour du mois de mars 1597, dans la maison consulaire, par devant M⁰ d'Argentière, juge, le conseil ordinaire assemblé,.... assistants. MM. ......

» Les consulz ont exposé qu'il y a une grande quantité de pauvres, tant ordinaires de la présente ville que aultres estrangers qui viennent ordinairement dans la présente ville, de sorte qu'il y a une grande famine, et pour éviter un désordre qui se pourroit en suivre, ont faict assembler le present conseil, requerant les assistants y oppiner.

» Conclud suivant la plus grande voix qu'il est baillé chargé aux dits consulz emprunter la somme de deux cents livres, aulx apports pour six mois, à condition que la dite somme par eulx employée en achapt de bled, et qu'il sera bailhé aux diacres du consistoire chacune semaine douze salmées bled qui sera converti en pain et distribué aulx pauvres tant de la presente ville qu'aulx estrangers pour leur passade, ou la valeur de la dite douze salmées de bled en argent, à la charge que, en faisant la dite distribution, les dits pauvres ne pourront aller mendier par les portes ; et où cela ne seroit suffisant, les dits consulz et depputés auront pouvoir d'augmenter la dite aumône, comme ils cognoitront, et la necessité le requerra. — Et pour éviter l'entrée des dits pauvres estrangers qu'il n'y aura que deux portes que tireront par tarrife, comme sera advisé par les dits consulz. Et pour pourvoir à tout

humeur, car elle se lassait des ajournements sans fin imposés aux promesses de Henri IV. Il faut reconnaître que son impatience n'était pas sans fondement. En effet, l'édit réparateur qui avait été solennellement annoncé se faisait toujours attendre.

Le cœur des protestants était rempli de tristesse et d'indignation. Cependant, après de longues négociations, entamées, abandonnées, reprises, l'Édit de pacification fut enfin promulgué! Il fut rendu dans le mois d'avril 1598, et il reçut le nom d'Édit de Nantes, parce que ce fut dans cette ville que le roi s'était décidé à le signer.

ce qu'il y conviendra et aussi aux dites portes, ont depputé les consulz vieulx et nouveaux, et aussi Jehan Reboul et Maurice Robert, et que oultre le serviteur des consulz leur est donné pouvoir en louer ung pour trois, qui seront assistés de deux depputés, chacung jour en chacune porte, laquelle nomination et depputation sera faicte par les dits consulz à leur volonté. (Registre des délibérat., fol. 36 verso.)

LIVRE SECOND

LA RÉFORME A ANDUZE DEPUIS LA PUBLICATION JUSQU'A LA
RÉVOCATION DE L'ÉDIT DE NANTES.
(Avril 1598. — Octobre 1685.)

CHAPITRE PREMIER

LA RÉFORME A ANDUZE DEPUIS LA PUBLICATION DE L'ÉDIT DE NANTES
JUSQU'A LA MORT DE HENRI IV.
(1598. — Mai 1610.)

SOMMAIRE.

L'Édit de Nantes. — Construction d'un nouveau temple. — Réclamations du clergé catholique de l'évêque de Nimes, du prieur, des Cordeliers, de l'abbé de Bonneval. — Fidélité d'Anduze à Henri IV. — Intervention du Conseil de ville dans toutes les affaires de l'Église protestante.

I.

L'Édit de Nantes était, dans la pensée de Henri IV, la charte constitutionnelle, la loi organique qui consacrait l'existence légale de la religion protestante à côté de la religion catholique. « Nous défendons, disait le législateur (art. 2 de l'Édit), à tous nos sujets, de quelque état et qualité qu'ils soient, de renouveler la mémoire (des querelles religieuses), d'attaquer, ressentir, injurier ni provoquer l'un l'autre, par reproche de ce qui s'est passé, pour quelque cause et prétexte que ce soit, en disputer, contester, quereller, ni s'outrager, s'offenser de faits et de paroles, mais se contenir, vivre paisiblement ensemble comme frères, amis et concitoyens, sur peine aux contrevenans d'être punis comme infracteurs de paix et perturbateurs de repos public. »

En même temps l'Édit était un traité de garantie qui assurait aux réformés la pleine et entière liberté de conscience. « Pour ne laisser, ajoutait le législateur (art. 6), occasions de troubles et différens entre nos sujets, avons permis et permettons à ceux de la religion prétendue réformée vivre et par toutes les villes et lieux de cettuy notre royaume et pays de notre obéissance, sans être enquis, et vexés et molestés, ni astreints à faire chose pour le fait de la religion contre leur conscience, ne pour raison d'icelles être recherchés ès maisons et lieux où ils voudront habiter, en se comportant au reste selon qu'il est contenu en notre présent édit. »

Les protestants, en outre, étaient déclarés admissibles à toutes les charges et dignités de l'État (art. 13). — Leurs écoliers devaient être reçus dans tous les établissemens d'enseignement public, leurs pauvres et leurs malades dans tous les hôpitaux (art. 22). — Il était défendu d'enlever leurs enfants pour les élever dans la religion catholique (art. 18). — Il leur était accordé des cimetières dans toutes les villes et lieux du royaume (art. 28). Ils avaient le droit de convoquer leurs assemblées ecclésiastiques dans tous les lieux où leur culte était célébré (art. particulier 34); — de s'imposer pour le payement de leurs pasteurs, etc. (art. part. 43); — d'ériger des temples partout où leur religion était publiquement professée (art. 16); etc., etc.

Comme garantie de ces droits, l'Édit accordait aux protestants : 1° Des tribunaux spéciaux au nombre de quatre, composés de juges protestants et catholiques, et appelés chambres de l'édit, ou chambres mi-parties « qui cognoîtroient des causes et procés de ceux de la religion » (art. 30); 2° Toutes les places de sûreté qui se trouvaient entre leurs mains au moment de la publication de l'Édit. La garde de ces places leur était laissée pour huit ans. La solde des garnisons de ces places restait à la charge du roi. (Brevet du 30 avril 1598.)

En outre, l'Édit prononçait l'abolition de tous les jugements qui avaient été rendus contre les réformés pour le fait des troubles et de la religion (art. 60). — Il stipulait que les prisonniers protestants seraient élargis (art. 73). — Il reconnaissait pour vrais Français les enfants nés à l'étranger de réformés sortis du royaume à l'occasion des dernières guerres (art. 70). — Il défendait toute poursuite contre ceux qui avaient ordonné des impositions extraordinaires pendant les troubles, et contre ceux qui en avaient fait la levée (art. 75 et 76).

Ces stipulations et quelques autres de moindre importance témoignaient du bon vouloir de Henri IV envers les réformés. Mais les faveurs royales n'allaient pas jusqu'à la liberté entière du culte, jusqu'au droit de faire profession publique de leur religion dans toutes les villes et lieux du royaume. C'était là ce que les anciens compagnons du Béarnais lui demandaient avec le plus d'instance, et au nom du droit naturel et au nom de leurs nombreux et loyaux services; et c'était ce qui, à leur grand déplaisir, leur était catégoriquement refusé. « Défendons très-expressément à tous ceux de la dite religion faire aucun exercice d'icelle, tant pour le ministère, règlement, discipline, ou instruction publique d'enfants, ou autres en cettuy notre royaume et pays de notre obéissance, en ce qui concerne la religion, fors qu'ès lieux permis et octroyés par le présent édit » (art. 13).

Et quels étaient ces lieux octroyés et permis? C'étaient:

1° Ceux où l'exercice du culte existait à la fin du mois d'août 1597 (art. 9);

2° Toutes les résidences des seigneurs ayant droit de haute justice ou plein fief de haubert (art. 7);

3° Les résidences des seigneurs n'ayant pas droit de haute justice, mais pour leurs familles seulement (art. 8);

4° Enfin, dans deux villes ou lieux par chaque bailliage, sénéchaussée ou gouvernement du royaume (art. 9).

Les protestants étaient donc parqués, pour l'exercice de leur culte, dans quelques villes et localités déterminées à l'avance; mis à part comme des pestiférés, par des articles restrictifs qui formaient autour d'eux comme une espèce de cordon sanitaire[1].

En outre, ils étaient tenus « garder et observer les fêtes indites en l'Eglise catholique, apostolique et romaine, et ne pouvaient ès jours d'icelles besogner, vendre, ni étaler à boutiques ouvertes; ni pareillement les artisans travailler hors leurs boutiques, et en chambres et maisons fermées ès dits jours de fêtes et autres jours défendus, en aucun métier dont le bruit puisse être entendu au dehors des passants et des voisins » (art. 20).

De plus, « ne pourront les livres concernant la dite religion prétendue réformée être imprimés et vendus publiquement

---

[1]. Ainsi leur culte ne pouvait se célébrer ni à Paris et dans toute sa prévôté, ni à Toulouse, ni à Reims, Rocroy, Saint-Dizier, Guise, Joinville, Fimes, Moncornet-es-Ardennes, Morlaix, tout l'évêché de Cornouailles, à Beauvais ni à trois lieues à la ronde, à Dijon et quatre lieues à la ronde, Châlons et Soissons, Agen, Périgueux, Amiens, Péronne, Abbeville, Sens, Nantes. (Voyez les articles particuliers.)

En outre, les deux lieux par bailliage accordés en vertu de l'Édit ne pouvaient être fixés dans les villes où résidaient les évêques et les archevêques.

qu'ès villes et lieux où l'exercice public de la dite religion est permis. Et pour les autres livres qui seront imprimés ès autres villes, seront vus et visités tant par nos officiers que théologiens, selon nos ordonnances » (art. 11).

Et tandis que l'Édit stipulait ces restrictions aussi blessantes que préjudiciables à la religion réformée, il reconnaissait et consacrait le droit de l'Église catholique d'avoir des édifices pour l'exercice de son culte dans tout le royaume, et même dans les lieux d'où elle avait été bannie. « Nous ordonnons, disait le législateur (art. 3), que la religion catholique, apostolique et romaine sera remise et rétablie en tous les lieux et endroits de cettuy notre royaume et pays de notre obéissance, où l'exercice d'icelle a été intermis (interdit) pour y être paisiblement et librement exercée sans aucun trouble ou empêchement ; défendant à toutes personnes, très-expressément, de quelque état, qualité ou condition qu'elles soient, sur les peines que dessus, de ne troubler, inquiéter ni molester les ecclésiastiques en la célébration du divin service, jouissance et perception des dîmes, fruits et revenus de leurs bénéfices, et tous autres droits et devoirs qui leur appartiennent. Et que tous ceux qui durant les troubles se seront emparés des églises, maisons, biens et revenus appartenant aux dits ecclésiastiques, et qui les détiennent et occupent, leur en délaissent l'entière possession et paisible jouissance, en tels droits, liberté et sûreté qu'ils avoient auparavant qu'ils en fussent dessaisis. Défendant aussi très-expressément à ceux de la dite religion prétendue réformée de faire prêche ni aucun exercice de la dite religion ès églises, maisons et habitations des dits ecclésiastiques. »

La balance, comme on le voit, n'était pas tenue d'une main

Seconde édition.

équitable entre les deux cultes. A l'Église romaine, large place au soleil, le droit d'être installée partout, même là où l'on ne voulait pas d'elle; à l'Église réformée, un tout petit coin bien muré, bien circonscrit, avec défense d'en sortir, même pour aller s'établir là où l'on pourrait la demander. Une telle inégalité de condition faite par l'Édit de Nantes aux deux religions qui divisaient la France, blesse profondément nos idées modernes; nous ne pouvons comprendre la liberté de conscience qu'à la condition qu'elle sera accompagnée de la liberté pleine et entière, pour tous, de professer leur culte. Aussi Michelet parle de cet Édit avec une indignation non dissimulée : « C'était, dit-il, bien moins que la paix de Charles IX et de Henri III. Celle de Henri IV ne défendait pas les protestants; elle les compromettait, les forçant (contre un roi livré à leurs ennemis) de devenir une faction. » (*La ligue et Henri IV*, pag. 440.)

Nous sommes moins sévère que cet illustre écrivain, à l'endroit de l'Édit de Nantes. A notre avis, Henri IV devait tenir compte des exigences de la majorité de la France restée fidèle à l'Église romaine. Le lendemain du désarmement de la Ligue, encore frémissante, était-il possible au législateur d'établir les réformés sur le pied d'égalité, pour la profession du culte, avec les catholiques? Aurait-il pu, par exemple, contenir les populations de Paris, de Toulouse et d'autres villes aussi fanatiques, alors qu'elles auraient vu s'élever au milieu d'elles des temples protestants? Force donc était de transiger avec les passions du moment. Henri IV subit cette nécessité, et nous ne saurions l'en blâmer.

Comme d'habitude toutes les fois qu'une sentence d'arbitrage est rendue, l'Édit de Nantes ne satisfit personne. Tant de concessions aux hérétiques! s'écrièrent les ligueurs forcenés.

Obtenir si peu de la part du roi, après avoir guerroyé vingt ans avec lui et pour lui! disaient en murmurant les huguenots fervents. Véritables cris de plaideurs après un arrêt de conciliation rendu par les juges. Cependant les murmures s'apaisèrent. Des deux côtés on vit bientôt que les concessions avaient été accordées avec une juste pondération, conçues par une haute raison d'État et dictées par un esprit de sage politique.

D'ailleurs, l'Édit n'était pas, comme les précédents, une trêve mal déguisée, un expédient de guerre, un simple armistice conclu avec l'intention secrète de dépouiller les réformés des avantages plus ou moins larges que les circonstances leur faisaient obtenir. Tous avaient la persuasion que le roi était sincère en donnant l'Édit de pacification; qu'il était bien décidé à l'observer et à le faire observer, et qu'il entendait bien qu'il fût « perpétuel et irrévocable ». Au reste, tels étaient également les désirs, disons mieux, les besoins de tout le royaume. On était fatigué des quarante années de guerre qui avaient ensanglanté, ruiné la France; et si les ardeurs religieuses n'étaient pas encore calmées, les armes tombaient de toutes les mains de fatigue et d'épuisement, et chacun demandait « un solide traité de paix ».

Les deux partis, disposés à désarmer, acceptèrent donc l'Édit de pacification donné par Henri IV, et cherchèrent à en retirer le meilleur parti. Des deux côtés la chicane eut beau jeu. Les catholiques élevèrent contestations sur contestations, pour empêcher partout où ils purent l'exercice de la religion réformée. En même temps, les protestants s'empressèrent d'obtenir le plus grand nombre possible de lieux du culte. Les commissaires envoyés dans les provinces pour l'exécution de l'Édit étaient assaillis de réclamations présentées, ou par les syndics du clergé, ou par les assemblées protestantes. Le roi recevait de nombreux cahiers de doléances.

Une telle agitation devait nécessairement se faire sentir dans Anduze. Les Églises du Languedoc ayant formé le projet d'envoyer une députation au roi, notre ville fut invitée à s'associer à cette démarche. En conséquence, le Conseil général fut convoqué le 4 février 1601, et par les consuls « il fut proposé avoir receu lettres des consuls de Nismes mandant d'envoyer ung depputé pour assister à l'assemblée du diocèse qui se doibt tenir mardi prochain pour dépputer en Cour devant Sa Majesté pour la poursuite de l'exécution de l'édict de pacification, et pour ce estre besoing y pourvoir. Sur quoi, lecture faite de la dite missive, a esté conclud le sieur de Recolin second consul yra à la dite assemblée, à l'effect ci-dessus, le y depputant avec tous les pouvoirs requis. » (*Reg. des délib. de l'Hôtel-de-Ville*, fol. 69 recto.)

II.

Cette députation avait lieu dans le mois de février 1601; mais déjà, depuis une année, les habitants d'Anduze avaient cherché à faire tourner à leur profit les bénéfices de l'Édit de pacification. Ils avaient décidé et commencé la construction d'un nouveau temple. Sans doute il y avait urgence, à cause de l'insuffisance du temple restauré et agrandi en 1588.... Mais ne furent-ils pas surtout poussés à la prompte exécution de ce projet par la crainte que le prieur viendrait, aux termes de l'Édit, leur réclamer l'emplacement de l'ancien prieuré? Nous serions assez disposé à le présumer, à la vue de l'empressement qu'ils déployèrent à élever leur nouveau temple sur ce même emplacement. En effet, nous les trouvons réunis le 23 février de l'année 1600, « en Conseil général et politic, dans le temple et maison commune, yssue du prêche, en présence de noble Charles des Soliers, seigneur de Branoux, baillif en la ville et baronye d'Anduze, et là, par le sieur Pieyredon, premier consul, il leur étoit proposé : « estre necessaire fere ung temple, pour estre le présent fort petit et incomode ; — et par ce estre besoing desliberer en quel lieu pourra estre faict, et la forme et moyen pour subvenir aux frais. — Sur quoi il fut conclud, à la pluralité des voix, qu'il sera faict et construit ung temple nouveau, et, pour payer partie des frais, le devant de la maison de ville ancienne sera mise aux enchères et vandu au plus offrant. Et à cest effect donne charge aux dicts sieurs consulz, et à ceux de l'année precedente, adviser le lieu plus propice en la présant ville et les autres choses qui seront necessaires au dict faict. Ce que le dict baillif a authorisé. » (*Reg. des délib.*, fol, 60 recto.)

Les commissaires désignés s'occupèrent diligemment de leur mandat, et, deux mois après (le 26 du mois d'avril), ayant convoqué le Conseil extraordinaire dans le temple, à l'issue du prêche, « ils proposèrent par la bouche de l'un d'eux (le sieur Pieyredon, premier consul) suyvant la précédente desliberation avoir esté entre les depputés advisé que le lieu plus propice pour faire ung temple à la présant ville est à l'endroit ou sont les maisons de Jeanne Soubeirane, Jean Planet, et la petite maison du sieur des Gardies, avec le jardin ou place de la communaulté qui est entre deux », etc. (*Regist. des délib.*, folio 64 verso.) Précisément ce jardin et place appartenant à la communauté étaient l'ancien prieuré dont les constructions avaient été démolies en 1567, et que la ville s'était appropriées. Le Conseil-général approuva le projet, et donna pouvoir de dresser les devis, les cahiers des charges et de délivrer les travaux.

On ne construit pas sans argent, et la communauté n'en avait pas. Pour s'en procurer, les consuls convoquèrent, le surlendemain 28 avril, le Conseil de ville et lui proposèrent, « pour subvenir à partie des frais, vandre partie de la maison de ville ancienne. Il fut conclud uniformément que le devant de ladite maison sera mis aux enchères et délivré au plus offrant. « Savoir du costé de la place jusques au troizième arc, à condition toutesfois que l'achepteur ne pourra entrer en possession que jusques de la Magdeleine prochaine en ung an, et neanmoins payera l'entier prix le jour du contract. » (*Reg. des délib.*, fol. 64.)

La vente ainsi arrêtée eut lieu quelques jours après, et elle fut annoncée au Conseil le 11 juin de la même année. « Ce devant de la maison de ville ancienne avoir été mise aux enchères et estre demeurée sur l'issue faicte par sire Jean Ducros de deux mille livres. » (*Regist.*, fol. 64 ter.)

Le Conseil consentit à la délivrance de son immeuble, et, l'argent une fois trouvé, les travaux mis en adjudication furent commencés sans retard. Mais, comme il arrive toujours dans ces sortes d'entreprises, les plans primitifs avaient été modifiés, les matériaux employés au commencement n'étaient pas tous de bonne qualité, les premières constructions furent mal conduites. Il fallut recourir à de nouveaux entrepreneurs ; de là, toutes les péripéties qui se rencontrent dans la construction des édifices publics[1]. Enfin, le temple fut terminé en l'année 1602,

---

[1] Voir aux Pièces justificatives les délibérations et actes notariés relativement à la construction de ce temple. C'était un carré parfait dont chaque côté avait 22^m,80^c de développement, d'une contenance

tel que nous le représentons dans le Plan numéro 3, et il avait coûté 6,000 livres (60,000 francs de notre monnaie).

III.

Tandis que les habitants d'Anduze se hâtaient d'ériger leur temple sur l'emplacement de l'ancien prieuré, le clergé catholique ne restait pas inactif. D'abord l'évêque de Nimes vint demander « un lieu propre » pour célébrer la messe. Il était accompagné des deux commissaires envoyés dans la province pour l'exécution de l'Édit. Sa réclamation, aux termes de l'Édit, était parfaitement fondée ; aussi ne fut-elle pas repoussée d'une manière péremptoire. Il lui fut répondu par une fin de non-recevoir qui était sans réplique ;... on lui dit que, dans la ville, sauf deux chapelles, il n'existait plus d'église où le culte catholique pût être célébré. Voici la délibération prise à ce sujet par le Conseil de ville : « Du dimanche 19ᵉ jour du mois d'août, par-devant les seigneurs de Branoux et d'Argentières, baillif et juge. Par monsieur Olivier docteur en droit, assisté de Jean Falgairole et Jaques Pelisson, premier, tiers et quart consuls, et plusieurs autres habitans de la dite ville d'Anduze ;... a été proposé que par les commissaires qui sont en la présente ville, avec le sieur Evêque de Nismes, pour l'exécution de l'Édit de rétablissement ainsi qu'ils disent de la messe, avoir été donné ordonnance par laquelle la ville estre condamnée bailler un lieu propre dans huitaine pour dire la messe, qu'ils se jactent faire intimer et exécuter, et outre ce contraindre les consuls au paiement des frais par eux faits en la présente ville reduits à quinze

---

de 520 mètres carrés, et pouvant recevoir 2,000 auditeurs. Sa forme était identique à celle de tous les temples construits à cette époque, et dont il existe à Orange un spécimen en parfait état de conservation.

escuts, sauf à iceulx les répéter du sieur prieur du dit Anduze ou des fruits de son prieuré, et à icelle de se les faire précompter sur les deniers extraordinaires qui s'imposeront l'année prochaine, et par ce, estre besoin de délibérer sur ce dessus, exhibée à ces fins coppie de la dite ordonnance.

» Conclud à la pluralité des voix qu'il sera répondu et défendu à la dite ordonnance, ainsi qu'a été déjà par les susdits sieurs consuls, qu'il n'y a aucun lieu public au dit Anduze, excepté les chapelles de Saint-Julien et de Sainte-Anne qui sont encore droites, dans lesquelles ils peuvent faire leurs offices, si bon leur semble, n'étant tenus de bailler aucune maison des habitans pour estre tous de la religion Réformée; et pour le regard des susdits frais seront payés par les susdits consuls en retirant quittance. »

Cette réponse froide et hautaine donne la mesure des dispositions d'esprit avec lesquelles ces rigides huguenots se plaçaient vis-à-vis d'un dignitaire de l'Église romaine, mais elle n'équivalait pas à un refus. Nous sommes autorisé à affirmer le contraire, car nous verrons dans le chapitre suivant que la chapelle de la Maladrerie, située en dehors de la ville, avait dû être mise à la disposition de l'évêque. Et d'ailleurs, s'il avait échoué dans sa réclamation, ce prélat n'aurait pas manqué de s'en plaindre dans le cahier des doléances présenté au roi, à cette époque, par le syndic du clergé du diocèse. Or ce document, qui nous a été conservé par l'historien Ménard (tom. V, *Preuves*, pag. 213), ne contient pas un mot ayant trait à cet incident.

Après l'évêque et presqu'en même temps, un prêtre nommé Corbeau, qui avait été élu prieur d'Anduze, quoiqu'il habitât la ville de Vienne, intenta un procès à la ville. Quelle était la cause de cette action judiciaire? S'agissait-il des fruits de son prieuré ? Mais bien avant la publication de l'Édit de Nantes, ces mêmes fruits, affermés par la ville, lui étaient exactement payés. C'est ce que nous voyons dans le *Registre* des délibérations du Conseil : « ... L'an 1595 et le lundy 27me jour du moys de juin, le conseil ordinaire assemblé, a esté exposé avoir receu une missive de M. Corbeau, prieur de la presente ville, aux fins de lui envoyer argent de son dict prieuré, tant pour les payes ja escheues, que pour le present quartier courant, et aussi trois quintals d'huile qui lui sont deues d'arreraghe ; et de fait qu'il s'est trouvé n'estre rien deus à la communaulté par les consuls de l'année dernière, ni par le clavaire, comme appert par la closture de leur compte, n'ayant plus moyen de lui fournir de ces dits, estant besoing lui mander la somme de cinquante-quatre (escus) et la dite huile, ils auroient fait assembler le present conseil pour leur bailher avis du chemin qu'ils y doibvent tenir, requérant qu'il y soit deliberé pour leur décharge, et aussi, si l'argent, l'huile venoit à se perdre par chemin, attendu du danger qui est à present jusqu'à Vienne ou le dit Corbeau habite, affin qu'il ne soit trouvé ne rien venir par leur coulpe et négligence.

» Conclud à la plus grande voix qu'il est donné pouvoir aux dits consuls emprunter argent au nom de la dite communaulté, tant pour les dits cinquante-quatre escus, que trois quintals huile, aux apports pour le temps de six mois, lequel huile et argent ils manderont au dit prieur à Vienne, où est le lieu de son habitation, par un muletier exprès a voiture qui sera aussi payé par la dite communaulté ; et venant le dit argent et huile se perdre, la perte et le dommaige qui se pourront encourir sera porté en corps par tous les habitans de la dite ville. »... (*Id.*, fol. 3 recto.)

« L'an 1598 et le 8ᵐᵉ jour d'octobre, le Conseil assemblé, a été exposé que le prieur du prieuré de la présente ville et bénéfices d'icelle a envoyé porteur exprès pour venir chercher la paye de l'arrantement du dit prieuré qui est echeu le dernier jour du présent mois, et aussi pour arranter le prieuré et bénéfices.

» Conclud tous uniformément et sans discrépance aucune, que Messieurs les consuls adviseront de payer le prix du dit arrantement et s'accorderont avec le procureur dudit prieur, au sujet du dit bénéfice, compris et l'arrantement d'icelui advenir, pour le prix et paye qu'ils pourront accorder à la meilleure condition que sera possible; et aussi de payer la dépense que le dit procureur aura fait en la présente ville. (*Id.*, fol. 53 verso.)

Malgré ces bons procédés, notre ville ne put se protéger contre les dispositions litigieuses du prieur; celui-ci intenta un procès, et le gagna. Il s'agissait, croyons-nous, de l'établissement d'un vicaire dans Anduze.... C'est du moins ce qui est à présumer, d'après la délibération suivante : 1601, et le 9ᵐᵉ novembre.... a esté proposé que le procès du prieuré de cette ville a esté jugé, et déclaré le sieur prieur paisible possesseur d'icelui, et que le sieur de Corbeau est en la présente ville, avec charge expresse de continuer, establir un vicaire et pourvoir à son payement, et a tout ce qui est requis par la conservation du dit prieuré et ses dépendances, et par ce estre besoing de desliberer sur ce que lesdits consuls ont à faire et répondre sur ce sujet.

» Conclud qu'il est donné pouvoir aux dits consuls assistés des consuls vieux et autres habitans tels qu'il leur plaira, traiter avec ledit sieur de Corbeau de tout ci dessus, ce que demeurera approuvé et seront relevés et garantis ensemble de ce qu'ils emprunteront pour y fournir. » (*Id.*, fol. 74 verso.)

Il paraît que, malgré les pouvoirs pacifiques dont ils étaient revêtus, les consuls ne purent pas entrer en arrangement avec le sieur de Corbeau, car le 12 mai 1602 ils assemblèrent le conseil et ils lui exposèrent : « avoir esté en leur personne donné assignation au sieur prieur de la présente ville, en la cour du parlement de Toulouse, en poursuite de l'instance commencée pour le prieuré ; et parce que le dit sieur prieur se tient à Vienne, non il y a moyen de l'avertir que, par homme exprès. Conclud que par les dits consuls sera envoyé un homme exprès aux fins sus dites. » (*Id.* fol. 81 recto.)

Le parlement de Toulouse renvoya cette affaire devant le sénéchal de Nimes, comme nous l'apprend une délibération du Conseil à la date du 20 septembre 1602 : « A esté proposé que le procès intenté à la ville au nom supposé du prieur d'icelle est poursuivi en la cour de M. le sénéchal ; en laquelle a esté ordonné que dans huitaine l'avocat remettra procuration du sieur prieur, laquelle le dit poursuivant se jacte avoir, et de tout que cette poursuite pourrait préjudicier à la ville seroit bon y remedier.

» Conclud que pouvoir est donné aux consuls de remedier aux dites affaires par les moyens qu'ils jugeront plus propres ; que, s'il est besoin, manderont homme exprès à Vienne. » (*Id.*, fol. 82 verso.)

Ce procès, pour nous véritable enigme, parce que nous n'en connaissons ni la cause ni les résultats, donnait encore lieu, en 1604, à des pourparlers d'arrangement, comme il résulte d'une délibération du Conseil de ville prise le 18 juin de la même année.... Il résulte également d'une autre délibération du 15 fevrier 1604, qu'un vicaire avait été nommé et probablement installé dans Anduze. (*Id.*; fol. 97 verso.) Le clergé avait donc réussi dans ses premières prétentions; aussi, encouragé par le succès, essaya-t-il d'en faire valoir de nouvelles.

Tandis que le prieur exerçait des poursuites contre la ville d'Anduze, l'ordre des Cordeliers se mit, de son côté, à faire entendre des réclamations. C'est le 16 avril 1603 qu'ils commencèrent à présenter leurs demandes. « A esté proposé », lisons-nous à cette date dans le *Registre des délibérations*, fol. 89 verso, « estre arrivés en la presente ville deux cordelliers accompagnés de trois de la religion d'Allès, qui disent vouloir réparer (reprendre) la pièce des cordelliers, la prendre entièrement, ensemble le cimentière.... A quoy leur a esté repondu que à la dite pièce ne sera donné aulcung trouble aux vrais propriétaires par la communaulté d'en jouir, ni prétendans aucun intérest, sauf le cimentière, sur quoy ont requis estre deliberé.

» Conclud que par les dits consuls, assistés par tels habitans que bon leur semblera, sera parlé aux dits cordelliers pour savoir quelles sont leurs intentions et demandes, pour après y estre deliberé. — En ce qui concerne le cimentière et pour le surplus, leur sera faite semblable déclaration que dessus. »

Le Conseil se montrait fort disposé à faire l'abandon de l'ancien domaine des cordeliers.... Sur ce point important, il ne pouvait pas exister matière à procès; les parties ne tardèrent donc pas à tomber d'accord... Mais les cordeliers étaient exigeants à l'endroit du cimetière. De leur côté, les consuls, fondés sur le bon droit de la ville, s'obstinaient à ne pas en faire l'abandon. Du conflit de ces prétentions opposées, une instance fut introduite probablement devant les commissaires de

l'Édit, ce qui obligea les consuls à convoquer le conseil....
« Le 27 avril 1603 », est-il écrit au registre déjà cité (fol. 90 verso), « a ésté proposé par le sieur Deleuzière, consul, auroict esté à Nismes suivant la charge qui lui avoit été donnée, de la maintenue impétrée par les cordelliers pour le regard du cimentière.

» Sur quoi a esté concluḍ que les dits consuls poursuivront a dite qualité contre les dits cordelliers, et à ces fins manderont mémoires à Nismes. »

Ce procès ne devait pas être le dernier. La ville d'Anduze ne possédait-elle pas, depuis les premiers troubles, l'ancien monastère de Montaigu? Ce domaine relevait, sans nul doute, de quelque abbaye.... Il fallait s'attendre qu'il serait l'objet de quelque demande en restitution.... Il le fut, en effet, probablement à la même époque que le prieuré et le couvent des cordeliers...... Nouvelles réclamations, nouvelle instance qui tourna au désavantage de la ville...... Tout cela résulte de la délibération suivante prise par le Conseil : « L'an 1604 et le 28 novembre,.... a esté proposé avoir receu deux lettres du procureur du sieur abbé de Bonneval, mandant de venir à Montpellier pour traicter de l'accord de la méterie de Montaigu; pour laquelle il y a eu procès en la chambre des requêtes du palais à Tholose, et avoir ici messager exprès attendant la response et pour ce estre besoing de deliberer.

» Concluḍ que le dit sieur procureur sera supplié venir à Nismes pour voir de traicter du dit affaire; et en cas ne vouldra venir au dit Nismes, charge est donnée à MM. Marc Roquette, Marc Paulet, à cest effect depputés; d'aller à icelui des dits lieux que sera accordé, a condition que, au dict traicté, ils suivront les mémoires qui leur seront baillés. » (*Id.*, fol. 3 recto.)

IV.

L'Édit de Nantes était, sans contredit, profitable aux réformés du royaume; mais pour ceux d'Anduze il fut, comme on vient de le voir, une occasion incessante de demandes en restitution et d'interminables affaires litigieuses. Harcelés par ces réclamations, que nos devanciers, dans leur mauvaise humeur, se fussent un peu désaffectionnés du service du roi, nous n'en serions pas étonné; les sujets sont si prompts à rendre leurs souverains responsables des contrariétés qu'ils éprouvent! A la louange des Anduziens, il faut dire que le dépit n'affaiblit pas leur attachement pour Henri IV. Malgré toutes les difficultés que leur causait l'application des articles de l'Édit favorables au clergé, ils restèrent inébranlables dans leur fidélité envers le monarque. Leur attachement pour lui eut lieu de se produire à l'occasion du complot du duc de Biron et du comte d'Auvergne. Chacun sait que ces deux grands personnages étaient devenus les chefs d'une conspiration contre l'autorité et la personne du roi. Le duc de Bouillon, un des grands seigneurs protestants, était accusé de faire partie du complot. Par son influence sur ses coreligionnaires, il pouvait entraîner les populations protestantes dans sa défection. Henri IV l'appréhendait, et il écrivit en conséquence au gouverneur du Languedoc, le duc de Ventadour. Celui-ci se hâta de transmettre la lettre du roi aux principales villes huguenotes; et les Anduziens saisirent cette occasion pour témoigner leur attachement à la personne de « Sa Majesté... » « L'an 1602 et le 23 juin, » est-il dit dans le *Registre des délibérations*, fol. 81 verso, « dans le temple à l'yssue du presche du dimanche matin, devant M. Deleuze, viballif, le conseil général assemblé,... a esté proposé par les consuls avoir receu lettres missives des sieurs consuls de Nismes, envoyées par le roi, contenant la cause de l'emprisonnement de M. le comte d'Auvergne et du duc de Biron, de se prendre garde pour la sureté de la ville et l'obeissance à Sa Majesté; que en cas aulcung sauroit aulcune entreprinse ou remuement, de le reveler aussitôt pour en pouvoir advertir Sa dite Majesté.

»Sur quoy ont requis estre delibéré.

«A esté conclud que, pour quelque temps, ne s'ouvrira que la porte du Pas, et deux des autres par tour et tariffe. Que les breches de St Julien seront reparées, que les dites portes seront gardées chacune par trois habitans, et enjoint à tous les habitans et autres qui sauront quelque remuement ou entreprinse de les reveler aussitôt aux dits consuls.... Ce qui a esté authorisé....»

Il fallait que l'attachement des Anduziens fût bien profond pour Henri IV, car ils n'aimaient guère que leur ville fût mise sur le pied de guerre, que leurs portes fussent fermées et que la population eût à faire bonne garde. Ils nous ont laissé la preuve de leurs répugnances à cet endroit dans une délibération prise le 24 mars 1596 : .... « Le conseil général assemblé, a esté proposé que les habitans se faschent de continuer à faire les gardes, de tant que à présent n'y a aucune guerre, à tous les moings dans ce pays de Languedoc, et aussi qu'ils crient à ouvrir les portes de la présente ville. Sur quoy, les consuls requièrent qu'il y soit délibéré pour leur décharge.

»Conclud que toutes les portes de la présente ville seront ouvertes, et les habitans des rues prochaines aux dites portes feront les avances de ce qu'il y faudra dépendre (dépenser), tant pour y faire les portes de bois que autres fournitures, et après ce, seront remboursés par la communaulté ; lesquelles dépenses et fournitures seront imposées à la prochaine imposition. Et quant aux gardes de la ville, cela est remis à la volonté des consuls. » (*Id.*, fol. 22 verso.)

— Et l'on viendra nous dire ensuite que ces hommes étaient d'infatigables guerroyeurs, de turbulents républicains, toujours prompts à se révolter contre l'autorité du roi !

IV.

Malgré leur aversion pour les « gardes » et les portes de la ville fermées, les habitants tenaient à leurs fortifications et au maintien de leurs travaux de défense. Anduze était comptée parmi les villes protestantes qui se gardaient elles-mêmes, et elle figurait, à ce titre, dans le rôle des places de sûreté accordées par les articles secrets de l'Édit. Ses habitants étaient fiers de ce périlleux privilége et veillaient soigneusement à sa conservation. Nous en avons la preuve dans les deux délibérations suivantes : « L'an 1601 et le 6me jour du mois de juin, a esté proposé que le sieur Baron de cette ville veut reprendre entièrement son jardin et tout ce qui lui est occupé à la porte de la rue Droite, au devant la longueur du chateau, ce qui ne se peult faire sans tomber le ravelin (bastion), incommoder la dite porte, et le chemin (de ronde) allant d'icelle par dehors à celle de la Bouquerie, et par ce estre besoing de delibérer.

» Conclud que le sieur Baron sera prié de vendre à la communaulté ce qui lui est occupé audit ravelin et tour d'icelle, ensemble la dite place, et ce qui sera nécessaire pour accroistre le dit chemin. » (*Id.*, fol 71 verso.)

« L'an 1602 et le 17 février,... a esté proposé concernant que Me Chantelouve notaire faisant démolir la murailhe qui sert de fossé et de contrescarpe de la dite ville, dans la pièce par lui acquise de la vente des biens de Jean Montagne, successeur de Pierre Rouvaire. Ils l'auroient communiqué au conseil ordinaire en la présence du dit Me Chantelouve, icelui ouï ; auquel auroit esté résolu, attendu l'importance, après avoir veu les lieux, que le dict faict seroit rapporté et vuidé en conseil général, demeurant les dites choses en l'estat, à cause de quoy auroit fait assembler le présent conseil, requérant y estre pourveu.

» Sur quoy, après avoir de rechef ouï le dit Me Chantelouve, a esté conclud, à la pluralité des voix, que la dite murailhe demeurera en l'estat, et qu'il sera empesché de passer plus outre à la démolition, et que la pierre provenue de ce que a esté déjà démoli sera relevée par les dits consuls, et en cas le dit Me Chantelouve y aura intérest sera dédommagé, ce qui a esté autorisé. » (*Id.*, fol. 79 recto.)

V.

Le Conseil de ville, par sa vigilance à conserver les murailles et les fortifications qui entouraient la place, montrait son attachement pour la cause de la Réforme ; mais il le témoignait encore plus par la part directe, incessante, soucieuse, qu'il prenait aux affaires de l'Église. Tout ce qui concernait cette dernière devenait l'objet de ses délibérations. S'agissait-il de la recherche d'un pasteur, d'un chantre, d'un lecteur pour le temple, de la tenue d'un colloque, d'un synode ; fallait-il secourir quelque prosélyte nouvellement converti à la Réforme, le conseil ordinaire et extraordinaire était immédiatement convoqué et prenait des décisions formelles. Les preuves abondent ; nous allons choisir entre mille.

«L'an 1602 et le 4 avril,... a esté proposé le synode estre mandé en la ville d'Allès, à mardy prochain, et parce qu'il est nécessaire d'avoir un autre pasteur pour être adjoint à M. Baille, est besoing de délibérer s'il sera demandé illec un ou non.

» Sur quoy a esté conclud qu'il sera donné charge aux deputés de la présente Église allant au synode de demander permission de prendre ou de rechercher un autre ministre, alors que l'occasion et commodité se présenteront, ce qui a esté authorizé. » (*Id.*, fol. 79 verso.)

« L'an 1603 et le 10 août, dimanche, dans le temple à l'issue du prêche du matin, où le Consistoire encore étoit assemblé,... le conseil général convoqué, a esté proposé estre nécessaire envoyer homme capable et esprès à Genève pour faire venir le sieur Courant, ministre, et fournir aux frais nécessaires pour sa conduite, s'estant à cet effet offert sire Jean Lause présent, qui auroit là même offert faire le voyage au moins de frais que faire se pourra, avec lequel, de l'avis et consentement de toute la compagnie, a esté là même convenu qu'il lui sera bailhé et payé pour tout le dit voyage réduit à 24 jours, compris l'aller, séjour et retour, la somme de 45 livres tant seulement, sans que pour son regard il puisse prétendre aucune autre chose. — Et quant aux frais concernant le dit sieur Courant, il en sera entièrement remboursé par les dits sieurs consuls ; ou iceuls lui seront précomptés sur la somme de 51 escus, qui lui sera à cest effet bailhée selon le rôle qu'il en aura faict par lui ; ce qui a esté là même accepté par le dit Lause et authorizé. » (*Id.*, fol. 92 verso.)

« L'an 1603 et le 2 novembre,... a esté proposé estre besoing d'un chantre pour entonner les pseaumes.

»Conclud que, par les consuls et consistoire, sire Maurice Robert sera prié de confiance d'entonner les pseaumes aux moindres gaiges que faire se pourra, et qu'il sera faict faire un banc servant de coffre au temple pour serrer les papiers du consistoire, et bailher au sieur de Gasc, pour le service par lui faict à l'Esglise, trois livres.» (*Id.*, fol. 94 recto.)

« L'an 1604 et le 20 may,... a esté exposé avoir besoin d'un maître pour servir à l'escolle du dit Anduze, d'autant que M. Romany, régent à icelle escolle, s'en est allé et retiré en la ville de Sauve, et d'autant qu'il s'est présenté un maître d'escolle nommé M. Nicolas Mesnyl, ainsi qu'il a esté témoigné par le sieur Courant ministre, pour régir la dite escolle, et outre ce pour servir de chantre au temple, les jours de prédication, estant bon musicien, ont requis estre donné avis s'ils le retiendront et à quel prix ;—ou bien s'ils le feront venir présentement pour estre ouï sur sa demande et offre qu'il voudra faire.

»Conclud que le dit maître Nicolas Mesnyl sera mandé venir tout présentement pour estre ouï en ses offres et demandes.

»Et là mesme estant venu le dit sieur Nicolas Mesnyl, et icelui ouï et faict offre de servir à la dite escolle, et servir de chantre au temple les jours de prédication, et lire en chaire le jour de dimanche, en lui donnant 50 escus l'année, et outre et par dessus les gaiges qu'il pourra retirer des enfants qu'il enseignera.

»Lequel ouï par la compagnie, lui a esté offert pour le susdit service, outre et par dessus les gaiges qu'il pourra retirer des enfants qu'il enseignera, la somme de 20 escus tous les ans, et prier de se contenter de la dite somme qu'il auroit refusé, s'estant desparti à l'instant de la compagnie.

»Sur quoy a esté conclud, après en avoir conféré de la dité

affaire, sera offert par les dits consuls la somme de 25 escus tous les ans aux conditions sus dites, donnant de ce pouvoir et puissance d'en faire et passer avec lui tout contract nécessaire, si de ce maître Nicolas se contente.» (*Id.*, fol. 103.)

»L'an 1609, le 5 juillet,... a esté proposé que François Faregouze portugais, jadis carme, s'estant retiré en la présente ville, et l'Esglise l'ayant mis en apprentissage, a faict le pourtrait de l'Antéchrist mis en la présente maison consulaire, supplie la communaulté de lui assister charitablement de quelque chose pour s'habilher.

» Conclud qu'il sera bailhé au dit Faregouze doutze livres.» (*Id.*, fol. 150.)

Quelles décisions! Ne dirait-on pas qu'elles émanent d'un consistoire? Il faut vraiment lire en tête des procès-verbaux des séances les noms des consuls, pour se faire à l'idée qu'elles ont été prises par le Conseil de la ville. Ah! c'est que tous ces consuls, baillis, vibaillis, conseillers, qui assistaient aux séances municipales, étaient protestants; c'est que la Réforme avait introduit dans Anduze, comme dans toutes les autres villes réformées, le principe de la participation de l'autorité municipale à la gestion des affaires ecclésiastiques! Les papes avaient cherché à faire prévaloir le pouvoir spirituel sur le pouvoir temporel; Calvin, au contraire, éleva le pouvoir temporel au-dessus du pouvoir spirituel. Dans sa pensée, l'un et l'autre devaient agir de concert, tendant au même but, à savoir : le bien de l'État et de l'Église; mais la supériorité dans cette communauté d'action était réservée au pouvoir temporel. Aujourd'hui nous tendons toujours davantage à séparer ces deux pouvoirs; nous concentrons leur action dans les limites de leur domaine respectif. Sommes-nous plus sages que nos pères? L'avenir nous l'apprendra.

Comme il a été facile de le voir, de tout ce qui précède, depuis la publication de l'Édit de Nantes jusqu'en l'année 1610, la ville d'Anduze se montra protestante zélée et fidèle royaliste. Telle elle était le 10 mai de cette même année, lorsque, à sa grande stupeur, tout à coup elle apprit que Henri IV venait de périr, frappé à mort par le poignard de Ravaillac.

CHAPITRE II

DEPUIS L'ASSASSINAT DE HENRI IV JUSQU'A LA PREMIÈRE GUERRE
DE RELIGION SOUS LOUIS XIII.
(Mai 1610. — Avril 1621.)

SOMMAIRE.

Impression produite par la mort du Roi. — Nouvelles réclamations adressées à la ville d'Anduze par les cordeliers et un prétendu recteur de l'ancienne confrérie de Saint-Étienne.—Plaintes du pasteur Courant contre les consuls, au sujet de leur refus de faire la recherche d'un second pasteur. — Les Cévennes détachées de la province du bas Languedoc et formant un synode à part. — Établissement d'un collége à Anduze. — Organisation politique des Réformés. — Fidélité de la ville d'Anduze à la personne du Roi. — Dispositions méconnues des habitants envers les catholiques. — Union des villes de la viguerie d'Anduze. — Secours envoyés par Anduze aux protestants des Cévennes. — Affaires du Béarn. — Secours envoyés à Privas par Anduze. — Anduze se prépare à la guerre après la réunion du Béarn à la couronne de France.

I.

La nouvelle de la mort de Henri IV retentit sur tous les points de la France comme un tocsin lugubre. La capitale fit éclater ses regrets avec une vivacité extrême. — L'Estoile, auteur contemporain, raconte « qu'on vit en un instant la face de Paris toute changée. Les boutiques se ferment; chacun crie, pleure et se lamente, grands et petits, jeunes et vieux; les femmes et filles s'en prennent aux cheveux. » (*Mémoires* de L'Estoile, collection Pelitot, tom. XLVIII, pag. 428.) Au milieu de la stupeur générale, la douleur sincère des réformés se faisait remarquer par sa vivacité. Sully, l'un d'eux, et ministre du roi, s'écria, à la nouvelle de l'assassinat du monarque: « Mon Dieu! ayez compassion de lui, de nous et de l'État. S'il meurt, la France va tomber dans d'étranges mains! » Aussitôt il alla s'enfermer dans la Bastille, dont il avait le commandement ; et il manda à son gendre, le duc de Rohan, d'accourir de la Champagne, où il se trouvait à la tête de 6,000 Suisses. La crainte d'une nouvelle Saint-Barthélemy lui avait suggéré cette précaution. Dans un pareil moment, après un tel attentat, tous les soupçons étaient excusables, toutes les précautions légitimes.

Les habitants d'Anduze partagèrent la douleur et la terreur générales... Les premiers bruits de la mort du roi parvinrent à leurs oreilles six jours après l'assassinat (le 20 mai 1610, un jeudi). Aussitôt les consuls convoquèrent le Conseil, et, par la bouche de l'un d'eux, il fut exposé : « le bruit courir le roy avoir esté blessé à mort, et pour ce estre nécessaire pourvoir à la sûreté de la ville. — Conclud que les murailles seront netoyées, et qu'il sera faict garde de nuit. » (*Regist. des délib.*, fol. 154 verso.)

Le lendemain (vendredi 21 mai), la triste nouvelle fut officiellement confirmée : « En présence du Conseil assemblé, il fut proposé par la bouche du premier consul avoir heu advis et nouvelles asseurées de la mort, de l'assassinat et malheureux parricide commis en la personne du roy ; par la lettre de monseigneur de Ventadour estre commandé de faire garde. — Suivant la délibération de hier avoir fait visiter les murailles qui se trouvent mal accommodées, ensemble la plupart des portes, par ce estre nécessaire d'y pourvoir. — Conclud, après la lecture des lettres, que la ville sera despartié en seize escouades pour faire la garde, que les portes seront murées à chaux et à sable, sauf celles du pont, rue Droite et du Pas. — Que seront accommodées murailles et corps de garde. — Sera faict garde jour et nuict, à quoy sera pourveu par les consuls, de l'advis des six depputés, et oultre iceux, M. de Saint-Jean, le capitaine Soubeyran et sieur André Genoyer.... » (*Id.*, fol. 154 verso.)

Ces préparatifs de défense prouvent de la manière la plus éclatante les sentiments de terreur que les réformés éprouvèrent à la nouvelle du meurtre commis sur la personne de Henri IV. Faut-il s'en étonner? ils s'étaient accoutumés à vivre en paix et en sécurité depuis l'avènement du Béarnais au trône de France. Les Édits rendus en leur faveur étaient respectés, grâce à la volonté bien expresse du monarque; et voilà que tout à coup l'ère des guerres religieuses semblait devoir recommencer pour eux. Ils s'émurent donc, non sans motifs, et coururent visiter, dans le trouble de leur esprit, leurs antiques murailles depuis vingt ans délaissées. Ainsi les vieux militaires, au moment d'un danger en apparence imminent, s'élancent vers leurs mousquets qu'ils ont laissé couvrir de rouille, et les nettoient avec soin.

Sous l'empire de cette terreur bien concevable, les Anduziens se montrèrent empressés de répondre à l'invitation du duc de Ventadour, gouverneur de la province, qui leur mandait de venir se concerter avec lui pour conserver la paix dans le pays. Le samedi 22 mai 1610.... « il fut exposé au Conseil par les consuls avoir receu lettres de Messieurs les consuls de Nismes, mandant monseigneur de Ventadour leur avoir escript de se trouver à Montpellier pour establir l'estat de paix en la province. — Conclud, lecture faicte de la dite lettre, que le dit premier consul ira au dit effect demain à Montpellier... » (*Id.*, fol. 155 recto.)

II.

Les craintes des réformés étaient sans fondement ; le coup de poignard de Ravaillac n'était pas le commencement d'exécution d'un complot tramé sourdement contre leur vie ; les attaques à main armée qu'ils redoutèrent en apprenant la mort de Henri IV ne se produisirent pas. Au contraire, les grands seigneurs catholiques qui se trouvaient auprès de la veuve du roi, le jour et le lendemain de l'assassinat de son royal époux, lui remontrèrent, au dire de L'Estoile : « qu'il estoit necessaire d'observer et faire observer exactement toutes les ordonnances et Edits du feu roy, principalement ceux de pacification, sans permettre qu'aucune violence fust faite à ceux de la religion, lesquels il les falloit également traicter et maintenir avec les autres, selon le vouloir et intention de feu Sa Majesté, qui estoit un grand et excellant pilote et conducteur d'Estat ; duquel, suivant l'exemple, on ne pouvoit jamais faillir.... » (*Mémoires de L'Estoile*, col. Petitot, tom. XLVIII, pag. 436.) Ces conseils, approuvés et suivis par la reine régente, furent bientôt connus de tous les protestants du royaume. Le calme se rétablit dans leur esprit ; ceux d'Anduze reprirent bientôt courage, et le Conseil général ayant été réuni le 6 juin (vingt jours après la mort du roi), dans le temple à l'issue du prêche, « il fut proposé si la garde sera continuée en la forme accoustumée, si on fermera les portes de la ville ou si l'on tirera par tariffe. Il fut conclud renvoi aux consuls depputés pour voir ensemble sur l'estat des portes et de la garde. (*Reg.*, fol. 155 verso.)

Ces mesures militaires étaient en réalité complètement inutiles pour le moment. Le parti de la Ligue n'existait plus, et la reine régente avait besoin de ménager les réformés. Au lieu de leur faire courir sus, elle avait cherché à les rassurer, et à la date du 22 mai, huit jours après la mort de Henri IV, elle s'était empressée de publier une déclaration confirmant purement et simplement les dispositions contenues dans l'Édit de Nantes et dans les articles secrets qui y étaient joints.

Quelque sincères que fussent les promesses de la reine régente, il n'est pas moins vrai que ses dispositions personnelles, peu favorables aux partisans de la Réforme et parfaitement connues de tous, devaient inspirer une grande confiance aux ennemis des protestants. Telle démarche qu'on n'aurait pas osé entreprendre contre eux du vivant du roi, fut tentée après sa mort ; telle réclamation qu'on se serait bien gardé de faire fut immédiatement présentée... Anduze en fit bientôt la triste expérience.

En effet, le 8 juin de la même année 1610, le Conseil de ville fut convoqué, et il lui fut proposé : « que M. Firmond, soi-disant pourveu de l'office de recteur de la confrérie de S¹ Étienne et Charité de la presente ville, estoit dans la volonté de traiter à l'amiable des procès commencés, sur quoi advis estoit requis. Conclud que par les sieurs consuls et le vibalif il seroit conféré avec le dit sieur Firmond ; après avoir entendu entièrement ses intentions, il seroit advisé au Conseil. » (*Reg.*, fol. 155 verso.)

Les pourparlers furent engagés, et quelques semaines après (le dernier jour de juin) par les consuls fut proposé : « Suivant la dernière délibération avoir conféré avec M. Firmond, soi-disant pourveu de la rectorie de la confrérie de S¹ Étienne, et arresté suivant son offre qu'il rendroit toutes les titres qu'il a et se despartiroit de ses prétendus droits au profit de l'hopital, moyennant trois cens livres et une pension de dix-huit livres ;

et despuis leur auroit envoyé par M. le greffier soussigné l'extrait du contract et son intention, demandant résolution entière de cette affaire; aussi proteste qu'il se depart du traicté, et pour ce estre requis d'y délibérer. — Conclud que le sieur premier consul et M. le vibalif et M. Pierre Pelet iront à Nismes pour consulter la ditte minute, et en cas qu'ils trouveront par conseil l'affaire favorable la concluront, et à cet effet on donnera pouvoir au dit consul d'emprunter l'argent nécessaire. » (*Reg.*, fol. 155 verso.)

Voilà donc la communauté résignée à recourir à un emprunt, pour se soustraire aux poursuites du prétendu recteur d'une association de bienfaisance mutuelle dissoute depuis plus de cinquante ans, et dont tous les membres avaient embrassé la Réforme. Quelles réclamations et quel procès!

Celui que nous allons rapporter était aussi peu fondé en justice. Il était intenté par les cordeliers. « Le 1.er janvier 1611, en présence du conseil, fut exposé que Jean Lafaye d'Alès poursuivoit au nom des cordeliers l'exécution de la dernière ordonnance, pour raison de la pièce qu'ils prétendoient avoir au terroir de la presente ville, à laquelle ils présupposent prétendre, — le cimetière qui est en la possession de la dite ville, laquelle exécution est ja commencée par devant Me Rogier, commissaire du roi au sénéchal à Nismes, devant lequel Me Michel Teissier auroit comparu pour la ville, et par ce, attendu qu'il est present, ont requis estre délibéré et prendre résolution de la dite affaire.

»Conclud, après avoir entendu le dit M. Teissier, que par lui, devant le dit sieur Rogier, et par toutes autres parts que besoing sera, que le cimetière appartient à la dite communaulté, qu'il a fait construire et bastir; pour le surplus n'empescher qu'ils ne soient mis en possession, ni la ville n'y avoir prins aucung fruit. » (*Reg.*, fol 160 verso.) Encore une fois, quelle réclamation ! Prétendre à la propriété d'un cimetière devenu place publique depuis un demi-siècle, et qui certainement avait été établi aux frais de la communauté ! Sans contredit, les cordeliers n'auraient pas élevé une telle prétention avant la mort du roi ; mais ils l'osaient maintenant, parce que les circonstances les encourageaient à tout entreprendre.

III.

Des réclamations injustes dans le genre de celles que nous venons de rapporter, des vexations sur plusieurs points de la France, avaient fait sentir aux réformés l'urgente nécessité d'aviser aux moyens les plus propres pour se défendre contre les agressions de leurs adversaires. En conséquence, ils demandèrent à la reine l'autorisation de tenir une assemblée politique, qui se réunit à Saumur le 11 mai 1611. Cette assemblée, après avoir prêté le serment d'union, «fidélité au roi et concorde entre les réformés »; dresse un règlement qui divise la France en huit provinces, et décide que dans chacune il y aura un conseil composé de gentilshommes, de ministres et de membres du tiers-état ; que les conseils, dont les pouvoirs ne peuvent s'étendre au-delà de deux ans, devront surveiller l'état des places de sûreté, terminer toutes les querelles entre les réformés, correspondre avec les provinces voisines, avec l'assemblée générale et avec les états-généraux, etc. Tandis que ce règlement s'élabore et que les députés réunis à Saumur se voient sans cesse en butte aux suggestions et au mauvais vouloir de la Cour, le consistoire d'Anduze, qui depuis plusieurs années n'avait qu'un seul pasteur (M. Courant), en réclamait un second avec instance, à cause de la gravité des circonstances. Les consuls, malgré ces demandes réitérées, probablement dans des vues d'économie, avaient mis peu d'empressement à faire la recherche de ce pasteur si désiré. A bout de patience, le pasteur Courant invite un jour, à l'issue du prêche du matin, l'assemblée à rester dans le temple. C'était le 7 août 1611... Probablement il y avait entente entre lui et les assistants, car l'assemblée était nombreuse et composée des hommes les plus importants de la ville... Chacun acquiesce à l'invitation du pasteur et attend l'exposé qui lui a été annoncé. Alors M. Courant prend la parole au nom et pour le consistoire, et remontre : « par diverses délibérations du dit consistoire, ayant esté résoleu d'avoir un aultre pasteur pour lui estre adjoint pour le service de la dite esglise, et même en l'année 1609 et en la presente et courante année, par le conseil politique auroit esté conclud par les depputés des deux corps, ayant esté demandé permission au colloque teneu à Vezenobre d'en faire recherche, elle auroit esté octroyée, et à la Cène dernière de Pentecoste, MM. les consuls de la présente année ayant esté requis par le consistoire de ce vouloir assembler pour, en exécution des dites délibérations, voir et résouldre les expédients propres et nécessaires pour la dicte recherche, ils auroient refusé le faire, s'excusant pour ce ils disoient n'en avoir le loisir, et dimanche dernier, de rechef, requis par le dit consistoire, aussi MM. les officiers y présents, avoir les dits consuls vouleu rien résouldre que au préalable ils eussent de rechef assemblé leur conseil, prefigé le temps de la tenue du dit conseil, quoiqu'ils en fussent sommés et requis, et que les necessités de l'Esglise leur feussent au long représentées : sçavoir qu'elle ne peult estre servie par un seul pasteur à cause du grand nombre du peuple ; qu'il ne faut plus attendre d'assistance des pasteurs circonvoisins pour la célébration de la sainte Cène, pour estre tous occupés au service de leurs Esglises, estant décédé maître Mathurin Delmas, ministre qui avoit ci-devant assisté; plusieurs autres incommodités particulières ; même la plainte et réquisition de plusieurs des habitants, sur l'instance par eux faite de n'y pouvoir vaquer ; enfin ils auroient promis qu'estant aujourd'hui dans la ville pour le plus long, ils tiendroient le dict conseil ou durant la sepmaine dans la maison consulaire ; ce néantmoings, contre la dicte promesse, ils auroient assemblé le même jour leur conseil pour proposer et délibérer d'autres affaires, sans avoir voleu parler du susdit, quoiqu'ils fussent requis par des assistants, disant qu'ils auroient d'autres choses à proposer. Et bien que la coustume de la presente ville soit de réunir les conseils à l'issue du prêche, que deux consuls y feussent mercredi dernier ; que tous trois soient en la présente ville ; qu'ils aient esté sommés ce matin par les depputés du dict consistoire de faire assembler à la présente heure le conseil général pour résoudre les dites affaires, avec inthimation que ou ils ne le feroient suivant leurs dictes promesses, que de la part du dict consistoire les habitants seroient priés de s'arrêter, ils se seroient excusés les ungs sur les autres, et enfin auroient dict ne le pouvoir faire, et tout à dessein se seroient gardés de venir à la prédication, ainsi qu'est notoire à la présente compagnie, ce qui est un pur refus qui a obligé et contraint le dict consistoire de faire la dicte prière tant au dit magistrat qu'à la présente compagnie, et à présent par sa bouche requérir icelle vouloir délibérer sus ce dessus. Et ce dit (le pasteur Courant) se seroit desparti du dict temple.—Courant, pasteur de l'Esglise, signé. »

« Par tous les habitants uniformément et d'un commun accord, excepté par le sieur Soubeyran, a esté concluds que, attendu la négligence et refus des dicts consuls, il sera présentement opiné sur les dictes affaires, et ce faict, a esté résoleu que les délibérations ci-devant prinses, touchant la recherche d'un aultre pasteur, pour estre adjoint au dict sieur Courant, seront exécutées, et donne charge au dict consistoire d'en faire l'eslection, recherches et poursuites, l'obtention et pouvoir de ce faire, tout ce qui sera requis et nécessaire aux dites affaires, avec promesse d'agréer le tout comme si présentement ils avoient esté fait en la présente compagnie et du corps de communauté duement assemblés ; ce qui a esté autorisé par le dit sieur juge et vibalif.

» Le susdit Soubeyran seul a dict ne se pouvoir rien resoudre en l'absence des dits consuls.

» Et le dict sieur bailli a dict qu'il ordonne que les dits sieurs consuls seront appelés et enjoint y pourvoir ; ce néanmoins les dits habitants auroient persisté en ladite délibération ; et la même en présence de tous les susdits, par M. Pierre Pelet, notaire royal et greffier de la maison consulaire du dit Anduze, a été dit et exposé. » (*Reg.*, fol. 166 recto.)

IV.

Cette verte leçon, qui peint si fidèlement l'énergie des hommes de cette époque, ne fut pas perdue. Les consuls, qui avaient été mis ainsi au ban de la communauté, se hâtèrent de faire la recherche d'un pasteur, et bientôt les vœux de l'Église furent satisfaits. A peine cette affaire fut-elle terminée, qu'il s'en présenta une bien plus grave et dont l'importance dut préoccuper vivement les esprits. L'Église d'Anduze, avec tout le colloque dont elle était le chef-lieu, ainsi que les colloques de Sauve et de Saint-Germain, furent détachés de la province synodale du Bas-Languedoc. Depuis quelques années, la demande de ce démembrement avait été présentée, et, quoiqu'elle fût justifiée par des considérations fort valables, cependant pour des raisons majeures elle avait été repoussée. C'est à Anduze même qu'elle avait été présentée à l'assemblée synodale, et qu'elle y avait été accueillie par un refus formel. Voici ce que nous lisons à ce sujet dans le recueil manuscrit des synodes provinciaux du Bas-Languedoc. (Archives du consistoire de Nîmes.) Synode tenu à Anduze en l'année 1608... «Sur la proposition faite par le colloque d'Uzès, qu'attendu les grandes longueurs de ces assemblées procédant du grand nombre des personnes desquelles elles sont composées, il semble nécessaire que ce synode soit partagé en deux. — Ce qu'ayant été proposé au synode tenu en la ville d'Alès, auroit esté ordonné que les colloques en viendront prets au prochain synode, à pourtant requérant ledit colloque que ledit partage se fasse et que les mémoires des depputés au synode national seront chargés d'en procurer l'autorisation.

»A esté conclud qu'on ne parlera plus du dit partage, veu les grandes incommodités qui en pourroient naistre, mais que doresnavant on taschera de régler de telle sorte ces assemblées, que la tenue en sera plus courte.»

La décision négative du synode n'avait pas rebuté les auteurs de cette demande. Ils l'avaient reproduite l'année suivante (1609) au synode de la province tenu au Vigan, où elle ne reçut pas un meilleur accueil.... «Ayant esté mis derechef en délibération (est-il dit dans les procès-verbaux de cette assemblée) si on devait partager en deux le synode de cette province, et ayant esté trouvé bon de se tenir à l'ordonnance du dernier synode ; de quoi les colloques d'Uzès et de Sauve ont appellé au prochain synode national. » (*Archives* du Consistoire de Nimes.)

En effet, le synode national, qui se tint quelques mois après à Saint-Maixent (le 20 juin 1609), fut saisi de cette demande ; mais l'accueil qu'elle reçut ne répondit pas aux espérances de ceux qui en étaient les auteurs. « L'appel de quelques colloques du Bas-Languedoc (est-il dit dans les procès-verbaux de cette assemblée), de la résolution prise par leur province de demeurer unie, sans se séparer en deux synodes, a été mis à néant : et nonobstant leurs raisons touchant les grandes dépenses qu'ils font pour s'assembler des lieux éloignés, la distribution inégale des charges et plusieurs autres choses représentées par les depputés de la dite province, il a été ordonné qu'ils demeureront en l'état qu'ils sont, et que leur province remédiera, autant qu'il leur sera possible, aux incommodités qui leur ont donné lieu à faire les susdites plaintes. » (*Synode* d'Aymon, tom. I, pag. 364.)

Après un tel insuccès, la proposition de scinder en deux la province du Bas-Languedoc semblait à tout jamais condamnée, lorsqu'on la vit se reproduire au synode national suivant, tenu à Privas en 1612, et à l'unanimité résolue d'une manière affirmative. « Sur la remontrance des colloques de Saint-Germain, d'Anduze et de Sauve, lisons-nous dans les procès-verbaux de cette assemblée, demandant d'être distraits du synode du Bas-Languedoc, pour faire désormais une province à part, la Compagnie, ayant considéré que les synodes du Bas-Languedoc, composés de cent pasteurs et d'autant d'anciens, sont embarrassés d'une manière excessive, et que le grand nombre d'affaires et de personnes y cause beaucoup de confusion ; on a jugé que le dit démembrement y étoit fort nécessaire, mais surtout pour les assemblées ecclésiastiques ; c'est pourquoi les six colloques de la dite province seront désormais divisés en deux synodes provinciaux, dont l'un sera composé des colloques d'Anduze, de Saint-Germain et de Sauve, et sera appellé le synode de Gévaudan. Les autres trois colloques de Nismes, Uzès et Montpellier, feront un autre synode, qui sera appelé le synode du Bas-Languedoc. » (Aymon, tom. I, pag. 412.)

On se demande naturellement la cause de cette décision, diamétralement contraire à celles prises précédemment sur la même matière. Que s'était-il donc passé depuis le synode de Saint-Maixent, pour que celui de Privas sanctionnât un projet condamné par le synode précédent ?.... Il était survenu la mort de Henri IV, et les appréhensions toujours croissantes des populations protestantes du Midi. Celles-ci avaient senti la nécessité qui leur était imposée de réunir fréquemment leurs assemblées synodales, et ces convocations fréquentes n'étaient possibles qu'à la condition d'abréger la distance et la durée des réunions.

Ce démembrement releva l'importance ecclésiastique de la ville d'Anduze. Sans doute elle restait, ce qu'elle avait été jusqu'alors, un chef-lieu de colloque ; mais auparavant elle venait après Nimes, Montpellier et même après Uzès. Maintenant, à cause du peu d'étendue de la province à laquelle elle était attachée, à cause de l'infériorité des deux autres chefs-lieux de la province nouvelle (Sauve et Saint-Germain) au point de vue stratégique, notre ville devenait, sans contredit, la première de la province du Gévaudan.

V.

Cette prépondérance lui valut bientôt, de la part du synode de la nouvelle province, le privilége de l'établissement d'un collége. Aux termes des décisions synodales, chaque province ecclésiastique devait avoir le sien. Les synodes nationaux ne se réunissaient jamais sans qu'ils fissent entendre à ce sujet les plus pressantes recommandations. Les circonstances du temps ne justifiaient que trop ces insistances : les jésuites établissaient des colléges dans toutes les villes où ils parvenaient à s'introduire ; les enfants des réformés ne pouvaient pas leur être confiés, sans être exposés aux efforts persévérants de leurs propagande habile, sans courir le risque d'être enlevés aux croyances de leurs pères. Il y avait donc urgence à fonder des établissements où la jeunesse protestante pût recevoir une éducation littéraire. Mais, plus les colléges étaient reconnus utiles, et plus ils étaient convoités par les Églises, qui se les disputaient. Celles d'Alais et du Vigan étaient jalouses de posséder celui dont la province des Cévennes (on ne l'appela jamais province du Gévaudan) avait décidé la création. Elles cherchaient à l'obtenir à tout prix. Leurs prétentions furent vivement soutenues au sein du synode provincial, mais sans aucun résultat, et le collége fut accordé à Anduze.... La décision en fut prise à Saint-Jean-du-Gard, où se tenait l'assemblée synodale, et dans le mois de mai 1613.... Quelques jours auparavant, les consuls ayant appris que la question si débattue du collége devait être décidée dans cette cession du synode, avaient envoyé des députés pour faire valoir leurs droits... « Dimanche 13 apvril 1613, à l'issue du preche du matin, est-il dit dans le *Registre des délibérations* (fol. 182 recto), le Conseil général estant assemblé dans le temple, a esté proposé le synode estre indict à Saint-Jean au 23ᵉ jour du present mois ou se bailhera le collége. — A esté conclud que MM. de Brenoux, de Saint-Jean et André iront au synode, les depputant à ces fins pour poursuivre et obtenir le collége. »

Les efforts des délégués de la ville d'Anduze furent couronnés de succès. Grande fut la joie du conseil et de la population. « Le dimanche, 5 mai, est-il dit dans le *Registre des délibérations* (fol. 182 verso), a esté proposé le colletge avoir esté bailhé a cesté Esglise par le sinode, en fournissant et en joignant aux 400 livres ordinaires (allouées par le synode national) chacung an 600 livres de l'argent de la ville ; — qu'il y aura quatre régens choisis ou agréés par le colloque.

¹ Depuis plusieurs années, la ville d'Anduze, désireuse de posséder un collége dans ses murs, en avait jeté à l'avance les fondements, en créant un établissement à peu près analogue. Nous en avons la preuve dans les délibérations suivantes :

« 1602, 26 novembre... A esté proposé estre arrivé en la présente ville un jeune homme ecossois, fort propre et capable pour apprendre la jeunesse, et que pour dresser des escoles réglées il seroit bon le prier de s'arrester en la présente ville, adviser des moyens nécessaires pour son entretenement, et des autres maitres qui en seront requis, et pour la réparation du lieu qui pourra leur estre bailhé. — Sur quoi par les dits habitants a esté conclud, après avoir ouy le dit sieur Baille sur la cappacité du dit maitre ecossois, et des attestations et témoignages qu'il apporte, qu'il sera prié s'arrester en la présente ville, et sera dressé lieu pour faire *trois* classes, et que pour l'entretenement de *trois* maitres sera bailhé par la ville tous les ans 450 livres payables par cartiers » (fol. 83 recto).

« 1602, mercredi 27 novembre... Proposé la délibération, prinse, le jour dernier, pour le règlement des escoles. — Lecture faite de la dite délibération, conclud que les escoles seront dressées *en forme de collége*, en la forme qui sera advisée et tenue bon par les dits consuls, assistés des consuls vieux, de M. Baille, M. Mothe, Jean Reboul, Jean Coste, Raymond de la Farelle, et aultres qu'ils vouldront appeler auxquels est donné tout pouvoir » (fol. 83 verso).

MM. les pasteurs (Courant et Horlé) avoir beaucoup opéré à cette obtention, avec MM. de Brenoux, et de Saint-Jean, et André, et par ce estre nécessaire de pourvoir à la construction du lieu.

» Les dits depputés remerciés, conclud que le contrat sur ce, par eux passé demeure agréé et rattifié ; — charge est donnée aux consuls de, au nom de la ville, remercier MM. Courant et Tinel, et les prier de vouloir continuer en ceste bonne volonté, mêmes de contribuer de leurs bons advis à l'etablissement du dict colletge qui sera faict au lieu et comme sera trouvé raisonnable par les dits sieurs de Brenoux, consuls nouveaux et vieux, et Jean Reboul, Pierre Bourguet, Mᵉ Rodier et M. Alphonse, en la présence de MM. Courant et Tinel. »

Le local pour l'installation du collège fut bientôt trouvé ; il était tout indiqué : c'était l'ancien temple, où déjà les écoles avaient été installées. Il suffisait d'approprier ce vaste édifice, par des constructions intérieures, à sa destination nouvelle. Les devis furent dressés, les prix convenus ; il s'agissait seulement de se procurer l'argent nécessaire. Cette grave question fut débattue au sein du Conseil général, tenu le 8 septembre de la même année, un dimanche, à l'issue du prêche du matin. « Il fut proposé avoir esté fait marché de la fustailhe pour le colletge, et bailhé à priffait le baptiment qui reste à faire à faulte d'argent, n'ayant de fonds pour y pourvoir. — Depputé les consuls nouveaux et vieux, M. Alphonse, sire Jean Reboul, M. Pierre de la Farelle pour verrifier s'il y a fonds, ou n'y en aura assez; donne pouvoir d'emprunter ce qu'il sera nécessaire, et pour l'assurance obliger les biens de la communaulté. » (*Reg*., fol. 184 recto.)

L'argent fut trouvé ; on construisit les emménagements intérieurs nécessités pour l'établissement du collége ; les régents payés par la communauté se mirent à l'œuvre ; les enfants de la ville, qui fréquentaient auparavant les écoles « réglées », affluèrent dans leurs classes[1]. Il en vint probablement de dehors, et cependant au bout de quelques années cet établissement ne répondait pas aux espérances qu'on en avait conçues.... Les plaintes dirigées contre lui ont laissé leurs traces dans les registres de l'hôtel de Ville : « **1618, 4 mars**,.... a esté proposé que quelques-uns des sieurs pasteurs de ce colloque se plaignent de ce que la seconde classe de ce collége n'avoit point de régent. — Conclud que le depputé au colloque sera chargé se plaindre des sieurs pasteurs qui tiennent des escoliers » (fol. 278 recto).

Les plaintes ainsi formulées de la part du Conseil montrent que la ville imputait aux pasteurs du colloque le peu de succès de son collége. Sous l'empire de ce mécontentement, ce même Conseil ayant entendu l'année suivante, le 17 mars 1619, « la proposition faite par les consuls de s'imposer pour le payement des gaiges des régents du collége, » il décida que doresnavant il ne seroit payé aucun gaige aux maîtres du col-

---

[1] « 1614, 3 mars... A esté proposé : maître Nicolas Dumesnil demander estre pourveu au règlement de ses gaiges pour l'advenir, veu que depuis l'establissement du collége il a changé de condition, et se trouve privé des dix sols qu'il prenoit chacung mois de chacung enfant qu'il enseignoit a escrire et cinq sols des plus jeunes, et de l'habitation ; — n'ayant de sa part de l'argent du collége que 150 livres, et auparavant oultre les 10 sols et 5 sols, et l'habitation, il avoit de la ville, n'y ayant qu'un seul pasteur, 90 livres, et pour les cinq mois qu'il auroit servi de l'année 1612, après qu'il y eut deux ministres, lui fût accordé 10 livres de plus, et pour l'année dernière n'en estre encore fait règlement. — Sur quoy a esté conclud que doresnavant sera payé au dit Dumesnil jusques que amplement y soict desliberé, oultre les 150 livres du collége, chacung an 100 livres » (fol. 188 recto).

lége...... » Cette résolution en faisait présumer de plus graves, qui ne tardèrent pas à se produire. En effet, le 22 avril de la même année, « il fut proposé au Conseil, le consistoire tenant le jour d'hier avoir prié les consuls de s'arrêter et leur assister pour voir ce que l'Église peut avoir à faire au synode, et y avoir esté parlé, entre autres choses, du collége. — Conclud qu'on se dechargera du collége.. » (*Reg.*, fol. 254 verso.)

Une telle décision dictée par la mauvaise humeur n'était pas l'expression véritable des sentiments réels du Conseil et probablement de la population. En effet, quelques jours après, le 29 avril, « il fut proposé estre necessaire de réparer le collége de cette ville, et il fut conclud que charge estoit donnée aux consuls d'y pourvoir. » On tenait donc au maintien de cet établissement; aussi le lendemain 30 avril, « il fut proposé par MM. d'Argentières juge, et Desorrières consul, le voyage par eux fait à La Salle pour le collége.... Cette affaire renvoyée ; attendant d'ouyr les depputés d'Alais et du Vigan qui le recherchent. Et depuis avoir receu lettres de MM. Horlé et Courant pasteurs, portant : depuis, le synode avoir accordé le collége à la ville d'Alais, aux gages de 300 livres, outre les 400 accordées par le synode national, en cas que la présente ville ne le vouldra pas au dit prix, et par l'ancien, qu'il sera pourveu de nouveaux regents.

»Lecture faite des dites lettres, et entendu les dits depputés, conclud que l'offre et préférence sera acceptée à condition qu'il plaise au synode de changer les régents qui y sont à présent, et si est necessaire d'y pourvoir à cause de la diminution des gages, que le synode en prendra plus de soin pour l'avenir.

« Ledit jour, le Conseil de rechef assemblé, l'un des consuls a dict : M. Courant estant arrivé lui auroit dit estre nécessaire que quelqu'un allat à Lasalle, tant pour passer le contrat du nouveau bail du collége, que recevoir l'argent ou le mandement de ce que le synode baille, et pour assister au Conseil de la province qui y est convoqué. — Conclud que ledit sieur de Desorrières y ira, le y depputant à ces fins. » (*Reg.*, fol. 245.)

Le député d'Anduze remplit parfaitement son office à la satisfaction de tous... Il revint quelques jours après, et le Conseil ayant été assemblé le 9 mai 1619,.. « il fut proposé le sieur Desorrières estre de retour de Lasalle. Ouy ledit sieur sur ce qui a esté délibéré pour le fait du collége, et comme les sieurs Viltes, Barjou et Surville sont depputés pour venir establir les nouveaux régents et faire les règlements, et qu'on ne sera tenu que de payer 300 livres, le dit voyage a esté approuvé.... » (fol. 346 recto). Le député avait d'autres affaires à soumettre au Conseil, mais celui-ci satisfait ne voulut pas les entendre, et elles furent « renvoyées à demain ».

Le personnel des régents du collége ayant été changé, de bonnes mesures de police et de surveillance étant prises, le synode ayant fait promesse de tenir l'œil sur l'administration du collége, surtout l'allocation fournie par la ville étant diminuée de moitié, la ville d'Anduze s'estimait heureuse de la conservation de son collége. Il n'en était pas de même de la ville d'Alais. Désireuse de posséder cet établissement et mécontente d'avoir échoué dans ses prétentions au synode provincial de Lasalle, celle-ci en appela au synode national, qui se tint dans ses murs l'année suivante. Elle espérait que cette assemblée accueillerait sa demande favorablement, ne serait-ce qu'en reconnaissance de l'hospitalité qu'elle en recevait. Mais les membres du synode, se plaçant au-dessus de ces petites considérations, et ne voulant pas sacrifier les intérêts d'une Église au profit d'une autre, demandèrent à la ville d'Anduze ce qu'elle entendait faire au sujet du collége. La missive arriva le 3 novembre 1620. Aussitôt le Conseil fut convoqué, et « par un des consuls fut proposé : Messieurs du synode national tenant à Allès avoir mandé une lettre touchant le collége.

» Lecture faite de la dite lettre, mandant d'envoyer des depputés pour répondre à la demande du collége faite par la dite ville d'Allès, il fut conclud qu'il seroit deffendu contre la dite demande, et à ces fins deppute MM. d'Horlé, Deleuzière et Pelet » (fol. 257 verso).

Les raisons légitimes présentées par ces députés prévalurent, et le synode national prit la décision suivante, qui maintenait la ville d'Anduze dans la possession de son collége : « Sur le différend survenu entre les Eglises d'Allès et d'Anduze pour le collége établi dans la province des Cevènes, la compagnie ne voulant rien changer à present dans l'estat des provinces, et désirant de conserver la bonne correspondance et l'union de toutes les Eglises, a ordonné que le dit collége demeurera dans la ville d'Anduze jusqu'au synode national prochain, auquel la province des Cevènes rendra compte de l'estat du dit collége, afin que s'il n'est pas tel qu'il doit être pour l'utilité des Eglises, on le puisse placer ailleurs. »

VI.

La ville d'Anduze, tout en se préoccupant de son collége, ne restait pas étrangère, tant s'en faut, aux intérêts de la cause protestante. Au contraire, elle s'associait de cœur aux mesures générales, aux moyens de défense que prenaient les réformés du royaume. Dans cette triste période qui s'écoule depuis la mort de Henri IV jusqu'à la première guerre de religion sous Louis XIII, les événements alarmaient et enhardissaient tout à la fois le parti protestant. D'un côté, la régente, fervente catholique, abandonnait la politique du roi défunt, qui consistait à abaisser la maison d'Autriche, et cherchait à s'unir avec celle-ci par un double mariage (celui de son fils Louis XIII avec une princesse d'Espagne et celui de sa fille avec l'infant héritier présomptif de la couronne de ce royaume). Or, comme chacun le sait, la famille royale d'Espagne s'était de tout temps montrée l'ennemie la plus implacable de la Réforme. Le pape insistait toujours davantage auprès de la Cour de France pour l'extirpation de l'hérésie. Le clergé se montrait envers les protestants plus agressif que jamais. Les parlements, les États des provinces, animés du même esprit, de plus en plus à l'égard de ces derniers faisaient preuve de mauvaise volonté[1]. D'un autre côté, tandis que les réformés

---

[1] Nous pourrions fournir un grand nombre de preuves de cette malveillance non dissimulée envers les protestants, empruntées aux historiens les moins suspects de partialité. Nous nous bornons à rapporter ce que pense à ce sujet Capefigue, qu'on n'accusera pas certainement d'être favorable aux Réformés :

« L'Église, forte encore qu'elle était, s'était alarmée des concessions que la royauté avait été obligée de faire aux huguenots. Quelle différence ne remarquait-elle pas entre cette époque, où les tribunaux ecclésiastiques et le parlement proscrivaient les hérétiques, où des arrêts poursuivaient leurs personnes et leurs doctrines, et ces temps maudits où le prêche s'élevait à côté de l'Église, et où l'on concédait même la souveraineté réelle de certaines villes à des garnisons huguenotes! Plus d'une fois le peuple avait murmuré en passant devant le village de Charenton, lorsqu'il entendait à pleine voix le chant des psaumes de Marot et les cérémonies de la Cène. Dans un grand nombre de cités ardemment catholiques, en province, de pareils murmures s'élevaient, et les gouverneurs avaient été plus d'une fois obligés de déployer de nombreuses forces d'arquebusiers et d'archers pour empêcher quelques troubles sanglants, tristes souvenirs de la Saint-Barthélemy.

étaient aigris et alarmés par les injustices et les projets perfides de leurs adversaires, ils se voyaient recherchés par les princes et grands seigneurs mécontents, qui les berçaient des plus belles promesses, leur offraient aide et assistance, s'ils consentaient à s'associer à leurs menées et à leurs prises d'armes. Fiers de devenir tantôt les associés de Condé, premier prince du sang, tantôt de la reine-mère lorsqu'elle était en désaccord avec son fils, ils parlaient avec autorité et dictaient des conditions au roi. Les insensés! ils ne voyaient pas que les grands personnages dont ils devenaient les auxiliaires ne tarderaient pas à les abandonner, et même qu'ils se tourneraient contre eux, du moment que la Cour aurait donné satisfaction à leurs vues ambitieuses et personnelles.

Par ces alliances monstrueuses, ils s'exposaient au reproche d'être un parti politique, remuant, hostile à la royauté; de vouloir établir en France, à l'instar des Pays-Bas de Hollande, le régime fédératif et républicain. Jamais accusation ne fut moins méritée. Au lieu de rêver le renversement du trône, les protestants de France désiraient rester fidèles à leur monarque; ils multipliaient leurs protestations de fidélité et de soumission à la personne et à l'autorité du roi. Persuadés que la Cour était hostile à leurs

» Dans ces mêmes circonstances difficiles, le clergé prépara des plaintes adressées au conseil contre l'exercice de la religion calviniste en France; en face du roi, dans un sermon prêché à Fontainebleau même, un jésuite, le père Arnoux, conjura avec les sombres solennités qui accompagnaient ces invectives sacrées, tous les huguenots hérétiques maudits que le Seigneur jetterait dans son enfer puant. Conjurer une secte, c'était alors la vouer à l'exécration publique; c'était la confondre avec les masques, les sorciers, esprits ténébreux auxquels le peuple attribuait tous ses malheurs. L'évêque de Mâcon, dans l'assemblée du clergé qui se tenait aux Augustins, s'éleva violemment contre la secte maudite... » (Capefigue; Richelieu, Mazarin, la Fronde et le règne de Louis XIV, tom. III, pag. 28-29.)

croyances, à leur culte, à leurs immunités politiques et religieuses, ils s'armaient, il est vrai, contre elle, ils se battaient même contre le roi; non pas pour le renverser de son trône, pour le remplacer par un président ou un stathouder, mais pour l'obliger à les maintenir dans leurs priviléges, dans l'exercice de leur culte, à respecter leur vie, leurs croyances, dont ils croyaient que leurs ennemis, nombreux à la Cour, avaient comploté la ruine. Qu'on cesse donc de répéter que, dans les premières années de Louis XIII, les protestants avaient projeté de changer la forme gouvernementale de la nation. Ils se montrèrent rebelles, factieux, mais ils ne furent jamais républicains.

Dans les dispositions d'esprit que nous sommes fondé à leur attribuer, ils tinrent diverses assemblées générales. N'oublions pas qu'elles leur étaient garanties par l'Édit de Nantes. Entre autres décisions prises au sein de ces assemblées, ils avaient résolu de reconstituer à nouveau leur organisation politique. Pour l'intelligence de ce qui précède et de ce qui va suivre, quelques mots sur cette organisation nous paraissent indispensables.

Depuis l'année 1595, dans une assemblée générale tenue à Sainte-Foy, les réformés s'étaient donné une organisation politique parallèle à leur organisation ecclésiastique. Ils avaient divisé le royaume en dix provinces, à la tête de chacune desquelles ils avaient institué un conseil composé de cinq membres au moins et de sept au plus. Au nombre de ceux-ci devaient toujours figurer un pasteur et le gouverneur de l'une des places de sûreté situées dans la province.

Ces conseils devaient communiquer à la province, aux autres conseils provinciaux et à l'assemblée générale les avis reçus de la Cour; déterminer la quotité de la taxe due par chaque Église et en surveiller l'emploi; prendre toutes les mesures jugées nécessaires pour la défense de la province; pourvoir au remplacement des gouverneurs des places de sûreté; faire exécuter les décisions des assemblées générales; s'interposer entre les provinces lésées dans leurs droits et la Cour, pour prévenir tout conflit dont les conséquences pouvaient être funestes aux Églises.

Les membres de ces conseils provinciaux étaient nommés par des assemblées provinciales formées de trois députés de chaque colloque, choisis, l'un dans les rangs de la noblesse, l'autre parmi les pasteurs, et le troisième dans la bourgeoisie. Ces mêmes assemblées provinciales nommaient les membres des assemblées générales et pouvaient disposer du gouvernement des places dont les titulaires étaient décédés.

Au-dessus des assemblées provinciales et des conseils provinciaux, les auteurs de l'organisation politique des réformés avaient institué l'assemblée générale, qui devait se réunir une ou deux fois chaque année, suivant les nécessités des affaires. Elle se composait de dix membres, un par province, dont quatre gentilshommes, deux pasteurs et deux du tiers-état. La durée du mandat de ces députés était de six mois.

L'assemblée générale ordonnait tout ce que les circonstances présentes réclamaient dans l'intérêt général des Églises. Elle déterminait la quotité des taxes générales et en surveillait l'emploi; elle entretenait une correspondance régulière avec les différentes Églises, s'occupait du recrutement et de l'instruction des pasteurs, etc.

Cette organisation, qui avait donné aux Églises assez de force de cohésion pour agir de concert, avait fonctionné avec plus ou moins de régularité jusqu'en l'année 1611. Elle reçut à cette époque, dans l'assemblée de Saumur, un complément nouveau, véritable rouage supplémentaire dont il est souvent question dans l'histoire des Églises réformées de cette époque. Nous voulons parler des assemblées de cercle.

On entendait par cercle la réunion de trois provinces au moins. Les assemblées de ces cercles étaient formées des députés envoyés par les conseils des provinces du ressort des cercles. Ils étaient pris exclusivement dans la noblesse et dans le tiers-état.

Au début du règne de Henri IV, les assemblées générales facilitèrent beaucoup les négociations entamées au sujet de l'Édit de pacification que le roi avait promis, et qu'il rendit à Nantes. Ensuite, tant que le roi vécut, elles furent réunies seulement pour la nomination des députés généraux[1]. Mais après sa mort, elles revêtirent un caractère de résistance et de

---

[1] Les députés généraux étaient chargés de représenter les Églises réformées auprès du gouvernement du roi. Ils étaient au nombre de deux. Leur institution date de 1601, et les premiers qui furent nommés reçurent leur mandat de l'assemblée de Sainte-Foy. C'étaient les assemblées générales qui devaient les nommer seulement pour une année. Bientôt ils le furent pour trois ans. Henri IV avait même exigé de les choisir lui-même sur une liste de six candidats dressée par les assemblées générales. Mais celles-ci ayant été interdites après la prise de La Rochelle, le soin de présenter cette liste fut confié aux synodes nationaux. A leur tour, les synodes n'ayant pas été autorisés depuis l'année 1659, le roi Louis XIV se réserva le droit de nommer les deux députés généraux, et finit par n'en nommer qu'un seul et à vie.

L'institution des députés généraux rendit de véritables services aux Églises réformées; mais elle leur aurait été d'une plus grande utilité si la Cour n'avait pas cherché par des faveurs à s'attacher ces mandataires, dont la mission exigeait au contraire qu'ils luttassent contre son mauvais vouloir pour la défense des intérêts des co-religionnaires. Cette même institution forme un chapitre très-intéressant de l'histoire générale du protestantisme français; nous nous proposons de le publier un jour.

lutte ; leurs résolutions devinrent hardies et belliqueuses, et plusieurs fois, en demandant le redressement des griefs des Églises, elles tinrent le placet d'une main et l'épée de l'autre.

VII.

Encouragées par les allures décidées de leurs assemblées générales, et se méfiant des projets hostiles de la Cour, les populations protestantes, pendant les premières années du règne de Louis XIII (jusqu'en 1620), vécurent inquiètes, agitées, désirant la paix, mais se préparant à la guerre. La ville d'Anduze était animée des mêmes sentiments et manifestait les mêmes dispositions. Nous allons la voir soumise à l'obéissance du roi, bienveillante envers les catholiques, mais en même temps mêlée à toutes les agitations de l'époque, se mettant sur le pied de guerre au premier signal, envoyant des secours aux villes voisines menacées. Plus que jamais les assemblées politiques de la province, pendant cette période, viennent se réunir régulièrement dans ses murs.

Enregistrons d'abord les témoignages de fidélité et d'obéissance, qu'à diverses reprises les protestants d'Anduze rendirent à l'autorité et à la personne royale de Louis XIII. Nos citations sont puisées dans le *Registre des délibérations* du Conseil de ville. « L'an 1616 et le 20 juillet,..... a esté proposé que l'édict de paix fait par Sa Majesté avec Monseigneur le prince (de Condé) et avec ses subjets, avoir esté mandé pour estre publié et observé, et qu'il sera besoing d'ouvrir les portes qui avoient été murées. — Conclud qu'il sera publié pour être observé en sa teneur, et l'ouverture des portes différée pour quinze jours, passés lesquels, permis aux voisins des dites portes, à condition qu'ils se chargeront de la pierre, pour en cas de nécessité servir pour les faire fermer » (fol. 207 recto).

Année 1617, 16 mai..... « Sur la proposition faite, les depputés généraux avoir escript lettre contenant advis du commandement de Sa Majesté de la mort de Conchino, et la deslibération de l'assemblée du sinode. — Conclud uniformément que demain en sera faite prière publique d'actions de grace et feu de joie, à la discrétion des consuls qui feront faire une effigie de toile » (fol. 267 recto).

Année 1619, 7 mars.... « A esté proposé Messieurs les consuls de Nismes avoir envoyé une lettre contenant advis de la retraite de la reine-mère, et du bruit de la levée des gens de guerre, afin qu'on y prenne garde. — Conclud qu'on demeurera toujours en l'obeissance du roy, et qu'on s'opposera à toute levée de gens de guerre qui ne viendront de sa part: charge est donnée aux consuls d'y pourvoir, et à M. Olivier Perret de voir les papiers que le capitaine Bimard a ...... » (fol. 251 recto).

Année 1619, 9 mars.... « A esté proposé le sieur de Restinclayre, envoyé par le roy en ceste province, estre en ville pour faire savoir la volonté de Sa Majesté sur le transport de la reine-mère, et apporter lettre en ceste ville de M. de Biteau, du commandement du roy sur ce sujet, avec créance au dit sieur de Restinclayre. — Entendu la lecture de la dite lettre, et ouy le sieur de Restinclayre, conclud que le dit sieur de Restinclayre sera supplié, de la part de cette ville, d'assurer Sa Majesté que tous les habitans d'icelle sont résolus d'employer leurs moyens et vie à son très-humble service, et lui rendre en cette occurence et tout le reste de leur vie tout le service qu'il leur sera possible, vivre sous son obeissance et benéfice de ses édits, et s'opposer de tout leur pouvoir à tous ceux qui voudroient entreprendre au contraire. Ce qui a esté autorisé par le dit sieur juge.... » (fol. 252 recto).

VIII.

Les mêmes protestations de fidélité et d'obéissance à la Majesté royale se trouvent consignées dans une autre délibération; mais avant de les reproduire il est convenable de raconter l'événement qui en fut l'occasion, et qui montre la partialité injuste avec laquelle les dispositions des protestants d'Anduze envers les catholiques ont toujours été méconnues et incriminées.

La population protestante d'Anduze ne nourrissait pas, à cette époque, contre les catholiques, des sentiments hostiles; elle s'honorait, au contraire, de les traiter avec les égards d'une véritable bienveillance.

Ils en avaient donné la preuve maintes fois, et notamment dans une circonstance toute récente. Une collision ayant éclaté entre les protestants de quelques localités du Gévaudan et les catholiques de Mende et de Cannat, ces derniers, craignant des représailles de la part des habitants d'Anduze, n'osaient plus traverser cette ville quand ils avaient à descendre dans la plaine. Le Conseil de ville, en étant informé, s'empressa de prendre la résolution suivante : « A esté proposé que, suivant le bruit commun, ceux de Mende, Cannat et autres lieux circonvoisins se gardent de passer en ceste ville, de peur d'être recherchés des affaires survenues aux Buissons et à Graviès; requérant sur ce délibérer. — A esté conclud conformément que les consuls de ceste ville écriront aux sieurs officiers et consuls de Mende, pour tous les autres lieux, pour les prier de ne changer de chemin, les assurer qu'ils peuvent venir en toute liberté; qu'ils seront protégés envers tous et contre tous; et que en cas aucun entreprendroit les affairer (leur faire un mauvais parti), la réparation en sera poursuivie aux depens de la communaulté, et les consuls de Saint-Jean seront priés d'en faire de meme.... »

Assurément, les hommes qui écrivaient de telles missives étaient peu portés à se rendre coupables de violences contre les catholiques. Néanmoins, un des intendants de la province n'en jugea pas ainsi. Voici à quelle occasion : un jour la porte de la chapelle de la Maladrerie se trouva enfoncée et l'autel renversé; en outre, un catholique avait été maltraité. Immédiatement les consuls ordonnèrent de réparer les dégâts faits à la chapelle, et les officiers de justice ouvrirent une enquête sur les mauvais traitements dont le catholique avait été la victime. L'empressement de ces magistrats prouve que ces excès ne pouvaient pas être imputés à la population entière, mais seulement au mauvais vouloir d'un seul individu. L'intendant Bittault n'en jugea pas ainsi. Il incrimina toute la population et prononça contre elle une sentence tellement sévère, que les habitants, la considérant comme une flétrissure indélébile pour leur ville, dressèrent la délibération qu'on va lire et la firent présenter à l'intendant.

« 1619, 19 février..... A esté proposé que par le conseil général tenu ce matin auroit esté renvoyé à ceste compagnie de pourvoir aux lettres de M. de Bitteau, et de M. Pierredon premier consul, et à la teneur de l'ordonnance du dit sieur de Bitteau, touchant la démolition de l'autel de la chapelle de la Maladrerie, de la porte de la dite chapelle, et de l'attaque faite à un catholique. Lecture faite des dites lettres et entendu le dit sieur juge qu'il auroit été satisfait aux deux chefs de plainte, ayant esté dressé verbail de la dite démolition, et informé du battement (l'attaque faite à un catholique.).. Par eux a esté conclud que le second consul et le susdit M. Pierredon, à ces fins depputés, iront au sus dit Nismes représenter au dit sieur de Bitteau les griefs inferrés de la dite ville par les dites ordonnances, et la fletrissure qu'elle recevroit si elle subsistoit, et le supplier tres humblement le vouloir reformer et les en decharger, et se contenter des diligences faites par les dits sieurs et s'assurer que les dits consuls et habitans n'eussent souffert tels excès s'ils fussent venus à leur notice. — Qu'ils ont été toujours, et sont et seront tres fideles, tres humbles, et tres obeissants sujets de sa Majesté, et desirer vivre sous l'obeissance de ses commandements et benéfice de ses édits. — Que les catholiques n'ont jamais receu et ne recevront dans la dite ville aucun desplaisir ; que le sieur de Générargues y a ja vescu avec toute liberté et assurance, et lui remontreront au surplus tout ce qui lui sera necessaire pour la revocation de la dite ordonnance, selon la charge qui leur a esté donnée » (fol. 289 recto).

Les représentations des députés de la ville ne purent désarmer la sévérité de l'intendant Bittault. Les consuls retournèrent à Anduze accompagnés d'un avocat de Nimes, et le Conseil de ville ayant été convoqué le 16 fevrier (1619):

« Par les sieurs consuls Desaurières et Pierredon a esté rendu compte de leur voyage et depputation (est-il dit dans le *Registre*, folio 250 verso), et ensuite entendu la lecture de la lettre de M. Pierredon premier consul, rendue par M. Chalas docteur et advocat de Nismes, portant sa créance, et ouy en icelle le dit sieur Chalas. — Conclud que le sieur Baron et ses officiers seront priés dresser verbail de l'estat de la chapelle, et le sieur de Generargues de le signer, pour estre remis devant le dit sieur de Bitteau, par le dit sieur Chalas, avec une lettre des consuls de la part de la ville, de se contenter de la dite attestation et revoquer son ordonnance, et les consuls defrayeront le dit sieur Chalas et le remercieront. »

Les certificats, les lettres emportées par M. Chalas, les instances de cet avocat, les prières de la ville, ne produisirent aucun effet sur l'esprit de M. l'Intendant ; il maintint son ordonnance, et la population d'Anduze, malgré son innocence, dut subir la flétrissure de ce jugement inique. Une autre population en aurait tiré vengeance à la première occasion, et cependant celle d'Anduze, injustement accusée d'excès commis contre la religion catholique, accueillit avec bienveillance, quelques mois après sa condamnation, un nouveau vicaire qui venait remplir au milieu d'elle ses fonctions ecclésiastiques.

« L'an 1619, et le 28 aout.., a esté proposé M. Faucon, vicaire de Lezan, s'estre, ce jourd'hui, fait recevoir comme vicaire de ceste ville, requerant savoir s'il sera agreé des habitans, protestant se comporter de telle façon que tous en seront contents. — Conclud que le dit Faucon sera assuré de même volonté de la part de la ville. »(*Regist.*, fol. 251 recto.) Après un tel procédé de la part des habitants, il faut bien reconnaître qu'ils étaient parfaitement en droit d'affirmer à M. l'intendant Bittault « que les catholiques n'avoient jamais reçu et ne recevroient dans leur ville aucun desplaisir ».

IX.

La sévérité inflexible de M. l'intendant Bittault trouve son explication dans la participation active que la ville d'Anduze prenait à tout ce qui se faisait alors dans l'intérêt de la cause protestante. On la voit, à cette époque, toujours prête à envoyer ses députés aux assemblées politiques qui se tenaient dans la contrée. Les deux délibérations suivantes, choisies entre plusieurs, en donneront la preuve.

« 1614, 23 juillet. Sur la proposition faicte par le sieur premier consul, l'assemblée mixte de ceste province estre indicte à lundi prochain 28 du présent mois dans la ville d'Alès ; — et au conseil du colloque pour faire le nombre des dix depputés pour le tiers estat de chacung colloque, oultre ceux qui sont du dict conseil, avoir esté nommé pour la présente ville le sieur Malachane, second consul, — A esté depputé le dit sieur Malachane, pour et avec le sieur Deleuzière, qui est du dict conseil, au nom de la dite ville, assister à la dite assemblée, y avoir voix délibérative, conclure et requerir ce qu'ils verront pour le bien des Eglises, et tout également comme si le dit conseil y estoit en propre pourroit faire, avec promesse d'agréer le tout, et les en relever. » (*Registre*, fol. 191 verso.)

« 1617, 20 mars... Par le sieur de Lafarelle, premier consul, a esté proposé que le conseil vieux et nouveau des Esglises des Cevènes a esté convoqué au lieu de Saint-Hippolyte, et parce que les consuls de la présente ville sont du conseil des vieux, et qu'il est necessaire d'y envoyer, a requis y estre délibéré et depputer à ces fins pour y aller. — Conclud que le dit sieur de Lafarelle ira à Saint-Hippolyte, lequel à ces fins a esté depputé, où il prendra les délibérations qui se

feront à l'assemblée, pour, s'il est necessaire, en donner avis. »
(*Registre,* fol. 264 recto.)

X.

Au reste, l'année 1617 avait vu la ville d'Anduze s'émouvoir plus que jamais et prêter main-forte aux Églises des Cévennes. Cette année s'était ouverte au moment où une réunion de cercle se tenait à La Rochelle et faisait preuve d'une grande énergie. Il est probable que les excitations et les encouragements de cette assemblée provoquaient la recrudescence de précautions, de moyens de défense, qui se produisait en ce moment au sein des populations protestantes du royaume. Les craintes soulevées par les dispositions de Louis XIII n'y étaient pas sans nul doute étrangères. Alarmés d'une part et encouragés de l'autre, les habitants d'Anduze et de sa viguerie formèrent d'abord entre eux une « union » qui les liait les uns aux autres pour la défense commune. « 1617, 22 janvier, dimanche, dans le temple, à l'issue du prêche, est-il dit dans le *Registre* du Conseil de ville (fol. 261 recto), a esté proposé par M. de Lafarelle, premier consul, que les depputés de la viguerie auroient dressé les articles de l'Union d'icelle pour estre observés.—Lecture faite des dits articles a esté conclud qu'ils demeurent approuvés en tout et partout, et que l'exécution en sera poursuivie. Le tout a esté autorisé par le sieur lieutenant (de bailli). »

Une semaine ne s'était pas écoulée qu'un habitant de la viguerie vint réclamer les bénéfices de l'Union. « 1617, 28 janvier, a esté proposé, lisons-nous dans ce même *Registre* (fol. 261 verso), Jean Genolhac, rantier du sieur de Saint-Christol de la metairie qu'il a au lieu de Ribaute, estre venu se plaindre de ce que le sieur chevalier de Ribaute l'avoit mandé chercher dans le chateau, lui commandant de quicter la dite métairie, avec reniements et blasphêmes, ne lui ayant voulu donner de terme que jusqu'à dimanche prochain qu'est demain, le menassant, en cas il ne le feroit, qu'il le constreindroit à coups de baton de le faire, quoiqu'il lui répétat avoir semé, et ne pouvoir si tost changer sa famille; de quoi craignant l'exécution et effest des dites menasses, il supplie à ce que, par le conseil de l'Union, du corps de la quelle le dict lieu (de Ribaute) est, y soit pourveu suivant les prémissions portées par les arrets et ordonnances.—Le dit Genolhac s'étant presenté et réitéré la dite plainte.—A esté conclud que le dict sieur de Lafarelle, premier consul, et le capitaine Soubeyran iront ce jourd'hui au dit Ribaute savoir du sieur chevalier la cause des dites menasses, et l'exhorter de ne rien attenter, pour après advertir le conseil de la dite Union, pour y pourvoir selon l'exigence, et que sire Jean Combel, consul vieux, ira avec eux; ce qui a esté autorisé par le dit sieur juge. »

Une semaine après, le 7 février (1617), le Conseil de ville accueille, comme on le verra par la délibération suivante, une demande de secours émanant des protestants des Cévennes....
« A esté proposé par le sieur de Lafarelle, premier consul, avoir reçu lettre de messieurs les syndics des paroisses *unies* des Cevénes, datée du cinquième de ce mois, par laquelle ils demandent deux quintals de poudre, un de plomb et un autre de mesche, portant offre de payer les dites munitions et à ces fins s'obliger ; et encore demandent trente hommes pour leur assister à l'exécution qu'ils veulent faire contre le chateau de Saint-Julien qu'ils tiennent assiégé, du commandement de monseigneur le comte de la Volte, lieutenant du gouverneur

de Sa Majesté en ceste province.—Conclud que les dites munitions leur seront baillées, savoir : un quintal poudre, un quintal mesche, un quintal plomb, qu'on payera sur obligation des syndics ; et en outre ça, leur sera baillé trente hommes et sire Pol Yzoret prié les conduire, et accepter l'obligation des dites munitions là-haut, si on ne le peut faire en ceste ville, et que pour cest effet on leur fera la même condition que les autres font là-haut pour la nourriture d'iceux ; et que, à toutes fins et pour en attendant, sera baillé trente livres au dit Yzoret, lequel en rendra compte de l'emploi d'iceux ; qu'il leur sera envoyé (aux syndics des paroisses-unies des Cévennes) ce jourd'hui pour les en advertir. Ce qui a esté autorisé par le sieur juge » (fol. 262 recto).

Cette décision fut mise à exécution sans désemparer. Les soldats furent trouvés, mais nullement disposés à partir sans avoir reçu quelque argent pour anticipation de paie. Nouvelle convocation du Conseil et nouvelle délibération... « Du dit jour (7 février), sur la proposition faite par le sieur de Lafarelle, premier consul, que les consuls des Sevennes ont escrit pour avoir des gens, munitions et autres, communiqués au premier conseil ; mais n'ont-ils pû trouver des soldats sans y bailler d'argent, requerrant y estre pourveu.—A esté conclud qu'il sera depputé cinq habitants de la présente ville pour assister au consul, pour pourvoir et adviser ce qui sera nécessaire, bailler aux trente hommes que Yzoret là-haut conduit pour le secours des paroisses unies, et les munitions demandées, desquelles sera prinse obligation des dits syndics, savoir : les consuls vieux et nouveaux, sire Pierre André, Élie Angelras, Jaques Lavernie, Jean Lauzé et André Guilhon, avec promesse d'agréer ce que par eux sera faict, et que armes seront baillées aux soldats qui y seront.

»Les dits depputés assemblés ont concluddit qu'il sera baillé des dites munitions aux dictes paroisses unies, desquelles on retirera obligations et cautionnements si on peut, et que la ville baillera trente soldats aux dépens de la communaulté, auxquels il sera baillé à chacun 30 sols en sortant de la ville. Ce qui a esté autorisé par le lieutenant du juge» (fol. 112 verso).

Les trente soldats partirent, et avec leur concours le château de Saint-Julien fut pris et reçut une garnison protestante. Mais le gouverneur à qui on en avait confié la garde (probablement il devait cette charge au Conseil de la province) ne possédait pas la confiance des paroisses-unies des Cévennes. Aux yeux de tous, c'était un homme dont il fallait se défier et auquel il importait de retirer au plus tôt le commandement dont il avait été investi. Une députation vint à Anduze; elle demanda à exposer ses griefs devant le Conseil de ville et le consistoire réunis, et donna lieu à la délibération suivante, que nous transcrivons malgré sa longueur, parce qu'elle donne une idée exacte de l'importance de notre ville à cette époque, et qu'elle fait connaître l'état dans lequel en ce moment se trouvait la province.

« 1617, 14 février.... A esté proposé par le sieur de la Farelle, premier consul, que MM. Desfour et Pagès, depputés du conseil de l'Union des Cevennes, portent lettres de créances dressant (adressées) au consistoire et aux consuls de la présente ville, et qu'ils désirent estre ouys des deux corps ensemble. Le consistoire estre assemblé dans le temple, et par ce estre necessaire deliberer sur la forme de procéder.

»Concludd que, attendu qu'il s'agit d'une affaire purement mixte, les dits sieurs de Calvin et Pierrédon iront, de la part de ceste compagnie, prier le consistoire se porter présentement en ce lieu pour la réception de la dicte lettre et créance des dits depputés.

» Les dits sieurs Calvin et Pierredon ayant fait leur charge, ont dict que le consistoire, par la bouche de M. Horlé, conduisant l'action, qu'ils délibéreroient sur ceste réquisition et feroient entendre leur intention.

» Et peu après maître Marc Roquette et sire Jean Fabrègue, diacre et ancien, s'estant présentés, ont dict avoir charge de dire que la dicte lettre se dressant (s'adressant) aux consuls et au consistoire, qu'il est préalable qu'elle soit ouye par les dicts consuls et consistoire, et après ce sera aux sus dits consuls de la proposer au dit conseil.

» Sur la dicte response a esté conclud : Attendu que les dits depputés ont dit vouloir proposer leur créance au conseil, et que c'est une affaire purement mixte, que la lecture de la dicte lettre sera faicte en ceste compagnie, en laquelle les dits MM. Marc Roquette et Fabrègue prieront le consistoire vouloir assister.

» Et là même en présence du consistoire, les dits MM. Desfour et Pagès, depputés, ayant rendu la dicte lettre et exposé leur créance, fondant a opposition envers l'eslection faite de la personne du sieur Ducaylon pour la garde du chateau de Saint-Julien, pour estre ledit sieur cousin germain des sieurs de Gabriac, et par conséquent suspect à la dicte union, et pour à cause du dit parentage il pourroit rendre la dite place au susdit sieur de Gabriac, et par ce moyen empescher l'exécution des mandements de la justice, requerrant vouloir revoquer et désavouer la dicte eslection, ou en tout cas se joindre à leur dicte opposition, et declarer si les trois ordres des officiers, consuls et consistoire de ceste ville ont assisté et adhéré à la dicte eslection, et s'ils entendent l'approuver.

« Lecture faite de la dite lettre et entendu les dits depputés, attendu que le present conseil ne peust juger de ceste affaire, a esté résoleu que les dits opposants se retireront au conseil de la province, qui demeurera adverti par la presente délibération que les officiers et consuls de ceste ville n'ont assisté à l'eslection faicte de la personne du sieur Ducaylon pour la garde du château de Saint-Julien, et de la déclaration faite par la plupart des anciens du consistoire, le dit consistoire n'y avoir opiné, et que ni les uns ni les autres ne ont apporté leur consentement, offrant, les dits officiers et consuls, en cas y plaira au dit conseil, de leur donner aucune charge touchant la dite eslection, d'y satisfaire. Ce dessus a esté autorisé par les dits sieurs officiers » (fol. 263 recto).

Les députés des Cévennes s'étaient à peine retirés, que le Conseil de la province fit connaître aux consuls d'Anduze, par une dépêche pressante, la situation dans laquelle se trouvaient « les affaires présentes ». Celles-ci devaient être graves, car elles nécessitèrent une mesure de précaution qui nous a été révélée par la délibération suivante :

« 1617, 26 mars.... Proposé par le sieur Cahours, consul, avoir en main la lettre du conseil de la province sur l'estat des affaires présentes, et l'article du dit conseil requérant d'y estre délibéré. — Lecture faicte de la dicte lettre et du dict article, et ouy sur le tout Mr Courant, pasteur de ceste Eglise, a esté conclud qu'il sera satisfait à l'ung et à l'autre, et pour pourvoir à tout, que par les sieurs officiers, consuls vieux et nouveaux, sera fait rôle de quelques habitans pour servir de conseil aux sus dites affaires, lequel rôle sera lu au prochain conseil pour y estre agréé. Ce qui a esté autorisé par les dits sieurs magistrats ; et pour aller au colloque mixte qui se doit tenir à

Lasalle, depputé le sieur Cahours, consul » (fol. 264 verso).

Ce conseil fut nommé et agréé. Probablement il décida, entre autres, de maintenir le poste établi depuis quelques jours dans la tour de Sandeyran [1] ; car à la date du 22 mai de la même année, nous trouvons une délibération relative à la garnison placée dans cette même tour. « 1617, 22 mai... A esté

---

[1] La tour de Sandeyran n'était autre que celle qui existe encore presque intacte au milieu des ruines de l'ancien château de Tornac. Située sur une montagne à l'entrée de la vallée d'Anduze, au Midi, elle était un excellent poste d'observation pour surveiller ce qui se passait dans la plaine, et arrêter les troupes venant par les chemins de Nîmes, de Montpellier, de Saint-Hippolyte, dont le point de jonction se trouve presqu'à ses pieds. Les Anduziens, reconnaissant l'importance stratégique de cette position, s'empressaient de la faire occuper aux premiers bruits de guerre. Elle appartenait en 1620 au seigneur de Ribaute, catholique fervent qui faisait parler de lui dans la province et dont les déportements donnaient de l'occupation aux consuls et au Conseil de ville d'Anduze. Nous lui consacrerons un paragraphe dans le chapitre suivant.

Il paraît qu'à cette époque le château de Tornac n'était pas tel que nous le voyons maintenant : les travaux avancés, les murailles flanquées de tourelles et garnies de meurtrières qui entourent la grande tour, ne devaient pas exister encore ; sinon on aurait de la peine à s'expliquer le petit nombre de soldats (de deux à sept) qu'on y envoyait pour la garder. Plus tard, les constructions qui y furent ajoutées lui donnèrent l'importance d'un château-fort. Malgré l'état de ruine où se trouvent toutes les murailles, il est facile de reconnaître qu'elles sont d'une date de beaucoup postérieure à celle de la vieille tour qui portait jadis le nom de Sandeyran. Ce n'était pas même Sandeyran, mais bien Saint-d'Eyran qu'elle s'appelait. Son véritable nom a été trouvé par M. Roux, géomètre de Tornac, dans le livre terrier de M. le comte de Brison, déposé aux archives de la préfecture du Gard. Nous transcrivons les extraits dont il a eu l'obligeance de nous donner communication :

« 28 décembre 1549. Jean Roquete, notaire d'Anduze.

» Vente par Guillaume et Claude Bastide père et fils, à noble Brémond de la Jonquière, de tout leur mas et tour de Saint-D'Eyran. »

« 23 juin 1551. Antoine Deleuze, notaire.

» Ratification par ledit Guillaume Bastide de la vente ci-dessus. »

« 28 novembre 1566. Antoine Deleuze, notaire.

» Eschange entre noble Pierre de la Jonquière, seigneur de Tornac, et

proposé le sergent Pelisson demander payement du temps qu'il auroit passé au chateau de Sandeyran pour commander la garde d'icelle (tour), du mandement de la présente ville, suivant la deliberation d'icelle du 18 mars dernier ; jusques à la lettre de Sa Majesté écrite à Monseigneur de Montmorency, gouverneur de cette province, et à Monsieur de Chastillon, que les affaires généraux et l'estat de la France estoient assurés, et que Sa Majesté en avoit la pleine autorité. — Sur quoy a esté conclud qu'il lui sera payé pour la dite garde vingt-quatre livres. »

Malgré ce que Louis XIII avait écrit sur « les affaires généraux sur l'estat de la France, et sur l'affermissement de son autorité », les esprits n'étaient pas rassurés dans les Cévennes et dans Anduze, et l'union qui avait été établie entre toutes les localités du ressort de sa viguerie, loin d'être dissoute, subsistait dans toute sa force à la fin de cette même année ; nous en avons trouvé la preuve dans la délibération suivante :

« 1617, 19 novembre.... A esté proposé que M. le juge Olivier, suivant les termes de l'*Union*, les a requis lui prester main forte à l'éxécution des mandements de justice, et oultre ce ; leur avoir fait intimer appointement de requête de la cour de M. le sénéchal, portant injonction de prester la dite main forte. — Lecture faite de l'ordonnance de la dite cour, et entendu ce dont s'agit, a esté conclud que, en cas de besoing,

noble François d'Ayrebaudouze, baron d'Anduze, de son mas de Saint-D'Eyran, etc. »

« 2 juin 1639. Madame de la Fare, signée.
» Dame Marguerite de la Fare, veuve de M. Henri, défunt seigneur de Pérault, dame de Tornac, Atuech, et autres places ; baille et remet le dénombrement devant le sénéchal de Beaucaire et Nismes, commissaire des fiefs et juridictions, etc. ; 1º château et montagne de Saint-D'Eiran, qui aboutit au Gardon. »

les dits consuls, au nom de la dite communauté, presteront main forte, et s'y porteront l'un d'eux..... » Le maintien de cette union n'était-il pas une protestation contre la parole du roi qui, se disant en pleine possession de son autorité, exigeait de ses sujets le calme et le désarmement?.... Oui, sans doute; mais au moment où Louis XIII parlait de paix à son peuple, il offrait lui-même un motif plausible aux protestants de se liguer pour leur défense commune, en rendant dans le mois de septembre 1617 un édit qui enjoignait à la province du Béarn, alors presque entièrement protestante, de restituer au clergé catholique tous les biens dont depuis cinquante ans il avait été dépossédé.

XI.

Le Béarn avait embrassé la Réforme, dès son début, avec un tel empressement que Jeanne d'Albret, ne trouvant presque plus de catholiques dans sa principauté, avait appliqué, dès l'année 1567, une partie des biens et des revenus ecclésiastiques aux besoins du culte nouveau, auquel la population entière s'était ralliée[1]. En outre, cette principauté, tout en faisant

---

[1] Michelet, dans son volume intitulé : *Henri IV et Richelieu*, n'a pas assez de blâme pour condamner l'édit de Louis XIII relatif aux biens ecclésiastiques du Béarn.

« Je ne doute pas, dit-il page 349, que, dès cette époque, le clergé intimement uni avec la noblesse, qui y mettait ses cadets et s'y nourrissait en grande partie, n'ait projeté, calculé la grande *affaire* territoriale de la révocation, qui refit les fortunes nobles par la confiscation énorme du bien patrimonial d'un demi-million de protestants. Terrible appât pour la noblesse, et qui la rendit énergiquement catholique.

» Le premier pas, c'était que le clergé reprit, dans les pays devenus protestants, les terres que la révolution religieuse avait affectées au culte calviniste. Cela datait de soixante ans (1562). C'était la même opération qu'on ferait en France aujourd'hui si l'on dépossédait les acquéreurs des biens nationaux pour les restituer au clergé. Notez, pour

partie du royaume de France, ne lui était pas annexée ; elle était restée en possession de ses prérogatives et de son administration particulière ; elle avait conservé ses parlements, ses assemblées électives et son organisation civile. Henri IV, et même après lui son fils Louis XIII, avaient confirmé par des édits cet état de choses. Le clergé catholique n'avait cessé, depuis l'Édit de Nantes, de faire entendre des réclamations qui jusqu'en 1617 étaient restées sans effet. Mais profitant de la faveur dont le duc de Luynes jouissait auprès du roi depuis la mort du maréchal d'Ancre, le clergé avait renouvelé ses instances au sujet des biens ecclésiastiques du Béarn, et Louis XIII avait accédé à ses désirs.

Cette violation flagrante des édits, en augmentant les alarmes et le mécontentement des réformés, n'avait fait que les entretenir dans l'agitation où ils vivaient. Le Béarn, blessé dans ce qu'il appelait ses droits, demandait à ses coreligionnaires du royaume de lui prêter main-forte ; d'un autre côté, les hommes sages et prudents insistaient pour empêcher que, de la querelle particulière d'une province, il en sortît une nouvelle guerre générale de religion. La fin de l'année 1617, et l'année entière de 1618 s'étaient passées pour les protestants dans les transes de l'incertitude, du mécontentement, et de la perspective de prochaines hostilités.

La ville d'Anduze était du nombre de celles qui hésitaient à

---

achever la similitude, qu'en ces pays, spécialement dans le Béarn, le clergé avait reçu une indemnité en pensions annuelles qui le dédommageait des terres..... »

Et à la page 357..... « Depuis soixante ans, un tiers des biens ecclésiastiques était employé à l'entretien du culte des protestants. Il y avait dix protestants en Béarn contre un catholique, et ceux-ci, si peu nombreux, gardaient les deux tiers des biens...... »

se mettre sur le pied de guerre. Pour l'y décider, il avait fallu les excitations du dehors... « 1619, 12 avril... Sur la proposition faite que toutes les villes circonvoisines font garde et murent leurs portes; que les principales villes trouvent mauvais que, à la presente ville, on n'en fasse pas autant, et ont mandé par exprès de paroles de se garder, et par ce, les consuls sont requis y délibérer, et leur prescrire la forme et leur donner un conseil réglé. — A esté conclud qu'il sera fait garde de nuit et de jour, et renvoient l'eslection du conseil à dimanché prochain » (fol. 253 recto).

L'impulsion était donnée; la population, qui commençait à être excitée, prit la décision suivante dans une assemblée du Conseil général réunie le surlendemain (14 avril)... « A esté proposé que le conseil particulier avoir renvoyé à ceste compagnie pour establir un conseil ordinaire; — et le pont levis du pont estre rompu. — Conclud que par les consuls vieux et nouveaux sera faite eslection de vingt-cinq habitants pour leur servir de conseil, de l'advis desquels tous affaires seront faits; — que le pont levis sera réparé... » (fol. 243 verso).

Les dispositions belliqueuses prirent de plus en plus le dessus. Aussi, à la date du 3 mai (1619), il fut arrêté : « qu'en cas de necessité et d'allarme, les consuls seroient assistés de quatre capitaines pour commander; à ces fins feurent esleus pour capitaines Pierre Bousquet, Jean Portal, Jean Renauld et le sieur de la Frigoullière, et à leur défaut ou absence, le sieur de Bagard, le sire Yzoret, Jean Teissier et le sieur Cahours; auxquels ont donné pouvoir de visiter chacun en son quartier, maison par maison, les armes et munitions, pour remarquer les défauts et y pourvoir, de l'advis de ceste compagnie; — que, en cas d'allarme, deux des quartiers se rendront au Cimentière, l'autre à la Place, l'autre au Pas; — savoir la rue droite et le pont au Cimentière; le quartier du Pas, au Pas, et la tour (de Pezene) à la Place; — que les portes de la Bouquerie, de la Tour, de la Vache et du Portalet seront basties; — qu'il sera pourveu à la garde de jour par les mieux aisés; — en cas de necessité, depputé le capitaine Lasalle, et à son défaut ou absence le sergent Pellisson, pour la garde de Sandeyran, et aux autres réparations il sera pourveu par les consuls, de l'advis des dits capitaines » (fol. 246 verso).

Ces préparatifs de défense n'étaient pas suffisants aux yeux des habitants des villes voisines. Anduze à leur avis avait besoin d'être stimulé, car sa population ne paraissait pas entrer assez résolûment dans le parti de la guerre. Il fut donc décidé qu'une députation lui serait envoyée par la ville de Saint-Hippolyte, afin d'exciter l'ardeur des habitants, sous prétexte de lui annoncer qu'une alliance défensive avait été traitée entre La Salle et Saint-Hippolyte. Cette députation se présenta devant le Conseil d'Anduze, qui lui donna audience, et prit à son sujet la décision suivante. « 1619, 6 mai. Sur la proposition faite les sieurs de Saint-Bonnet, de la Blaquière et Ratier, consuls de Saint-Hippolyte et Baudoin, estre en ville, désirant estre ouys en ceste compagnie, à laquelle ils ont à communiquer d'affaires importans, a esté conclud qu'ils seront priés venir par M. de la Farelle, d'André et Desostelle.

» Les dits sieurs venus, ouys et apprins que les communes de Lasalle et Saint-Hippolyte se sont unies sous le bon plaisir de Sa Majesté, et de ceux qui ont pouvoir et autorité sur nous de sa part, pour se garantir de toute invasion, *s'opposer à toutes levées qui se pourroient ou qu'on voudroit entreprendre contre le service de Sa Majesté*; de quoi ils auraient voulu rendre

Seconde édition.

compte à ceste ville qui est chef-lieu de viguerie, et la requerir de s'y joindre, et d'une commune main pourvoir à la défense et conservation de cette viguerie, offrant de leur part et de leur communaulté le service de leurs personnes pour la défense de cette viguerie en cas de besoing.

 » La compagnie les ayant remerciés de leur bonne volonté, leur a offert, *sous le bon plaisir de Sa Majesté*, la même assistance. — Sur les expédients, remèdes et pour la forme, renvoyé au conseil ordinaire [1] » (fol. 247 verso).

Le Conseil ordinaire fut en effet saisi de cette proposition, le lendemain 7 mai : « Proposé par la bouche du sieur Desaurières le fait, le jour d'hier, renvoyé à ceste compagnie. Attendu l'importance de ceste affaire, et qu'il touche le général, conclud que la viguerie sera convoquée au plustot, et les villes d'Alès, de Sauve, du Vigan, les quatre consulats du Bas-Gevaudan exhortés d'en faire de même, pour, avec plus d'effect et plus utilement, rendre service au roy, pourvoir à la seureté et deffense commune. — Pour les portes, conclud qu'elles seront murées » (fol. 248 recto).

Le plan de défense générale proposé par la ville d'Anduze entre toutes les vigueries et consulats des hautes et basses Cévennes, reçut son exécution. Le gouverneur de la province, le

---

[1] En lisant les mots *soulignés* par nous à dessein : *pour s'opposer à toutes levées qui pourroient ou qu'on voudroit entreprendre contre le service de Sa Majesté*; *sous le bon plaisir de Sa Majesté*, on est forcé de reconnaître la parfaite exactitude avec laquelle Michelet à dépeint les protestants de cette époque :..... « Quarante ans martyrs, quarante ans héros, les protestants, très-fatigués, refroidis, et généralement paisibles, auraient désiré le repos. Ils étaient chrétiens, donc obéissants. Et cela énervait toutes leurs résistances. Quand une nécessité terrible les força d'armer, ils résistaient sans résister, alléguant quelque pretexte, comme « que le roi étoit jeune, qu'on le trompoit, » etc.; c'étaient des révoltés à genoux...... »

duc de Montmorency, en fut alarmé; et, voulant en prévenir les effets, il se transporta en toute hâte dans la contrée. Le 28 août, il se trouvait à Alais... « A este proposé, est-il dit dans le *Registre des délibérations*, à la date de ce jour, avoir eu advis Monseigneur de Montmorency estre arrivé ez Allès, estre nécessaire depputer vers Sa Grandeur, pour lui faire la révérence et le prier de venir en ceste ville. — Conclud que l'un des sieurs officiers, et les deux premiers consuls iront lui faire la révérence, le visiter de la part de ceste ville, et offrir le service d'icelle, et en cas où il les voudroit obliger d'aller visiter M. le marquis de Portes, comme gouverneur des Sevènes, répondront ne le pouvoir faire » (fol. 250 verso).

Le duc de Montmorency vint en effet à Anduze [1], et il s'y appliqua sans contredit à rompre l'union conclue entre toutes les villes des Cévennes, à empêcher les armements et les levées d'hommes. Ses conseils et ses exhortations n'amenèrent pas de grands résultats.

Le conflit entre le roi Louis XIII et la principauté du Béarn allait toujours en grossissant ; une assemblée générale des Égli-

---

[1] Il paraît même que les frais pour le recevoir furent considérables, si nous en jugeons par la délibération suivante : « 4 octobre 1619. Proposé estre nécessaire depputer quelques habitants pour controller la despense qui a été faite à l'entrée de Monseigneur de Montmorency et assister au payement. — Depputés M. Marc Paulet, sire Charles Cazenove » (fol. 251 recto).
Il y eut des pots cassés qu'il fallut payer, c'est-à-dire un cheval crevé. « 7 octobre 1619. A esté proposé estre assignés à la requête de Michel Cabot pour lui payer le cheval qu'ils baillèrent à Monsieur Pagezy pour accompagner Monseigneur de Montmorency, qui auroit esté gâté pour avoir couru d'ici à Montpellier et fait le chemin en quatre heures, et par ce estre nécessaire de délibérer, et des journées du sieur Pagezy. Conclud aussi, avec l'assistance de Messieurs de Sostelle, Paulet, Cazenove, Calvin, que la dépense faite par les étrangers au logis et la dépense d'aller chercher d'armes, seront payées » (fol. 251 verso).

ses du royaume se tenait à La Rochelle, et préparait les esprits à soutenir la lutte, qui paraissait imminente. La situation était tellement tendue, que le moindre petit événement pouvait faire prendre les armes. Anduze nous en fournit la preuve. Sur une demande de secours qui lui venait des protestants de Privas, en Vivarais, notre ville s'empressa de sortir les arquebuses de ses arsenaux, et d'envoyer deux cents hommes au secours de ceux qui lui avaient demandé assistance et appui.

XII.

Que se passait-il donc à Privas ? Un événement bien simple, qui, dans d'autres circonstances, n'aurait pas fait prendre les armes aux habitants du Vivarais et du Bas-Languedoc. — Un mariage.

Charlotte de Chambaud, dame de Privas, veuve du sieur de Chambaud, l'un des principaux réformés, s'était éprise d'amour du vicomte de Cheilane, zélé catholique, et s'opiniâtrait à vouloir l'épouser. Cette union projetée faisait courir le risque aux protestants de perdre la ville de Privas, qui était la place la plus forte du Vivarais. Les habitants de Privas s'armèrent donc, avec l'intention d'empêcher le sieur de Cheilane d'entrer dans leurs murs. Le vicomte, ne tenant aucun compte de leurs menaces, voulut y pénétrer. De là des rencontres, des morts et des blessés, des interventions, des négociations, tous les préludes et tous les incidents des guerres civiles dont le récit se trouve au long dans Ménard (tom. V, pag. 398 et *passim*), et dans Dom Calmette (tom. V, pag. 518 et *passim*). Nous renvoyons nos lecteurs à ces deux historiens, qui leur apprendront comment le duc de Montmorency mit fin à ce différend. Quelques détails seulement sur la participation d'Anduze à cette prise d'armes.

Une demande de secours arriva donc aux consuls le 17 avril 1620.... Aussitôt convocation du Conseil :.... « Proposé, est-il dit dans le *Registre des délibérations*, les lettres de l'assemblée du cercle tenant à Privas des trois ordres du dit Privas et de messieurs d'Alès, contenant l'advis de la nécessité que la dite assemblée et l'Eglise de Privas ont de prompts secours. — Concluud qu'il leur sera envoyé promptement du secours, et escript à nos circonvoisins de faire de même. — Esleu pour conduire la troupe qui ira de cette ville, M. Brunel et le capitaine Portal. — Sera baillé aux soldats une livre de poudre, demi-livre de mèche, et des balles, — et permis d'emprunter argent pour subvenir à tout » (fol. 255 verso).

Mais les soldats peuvent-ils partir sans mousquets ? D'ailleurs, où loger ceux des villes voisines qui passeront à Anduze pour se rendre à Privas ?... Le Conseil est encore convoqué le lendemain (17 avril). « Là il est proposé estre nécessaire avoir d'armes pour bailler aux soldats qu'on désire envoyer au secours de Privas, sous la charge desdits Brunel et Portal ; — ensemble délibérer sur l'ordre qu'on doibt tenir au logement des troupes qui viendront de Sauve, Saint-Hippolyte, Lasalle et Saint-Jean, passant par notre ville. — Sur quoy a esté conclud que les consuls, avec les sieurs de Bagard, Pierredon et Brunel, s'en iront par les maisons des habitans lever et recouvrer armes, tant mosquets, bandoulières, forchettes, que arquebuses, pour bailler aux sus dits soldats, et que chacung se chargera de ce qu'il prendra, et les dits consuls feront reçu à ceux qui leur bailleront les dites armes ; — bailleront également d'argent aux tambours, et logeront les dites troupes par les logis ; — controlleront la depense pour être par eux payée, sauf à répéter sur la province ou viguerie, ce qui a esté autorisé » (fol. 256 recto).

Les soldats de bonne volonté qu'on avait trouvés demandèrent une solde avant de se mettre en route. Leurs réclamations furent, le même jour, communiquées au Conseil par les consuls. « A esté proposé, dit le *Registre*, les soldats ne vouloir partir sans estre payés. — Conclud que charge est donnée aux consuls d'emprunter à intérêts jusques à cent escus, qui seront par eux distribués, à deux livres par soldat » (fol. 256 recto).

Le surlendemain 22 avril, « il est encore proposé le sieur Dupilon estre en ville avec sa troupe demandant a estre logé, comme on a fait des aultres. — Conclud que, sans conséquence, le sieur Dupilon avec ceux qui seront avec lui seront logés pour la couchée tant seulement; depputé pour assister aux consuls MM. de Lafarelle, Jaques Lavernye, Jaques Vignoles et Claude Cazenove.

» Aussi a esté proposé estre necessaire faire un conseil réglé, et deliberer si l'on fera garde. — Conclud que par les consuls vieux et nouveaux, en présence du sieur juge, seront choisis vingt-quatre hommes, de l'advis desquels les dits consuls se conduiront aux affaires survenant, et en cas l'affaire de Privas ne sera terminée, au moindre advis, la garde sera establie » (fol. 257).

On ne s'en tint pas à ces premières mesures, qui du reste n'étaient pas suffisantes. Le surlendemain, 24 avril, il fut proposé au Conseil : « d'aviser à l'estat des affaires, et quel ordre il y faudroit tenir. Lecture faite des lettres, — conclud que par les consuls seroit mis dans la présente maison (consulaire) comprins ce qui y est : six quintals poudre, quatre quintals mesches, autant de plomb; — qu'il sera permis aux poudriers de chercher terre dans les caves, accompagnés de quelqu'un de la compagnie, pour faire du salpêtre. — Seront aussi acheptés vingt-cinq mosquets avec leurs fourchettes, de M. Daniel, à raison de dix livres la pièce, suivant la convention faite avec lui, et feront ferrer les piques qui sont dans la maison de ville » (fol. 256).

Le surlendemain, nouvelle séance du Conseil provoquée par des nouvelles arrivées du côté de Privas. « 26 avril.... A esté proposé le sieur Coste estre arrivé d'Allès, peut avoir demi-heure, avec charge d'advertir la ville. — Ouy le dit sieur Coste qui a dit : les moyens d'accomodement estre rompus, et hors d'apparence d'éviter bruit, ainsi que lui a été donné charge, de dire à cette compagnie. — A esté conclud que on commencera à faire garde, dès ce jourd'hui, et la visite pour voir les armes qui sont dans la ville et les munitions, et deppute à ces fins MM. de la Garde, Coste, Mazer, Pepin, Baux, Guyon, Cahours et Desostelle; — que tous les habitans seront advertis à voix de trompe de tenir leurs armes prettes et tout ce qui sera nécessaire; — que les consuls bailleront par advance à M. Daniel soixante livres; — qu'on traitera avec le capitaine Bimard pour ses mosquets, afin de les faire prendre aux habitans; — et pour capitaines des quartiers, esleus MM. de Bagard, de la Frigolière, Veirand et Baux » (fol. 258 recto).

L'arsenal d'Anduze sans doute n'était pas abondamment approvisionné; cependant il contenait assez d'armes pour qu'on vînt lui en emprunter. C'est ce qui ressort de la délibération suivante : «... Mardi 28 avril... A esté proposé messieurs de Saint-Martin et de Blatiès demander pour pret des piques qui sont dans la maison de ville, eu égard qu'elles ne sont ferrées et que c'est pour la cause commune, en s'obligeant de les rendre au retour ou payer la juste valeur.—Conclud que seront baillées trente entre tous deux, et s'en chargeront sous les conditions sus dites» (fol. 258 verso).

A peine le Conseil avait-il fait bon accueil à cette demande, qu'il en recevait une autre ayant le même objet et que, par conséquent, il ne devait pas repousser. «Le 29 avril», c'est-à-dire le lendemain, « fut proposé le sieur de Saint-Bonnet avoir escript qu'il sera ce soir ici avec sa cour (probablement sa troupe) et prier la ville le vouloir loger.— Lecture faite de la lettre, conclud qu'il sera logé et prié de ne souffrir que ses gens fassent es chemins aucun ravage» (fol. 258 verso).

Ces troupes arrivaient à Anduze très-opportunément, car, même avant qu'elles fussent entrées dans la ville, le même jour, «il fut proposé au conseil l'arrivée du sieur de Saint-Sébastien. Le dit sieur venu, lecture faite de la lettre qu'il avoit apportée aux sieurs consuls, et ouy sa créance,— fut conclud que les dits sieurs de Saint-Martin et de Blatiès seroient priés de marcher en diligence avec leurs troupes et aultres circonvoisins, et outre ce qu'on tacheroit de faire recherche de plus de gens qu'il seroit possible, et qu'il leur seroit baillé de munitions» (fol. 259 recto).

Mais au moment où le Conseil pressait le départ des troupes arrivées dans la ville, l'affaire de Privas recevait une solution par l'intervention armée du duc de Montmorency, et une lettre venue d'Alais en avisait les consuls d'Anduze. C'était le 30 avril: «Proposé, est-il dit dans la délibération prise à ce sujet, la lettre du jour d'hier du conseil d'Alais, et ce qui y a esté fait pour le logement.—Conclud ce qui a esté fait demeurera approuvé;—que les troupes qui sont dans la ville seront priées de desloger et se retirer à leurs maisons, sans faire autre logement » (fol. 259 recto).

Le lendemain et le jour suivant, les troupes d'Anduze et des environs arrivèrent. Quoique leur expédition eût été courte, elles avaient eu cependant le temps de prendre part à un combat devant Villeneuve de Berg, où plusieurs d'entre eux avaient été blessés. « 1er mai 1620, vendredi. Proposé, nous dit le *Registre*, M. Brunel estre avec sa troupe en ville et demande qu'on donne le souper à ses soldats. — Charge est donnée aux consuls de le leur donner aux moindres frais que se pourra » (fol. 259 recto).

»Et peu après a esté proposé les troupes de La Salle et de Saint-Jean estre arrivées, et requerir la presente ville de les loger. — Conclud qu'elles seront logées. » (*Id.*)

« 2 mai. Sur la proposition si la despense faite par la compagnie du capitaine Cruères sera payée par ceste ville. — A esté arreté que la dite depense sera payée » (fol. 260 recto).

Toute prise d'armes est nécessairement coûteuse. Plus d'une fois Anduze l'avait appris à ses dépens. Celle de Privas avait occasionné des dépenses qu'il fallait payer. « Le 10 mai, devant le Conseil, il fut proposé que les soldats blessés à Villeneuve (de Berg) demandent récompense ; — les hostes, payement de la dépense faite en leurs logis ; — les particuliers, les armes perdues ou crevées à Villeneuve. — Conclud que les blessés seront assistés, que les consuls tacheront par emprunt ou autrement de payer partie du prix aux hostes et les dites armes » (fol. 260 verso).

Ainsi fut terminée cette courte campagne, iliade microscopique, mais qui ne fut pas sans quelque honneur pour la ville d'Anduze. En effet, au premier appel qui lui fut adressé par les protestants de Privas, elle avait mis sur pied deux compagnies armées, équipées et à l'avance soldées ; elle les avait expédiées en toute hâte ; elle avait prêté des armes, logé des troupes, et tout cela sans argent !

Ses habitants étaient encore sous l'empire des émotions causées par l'expédition de Privas, lorsque l'arrivée subite de Louis XIII dans le Béarn, à la tête de forces considérables, vint réveiller leurs angoisses et les mit dans la pénible nécessité de recommencer leurs armements.

XIII.

L'édit du roi qui enjoignait aux protestants béarnais de restituer les biens ecclésiastiques jadis appliqués aux besoins du culte réformé, avait rencontré une très-grande opposition. En outre, l'assemblée générale des réformés tenue à Loudun (dans les derniers mois de 1619 et les premiers de 1620) luttait avec opiniâtreté contre la volonté royale[1].

Louis XIII était profondément blessé; mais il dévorait cet

---

[1] On lit ce qui suit dans l'*Histoire de France* de Henri Martin, au sujet de l'assemblée de Loudun : « Cette assemblée légale fut plus violente que la réunion illégale de La Rochelle. Au lieu de dresser son cahier général, l'assemblée débute par envoyer à la Cour quelques articles principaux, entre lesquels figuraient au premier rang la révocation de l'arrêt sur les biens ecclésiastiques du Béarn, et la continuation des places de sûreté. La Cour refusa de rien entendre en dehors du cahier général. On rédigea et l'on envoya le cahier ; mais on annonça que l'on ne se séparerait pas avant que le cahier n'eût obtenu réponse, et l'on promulgua un règlement qui prescrivait au gouverneur des villes de sûreté de ne pas y laisser prêcher les jésuites. Le parlement de Paris cassa cet arrêté comme attentatoire à l'autorité royale, et le roi, après plusieurs injonctions inutiles, ordonna enfin à l'assemblée de se dissoudre sous trois semaines, à peine de lèse-majesté ». (28 février 1620), tom. XI, pag. 158.

affront fait à son amour-propre, parce qu'il se trouvait en ce moment engagé dans de graves difficultés qui lui étaient suscitées par sa mère[1]. Il se hâta de mettre un terme à ce différend, et, lorsqu'il se fut réconcilié avec Marie de Médicis, il conduisit brusquement dans le Béarn l'armée qu'il avait réunie pour réduire à l'obéissance les grands seigneurs qui s'étaient jetés dans le parti de l'ancienne reine régente. Arrivé à Pau, où il ne s'arrêta que deux jours, il remit lui-même les évêques et le clergé de la contrée en possession de leurs églises, de leurs domaines, dont il dépouilla les protestants qui en étaient possesseurs depuis un demi-siècle ; il les rétablit dans leurs anciens priviléges ; plaça un gouverneur catholique dans Navarreins, la principale place forte du pays, fit dire la messe dans cette ville, où, depuis Jeanne d'Albret, elle n'avait pas été célébrée ; cassa les milices du Béarn, qui étaient indépendantes de l'autorité royale, et, le 20 octobre 1620, fit enregistrer dans un parlement qu'il créa à Pau un édit qui réunissait à la couronne de de France le Béarn et la Basse-Navarre, et qui fondait en un seul corps de parlement les deux cours souveraines de Pau et de Saint-Palais. (*Mercure français*, tom VI, pag. 340-369. — *Mémoires* du duc de La Force, tom. II, pag. 110-120.)

Ce coup d'état, dont la hardiesse et la vigueur étaient couronnées d'un plein succès, avait jeté les réformés tout à la fois dans la consternation et dans le désespoir ; d'autant plus que le bruit public leur apportait, en les grossissant sans

---

[1] Elle avait de nouveau levé l'étendard de la guerre civile, forte qu'elle était de l'appui des grands seigneurs qui s'étaient groupés autour d'elle. « La rébellion, dit Henri Martin (tom. XI, pag. 160), avait une apparence formidable ; c'était la plus puissante « cabale » qu'on eût vue depuis l'avènement de Louis XIII. »

doute, les excès commis dans le Béarn par les soldats du roi [1]. En vain les grands seigneurs protestants et quelques pasteurs des plus accrédités avaient essayé d'empêcher une explosion générale ; la frayeur et la colère des réformés étaient trop grandes pour qu'elles ne fissent pas fermer les oreilles aux conseils dictés par la prudence et la sagesse. Dans la crainte qu'on ne leur fît essuyer le même traitement qu'à leurs frères du Béarn, les huguenots prenaient partout les armes et se préparaient à une guerre générale.

La ville d'Anduze ne pouvait ni ne voulait se tenir en dehors de ce mouvement. Nous en avons la preuve dans la délibération suivante : « 6 juillet 1620. Proposé la lecture de la lettre de messieurs les consuls de la ville d'Alais et la copie de celle d'Uzès.—Lecture faite des dites lettres, a esté conclud

---

[1] « On n'entendoit sortir de la bouche des plus modérés que des menaces de punitions exemplaires: de pendre, de trancher la tête, d'abolir dans tout le royaume la religion réformée, qu'ils appeloient *maudite religion;* de chasser tous ceux qui en feroient profession, ou de leur faire porter quelque marque d'infamie. Les soldats rompoient les portes des temples, démolissoient les murailles, déchiroient les livres et les tableaux où les commandements de Dieu étoient écrits. Ils voloient et frappoient à coups de bâton et d'épée les paysans qui venoient au marché de Pau, présupposant qu'ils étoient tous huguenots. Ils forçoient les réformés qui leur tomboient entre les mains de faire le signe de la croix, et à se mettre à genoux quand la procession passoit. Les femmes n'osoient paraître dans les rues..... Il y en eut quelques-unes qu'on faisoit jurer, parce qu'elles étoient grosses, de faire baptiser leurs enfants à l'Église romaine quand elles seroient accouchées. On enlevoit les enfants, sans qu'il fût possible aux parents de les recouvrer, et tout cela se faisoit sous les yeux du roi, sans qu'on pût obtenir même qu'il en écoutât les plaintes. Dans le reste du pays, les soldats vivoient à discrétion, publioient que le roi leur avoit donné le pillage des huguenots, chassoient les ministres, outrageoient leurs femmes, et menoient hommes et femmes à la messe à coups de bâton. » (Benoît, *Hist. de l'édit de Nantes,* tom. II, pag. 295.)

que sera faite garde dès aujourd'hui, que les portes seront murées et les voisins advertis » (fol. 262 verso).

Immédiatement après cette résolution, le Conseil du cercle était venu s'installer dans Anduze, et, tandis qu'il y tenait ses séances et y dirigeait le mouvement des Églises de son ressort, (le Vivarais, le Bas-Languedoc et les Cévennes), il envoya une députation à M. de Châtillon, gouverneur de la ville de Montpellier, avec mission de l'inviter à se rendre auprès de lui pour se concerter sur les affaires pendantes. Aussitôt les consuls trouvèrent convenable de lui faire une réception digne de son rang, et le Conseil de ville adopta la résolution suivante : « 1620, 19 août. A esté proposé l'assemblée qui se tient en ceste ville avoir depputé six (deux des trois ordres) pour aller trouver monsieur de Chastillon à Montpellier et le prier de venir en ceste ville ; — et pour ce estre nécessaire de délibérer si on lui fera entrée ou non, et de quelle façon. — Conclud que lui sera faite entrée, et à ces fins dressées quatre compagnies et donné charge aux consuls de prier les capitaines Bourguet, Portal, messieurs Brunel et de Blattiès, de les conduire, et chacung prendra un quartier et sera baillé à chacung mousquetaire une livre de poudre et une brasse de corde » (fol. 266 recto).

Après la visite de M. de Châtillon, le Conseil du cercle continua à siéger dans Anduze jusqu'à la fin du mois de novembre. Avant de se transporter ailleurs (car il était toujours en permanence), il avait envoyé une nouvelle députation à M. de Châtillon pour lui demander avis sur les résolutions à prendre. Le Conseil de ville d'Anduze trouva convenable de la faire accompagner d'un de ses membres, et la résolution suivante fut adoptée : « 1620, 30 novembre. — A esté proposé l'assemblée dernière tenue en la présente ville avoir depputé devers M. de Chastillon deux gentilhommes et deux consuls pour prendre advis sur la forme de procéder en ceste occurrence, et qu'il semble estre necessaire d'ajouter à iceux un depputé au nom de la ville. — Conclud que monsieur le juge sera prié d'aller avec les dits depputés au nom de la ville devers monsieur de Chastillon » (fol. 268 recto).

Le député d'Anduze était de retour de sa mission avant le 10 décembre. A la date de ce jour, il fut reçu en audience par le Conseil. « A esté exposé, dit le *Registre des délibérations*, par le sieur juge, et Deleuzière, premier consul, rendant compte du voyage par eux fait vers M. de Chastillon, et rendu la lettre par le dit seigneur escripte à ceste ville, portant la créance qu'ils auroient exposé là même, tendant à ce qui est nécessaire de se pourvoir de munitions. — A esté conclud que charge est donnée aux consuls d'achaipter du salpetre et le faire convertir en poudre » (fol. 268 verso).

Quinze jours après, les nouvelles affligeantes des faits survenus à Navarreins arrivaient à Anduze.. « 1620, 25 décembre[1]. Proposé par les consuls, lisons-nous dans le même *Registre*, avoir receu lettre de messieurs de Saint-Hippolyte, avec copie de la lettre escripte par messieurs de Saint-Auban à la chambre

---

[1] Cette délibération, que Benoît ne connaissait certainement pas, est la confirmation de ce que cet écrivain dit de l'émotion produite dans les Églises par les excès que les soldats du roi commirent à Navarreins. « La nouvelles des cruautés commises à Navarreins fut cause qu'on assembla le cercle du Bas-Languedoc à Lunel, pour se mettre sur la défensive et pourvoir à la sûreté des Églises.» (*Hist. de l'Édit de Nantes*, tom. II, pag. 320.)

C'est dans cette assemblée que Châtillon, qui était seulement gouverneur de la ville de Montpellier, fut nommé général commandant toutes les forces des trois provinces, le Bas-Languedoc, les Cévennes,

de Castres, le 17 du présent, contenant advis de ce qui est arrivé à Navarreins, et en conséquence de ce estre necessaire de délibérer sur ce qu'il conviendra faire. — Lecture faite des dites lettres, a esté conclud qu'il sera fait garde; — pourveu à tout ce qui sera nécessaire; — permis aux consuls vieux et nouveaux de choisir nombre d'habitants pour leur servir de conseil ordinaire, et d'emprunter ce qui sera nécessaire pour l'achapt des armes et munitions » (fol. 270 verso).

Les Anduziens, déjà disposés à donner suite à ces résolutions, le furent bien davantage quelques jours après, lorsqu'ils eurent reçu les communications que nous allons transcrire. « 1620, 28 décembre.... Proposé le sieur de Castanet et de Prades estre en ville, sçavoir plusieurs particularités importantes à la conservation commune des Églises, qu'il semble estre nécessaire de les ouyr. — Conclud qu'ils seront priés de venir; ce que ayant esté fait, et eux venus, les dits sieurs au long ouys et apprins d'eux que la liberté de tout temps donnée à ceux de la religion aux estats (de la province) ayant esté entièrement ostée, plusieurs paroles de menaces et tendant à sédition ou esmotion contre nous, diverses délibérations secrètes y avoir esté prinses dans les maisons des prélats, deffendant lecture à ceux de notre religion, sur quoy voulant demander leur conged, bien que toutes les affaires feussent parachevées, leur auroit esté refusé. Que monsieur de Caumartin leur ayant

le Vivarais, qui composaient la circonscription du cercle... Benoit fait mention de cette nomination et ne manque pas de la déplorer...« Chastillon fit si bien le zélé, dit-il, qu'il fut elu chef général des Églises du Bas-Languedoc, des Cévennes, du Vivarais et Gévaudan, et qu'on lui donna le pouvoir absolu de disposer de tout ce qui regardait la guerre et les finances. L'assemblée abrégée de Montauban lui confirma ce pouvoir, et peu après l'assemblée de La Rochelle en fit autant. » (*Id.*, 314.)

demandé s'il n'estoit véritable que ceux de notre religion auroient mandé quérir des armes, et lui ayant dict qu'elles pourroient arriver en april, auroit respondu qu'elles ne serviroient de rien en ce temps-là, entendant que ce seroit trop tard ; et ce considéré et la nécessité des affaires et les menaces ordinaires, et l'importance de ceste ville, estre requis et nécessaire d'y pourvoir promptement.

»Sire Jacques Vignoles ayant charge de donner des avis particuliers, et iceux dire au conseil reiglé, le tout ouy, le conseil reiglé estant tiré à part, et ce dessus représenté : A esté conclud que le sieur premier consul ira à Montpellier, avec lettres devers M. de Chastillon ; — que les portes seront murées, sauf les portes du Pont et du Pas, celle de la rue Droite estant la dernière, et pour les capitaines de quartier ont esté esleus : pour la rue Droite, le sieur de la Frigolière, le capitaine Renaud pour le Pont, le capitaine Bourguet pour la Tour, et le capitaine Portal pour le Pas, lesquels seront déchargés de la garde ; — qu'il sera mis deux habitans à Sandeyran pour commander jour et nuit les paysans de Tornac, qui seront obligés d'y demeurer toute une semaine, l'élection desquels est remise aux sieurs consuls ; — qu'on envoyera en avertir M. de Ribaute, et à ces fins deppute les sieurs Lavernye et Coste ; — et pour faire faire des armes et achaipter des munitions pour le service du roy, ont donné charge aux consuls d'emprunter à interets honnestes 3,000 livres [1] (au moins 20,000 fr. de

---

[1] Trois jours après, les 3000 livres étaient empruntées, et la communauté se reconnaissait débitrice de cette somme par l'obligation suivante :

« 1620 et le 28 décembre, messieurs Pierre de la Farelle, garde de la sel pour le roi ; Jacques Lavergnie, notaire ; Jaques Conque, Jaques

notre monnaie), et pour l'assurance d'iceulx obliger les biens
de la communaulté a toutes cours, ce qui auroit esté autorisé.»
(folio 271 recto).

XIV.

L'année 1620 finit pour les Anduziens et les Cévenols par
des préparatifs de guerre. L'année 1621 commença par une
prise d'armes ; Privas en fut encore une fois l'occasion. Nous
avons vu précédemment que Montmorency, en sa qualité de gouverneur de la province, avait arrangé ce qu'on appelait l'*affaire
de Privas*. D'après l'arrangement qu'il avait proposé, la ville
était gardée par les habitants, et le château par des soldats à
la tête desquels se trouvait un lieutenant du duc. Ceux-ci
avaient molesté les bourgeois, qui, se voyant maltraités, firent
quelques retranchements pour se mettre à l'abri des insultes
de la garnison. Saint-Palais, qui la commandait, ordonne de
tirer le canon sur la ville pour faire cesser les travaux. Les habitants se plaignent, il ne les écoute pas ; ils s'adressent au
duc de Ventadour, lieutenant du roi, qui, loin de leur accorder une audience, les traite de rebelles et les menace de les
faire pendre [1]. En même temps Brison, qui probablement guet-

Bourguet, consul de la présente année, au nom et suivant les délibérations prises en Conseil général des habitants de la dite ville du vingt-cinquième du présent mois et de ce jourd'hui, ont dit et confessé debvoir
à sire Parlier et Foulcaran de la Farelle, marchand d'Anduze, la somme
de 3000 livres qu'ils ont recu et qu'ils ont promis employer aux effets
des délibérations, laquelle somme de 3000 livres ont promis payer d'aujourd'hui en an prochain, etc.» (fol. 633).

[1] La réponse insultante du duc de Ventadour aux habitants de Privas
met dans la bouche de Benoit les plaintes suivantes : ....«On les traitoit de même par tout le royaume, et les misérables ne savoient pas
ce qui étoit le plus utile pour eux, ou d'obéir ou de résister. On leur
faisoit mille indignités, quand ils prenoient le parti de la patience, et

Seconde édition.

tait l'occasion, accourt avec des forces suffisantes, et après quelques jours de siége il se rend une seconde fois maître du château.

Les habitants de Privas, au début de ce nouveau différend, avaient réclamé les secours de leurs coreligionnaires des Cévennes ; et en particulier s'étaient adressés à ceux d'Anduze. Leur demande fut très-favorablement accueillie.

« 1621, 21 janvier... Par M. de Lafarelle, premier consul, a esté proposé avoir reçu lettres de messieurs les consuls et consistoire d'Allès, et autres des consuls et consistoire de Privas. — Lecture faicte des dites lettres, attendu la nécessité de l'Esglise de Privas, conclud qu'il sera faite response contenant consolation et promesse d'assister de tout notre pouvoir, sous le commandement de monseigneur de Chastillon, et que cette affaire sera proposée au conseil de la province indict au troisième du mois prochain en ceste ville » (fol. 275 verso).

Quelques jours après, ces promesses avaient reçu un commencement d'exécution. « 1621, 29 janvier. Proposé la lettre de messieurs les consuls d'Allès pour l'affaire de Privas, et la copie de la lettre des consuls de Privas à M. de Brison, et du dit sieur aux consuls de Saint-Ambroix. — Lecture faicte des dites lettres, conclud que l'advis sera donné à Sauve, Saint-Hippolyte, Saint Jean-du-Gard, que ce pendant on préparera le secours de ceste ville ; — qu'il sera escript à M. de Chas-

---

on les menaçoit de les faire périr comme des criminels, aussitôt qu'ils paroissoient avoir envie de se défendre. On ne leur laissoit pas d'autre choix à faire, que de se laisser couper la gorge sans dire mot, ou d'être condamnés au dernier supplice comme rebelles. Cela s'appelle forcer les gens à des coups de désespoir...... » (*Histoire de l'Edit de Nantes*, tom. II, pag. 321.)

tillon pour avoir l'ordre par messager exprès, et la viguerie sera convoquée à lundi matin. » (*Id.*, fol. 276 recto.)

La viguerie convoquée, le contingent de chacune des localités composant son ressort fut arrêté. On termina les préparatifs du départ, on emprunta l'argent nécessaire[1], et la ville d'Anduze attendit de nouveaux avis qui ne manquèrent pas d'arriver.... « 1621, 6 février... Proposé, est-il écrit au *Registre des délibérations*, les advis reçus la nuit précédente de donner secours promptement à Privas, les sieurs de Blattiès et Brunel avoir fait offre au conseil de la province de bailler leurs armes et mener chacun cent hommes pour ledit secours, pourveu que la conduite leur sera baillée ; et depuis avoir dit que ne peuvent sortir les soldats sans leur bailler d'argent. — Conclud que ceste affaire sera proposée au conseil de la province, attendu qu'il est dans la présente ville » (fol. 277 recto).

Le Conseil de la province fut en effet consulté, et à la suite de la décision par lui prise, le Conseil de ville s'assembla le

---

[1] « 1621, 6 février, sieur noble Joseph Davezan, sieur du Mazaribal, habitant de la ville de Sauve ; Jean de la Nogarède, seigneur de Lagarde, du lieu de La Salle ; sieur Delmas, habitant de Lezan ; François de Calvet, sieur de Meyrueys et Fontanive ; Pierre de Gabriac, sieur du Caïlon, sieur Antoine de Saint-Julien, seigneur de Saint-Julien, habitant es château de Crémat du Caïlon et de Saint-Julien ; — messieurs maitre Esaï Desmarre, François Horlé, Jacques Berlie et Pierre Imbert, pasteurs des Esglises d'Alès, Anduze, Quissac et Barre ; Pierre de Surville, sieur Depuy Méjan, du lieu de Vrelion près le Vigan, et monsieur Jean Guibal du Pontmarest, paroisse de Saint-Martin Cagerlade au diocèse de Mende, lesquels de leur gré solidairement et l'un pour l'autre ont dit et confessé debvoir et estre tenus payer à monsieur Jacques Lavergnie, notaire royal d'Anduze, la somme de 112 livres tournois pour prêt pour l'employer aux affaires de la province des Cévennes, désignés aux actes du conseil du jour d'hier, laquelle somme ils ont promis payer d'aujourd'hui en un an prochain, etc. » (Registre de Pierre Pelet, notaire, année 1621, fol. 22.)

même jour : « 10 février fut concludque par les consuls, sans conséquence, sera baillé aux sieurs Brunel et de Blattiès la somme de 300 livres chacung, ensemble revenant à 600 livres, et les munitions, sans qu'ils puissent prétendre autre chose à l'avenir de la ville, et que le sieur Brunel rendra les mosquets qu'il a des habitans de la ville » (fol. 277 recto).

Les deux cents soldats commandés par Brunel et de Blattiès partirent. Mais à la première étape, alors qu'ils se trouvaient encore à Alais, l'ordre de s'arrêter leur fut expédié : il leur venait du Conseil de la province, siégeant alors à Anduze, sur l'avis de l'accord entre le duc de Montmorency et le sieur de Chatillon.

« 1621, 15 février. Proposé par le conseil de la province le jour d'hier au soir, sur les advis venus hier de Monseigneur de Montmorenci et de Chastillon, a desliberé d'arrester à Alès, où autre part, les troupes qui sont départies de cette ville. — Conclud, après avoir entendu M. de la Garde et de St Sebastian et Légal, attendu que nos troupes sont parties, qu'elles seront arrestées à Alès, ou autre part, attendant nouveau mandement, et le dit conseil sera supplié pourvoir à l'entretenement » (fol. 277 verso).

Cet ordre ne rencontra aucune résistance. Le Conseil de ville d'Anduze en fut informé quelques heures après ; aussi put-il se réunir le même jour, et il lui fut « proposé les deux compagnies estre dans la ville d'Alès arrestées suivant le mandement du conseil de la province, sans que la ville d'Alès ait rien voulu payer de leur dépense, pour laquelle les armes demeurent arrestées, et par ce estre necessaire de délibérer. — Conclud que du dit refus sera formé plainte au conseil de la province, dès demain matin, pour après, veu l'ordonnance, estre pourveu au dégagement des dites armes, attendu que les dites troupes ont rendu obéissance dès la première sommation » (fol. 278 recto).

Le Conseil de la province rendit une ordonnance conforme aux désirs de la ville ; mais Alais n'en persista pas moins dans son refus de pourvoir à la dépense faite dans ses murs par les soldats anduziens. Cet acte de mauvais voisinage excita le juste mécontentement du Conseil de ville d'Anduze, qui prit la décision suivante :

« Mercredi 17 février 1621. Proposé le sieur consul Conques estre allé le jour d'hier, suivant la charge à lui donnée par ceste compagnie, et en exécution de la deliberation du conseil de la province, à la ville d'Alès pour payer la moitié de la depense faite par nos troupes dans les logis. — Y estant avec la lettre du dit conseil, mandant aux consuls du dit d'Alès de payer leur moitié, les dits consuls se seroient rendus refusant, et avoir déclaré ne vouloir rien payer, quoiqu'en soit ordonné par le conseil de la province, ou par tout autre. Et par ce estre nécessaire d'y pourvoir promptement, pour éviter plus grande dépense, et en cas que seroit ordonné d'aller payer, que soit nommé quelque controlleur. — Conclud que sera fourni plainte par les consuls de ceste ville, assistés de trois ou quatre de ceste compagnie, au conseil de la province, du refus de la ville d'Alès ; le supplier d'en dresser acte, et pourvoir au dedommagement de ceste ville qui s'est, de leur mandement, constituée en de grands frais ; signaler le grand préjudice que le dit refus apporte et détriment à l'ordre jusqu'à présent observé dans ceste province, et que ceste ville a toujours entièrement obei ; tascher d'obtenir que le dit conseil fasse l'avance et, en cas ne se pourra, obtenir que, sans conséquence, le dit consul Conques retournera à Alès pour faire le dit payement et en retirera quittance » (fol. 278 verso).

XV.

Au moment où la ville d'Anduze avait pris la résolution d'envoyer du secours à celle de Privas, elle recevait l'avis de l'opposition qui lui était faite devant le parlement de Toulouse par le seigneur de Ribaute, touchant l'occupation de la tour de Saint-d'Eyran. C'était un homme terrible, ce seigneur de Ribaute : il faisait parler de lui dans la contrée, et surtout il donnait de l'occupation aux consuls et au Conseil de la ville d'Anduze. Nous avons vu déjà les mauvais traitements dont il avait menacé son fermier Pierre Genolhac. Une autre fois, emporté par les ardeurs de son zèle catholique, il se permet de désarmer la population de Ribaute. Aussitôt plainte est portée devant le Conseil du cercle siégeant dans Anduze et aux consuls de cette ville, qui prend la résolution suivante :

« 1620, 11 juin.... A esté proposé la lettre de M. Paulet sur le subjet du désarmement des habitans de Ribaute, et la depputation faite par le conseil ce matin devers le seigneur du dit Ribaute. — Conclud qu'à la depputation du conseil sera joint un des consuls de cette ville, pour savoir du dit sieur de Ribaute le sujet du dit désarmement, le prier et l'exhorter de vivre en amitié et bonne correspondance avec nous » (fol. 260 verso).

Quelques mois après, il s'acharne contre le capitaine Brunel, à cause de l'expédition dont il a reçu le commandement pour aller au secours de Privas. Cependant il avait promis de se contenir dans les bornes de la modération et de vivre avec les protestants en amitié et bonne concorde. Mais, emporté par la colère, il oublia ses engagements... La victime de son inimitié, le capitaine Brunel, était venu se placer sous la protection du Conseil de la ville et de celui de la province. « 30 octobre 1620, est-il écrit au *Registre des délibérations*, a esté proposé le seigneur de Ribaute poursuivre le sieur Brunel en haine du voyage par lui fait du mandement de la ville au secours de Privas, comme auroit eté ci-devant dit, et parce que, nonobstant la promesse qu'il auroit faite aux depputés de l'assemblée tenue en la presente ville, lui ayant fait signifier le jour d'hier un défaut, requérant, puisque c'est pour servir la ville, qu'il en soit garanti.

»Délibéré que le sieur premier consul avec le capitaine Bornes et le sieur Desplans, assistés d'un ou deux des anciens depputés de la province, iront sommer le seigneur de Ribaute de sa promesse, en faisant cesser ou faire cesser les poursuites contre le dit sieur Brunel, et ceux de sa troupe; et en cas il ne voudra pas, est donnée charge à messieurs les consuls de faire toutes poursuites et frais nécessaires à la décharge du sieur Brunel et de sa troupe, en attendant d'avoir assemblé le conseil de la province qui a permis cette affaire. » (*Id.*, fol. 268 recto.)

Deux mois après, le même seigneur de Ribaute accueillit par une opposition formelle l'avis qui lui avait été donné que la ville d'Anduze allait faire occuper la tour de Sandeyran. Le 28 décembre 1620, le Conseil eut à s'occuper de cette protestation. «A esté proposé qu'estant allés les dits sieurs de Lavernie et M. Jean Coste voir le seigneur de Ribaute pour la garde de Sandeyran, il leur auroit dit n'y pretter aucun consentement, sa religion y resister, et que cette ville n'a aucun titre.»

Le Conseil décida de passer outre. « Conclud qu'il sera pourveu à la dite garde par les consuls, et iceux chargés chercher les titres. » (*Id.*, fol. 272 recto.) Ils en avaient donc, puisqu'ils étaient invités à en faire la recherche.

Les consuls envoyèrent le capitaine Lasalle avec quelques soldats, avec ordre d'occuper la tour. Mais ceux-ci rencontrèrent un très-mauvais vouloir chez les habitants de Tornac et le fermier du seigneur de Ribaute (sans nul doute à l'instigation de ce dernier. « 14 janvier 1621. Proposé la lettre escripte par le capitaine Lasalle, de Sandeyran, le jour d'hier, contenant que les habitants de Tornac refusent de venir monter la garde; et que le rentier du chateau, monsieur Rieu (refuse) de fournir à la nourriture et entretenement tant de lui que des autres, à lui baillés pour la garde.—Conclud qu'il sera pourveu à la lettre du capitaine Lasalle. » (*Id.*, fol. 273 verso.)

Huit jours après, il y avait plus qu'un refus de pourvoir à la subsistance de la petite garnison de la tour. Le bruit se répandit que l'irascible seigneur de Ribaute allait venir à Sandeyran pour en chasser les soldats d'Anduze. « 21 janvier 1621. Proposé que le bruit court que le sieur de Ribaute se veut saisir de son chateau de Sandeyran et sortir la garde que la ville y a mis, suivant le privilége qu'elle en a.—Conclud que le sieur de Recolin sera prié d'aller au dit chateau avec six autres qui lui seront baillés par les consuls, pour le garder l'espace d'une semaine, pour le service du roy, et après, par tour, d'autres de cette compagnie» (fol. 274 recto).

Le sieur de Recolin accepta la charge qui lui était donnée. Il alla garder la tour de Sandeyran; mais on en usa envers lui comme envers le capitaine Lasalle. On voulut le chasser par la famine. Le lendemain de son installation, «22 janvier, proposé que suivant la délibération du jour d'hier, le sieur de Récolin et six autres avoir esté loger au chateau de Sandeyran; mais que monsieur Pierre Borne rentier d'icelui refuse d'administrer aucuns vivres, disant n'y estre tenu, et par ce estre nécessaire d'y pourvoir. » A l'ouïe de cette nouvelle fâcheuse, le Conseil décida immédiatement que « l'un des consuls avec messieurs de la Farelle et Pagès iront au dit Sandeyran prier le dit M. Borne de continuer la nourriture jusqu'à ce qu'il y sera pourveu, et en cas ne vouloir y entendre, protester du refus par acte » (fol. 274 verso).

Enfin, comme nous l'avons dit plus haut, voulant avoir raison de la ville d'Anduze, le seigneur de Ribaute en appela au parlement de Toulouse et au gouverneur de la province, le duc de Montmorency, qui lui donnèrent gain de cause. La nouvelle en arriva le 10 février au Conseil de ville; mais celui-ci était aussi opiniâtre que son adversaire: au lieu de lâcher prise, il en appela au Conseil de la province, et en attendant continua à laisser une garde dans la tour.... « Lecture faite de la dite lettre, de l'arrest, et requeste et exploits, ouy par la bouche des dits sieurs consuls, l'affaire avoir esté proposée ce matin au conseil de la province, et icelui prié de prendre le fait comme général et important....

» A esté conclud que la dite affaire sera de rechef proposée au dit conseil par le consul Lavernye assisté par messieurs Pierredon, Bourguet, de Lafarelle, d'en charger les mémoires aux depputés envers M. de Montmorency, et la dépêche en l'assemblée générale (de La Rochelle); qu'il sera faite acte à messieurs Borne et Jalaguier, rentiers, pour les sommer s'ils ne jouissent pas de leur arrantement, et qu'il en sera escript à nos depputés de la dite assemblée, et par les susnommés dans le conseil (du cercle). — Le sieur Peloti sera prié de nous donner les actes concernant la tour de Sandeyran¹ » (fol. 276 verso).

---

¹ Le droit de la ville d'Anduze pour la garde de la tour de Sandeyran dut être reconnu, puisque le Conseil le fit prévaloir lorsque M. de Montbetou réclama la jouissance du château de Sandeyran.

« 10 février 1622, proposé le sieur baron de Montbetou avoir obtenu ordonnance de remplacement sur les biens de la dame de Cheilar, chateau de Sandeyran, et rentes en depandants, et s'estre présenté et requis y estre mis en possession dès à présent, offrant de garder le chateau seurement pour le parti.

»Lui estant représenté que la ville a droit de garde sur le dit chateau, et estre deu de la garde toute cette année, et qu'on n'entend pas se despartir de ce droit.

»Le dit sieur de Montbetou a repondu qu'il n'entend pas préjudicier au droit de la communauté et qu'il prendra, pour la garde, des habitants de ceste ville qui seront agréés par elle, et n'empeschera le paiement de ce qui est légitimement deu sur les fruits.

»Sous les dites conditions et reserves, et sans aucune innovation du droit de la communauté, a esté délibéré que le dit sieur de Montbetou ne sera pas empesché à la jouissance du dit chateau et dépendance » (fol. 308 verso).

« 12 février 1622, proposé le sieur de Montbetou ayant esté mis hier en possession au chateau de Sandeyran, il leur auroit dit estre en volonté de changer la garnison, ayant jetté les yeux sur Fabrègues jeune, les ayant priés de l'agréer, ne voulant plus continuer le cappitaine Pelet.

»Conclud que le privilege de la ville pour la garde de Sandeyran sera conservé, suivant icelui, le droit d'eslection des personnes qui y sont, mesmes de Pelet, et le dit sieur prié de le trouver bon, et en cas il auroit quelque chose contre le dit Pelet, lui en sera nommé un autre par les dits consuls.

»Et peu après, par les dits sieurs consuls a esté nommé au dit sieur Montbetou, suivant l'advis du conseil pour la garde du chateau de Sandeyran, sire Pierre Mazer, qui a esté présenté au dit sieur de Montbetou, et par icelui agréé, ayant esté faite la dite nomination pour la conservation des droits et privileges de la communauté, sans que, pour ce regard, le dit Mazer puisse prétendre ni demander aucun paiement pour raizon de la dite garde à la ville, ni aux sus dits sieurs consuls, ains se pourvoir contre le dit sieur de Montbetou ou fruits du dit chateau comme bon lui semblera, ce qu'il a promis, et renoncé à toute

XVI.

Le mauvais vouloir de cet opiniâtre voisin contrariait la ville d'Anduze, mais ne l'empêchait pas de faire activement ses préparatifs de défense. Les projets de Louis XIII n'étaient un secret pour personne. Plusieurs mois auparavant, le bruit en avait couru pendant la tenue du synode d'Alais, et, plus le monarque approchait du moment de son entrée en campagne, plus les protestants se mettaient en mesure de lui opposer une vigoureuse résistance.

Déjà, à la date du 31 décembre 1620, le Conseil de ville d'Anduze avait décidé « pour la garde du château de ceste ville, que le sieur baron et la dame sa mère seroient priés bailler la tour qui est hors la ville pour la sentinelle, et faire fermer les fenêtres et trous qui regardent hors de la ville; autrement y seroit pourveu » (fol. 272 recto).

Quinze jours plus tard (15 janvier 1621) il avait été décidé que « les réparations nécessaires seroient faites par corvées » (fol. 273 verso). — Tandis que les habitants de la ville mis ainsi en réquisition étaient tous employés aux travaux de défense, le Conseil s'occupait des approvisionnements ; il décidait le 21 janvier 1821 : « que par les consuls seroit fait achapt à Cardet de 400 salmées bled, pour l'approvisionnement de la ville, et mis en part seure » (fol. 274 recto).

Le 22 février, il se créait des ressources pour se procurer des armes. Moyennant finances, la Hollande s'était engagée à fournir d'armes les protestants du Languedoc. C'est à cette

demande pour ce regard, à faire contre la dite ville et sieurs consuls » (fol. 310 recto).

fourniture que faisait allusion M. de Caumartin, en s'adressant aux membres protestants des États du Languedoc. En présence du juge, des quatre consuls, des pasteurs Horlé et Courant, il fut proposé au Conseil de ville : « le seigneur de Chastillon avoir escript aux trois ordres de ceste ville lettre portant créance à M. de Tortolon. Lecture faite de la lettre dudit seigneur, et ouy le sieur de Tortolon sur sa créance, — conclud que la ville fera toute diligence pour retirer de la viguerie le cinquième du despartement, pour estre délivré au marchand flamand pour l'achapt des armes, en baillant les assurances offertes, et qu'il sera escript audit seigneur de Chastillon pour le remercier » (fol. 279 recto).

XVII.

La prise du château de Privas par Brison entraîna des conséquences malheureuses pour les villes protestantes de son voisinage... Le château s'était rendu le 6 février; aussitôt Montmorency accourut avec une armée de 6,000 hommes, voulant châtier, disait-il, l'insolence de Privas. De son côté, Châtillon, à l'instigation du Conseil du cercle, se dirigea vers le Vivarais avec les troupes qu'il avait sous la main.

Avant que les deux armées en vinssent aux mains, les chefs décidèrent, dans une entrevue, de suspendre toute hostilité et de s'en rapporter à la décision de la Cour. La réponse du roi arriva le 6 mars; elle portait en substance qu'il fallait « maintenir la paix dans le pays, et mettre bas les armes de part et d'autre. » (*Hist. du Languedoc*, tom. V, pag. 521.) Châtillon congédia aussitôt son armée [1], et Montmorency, feignant de

---

[1] Benoit ne voit dans cet accord qu'un effet de la connivence coupable qui existait entre Montmorency et Châtillon... « Montmorenci, dit-

l'imiter, envoya une partie de ses troupes à Vals, sous prétexte de les y mettre en cantonnement. Mais les habitants, rendus avisés par ce qui était arrivé à Privas, refusèrent d'ouvrir leurs portes. Irrité de cet accueil, Montmorency vint avec 3,000 hommes mettre le siége devant cette ville, qui demanda bientôt à capituler [1].

Chatillon voulut prendre sa revanche. Il envoya demander du renfort dans les Cévennes et dans Anduze, afin de s'emparer de Vallon, qui était tombé au pouvoir d'un des officiers de Montmorency. Les ordres qu'il donna dans cette occasion se trouvent en partie mentionnés dans le *Registre* de l'hôtel de Ville auquel nous avons déjà fait beaucoup d'emprunts, et nous nous empressons de les transcrire textuellement.

« 13 mars 1621. Proposé la lettre de messieurs des Vans, l'apostille de la lettre de monsieur le consul de Lagarde.

» Lecture faite des dites lettres, conclud que ces avis seront envoyés à tous les voisins, mesme aux gentilhommes, les priant de se préparer promptement venir se rendre ici pour conférer sur l'ordre de secours avec monsieur d'Autièges.

---

il, ne désarma pas, sous pretexte que Chastillon, qui s'entendoit avec lui, n'avoit pas désarmé à proprement parler, puisqu'il n'avoit fait que disperser ses troupes sans les licencier. Mais c'étoit pour amuser les simples qu'il les avoit gardées, puisqu'à la faveur de leur retraite les troupes de Montmorenci prirent encore Wallons, d'où la garnison que Chastillon y avoit mise se retira par son ordre. » (*Histoire de l'Édit de Nantes*, tom. II, pag. 322.)

[1] Voici comment Benoit parle de ce siége et de la capitulation qui le suivit :

« Les habitants de Valz s'apperçurent du piége et refusèrent de loger les troupes du duc. Aussitôt, ils furent assiégés à la vue de Chastillon ; et les premières volées de canon leur ayant fait perdre courage, ils se rendirent à des conditions honteuses. Les consuls demandèrent pardon à genoux, et le duc mit garnison catholique dans le château..... » (*Id.*, pag. 323.)

»Et peu après M. d'Autièges étant arrivé, veu les lettres de M. de Chastillon et du conseil (du cercle) tenant à Lunel; — conclud que, suivant les advis et précédentes délibérations, la garde et réparations seront plus avant pressées; que pour ces réparations, tous les habitans et chefs de maisons seront obligés d'y aller en propre et travailler promptement aux murailles.—Permis aux consuls de prendre des habitants tels que bon leur semblera pour assister aux visites et travail; — qu'il sera fait amas de munitions de guerre, de farine[1], et donné charge aux consuls de bailler des porteurs au dit sieur d'Autièges, s'il en a besoin » (fol. 279 verso).

Le même jour, ordre de Châtillon de faire partir les troupes. D'Autièges le communique au Conseil, qui était probablement en permanence, et la délibération suivante fut prise immédiatement... « Proposé le dit sieur d'Autièges avoir receu tout présentement mandement de M. de Chastillon de faire partir les troupes promptement, et avoir prié les sieurs de Blatiès et Brunel de mettre leurs troupes en estat, qui auroient dit ne pouvoir le faire sans argent.—Conclud que les dits sieurs de

[1] Quelques jours auparavant, les consuls d'Anduze avec les députés de la viguerie avaient contracté un emprunt assez considérable.
1621, 4 mars. « MM. Pierre de Lafarelle, Jaques Lavernye, Jaques Conques, Jaques Bourguet, consuls d'Anduze; — Auban Petit, sieur de Boisset, Pierre Desfaisses, ecuyer; Jean Coste, bourgeois; Jean Calmel, capitaine; — MM. Jaques Julian, Jean Teissier, Pierre Puech, David Marion, depputez par le conseil viguérial au dit Anduze, le 1er du présent mois, lesquels ont confessé estre tenus payer à Pierre Pierredon jeune, bourgeois du dit Anduze, la somme de 1428 livres, que le dit monsieur de Lafarelle doit retirer et embourser, pour l'employer aux effets portés par la dite délibération, laquelle ont promis payer en deux mois, etc... » (*Regist.* de Pierre Pelet, an 1521, fol. 115.)
.....: 1621, 4 mars..... « Les mêmes ont confessé devoir la somme de 612 livres pour l'employer aux effets portés par la dite délibération, et promis payer en deux mois. » (*Id.*, fol. 116.)

Blatiès et Brunel seront priés de venir en ceste compagnie, lesquels ouys qui ont dit ne le pouvoir faire à leurs dépens; ayant employé, outre ce qui leur a esté baillé, plus de 300 livres chacung, et néanmoins sous l'assurance qu'ils ont que on mettra en considération les frais qu'ils ont fait et feront pour procurer le dedommagement sur le général, ont offert, déférant à la prière de ceste compagnie, de se mettre en debvoir de partir sans qu'il leur soit donné aucun argent par la dite ville pour leur départ.

»Le dit sieur d'Autièges a dit estre necessaire d'envoyer en diligence à M. de Chastillon, ayant ja escript par le sieur Gervais, auquel est necessaire bailler argent et monture.—Estre aussi necessaire bailler six charges de munitions de guerre et à chacun palles (pelles), pioches et aches (haches).

»Conclud qu'il sera baillé au dit Gervais un cheval de louage, sept livres pour le voyage, et pour les munitions de guerre qu'elles seront prinses de celles de la province» (fol. 280 recto).

Le surlendemain, nouveau conseil et nouvelle délibération. « 15 mars 1621. Proposé que le sieur d'Autièges avoir demandé six charges de munitions de guerre pour le service, et outre ce que sera baillé aux soldats, et encore des pétards, grenades, palles, pioches et aultres engins de guerre; de l'advis des depputés de la viguerie avoir envoyé messager exprès à Lunel (au Conseil du cercle) pour avoir advis et mandement. — *Item* que les sieurs Brunel et de Blatiès demandent leur estre permis d'aller loger en quelque village, puisqu'ils ont leurs gens sur pied et en frais; — que les troupes de La Salle, Saint-Jean et autres sont sur pied, à la nourriture desquels il faut pourvoir.

»Conclud et en présence des depputés de La Salle, Cardet, Lédignan, que les munitions seront baillées et les mulets pour les porter; et pour eviter toute foule et ravage, que sera baillé aux sieurs de Blatiès et Brunel pain, vin et chair pour la soupée et boire de demain, et de mesme aux troupes qui passeront; — qu'il sera escript aux sieurs de Saint-Martin et de Grammont pour empescher que les villageois ne soient foulés; — et de mesme sera escript à Alès pour leur donner advis de cet ordre et les prier de faire de mesme [1] » (fol. 280 verso).

---

[1] Pour faire face à toutes ces dépenses, on eut recours à l'emprunt suivant :

1621, 18 mars. « Les consuls d'Anduze et depputés de la viguerie ont confessé debvoir à Pierre Pastre, marchand d'Anduze, la somme de 803 livres 7 sous qu'ils ont dit avoir employées aux munitions délivrées au sieur d'Autièges, lieutenant de monseigneur de Chastillon ou à monsieur David Marion, chargé lui conduire icelle, et aux soldats des dites troupes conduites par les sieurs de la Roque, Blatiès et Brunel; laquelle somme ont promis payer d'aujourd'hui en un an prochain, etc.... » (fol. 141).

Sans nul doute, il faut placer à cette époque le traité passé avec le sieur Marion, dont celui-ci réclamait le règlement dans l'acte suivant :

1621, 8 avril. « A comparu M. David Marion, notaire royal de Soudorgues, lequel en présence de messieurs Jaques Lavernye, Jaques Conques, Jaques Bourguet, consuls d'Anduze, dressant ces paroles à faux en leurs personnes, et à tous les autres depputés de la viguerie, a déclaré : estre revenu ce jourd'hui avec Jean Saltet et Jean Caulet, de conduire les six charges munitions à lui livrées par les dits consuls et depputés pour suivre les troupes conduites par le sieur d'Autièges, et apportées par les mulets des dits Saltet, Caulet et Alari Cavalier. Les ayant laissées le jour d'hier à la ville de Barjac, comme appert par son reçu qu'il leur a exibé, les sommant pourvoir au payement de ses journées au nombre de vingt-deux, de pareilles journées pour le dit Saltet avec trois mulets, pour le dit Caulet avec un mulet, et puis sept jours avec deux mulets; — et pour le dit Cavalier avec deux mulets pour quinze jours, tant seulement, et à faute de ce a protesté du refus avec dépens, dommages et intérêts. Les dits consuls ayant entendu la dite requisition, ont demandé copie de la présente acte pour la communiquer aux dits depputés et au dit conseil.... Et ledit Marion a protesté comme dessus. » (Id., fol. 192.)

Le lendemain, 16 mars, autre demande et nouvelle délibération. « Proposé M. d'Autièges avoir requis lui bailler un homme assuré et confident pour porter paroles à M. de Chastillon qu'il n'ose mettre sur le papier ; — et le sieur Sebastien demander pour prest vingt-cinq piques ; — et aussi la nuit précédente, la serrure de la porte du Pont avoir esté trouvée ouverte du côté de la ville par deux fois. — Conclud que le sieur de Lafarelle ira devers monsieur de Chastillon ; — qu'il sera baillé douze piques au sieur de Saint-Sébastien, en s'obligeant de les rendre ou de les payer ; — et que les serrures des portes du Pont seront changées » (fol. 251 recto).

Immédiatement après le départ des soldats d'Anduze, on vit arriver les contingents des Hautes-Cévennes. « 17 mars. Proposé le sieur du Chailon estre arrivé avec 60 hommes, suyvant la lettre expresse de M. de Chastillon, désirant estre logé dans la ville comme les autres troupes, veu son mandement, et qu'il marche pour le général. — Conclud que, sans conséquence, ils seront logés, et le dit sieur sera prié de faire passer le restant de ses troupes et du colloque de Saint-Germain hors la viguerie » (fol. 281 recto).

Avec le concours de tous ces renforts, d'Autièges entra facilement dans Vallon. Mais à peine y était-il enfermé que Montmorency accourut pour l'y assiéger. L'assaut fut donné à la place, et la garnison se rendit en acceptant une honteuse capitulation[1].

---

[1] Nous pensons être agréable à nos lecteurs en transcrivant à leur intention la courte relation de ce siége, qui se trouve dans l'*Histoire du Languedoc*, tom. V, pag. 522.

.... « Le canon ayant fait une brèche suffisante, le marquis de Portes monta le premier à l'assaut, le neuvième jour du siége, et se logea sur la muraille. D'Autièges, se voyant près d'être forcé, demanda à capituler.

Seconde édition.

Les hostilités engagées dans cette contrée ne tournaient pas au profit des réformés. Fallait-il attribuer les échecs essuyés à l'arrivée trop tardive des secours, ou bien à la lâcheté des lieutenants de Châtillon, ou mieux encore à la connivence de ce chef avec les ennemis? Il est assez difficile de découvrir la cause véritable de ces malheurs ; seulement nous pouvons dire que Châtillon a été accusé par les écrivains protestants d'avoir été, déjà à cette époque, dans l'intention de se faire acheter par la Cour. Les habitants d'Anduze, sans soupçonner encore sa fidélité, commençaient à se plaindre de la marche suivie dans les opérations militaires.... « 31 mars 1621. Proposé lettre de messieurs Horlé et de Lafarelle, et ouy du dit sieur juge que, contre la teneur d'icelles, nos troupes ont mandement verbal de venir en ceste ville. — Conclud que les sieurs consuls Lavernye et Desaurières iront en diligence vers M. de Chastillon, le conseil et la conférence se plaindre de ses variations et ob-

Le marquis de Portes le fit conduire au camp, où le duc de Montmorenci écouta ses propositions, en présence du président Faure, de Bitault, conseiller d'État; du vicomte de Polignac, qui avait amené cent gentils hommes volontaires; d'Annibal, bâtard de Montmorenci; de Perault, Montréal, Plaisias et Masargues, du vicomte d'Apt, de la Baume, de Moussoulens et des autres principaux officiers de l'armée qu'il avoit fait assembler. On convint de tous les articles, qui étoient que d'Autièges sortiroit dans une heure de Vallon avec toutes ses troupes, mais les armes basses, sans tambour, la mesche éteinte, et à la condition qu'elles ne serviroient de six mois dans la province. D'Autièges étant sorti sur le midi avec sa troupe, se retira à Barjac, au diocèse d'Uzès, où Chastillon étoit campé à la tête de 7000 hommes de pied, 1000 chevaux et 2 canons. Quant au lieu de Vallon, il fut livré au pillage durant un jour. Le lendemain, le duc de Montmorenci y fit célébrer la messe qui en avoit esté bannie depuis soixante et un ans. Chastillon ne se croyant pas en état de résister au duc de Montmorenci, ou plutot cherchant à faire la paix, désarma de nouveau et convint de quelques articles avec le duc de Ventadour, et les sieurs Faure et Reaux qu'il vit au Puy, ce qui le rendit suspect aux plus fougueux de son parti. »

tenir que les précédentes délibérations sortent à effet et, suivant icelles, les oppressés soient soulagés. Sont aussi chargés de prier le dit seigneur d'empescher que les pétards qui sont entre les mains de Lambert de Frefve, fondeur de cette ville, soient arrestés » (fol. 282 recto).

Châtillon répondit aux députés d'Anduze « de ne pas rendre les pétards qui se trouvoient dans leur ville, et de retenir même ceux qui restoient à faire. » Les membres du Conseil décidèrent, en conséquence, « 2 avril 1621, qu'ils les feroient achever, et qu'ils les retireroient après les avoir payés [1] » (fol. 282 recto).

[1] Probablement ils appliquèrent au paiement de ces pétards une partie des emprunts qu'ils contractèrent ce même jour. « 2 avril 1621, Jaques Lavernye, Jaques Congues, Jaques Bourguet, consuls d'Anduze; Claude Verdier, notaire royal, consul de Lédignan; Jean Calmel, consul de Saint-Jean de Gardonenque; Jean Cabanis, consul de Lassalle; Jacques Julian, du lieu de Cardet, depputés de la viguerie, lesquels, suivant le pouvoir à eux donné, ont confessé devoir à sire André Bourguet, marchand d'Anduze, la somme de 800 livres tournois, pour payement de divers achats et le payement de la dépense faite par les gens de guerre en la présente ville et ès lieux de Lassalle, Soudorgues, Saint-Jean, Ledignan, laquelle somme ont promis payer en un an prochain. » (P. Pelet, an. 1621, fol. 179.)

— Même année, même jour. Les mêmes députés « ont confessé devoir à siré Charles Peladan, marchand bordeur d'Anduze, la somme de 300 livres tournois pour employer aux mêmes dépenses. » (Id., fol. 170.)

— Même jour, les mêmes « ont confessé devoir à sire Jean Lavernye, marchand d'Anduze, la somme de 600 livres pour les mêmes dépenses. » (Id., fol. 170.)

1621, et le 2me jour du mois d'avril, « Messieurs Jaques Lavernye, Jaques Congues, Jaques Bourguet, consuls d'Anduze; Monsieur Charles Verdier, consul de Lédignan; Jean Calmel, consul de Saint Jean de Gardonenque; Jean Cabanis, consul de Lassalle; Jacques Julian, du lieu de Cardet, ont dit avoir retiré de la somme de 1700 livres qu'ils auroient empruntée ce jourd'hui même du sieur André Bourguet, Charles Pelatan, Jean Lavernye, savoir : les dits sieurs consuls de la ville, d'une part, la somme de 816 livres pour payer la dépense faite en la dite ville d'Anduze, mentionnée en l'estat dressé ce jourd'hui même;

Néanmoins, leur mécontentement n'était pas calmé. Ils saisirent donc l'occasion d'une nouvelle réquisition faite par le général en chef, pour lui faire comprendre qu'ils étaient loin d'être satisfaits.

3 avril 1621. En présence des députés de la viguerie et des consuls d'Anduze, « proposé la lettre de M. de Chastillon, mandant d'envoyer dix quintaux poudre, seize de mèches, trois de plomb, pour faire fonds aux munitions nécessaires, et que ce soit promptement. — Conclud que, heu égard à ce qui a

132 livres pour leurs journées mentionnées au dit estat, 27 livres qu'ils emploieront en déduction de pareille contenue en icelui estat. — Le dit capitaine Calmel, la somme de 187 livres 17 sols, d'une part, pour mesme somme qui se trouve due au même estat à la communauté de Saint-Jean de Gardonenque, et 51 livres, d'autre part, pour ses journées mentionnées à icelui estat. — Le dit Cabanis, d'une part, la somme de 110 livres qui se trouvent dues par le dit estat à la communauté du dit Lassalle; 25 livres aussi dues à la communauté de Soudorgues, et 51 livres pour ses journées. — Et le dit Verdier, 75 livres dues à la communauté de Lédignan, et 51 livres pour ses journées ou aux depputés du dit Lédignan. — Et le dit Julian, 51 livres pour ses journées et le surplus des dites obligations, qui est de 124 livres, ayant esté retirées par les dits créanciers pour une année. — Aussi les dits sieurs consuls d'Anduze ont dit que la somme contenue en l'obligation qu'ils, et les dits depputés, auroient faite à sire Pierre Pastre de la somme de 800 livres, auroit été par eux employée au payement des munitions de guerre qu'ils auroient acquis et délivré au dit sieur d'Autièges, et desquelles M. Marion s'en seroit chargé; desquelles munitions promettent d'en poursuivre le remboursement au nom de la dite viguerie sur le général de la province des Cévennes, et ailleurs où besoin sera; et en cas que nulles munitions seroient retournées par le dit Marion ou autres en la dite ville d'Anduze, que les dits consuls de la dite ville prendront la poudre à raison de 20 escus le quintal, le quintal des balles à raison de 15 livres, et le quintal de mèches à raison de 25 livres; et les autres outils et ferrements seront vendus au plus offrant, et le prix qui en proviendra ensemble des dites munitions, si aucunes en retournent, sera employé en déduction, et sur et tant moins de l'obligation du dit Pastre et voitures des mulatiers qui auroient apporté les dites munitions et outils, et enfin l'ont respectivement promis,... etc. » (fol. 180).

esté baillé au sieur d'Autièges, qui revient presque à notre quotité, qu'il sera escript au conseil le despartement estre inégal, et du tout extariffé; qu'estant fait au pied de la tariffe, cette viguerie payera aussitôt les restes, si y en a; — et ce despartement ne suffisant pas, sera fait offre de payer, même des premières, ce qui sera jugé nécessaire » (fol. 282 verso).

Quel que fût le mécontentement des habitants, il n'allait pas jusqu'à leur faire refuser tout secours; bien loin de là. Trois jours après, ils n'hésitaient pas à accueillir une demande d'hommes et de munitions. 6 avril 1621, « proposé la lettre de Monseigneur de Chastillon, mandant de faire 200 hommes pour aller avec Monsieur le marquis de la Charse; — et outre ce, aultre lettre mandant de bailler et envoyer 50 salmées de bled pour la cottité de cette viguerie, et des munitions pour les troupes qui s'en vont au secours des Eglises du Vivarès, et sur ce estre necessaire de deliberer. — Conclud qu'on fera tout ce qui se pourra pour faire une troupe aussi grande que possible; et pour le bled, qu'on tachera d'envoyer de l'argent pour l'achepter de delà, sans approbation du despartement, et sans préjudice de le faire esgaliser, et que la troupe sera conduite par le capitaine Portal, qui a accepté cette charge » (fol. 283 verso).

XV.

La situation devenait de jour en jour plus critique. Le roi trahissait, par ses grands préparatifs de guerre, les projets hostiles qu'il avait formés contre les protestants. Châtillon pressait la ville d'Anduze de s'occuper de ses fortifications. Il faisait en même temps des demandes incessantes de soldats, de munitions et d'argent. Tout cela était fort difficile à trouver. La viguerie se montrait mal disposée à fournir sa cote-part des réquisitions, la ville était obérée. Les consuls allaient et venaient pour suffire à tout. Le Conseil était en permanence. Les délibérations suivantes donnent une juste idée des embarras de la ville et des difficultés de sa situation.

« 1621, 7 avril. Proposé que ce jourd'hui, voyant sortir des soldats sans savoir où ils allaient, pour n'en avoir rien communiqué aux consuls, Pierre Gros, dit Randon, auroit esté arresté, et il se seroit escarté en discours, à cause de quoi il auroit esté conduit aux portes de la prison; mais il n'avoit pas esté possible de le mettre dedans, le geoslier ayant répondu la clef lui avoir esté otée. — Conclud qu'il sera prohibé à voix de trompe, à toute sorte de personnes, d'entreprendre de faire levée des gens de guerre en la présente ville, et à ceux qui sont dedans de s'enrôler, promettre, ni partir sans permission expresse, ni sortir armé. Que le dit Randon sera mené devant la présente compagnie et obligé de reconnoitre sa faute [1] » (fol. 283 recto).

Cette résolution était sage. Dans les circonstances présentes, alors qu'il était si difficile à la ville d'Anduze de mettre sur

---

[1] Nous avons trouvé dans les registres du notaire P. Pelet, à la date de ce jour, un rapport de prud'hommes que nous transcrivons comme preuve des travaux entrepris à cette époque pour la restauration des fortifications de la ville.

7 avril 1621... « Ont comparu sires Pierre Mazer, David Fontanes, prud'hommes d'Anduze, qui s'étant transportés, en présence de Jean Verdeille et Pierre Duplan, maçons, et à leur réquisition, au corps de garde de la porte de la Bouquarié, et illec ont mesuré le baptiment qui a esté de nouveau fait, consistant en voûtes, murailles et creneaux, et une porte en pierre de taille pour aller du corps de garde vieux au nouveau; y avoir en tout, tant plein que vuide, 56 cannes carrées de baptiment, sans y comprendre le pavé, couvert et buget qu'il y convient faire pour la défense; et de tant que, outre le contenu au priffait, les dits maçons auroient coupé les pierres de la porte, assemblé les bugets, voulte et entier baptiment de la barbacane, ont estimé valoir,

pied les hommes qui lui étaient demandés, il était prudent de prohiber dans ses murs les levées de soldats et d'exiger au moins qu'on demandât l'autorisation de les faire. La mesure produisit ses fruits, et le Conseil fut saisi, le lendemain, de la demande suivante. « 8 avril 1621. Proposé le sieur Dupilon estre revenu et demandé, d'après sa lettre, permission de faire battre le tambour, sortir des gens de guerre armés, et de se loger aux lieux de cette viguerie, et ne se vouloir contenter de ce qui lui a esté dit de la part de cette compagnie. — Conclud qu'il lui sera dit de rechef qu'on ne peut permettre qu'on fasse battre le tambour et amener des gens de cette ville, ni loger près d'icelle, sans avoir nouveau commandement, et ce pendant depputé le consul M. Lavernye pour aller supplier en diligence M. de Chastillon de nous en décharger » (fol. 240 recto).

Le capitaine Dupilon ne se tint pas encore pour bien averti, et nous n'en sommes pas étonné. A cette époque, les gens de guerre, n'importe le parti auquel ils appartenaient, ne se faisaient pas scrupule de méconnaître les ordres des autorités locales. Ils maltraitaient les habitants, se livraient au vol et ne craignaient pas même de se rendre coupables de désertion. On ne sera donc pas surpris de lire les délibérations suivantes : « 8 avril 1621... Proposé Pierre de Rebautier, depputé de Saint-Jean, s'estre venu plaindre de certaine volerie faite au chemin public par-dessus Saint-Jean, suppliant de vouloir faire prendre la poursuite au nom du corps de la viguerie ; ce qui lui a esté accordé » (fol. 240 recto).

compris la journée par les dits maçons pour aller recevoir les tuiles pour le couvert au lieu de Saint-Felix, en tout la somme de 9 livres, et estre dû pour le baptiment, suivant le priffait, 56 livres, en tout 65 livres..... » (fol. 188).

« 9 avril 1621... Proposé la patrouille avoir trouvé au bout du pont vingt-quatre hommes à cheval ou à pied des troupes de M. de Ribes et les avoir arrestés; depuis les consuls y avoir esté, et pris les noms de tous pour la conséquence, et par ce estre necessaire de délibérer. — Conclud que lettre sera présentement escripte à monseigneur de Chastillon pour lui en donner avis, et ce pendant faire entrer les dits hommes et les obliger à rester dans la ville jusques à ce qu'il en sera ordonné.

» Aussi a esté proposé mon dit seigneur de Chastillon avoir escript à cette ville pour le logement du sieur Dupilon. — Lecture faite des dites lettres, a esté conclud que mon dit seigneur sera remercié, et suivant icelles, le dit sieur Dupilon sera prié de desloger, sans qu'il lui soit permis de sortir aucuns habitants ni armes avant que la troupe de la ville soit faite, et qu'il ne logera pas dans la viguerie.

» Que visite sera faite des armes et munitions par les consuls nouveaux et vieux, les capitaines des quartiers, de Lafarelle, Duplan, Combel, Robert vieux, Pelisson, Pierre Pierredon, Paulet et Désorières, et après procéder à la taxe et contraindre chacun à y satisfaire » (fol. 284 verso).

La réponse de Châtillon ne se fit pas attendre. 10 avril 1821. « Proposé les lettres de monseigneur de Chastillon, l'une touchant la saisie ou arrestation faite des gens du sieur de Ribes, et l'autre contenant mandement de faire partir la troupe destinée au capitaine Portal, et l'exemption qu'il a plu donner pour cette viguerie, et que nonobstant le sieur Pauc est logé avec sa compagnie à Saint-Sébastien. — Conclud que le sieur consul Lavernye et le consul de La Salle iront à Saint-Sébastien signifier l'exemption au dit sieur Pauc, pour les faire desloger, avec intimation que en cas il ne se deslogera, on lui courra sus, et s'informer des traitements faits aux habitans. Et pour le surplus, qu'il y sera satisfait » (fol. 285 recto).

Le départ du capitaine Portal ne s'effectuait pas. Quelques jours après, il est demandé par une autre missive du consul M. de la Garde, qui se trouvait auprès de Châtillon. « 13 avril 1621... Proposé la lettre de M. de La Garde, consul, tendant à faire marcher la compagnie accordée au capitaine Portal, ensemble des munitions de guerre et vivres. — Conclud qu'il sera fait toute la diligence possible pour la faire partir. Deppute, pour assister aux consuls : MM. de Lafarelle, Désorrières et Combes [1] » (fol. 285 recto).

Le même jour, 13 avril, dans le temple, à l'issue du prêche : « Proposé diverses lettres avoir été reçues, mandant de réparer la montagne et autres endroits de la ville, et à ces fins avoir d'argent pour le fonds. — Conclud qu'il y sera promptement travaillé » (fol. 285 verso).

La séance était à peine levée que le Conseil fut de nouveau convoqué. « Du même jour, dans la maison de ville, proposé que le capitaine Portal n'a encore sa troupe prette ; lui défaillir des armes et de l'argent, et par ce estre nécessaire d'y délibérer, la plupart des lieux de la viguerie n'y vouloir tremper. — Conclud que la ville fera ce que se montera sa cottité

[1] Afin d'activer le départ de la compagnie du capitaine Portal, les consuls, obligés de pourvoir à toutes les dépenses nécessitées par cet armement, contractèrent un nouvel emprunt..... « 1621, 17 avril. Les consuls d'Anduze et depputés de la viguerie, MM......, suivant le pouvoir à eux donné par le conseil viguérial, ont dit et confessé devoir au sieur Pierre Malachane, marchand drapier d'Anduze, la somme de 800 livres, pour employer au payement des soldats de la compagnie faite pour la viguerie, et à l'achat de munitions, bled ou farine désignés à la susdite délibération, nécessaire à l'entretenement de l'armée dressée pour le secours des Églises du Vivarais, laquelle somme ils ont promis rendre d'aujourd'hui en un an. » (P. Pelet, année 1621, fol. 211.)

d'hommes armés et munitions, et que l'on pressera la viguerie de faire le reste» (fol. 286 verso.).

Nouvelle convocation le même jour. « Sur le soir, proposé la lettre de monseigneur de Chastillon, mandant de porter 400 et tant de livres qui sont dues du reste de sa dépense ou de sa suite, à condition de se faire rembourser sur la viguerie. — Conclud que le dit seigneur sera supplié de trouver bon que ceste ville ne fasse ceste avance, et nous en décharger.

» Aussi a esté proposé que, suivant la délibération de ce jourd'hui, ils auroient fait toute diligence de trouver d'armes pour la compagnie ordonnée au capitaine Portal. — Conclud que par les consuls seront baillés le nombre de mosquets et piques qu'il leur sera possible, en fesant charger d'icelle les trois chefs » (fol. 286 recto).

M. de Chatillon ne se bornait pas à écrire des lettres. Il envoya l'un de ses lieutenants à Anduze. « 21 avril 1621. Proposé le sieur de Tortolon estre en ville avec une lettre de monseigneur de Chastillon dressante à cette compagnie, contenant créance. Le dit sieur de Tortolon venu et ouy, et lecture faite de la lettre, conclud qu'elle fera tout ce qui sera de son pouvoir à l'exécution de son commandement...

» Aussi a esté proposé le sieur Puechlagié avoir déjà arresté plusieurs habitants pour le suivre; qu'il entend avoir part aux logis, aux dépens de la ville et viguerie. — Conclud qu'il n'en sera rien payé, ni permis la sortie que à ceux qui ne seront nécessaires; que, suivant les avis, on taschera de se pourvoir de munitions de guerre et continuer les réparations. »

Pour faire face à toutes ces dépenses, beaucoup d'argent était nécessaire, et la communauté en manquait complètement. Aussi « fut-il proposé le même jour, le conseil général étant assemblé dans le temple, à l'issue du prêche, qu'il étoit nécessaire d'imposer pour payer la somme de 1182 livres 15 sols que se montoient les deniers royaux et pour les dettes et affaires de la ville. — Il fut conclud qu'il seroit imposé 15 sols pour chacune livre de présage, à condition que seroit fait bon menage, que les priffaits seroient baillés aux enchères et non autrement. »

Une telle imposition votée par le Conseil, qui doublait presque les charges ordinaires des habitants, donne la mesure de l'insuffisance des ressources financières de la ville; elle fait comprendre en même temps la proposition suivante et la décision qui en fut la suite.... « Même jour (21 avril), a esté proposé plusieurs habitans se plaindre de la dépense que fait la ville se trouvant surchargée, et jusqu'à ce qu'on en sera soulagé se réduire à un seul pasteur, eu égard aussi que la subvention cesse, et que on ne peut l'espérer [1]. — Conclud que

[1] Pour que nos lecteurs sachent quelle est la subvention dont il est ici question, nous devons leur rappeler qu'à l'époque où l'Édit de Nantes fut promulgué, le roi Henri IV accorda également aux réformés, par un brevet particulier, à la date du 30 avril 1598, « la somme de 45,000 escus, pour employer à certaines affaires secretes qui les concernent et que Sa Majesté ne veut être spécifiés ni déclarés... » Il était entendu que cet argent serait consacré à subventionner les académies, les colléges et les églises. Les synodes nationaux étaient chargés d'en faire la répartition. Celui de Montpellier, tenu en 1598, fit le premier partage. Il arrêta à 52 écus 37 sols 6 deniers la portion qui revenait à chaque Église. (Voyez Aymon, tom. I, pag. 226.) Cette subvention royale fut continuée jusqu'à la fin de l'année 1620, et même, en cette année, elle avait été considérablement augmentée, puisque le synode d'Alais eut à distribuer 225,000 livres. Sur cette somme, il revint à la province des Cévennes 16,409 livres 19 sols, dont 400 pour le collége d'Anduze. La crainte des habitants de cette ville n'était pas fondée à l'endroit de la suppression de la subvention royale; car le synode de Charenton, tenu en 1623, eut encore à répartir la somme de 225,000 livres. La même distribution se fit au synode de Castres en 1626, mais ce fut la dernière.

par les consuls, assistés du sieur Charles Cahous, Jean de Recolin et M. Jean de Sostelle, le consistoire sera prié de procurer la décharge de l'Eglise pour certain temps du ministère de l'un des pasteurs, si mieux les deux ne veulent se contenter de 500 livres chacun, et de 30 livres pour la maison. De quoi ils seront priés au nom de la communauté, et le tout par les voies civiles et douces » (fol. 287 recto).

Les pasteurs souscrivirent sans hésiter à cette diminution de leurs modiques honoraires. Au reste, la mesure qui les atteignait était impérieusement commandée par les circonstances présentes. Nous avons la preuve de l'extrême pénurie dans laquelle la ville d'Anduze se trouvait, par la délibération que nous allons transcrire : « 25 avril. M. Lavernye, consul, rendant raison de son voyage, a dit que le sieur de La Garde, premier consul, avoit emprunté pour ceste ville et viguerie cent escus, à UNE PISTOLE DE CHANGE PAR MOIS, et a dit la réponse de Monseigneur de Chastillon sur sa depputation vers lui. — Conclud que la viguerie s'assemblera et delibérera sur le tout » (fol. 289 recto).

Trente pour cent par mois ! voilà le taux usuraire auquel la ville et la viguerie d'Anduze se voyaient condamnées ! Elles s'y résignaient néanmoins ; car avant tout, plus que jamais, il était urgent de continuer les préparatifs de défense. Mais pourquoi cet armement qu'il fallait poursuivre à tout prix ? C'est que Louis XIII avait déjà quitté sa capitale dans l'intention bien connue d'aller « châtier les huguenots ». En effet, le 29 avril, le fils de Henri IV publia à Fontainebleau une déclaration dans laquelle il expliquait les raisons de son entrée en campagne, et il partit immédiatement à la tête d'une armée considérable pour aller attaquer et combattre le parti protestant.

CHAPITRE II

ANDUZE PENDANT LA PREMIÈRE GUERRE DE RELIGION SOUS LOUIS XIII.
(29 avril 1621. — 18 octobre 1622.)

SOMMAIRE.

Réflexions au sujet de la guerre entreprise par Louis XIII contre les protestants. — Entrée en campagne de l'armée royale ; — ses premiers succès. — Anduze prend ses mesures pour se défendre. — Secours envoyés à Nimes pour le siége de Margüerittes. — Impression produite par la nouvelle de la prise de Saint-Jean-d'Angély. — Siége de Montauban. — Secours envoyés à cette ville par les Cévennes ; — secours fournis par Anduze à Uzès, Saint-Hippolyte, aux Vans. — Approvisionnements de bouche. — Projet de fabriquer deux canons. — Le commandement est retiré à Châtillon. — Envoi de deux députés à Nimes pour y pacifier les esprits ; — secours envoyés à Salavas. — Rohan appelé au commandement en chef du Cercle. — Il vient à Anduze, il prononce une harangue en présence des habitants, et il les fait jurer de lui rester fidèles. — Les travaux de défense sont poussés avec activité. — Arrestation d'un gentilhomme du Dauphiné. — Siége du château de Montlaur. — Le coulage des canons ne réussit pas. — Impositions extraordinaires ; — secours en argent accordé à la ville de Montauban menacée d'un nouveau siége. — Création d'une maison de santé pour les soldats malades et blessés. — L'opération du coulage des canons est confiée à un autre fondeur. — Le tracé des fortifications est repris. — L'armée du roi s'approche de Montpellier et prend quelques places dans le voisinage de cette ville. — Siége de Montpellier. — Anduze devient le lieu de concentration des troupes de Rohan. Après la prise de Sommières, Anduze s'attend à être attaquée, et se dispose à la défense. — Paix de Montpellier.

I.

Louis XIII partit donc de Fontainebleau à la tête d'une armée considérable. Le 29 avril, il entra en campagne pour aller attaquer les protestants dans leurs forteresses, et les obliger à les démolir de leurs mains. La conduite de ce roi présente en ce moment un spectacle étrange qui provoque de pénibles réflexions. Les places de sûreté dont il fera le siége sont entre les mains des réformés en vertu d'édits solennellement jurés.

Son père les a cédées à ses anciens coreligionnaires ; lui-même leur en a continué la possession, et maintenant il va les leur réclamer les armes à la main ! Les raisons alléguées pour sa justification sont connues. Les huguenots, dit-on, abrités derrière leurs murailles, du haut de leurs bastions, menaçaient l'institution monarchique. Cette accusation est fausse, nous l'avons déjà démontré. Mais, serait-elle aussi vraie qu'elle est mensongère, il faudrait en toute justice remonter à la cause qui aurait rendu les protestants hostiles à la royauté. Ils ne l'étaient pas certainement sous Henri IV, ce roi qu'ils avaient porté sur les marches du trône, et que, malgré son apostasie, ils ont tant regretté. Est-il possible à un esprit réfléchi d'admettre que, dans l'espace de dix ans, leurs principes politiques aient été complètement changés ? Non, ils ne peuvent pas être tels que leurs ennemis les représentent ; ou bien, s'ils sont les ennemis de l'institution monarchique, c'est que le gouvernement royal, par ses procédés vexatoires, les a rendus républicains. Mais ils ne le sont pas ! Ils constituent un parti qui donne de l'ombrage et qui suscite beaucoup d'embarras à la Cour, nous le reconnaissons sans peine ; mais la faute en est à celle-ci qui, par sa malveillance flagrante, les a jetés dans l'opposition. Que Louis XIII se conduise envers eux comme son père se conduisit, et il ne les trouvera plus dans les rangs des factieux. La situation des protestants, depuis Henri IV, est des plus malheureuses ; on les harcèle, on les obsède. A force d'injustices, de menaces, on les rend soupçonneux, impatients ; et quand on les a contraints à se mettre sur la défensive, on va les désarmer, les châtier comme des rebelles coupables du crime de lèse-majesté ! De sorte que sous Louis XIII, ce dicton vulgaire leur est parfaitement applicable : Si tu avances, je te tue ;

si tu recules, tu es mort. On nous répond : Louis XIII, en prenant les armes contre eux, ne veut pas les tuer comme Église, mais comme parti. Il se propose de renverser leurs places-fortes, mais non leurs temples ; d'enclouer leurs canons ; de briser leurs mousquets, mais non de brûler leurs bibles et leurs psautiers ; d'interdire leurs assemblées politiques, mais non leurs assemblées religieuses ; de leur retirer leurs chefs militaires, mais non de proscrire leurs pasteurs. Très-bien ! ce programme nous est connu, et la justice nous fait un devoir de déclarer que Louis XIII lui resta fidèle [1]. Mais si le monarque était de bonne foi, en indiquant ainsi le but de son entrée en campagne, il ne faisait pas certainement preuve d'une grande clairvoyance. Il ne s'apercevait pas que dépouiller les protestants de leurs places-fortes, interdire leurs assemblées politiques, c'était les livrer pieds et poings liés à leurs rancuneux ennemis ! Il ne comprenait pas qu'il prêtait les mains au clergé catholique, acharné contre la religion réformée, en ce moment surtout que celui-ci se sentait fort de l'appui des grands avec lesquels il s'était réconcilié, fort des violences populaires qu'il savait soulever ! Louis XIII ne voyait donc pas que si le clergé lui donnait son argent, c'était non pas en vue de la destruction d'un parti politique, mais bien pour amener la ruine de l'Église réformée [2] !

---

[1] Benoît le reconnaît. « Dans tout le cours de la guerre, dit-il, on ne fit que crier qu'on n'en vouloit qu'aux rebelles ; qu'on garderoit les édits en faveur des autres ; qu'on ne pensoit à rien moins qu'à détruire la religion. C'étoit ce qu'on faisoit écrire hors du royaume, ce qu'on faisoit dire par tous les pensionnaires de la cour, ce qu'on publioit dans toutes les déclarations » (tom. II, pag. 340).

[2] Benoît a signalé avant nous l'influence que le clergé, dans cette circonstance, exerça sur les déterminations du monarque : « Le clergé de France, dit-il, ignorant et corrompu, croyoit tout son devoir compris

Ce que le roi ne pressentait pas, les protestants l'entrevoyaient avec effroi. De là leurs alarmes, leurs colères et leur résolution de se défendre à outrance. Anduze nous en donne la preuve. Voilà une petite ville qui ne demande qu'à rester tranquille sous l'obéissance du roi ; elle a tout à perdre si la guerre recommence, car elle vit uniquement de son commerce et de son industrie ; elle possède des foires, des marchés qui la font subsister ; elle est pauvre, criblée de dettes ;... et cependant elle est résolue à soutenir la lutte contre son monarque. Toutes les populations protestantes se trouvent dans les mêmes conditions et sont décidées à tenir tête à Louis XIII. C'est que toutes sont placées sous l'empire de cette idée, malheureusement trop vraie, que la perte de leurs places de sûreté entraînera la destruction de leurs temples, l'expulsion de leurs ministres, la ruine de leur religion. Hélas ! Louis XIV se chargea de réaliser leurs tristes pressentiments. Pendant quarante ans, il les harcèle, il les dépouille peu à peu, il cherche à les corrompre par les faveurs, il les foule par les dragons, il les attaque dans leurs croyances par des nuées de convertisseurs, et enfin, en révoquant l'Édit de Nantes, il déclare que dans ses États la religion réformée a cessé d'exister. Mais en consentant à jouer, au profit du clergé

dans l'extirpation des hérétiques, et même offroit de grandes sommes à condition qu'on les employât à cette guerre. Le pape, qui sait persuader aux princes qu'ils sont obligés de sacrifier le repos de leurs états à sa grandeur, et qui fait toujours ses affaires aux dépens d'autrui, appuyoit cet avis de toute son autorité... Il se trouvoit encore deux avis sur le degré où on apporteroit la ruine des réformés. Les uns disoient qu'il n'en falloit pas faire à deux fois, qu'il falloit exterminer et l'hérésie et les hérétiques, et imiter à peu près Charles IX, qui n'avoit consenti au massacre de 1572 qu'à la condition qu'on ne laissât échapper personne qui pût le lui reprocher. Le pape étoit de cet avis, appuyé encore des cardinaux, du clergé et des jésuites. Le pape offroit, à cette condition, de contribuer pour deux cent mille écus » (tom. II, pag. 337).

catholique, le rôle d'exécuteur des hautes œuvres contre les protestants, Louis XIV devait ternir sa gloire devant l'histoire, ruiner la France par l'émigration des protestants, préparer la chute de sa race et amener la révolution de 89[1]. Tout cela inquiétait fort peu Louis XIII, qui, du reste, était bien loin de le prévoir. Peu lui importait ce que deviendrait le calvinisme en France après la démolition de ses places-fortes; il n'avait qu'un seul désir: celui de détruire le parti huguenot. Ce but atteint, il ne regardait pas au-delà.

II.

Louis XIII partit, et le jour où il entra en campagne, il publia sa fameuse déclaration dans laquelle il faisait retomber la responsabilité de sa prise d'armes sur le refus de l'assemblée de La Rochelle, qui s'était obstinée à rester en permanence malgré ses ordres formels. L'assemblée répondit avec déférence, mais avec fermeté. Son manifeste ne fit qu'augmenter le mécontentement du monarque. Les vaisseaux étaient brûlés des deux côtés, mais les chances n'étaient pas égales. Jamais le

---

[1] Nous ne sommes pas les seuls à prétendre que Louis XIV, continuant contre les protestants l'œuvre de destruction commencée par son père, a creusé le tombeau de sa dynastie en préparant la révolution de 89. Tous les écrivains sérieux et dégagés de préjugés proclament ce grand témoignage de l'histoire. Dans le numéro du 16 mars du journal *le Siècle*, rendant compte de l'ouvrage récent de M. Baudry, intitulé: *Mémoires de l'intendant Foucault*, M. B. Hauréau s'écrie, saisi d'indignation à la lecture des horreurs commises contre les protestants par ordre du grand roi: « Quand le gladiateur épuisé tombe sur l'arène et meurt aux applaudissements du César satisfait, le poète s'écrie: *Levez-vous, peuples de la Germanie!* et il invoque la main tardive de la vengeance. Peuples du Béarn, du Poitou, de tant d'autres provinces dévastées par le même crime, levez-vous et formez la grande armée des volontaires de 1789 ! Qu'elle s'appelle encore Attila, cette vengeance: tous les châtiments ont été mérités !

Seconde édition.

parti protestant n'avait été en aussi grand péril. L'armée royale s'élevait à 40,000 hommes de pied et 8,000 cavaliers. Elle était pourvue de subsides abondants et assurés [1]. Dans ses rangs elle voyait la fleur de la noblesse française ; à sa tête, le roi et les premiers généraux du royaume. Elle pouvait compter à l'avance, parmi les réformés, sur de nombreuses défections préparées par les faveurs promises, et acceptées à l'avance par la cupidité. Le plan de campagne au succès duquel elle allait concourir était parfaitement conçu. Tandis qu'elle irait investir les principales places-fortes des protestants, des chefs expérimentés iraient manœuvrer dans les provinces où les réformés étaient en nombre. D'Épernon tiendrait en échec La Rochelle ; Mayenne contiendrait la Guyenne ; Montmorency devait guerroyer dans le Bas-Languedoc. Et pendant que le monarque allait poursuivre son plan de campagne, disposant de toutes les ressources de son royaume, les protestants étaient disséminés dans leurs places de sûreté, divisés par la discorde, minés par la corruption, abandonnés par les grands seigneurs de leur parti [2].

Dans de telles conditions, leur ruine semblait inévitable. Les débuts de la guerre tournèrent tous à leur désavantage. Après avoir enlevé frauduleusement [3] à Duplessis-Mornay le

---

[1] « Le rétablissement de la paulette, l'aliénation de 400,000 livres de rentes sur la gabelle, fournirent au roi des ressources bientôt accrues par les dons du clergé, qui, dans une assemblée tenue en juin, vote trois millions pour le siége de La Rochelle. » (H. Martin, tom. XI, pag. 172.)

[2] Le duc de Bouillon ne voulut pas accepter le commandement en chef ; Lesdiguières non-seulement refusa de se mettre à la tête des armées protestantes, mais il alla joindre celle du roi, et bientôt se convertit au catholicisme. Châtillon se disposait à se vendre à la Cour, ce qu'il fit pendant le siége de Montpellier.

[3] « Luynes fit dire à Mornay, au nom du roi, que Louis XIII voulait seulement traverser Saumur, et que l'on ne toucherait point au gouvernement de la place : Mornay ouvrit les portes de la ville et du château.

commandement de la ville de Saumur, Louis XIII traversa dans trois mois le Poitou, la Saintonge et la Guyenne. Les gouverneurs des places de sûreté venaient au-devant de lui, impatients de recevoir les récompenses considérables promises à leur défection. C'était à qui lui ferait le plus vite sa soumission. Deux villes seulement lui résistèrent : Saint-Jean d'Angély et Clairac. Elles furent assiégées, et forcées à se rendre. Enivré de ses succès, Louis XIII arriva devant Montauban le 12 août 1621, et ordonna tout aussitôt d'investir et d'attaquer la place.

III.

Durant les trois mois que Louis XIII passa dans les provinces de l'Ouest, occupé à recevoir les clefs des places-fortes et à en faire démolir les murailles, les protestants et les catholiques du Bas-Languedoc étaient partout sous les armes, recommençant cette triste guerre d'attaques et de surprises à laquelle ils s'étaient livrés sous les derniers Valois (Charles IX et Henri III), et dont ils semblaient s'être déshabitués depuis Henri IV. Châtillon et Montmorency, chacun à la tête d'une

Les gens du roi en prirent possession. La Cour sentit qu'il y aurait quelque danger à spolier brutalement un homme aussi universellement estimé et aussi irréprochable, que ce serait pousser au désespoir des protestants modérés. On fit entendre à Mornay qu'on lui accorderait tout, argent, honneurs, jusqu'au bâton de maréchal, en échange d'une démission. Il refusa : il se regardait comme comptable envers ses coreligionnaires de la place que Henri IV, encore roi de Navarre, lui avait confiée trente-deux ans auparavant. On prit un biais : le roi lui emprunta sa ville pour trois mois, avec promesse écrite de la lui rendre, ce terme expiré; le commandement provisoire fut confié au comte de Sault, petit-fils de Lesdiguières et protestant aussi équivoque que son aïeul, avec une garnison catholique. Les trois mois passés, on éluda la restitution sous toutes sortes de prétextes, jusqu'à sa mort, qui eut lieu deux ans après. » (Henri Martin, *id.*, pag. 174.)

armée de quelques mille hommes, allaient et venaient dans la province, se disputant de petites places, devant lesquelles ils mettaient successivement le siège. Châtillon, qui voulait se faire acheter par la Cour, se bornait à ordonner de petits mouvements de troupes, afin de calmer les soupçons des Églises, déjà portées à douter de sa fidélité.

Les événements qui se passaient auprès et au loin n'étaient pas de nature à faire naître le contentement au sein de la population cévenole. La ville d'Anduze surtout était fort peu satisfaite. L'assemblée du cercle siégeait dans ses murs lorsque le roi commença les hostilités. Malgré cette circonstance, qui devait raffermir les plus timides, l'assurance ne paraissait pas remplir les esprits. Dès les premiers jours du mois de mai, le Conseil redoubla de précautions. Il décida de faire murer les fenêtres du château (celui des Airebaudouze : tout nous porte à croire qu'à cette époque le seigneur d'Anduze était catholique). Il se plaignit de M. de Vibrac qui faisait fortifier sa maison, et il dénonça à M. de Châtillon le séjour trop prolongé à Saint-Ambroix de la compagnie du capitaine Portal, et du retard apporté dans la remise des armes des soldats anduziens.

« 6 mai 1621. Sur la proposition faite la compagnie du capitaine Portal estre à Saint-Ambroix, et les armes n'avoir esté rendues. — Conclud qu'il sera escrit à Monseigneur de Chastillon, pour le prier trouver bon que les armes soient rendues ou payées, et au Conseil de Saint-Ambroix de s'en obliger.

» Ordonne que les fenêtres du château seront murées» (fol. 289, verso).

« 13 mai 1621... A esté proposé de la part de la viguerie, plainte avoir été faite par depputés à monseigneur de Chastillon, et obtenu lettre dressante au Conseil de Saint-Ambroix et au capitaine Portal de payer ou s'obliger au payement des armes de sa compagnie, en exécution de ce les sieurs Conques et de Faisse s'être portés à Saint-Ambroix et conféré avec les consuls, ils auroient déclaré n'avoir argent pour les payer à présent, et escrit au capitaine Portal de venir pour y pourvoir.

»Ce dessus mis en délibération en la présence de M. Jean Calmel, consul de Saint-Jean, Pierre de Faisse et Jean Cabanis, consuls de Lasalle, Claude, consul de Ledignan, depputés de la viguerie; Pierre Linère, consul de Saint-André, David Marion, consul de Soudorgues.

»Suivant la pluralité des voix a esté conclud que : attendu que l'assemblée de la province est en ville et sur pied, que ladite compagnie demeurera en état jusqu'à ce que elle en aura ordonné, et cependant, suivant l'offre faite par le capitaine Portal, il baillera assurance des armes.

»La dite délibération donnée à entendre au dit capitaine Portal, il a acquiescé et offert s'obliger des armes sans condition.

»Aussi a esté proposé que le sieur de Vibrac fortifie sa maison. — Conclud que cette affaire sera portée au conseil de la province par les depputés, auxquels est aussi donnée charge de pourvoir à la restitution de l'argent des armes. Et en cas le dit conseil ne pourvoira à l'affaire de Vibrac que dès demain matin, l'un des consuls et les sieurs Coste et Calmel y iront» (fol. 290).

Les armes réclamées au capitaine Portal ne suffisaient pas au Conseil... En prévision d'un siége, ce qu'il fallait avant tout à la ville, c'étaient des canons; aussi fut-il décidé qu'on s'en procurerait.

« 19 mai 1621. A esté proposé plusieurs désirer estre faits deux canons en la présente ville pour s'opposer à ceux qui pourroient entreprendre de remuer et perturber le repos public; requis y estre délibéré, si l'on demandera assistance à l'assemblée ou à la viguerie, et pour les réparations. — Conclud que seront faits deux canons par la ville et viguerie » (fol. 291 verso).

IV.

Dans la même séance où la fabrication de deux canons était décidée, il fut donné avis que le receveur du diocèse avait envoyé un de ses subordonnés, dans le but de retirer le montant des deniers royaux imposés sur la ville... Demander de l'argent pour le roi, qui venait les combattre, c'était s'exposer à un mauvais accueil. Le Conseil ne manqua pas de le faire sentir... Ayant reçu avis « que le sieur receveur du diocèse avoit envoyé un commis en la présente ville qui leur auroit fait commander l'arrest pour le premier terme de cette année, et pour ce estre nécessaire d'y pourvoir. — Conclud que le dit commis sera prié s'en retourner » (fol. 291 verso).

La réponse était laconique et significative.

Le receveur du diocèse ne se tint pas pour satisfait. Il réitéra sa demande et la fit présenter par deux de ses agents, en l'accompagnant de formes comminatoires... Le Conseil persista dans ses premières résolutions... « 23 mai... a esté proposé que monsieur le receveur Bon auroit envoyé deux commis pour lever la quotité des tailles de cette ville et viguerie; et requis délibérer, vû le temps présent, s'il ne seroit à propos inhiber au sieur Combel, commis, se dessaisir des dits deniers. — Conclud que le dit sieur Combel ne se dessaisira pas des dits deniers qu'il a en ses mains, jusqu'à ce que la ville en ait plus amplement délibéré, et que le sieur premier consul ira à Montpellier pour voir avec M. de Chastillon et la conférence comment il faut se conduire à ce sujet » (fol. 292 verso).

M. de Chatillon fut d'avis de payer! « 27 mai 1621... Par le premier consul a esté proposé qu'il étoit de retour de Montpellier, qu'il avoit conféré avec M. de Chastillon, lequel auroit esté d'avis d'obéir et de payer » (fol. 293 recto). Donner un tel conseil à une ville ruinée, écrasée de dettes, au moment où elle se prépare à se défendre contre les armées du roi qui marchent contre elle, alors que la guerre va l'exposer à des dépenses énormes! Ce trait seul, à défaut de tout autre, suffirait pour justifier les reproches de trahison adressés à Châtillon et pour prouver qu'il cherchait à capter les faveurs de la Cour... La ville prit cet avis pour un ordre et se décida à laisser emporter les deniers royaux.

Et cependant elle était sans argent, puisque quatre jours avant l'un de ses consuls « avoit emprunté 300 livres pour faire vivre les troupes de la ville » (fol. 292 verso).

Nonobstant cette extrême pénurie, le Conseil, à la date de ce même jour, 23 mai, ayant été consulté sur l'opportunité de poursuivre les réparations, de faire les deux canons dont il avait été déjà question, et de refondre les cloches pour en faire de nouvelles, ne se laissa pas refroidir dans ses ardeurs belliqueuses et prit la décision suivante : « Conclud qu'il sera pourvu aux réparations par quatre hommes, qui verront s'il est nécessaire de nettoyer les fossés, l'un desquels sera de dehors la ville, et les trois autres de la ville, qui seront choisis par le conseil ordinaire, lesquels travailleront dans la ville sans espoir d'aucun frais; comme aussi tout ce qui se fera dans la ville pendant la guerre sera sans aucun frais; et pour les canons, qu'ils seront faits ensemble le despartement des cottités (aux frais de la viguerie, dans lesquels chaque lieu entrera pour sa quote-part), suivant la délibération de la viguerie, par les quatre consuls qui feront le règlement et controllement » (fol. 292 verso).

V.

Augmenter le nombre des canons, c'était agir sagement dans les conjonctures présentes, mais ce n'était pas suffisant. Les anciennes murailles de la ville étaient impuissantes à protéger les habitants contre l'artillerie que le roi traînait avec lui. Il fallait nécessairement, dans la perspective d'un siége prochain, que les travaux de [défense fussent considérablement augmentés. Le Conseil le comprit, et, voulant répondre aux exigences du moment, il invoqua les lumières d'un M. de Montredon, qui probablement était versé dans la science des fortifications. Celui-ci s'empressa de répondre à l'invitation du Conseil et se rendit à Anduze. Dès qu'il fut arrivé, le Conseil s'assembla et prit la délibération suivante : « 1er juin 1621... A esté proposé le sieur de Montredon estre venu suivant la lettre à lui escrite hier au soir, et ce matin avoir visité toutes les murailles et fossés de la ville, ensemble de Saint-Jullien, et s'estre porté à présent en ceste compagnie pour dire son avis, et pour ce estre nécessaire de délibérer.

» Ledit sieur de Montredon ouï au long, a esté conclud qu'il sera remercié de la peine qu'il a pu prendre et que ses avis seront reçus et exécutés, suivant la description qu'il en a faite, et donne charge aux consuls de le contenter » (fol. 293 verso).

Les travaux furent immédiatement commencés. Mais aux premiers coups de pioche, on ne sut pas la marche qu'il fallait suivre. Au milieu de la confusion, le Conseil recourut encore à M. de Montredon. « 3 juin 1621. Proposé qu'ayant commencé aujourd'hui travaillé à curer (nettoyer) les fossés, dès l'entrée se seroit trouvée une telle confusion qu'on auroit esté contraint de quitter, et par ce estre necessaire y pourvoir. — Conclud que le sieur de Montredon sera de rechef prié de venir en ceste ville pour donner son avis sur la conduite à suivre, et prescrire la forme des travaux au sieur Mazer et au sieur Gervais, qu'on mandera quérir, et que M. de Chantelouve assistera au travail du quartier bas en qualité de capitaine » (fol. 294 recto).

M. de Montredon revint dans Anduze. Il tira des plans, traça des lignes sur le terrain, donna les indications les plus précises, et les travaux purent être repris. « 4 juin 1621. A esté proposé que, suivant la charge à eux donnée, le sieur de Montredon auroit esté prié de venir en ville pour marquer les fortifications qu'il falloit faire, et dire de quel côté on commencera. — Conclud que son avis sera suivi et exécuté, et que l'on commencera par le bas et qu'un four à chaux sera fait » (fol. 294 recto).

Quelques jours après, les travaux furent encore suspendus et M. de Montredon rappelé. « 10 juin 1621. Proposé que, travaillant aux réparations, on se trouve empesché faute de conduite. — Conclud que le sieur de Montredon sera de rechef prié de venir conduire les fortifications avec les quatre consuls, sans que autre s'en mêle » (fol. 294 recto).

M. de Montredon revient une troisième fois à Anduze, mais cette fois pour y rester et prendre la direction des travaux. Maintenant tous les préparatifs de guerre marchent à la fois : le Conseil fait des approvisionnements de poudre, il donne à prix fait les constructions en maçonnerie, il répond aux demandes d'armes qui lui sont adressées. «14 juin. Le sieur Coste a dit savoir homme de ceste ville qui offre rendre dans icelle cent quintals poudre dans un mois, pourvu qu'il soit assuré qu'elle sera prinse (achetée pour le compte de la communauté), ne demandant autre chose que cette promesse. — Conclud qu'il sera donné assurance au dit personnage de prendre cette poudre.

»Décide également que le priffait pour la main-d'œuvre des murailles à faire aux fossés et autres endroits du tour de ceste ville, sera ce jourd'hui délivré aux enchères à ceux qui feront la condition meilleure. »

« Proposé que le capitaine Brueys avoir envoyé dans ceste ville quarante piques pour les faire ferrer, et acheter trente mousquets sous la promesse qui lui auroit esté faite de lui en permettre la sortie, requerant l'effet de la promesse, assurant que, quoique le capitaine Calmel, son lieutenant, eut été de contraire religion, il est sur le point de se remettre (changer de religion), en assurant la compagnie. — Conclud, après avoir ouï le capitaine Brueys, que la sortie lui sera permise » (fol. 294 verso).

Quoique placés sous la direction de M. de Montredon, les travaux ne marchaient pas probablement au gré du Conseil; car, ayant reçu avis que deux lieutenants de M. de Châtillon étaient envoyés dans les diverses places-fortes de la province pour faire l'inspection de leurs moyens de défense, on s'empressa d'inviter ces deux députés de commencer leur tournée par Anduze. « 23 juin 1621. A esté proposé M. de Chastillon avoir donné commission à MM. de Montredon et Tourtoulon de visiter les villes, chateaux et autres places de cette province et pourvoir à leur sureté; et oultre ce, mandat de bailler à iceux par avance, à chacun, trente escus; et oultre ce, l'assemblée tenant en ceste ville avoir ajouté à iceux les sieurs Jantel et Bourguet, et parce estre nécessaire de délibérer. — Conclud; lecture faite des dites lettres portant mandat et de la commission, que les dits sieurs seroient priés de commencer la visite par ceste ville, et pour le paiement, l'assemblée sera requise y pourvoir, et à défaut d'icelle que ladite dépense sera payée » (fol. 295 recto).

VI.

Sur ces entrefaites, une demande de secours arrive de Nimes. Que se passait-il du côté de cette ville qui l'obligeât de recourir à l'assistance d'Anduze? — La prise de Margueritles par le duc de Montmorency. Celui-ci se tenait du côté du Rhône, où il formait son armée. Quand il eut réuni 700 hommes de cavalerie et 5,000 hommes d'infanterie, il s'avança vers Margueritles, en fit le siège et s'en empara le 1er juillet. La perte de cette place contraria vivement les protestants de Nimes, car Margueritles leur permettait de communiquer librement avec le Rhône. Pour la garder, Châtillon y avait mis quatre compagnies, à la subsistance desquelles les protestants de Nimes s'étaient engagés de pourvoir. Ils résolurent donc de la reprendre, et, comme Montmorency s'y était établi avec toutes ses forces, ils ne pouvaient le déloger qu'en lui opposant un grand nombre de soldats. Ils demandèrent donc du secours à toutes les villes du voisinage, entre autres à Anduze. «2 juillet 1621. Proposé que messieurs de Nimes *par trois divers messages* demandent secours, étant nécessaire y pourvoir promptement. — Conclud qu'il sera tâché d'y envoyer 200 hommes en deux troupes conduites par les sieurs Brunel et Blattiés, et qu'il leur sera baillé des munitions » (fol. 295 verso).

Les consuls se mirent immédiatement en devoir de former ces deux troupes; mais ils rencontrèrent des difficultés de la part des capitaines Brunel et Blattiès. Tandis qu'ils cherchaient à vaincre leurs refus, arrive un nouveau message de Nimes, le lendemain 3 juillet. « Proposé que, autre messager de Nismes étant venu de recharge, les capitaines eslus auroient refusé de marcher, quoiqu'ils en aient été priés de la part de la ville et de l'assemblée de la province, qui leur auroient offert à chacun cent écus. — Conclud que les volontaires sont priés de partir, et leur sera baillé des munitions, et ils seront conduits par le consul Lavernye, assisté des capitaines Raynaud et Teissier, les dites munitions controllées par MM. Paulet et Portal. »(*Id.*)

Les volontaires partirent immédiatement; mais à peine étaient-ils arrivés à Nimes, que les capitaines Brunel et Blattiès, revenant sur leurs premiers refus, offrirent d'aller les joindre avec leurs compagnies, se bornant à demander que la ville leur fournît des munitions.

Ces offres furent communiquées au Conseil, qui prit la résolution suivante : — «Conclud que sans conséquence leur sera baillé de poudre pour remplir leur bandolière, réglé à vingt-cinq livres pour chaque compagnie, et à proportion de mèches et plomb, à condition que par les consuls sera procuré le paiement sur la province et deniers les plus liquides, à peine des dernières charges » (fol. 296 recto).

Le secours envoyé par Anduze était donc deux fois plus considérable que celui qui avait été projeté. Que faire donc des volontaires partis les premiers, lorsque les capitaines Brunel et Blattiès arrivèrent devant Margueritles avec leurs soldats? Le consul Lavernye, auquel la conduite des volontaires avait été confiée, ne sachant s'il devait les retenir ou les ramener, consulta le Conseil. « 9 juillet 1621. A esté proposé la lettre du sieur consul Lavernye touchant la compagnie des volontaires. Qu'est-ce qu'il doit faire? — Conclud qu'il sera écrit au dit sieur consul de venir et laisser la dite compagnie aux capitaines Raynaud et Teissier, pour se ranger avec ceux qui voudront suivre à l'un des régiments de la province, sans toutesfois en pouvoir retenir aucun par force, se réservant la dite ville le droit de rappeler la dite troupe quand bon lui semblera » (fol. 296 recto).

Que devinrent tous ces soldats? Nous l'ignorons, et peu nous importe. Nous savons seulement que, le 10 juillet, Marguerittes tomba entre les mains des protestants. Aussitôt ceux-ci en rasèrent les fortifications, afin que les ennemis n'essayassent pas de nouveau de s'en emparer.

Ces envois de troupes n'empêchaient pas le Conseil de s'occuper de la refonte des cloches, affaire qui avait bien son importance dans les conjonctures présentes : « 4 juillet 1621. Sur la proposition de faire refondre les cloches, d'après une délibération précédente (à la date du 8 juin), conclud que les dites cloches seront fondues par Antoine de Vefve, et qu'il en sera payé pour la façon, comme lorsque M. Paulet étoit en charge de consul, et sera tenu le dit de Vefve en faire d'une deux, les avoir faites dans quinze jours, et après assister à monter l'une d'elles à Saint-Julien; et pour voir fondre la matière ont esté depputés MM. de la Farelle, André, Paulet et Mouchet » (fol. 295 verso).

De tels préparatifs n'étaient pas de nature à donner un air riant à la ville d'Anduze. Au contraire, elle avait pris l'aspect lugubre et menaçant que présentent les places-fortes. Presque toutes les portes de la ville avaient été murées. Au-devant de chacune d'elles, des ponts-levis étaient établis et restaient continuellement levés. A l'intérieur, des corps de garde remplis d'hommes armés. C'était le soir surtout que les soldats y veillaient.... Un délégué du consistoire venait régulièrement y faire la prière. Usage digne d'éloge, qui montre de quelle piété nos pères étaient animés [1]. Une seule porte était restée ouverte, mais sous bonne garde. Cependant, comme il fallait l'ouvrir et la fermer continuellement, et que les soldats du poste ne se montraient pas disposés à remplir cet office de guichetier, il fut décidé, le 9 juillet, de le donner à un homme qui en accepterait la charge. « Proposé de mettre un homme à la porte pour la garde d'icelle, ouvrir, fermer, et y demeurer d'ordinaire, outré la garde des habitans, pour le jour. — Conclud que Michel Cabot y sera mis, à 10 livres le mois, pour la garde d'icelle porte » (fol. 296 verso).

Quinze jours après cette décision, la nouvelle de la prise de Saint-Jean d'Angély arriva dans Anduze (la capitulation de cette ville avait eu lieu le 25 juin). Stupeur générale. La ville de Saint-Jean d'Angély, considérée comme le boulevard de La Rochelle, dont le vaillant Soubise était le gouverneur! Saint-Jean d'Angély qui renfermait plusieurs milliers de soldats aguerris, autour de laquelle Rohan avait fait élever tous les travaux de défense jugés capables de lui faire soutenir le plus long siége! Quel échec pour la cause protestante! Et non-seulement la ville avait

---

[1] Nous en avons la preuve dans la délibération suivante : « 13 mai 1621. Aussi a esté proposé M. Jean Valni, regent de la première classe du collége de ceste ville, qui n'a plus de gages que celui de la seconde, fait tous les soirs la prière aux corps de garde de la ronde; le Consistoire avoir requis la ville lui vouloir donner la rente de la chambre de la maison consulaire qui est vacante. — Conclud que la dite chambre lui sera baillée sans condition de payement, pour le temps que bon semblera à la ville » (fol. 291 recto).

été prise, disaient-ils, mais les habitants avaient reçu de l'armée royale les plus horribles traitements. Le roi, ajoutait-on encore, poursuivait sa marche, et s'avançait toujours vers le Midi. Ces nouvelles semblaient devoir jeter les Anduziens dans le découragement. Ce fut le contraire. Après les premiers moments de regrets, elles contribuèrent à activer avec plus d'ardeur leurs préparatifs de défense. « 21 juillet 1621. Proposé la reddition de Saint-Jean d'Angély, l'approche des armées, le mauvais traitement fait aux habitants, l'incertitude des réparations. — Conclud que les réparations seront continuées, et d'avoir des munitions de guerre ; pour faire du salpetre, toutes les caves ouvertes, et qu'on mandera quérir le sieur d'Argencourt, et à ces fins deppute le sieur Lavernye ; — et qu'il sera dressé une boutique pour faire la poudre dans la salle basse de la présente maison, et depppute pour y veiller les sieurs Olivier, Brunel, Paulet et Mouchet. »

Honneur à vous, membres du Conseil de ville ! vos paroles sont brèves et vos décisions héroïques. J'admire votre laconisme et votre fermeté. Les revers de vos frères ne vous découragent pas. Plus les circonstances deviennent critiques, et plus vous êtes résolus à vous défendre à tout prix. Encore une fois, honneur à vous !

VII.

Après la prise de Saint-Jean d'Angély, la ville de Clairac avait seule osé fermer ses portes à Louis XIII ; mais elle avait été assiégée et forcée de capituler[1]. Le roi, ne rencontrant

---

[1] Le jour même de cette capitulation, Louis XIII écrivait entre autres ce qui suit au duc de Brissac. ..... « Les habitants de Clairac se sont rendus aujourd'hui même à discrétion, de sorte que j'en ferai punir quelques-uns des plus mutins ; mais je ferai grâce à tous de leurs biens et les exempterai du pillage, à condition qu'ils paieront 150,000 livres

plus de résistance, arriva devant Montauban. Ici la fortune de la guerre, qui lui avait souri depuis le commencement de la campagne, commença à lui devenir contraire. Son armée, loin d'avoir été entamée, avait, au contraire, reçu de nombreux renforts[1]. Ses munitions de guerre étaient abondantes, ses généraux étaient habiles et expérimentés, il possédait même des intelligences nombreuses dans la place; mais il se trouvait devant une ville considérable, dont l'enceinte, d'une grande étendue, était flanquée de puissants bastions; il y avait là une

(à peu près un million de notre monnaie) pour être distribués à mon infanterie...... » Et quels étaient ces plus mutins que, dans sa mansuétude, le monarque vainqueur se contentait de punir? Capefigue va nous l'apprendre. « Il y eut quatre chefs de calvinistes pendus; ils étaient choisis dans toutes les classes : un conseiller au parlement, du nom de Lafargue; puis son fils, ministre de Duras; un consul même fut élevé au poteau tout chaperonné, en haine de la dignité qu'il avait exercée; enfin un brave et courageux cordonnier qui avait soutenu le siége comme sergent-major, durant l'attaque des troupes royales, fut mis aussi à la potence. » (Capefigue; Richelieu, Mazarin, etc., tom. III, pag. 236.)

[1] La province des Cévennes, sans compter le nombre d'hommes qu'elle accorda au duc de Rohan, s'imposa, pour le secours de Montauban, la somme de 3,900 livres. Nous en avons la preuve dans la décharge suivante :

« 1622, 1er septembre. Sieur Jaques Bronzet, marchand de la ville de Sauve, procureur spécialement fondé de M. Pierre Peyronence, receveur des gages de MM. de la Cour des aides de Montpellier, acte retenu par maître Jaques Disclaris, notaire du dit Sauve, le 12 mars dernier, lequel a dit avoir reçu de MM. Jean Combel et Jean Pascal la somme de 3,900 livres, savoir : ci-devant au dit sieur Peyronence, sous un sien reçu, 1,200 livres, et les 2,700 livres du présent faisant le parfait de la dite somme pour paiement entier de semblable somme de 3,900 livres, dues au dit sieur Peyronence par la dite province, par obligation reçue par M. Jacques Barnier, notaire de Saint-Hippolyte, le 12me août 1621, qu'ils auroient été chargés de payer par l'estat de l'imposition faite pour le secours de Montauban, par commission de monseigneur de Chastillon, lors général des Églises, de laquelle somme de 3,900 livres, content et bien satisfait, a quicté les dits receveurs et la province..... » (fol. 380).

bourgeoisie résolue qui fournissait plus de 2,000 hommes toujours sous les armes, une garnison de 3,000 à 4,000 hommes, l'énergique Dupuy, premier consul, des ministres de l'Évangile (entre autres Chamier) dont la parole enflammée entretenait l'enthousiasme dans tous les rangs de la population. Le siège de Montauban dura plus de trois mois (depuis le 12 août jusqu'au 16 novembre). De part et d'autre, la science militaire et le courage déployèrent des prodiges. Les assiégeants livrèrent plusieurs assauts, tirèrent des milliers de coups de canon; mais leurs efforts vinrent se briser contre l'énergie et le courage des assiégés. Le roi, voyant que son armée était décimée par les maladies aussi bien que par les coups des défenseurs de la ville, donna le signal de la retraite après avoir perdu plus de 6,000 hommes.

Le duc de Rohan, nommé par l'assemblée de La Rochelle général de la Haute-Guyenne et du Haut-Languedoc, avait Montauban dans son gouvernement. Persuadé à l'avance que cette ville serait assiégée, il n'avait pas attendu l'arrivée de l'armée royale; il confia à l'un de ses lieutenants le commandement militaire de Montauban, et il courut chercher du renfort dans le Bas-Languedoc et dans les Cévennes. Il demandait 4,000 hommes. Au lieu de l'aider, Châtillon chercha sous main à le contrarier. Ce général se plaignit même des atteintes que Rohan portait à son autorité, en venant enrôler des recrues dans son gouvernement. Rohan répondit fermement: « que le moyen de le chasser des Cévennes étoit de ne pas s'opposer au secours qu'il demandoit, mais que pour l'avoir il choqueroit toutes choses ». Il passa outre, en effet, aux reproches de Châtillon; il convoqua une assemblée des Églises de la contrée à Saint-Hippolyte, et là il obtint tout ce qu'il demandait. Nîmes lui

Seconde édition.

donna un régiment de 750 hommes et la somme de 2,950 livres; les autres Églises se montrèrent également généreuses.

Quel fut le contingent fourni par Anduze? Nous voudrions le faire connaître, mais les registres de l'Hôtel-de-Ville où nous puisons nos renseignements sont, à ce sujet, d'un mutisme désespérant. Nous savons seulement que Rohan, à cette époque, s'arrêta dans notre ville. Pendant le séjour qu'il y fit, il accorda à l'un de ses procureurs fondés une déclaration de décharge pour la somme considérable de 18,000 livres, provenant sans nul doute des subventions qu'il avait déjà reçues. Au bas de cette pièce authentique, nous avons reconnu sa signature, dont les caractères hardis, élancés, tracés par une main assurée, sont bien l'image fidèle de son caractère droit, résolu et aventureux. Cet acte est du 11 août 1621 [1], préci-

---

[1] Voici la copie exacte de cette curieuse pièce.

« 1621, 11 août. Très-haut et très-puissant duc de Rohan, pair de France, prince de Léon, comte de Borhouet, seigneur de Blaing, conseiller du roy en ses conseils, capitaine de cent hommes d'armes de ses ordonnances, gouverneur et lieutenant-général pour Sa Majesté ès pays du haut et bas Poitou, l'Estelibaudois, et Condumois, chef général des Églises réformées du royaume en la province du haut Languedoc et haute Guyenne, lequel sachant avoir constitué son procureur noble Jean de Bornier, par procuration reçue par maître Vidal, notaire de Milhau, en Rouergue, pour prendre et recevoir en son nom, des mains et argent propre de messire Antoine de Grégoire, seigneur des Gardies et autres lieux, la somme de 18,000 livres, laquelle somme lui auroit esté cédée par autre messire Antoine de Grégoire, seigneur de Saint-Rome; — icelui Jean de Bornier avoir receu la dite somme du dit sieur des Gardies, et, après avoir délivré à mon dit seigneur en mêmes espèces qu'il a reçues de mon dit sieur des Gardies, a ceste cause, mon dit seigneur de Rohan a quicté et quicte le dit sieur de Bornier de la dite somme, voulant et consentant que, par le présent acte, le dit sieur de Bornier demeure déchargé de la dite procuration, et chargé comme ayant esté content et satisfait. Icelui promettant qu'il ne lui en sera jamais fait aucune demande.

» Fait et receu à la ville d'Anduze, dans le logis de mon dit seigneur;

sément la veille du jour où Louis XIII commençait le siége de
Montauban. Quelle coïncidence ! Rohan ayant rassemblé, non
sans peine, les forces qu'il avait obtenues dans nos contrées,
leur fit prendre le chemin de Montauban, où il les jeta en
partie, les faisant passer à travers l'armée des assiégeants.

VIII

Tandis que Rohan amenait ce renfort à la ville investie par
Louis XIII, le Conseil et la population d'Anduze ne restaient
pas dans l'inaction. D'abord, l'un des consuls communiqua au
Conseil une lettre de l'assemblée de Saint-Hippolyte, dans laquelle se trouvait une invitation pressante pour la communauté
d'envoyer du secours à la ville des Vans, en ce moment assiégée.
Le Conseil, toujours prompt à prêter son assistance à ses voisins et amis, décida d'envoyer chercher le capitaine Portal et
de l'expédier vers la ville des Vans. Voici la délibération prise
à ce sujet :

« Proposé par monsieur le consul Conques que, suivant la
dépputation qui auroit esté faite de sa personne vers l'assemblée provinciale tenue à Saint-Hippolyte, il y a esté faire
pourvoir au contenu à la lettre escripte par messieurs des
Vans, et obtenu une lettre de la dite assemblée dressante au
capitaine Portal, mandant de marcher avec sa compagnie à
la dite ville des Vans.—Conclud que le dit consul Conques et le
dit sieur Desaurières iront à Saint-Geniez porter la dite lettre
au dit sieur capitaine Portal » (fol. 297 recto).

présents : MM. Daniel Venturin et Paul Paulet, ministres, et Jaques
Audoyer, capitaine, et moi, notaire royal soubsigné, signés : Henri de
Rohan, Venturin, P. Paulet, Pelet. » (Regist. de Pelet, année 1621,
fol. 355.)

Que faisait donc le capitaine Portal à Saint-Geniez ? Pour quel motif s'y trouvait-il à la tête de ses soldats ? — Il y avait suivi le gouverneur de Nîmes, le sieur de Brison, qui, après la prise de Margueriltes, était venu au secours du sieur de la Roche, gouverneur de Saint-Geniez, attaqué dans ce moment par les habitants du bourg qu'il commandait. (Voy. Ménard, tom. V, pag. 424.)

Le capitaine Portal, obéissant aux injonctions de l'assemblée de Saint-Hippolyte, se rendit probablement à Barjac avec sa troupe. Mais il ne dut pas y rester longtemps, car il lui fut mandé bientôt après de revenir pour assister au siége de Mirabel. « 1er septembre 1621. Proposé la lettre de messieurs de Sauve, demandant secours pour le siége de Mirabel. — Lecture faite de la dite lettre, conclud qu'il sera escript au capitaine Portal de venir avec sa compagnie, et ce pendant y envoyer cinquante hommes conduits par le capitaine Bourguet et le sergent Rounevet, et leur sera baillé demi-livre poudre, mèches et balles » (fol. 297 verso).

Mirabel était un château fortifié dans le voisinage de Saint-Hippolyte. D'après Dom Vaissette (tom. V, pag. 524), les habitants de Quissac, Sauve et Saint-Hippolyte, l'attaquèrent pour se venger de la capture, faite par les habitants de Cette, d'un vaisseau hollandais chargé d'armes pour les protestants de la province. Leur tentative, à laquelle les soldats d'Anduze avaient été associés, obtint une réussite complète. Ils prirent Mirabel, et le seigneur du lieu qui le défendait fut mis à mort.

Ce succès redoubla l'ardeur des protestants de Saint-Hippolyte. Sur la nouvelle que des troupes devaient passer près de leur ville, ils conçurent le projet de les arrêter au passage. En conséquence, ils invitèrent les soldats d'Anduze à se joindre à eux pour tenter ce coup de main. « 8 septembre 1621. Proposé lettre de messieurs de Saint-Hippolyte sur le passage des troupes envoyées dans cette province, et avoir fait le dessein de se rendre ce soir à Quissac pour empêcher le passage, requérant y vouloir venir. » Les Anduziens ne pouvaient pas manquer à ce rendez-vous. S'ils avaient refusé de s'y trouver, qu'auraient pensé leurs voisins, et de leur courage, et de leur dévouement? Ils décidèrent donc « que seront conduits par le capitaine Bimard jusqu'à cent hommes, et ce pendant que tous les autres habitants veilleront avec leurs armes jusques au retour de la dite troupe. » (fol. 298 recto).

Le même jour où l'on réclamait leur concours pour cette entreprise, ils recevaient une demande pareille des habitants d'Uzès. Ces derniers avaient essayé de mettre le siége devant Serviés. Sur leur demande, le gouverneur de Nimes, à la tête de ses troupes, s'était joint à eux ; mais Montmorency les avait fait attaquer vigoureusement, et ils avaient été mis en déroute. (Ménard, tom. V, pag. 428.) Ainsi battus, ils eurent recours à Anduze. — « Aussi a esté proposé le sieur Rossel, depputé d'Uzès, apporter une lettre à ceste compagnie contenant créance, laquelle il auroit exposée. » Cette seconde demande fut accueillie avec la même bonne volonté que la première. « Conclud, est-il dit dans la délibération, que le sieur Pagezy sera envoyé à Uzès avec la compagnie du capitaine Portal. (*Id.*)

IX

Plus Anduze envoyait de secours aux villes voisines, et plus il lui fallait des approvisionnements de guerre. Aussi, le Conseil avait de nouveau décidé, dans sa séance du 1er septembre « qu'il seroit continué d'achaipter de poudre jusqu'à mille livres » (fol. 297 verso).

En s'occupant des munitions de guerre, ils pensaient également aux approvisionnements de bouche. Au haut de la montagne appelée Saint-Julien, sur le flanc de laquelle la ville est bâtie, ils avaient projeté d'y construire un fort ; mais il fallait y emmagasiner de l'eau pour les hommes qui en auraient la garde. Il fut donc décidé qu'on y creuserait une citerne, et, le 13 août, il avait été arrêté « que la cisterne de Saint-Julien sera baillée à priffait par les consuls, de l'advis du capitaine Bourguet et de M. Paulet[1] » (fol. 297 recto).

---

[1] Voici les prix faits de cette construction entre les consuls et Jean Verdeille.

1621, 18 août..... « Les consuls Pierre de Lafarelle, garde de la sel, Jacques Conque et Jacques Bourguet ont baillé à priffait, en présence du capitaine Bourguet et M. Marc Paulet, à Jean Verdeille, maçon, pour faire les réparations qui s'en suivent à la montagne de Saint-Julien : 1° une cisterne audit rocher ou parachever celle qui est commencée ; y faire des murailles dedans et dehors, de l'hauteur et largeur qui lui sera baillé ; la bien induire par dedans et garnir de grut par dessus, y attacher des gons en haut, la paver bien et duement, faire un trou au milieu pour puiser l'eau en façon de tour de puit, avec batent pour le couvrir, et icelui attacher les gons que lui seront baillés ; paver le dessus de la voulte avec de bonne pierre qui se prendra dans la montagne afin que l'eau s'escoule ; réparer les brèches qui sont au couvert du corps de garde qui est par dessus la cisterne ; couvrir le tout, et réparer bien et duement le tout de la dite voulte. Item, à couvrir icelle avec tuiles noyées, poser le canal qui lui sera baillé, tenant l'eau pour la conduire du dit corps de garde jusque dans la cisterne ; couper et poser les pierres qui seront nécessaires pour le dit canal. Item, aussi sera tenu le dit Verdeille faire un four au dit rocher à cuire pain au lieu où il lui sera monstré, dans lequel se pourra cuire trois sextiers de blés ; faire les fondements et murailles d'icelui, le couvrir bien et duement ; le barder, faire la porte de devant, ensemble la cheminière, préparer et couper la pierre qui sera nécessaire ; laquelle besogne le dit Verdeille a promis avoir fait et parachevée dans un mois, et les consuls ont promis lui faire apporter toute la matière.

Ils songeaient également aux achats de blé. Le 25 septembre il leur fut proposé « ceux de Bleimard avoir requis leur estre permis de négocier, offrant d'apporter du bled jusques à ceste ville, et le bailler à deux sols par quarte moins que les prix courants, et autres choses, les assurant sur ce, avoir arresté de s'assembler à Saint-Etienne pour le resoudre et les moyens de seureté, comme appert par la lettre de messieurs les consuls de Saint-Etienne ; ce qu'ils ont communiqué à l'assemblée du cercle, qui l'auroit permis. — Conclud que ceste offre sera acceptée, et depputé à ces fins, pour aller à Saint-Etienne, le consul Lavernye » (fol. 299 verso).

En même temps, les travaux de défense étaient poussés avec activité. Ils étaient à la charge de la viguerie entière. C'était convenu, mais toutes les communautés ne se montraient pas disposées à participer à la surveillance et à la construction de ces travaux (fol. 297 recto). Le 30 août, il fut donc « proposé estre nécessaire employer quelqu'un pour la conduite des réparations, pour qu'il y assiste continuellement, et plutôt qu'il y soit donné des gaiges. — Conclud, après avoir entendu le sieur Gervais, qu'il y sera employé aux gaiges de 30 livres le mois » (fol. 297 verso).

sur le lieu, et donner, et payer pour icelle besogne la somme de 35 livres, payables à mesure que la dite besogne se fera..., etc. » (P. Pelet, *id.* fol. 375).

1622, 31 janvier..... « Jean Verdeille, Jean Combe, Antoine Cabal, Pierre Rodier, et Jacques Broson, maçons d'Anduze, ont confessé avoir reçu de la ville la somme de 122 livres 4 sols pour le couvert qu'ils étoient tenus faire au fort du corps de garde de Saint-Julien qui est par dessus la cisterne, ou pour le pavé du tour de la dite cisterne, et pour 28 cannes bastiments par eux faits au dessous de la dite cisterne, et pour le trou par eux fait pour l'égout de la dite cisterne..., etc. » (P. Pelet, *id.*, fol. 27.)

X

La construction des forts et des bastions obligeait les Anduziens à augmenter le nombre de leurs canons. Le Conseil l'avait compris, et, comme nous l'avons dit plus haut, il avait décidé d'en fabriquer deux nouveaux. Les consuls s'étaient mis en quête d'un fondeur, avec lequel ils étaient entrés en marché. « Le 12 septembre, ils proposèrent avoir esté fait marché avec le sieur Fréret pour la fonte des canons, qui offre en faire deux, l'ung de 18 livres de balles, et l'autre de six livres et demy, au prix de 76 livres le quintal, en lui baillant des munitions, les materiaux, fournissant la maison, le bois et charbon, et lui faisant faire le *coin* (sic), et prendre les materiaux à 50 livres le quintal, lui rabattant le déchet. — Le marché demeurant accordé, sera travaillé à ramasser les materiaux dans la ville et viguerie, et deppute, pour assister aux consuls, les sieurs Lafarelle, Désaurières, de Recolin et Désostelle, sans salaire » (fol. 298 verso).

Au moment où le Conseil prenait cette délibération importante, le capitaine Bimard, qu'on avait envoyé au rendez-vous donné par messieurs de Saint-Hippolyte, fit son entrée dans Anduze à la tête de sa troupe. Ramenait-il tous ses hommes? Nos renseignements ne nous l'apprennent pas ; seulement, ils nous disent que, les voyant arriver, le Conseil décida « qu'il leur seroit donné à souper ». Ce témoignage de satisfaction était bien minime, mais à cette époque l'on se contentait de peu.

Le même jour, M. Dargencourt arrivait dant la ville. Il venait inspecter les travaux des fortifications. Le Conseil « nomma pour l'accompagner, outre les consuls, les sieurs de Bagard, de la Frigolière, Broche et Mazer, et donna charge aux consuls d'envoyer quérir le seigneur de Lézan pour conférer avec lui. » *(Id.)*

Il résulta de cette inspection que les travaux devaient être poussés avec une plus grande activité. L'ordre fut donné à tous les habitants d'y venir faire des journées de manœuvre, suivant un tarif qui avait été arrêté. « 19 septembre. Proposé, ce matin, avoir esté délibéré qu'il sera travaillé aux réparations de la montagne, et qu'il seroit fait un fonds et mis entre les mains de celui qui en fera l'emploi, sous le contrôle d'un autre. — Conclud qu'il sera emprunté à intérest jusqu'à 800 livres, qui seront consignées entre les mains de monsieur de Lafarelle, et employées sous le contrôle de messieurs Pierre Paulet et Mouchet.

»Pour la forme des réparations, que chacung habitant sera tenu faire des journées de manœuvre autant qu'il a esté cotisé de livres de materiaux pour les canons et donnera d'hommes capables.

»Pour les journées de mulets à 15 sols chacung; de massons à 10 sols; de manœuvres à 6 sols, et nourris à 2 sols 6 deniers. Depputé, pour surveiller le travail, MM. Chantelouve, Mouchet, Guion, Pontier, leur estant permis d'en subroger d'autres » (fol. 299 recto).

Combien la charge des membres du Conseil et des consuls était lourde en ce moment ! Les travaux à effectuer autour d'Anduze et les demandes du dehors les tenaient sans cesse en permanence. Aujourd'hui c'étaient des créanciers qui insistaient pour être payés; demain des amis qui réclamaient du secours. Il fallait pourvoir à tout. Le 17 septembre, des lettres leur arrivèrent de Saint-Ambroix, annonçant que Barjac venait d'être débloqué. Les ennemis paraissaient disposés à s'éloigner, en suivant une route probablement indiquée. La nouvelle était satisfaisante. En même temps, les messieurs de Saint-Hippolyte écrivaient « que leurs troupes et celles d'autres lieux alloient attendre les soldats du roi au passage, en se portant à la Clotte. » Cet avis était une invitation à s'associer à un nouveau coup de main. Aussitôt le Conseil décida « qu'il sera envoyé par cette ville pour se joindre aux autres [1] » (fol. 301 recto).

Les soldats d'Anduze partirent sans nul doute à l'instant même, et ils trouvèrent probablement au rendez-vous indiqué les troupes de Saint-Hippolyte et des autres villes, mais ils ne virent pas apparaître les ennemis. En effet, ceux-ci ne s'étaient pas éloignés de Barjac; le bruit de leur retraite était inexact. Au contraire, ils serrèrent cette ville plus étroitement, tellement que l'on écrivit à Anduze le 29 septembre pour exposer la situation de cette place assiégée et demander un secours en sa faveur. « Proposé les lettres et advis des nécessités de Barjac demandant secours. — Conclud qu'il sera envoyé tant de secours qu'il sera possible, et promptement » (fol. 300 recto).

---

[1] Probablement, la ville n'avait point d'argent pour faire partir les soldats destinés à aller se joindre à ceux de Saint-Hippolyte, et le Conseil dut se réunir deux jours après pour s'en procurer, car nous avons trouvé l'acte notarié suivant, qui fait mention d'un emprunt contracté en vertu d'une décision prise le 19.

1621, 27 septembre..... « M. Pierre de Lafarelle, garde de la sel, Jacques Conque, et Jacques Bourguet, premier, tiers et quart consul d'Anduze, suivant le pouvoir à eux donné par le Conseil tenu le 19 du présent, ont dit debvoir à M. Paul Paulet, ministre de l'Église de Vézenobre, la somme de 800 livres, et ont promis l'employer aux effets de la dite délibération et sous le contrôle des autres depputés, et ont promis payer la dite somme d'aujourd'hui en un an prochain... » (fol. 432).

Le lendemain, deux députés du cercle se présentèrent devant le Conseil ; ils avaient, disaient-ils, quelques demandes à lui soumettre : ils insistèrent sur la nécessité d'accélérer l'envoi d'hommes et de munitions qui avait été promis la veille pour la ville de Barjac. « Entr'autres advis, receus des troupes ennemies, disent-ils, tout présentement avoir esté advertis que Barjac est pressé ne pouvant guère subsister, et partant estre nécessaire les secourir promptement, requérant le faire, et prier les circonvoisins d'en faire de mesme, et chacung lieu faire eslection des chefs que bon lui semblera. — Conclud que y sera envoyé tant de gens que faire se pourra, et munitions et armes, et escript aux lieux circonvoisins, et fait eslection du capitaine Bimard.

» Et peu après, a esté dit qu'il sera impossible de sortir des soldats sans argent, et partant seroit nécessaire leur en bailler. — Conclud qu'il sera baillé à chacung soldat 30 à 40 sols » (fol. 300 verso).

XI

La demande de ce secours n'était pas l'objet unique de la présence dans Anduze des députés du cercle. D'après nos inductions, ils venaient engager l'assemblée provinciale des Cévennes, alors réunie dans notre ville, à formuler des plaintes contre Châtillon et à proposer que le commandement lui fût retiré. Depuis longtemps, comme nous l'avons déjà dit, la conduite de ce général en chef avait provoqué le mécontentement des Églises placées sous son autorité. Celles-ci avaient déjà, et à plusieurs reprises, adressé contre lui des griefs à l'assemblée générale de La Rochelle. L'assemblée provinciale du Vivarais, réunie tout dernièrement au Pouzin, (le 13 septembre), avait représenté « les justes sujets qu'elle a de désirer que le dict seigneur soict totalement désauthorisé, donnant charge expresse à leurs depputés en la dite assemblée de déclarer sur ce les sentiments de leur province, et requérir qu'il soit délibéré ». Mais ce n'était pas assez. Il importait que les mandataires de la province voulussent s'associer à la juste réprobation dont Châtillon était frappé. De là, selon nous, la présence des députés du cercle, le 29 septembre, dans la ville d'Anduze. Leur but fut parfaitement atteint. Le lendemain, 1er octobre, l'assemblée provinciale des Cévennes déclara que, à l'égard de Châtillon, elle se conformait en tout et par tout aux résolutions de la province du Vivarais. Immédiatement, le Cercle, fort de ces protestations, ainsi que de celles de plusieurs autres Églises du Bas-Languedoc, retira à Châtillon le commandement suprême dont il avait été investi.

La ville d'Anduze n'était pas restée étrangère à cette explosion du mécontentement universel des Églises de la contrée. Nous avons vu précédemment (pag. 258 et sq.) qu'elle avait été blessée de l'issue malheureuse du siége de Vallon, de l'incertitude qui se manifestait dans les mouvements de troupes, de l'abandon dans lequel on laissait les Églises attaquées. Le souvenir de ses armes gardées à Saint-Ambroix, malgré ses réclamations, lui pesait également. Enfin, elle avait des griefs particuliers dont la gravité nous est révélée par la délibération suivante : « 16 septembre 1621. Proposé la viguerie avoir depputé MM. Baudoin et Lavernye devers M. de Chastillon pour les affaires de la viguerie, et avoir esté dressées quatre requestes pour lui présenter pour les affaires particulières de la dite ville, très-importantes, tellement qu'il semble qu'il seroit necessaire d'amplifier la depputation de quelque personne de qualité, de la part de la ville, qui eut accès libre auprès du dit seigneur pour animer (sic) les dites requestes. — Deppute le sieur juge et le prie de se y porter pour animer les dites requestes et autres chefs des mémoires » (fol. 300 verso).

Le mauvais vouloir de l'assemblée provinciale des Cévennes et du Conseil d'Anduze était sans nul doute connu de Châtillon. Voulant prévenir les résolutions qu'on préparait contre lui, il avait formé le projet de se rendre dans notre ville avec des forces considérables; il espérait en imposer de cette manière à ceux qui étaient dans l'intention de l'attaquer. Le Cercle avait donné avis de ce prochain voyage du général en chef, et avait conseillé aux habitants d'Anduze d'en empêcher l'exécution. « 24 septembre 1621. Proposé suivant la charge donnée mercredi dernier aux consuls, ils se seroient présentés ce matin à l'assemblée du cercle, qui leur auroit conseillé et, en leur personne, à leur ville, de depputer vers monseigneur de Chastillon sur le subjet de son voyage en ceste ville. » Les membres du Conseil comprirent parfaitement la pensée qui se cachait derrière cet avis, et se prêtèrent de bonne grâce à ce que, dans cette circonstance, le Cercle attendait d'eux. Ils ne décidèrent pas de fermer brutalement les portes de leur ville à Châtillon; mais ils lui firent comprendre que son voyage, dans les conditions où il voulait le faire, n'obtenait pas leur approbation. — « Conclud, écrivent-ils dans leur délibération, qu'il sera fait depputation, et là mesme estre éleus MM. de la Garde, premier consul, et de Lablaquière, pour aller devers monseigneur, de la part de ceste ville, l'assurer qu'il y seroit le très-bien venu, et néanmoins le supplie, eu égard aux grandes foules et dépenses que cette viguerie a souffertes, vouloir envoyer l'armement qu'il a désigné faire en quelque autre lieu, et *ne mener avec lui que son train*» (fol. 299 recto).

Châtillon voyant que, sous une forme polie, la ville d'Anduze refusait de le recevoir, renonça à son voyage, et l'assemblée provinciale, n'étant pas sous la pression de sa présence, procéda en toute liberté à la demande de la « desauthorisation de ce chef ». Forte de cette adhésion, l'assemblée du cercle (le 28 octobre) prononça la déchéance du général en chef[1].

---

[1] L'acte de déchéance dressé contre Châtillon par l'assemblée du Cercle se trouve en entier dans Ménard (tom. V, preuv., pag. 244). Nous n'en donnons ici qu'un extrait.

« ..... Considéré aussy les déportements du dict seigneur, lequel depuis son dernier retour de la Cour n'a eu d'autre but que de procurer son avantage particulier au dépens du public, détriment de l'Estat et préjudice des Esglises; ayant, premièrement, sur l'occasion du Béarn, esmeu la province, et porté tout le monde, tant par sa bouche que par l'entremise de ses serviteurs, à prendre des conseils rigoureux, à tesmoigner des vifs ressentiments par toutes sortes de voyes et fermes résolutions, à donner des mémoires avantageux à nos depputés envoyés à La Rochelle, desquels lui-mesme a plus que tout autre pressé le despart; n'obsmettant rien de tout ce qui le pouvoict rendre considérable et nécessaire, à ses fins armant à diverses fois et puissamment plustôt pour faire paraître à son projet les forces de la province que pour procurer aucun advantage aux Esglises, lesquelles il a toujours repeu de vaines promesses, cependant qu'il a espargné nos ennemis et prodigué les occasions de prendre advantages sur eux, liant même les mains à ceux qui avoient le courage d'entreprendre quelque chose, étouffant tous les desseingz des gens de bien et descourageant ceux qui avoient quelque vigueur de bonne vollonté, esmoussant les esprits et faisant naître mille confusions et empeschements en tout affere, pour rendre toutes choses impossibles; et, qui plus est, conférant ordinairement avec nos ennemis, prenant ordre et conseil des plus rusés et habilles conseillers du parti contraire, et, quant aux nostres, ne faisant cas que des personnes suspectes et corrompues et qui sont aux gaiges de la Cour, à laquelle il rapporte tous ses desseingz, envoyant de quinze en quinze ses courriers pour continuer ses secrètes intelligences et négociations, au grand escandalle et détriment des Esglises, auxquelles il a toujours caché ses desseingz, eslognant aussy de sa personne tous ceux qu'il recognoict affectionnés au bien des Esglises, et les déffavori-

XII

Le petit-fils de Coligny ne fut pas remplacé dans son commandement. Le Cercle s'appropria tous les pouvoirs militaires, s'érigeant ainsi en comité de salut public. Il donna à tous ses

sant en tout ce qu'il peult, au lieu qu'il a toujours supporté et advantagé tous ceux qui ont ci-devant malversé ez affaires des dictes Esglises. Nonobstant quoi il les a establis ou tasché d'establir au gouvernement des places importantes ; et a permis à quelques gouverneurs des places de seurté dans la génerallité de faire le desadveu de l'assemblée générale, sans qui ni par force ni par aucune admonission il aye jamais tasché de les ramener à leur debvoir; approuvant au contraire par un tacite consentement leur lacheté, austant que depuis leur séparation il s'est servi d'eux pour continuer ses secrètes négociations et les a faicts participans de ses menées; comme aussi ordinairement il parle avec mépris de l'assemblée générale, de laquelle il a supprimé les commissions, et retenu longtemps le règlement général, qu'il a mesme esbresché presque en tous les chefs, nonobstant les remontrances des provinces, desquelles il a esludé les délibérations, et n'a peu estre porté à l'exécution d'aucune bonne et importante résolution, non pas mesmes de celles qui ont été prinses de son advis, et qu'il a promis avec serment par plusieurs fois de mettre promptement à effect, ains a ordinairement soubs mains et par des ocultes moyens, faict tout le contraire de ce qu'il faisoit semblant d'approuver, donnant des advis secrets et révoquant en particulier les adveux qu'ils avoient donné en public, et par tels artifices laissant perdre plusieurs de nos places qu'il pouvoit facilement garantir; permettant aux ennemis de prendre plusieurs advantages, et sur nos places et sur le bien des particuliers, desquels il n'a daigné procurer la restitution ores qu'il aye esté fort diligents à faire restituer aux ennemis ce qu'on avoit prins sur eux, et leur aye procuré toute sorte de seurté, n'ayant aussi prins le soin de faire observer la discipline militaire, ains permis toute sorte d'insolence, espargné les terres des ennemis, désolé les nostres, consumé les villages d'argent et vivres, espuisé les finances et munitions par divers armements qu'il a mal mesnagés et employé plus à nostre ruine qu'à nostre profit; ayant refusé toujours d'agir, quoique l'ordre de l'assemblée générale et les délibérations des provinces et les puissantes troupes qu'il a eu en mains et qu'il a inutilement tenu sur pied et en garnison dans les plus florissantes Esglises, et l'espouvante de nos ennemis, le courage

actes et à toutes les mesures qu'il prescrivit un caractère de vigueur auquel la contrée n'avait pas été habituée sous le commandement de Châtillon. Il exerçait à peine son autorité dictatoriale lorsque Louis XIII se vit obligé de lever le siége devant Montauban (16 novembre 1621). L'échec du monarque fit reprendre courage à tous les protestants de France, et

et l'ardeur de nos soldats et le désir des capitaines, les prières des peuples et les occasions en toutes choses le requissent ; et toutefois, quoiqu'il n'aye eu desseingz de se servir de nos troupes, il les a voulu rendre inutiles aux autres provinces ; ayant empesché les secours de Saint-Jean-d'Angély, d'où s'est ensuivye la perte de la Guyenne, destourné en tant qu'en lui estoit et dellayé celui de Montauban qu'il a mesme tasché de rappeler lorsqu'il étoit en chemin, intimidé la province par des fausses nouvelles ou par des epouvantements, recherché des armes au point qu'il falloit armer plus rigoureusement en ce, pour faciliter le passage aux troupes qui alloient contre Montauban, auxquelles il a donné aucune résistance, se montrant joyeux en nos pertes, triste en pertes à nos ennemis, lesquels mêmes il a armés à nos déspens ; ne se souciant de la perte de nos armes en tant ceux qui les detenoient ores qu'il en aye eu diverses commodités ; finalement ayant tasché de diviser la province dans l'assemblée générale et donné de pareilles inclinations à tous ceux qu'il a peu pour fondre la province, y faire un parti dans le parti, jusques a donner toute sortes de support à ceux qui vouloient faire le desadveu de la dite assemblée, desquels aucuns se sont séparés de l'union des Esglises par son conseil, et les autres y ont esté contraincts par les refus qu'il a fait de pourvoir à eux, suivant l'ordre et pouvoir qu'il en avoit tant de la dite assemblée générale que des provincialles, et commis plusieurs autres actes contraires à sa charge, que la discrétion ne permet de mettre par escript[*]. »

---

[*] Cet acte d'accusation fut rédigé à Anduze même par les membres du Cercle, pendant leur séjour dans cette ville. C'est Châtillon qui nous l'apprend dans l'Apologie qu'il publia à cette époque, et que l'auteur de l'ouvrage intitulé : *Histoire de notre temps*, 1622, a insérée page 72 :

« ...... Les députés du Cercle se retirent donc à Anduze, d'où ils écrivent les frivoles excuses de leur départ à Messieurs les Consuls de Montpellier, qui leur firent une réponse à laquelle il ne se pouvoit trouver de réplique. En suite de cela, ils composent un libelle le plus souverain et scélérat contre M. de Chastillon que l'enfer ait jamais produit, lequel ils adressent aux villes et aux consistoires pour le faire courir, par tous leurs collègues, ce qui ne fust point observé, tant on y trouva d'impostures et d'injustices. Dès qu'ils eurent achevé de jouer leur jeu à Anduze, ils descendent à Nismes, où ils ont les coudées franches, etc. »

surtout vint accroître l'ardeur de l'assemblée dictatoriale. A dater de ce moment, les places-fortes reçurent l'ordre de pousser avec plus d'activité leurs travaux de défense, et des mesures regrettables furent prises contre les catholiques. Nous en trouvons la trace dans une délibération du Conseil de ville d'Anduze, à la date du 15 novembre 1621. « Proposé que le sieur Pascal, allant à Montpellier, auroit esté prié de faire les poursuites qu'ils avoient à faire pour cette commune, et obtenu ordonnance portant permission de prendre sur les catholiques circonvoisins jusques a trente quintals de matières pour les canons, et autres » (fol. 502 recto).

Ces impositions, quoique recevant leur explication des exigences de la guerre, ne sauraient obtenir notre approbation. Nous n'aimons pas les actes d'extorsion, de spoliation, quelles que soient les raisons dont on les colore... Le Cercle nous paraît donc blâmable d'avoir autorisé le Conseil d'Anduze à exiger des catholiques trente quintaux de matériaux pour la fonte des canons, et le Conseil qui décida l'exécution de cette ordonnance mérite également notre désapprobation. Malheureusement, dans les temps de guerre, l'exaspération des esprits et le manque d'argent obligent souvent à recourir à des mesures que la conscience désapprouve. C'est ce qui se passait en ce moment à Anduze. Le seigneur de Saint-Chaptes réclamait le montant du blé qu'il avait vendu (fol. 301 recto); le fondeur de canons demandait une avance d'argent pour aller acheter des matériaux (fol. 302 recto), et comme toujours l'argent manquait.

XIII.

Les mesures de rigueur ordonnées par le Cercle contre les catholiques n'étaient pas approuvées par la partie modérée de

Seconde édition.

la population protestante. Le Conseil de ville et les consuls de Nîmes, les voyaient au contraire avec des yeux attristés, et refusaient de les faire exécuter[1]. Mais le gouverneur de la ville (Brison) était loin d'éprouver ces répugnances. C'était un homme exalté, tel qu'on en rencontre toujours dans les époques de grande crise, ne reculant devant aucune considération, et qui cherchait à consolider son autorité en flattant les passions populaires dont il était lui-même animé. Dans ces dispositions, il se prêtait à tout ce que le Cercle prescrivait; celui-ci, de son côté, rémunérait les complaisances du gouverneur de Nîmes. Entouré de la faveur du peuple, soutenu par la puissance de l'assemblée souveraine, Brison était devenu de jour en jour plus fier et plus absolu. Mais en même temps il avait excité la

---

[1]. Voici comment les consuls et le conseil de ville de Nîmes exprimaient leur refus d'exécuter les mesures de rigueur prescrites par le Cercle contre les catholiques de cette ville :

1621, 21 octobre... « Sur les ordonnances données par Messieurs de l'assemblée du Cercle tenant en cette ville, qu'on fera cesser dans la ville l'exercice de la religion des catholiques romains, que leur temple sera abattu et desmoly, et qu'ils seront destenus et arrestés dans icelle...

» Lecture faite des dites ordonnances, la Compagnie, aprehendant les inconvénients ou sinistres événemens que leur exécution en la démolition du temple des dits catholiques romains pourroict causer à la seureté de ceux de la religion qui sont recueillis dans les villes de ceux du contraire party, la liberté et asseurance desquels par toutes sortes de moyens légitimes doibt estre procurée, soit dans la province, soit hors d'icelle dans l'étendue du royaume ; et de cest exemple nos ennemis, quy, sans juste subjet, ne sont que par trop envenimés contre nous, prenant celuy-ci pour spécieux et colloré ressentiment, pour toute sorte d'inhumanité et cruauté contre ceux de la religion ; d'un unanime consentement a esté décidé que la dicte assemblée du Cercle sera supliée par la considération de l'aprehension des dits événements vouloir retracter les dites ordonnances, que jamais ceste Compagnie ne consentira à l'exécution d'icelle, protestant au contraire de s'y opposer par toute voye possible et légitime... » (Ménard, V, preuv., pag. 244.)

jalousie et le mécontentement des membres du Conseil de ville. De là deux partis. Les hommes timides s'étaient rangés autour du Conseil, et les esprits bouillants, emportés, s'étaient prononcés pour le gouverneur. Au sein de populations telles que celle de Nimes, où le sang méridional est toujours en fermentation, pareilles rivalités ne peuvent se produire sans qu'il en résulte des collisions : on s'était en effet rencontré sur les places publiques, et le parti de Brison avait eu le dessus. Resté maître du champ de bataille, celui-ci tenait en quelque sorte les membres du conseil et du consulat prisonniers dans l'Hôtel-de-Ville. Le consistoire, comprenant les conséquences funestes de la prolongation d'une telle lutte, réclama l'intervention de la ville d'Anduze. « 23 novembre 1621. Proposé la lettre de messieurs du consistoire de Nismes sur l'émotion survenue, requérant être faite depputation devers eux pour tascher de porter la paix et modération. » Une telle demande de médiation était tout à la louange d'Anduze. Elle prouvait l'influence dont notre ville jouissait, et le prix qu'on attachait à ses bons offices. Aussi le Conseil, qui avait pris la louable habitude de prêter son appui aux villes qui le réclamaient, ne balança pas dans cette circonstance à répondre à la demande du consistoire de Nimes. .... « Lecture faite des dites lettres et les particularités, a esté conclud qu'il sera fait depputation, et procédant à icelle, ont esté esleus M. Courant (pasteur) et de Lafarelle, premier consul » (fol. 303 recto).

Ces députés remplirent parfaitement leur mandat. Ils réussirent, à les en croire, dans leur mission de concorde et de paix..... En effet, après être restés près de vingt jours dans la ville de Nimes, ils revinrent à Anduze, et le Conseil, s'étant réuni pour entendre le compte-rendu de leur depputation, leur accorda son entière approbation. « 13 décembre 1621. Les sieurs Courant et de Lafarelle ont rendu compte du voyage par eux fait en conséquence de leur depputation à la ville de Nismes, et dit le succès des affaires y pendant. — Conclud que les dits sieurs depputés seront remerciés, demeurant approuvé ce qui par eux a esté géré » (fol. 304 verso).

XIV.

Plût à Dieu qu'on n'eût jamais réclamé de notre ville que de telles interventions. Malheureusement, on lui adressait souvent des appels d'une nature moins pacifique. Tandis que le consistoire de Nimes lui demandait une députation en vue du rétablissement de la concorde, de toutes parts on la pressait d'envoyer du renfort à la garnison protestante enfermée dans le château de Salavas. « 20 novembre 1621. Proposé la lettre de messieurs d'Allès, de Saint-Ambroix, de Barjac, mandant le château de Salavas avoir été pétardé et prins par les ennemis, y ayant un fort qui tient encore, demandant secours pour résister aux ennemis du Vivarais qui se ramassent pour courir sus. — Conclud qu'il leur sera envoyé secours autant que faire se pourra, armes et munitions, sous la conduite de celui qui sera advisé par les consuls ; — sera en outre escript à tous les circonvoisins, et leur sera baillé (aux soldats d'Anduze probablement) jusqu'à trente sols » (fol. 302).

La bonne volonté du Conseil était manifeste, mais elle dut être traversée par des difficultés qui en retardaient les bons effets. Voulant activer cet envoi, le Cercle donna mission à l'un de ses membres de se rendre à Anduze, de renouveler en son nom la demande de ce secours, et d'en presser le départ. « 26 novembre 1621. Proposé le sieur Quimisson, depputé de l'assemblée du Cercle, estre en la présente compagnie qui auroit esté assemblée aux fins de l'ouïr ; ledit sieur depputé ayant fait voir sa commission et ordonnance de ladite assemblée, et fait entendre la nécessité du secours de Salavas, et que par ladite ordonnance ceste ville est chargée de quatre quintals poudre, deux de plomb, autant de mesches et de vivres. — Conclud qu'il sera envoyé 50 ou 80 hommes, armes ou munitions, en tout de poudre deux quintals, autre quintal mesches, et un de plomb, eu égard que cette ville en a baillé du mandement de ladite assemblée trois quintals trente livres à ceux d'Alzon, et outre ce, sera baillé à chacung soldat demi-livre de poudre, de mesches et de balles, et le tout sera fait en présence des depputés pour le conterole des munitions qui en feront attestation » (fol. 303 verso).

A peine cette décision avait été prise en présence de M. Quimisson, que le lendemain la ville d'Anduze voyait arriver un autre député du Cercle venant présenter une nouvelle demande de munitions de guerre. « 27 novembre. M. Horlé, pasteur, présent au conseil. A esté proposé le sieur de Salel estre en ville de la part de messieurs du Cercle avec lettre de créance ; le dit sieur ouï, après la lecture de la lettre contenant demande pour des affaires importantes au parti. — Conclud qu'il sera offert et envoyé une charge poudre » (fol. 303 verso).

Les secours étaient expédiés au dehors, mais en même temps les travaux pour les fortifications nouvelles devaient se poursuivre avec la même activité. Or, ce n'était pas une entreprise peu dispendieuse que celle d'entourer d'une enceinte nouvelle fortement bastionnée la ville entière et la montagne sur le flanc de laquelle elle se trouve construite. Il y avait là des maisons à démolir, des rochers à abattre, des terrassements à élever, des murs épais à construire. Encore si les créanciers de la ville, voyant ses embarras financiers, l'avaient laissée en repos! loin de là, plus ils la connaissaient endettée, et plus ils redoublaient leurs exigences. Tel se montrait, entre autres, le seigneur de Saint-Chaptes. « 15 décembre 1621. Proposé.... pour taxer les frais qui se feront en exécution de l'ordonnance du Cercle, tant pour des materiaux, que démolition des vieilles masures et rochers proches de la ville où les ennemis pourroient se loger, ont été commis et depputés messieurs Paulet et de Lafarelle, et délibéré que leur taxe sera allouée aux comptes des consuls. — A esté également proposé que le sieur de Saint-Chaptes avoir homme exprès en ville pour recevoir payement de ce qui lui est dû du reste de son bled, et n'avoir autre argent pour le payer que de celui des materiaux. — Conclud que le dit sieur sera payé présentement des dits deniers » (fol. 305 recto).

XV.

Le Cercle avait conduit les affaires avec vigueur et activité. Il avait ainsi obéi aux nécessités du moment. Mais, par le ton impératif de ses ordonnances, il souleva bientôt de tels mécontentements, qu'il lui fut impossible de conserver le commandement suprême. Il l'avait pris dans les premiers jours du mois de novembre, et à la fin de décembre il était devenu tellement impopulaire qu'il avait été obligé de conférer au duc de Rohan les pouvoirs de général en chef des Églises du Bas-Languedoc, des Cévennes et du Vivarais.

Grande fut la satisfaction des Églises en apprenant cette nomination. Le duc de Rohan accepta et se rendit au milieu de ceux qui l'avaient appelé. Il arriva à Montpellier le 1er janvier

1622. Aussitôt les Églises les plus importantes lui envoyèrent des députations.

La ville d'Anduze fut de ce nombre. « Le 10 janvier 1622, elle deppute, pour faire la bien venue de sa part à Monseigneur de Rohan qui est au Bas-Languedoc, messieurs Courant pasteur, Paulet, Mouchet, Lavernye. » (fol. 307 recto).

Les députés revinrent satisfaits des résultats de leur mission, et s'empressèrent d'en rendre compte au Conseil : « 16 janvier. Proposé, suivant la depputation faite des sieurs Courant, Paulet, Lavernye, ces messieurs s'être transportés es villes de Nismes et de Lunel devers mon dit seigneur, lui avoir rendu la lettre de ceste ville, et exposé la créance à eux donnée en laquelle ils auroient esté ouïs et bien reçus, comme appert par la lettre à eux baillée. Lecture faite de la dite lettre, le dit voyage a esté approuvé, et eux remerciés.

« Aussi a esté proposé, pour avoir la liberté de s'assembler à toutes heures, sans appeler les sieurs officiers, ils auroient présenté requeste à mon dit seigneur, qui leur auroit donné la permission, et interdit aux sieurs officiers de troubler pour ce regard les habitants, donnant pouvoir au premier consul de recueillir les voix [1].... » (fol. 308 recto).

[1] Nous avons trouvé dans un registre des délibérations du Conseil de ville d'Anduze de 1622 à 1623, folio 1, et à la date du 15 mai 1622, la requête et l'ordonnance qui furent, et l'objet, et le résultat de cette demande. Nous les transcrivons textuellement :

« A monseigneur le duc de Rohan, pair de France, général des Eglises réformées du hault et bas Languedoc, Sevenes, Gevaudan et haut Vivarès.

» Supplient humblement les consuls de la ville d'Anduze, qu'à cause de la guerre pour la persécution faite contre ceux qui font profession de la religion réformée, il leur est nécessaire, pour leur conservation et deffense, s'assembler ordinairement pour traicter des affaires concernant le bien public et conservation de la dite ville, ce qu'ils font

Une telle faveur inaugurait heureusement pour les Anduziens l'entrée en charge du duc de Rohan. Aussi résolurent-ils de le recevoir avec éclat, dès que l'avis leur fut donné de sa prochaine visite. D'ailleurs, la ville de Nîmes s'était mise en frais de fête pour lui faire une pompeuse entrée. Le 14 de ce mois, les habitants de Nîmes, pour le recevoir, d'après les ordres du Conseil de ville, s'étaient empressés de se mettre sous les armes. Anduze, ne voulant pas rester en arrière, prit la décision suivante : « Proposé la lettre d'avis de l'arrivée de Mon-

dans leur maison consulaire par devant l'un des officiers du seigneur baron du dit Anduze, et d'aultant qu'il est papiste, s'estant retiré de cette ville, l'un des chefs de la compagnie des gens d'armes du sieur de Pérault faisant la guerre ouvertement et des courses sur ceux de nostre religion, ses officiers seroient grandement suspects aux suppliants et habitans du dit Anduze, ne pouvant iceux habitans dire librement leurs sentimens en la présence des dits officiers, craignant d'estre découverts en leurs délibérations, ce qu'est un grand intérest, tant aux suppliants qu'à tout le publicq.

» A ceste cause, plaise à votre grandeur, mon dit seigneur, permettre aux suppliants de doresnavant se pouvoir assembler avec les dits habitans d'Anduze pour traicter leurs affaires et délibérer pour la conservation du public sans y appeller les officiers du dit d'Anduze, ainsi que l'ung des consuls recueillera les opinions comme s'il y avoit magistrat, et les suppliants continueront à prier Dieu pour vostre prospérité et augmentation de votre grandeur. »

Ordonnance du duc de Rohan.

« Attendu qu'il est nécessaire que les résolutions quy se prennent dans la maison consulaire d'Anduze par les consuls et habitans du dit lieu, soient secrètes et ne puissent estre traversées par les officiers du sieur baron du dit lieu, nous avons permis aux susdits consuls et habitans durant les présents mouvemens de pouvoir tenir leurs conseils sans y appeler les officiers du dit sieur baron, auxquels nous en interdisons toute entrée, et en ce faisant, donnons pouvoir au premier consul de la dite ville de prendre et recueillir les voix et opinions de ceux quy assisteront au dit conseil et assemblée, sans préjudice toutesfois des droits du dit seigneur, à l'advenir, lorsqu'il aura pleu à Dieu remettre toutes choses en bonne fin. Faict au conseil tenu à Nismes, le quatorzième janvier 1622. »

seigneur le duc de Rohan, et le rôle de logement qu'il convient faire, et pour pourvoir sur le tout, requis leur estre baillé un règlement. — Conclud que sera faite entrée à mon dit seigneur le plus convenable que faire se pourra, et pourvû au logement selon la prudence des dits sieurs consuls, et pour payer la despense sera mandé aux villes moins foulées faire les avances de la dite despense » (fol. 308 verso).

Le duc de Rohan reçut donc à Anduze, et dans toutes les villes qu'il traversa, l'accueil le plus encourageant[1]. Il en avait besoin, car sa nouvelle charge était, sans contredit, un bien rude fardeau. Il allait se trouver tout à la fois en présence de Lesdiguières, qui armait dans le Dauphiné et se préparait à attaquer le Vivarais; du duc de Guise, qui rassemblait des troupes en Provence et allait se porter contre lui; de Châtillon, qui s'était enfermé dans Aiguesmortes et lui interceptait les communications avec la mer; de Montmorency, qui guerroyait du côté de Bédarieux; du Cercle, qui cherchait à lui faire perdre la confiance des Églises; des populations, qui, se sentant écrasées par les charges de la guerre, commençaient à s'abandonner au découragement. Pour faire face à toutes ces difficultés, quelle activité d'esprit et de corps ne faudrait-il pas déployer? Rohan ne l'ignorait pas. Mais rien ne put effrayer son dévouement. Il va et vient dans toute la province; il presse les armements; il fait des demandes continuelles d'hommes et

---

[1] Nous pouvons juger de la réception faite au duc de Rohan par le récit suivant, que nous empruntons à l'auteur de l'*Histoire de Sommières*.

« A la fin du mois de décembre, M. de Rohan arriva à Sommières avec les gentilshommes de sa suite, deux cents chevaux, une compagnie des guides et celle des gardes. On fut au devant de lui; et tous les habitants de la ville, sans distinction, furent contraints de lui faire une escorte d'honneur. » (*Sommières*, etc., pág. 253.)

de munitions; il tient tête à Lesdiguières et à Montmorency; il entre avec eux en négociation pour traiter de la paix; il apaise le ressentiment des Églises contre le Cercle, dont il cherche en même temps à déjouer les menées hostiles; il isole Châtillon et paralyse tous ses efforts pour reconquérir la popularité perdue : ainsi se passent les premiers mois de son commandement.

Sous l'autorité de ce nouveau général en chef, la ville d'Anduze continuait ses préparatifs de défense. Les consuls et le conseil ordinaire, presque toujours en permanence, prenaient à cet effet décisions sur décisions. Un jour, ils faisaient agrandir et fortifier un corps de garde[1]; une autre fois ils ordonnaient de tout disposer pour les canons, ils décidaient de continuer les travaux d'enceinte qui devaient entourer la montagne de Saint-Julien, ils mettaient en arrestation les voyageurs suspects[2],

---

[1] Voici le prix fait de cette réparation.

1622, mois de février, le 4. « M. Marc Paulet, Isaac Mouchet, et André, consuls de la ville d'Anduze, baillent à prix faict les réparations qui s'en suivent à Antoine Chabal, Jacques Brason, maçons de la dite ville : de faire à la tour dite de Bertrand Pauc une crote ou voulte à l'esgal du planchier qui y est et du long de la ruelle de la largeur d'une canne de bonne maçonnerie à chaux et à sable; — icelle aplanir de terre et faire les degrés pour y monter commodément au lieu qui lui sera montré et qui a esté ja marqué par les dits consuls; — réparer le couvert de la dite tour et corps de garde... » (P. Pelet, Reg. 1622, fol. 53.)

[2] 22 février 1622. « Proposé que ce jourd'hui estant arrivé un gentilhomme du Dauphiné, allant, selon le bruit, vers Aiguesmortes, il auroit esté arresté et interrogé, trouvé saisi de diverses lettres, et néanmoins en secret dict estre envoyé pour affaire important devers M. de Rohan, et parce que quelques uns auroient proposé de le faire conduire à mon dit seigneur, par le dit sieur Cardonnet et capitaine Bimard.

« Conclud que le dit Cardonnet et Bimard conduiront le dit sieur Audibert à mon dit seigneur de Rohan, et en cas le capitaine Fabre y ira, que sa dépense sera payée jusques à Montpellier. » (fol. 311 recto).

ils ordonnaient aux capitaines de quartier « de faire la ronde, chacun par tour, après les consuls », de faire monter soigneusement la garde, et ils avaient soin « de faire amas de charbon[1] ». (*Reg. des délib.*, fol. 307, 308, 311).

XVI.

Quelle que fût l'activité déployée par les Anduziens, les travaux de défense n'avançaient pas au gré de Rohan. Il aurait voulu que toutes les fortifications fussent déjà terminées, et ce n'était pas sans raison. En effet, les négociations entamées pour la paix n'avaient pu aboutir, et le roi s'était remis en campagne, partant de Paris « le jour de Paques fleuries » (le dimanche des Rameaux). Son armée, qui était considérable, devait s'accroître par les renforts qu'elle recevrait en route. Suivant son itinéraire de l'année précédente, Louis XIII entra dans les provinces de l'Ouest, pour reprendre sur les protestants les villes qui, depuis la levée du siège de Montauban, s'étaient armées de nouveau contre lui. Son projet bien connu était de venir combattre les huguenots du Languedoc. S'arrêterait-il devant

---

[1] 6 mars 1622. « Il sera baillé par les sieurs consuls au fondeur ce qu'il pourra défaillir pour fondre.

» Que les capitaines de cartier seront obligés faire chacung par tour, une sepmaine, ronde après les consuls, et feront faire la garde comme il faut, et porter les armes nécessaires, moyennant ce, deschargés de la dite garde, et procédant à la nomination d'iceux, ont esté esleus : pour la rue Droite le sieur de la Frigolière, pour la Tour le sieur Puyredon, pour le Pont le sieur Pontier, pour le Pas le sieur Bimard.

» Pour la réparation faite par dessus la porte du pont contre la muraille, a esté approuvé.

» Pour les réparations qu'il sera fait amas de charbon, et pour cest effect sera consigné entre les mains de sire Jean Lavernye, par le sieur consul Mouchet, *cent livres* pour en faire l'emploi suivant les mandats et controllement des sieurs Duplan et Broche » (fol. 311 verso).

Montauban pour en recommencer le siége, ou bien poursuivrait-il sa route pour venir directement attaquer Montpellier? Rohan l'ignorait; dans tous les cas, il avait intérêt de maintenir les communications entre cette dernière ville et les Cévennes, car c'était de cette contrée qu'il espérait retirer le plus de secours. En conséquence, il essaya de s'emparer des villages et châteaux-forts occupés par les catholiques, et qui, situés sur la route de Montpellier à Anduze, inquiétaient les mouvements des troupes huguenotes. Il commença par le château de Montlaur, qui du reste était le plus important de tous [1].

---

[1] Voici quelques détails sur la garnison de Montlaur, et sur le siége de cette place par le duc de Rohan. Nous les empruntons à l'*Histoire de la ville de Sommières*, par M. E. Boisson, pag. 255.

« Deux hommes de Sommières, l'un appelé Sabatier et l'autre Vessière, ayant été chargés par nos consuls de porter une lettre à Lunel, furent pris par la garnison de Montlaur; sur l'avis qu'en eurent les parents, la garnison de Sommières fit une sortie, où l'on prit deux hommes et deux mules appartenant au seigneur du lieu, le baron de Montlaur. Celui-ci les réclama avec promesse que, si on les lui rendait, il mettrait en liberté les deux prisonniers. Le lieutenant Laborde, qui commandait au château pour M. de Calonges, accepta l'arrangement à la prière des consuls, à condition que ceux-ci donneraient une paire de souliers à chacun des soldats qui avaient été de la sortie.

» Les excès de la garnison de Montlaur d'un côté, et de l'autre le besoin d'établir une communication sûre de Montpellier aux Cévennes, joint à celui d'opérer une diversion pour forcer le duc de Montmorency à quitter le siége de Bédarieux, déterminèrent le duc de Rohan à venir assiéger le château de Montlaur.

» Le duc, ayant fait battre ce château par quatre pièces de canon, et ayant fait une brèche suffisante, fit donner l'assaut le samedi saint, 26 mars. Le seigneur de Montlaur soutint l'attaque avec toute la bravoure possible, et obligea les assiégeants à abandonner leur entreprise, après avoir perdu une centaine des leurs et avoir eu une centaine de blessés. Le lendemain Rohan élargit la brèche et se prépara à donner un second assaut. Le seigneur de Montlaur, voyant qu'il n'y avait plus moyen de résister, demanda alors à capituler. Tandis qu'il parlementait, quelques officiers religionnaires qui étaient auprès du mur l'escaladent, entrent sans résistance, et tuent de sang froid plusieurs paysans

Les assiégés se défendirent vaillamment. Après avoir été forcés dans la première enceinte, ils s'étaient retirés dans les tours, où ils attendaient du secours. Rohan, de son côté, voyant leur persistance et supposant qu'il faudrait les forcer dans les réduits où ils étaient enfermés, craignit de manquer d'hommes et de munitions. Aussi écrivit-il à Anduze de lui préparer du renfort en cas de besoin. « Je suis devant Montlaur, disait-il dans sa lettre, où les assiégés prétendent avoir secours. Arrestez autant de poudre qu'il se pourra ; si le secours attendu par les ennemis arrive, tenez-vous prêts pour venir m'assister, et apportez des vivres pour trois jours. »

Cette lettre arriva le 24 mars. Aussitôt le Conseil décide « d'achepter autant de poudre qu'on pourra, et qu'il sera donné avis à Monseigneur le duc de celle qui a esté trouvée. Et que

qui étaient sans défense. Le seigneur de Montlaur, indigné d'une conduite aussi déloyale, se retire dans deux tours avec ses gens, et, après s'y être défendu avec succès pendant deux jours, il se vit enfin obligé de se rendre à discrétion. Rohan le fit prisonnier de guerre avec trois autres de sa suite ; tout le reste fut assassiné ou pendu, contre la foi donnée, au nombre de soixante et dix personnes, parmi lesquelles il y avait plusieurs de marque, ecclésiastiques et gentilshommes. Le château fut pillé par les religionnaires du voisinage, qui empêchèrent que les parents des morts ne les enterrassent, de sorte que la plupart furent la pâture ou des corbeaux ou des chiens.

» Ce succès coûta cher au duc de Rohan ; outre les morts, plus de cent cinquante blessés furent par ses ordres recueillis à Sommières, pansés et soignés pendant plus de deux mois aux frais de la ville. Mais, pour ne pas donner lieu à de nouveaux malheurs de ce genre, Rohan, ordonna la démolition du château de Montlaur et celle du château de Saint-Christol, auxquelles furent employés sur sa demande quarante hommes de notre ville (de Sommières) envoyés par les consuls. »

Pour achever et compléter ces détails, nous dirons que les ruines du château de Montlaur se voient encore de nos jours dans la commune de Monteau, sur la route de Montpellier à Sommières, à dix kilomètres de cette dernière ville.

pour cet achat, l'on empruntera deux cents escus » (fol. 313 verso).

Montlaur fut pris sans que le secours demandé à Anduze fût jugé nécessaire. Rohan se hâta d'en annoncer la nouvelle aux consuls de cette ville: « 29 mars. Proposé les lettres arrivées, l'une le jour d'hier à la fermeture de la porte, et l'autre ce matin, envoyées par Monseigneur le duc de Rohan ; la première donnant avis du succès de Montlaur, et l'intention de sa grandeur estre de passer oultre aux aultres lieux, et estre en chemin pour les attaquer ; et par ce qu'il aura besoin de boulets, poudre et mesches, demande qu'il soit permis au sieur Freret d'aller travailler aux boulets, et de préparer de poudre et mesches en aussi grande quantité qu'il se pourra, et qu'au premier jour viendra homme avec argent pour les payer, n'estant encore besoing de se mettre en despense d'envoyer des gens de guerre sans autre mandement. — Et icelle (lettre) d'aujourd'hui mandant d'envoyer cent pionniers pour abattre la forteresse de Montlaur. » La nouvelle de cette prise fut agréablement accueillie par les Anduziens, mais la demande qui venait après était loin de leur sourire. Ils décidèrent « de faire amas de tout, autant de poudre que de mesches qui se pourra rencontrer ; mais, eu égard au grand travail qu'il leur convenoit faire selon son commandement, ils le supplièrent de les décharger des cent pionniers qu'il leur demandoit. » (fol. 313 verso)[1].

Ce n'était pas la seule décharge qu'ils réclamaient du général en chef. Les bruits de paix commençaient à circuler de nouveau ;

---

[1] Ne pouvant tirer des pionniers d'Anduze, Rohan en demanda à Sommières, qui, comme nous venons de le lire quelques lignes plus haut, lui en fournit quarante. (*Hist. de Sommières*, pag. 257.)

de là, des difficultés et des irrésolutions à l'endroit des travaux de défense. Pourquoi les poursuivre, si nous devons avoir la paix? disait une partie de la population. Le Conseil de ville ne savait quelle décision prendre. Il envoya chercher M. de Lezan pour savoir son avis, et, lorsque celui-ci fut venu et qu'on l'eut entendu « il fut décidé qu'on enverroit une depputation vers sa grandeur le duc de Rohan, pour lui soumettre les nécessités et incommodités de la population, et avoir son ordonnance » (fol. 315 recto).

XVII.

Tandis que cette députation s'acheminait vers le duc de Rohan, le Conseil de ville et la population entière éprouvaient un vif mécompte. Le coulage des canons n'avait pas réussi[1]. Cet insuccès prenait presque les proportions d'un malheur public. Point de canons au moment où l'armée du roi se mettait en campagne ! Et si elle venait assiéger la ville, comment défendrait-on l'enceinte dont on avait commencé de l'entourer ? D'ailleurs, c'était la troisième fois que l'opération du coulage avait échoué, le mécontentement général était à son comble.

[1] Au premier échec de Freret, la communauté avait été bien tentée de lui retirer ce travail; mais le manque de maîtres-fondeurs l'avait obligée de le lui continuer. C'est ce que nous apprennent les deux délibérations suivantes :

12 mars 1622. « Proposé si on doit employer et rechercher d'autres maistres fondeurs, au lieu de Freret, attendu que le dit Freret, aiant fait l'essai de la dite fonte par deux fois, il n'en a pu venir à bout.

» Ouy sur ce le dit Freret, en ses raisons, conclud qu'il sera escript par homme exprès au capitaine Bourguet, à Montpellier, et au sieur Teissier, à Nîmes, pour savoir d'eux si on peut avoir un maistre fondeur de l'une et l'autre ville, pour assister à la dite fonte, et ce pendant que le dit Freret et son compagnon demeureront arrestés en la présente ville, jusqu'à ce qu'ils aient satisfait à leur contrat » (fol. 312 recto).

Le 2 avril, le Conseil apprenant « que pour la troisième fois le fondeur avait failli à faire les canons, décida que Freret (c'était le nom du fondeur) serait tenu se charger par acte publique de la quantité de materiaux qu'il avait reçus de la ville par les mains des depputés, et après qu'il seroit pourvu d'autres maistres » (fol. 316 recto).

Une mauvaise nouvelle n'arrive jamais seule. Le lendemain de l'insuccès du maître fondeur, survint la demande d'une imposition extraordinaire; ce fut le sieur Paulet, premier consul, qui en fit la proposition au Conseil, le 3 avril. Il exposa « que les comptes de l'année dernière avoient été examinés, et qu'il se trouvoit estre deu par la ville aux comptables plusieurs sommes, et par ce, qu'il estoit nécessaire de procéder à l'imposition de la cottité de la ville, des deniers despartis en l'as-

---

20 mars 1622. « Proposé qu'ayant escript à Montpellier et à Nismes pour avoir un maistre fondeur pour assister à la fonte des canons, ils auroient eu réponse portant que le maistre de Montpellier qui travailloit à Nismes auroit offert venir dès que les deux qu'il fait à Nismes seroient parachevés, ce qu'il espère faire dans peu de jours, à condition que les sieurs Freret et Boyer ne seront présents quand il travaillera. — Lecture faite de la dite lettre, délibère que le sieur Freret sera ouy.

» Le dit sieur Freret s'estant présenté, a dit qu'il offre, comme il a toujours fait, de satisfaire à son contrat, et supporter les dommages et intérest des inconvénients survenus, empeschant qu'un maistre ne soit appellé pour le voir travailler; — n'estant raisonnable qu'à présent qu'il est constitué en de grands frais, et qu'il a son cas prest et en estat pour fondre dans huit jours pour le plus tard, un aultre maistre vint, la table mise, protestant en ce cas de ses dommages et intérests, comme de même il offre de les payer en cas il ne les satisfaira.

» Attendu que les maistres de Nismes ne sont encore prest pour venir, et l'offre du dit Freret, délibère qu'il lui sera permis de faire un troisième essai, à condition que, n'en venant à bout, il sera tenu aux dommages et intérests sans espoir d'y retourner, à quoi il s'est soubmis » (fol. 313 recto).

siette de la province, pour le secours de Montauban, et sur la viguerie; lesquelles cottités se montoient à plus de 4,588 livres; que le premier terme estoit echeu, et que la ville se trouvoit pressée par ses créanciers. » Le Conseil fut attéré. Comment se procurer cette somme? Après une longue discussion, il décida « qu'on imposeroit vingt sols par chaque livre de présage ». Cent pour cent d'augmentation de tailles! Imposition écrasante; aussi fallut-il songer à des réductions de dépenses, et les pasteurs ne furent pas épargnés : « A cause de l'extrême pauvreté et grandeur des charges, Messieurs les pasteurs sont priés de vouloir se contenter pour cette année de 400 livres chacun (ils recevaient 600 francs d'honoraires), y compris l'arrantement de la maison. » Le mécontentement du Conseil retomba surtout sur le pauvre fondeur de canons : « Le sieur Freret sera arresté jusques les canons faits, et la ville dédommagée, et il sera mandé quérir un maistre expérimenté à ses dépens » (fol. 314 recto).

XVIII.

En voyant l'armée royale suivre l'itinéraire de l'année précédente, les protestants s'étaient demandé si elle ne recommencerait pas le siége de Montauban. « Les habitants de cette ville, nous dit Rohan, craignant qu'on ne vînt à eux, sollicitent le duc de Rohan de leur envoyer un gouverneur et des gens de guerre, lequel envoya Saint-André de Montbrun, qui s'y jeta avec 500 hommes de pied, fort heureusement et courageusement. » (*Mémoires de Rohan*, collection Petitot, 2me série, tom. XVIII, pag. 215.) Le général en chef des Églises du bas-Languedoc ne s'était pas borné à cet envoi; il avait en même temps demandé aux protestants des Cévennes un subside en argent, pour aider les Montalbanais à soutenir un second siége ; ceux d'Anduze n'avaient pas été oubliés. « Le 6 avril 1622, les consuls reçurent une lettre de Monseigneur le duc, qui leur mandoit de faire une collecte en faveur de la ville de Montauban. » Le Conseil ne fut pas d'avis d'aller solliciter les dons individuels, mais il donna charge aux consuls « d'emprunter à intérest cent escus pour bailher aux depputés de la dite ville, et, pour l'assurance du paiement, d'obliger les biens de la communaulté » (fol. 317 verso)[1].

XIX.

Après avoir pris et démantelé plusieurs villages et châteaux fortifiés qui se trouvaient dans le voisinage de Montlaur, Rohan avait laissé son armée sous le commandement de l'un de ses lieutenants et s'était dirigé en toute vitesse sur le Vivarais, où il devait se rencontrer avec Lesdiguières, pour reprendre les négociations relatives au rétablissement de la paix. Les conditions arrêtées, Rohan avait écrit de Barjac, à la date du 20 du mois d'avril, une lettre respectueuse à Louis XIII, et avait été se replacer à la tête de son armée. Il la trouva campée dans le voisinage de Montpellier. Mais Montmorency était également près de cette ville, et il venait de se rendre maître d'un village

---

[1] Autre chose était de voter un emprunt, surtout en ce moment-là, et autre chose était de le contracter. En effet, les cent écus destinés à Montauban n'étaient pas encore trouvés le 23 avril, comme nous l'apprenons de la délibération suivante : « Proposé le depputé de Montauban pour recevoir la subvention accordée à la dite ville, estre en la présente ville, et par ce qu'ils n'ont d'argent en main, demandent comment ils pourront se conduire.

» Délibère : que s'il n'y a moyen de rien rabattre des cent escus offerts, et les réduire à 50 escus, de bailher les trois cents livres, et donne pouvoir de les emprunter » (fol. 318 recto).

du nom de Cournonsec. Rohan voulut lui tenir tête. Il fallut, pour cela, qu'il demandât un renfort de troupes. Il écrivit donc aux villes protestantes les plus rapprochées, et, à ce titre, il adressa une lettre à Anduze. 10 avril 1622. « Sur la proposition faite, estre nécessaire de faire une troupe pour le secours demandé par Monseigneur le duc de Rohan. Lecture faite des lettres des sieurs Paulet et Lavernye (ils avaient été envoyés en députation, quelques jours auparavant, au duc de Rohan, auprès duquel ils se trouvaient encore), et celles de Monsieur le marquis de la Charse et de Monsieur le juge, a esté conclud que le capitaine Teissier sera prié faire une troupe le plus tôt qu'il lui sera possible. Qu'il sera baillé aux soldats qui porteront leurs armes, pour les bouches à feu tant seulement, trois livres chacung, et aux autres deux livres sur leur départ, outre les munitions de guerre, et seront, pendant le voyage, déchargés de gardes et de corvées. » (fol. 318 recto).

Trois jours après, nouvelle lettre. Elle fut lue le 13 avril en présence du Conseil général, dans le temple, à l'issue du prêche. « A esté proposé M. de Rohan avoir derechef escript et mandé d'envoyer promptement des gens de guerre pour lui assister à résister aux ennemis, la lettre se dressant à la ville et viguerie, en ayant esté donné connaissance aux depputés d'icelle et requis d'y délibérer.

» Sur quoy a esté conclud qu'il sera fait une compagnie de cent hommes auxquels seront baillé trois livres chacung, que les consuls advanceront, sauf à les répéter sur la viguerie, et sera la présente délibération signifiée aux depputés » (fol. 317 verso).

Avec cette compagnie et quelques autres tirées des villes voisines, on forma un régiment qui rejoignit le duc de Rohan.

Celui-ci, se voyant avec des forces égales à celles de Montmorency, vint lui présenter la bataille. Il osa même attaquer sous ses yeux le village de Saint-George, et guerroya avec lui pendant plus d'une semaine. Mais il n'y eut aucune affaire sérieuse, et tout se réduisit à quelques escarmouches.

XX.

Les députés envoyés auprès du duc de Rohan pour lui demander l'autorisation de suspendre les travaux des fortifications, avaient obtenu un sursis jusqu'au 8 mai. Ce terme étant arrivé, et les espérances de paix s'étant de nouveau évanouies, le Conseil, mis en demeure, décida « que les travaux seroient repris ». La décision prise à ce sujet est trop importante pour que nous ne la rapportions pas dans son entier :

« 1622, 15 may. A esté proposé, qu'ayant esté ci-devant desliberé faire des fortifications pour la conservation d'icelle ville, et se garantir de la rage des ennemis, et le sieur d'Argencour auroit esté prié de venir aux fins de voir les endroits où les dites fortifications sont nécessaires estre faites. Lequel s'y estant acheminé, auroit témoigné estre nécessaire y faire trois bastions, l'ung à l'endroit de la tour ronde, l'autre à l'endroit du château, et l'autre à l'endroit de la Boucarié, desquels en auroit dressé les plans. En foi de quoy ayant esté le sieur de Lézan prié d'en venir faire les trasses (le tracé) et mesuraiges, après avoir commencé d'y travailher.

» Sur certain bruit que les ennemis firent courir que ces mouvemens estoient en voie d'estre accommodés, par Conseil de la présente ville fut desliberé qu'il seroit surceu (sursis) au parachèvement des dits marques et mesuraiges, durant quinze jours, attendant de voir si les recommodemens se parachèveront, et de tant que les dits quinze jours et davantage se sont passés sans en avoir veu aucung advancement ; ains il y a des advis certains que les ennemis continuent plus que jamais en leurs persécutions, et font de grands préparatifs pour y parvenir, estant par ce nécessaire de se fortifier pour se deffendre en cas d'attaque. C'est pourquoy ont-ils fait assembler le présent Conseil, aux fins qu'il leur soit donné advis de la voie qu'ils doibvent tenir sur ce sujet, et en deslibérer.

» Sur quoy, ayant esté les voix et oppinions recueillies par le sieur Paulet, premier consul, uniformément et sans discrépance, a esté deslibéré, qu'attendu que le sieur de Saint-Bonnet, qui estoit l'un des depputés en l'assemblée générale, est en la présente ville, et qu'il vient de vers Monseigneur le duc de Rohan, général des Églises réformées de cette province, le dit sieur de Saint-Bonnet sera prié venir en la présente maison consulaire, pour apprendre de sa bouche l'estat de ces mouvemens, et qu'est-ce qu'il en a appris de la part de mon dit seigneur, et, pour l'en supplier, les sieurs de la Frigoulière et de la Farelle ont esté depputés, lesquels se y sont le mesme moment achemynés.

» Après estant le dit sieur de Saint-Bonnet arrivé dans la dite maison consulaire, ayant représenté les cruautés que les ennemis exercent en la persécution de ceux qui font profession de la religion réformée, qu'ils se jactent en vouloir particulièrement contre la présente ville, et avoir appris par la bouche de mon dit seigneur de Rohan qu'il n'y a aucune apparence de paix ni d'accommodement, et est très-nécessaire se fortifier et deffendre vigoureusement, pour arrester le cours des dites persécutions et cruautés.

» En suite a esté conclud qu'il sera travaillé au plus tôt à faire les bastions et fortifications que le dit sieur d'Argencour a trouvé bon estre faits en la présente ville, suyvant le plan qu'il en auroict dressé. Que les dites marques et mesuraiges seront parachevés par le dit sieur de Lézan, qui pour cest effect sera prié de retourner en la dite présente ville pour, après les dits mesuraiges et marques faitz, les dits bastions et fortifications estre baillés à priffait, à la construction desquels sera travaillé en tous les endroits ou doibvent estre faitz, et que la somme de mil livres qui a esté octroyée a icelle ville à l'effect des fortifications, par mon dit seigneur le duc de Rohan, sera employée pour ce pendant à icelles; et pour le surplus de l'argent que y conviendra employer, y sera pourveu suyvant les occurences. » (Registre B, fol. 4 recto.)

Cette décision prise, les ingénieurs se mettent immédiatement à l'œuvre; ils se transportent sur le terrain munis de leurs jalons, de leurs chaînes d'arpentage, de leurs équerres; mais à peine ont-ils fait abattre quelques arbres, quelques pans de muraille pour tracer leurs lignes, qu'ils sont arrêtés par l'opposition des propriétaires. Naturellement, ils en réfèrent au Conseil, par l'intermédiaire des consuls.

« 1622, 31 may. A esté proposé que les sieurs d'Argencour, de Lézan et Dalmas, ayant esté employés pour donner leur advis sur les fortifications, en auroient faict les plans et marques, lesquelles estant ce jourd'hui continuées par le dit sieur de Lézan, aux fins qu'après on puisse faire travailher aux dites fortifications ordonnées par monseigneur le duc de Rohan; icelui monsieur de Lézan faisant les dites marques, auroit trouvé que plusieurs murailles des pièces et jardins qui se rencontrent aux lieux ou les dits bastions doibvent estre faits, et les arbres qui y sont, empeschent de faire icelles marques, à cause de quoy estre nécessaire abattre les dites murailles, et couper les arbres; à quoy faisant travailher, aucuns des propriétaires des dites pièces ne le veulent permettre et se jactent empescher par force iceuls qui y travailleront; et d'autant que cela empesche, ou du moins retarde les dites fortifications, le présent Conseil a esté assemblé aux fins de desliberer et conclure sy les marques des fortifications seront parachevées; et si les dites murailles et arbres qui donnent de l'empeschement seront abattus, et aussi quelle voie doibt estre prinse, après que les dites marques seront faictes pour la construction des dits bastions, veu que la necessité de les faire presse.

» Sur quoy a esté conclud que les dits bastions et fortifications seront faits par la présente ville, suyvant les plans et marques qui ont été faits par les dits sieurs d'Argencour, de Lézan et Dalmas; et ce quy empeschera faire la continuation d'icelles, soit murailles, soit arbres, sera demoly et abattu sans aulcune exception, nonobstant toutes les oppositions que les particuliers pourront fournir sur ce subjet; et qu'après les dites marques et mesuraiges faicts, la construction d'iceuls bastions sera bailhée a prissait, a celui ou ceux qui feront la condition meilleure au profit de la communaulté. » (Reg. fol. 5.)

XXI.

Tandis que ces résolutions se prenaient à Anduze, Louis XIII s'avançait vers le Languedoc. S'étant emparé de Négrepelisse le 11 juin[1], et de Saint-Antonin le 13, il fit marcher son armée

---

[1] « Négrepelisse fut prise d'assaut; rien n'y fut épargné; tous les hommes furent tués, à l'exception de quelques-uns qui payèrent rançon; de braves huguenots furent pendus dans leurs vignes au pied de l'arbre des ancêtres : ils l'avaient demandé avec ardeur, car l'Écriture disait

vers Toulouse, en lui faisant décrire un grand circuit autour de Montauban, qu'il avait renoncé d'attaquer. De Toulouse, où il séjourna quelque temps, il se dirigea vers Béziers, où il s'arrêta. Avertis de ces mouvements, les députés des Églises du Bas-Languedoc et des Cévennes s'étaient réunis à La Salle et avaient renouvelé leur union avec serment de se défendre.

Elles avaient été bien inspirées en formant le projet de s'encourager ainsi par des promesses solennelles d'assistance mutuelle, et de fidélité inviolable à la bonne cause, car les généraux de Louis XIII ne tardèrent pas à se conformer au plan de campagne qui avait été arrêté dans leurs conseils. Ce plan de campagne consistait d'abord à faire le dégât et à tout ravager autour des villes qu'ils devaient assiéger. Montmorency commença cette œuvre de destruction dans la plaine qui s'étend entre Nimes et Montpellier, et il se mit à faire faucher les moissons pendantes à cette époque de l'année; un autre chef de l'armée du roi se préparait à en faire autant autour de la ville d'Alais. Des secours furent immédiatement demandés aux Églises, au nom de ces deux villes; comme on peut le penser, celle d'Anduze n'avait pas été oubliée[1]. Suivant son habitude,

---

que rien n'était plus doux que de finir sa vie sous l'ombrage de sa vigne ou de son palmier. (Capefigue; Richelieu, Mazarin, etc., tom. III, pag. 162.)

[1] 1622, 13 juin. « Les consuls..... ont proposé qu'ils viennent de recevoir tout présentement lettres missives escriptes aux sieurs officiers, consuls, consistoire, l'une par M. le duc de Rohan, portant mandement d'envoyer promptement du secours à la ville de Montpellier, pour s'opposer au degast que les troupes de M. le duc de Montmorency font aux bleds qui sont es environs de Montpellier, les faisant faucher avec des faulx avant que les dits bleds soient mûrs; et l'autre par les dits sieurs consuls de Montpellier, portant prière envoyer promptement le dit secours au dit effet et créance en la personne du sieur de La Foux, depputé des dits consuls. C'est pourquoi ont-ils fait assembler le dit

elle s'empressa de promettre des gens de guerre, de les mettre sur pied, et de les expédier aussi promptement que possible vers les points menacés.

Trois jours après, Rohan se rendit à Anduze, où il était attendu. C'était un dimanche. Il assista au prêche du soir; et après la prédication du pasteur il prononça une chaleureuse allocution qui électrisa l'assemblée. Le sommaire de son discours et des résultats qu'il obtint se trouve dans la délibération suivante, que nous nous empressons de transcrire. « 1622,

conseil pour délibérer à cest effect, et, en cas sera trouvé bon y envoyer le dit secours, savoir quel nombre de gens de guerre y sera envoyé, et sous la conduite de qui? Attendu la nécessité de ce faire presse fort, comme est mentionné par les dites lettres.

» Ouy la lecture des deux dites lettres, et M. de La Foux ouy en l'exposition de sa créance, conclud qu'il sera envoyé le secours requis, le plus promptement qu'il sera possible, et que pour cest effect les consuls de la présente ville escriront aux consuls et depputés de la viguerie se rendre au plus tôt en icelle ville pour s'assembler et pourvoir à ce qui sera nécessaire pour le dit secours » (fol. 15).

Jeudi, 16ᵐᵉ jour du mois de juin. « Sur la proposition faite les consuls d'Allès avoir escript pour estre secourus en cas de besoing, sur l'apréhention (l'appréhension) qu'ils ont d'estre attaqués par les ennemis, portant créance en la personne du sieur Augan, consul et depputé pour cest effect de la dite ville d'Allès, et qu'il est requis deslibérer sur ce subjet.

» Après lecture faite de la dite lettre, et entendu le dit sieur Augan en l'exposition de sa créance, qui a représenté les dits consuls de la ville d'Allès avoir eu advis que monseigneur le marquis de Portes fait lever des gens de guerre pour venir faire les degast aux bleds tant dans la viguerie d'Allès que de celle de la présente ville d'Anduze, et autres lieux de la présente province des Sévennes, et le besoing qu'ils ont d'estre secourus aux fins de les repousser, comme estant menacés d'estre les premiers attaqués.

» A esté conclud uniformément qu'il sera pourveu par la présente ville au secours demandé par les consuls de la ville d'Allès, jusqu'au nombre de cent hommes de guerre, qui seront conduits par le capitaine qui, pour cest effect, sera choisy, et que ce pendant on se tiendra prest pour se mettre en debvoir de marcher lors que les occurences s'en présenteront. » (Id., fol. 17 recto.)

19 juin, dans le temple, à l'issue du prêche du soir, par-devant monseigneur le duc de Rohan, les consuls et habitants de la dite ville s'y estant arrestés après la bénédiction, suyvant l'exhortation a eulx faite par le sieur Horlé, pasteur.

» Par mon dit seigneur le duc de Rohan a esté représenté que les ennemys de cest estat, pour plus facilement parvenir à la ruine qu'ils ont projectée d'iceluy, et à la persécution par eux commencée contre nostre party, despuis leurs maulvais desseins et entreprises, ont tasché par tous les moyens à eux possibles semer la désunion parmi nous, et par un tel artifice faict le plus d'efforts à notre préjudice. Dans la croyance de parvenir au bout de leurs desseins, ils ne cessent d'y travailler et augmenter journellement de tant plus la dite désunion, à quoi est très-nécessaire remédier et y apporter les empeschements qui seront possibles par le renouvellement d'une union générale, en laquelle mon dit seigneur a protesté vouloir demeurer inséparablement pour le soustien de la gloire de Dieu et manutention de son Église, comme il en a toujours donné des assurés témoignages, et qu'il désire vouloir continuer; mesmes le témoigner particulièrement envers la présente ville, pourvu que par les susdits habitants lui en soit faicte une réciproque et assurée promesse.

» Sur quoy tous les susnommés et autres assistants, uniformément et d'une commune voix, ont très-humblement remercyé mon dit seigneur, le suppliant vouloir continuer en ses bonnes volontés, soubz promesse qu'ils luy ont faict de demeurer insepparablement unys et conjoincts à luy, ne l'abandonner jamais, dépendre entièrement de son service, et rendre une parfaite obéissance à tous ses commandements, et l'ont solennellement juré, la main par chacun d'eulx levée à Dieu. » (*Id.*, fol. 19 verso).

Ces promesses solennelles ne tardèrent pas à recevoir leur effet. On mit aux enchères le travail des bastions[1] ; on décida de faire fabriquer de la poudre[2], de se procurer du bois pour

[1] 1622, mardi 22 juin. « A esté proposé que les bastions à faire en la présente ville auroient esté mis aux enchères, y auroient esté faites diverses offres, et sur dites, même par Ozion Desaurières, marchand de cette ville, sur le bastion de devant du château, qui auroit offert le faire faire avec sa courtine pour la somme de 8,700 livres; après laquelle offre, s'estant, Jean Martial, du lieu de La Salle, présenté, et offert, tant en son nom que de ses associés, faire construire le dit bastion pour la somme de 8,650 livres, la dite offre auroit esté receue, et, le lendemain, Jean Resplandy, de la ville de Montpellier, auroit diminué la dite surdicte d'aultres 50 livres, et offert faire faire le dit bastion et courtine pour la somme de 8,600 livres; et de tant que le dit Resplandy ne faict apparoir d'aulcune caution, ny procuration de ceux avec lesquels il disoit pactiser pour faire la dite offre, ains (mais) demanda dellay de quatre jours pour en communiquer avec ses prétendus associés, et les faire venir du dit Montpellier pour cautionner pour lui, fut desliberé par les depputés a voir faire la deslivrance des dits bastions, que la surdicte du dit Resplandy ne sera pas receué, et que icelle du dit Martial tiendroit, lequel Martial, soubs prétexte que la surdite du dit Resplandy auroit esté escripte, auroit déclaré ne vouloir soutenir sa dite surdicte; que fut cause qu'il fut desliberé que seroit contraint d'effectuer icelle, et jusques ce faict, arresté dans la présente ville, et que la construction du dit bastion et courtine seroit crié à la folle enchère, et des puis le dit Martial n'ayant daigné y satisfaire, cela auroit demeuré en l'estat, tellement que, par ce moyen, le dit bastion a demeuré comme faict, encore retardé, à quoi est nécessaire pourvoir, et en desliberer.

» A esté conclud qu'il n'y avoit lieu recepvoir la surdite du dit Resplandy, attendu qu'il ne présente aulcunes cautions, ni ne faisoit apparoir d'aucune charge et procuration de ceux qu'il disoit estre ses associés, et que le dit Martial sera constrainct tenir la surdite par lui faite de la construction du dit bastion et courtine, lequel, en tous cas, sera préféré le prendre au prix de la surdite précédant la sienne, qu'est celle du dit sieur Desaurières » (fol. 21 recto).

[2] 1622, même jour (22 juin), même séance. « Proposé aussi estré nécessaire faire faire de poudre pour la présente ville, aux fins de s'en servir aux occurances, et qu'on pourroit faire faire de salpêtre, dans la présente ville, pour la convertir à faire la dite poudre, ne pouvant estre recouvré aulcung salpétrier d'ailleurs.

» Conclud qu'on fera faire telle quantité de poudre pour la commu-

monter l'un des canons nouvellement fabriqués¹, et le Conseil autorisa les consuls à contracter des emprunts².

Les courses et les ravages de l'armée royale allaient en s'étendant. Montpellier en souffrait de plus en plus, et la ville d'Uzès en était menacée. Les consuls d'Anduze étaient à la lettre assiégés de députations, qui arrivaient d'heure en heure pour réclamer du secours³. Le conseil de la viguerie était en quelque

nauIté de cette ville qu'il sera possible, et, qu'à ces fins, les susdits Jean Robert, fils à autre feu Jean, et Jacques Baulx, qui pour cest effect ont esté depputés, y feront travailher et dresser des botiques, pour faire le dit salpetre et poudre, et pourvoir à faire bailher les terres, souffre, et aultres choses nécessaires à ceux qui y vacqueront. » (*Id.*, fol. 21 verso.)

¹ 1622, même jour (22 juin), même séance. « De même auroist esté proposé qu'il est requis avoir du bois d'ollivier pour faire la fonte de la coulouvrine de la présente ville, suyvant la demande que M. Nicolas Poncet a, ce jourd'hui, faite aux consuls, à quoy est nécessaire pourvoir.

» A esté conclud que le dit bois d'ollivier qui sera nécessaire pour faire la dite fonte, sera prins par les dits sieurs consuls, ou l'un d'iceulx au nom de la présente ville et communaulté, de celuy des papistes, et des arbres qu'on jugera estre des plus propres pour ce faire et commodes à la dite présente ville, à quoy les dits sieurs consuls modernes pourvoiront » (fol. 22 recto).

² 1622, du dit jour (mardi, 22 juin) et dans la même séance. « A esté proposé qu'il est nécessaire d'avoir de l'argent pour deslivrer et faire des advances à ceux auxquels la construction des dits bastions sera délivrée, les dits consuls n'ayant en leur pouvoir aulcungs deniers appartenants à la communaulté, et ceux qui ont faict des surdites sur les dits bastions ne veulent point travailher sans les dites avances ; à quoy est requis, et grandement nécessaire pourvoir, veu la nécessité pressante de faire faire iceulx bastions.

» A esté conclud uniformément qu'il sera emprunté par les dits consuls, pour et au nom de la présente ville et communaulté, la somme de 12,000 livres pour estre employées au paiement de ceux qui prendront à faire les dits bastions, sans que la dite somme puisse estre disvertie, ni convertie à aultres usaiges, ou ce seroit pour en achepter de munitions de guerre, pour la dite présente ville et communaulté, si le Conseil le trouve bon » (fol. 20 verso).

³ 1622, 23 juin, le Conseil viguerial assemblé, MM..... « A esté pro-

sorte en permanence et accueillait favorablement ces demandes.

La fin du mois de juin et les premières semaines du mois de juillet se passent, pour les Anduziens, à s'occuper de leurs bastions et de leurs autres travaux de défense, à contracter des

posé, messieurs les consuls de Montpellier avoir escript lettre aux consuls de la présente ville, par laquelle ils demandent leur estre donné secours promptement, pour s'opposer à l'oppression que les ennemys leur font, et au dégast qu'ils commettent aux bleds qui sont ez environs de Montpellier, pour lequel subject le présent Conseil a esté convoqué aux fins d'en délibérer, et y prendre les expédiants qui seront jugés propres et nécessaires.

» Lecture faite de la dite lettre, qui est datée du 22me du courant, et ouy le sieur de Valescure, depputé de la dite ville de Montpellier, en l'exposition de sa créance, a esté conclud uniformément que, oultre le régiment du sieur Dupilon, qui a esté ordonné par monseigneur le duc de Rohan pour le secours du dit Montpellier, il sera de nouveau envoyé au dit Montpellier pour secourir iceluy, par la présente ville et viguerie, une compagnie de cent hommes de guerre, qui seront fournis tant par le corps de la dite ville que par les lieux de la dite viguerie, suyvant le despartement qui en sera fait, et que le dit sieur Dupilon sera exhorté faire advancer avec diligence son dit régiment, et le conduire au dit Montpellier, attendu la nécessité pressante, néanmoings, et aux fins que les services qui pourroient estre ci-après demandés par ceux du party, à la présente ville et viguerie, soient donnés avec plus de diligence et promptitude, que par les sieurs consuls d'icelle ville, avec les sus dits de Lafarelle, Julian Novi, Puech et Bourras, depputés de la viguerie, sera fait un despartement, et celle par tariffe, contenant cotisation de ce que, tant la dite ville, que chacung lieu de la dite viguerie seront tenus contribuer pour les secours qui seront demandés. » (*Id.*, fol. 23.)

1622, du dit jour 23 juin, six heures de l'après-midi, le Conseil viguérial assemblé. « A esté proposé les consuls de la ville d'Uzès avoir escript lettre portant créance à la personne du sieur Rodier, leur depputé.

» Lecture faite de la dite lettre, et ouy le dit sieur de Rodier en l'exposition de sa créance, qui a représenté l'oppression en laquelle est la dite ville d'Uzès, à cause des troupes de gens de guerre que M. le marquis de Portes a fait venir près icelle ville, et le besoing que la dite ville a d'arrester les courses que les dites troupes viennent faire jusque près de leurs fossés, à quoy ils n'ont moyen s'opposer sans estre secourus. — A esté conclud qu'il sera pourveu au secours demandé suyvant l'ordre

emprunts, à réunir les gens de guerre qu'on leur demande de divers côtés. Les bastions ont été délivrés aux derniers enché-

qu'il plaira à M. le marquis de la Charse, lieutenant-général en la présente province des Sévennes, en donner, et qu'à ces fins le dit sieur Rodier et les consuls Mouchet et Noir, qui ont esté depputés, s'achemineront devers le dit sieur de la Charse, pour le supplier y pourvoir selon sa prudence, et comme il jugera estre nécessaire. » (*Id.*, fol. 24 verso.)

1622, vendredi 24 juin, le Conseil viguérial assemblé. « A esté proposé le subjet pour lequel le présent Conseil a esté convoqué, et le retour des sieurs Rodier, depputé de la ville d'Uzès; de Mouchet et Noir, depputés de la présente ville et viguerie, devers M. le marquis de la Charse, lieutenant-général de la présente province.

» Après avoir entendu les sieurs Rodier, Mouchet et Noir, qui ont rendu compte de leur depputation avec une lettre escripte par mon dit sieur marquis aux consuls et depputés de la ville et viguerie d'Anduze, et que lecture de la dite lettre a esté faicte, par laquelle il remet la prévoyance du secours demandé aux dits sieurs consuls de la présente ville, le dit sieur de Rodier, de rechef, ouy en l'exposition de la créance à lui donnée par les sieurs consuls d'Uzès :

» A esté conclud que, pour le dit secours requis par les susdits sieurs consuls d'Uzès, y sera envoyé par la présente ville et viguerie d'Anduze une compagnie de gens de guerre, laquelle sera prinse tant du corps de la présente ville que sur les lieux de la dite viguerie, suyvant le rolle et despartement qu'en sera faict et dressé par tariffe, et que chacung enverra ses soldats de sa cottisation, en icelle présente ville, entre ci (vendredi) et dimanche prochain, 27me jour de ce mois, ou le lendemain matin pour le plus tard, aux fins d'estre mis sous la charge du capitaine, qui pour cest effect sera advisé par les dits sieurs consuls et depputés et par lui conduits au dit Uzès, laquelle compagnie sera soldoyée par la ville d'Uzès. » (*Id.*, fol. 26 recto.)

1622, juin, mardi 28. « A esté proposé par le premier consul lettre pressante de M. le duc de Rohan, par laquelle il ordonne de secourir la ville de Milhau, qui s'en va estre assiégée, et portant créance à la personne du sieur de Sizigne, depputé de Monseigneur, et les sieurs consuls de Milhau leur avoir escript autre lettre portant créance à la personne du sieur du Luc, depputé du dit Milhau, par laquelle ils prient la présente ville leur vouloir donner le dit secours, sur quoy convient de deslibérer tout présentement.

« Après que la lecture des dites lettres a esté faite, et que les dits sieurs Sizigne et Duluc, depputés, ont esté ouys en l'exposition de leurs créances, a esté conclud uniformément qu'il sera obei au contenu de la

risseurs ; leurs dimensions ont été fixées, le prix en a été arrêté[1], mais les travaux n'avancent pas assez vite, par la faute des entrepreneurs, qui n'apportent pas assez de diligence, et dont il faut aiguillonner la lenteur[2]. Les emprunts sont urgents, car les ouvriers se plaignent de manquer d'argent, et font retomber sur les consuls la responsabilité de leur retard[3]. Les de-

dite lettre de Monseigneur, et ce faisant qu'il sera pourveu au secours requis, pour lequel effect les sieurs consuls de la présente ville manderont assembler les depputés de la viguerie le plus tôt que faire se pourra, et qu'on fera depputation devers M. le marquis de la Charsé, lieutenant général de cette province, pour scavoir de luy s'il agrée que les compagnies des sieurs de Blatiés et Brunel qui sont sur pied en ceste ville, s'achemynent du costé du dit Milhaud, pour le dit secours et, au cas où il l'agrée, le prier bailher son ordre pour marcher » (fol. 30 verso).

[1] « Le Conseil décida, dans sa séance du 29 juin, que les murailles du bastion devant la porte de la Boucarié auroient 4 cannes 4 pans (9 mètres) y compris les fondements, les quatre pans du haut du mur devoient être au-dessus du cordon. » (Regist. B, fol. 33.)

Dans la même séance, les consuls annoncèrent que les deux bastions de la porte du château et de la tour ronde, avec leur courtine, avaient été délivrés au prix de 8650 livres, et celui de la Boucarié à 5250 livres; et comme l'ingénieur avait fait des additions au plan primitif, le conseil décida d'allouer en sus à l'entrepreneur la somme de cent livres.

[2] 1622, 19 juillet, même jour. « Aussi a esté proposé que ceux qui ont prins de priffait la construction des bastions de la présente ville, ne font travailler à iceux avec la diligence requise, ains (au contraire) n'y emploient que bien peu de personnes, demeurant par ce moien les dits bastions retardés, ce qui pourroit causer la perte de la ville en cas les ennemys viendroient l'assiéger, tellement qu'il est très-nécessaire de les faire parachever promptement, veu que la nécessité presse fort, comme nous est très-notoire.

» Conclud conformément que ceux qui ont prins la construction des dits bastions à priffait y feront travailler avec diligence, et y emploieront à l'avenir plus grand nombre de personnes qu'ils n'ont fait par le passé, et qu'à l'issue du présent conseil les sieurs consuls et les assistants leur feront entendre la présente délibération, et protesteront contr'eux au cas ils ne feront travailler promptement à iceulx bastions, de tous dommages et intérets que, par faute de ce, la présente ville pourroit souffrir. » (fol. 54).

[3] 29 juin. « Le Conseil autorise les consuls à emprunter à un nommé

mandes de secours, surtout pour Montpellier, deviennent toujours plus pressantes, car les divers corps de l'armée royale se rapprochent de ses murs et ravagent sa campagne [1].

Jacques Audoyer, capitaine, la somme de 1000 livres, moyennant l'intérest de 7 pour o/o par an. »

5 juillet. « Les consuls sont autorisés à emprunter au sieur Combier la somme de 3000 livres pour la construction des bastions » (fol. 35 recto).

7 juillet. « Afin de hâter la construction des bastions et fortifications, estant notoire que nos ennemys font plus de préparatifs pour leurs persécutions qu'ils n'avoient encore, et afin d'acheter les munitions nécessaires, le conseil décide d'emprunter 6000 livres à M. de la Gastède de Ginestous, qui consent à faire ce pret moyennant une obligation signée des quatre consuls et de quatre personnes notables de la ville » (fol. 39).

[1] 1622, dimanche, 17 juillet. « A esté proposé qu'il a esté adressé aux consuls lettre à eux escripte par le marquis de la Charse, lieutenant général en la présente province, avec coppie d'aultre lettre escripte au dit sieur marquis par Monseigneur le duc de Rohan, du quinzième du courant, lesquelles contiennent scavoir celle de mon dit seigneur, que le dit sieur marquis fasse haster les communes pour s'acheminer vers Montpellier aux fins de se joindre à mon dit seigneur; — et celle d'icelui sieur marquis exhortation aux susdits consuls de la présente ville et viguerie, de faire lever dans icelles le plus de gens de guerre que se pourra, et les faire marcher avec diligence au dit Montpellier, à cause de quoy le présent conseil est assemblé pour y pourvoir et en deslibérer.

» Lecture faite des dites lettres, et les voix et oppinions ayant esté recueilhies par le sieur Paulet, premier consul, a esté conclud uniformément et sans discrépance, qu'il doibt estre satisfait avec toute la diligence possible au contenu des dites lettres, et qu'à ces fins les consuls et depputés de la viguerie de la dite ville doivent estre mandés venir en icelle promptement pour y pourvoir, de quoy leur sera donné advis, et escript par les consuls de cette ville, avec exhortation de faire venir avec eux aultant de gens de guerre qu'il leur sera possible, pour les faire marcher ce pendant au dit Montpellier » (fol. 51).

1622, mardi 19 juillet. « Par les sieurs consuls a esté proposé qu'ils viennent de recepvoir lettres à eux escriptes par messieurs de Montpellier et dattées du seizième du présent mois, portant créance en la personne du sieur Gigort, pasteur, et Despuits, depputés du dit Mont-

Le dégât fait par les ennemis pourrait bien s'étendre jusque dans la plaine située au midi d'Anduze. Quelques habitants le redoutent, et, afin de prévenir le pillage, ils conseillent de rendre des ordonnances pour obliger les propriétaires de la partie basse de la viguerie à transporter leurs grains et leurs fourrages dans Anduze ; ils sont également d'avis de démanteler et de démolir les châteaux-forts qui ne sont pas en état de résister à l'ennemi. Terrible proposition, qui est dictée par les cruelles nécessités de la guerre, et qui s'impose aux magistrats de la ville ! Le Conseil en fut saisi :

« 1622, 17 juillet. Aussi a esté proposé, comme plusieurs personnes expérimentées au fait de la guerre auroient faict entendre aux sieurs consuls de rapporter au conseil de ceste ville que : les lieux, chateaux et forteresses qui sont ès environs et proche de la dite ville, venant à estre saisis par les ennemys, qui ne taschent qu'à nous surprendre, leur pourroient ès après servir de retraite et porter grande incommodité, non tant seulement à la présante ville, mais aussi à tout le général du party, et que les dits lieux, chateaux et forteresses ne peuvent estre gardés

pellier, laquelle créance seroit nécessaire entendre aux fins de délibérer et pourvoir au contenu d'icelle.

» Lecture faite de la dite lettre, et entendu les sieurs Gigort et Despuits en l'exposition de leurs créances, qui ont représenté l'oppression en laquelle la dite ville de Montpellier s'en va estre réduite, si les ennemys qui s'en approchent d'un jour à l'autre ne sont repoussés, et le besoing qu'icelle ville a d'estre promptement secourue ; pour cet effect, requérant que le secours qu'ils ont ci devant demandé de ceste ville et viguerie leur soit accordé.

» A esté conclud uniformément, les voix estant recueillies par le sieur Paulet, premier consul, que, conformément à la deslibération prinse sur ce subjet, le dix-septième jour de ce mois, la viguerie de la présante ville sera assemblée avec toute la diligence que faire se pourra, aux fins qu'ils soient pourveus du secours requis » (fol. 53).

Seconde édition.

par messieurs du party qu'avec beaucoup de frais et autres incommodités particulières et générales; — mesme au cas seroient attaqués par une armée, ne pourroient tenir, à quoi est grandement nécessaire de pourvoir, veu que par les sus dites lettres on vient d'apprendre que le roy s'approche de ces quartiers du costé de Montpellier avec une grosse armée; — comme aussi tiennent qu'il est besoing pourvoir à ce que nos ennemys, qui s'acheminent en ceste province pour la ruyner, s'il leur est possible, ne trouvent aulcuns bleds ni aultres munitions par les lieux qui ne sont tenables; aux fins qu'ils ne puissent s'en servir et avoir le moyen de nous incommoder davantage, comme ils feroient y tenant les dits bleds et munitions; ce que les dits sieurs consuls, pour leur descharge, ont voulu proposer en ceste compagnie, aux fins qu'il y soict pourveu avec prudence.

» Sur quoy ayant esté les voix et opinions recueillies, a esté conclud uniformément : qu'attendu l'importance des choses proposées, qu'en ce qui concerne les lieux, chateaux et forteresses quy sont près la présante ville, et qui pourroient incommoder icelle et le public, Monseigneur le duc de Rohan sera très-humblement supplié y pourvoir, et en ordonner comme sera son bon plaisir; et à ces fins les sieurs Lavernye et Pascal ont été depputés pour s'acheminer avec lettres de créance des dits sieurs consuls pour y faire la dite supplication et obtenir de sa Grandeur les provisions qu'il lui plaira d'octroyer. — Et pour le regard des bleds et aultres munitions qui sont aux lieux de la viguerie basse de la dite présante ville, ceux qui appartiennent aux papistes seront saisis au proffit de la cause, ou de qui sera dict et ordonné par mon dit seigneur. — Et quant à ceux qui appartiennent aux personnes de nostre party, les habitants des dits lieux seront exhortés d'ouster d'iceulx leurs grains, fourrages et aultres choses qu'ils y ont, aux fins que les ennemys ne s'en puissent servir, et les mettre ès lieux de sureté et tenables, dans huit jours; aultrement ça, faute de ce faire, que les dits grains et fourrages seront apportés dans ceste ville pour esviter que les ennemys ne s'en puissent aider, et pour le faire exécuter, les sieurs Recolin, Cazeneuve, de la Frigoulière et Duthérond, ont été depputés » (fol. 41).

Rohan ne fit pas attendre sa réponse. Il n'autorisa pas la démolition des châteaux et forteresses qui *ne sauroient tenir*, mais il envoya une ordonnance datée du 19 juillet, par laquelle il prescrivait « que tous les grains et fourrages des lieux circonvoisins d'Anduze appartenant à la viguerie seroient voiturés et apportés dans cette ville, dans l'intervalle de trois jours à partir de la publication de cette ordonnance ». Le 22 juillet, communication en fut donnée au conseil viguerial, qui décida « qu'elle seroit exécutée, et qu'elle seroit lue et publiée à son de trompe le jour même, jour du marché, dans la présente ville, par tous les carrefours et lieux accoustumés ».

Cette mesure était opportune : elle répondait aux exigences du moment; mais le caractère de violence qu'elle allait revêtir devait entraîner des abus et produire des résistances inévitables, et c'est ce qui ne manqua pas d'arriver.

XXII.

Le Conseil de la viguerie venait à peine de se séparer, lorsque la nouvelle arriva dans Anduze de la prise par les ennemis « du lieu et fort de Saint-Geniès-de-Malgoirès[1] ».

---

[1] Saint-Geniès avait été livré au sieur de Saint-Brès, officier de Montmorency, par le sieur de la Roche, qui y commandait et gardait

Cette perte était grandement préjudiciable au parti protestant, car l'armée royale, étant maîtresse de cette place, pouvait couper les communications entre Nîmes, la Gardonenque et les Cévennes. Les consuls convoquèrent aussitôt les habitants dans le temple (22 juillet), et leur représentèrent la nécessité de reprendre au plus tôt ce lieu dont la possession était si importante à leur parti. Tous les assistants se rangèrent à cet avis. Uniformément ils décidèrent « qu'il seroit promptement fait une levée de gens de guerre en la présente ville, pour s'acheminer au dit Saint-Geniés sous la conduite du capitaine Teissier, pour secourir ledit lieu[1], et qu'il seroit escript par tous les lieux de la viguerie et aultres circonvoisins, de faire levée d'aultant de gens de guerre qu'il leur sera possible, et les faire marcher en diligence vers Saint-Geniés, attendant l'ordre qu'il plaira à Monseigneur le duc de Rohan de donner, ou Monsieur le marquis de la Charse » (fol. 58 recto).

Les gens de guerre d'Anduze n'étaient pas les seuls qui s'acheminaient vers Saint-Geniés. L'invitation des consuls de

la place pour le parti protestant. La trahison de ce dernier, dont le mobile nous est resté inconnu, fut révélée aux consuls d'Anduze par un nommé Pierre Brajon, natif de cette ville, et qui était au service du sieur de Saint-Brès. Il avait été chargé d'apporter à M. de Montmorency et à M. de Porte des lettres de son maître et du sieur de la Roche, concernant l'affaire de Saint-Geniés. Mais au lieu d'aller les remettre à leurs adresses, il les avait apportées aux consuls d'Anduze. Ceux-ci, pour sa récompense, demandèrent au Conseil, et obtinrent « qu'il lui seroit donné du cadis neuf pour faire un habit » (fol. 67).

[1] Cette compagnie se mit en route immédiatement; elle était composée de 106 hommes (mousqueterons ou piquiers). Mais à peine fut-elle sortie de la ville, que le capitaine Teissier fit signifier aux consuls « que ses soldats n'iroient pas plus loin, si la ville ne leur fournissoit pas des munitions, et s'il n'étoit pas dédommagé de ses avances pour la collation de ses soldats ». Le Conseil accorda 25 livres poudre, 25 *id.* de mèches, 12 *id.* de balles, et les frais de la collation (fol. 59).

cette ville avait été parfaitement accueillie, et les lieux circonvoisins envoyaient leurs contingents. Une compagnie commandée par un capitaine Paul passa bientôt après dans notre ville, et demanda que les vivres lui fussent fournis gratuitement. Le Conseil décida que ces hommes seraient nourris aux frais de la communauté, « a ces fins que par cette troupe après ne soit faict ravage aux maisons des paysans circonvoisins, ne pouvant les gens de guerre marcher sans être nourris » (fol. 59).

Les compagnies envoyées pour secourir Saint-Geniès arrivaient de tous les côtés ; la ville d'Anduze en était encombrée. Mais on ignorait la route qu'elles avaient à prendre. Devaient-elles poursuivre leur chemin vers le lieu de leur destination, ou bien se diriger vers Montpellier, « veu que le duc de Rohan avoit envoyé faire haster le secours pour la dite ville » ?

Le Conseil de ville, auquel s'étaient adjoints les députés de la viguerie, décida le 23 juillet « d'exhorter ces compagnies à s'acheminer du costé de Montpellier, conformément au commandement de Monseigneur le duc de Rohan, et, puisqu'elles ont ordre de se rendre à Sommières, de costoyer ledit lieu de Saint-Geniès pour tascher d'ébranler ceux qui s'en sont saisis, et partie d'icelles (compagnies) y séjourner quelques jours pour les tenir bloqués, attendant l'ordre que le duc de Rohan, ou son lieutenant le marquis de la Charse plaira leur donner » (fol. 61 recto).

Cette décision était dans les vues du général en chef, car le lendemain (24 juillet), l'on vit arriver dans Anduze un des lieutenants de Rohan (le sieur de la Brochatière), avec l'ordre d'exposer : « la nécessité qu'il y a de faire un puissant effort aux fins de disvertir l'orage que les ennemys préparent sur ceste province, et particulièrement sur la ville de Montpellier qui sans doubte sera bientôt attaquée, et (de divertir) les artifices de nos ennemys pour désunir nostre party, et, par ce moïen, faire abandonner ceux qui ont besoing d'estre assistés par la présente province des Cévennes ».

Les demandes du général en chef ne rencontrèrent aucune opposition. Les assistants décidèrent : « qu'ils resteroient inséparablement unis, nonobstant les artifices dont les ennemys usoient, et que les consuls feroient exécuter le plus tôt possible la commission à eux dressée par sa Grandeur[1] » (fol. 64).

La compagnie que la ville d'Anduze avait levée sur ses propres habitants s'était établie à Saüzet (village bâti sur une hauteur, à deux ou trois kilomètres de Saint-Geniès). Elle y attendait des instructions. Cependant sa position devenait critique. D'après certains avis « les ennemys vouloient attaquer icelle compagnie, et pour cest effect s'attroupoient tant à Saint-Geniès que en divers aultres endroits ».... « La compagnie, d'après le dire des consuls, étoit demeurée seule au dit lieu de Sauzet, sans que en iceluy ni es environs y eut auscungs aultres gens de guerre de nostre party sur pieds, les aultres compagnies s'estant acheminées du cousté de Montpellier ou s'estant retirées. Elle ne pourroit donc pas repousser les ennemys en grand nombre, comme on dit qu'ils veulent faire, n'estant pas le lieu de Sauzet tenable. » A l'ouïe de ces communications, le Conseil décida « d'écrire au capitaine Teissier de prendre garde qu'il ne fût pas surpris lui et sa compagnie, et qu'il la ramenât dans

---

[1] Cette commission consistait en un « despartement pour les colloques et vigueries de la présente province », dont l'exécution était confiée aux consuls d'Anduze.

Anduze, où on lui préparerait une autre compagnie qu'il conduirait au secours de Montpellier » (fol. 65).

XXIII.

Au début de la guerre, les habitants d'Anduze avaient pu se bercer de l'idée que l'armée royale ne pénétrerait pas dans la province des Cévennes. Mais plus les événements se succédaient, et plus cet espoir s'affaiblissait dans leur esprit. Aussi, depuis quelque temps, dans leurs délibérations parlaient-ils sans cesse du projet des ennemis de porter la guerre dans leurs quartiers. Cependant, à la date du 29 juillet, aucun corps de troupes de l'armée royale ne s'était montré dans leur voisinage, et leurs inquiétudes commençaient sans nul doute à se calmer, lorsqu'ils apprirent tout à coup que la cavalerie ennemie s'était montrée non loin de Sauve, dans « le val de Montferrat », qui est une entrée des Cévennes du côté de Montpellier. La nouvelle fut apportée par un messager que les consuls de Sauve leur avaient expédié. Ces magistrats annonçaient en même temps « que voulant empescher que plusieurs châteaux et maisons fortes qui sont en leur viguerie, auxquels il y a des vivres, ne puissent servir de retraite et de nourriture aux dits ennemys, ils avoient décidé qu'il y seroit mis une garnison de gens de guerre, et qu'advis seroit donné à Anduze des courses des ennemys pour qu'il feust pourveü à la sûreté des lieux de leur viguerie ».

Le Conseil, à l'ouïe de ces nouvelles, est péniblement impressionné. Il voit déjà les cavaliers de l'armée royale arrivant au galop pour leur enlever les grains et les fourrages et faire le dégat dans la viguerie basse. Les consuls sont interpellés ; on leur demande compte de ce qu'ils ont fait pour prévenir les ravages des ennemis. Nous avons fait publier, répondent-ils, l'ordonnance du duc de Rohan en vertu de laquelle tous les grains et fourrages de la viguerie devaient être transportés dans la ville d'Anduze ou autres lieux de sûreté. Nous l'avons fait notifier surtout au seigneur des Gardies, au baron d'Aigremont, au seigneur de Lascours, dans les châteaux desquels, dit-on, se trouvent de grandes quantités de grains et de fourrages recueillis dans leurs domaines ou dans ceux qui appartiennent à leurs sujets. Néanmoins, ces gentilshommes n'ont pas daigné satisfaire à cette ordonnance, au contraire ils ont affecté d'entasser dans leurs châteaux encore plus de fourrages et de grains.

Le mécontentement du Conseil est à son comble. Il est décidé, séance tenante : « que le consul Cardonet et le capitaine Bimard, avec les gens de guerre qui se trouveront en ce moment dans la ville, s'achemineront immédiatement aux châteaux d'Aigremont, des Gardies, de Lascours, qu'ils y séjourneront jusqu'à ce que les grains et fourrages qui y sont seront apportés en ceste ville, et qu'à ces fins seront données à ces gens de guerre quatre livres mesches, six livres poudre de celle qui appartient à la communaulté[1] » (fol. 72).

---

[1] Deux jours après, le seigneur des Gardies vint se plaindre au Conseil que les soldats envoyés chez lui pour le contraindre à faire transporter à Anduze ses grains et ses fourrages, « commençoient à vouloir commettre plusieurs insolences ». Il demandait, en conséquence, qu'ils fussent rappelés ; mais le Conseil ne souscrivit pas à sa demande, il décida, au contraire, « que les soldats seroient laissés chez Mr des Gardies, afin de l'occasionner davantage à faire charrier les dits grains et fourrages avec plus de diligence. » Toutefois, comme il voulait réprimer les insolences des soldats, il envoya deux consuls auprès de ces soldats, pour leur intimer l'ordre de se conduire avec plus de respect.

Le seigneur des Gardies n'était pas le seul gentilhomme du voisi-

Voilà donc la ville d'Anduze engagée dans la voie si triste des enlèvements forcés ! Elle fit plus encore : supposant que l'orage qui semblait venir du côté de Montpellier ne tarderait pas à éclater sur ses habitants, elle prit en même temps une série de mesures pour faire face au danger qu'elle croyait imminent.

Le Conseil décida : « qu'en vue de l'avenir et dans les cas où il seroit nécessaire de faire de nouveaux armements et d'aultres levées de gens de guerre, il seroit utile de faire à l'advance un despartement et cottisation sur toute la province des Cevennes du nombre de soldats que chacung lieu d'icelle sera tenu fournir, et les tenir prêts pour, en cas de nécessité expresse, donner, avec plus de diligence qu'il n'a esté fait par le passé, secours aux lieux qui se trouveront oppressés. A ces fins, il demanda que le Conseil de la province fût assemblé pour délibérer sur sa proposition » (fol. 77).

En outre, à cause des circonstances qui devenaient de plus en plus menaçantes, il nomma, sur la demande expresse des

nage qui refusa de se conformer à l'ordonnance du duc de Rohan. Le seigneur de Lascours et le baron d'Aigremont en avaient fait tout autant; bien plus, ils avaient interdit aux soldats d'Anduze l'entrée de leur château. On les soupçonnait « de retenir leurs grains et leurs fourrages pour les remettre aux ennemys dès que ceux-ci aborderoient leurs châteaux, pensant par ce moyen conserver iceulx ». Le seigneur de Lascours était allé plus loin dans sa désobéissance. « Il n'avoit pas voulu satisfaire à ce que les biens par lui possédés avoient été cottizés pour le secours de Montpellier. » Le Conseil était très-irrité contre ces gentilshommes, « car leur refus pourroit porter une conséquence très-maulvaise, lorsqu'il seroit besoing faire des armements, et lever des gens de guerre en ceste province. » Il ordonna donc que ces seigneurs, ainsi que celui de Marsilhargues-les-Anduze, eussent à s'exécuter dans quatre jours, et qu'ils fissent charrier leurs grains dans l'intervalle de quatre jours, » et il leur députa deux consuls pour leur en intimer l'ordre (fol. 81).

consuls, « quatre assesseurs qui aideroient les consuls et au besoin tiendroient leur lieu et place, et trente hommes notables qui assisteroient au conseil ordinaire, et délibéreroient sur les affaires qui y seroient proposées » (fol. 76).

Comme les consuls étaient, à toute heure de jour et de nuit, obligés « d'envoyer des lettres et advis en divers lieux de nostre party, sçavoir l'estat des affaires publiques et donner les advertissements qui sont nécessaires, et que la plupart du temps on ne trouvoit aulcun porteur pour y envoyer, le conseil autorisa les consuls à nommer des messagers à gaiges pour les envoyer aux lieux que sera besoing » (fol. 77).

Dans la même séance, on élut un capitaine de la ville « pour conduire et commander une compagnie qui seroit prise de tous les quartiers de la ville pour, en cas de besoing, être mise sur pied et s'acheminer où besoing seroit » (fol. 78 verso).

Enfin, « veu l'extrême besoing que la ville a d'estre bientôt fortifiée pour repousser les ennemys qu'on dit vouloir y fondre et l'assiéger, le conseil décida que l'on feroit travailler par corvée et sans retard au terrassement qui avoit esté jugé nécessaire entre la tour ronde et la porte du Pont » (fol. 78).

XXIV.

Tandis que le Conseil de ville et les consuls voyaient leurs décisions accueillies avec plus ou moins de déférence, l'armée du roi s'approchait de Montpellier, et, afin de dégager ses derrières et d'isoler la ville qu'elle allait assiéger, elle attaquait successivement Mauguio, Marsillargues, Lunel, Sommières. Mauguio se rendit le 2 août, Marsillargues le 3, et Lunel le 8 du même mois [1].

---

[1] Rohan parle, dans ses Mémoires, de la prise de ces trois villes. Ce

La prise de ces villes, en privant Montpellier des ressources que « le plat pays » aurait pu lui fournir, rendait nécessaire qu'il en dit mérite d'être cité, quoique en apparence dicté par le dépit.

« Le prince de Condé vint lors dans l'armée du roi et assiégea en même temps Lunel et Marsilhargues, proches de demi-lieue l'un de l'autre, et assez bien pourveues de ce qui leur étoit nécessaire; se trouvant dans Lunel deux mestres de camp avec le gouverneur qui, tous ensemble, écrivoient au duc de Rohan que, s'il y jetoit cinq cents hommes de guerre, ils feroient une belle résistance. Le dit duc, qui après avoir établi Calonges dans Montpellier, et laissé Dupuy, son agent, pour en son autorité pourvoir, comme à Montauban, aux choses nécesaires pour la défense de la place, étoit parti exprès pour leur en procurer, leur en jette huit cents, dont ils furent bien fâchés, car sans avoir enduré aucun effort ils se rendirent le lendemain, avec armes et bagages, quoique la brèche ne fut raisonnable. Ceux de Marsilhargues avoient fait le semblable quelques jours devant; mais en présence du prince de Condé, la capitulation fut faussée à ceux de Lunel, car ils furent chargés, desarmés, dépouillés, et la plupart tués ou estropiés. En cet équipage, se retirèrent à Nismes et à Sommières, où ils portèrent tel effroi, que Sommières venant a estre assiégé, ou il y avoit quatre cents hommes de guerre, ils firent aussi mal que ceux de Lunel, et, chose honteuse, les capitaines prirent deux mille escus pour laisser leurs armes aux ennemis. » (Coll. Petitot, 2e série, tom. XVIII, pag. 226.)

Bassompière, dans ses Mémoires, témoigne lui-même son indignation des excès commis par les soldats du roi..... « Il y eut quelque règlement en la sortie des ennemis, jusques à ce que le bagage parut; mais alors les soldats débandés de notre armée se jetèrent dessus, sans qu'il fut possible, ni à M. le maréchal, ni à Portes, ni à Marillac de les empêcher; ensuite dévalisèrent les pauvres soldats, dont ils en tuèrent inhumainement plus de quatre cents, et avec tant d'impunité que huit soldats de diverses nations et bandes se présentèrent à la porte de Lunel avec plus de vingt prisonniers qu'ils menoient attachés, et leurs épées sanglantes de ceux qu'ils avoient massacrés, si chargés de butin, qu'à peine pouvoient-ils marcher, lesquels trouvant la porte de Lunel fermée, furent crier aux sentinelles qu'ils me vinssent avertir de leur faire ouvrir. Je vins à la porte, sur le récit qu'on me fit, que je trouvai véritable, et je les fis entrer; puis je fis lier les huit galans des cordes dont ils avoient liés les vingt soldats, que je fis conduire par mes carabins jusque sur le chemin de Cauvisson, et leur donnai le butin des huits soldats, que je fis pendre, sans autre forme de procès, devant eux, à un arbre proche de Lunel, dont M. le Prince me sut gré le lendemain, et me remercia. » (Mémoires, tom. XX, pag. 446.)

le corps d'armée de réserve que Rohan avait projeté de former dans les Cévennes, et dont Anduze, dans la pensée du général en chef, devait être le lieu de concentration et le rendez-vous général.

Aussi le 8 août, jour de la prise de Lunel, des lettres de Rohan arrivèrent à Anduze, portant ordonnance « aux gens de guerre qui seront enrolés par l'ordre de la milice dans la viguerie d'Anduze et Combe-de-Cannes, de se rendre au 15 de ce mois en la dite ville d'Anduze, et aux consuls de cette ville de faire provision de farine pour avoir du pain de munition. A ces fins, de faire cotisation de ce que chaque habitant d'icelle ville devra fournir pour l'armement qu'il convient faire, aux fins qu'icelui ne demeure retardé, et aussi pour avoir de farine, et que les pains de munition qui sont commandés puissent être préparés lorsque les occurrences s'en présenteront » (fol. 85).

Rohan ne se contenta pas d'écrire, il vint lui-même avec sa compagnie d'ordonnance et d'autres gens de sa suite. Il y resta quelques jours, s'occupant tour à tour et des nombreuses affaires qui étaient soumises à sa décision, et des fortifications de la ville dont il fit modifier le plan, et de ce corps d'armée de réserve sur lequel il comptait pour secourir les places fortes qui seraient attaquées par l'ennemi [1].

Électrisée par la voix éloquente de cet homme bouillant, une partie de la population s'offrit d'elle-même pour travailler

---

[1] Au sujet de ce rassemblement de troupes dans Anduze, nous lisons ce qui suit, dans les Mémoires du duc de Rohan. « La ville de Nismes voyant ces désordres (la prise de Mauguio, de Marsilhargues, de Lunel), envoie prier le duc de Rohan de les aller visiter, ce qu'il fit, et toutes fois assembla à Anduze le plus de gens de guerre qu'il put, qu'il laissa sous la charge de Charcé, son lieutenant-général des Sevènes, et du mestre de camp. » (*Idem*, pag. 226.)

aux fortifications. Elle vint trouver les consuls et leur dit : « Ceux qui ont pris l'entreprise des bastions ne conduisent pas les travaux avec une célérité suffisante ; cependant l'armée ennemye s'avance vers nos quartiers ; le bruit s'accrédite de plus en plus que dans quelques jours ils veulent venir assiéger notre ville ; s'ils arrivent, de quelle utilité seront pour nous ces bastions à peine commencés ! Et pourtant, le terrassement pourroit être fait en peu de temps, il suffiroit d'y jeter du bois et des fascines. Le prévost de l'armée qui est dans Anduze s'offre d'y faire travailler, pourveu que les habitants veuillent s'y employer et lui obéir. »

Le Conseil saisi de ces propositions ne les accepta pas.

« Attendu, répondit-il, que les bastions ont été prins a priffait, que ceux qui les ont prins seront contraints faire avancer le travail d'iceulx avec plus de diligence et nombre d'hommes qu'ils n'ont fait par le passé, de quoi sera protesté par acte publique contre eux en cas ne le feront ; — que pour le travail qui sera fait par la communaulté, iceluy sera employé au terrassement de la courtine qui a esté commencé depuis la tour ronde jusqu'à la porte commune du pont, à quoy sera travaillé par corvée, et seront employés les habitants de chaque quartier de la ville. En quoy les sieurs consuls et leurs assesseurs auront esgard à ceux qui seront pauvres et sans moyen d'y pouvoir vaquer à cause de leur pauvreté, au soulagement desquels il sera pourvû par leur prudence ; et pour les autres qui y manqueront seront contraints payer l'amende sans exception de personnes (fol. 89). »

Le Conseil, qui n'avait pas agréé la proposition de faire travailler aux bastions par corvée, ne repoussa pas l'idée de faire fabriquer à l'avance une grande quantité de gabions. Cette idée lui avait été suggérée par « des gens expérimentés à la guerre ». Ces gabions, lui avaient fait dire ces derniers, peuvent vous être d'une grande utilité. Ils vous serviront à couronner vos bastions qui ne sont pas encore en état de défense ; vous pourrez les employer avec avantage sur une foule de points que vous aurez à défendre. L'avis était bon, et le Conseil l'adopta. « Le bois pour faire les gabions, décida-t-il, sera prins des pièces circonvoisines de la présante ville, sans aucune exception des personnes à qui les arbres appartiennent, et à ces fins y seront employées les personnes qu'on jugera les plus propres » (fol. 90).

Il fut également ordonné que « l'on feroit réparer la caverne ou balme qui est sous le château de Sandeyran, pour servir de retraite à ceux qui sont employés faire la garde pour la présante ville »; — « que l'on feroit édifier un molin à vent sur Saint-Julien, aux fins qu'en cas de siége on y puisse faire de farine, n'y ayant aucung molin dans icelle ville » (fol. 91); — « que les canons seroient parachevés, et que l'un des consuls iroit acheter à Alès des boulets jusqu'au nombre de quatre quintals »; — « qu'on feroit fabriquer des mesches, aux fins de s'en servir en cas de siége, attendu qu'il n'y en a presque aucune appartenant à la communaulté, et même que les particuliers en sont fort dépourveus [1] »; — « que l'on feroit transporter, au moyen de mulets, tout le charbon que l'on pourroit se procurer, attendu que le charbon étoit indispensable dans une ville assiégée, ne seroit-ce que pour fabriquer la chaux, et qu'il seroit im-

---

[1] A cet effet, ordre fut donné aux consuls « d'achepter aultant de chanvre que se pourra trouver, soit au pouvoir des habitans, que des aultres, lesquels seront tenus en préférer la dite communaulté. Défense fut faite aux cordiers de faire achapt et magasin de chanvre, ni aussi travailher à faire aucune mesche pour aulcung, que au préalable icelle communaulté n'en soit pourveue » (fol. 93).

possible de s'en procurer du moment que les ennemys, bloquant Anduze, occuperoient tous les chemins conduisant chez les charbonniers » (fol. 93).

XXV.

Ces préparatifs témoignent de la résistance que les Anduziens, en cas de siége, se proposaient d'opposer aux ennemis. Mais ils ne pouvaient pas être attaqués par l'armée royale, sans que celle-ci ne se fût auparavant emparée de Sommières. Rohan l'avait parfaitement compris; aussi avait-il écrit au sieur de Roques [1] et à son mestre de camp, « qu'il estoit très-nécessaire faire advancer le secours pour la ville de Sommières qui s'en va estre attaquée par les ennemys ». Le siége de cette ville commença le 12 du mois d'août. Deux jours après (le 14), le sieur de Roques vint solliciter une convocation des habitants d'Anduze en conseil général, et il leur exposa « que plusieurs compagnies de gens de guerre qui sont ordonnées pour le secours de Sommières ont ordre de passer par Anduze, et que les hostelleries et logis qui y sont ne sauroient les contenir; et aux fins que les soldats fussent mieux entretenus et les occasionner d'aultant plus à s'employer vigoureusement pour le party, il requerroit de faire loger les dites compagnies par les

---

[1] Le sieur de Roques était un agent que le duc de Rohan avait laissé à Anduze pour le représenter, et lui donner avis de tout ce qui se passait dans cette ville, sur laquelle les pensées du général en chef se portait sans cesse. Le 8 août, le Conseil de ville, sur la proposition des consuls, décida « qu'au nom de la communaulté seroient fournis au sieur de Roques les messagers nécessaires, tels que seront par les consuls avisés, et choisis pour porter au duc de Rohan et où besoin sera, les paquets et lettres, moyennant les gaiges qui seront convenus entr'eux » (fol. 88).

maisons particulières de ceste ville pendant le temps qu'elles y séjourneroient. »

Il demanda de plus « qu'il fust pourveu à faire de pains de munition pour bailher aux soldats lorsqu'ils partiront de la présante ville, considéré que aux lieux qui sont sur le chemin du dit Sommières ne se trouvoient aucuns vivres, pour avoir, les habitants d'iceux, apporté leurs grains ès aultres lieux par crainte des ennemys et gens de guerre qui y passent » (fol. 96).

Cette double demande fut accueillie favorablement. Il fut décidé « que les compagnies qui passeroient par Anduze pour se rendre à Sommières seroient logées chez les habitants, suyvant le despartement et boulettes (billets de logement) qui seroient faites sur les habitants, et que, par les consuls, il seroit pourveu aux pains de munition » (fol. 95).

En ce moment, la ville voyait dans ses murs une foule d'étrangers. Parmi ceux-ci se trouvaient deux gentilshommes, l'un du nom de Valquer, il était écossais; l'autre appelé de Geleye. Ils s'étaient rendus à Anduze « à cause du secours qui s'y préparoit pour Sommières ».

Attendant le départ des troupes, ils avaient parcouru les environs de la ville, cherchant à connaître par quels endroits les ennemis pourraient s'approcher de la ville et par quels moyens on pourrait les arrêter. Ils avaient remarqué au midi de la ville un passage d'un accès facile pour les ennemis, mais aussi qui pouvait être aisément fermé. Ce passage n'était autre que l'embouchure, dans la plaine, de la vallée au fond de laquelle la ville d'Anduze se trouve bâtie. Ils indiquèrent au Conseil ce point vulnérable, mais auquel on pouvait apporter un tel remède, qu'au lieu de servir aux ennemis pour s'approcher d'Anduze, il servirait à Anduze pour les arrêter. L'idée était bonne, et le Conseil, s'empressant de l'accueillir, décida qu'elle serait mise immédiatement à exécution. Il remercia les deux étrangers, et les invita à rester dans la ville pour tracer le plan « du retranchement » qu'ils proposaient, et pour surveiller les premiers travaux [1].

Le Conseil d'Anduze agissait sagement en voulant préserver la ville des horreurs d'un siége, car en ce moment il avait sous les yeux le triste spectacle des victimes sur lesquelles des gens de guerre avaient commis leurs excès. Les soldats du régiment

[1] Cette idée était si lumineuse et si simple, que nous ne pouvons comprendre comment elle ne s'était pas présentée à l'esprit des premiers ingénieurs qui furent chargés de tracer le plan des défenses de la ville d'Anduze. En effet, l'endroit en question est une large gorge au fond de laquelle le Gardon s'est creusé un lit d'une grande étendue. Du côté du couchant, la montagne, dernier ressaut des Cévennes, sur laquelle s'élevait le château de Saint-Deyran (aujourd'hui le château de Tornac), et du côté du levant une autre chaîne de montagnes qui va en s'affaiblissant et semble vouloir se noyer dans le Gardon. Au flanc de celle-ci, sur un mamelon assez élevé, vis-à-vis le château de Saint-Deyran, se trouve la métairie de Paulhan. Il suffisait donc de faire un retranchement de chaque côté de la vallée, l'un appuyé contre la montagne de Paulhan, l'autre contre la montagne de Saint-Deyran, et arrivant jusqu'à la rivière. Les matériaux étaient sur place : rochers, terre, sable, arbres pour faire des fascines et des pilotis, y abondaient. On les mit en œuvre, et l'on fit bien. De ce retranchement, on a encore quelques restes, seuls débris des fortifications qui furent élevées à cette époque pour la défense d'Anduze. Au-dessus de la métairie de Paulhan, sur un rocher escarpé, on voit se dresser une corniche en grosses pierres de taille, supportant une bâtisse au milieu de laquelle une porte a été ouverte. La tradition raconte que ce sont les ruines d'un ancien château dont les possesseurs, *au temps des Romains*, guerroyaient avec ceux du château de Tornac. Nous demandons pardon à la tradition et à ceux qui s'en font l'écho; mais ces ruines, qui du reste n'ont d'importance à aucun point de vue, ne remontent pas plus haut qu'au temps de Louis XIII. Il faut cependant reconnaître que, parmi ces rares débris du passé, on remarque une porte qui semble dater d'une époque antérieure au commencement.

Seconde édition.

de Dupilon, qui avaient été envoyés au secours de Lunel, revenaient à la débandade, « depourvus de moyens, n'ayant de quoy se faire panser, ni même nourrir ». Ils avaient été attaqués et blessés par les ennemis, près le lieu de Fontanès-les-Sommières. Leur état pitoyable avait excité « la charité » des consuls, qui les avaient assistés, et qui demandèrent au Conseil l'autorisation de continuer à les secourir ainsi que tous ceux qui arrivèrent encore.

Ces soldats, qui revenaient des environs de Sommières meurtris, à demi-morts de faim, de fatigue, et couverts de blessures, rencontraient à Anduze d'autres gens de guerre organisés en compagnies qui, venus des montagnes des Cévennes et du Vivarais, se dirigeaient vers cette même ville de Sommières. Les hôtelleries, les maisons particulières en regorgeaient, Où les héberger? Le Conseil, à bout de ressources, décida « qu'on les logeroit dans les grandes salles du château neuf[1] ». Il décida également de faire abattre sans aucune exception les avancements que les particuliers avaient construits pour faire appuyer leurs maisons contre les murs de la ville. Et l'ordre fut intimé dans la même séance aux entrepreneurs des fortifications d'employer, dès le lendemain, cent hommes à chacun des bastions, avec avis formel que ce même nombre de tra-

---

[1] La dame du château, en apprenant cette décision, fit signifier aux consuls qu'elle ne vouloit plus rester dans la ville ; alors le Conseil la fit supplier « très-humblement de ne pas donner suite à ceste résolution ; qu'elle voulut bien faire élection d'une aultre maison, ou elle se retireroit avec ses principaux meubles et autres choses qui sont en son château, qui se pourroient transporter sans danger. Et pour ce qui restera, elle pourra le faire mettre et resserrer dans une chambre du dit château, dont elle prendra la clef, et qu'il ne sera souffert qu'elle reçoive dans Anduze aulcung mauvais traitement ni desplaisir » (fol. 102).

vailleurs serait envoyé à leurs frais sur les chantiers par les consuls, si l'ordonnance du Conseil n'était pas exécutée.

XXVI.

Ces décisions étaient prises le 17 août dans la matinée; vers quatre heures de l'après-midi, la nouvelle de la prise de Sommières fut reçue par les consuls. Les missives portaient : « que la ville et le château s'étoient rendus ; que les ennemis y étoient dedans, et qu'ils se préparoient à venir assiéger Anduze ». Le Conseil est aussitôt convoqué, et les consuls, après avoir lu les dépêches qui viennent de leur arriver, lui demandent d'aviser.

L'assemblée est émue, elle se voit à la veille d'un siége. Dans quelques jours, peut-être demain, les ennemis seront devant la ville ! Cette prévision ne peut abattre le courage des assistants, elle le raffermit au contraire. Après un examen grave de la situation, les mesures suivantes sont successivement adoptées :

« Dès que l'on aura l'avis certain que l'armée des ennemys qui est dans Sommières viendra devers ces quartiers, tous les lieux et forteresses qui sont proches de la présante ville du côté de la viguerie basse qui ne sont pas tenables, seront démolis, et les fourrages qui s'y trouvent seront bruslés, aux fins que les ennemys ne puissent se loger ni se servir des dits fourrages.

»Que les habitans de ces lieux en recevront promptement avis, afin qu'ils en fassent oster les grains et les fourrages qui pourront y estre, et même ceux qui se trouveroient dans les maisons des particuliers.

»Qu'à ces fins, le sieur de Bagard et les capitaines Borne

et Gervais, avec tel nombre de gens de guerre que faire se pourra, viendront se remettre, dès la nuit prochaine, dans le lieu de Lézan, pour, au premier avis qu'ils auront de l'approche de l'ennemy, faire exécuter ce dessus, tant au dit Lézan que dans les autres lieux des environs, excepté seulement le château et tour de Sandeyran, et la métairie de Paulhan, qui doibvent être conservés pour servir de retraite à ceux qui s'emploieront à la défense du retranchement et passage qui est entre le dit château et la dite métairie.

»Que les pailles qui sont dans le château de Saint-Félix seront bruslées, si on les y trouve, et les défenses du dit château seront démolies[1].

»Qu'une compagnie de gens de guerre commandée par un capitaine ira s'establir, dès le soir même, dans le château de Sandeyran.

» Que toutes les maisons situées dans les environs d'Anduze, appartenant aux habitans de la ville ou à d'autres, au premier avis certain qu'on aura de plus ample approche de l'ennemy, seront démolies, comme aussi toutes les murailles des jardins et autres pièces estant près de la ville.

»Que les arbres des dites pièces seront coupés et abattus, aux fins que les ennemys ne puissent se loger dans ces maisons, et que les murailles et les arbres ne leur servent de retranchements » (fol. 104).

---

[1] Les rigueurs décrétées contre le château de Saint-Félix s'expliquent par le fait que le fermier avait toujours différé, sous divers prétextes, l'envoi de ses fourrages à Anduze, malgré les fréquents avis qui lui avaient été donnés. D'ailleurs, ce château appartenait à M. de Montpeyroux, qui se trouvait dans l'armée du roi. On disait que ce gentilhomme voulait se jeter avec quelques hommes de guerre dans son château, d'où il inquiéterait les habitants d'Anduze.

Ces mesures étaient rigoureuses, mais elles étaient impérieusement commandées par les circonstances du moment. En effet, la prudence ne permettait pas de laisser aux ennemis des ressources dont ils ne manqueraient pas de se servir au moment de mettre le siége devant la ville d'Anduze [1].

Mais si la perspective d'un siége n'effrayait pas les membres du Conseil, il n'en était pas de même pour la partie féminine de la population. Dès le lendemain matin, on voyait se presser contre la seule porte de la ville qui n'avait pas été murée une foule de femmes emmenant avec elles les vieillards, les impotents, et portant dans les bras leurs petits enfants; plusieurs habitants cherchaient également à faire sortir leurs grains, leurs meubles, leurs marchandises. Malgré les prières, les larmes, les objurgations, les hommes de garde ne voulaient laisser sortir personne sans que le Conseil en eût décidé.... Celui-ci se réunit et rend l'ordonnance suivante : « Pourront sortir les femmes, les enfants, les vieillards, tous ceux qui ne pourront rendre combat; il leur sera même permis d'emporter leur linge, leurs meubles, leurs marchandises, même le bled nécessaire pour leur nourriture, moyennant des billets qui seront délivrés par des commissaires nommés pour cela. — Quant aux hommes, muni-

[1] Nous ignorons si telle était la pensée de Louis XIII, mais nous savons qu'après le siége de Sommières des troupes furent dirigées du côté des Cévennes. C'est Bernard, historiographe de Louis XIII, qui s'est chargé de nous l'apprendre. « Les troupes du Languedoc, dit-il (pag. 398), avec quelques autres qui étoient sous la charge du duc de Montmorency, avoient esté envoyées au pont de Quissac, à l'entrée des Sevenes, au même dessein que l'on s'étoit approché de Nismes; mais y ayant de l'incertitude dans l'espérance que l'on pouvoit avoir de réduire les gens de ces lieux-là à l'obéissance veu leur opiniâtreté; et le siége de Montpellier, où le roi vouloit principalement employer ses soins, pressant beaucoup à cause que le temps s'en alloit décliner en l'automne, tout ce qui s'étoit avancé ailleurs fut rappelé. »

tions, laines, draps, meubles de bois et autres choses pouvant servir en cas de siége, la dite sortie ne sera nullement permise » (fol. 105).

Le Conseil ne se borna pas à cette défense. Il résolut d'envoyer à Alais des députés, pour y acheter à tout prix de la poudre à canon, « attendu l'urgente nécessité d'en avoir pour résister à la rage des ennemys persécuteurs, leur donnant licence, tout pouvoir et puissance d'en achépter telle quantité qui s'en trouvera, et au prix qui sera par eux convenu ».

A peine cette décision venait d'être prise, que des députés d'Alais arrivèrent. Ils demandaient « qu'il leur fut octroyé ung nombre des gens de guerre qui sont ja ramassés en la présente ville, pour les mettre dans Allès, aux fins de la conservation d'icelle ». Le Conseil répondit par un refus catégorique, fondé sur ce que, « d'après les avis reçus, la ville d'Anduze alloit être attaquée, et que les gens de guerre ja ramassés y étoient insuffisants; qu'au lieu de pouvoir en céder aux autres villes, il étoit nécessaire d'en faire venir d'ailleurs ».

En effet, il fut décidé « qu'à cause de l'importance d'Anduze, on prieroit les lieux et villages circonvoisins, même ceux du colloque de Sauve, du Vigan, d'envoyer dans icelle ville un prompt et puissant secours, et de choisir à ces fins quelques personnes capables pour en faire de vive voix les supplications et sollicitations requises ».

En attendant que cette députation se mît en marche, le Conseil, sur la proposition des consuls, s'occupa de nouveau du « retranchement » proposé par les sieurs Valquer et de la Geleye. Ces messieurs avaient fait le tracé qu'on leur avait demandé, mais le travail avançait lentement. Il fut décidé « qu'on le reprendroit sans retard, car il étoit urgent qu'il fut bientôt fait et parachevé, et qu'on y emploieroit, chacung jour, jusqu'à cent hommes, qui seroient loués et payés par les consuls ou leurs assesseurs » (fol. 107).

En vue du siége que l'on croyait imminent, il avait été pourvu à ce qui avait paru le plus pressant; maintenant il s'agissait de l'élection des capitaines, « pour mener les habitans à la guerre en cas de besoing ». Les consuls en firent l'observation dans une assemblée générale, le 20 août, et il fut décidé qu'on élirait quatre capitaines, un par quartier; le choix fut fait immédiatement, et ceux qui furent nommés prêtèrent serment entre les mains du juge, « de bien et fidèlement se porter en leur charge, de procurer en toute occasion le bien et conservation de la ville, et généralement de se comporter de tout leur possible en gens de bien ».

Le lendemain dimanche, 21 août, le Conseil ordinaire fut convoqué, les consuls lui exposèrent que « les précédents emprunts avoient servi aux affaires de la ville, qu'il falloit de l'argent, surtout en ce moment, pour les affaires urgentes qui se présentoient tous les jours; qu'après bien des recherches, ils avoient trouvé un habitant d'Anduze qui consentoit à pretter mille livres ». Le Conseil, satisfait, s'empressa d'autoriser cet emprunt. Il décida même que pour tous les autres qui seraient jugés nécessaires à l'avenir, les consuls pourraient contracter sans être tenus d'en référer au conseil.

Le lendemain lundi, 22 août, il y eut conseil de guerre « au camp de l'armée, qui estoit entre le château de Sandeyran et la métairie de Paulhan, sur le retranchement ». Le marquis de la Charse, qui devait le présider, avait témoigné le désir que l'un des consuls et quatre habitants de la ville y assistassent, parce qu'il « vouloit traicter de quelque affaire importante concernant le public ». Le premier consul Paulet, les sieurs de Bagard, de Lafarelle, Combel, Recolin, le capitaine Bimard, y furent députés par le conseil. Les registres de l'Hôtel de Ville ont gardé un silence prudent sur les résolutions qui furent arrêtées dans cette assemblée ; mais Rohan, moins discret, nous les a révélées dans ses Mémoires. «.... Le marquis de la Charse et le mestre de camp, voyant revenir Montmorency aux Sevennes, firent leur gros à un quart de lieue d'Anduze, à un passage d'assez difficile accès, qu'ils fortifièrent (le retranchement conseillé par Valquer et Geleye), et sans la diligence qu'on apporta de jeter dans Sauve et Aleth deux hommes de résolution et mille ou douze cents soldats de Saint-Hippolyte et des environs, ces deux villes se rendoient ; de façon que leur bonne mine et l'incommodité que Rohan apporta aux vivres de Montmorency, qui venoient de loin, le contraignirent de s'en retourner sans rien faire. » (*Mém., id.,* pag. 227.)

XXVII.

L'orage qui grondait non loin d'Anduze, et qui semblait devoir fondre sur cette ville, ne fit que la menacer. Les ennemis qui auraient pu venir l'attaquer, avaient pris une autre direction, et par conséquent les troupes concentrées dans ses murs, n'ayant plus à la défendre en cas d'attaque, pouvaient être dirigées sur un autre point. Ainsi l'entendait le marquis de la Charse ; mais ne voulant pas dégarnir Anduze de ses forces militaires sans en prévenir les consuls, il leur écrivit une lettre dans laquelle, tout en leur communiquant ses projets ultérieurs, il leur demandait l'autorisation de déplacer les gens de guerre.

Dans la lettre qu'il leur écrivit, il disait en substance

« qu'il désiroit former un gros d'armée pour agir aux lieux où sera trouvé estre à propos; et pour faire le dit gros, estre nécessaire prendre des gens de guerre qui sont en la présante ville, ce que toutesfois il n'auroit voulu faire sans, au préalable, en avoir donné advis aux consuls et habitans d'icelle, aux fins que par iceulx soit délibéré en conseil, si les dits gens de guerre estant en la présante ville en peuvent estre tirés sans affaiblir la garde d'icelle ».

A cette lettre courtoise, le Conseil répondit par une décision plus courtoise encore. « Attendu, dit-il, que on a heu advis certain que l'armée des ennemys ne s'avance plus vers la présante ville, ains a pris sa route vers la ville de Saulve; que le gros d'armée que veult former M. le marquis de la Charse peut faire un grand bien à nostre party; les gens de guerre qui sont sur pied en la présante ville et es environs peuvent estre par lui prins pour les employer ou sa prudence jugera. »

Cependant, comme la ville ne pouvait pas être laissée entièrement sans défenseurs, le Conseil décida « que dès que les gens de guerre auront marché, tous les habitans de ceste ville s'emploieront jour et nuit à faire la garde ordinaire d'icelle et des retranchements qui sont entre le chateau de Sandeyran et la metairie de Paulhan. En même temps, pour fortifier la dite garde, sera escript par les sieurs consuls aux consuls et habitans de tous les lieux circonvoisins de venir ou envoyer aultant de gens de guerre qui se pourront mettre sur pied au dit lieu » (fol. 114).

S'étant mis d'accord avec les Anduziens, Charse forma son gros d'armée et se mit en mesure de le diriger vers Durfort et Sauve, où les ennemis semblaient devoir se porter; mais avant de faire marcher ses soldats, il réclama pour eux dix quintaux de poudre, autant de mêches, et des balles en proportion de la poudre; des pains de munition, six charges d'avoine pour la cavalerie, déclarant aux consuls que, sans ces munitions, son armée ne pourrait pas marcher.

Le Conseil accueillit cette demande dans une séance du 24 août. Seulement, au lieu de six charges de poudre, il en accorda deux, de mêches et de balles en proportion, et deux charges d'avoine au lieu de six (fol. 114); mais il fit la promesse « qu'en cas que où la dite armée viendroit à attaquer et combattre celle des ennemys, la susdite munition sera augmentée, et sera fournie par la communaulté davantage, tant en pains, poudre, balles, mesches, avoine, que aultres choses nécessaires » (fol. 115).

Après le départ de ces gens de guerre, il fallut pourvoir à la garde « des retranchements ». Il y avait grande urgence; car « si les ennemys s'étoient emparés de ces travaux avancés, Anduze et toute la province des Sevennes en auroient éprouvé un grand dommage ». Le Conseil de ville décida donc le jeudi, 25 août, que la compagnie du sieur Portal, envoyée précédemment tant pour la garde du dit chateau qu'aux retranchements qui sont au-delà la rivière du Gardon, du costé de Sandeyran; — et pour ce qui est des retranchements qui sont du costé de la metairie de Paulhan, les gens de guerre du lieu de Bagard, qui sont venus pour fortifier la garde de la presante ville, seront priés s'arester, pour assister à la garde des retranchements de ce costé avec tel nombre des habitans de la presante ville qui y seront envoyés tous les soirs par le capitaine du quartier qui entrera en garde à la dite ville; neanmoins seront les dits gens de guerre du lieu de Bagard exhortés de travailler durant le temps qu'ils vaqueront à la dite garde, à la continuation du dit retranchement, auquel cas sera fait par la dite communaulté six ou sept sols par jour à chacung qui s'emploiera pour le dit travail » (fol. 117);

Ces dispositions étaient à peine prises, lorsque le gros de l'armée qui s'était dirigé du côté de Durfort et de Sauve revint sur ses pas, n'ayant pu rencontrer l'ennemi. Il était sur le point de se disperser, et même le marquis de la Charse en avait donné avis aux consuls d'Anduze; mais le Conseil fut loin d'approuver cette dispersion. Il y mit au contraire empêchement, par une délibération prise le 26 août. A son avis, « il etoit très-important que la dite armée subsistat encore en gros, jusqu'à ce qu'on aura veu ce que deviendra l'armée des ennemys qui est encore du costé de Sommières, aux fins de s'opposer au passage d'icelle, au cas ou elle voudroit fondre sur ceste province des Sevennes ». Il décida en conséquence que « M. le marquis de la Charse seroit supplié vouloir faire demeurer la susdite armée en un gros, et icelle loger entre les villes de Sauve, Anduze, Allès, au lieu qu'il lui plaira choisir, aux fins de s'opposer aux progrès que les ennemys voudroient faire en la présante province, et mesme agir par son ordre contre les lieux et forteresses de ces quartiers estant de contre-party ». Le Conseil députa en même temps deux de ses membres auprès des consuls d'Alais, pour les amener à donner leur approbation à ce projet, et il les convoqua pour une assemblée dans laquelle « on prendroit les expédients jugés nécessaires ».

Sans doute, des considérations de l'ordre le plus élevé ne permettaient pas de maintenir les gens de guerre qui étaient sur pied en un gros d'armée, car un conseil de guerre présidé par le marquis de la Charse décida que les troupes seraient renvoyées dans leurs colloques respectifs. Cette décision fut communiquée au Conseil de ville le 27 août, et il fut mis en demeure de pourvoir à l'entretien des compagnies fournies par le colloque dont Anduze était le chef-lieu[1].

Ces compagnies ne s'étaient pas encore séparées, que Rohan envoya l'ordre de les maintenir en un gros d'armée. Les consuls et les habitants d'Anduze en éprouvèrent une vive satisfaction, car de plus en plus ils se fortifiaient dans l'idée « que les compagnies ne devoient pas se débander, vue que l'armée des ennemys étoit encore du costé de Sommières, faisant des préparatifs et se grossissant de jour en jour, suyvant les avis certains qui étoient arrivés. »

Se sentant ainsi appuyé par le général en chef, le Conseil de ville d'Anduze décida dans une séance tenue le 27 août « qu'on transmettroit à M. le marquis de la Charse l'ordre du duc de Rohan, et qu'on le supplieroit de vouloir bien commander aux dites troupes de rester en gros d'armée, en tel lieu circonvoisin qu'il lui plairoit, et que ces troupes seroient nourries par les villes et vigueries d'Allès et d'Anduze » (fol. 122).

XXVIII.

Tandis que les consuls d'Anduze communiquaient au marquis de la Charse cette demande du Conseil, les négociations pour le rétablissement de la paix étaient reprises entre Lesdiguières et le duc de Rohan. Celui-ci s'était toujours montré peu disposé pour la guerre. Au début, il avait essayé d'en détourner l'assemblée générale de La Rochelle; il avait voulu éga-

---

[1] Le Conseil n'éleva aucune objection; il décida que ces compagnies seraient nourries et entretenues par boulettes, chez les particuliers.

lement l'arrêter pendant le siége de Montauban, et il était entré dans ce but en pourparlers avec les généraux de Louis XIII; avant que le roi reprît les armes, il avait essayé de traiter avec Lesdiguières, et après le siége de Sommières il avait été le rejoindre pour reprendre les négociations.

Dans cette dernière conférence il était tombé d'accord sur tous les points en discussion, moins un seul, mais qui était capital: il s'agissait de l'entrée du roi avec ses troupes dans la ville de Montpellier, après que la paix aurait été signée. Or, les protestants de la contrée, et encore moins ceux de Montpellier, ne voulaient acquiescer à cette condition. Rohan ne l'ignorait pas; mais comme les exigences de Lesdiguières à cet égard étaient absolues, il consentit d'aller les communiquer lui-même aux habitants de Montpellier. Au moment de se mettre en route, il écrit à son mestre de camp, qui était à Anduze, et lui envoie l'ordre de prendre la plus grande partie des troupes réunies dans cette ville, et de les faire entrer dans Montpellier à peu près au moment où il y arrivera lui-même. Ici nous allons lui donner la parole.... « Rohan, de sa part, jugeant le péril de Montpellier, s'il n'y jetoit quelques gens de guerre, parce que les fortifications n'estant achevées, il falloit y suppléer par augmentation de soldats, il envoie son ordre à Sorlé, mestre aide de camp, de prendre douze cents soldats choisis entre deux mille qu'il avoit retenus à Anduze, et se jeter dans Montpellier par le chemin du val de Montferrand, la nuit dont le dit duc seroit entré le soir. Mais quand les capitaines et soldats surent que c'étoit pour s'enfermer dans Montpellier, ils se débandèrent entièrement, et ledit mestre s'y rendit avec quinze seulement. »

Nous laissons au narrateur la responsabilité de ce récit, à

l'exactitude duquel il nous est impossible de croire. Il est difficile d'admettre que les douze cents hommes conduits par le mestre aide de camp Sorlé aient déserté tous à la fois, pour l'unique raison qu'ils ne voulaient pas s'enfermer dans Montpellier. Mais tous les soldats réunis alors dans Anduze n'y étaient venus que dans l'intention bien arrêtée d'être dirigés vers cette même ville : en preuve, la délibération prise par le Conseil de ville, où nous lisons ce qui suit : « Mercredi 30 août... Aussi a esté proposé que le jour d'hier devers le soir, les compagnies du régiment du sieur de Beauvoir et celle du capitaine Hérail estant arrivées en la présante ville, s'en allant au secours de Montpellier, et n'ayant aulcung ordre de passer plus advant que la dite présante ville, la souppée du dit jour d'hier et la disnée de ce jourd'hui leur a esté bailhée par munition de pain, vin et quelque peu de chair et fromaige au nom de la communaulté, et de tant que le dit sieur de Beauvoir et le capitaine Hérail n'ont encore receu le dit ordre pour s'acheminer avec leurs compagnies en autre lieu, et que par conséquent leur convient séjourner davantage, demandent que la nourriture soict continuée par la dite communaulté ; ce que les dits sieurs consuls n'ont voulcu plus advant faire sans au préalable l'avoir communiqué au présant Conseil aux fins d'en délibérer.

« Sur quoy a esté conclud uniformément, attendu que les dites compagnies sont en la présante ville pour le service du party, et que Monseigneur le duc de Rohan fait préparer le secours pour Montpellier, oultre la souppée et la disnée qui leur a esté distribuée par la communaulté de la présante ville, elles y seront encore nourries par munition de pain, vin, chair pour la souppée de ce jourd'hui, et aussy pour la disnée de demain au nom de la communaulté, saulf à icelle à le reppéter sur la province ou sur la viguerie, comme il appartiendra » (fol. 132).

Après cette citation, l'on ne peut s'empêcher de taxer d'inexactitude le récit de Rohan. Évidemment, en cette circonstance les souvenirs lui ont fait défaut. Ou les hommes conduits par Sorlé ne se sont pas dispersés sur le chemin de Montpellier; ou, si la débandade a eu lieu, ils ont obéi à un mobile autre que celui qui est indiqué par le narrateur.

Quoi qu'il en soit de cet incident, les deux négociateurs, chacun de son côté, prirent le chemin de Montpellier. Rohan alla s'enfermer dans la ville, afin d'amener les habitants à souscrire à la condition relative à l'entrée du roi, et Lesdiguières se rendit dans le camp de l'armée royale, avec l'intention de rendre plus accommodants sur cet article Louis XIII et les gens de son conseil : les négociations furent donc continuées. C'est Bassompierre qui nous l'apprend dans ses Mémoires : « Le 26 (août), le roi vint coucher à Mauguio, où Lesdiguières arriva.

» Le samedi 27, le roi vint loger à la Vérune, où l'on fut comme d'accord sur la paix.

» Le dimanche 28, le traité de paix continua, et n'y avoit plus que le particulier de ceux de Montpellier à contenter, vers lesquels Messieurs de Créqui et de Bullion alloient et venoient.

» Le lundi.... le cardinal de la Valette, Chevreuse, Montmorency, Épernon, Praslin, Saint-Géraïn et Créqui, furent mandés par le roy au conseil de guerre, l'après-disnée, sur le retour de Monsieur de Bullion de Montpellier, qui avoit apporté un absolu refus de laisser entrer le roi dans leur ville le plus fort; mais bien que si le roi s'en vouloit éloigner de dix lieues, ils y recevroient M. le Connétable avec les forces qu'il y vouloit faire entrer. Il y avoit dans le conseil avec le roi, M. le prince de Condé et plusieurs autres. Le fait étoit que M. le Prince, ennemy de la paix qui se traitoit, avoit dit en plusieurs lieux que, si le roi entroit dans Montpellier, il la feroit piller, quelque diligence que l'on pût faire au contraire; ce qui avoit tellement intimidé ceux de Montpellier, qu'ils se vouloient résoudre à toute aultre extrémité, plutôt que d'y recevoir le roy, et pour finale réponse qu'ils donnèrent ce jour là à M. de Bullion, ils offrirent toute obéissance, pourveu que le roy n'entrât pas dans leur ville, « dont ils tenoient le pillage assuré, si on lui ouvroit les portes. » ..... Le conseil de guerre terminé, le roi dit à M. de Bullion : « Retournez à Montpellier, et dites à ceux de la ville que je donne bien des capitulations à mes sujets, mais que je n'en reçois point d'eux ; qu'ils acceptent celles que je leur ai offertes, ou qu'ils se préparent à y être forcés. Et ainsi s'acheva le Conseil,... et dès le soir tout traité fut rompu. » (*Mém.*, coll. Petitot, 2ᵉ série, 20, pag. 456.)

XXIX.

Le lendemain, les divers corps de l'armée royale se rapprochèrent de Montpellier, et le siége commença. C'était le premier jour de septembre. Aussitôt Rohan sort de la ville, recommandant aux assiégés de montrer bon courage, et les assurant qu'il va leur préparer un secours. Il tient sa promesse. Il se rend successivement à Nimes, à Uzès, à Alais, dans les Cévennes, partout où il espère que ses appels et ses encouragements seront entendus. Il n'a qu'un but : celui de rassembler au plus tôt un corps de six mille hommes, et de le jeter dans

Montpellier. Dans sa pensée, Anduze sera le quartier-général, le rendez-vous de toutes les forces qu'il pourra réunir. Il a raison, car cette ville, quoi qu'il en arrive, restera inviolablement attachée à sa personne, dévouée aux intérêts du parti, prête à accepter tous les sacrifices. Mais aussi, pour elle, combien seront onéreuses, et sa fidélité à la personne de Rohan, et la confiance que celui-ci lui témoigne! Pendant près de deux mois, depuis le 1er septembre jusque vers le milieu d'octobre, elle verra arriver tous les jours des compagnies, des régiments à la subsistance desquels elle devra pourvoir; des députations de Montpellier, de Nimes, qui solliciteront son concours. En même temps elle devra poursuivre la construction des bastions, des fortifications de toute espèce dont elle a voulu s'entourer, mais dont les travaux inachevés sont à tout instant suspendus parce que les ressources financières lui font défaut. Et cet argent qui lui manque, que personne ne veut lui prêter, elle ne pourra se le procurer qu'en ayant recours à des mesures regrettables. Au milieu de ses embarras de toute sorte, elle sera assiégée de solliciteurs qui sembleront s'être donné rendez-vous pour la pressurer. Des bandes armées s'organiseront dans ses murs, la contrebande s'y exercera, la disette s'y fera sentir. Elle devra arrêter les violences des pillards, empêcher les fraudes des contrebandiers, les manœuvres des accapareurs. Affreuse condition que nous voudrions retracer dans ses moindres détails, mais dont, à notre grand regret, obligé de nous restreindre, nous ne pouvons offrir qu'un tableau très-incomplet.

Le jour même où le siége de Montpellier commence, le Conseil ordinaire décide de contracter un emprunt de deux mille livres, afin de faire face aux dépenses de la communauté.

Seconde édition.

Il est donné avis que certaines personnes de la ville, se servant du temps présent, vont faire des courses dans les lieux circonvoisins, même dans la viguerie basse ; ils prennent et emmènent le bétail qu'ils trouvent, soit des ennemis, soit de ceux de leur parti. Le seigneur d'Aigremont est venu se plaindre que certains habitants d'Anduze qu'il désigne lui ont enlevé du bétail que, malgré ses réclamations, ils n'ont pas voulu lui rendre. Les consuls demandent une prompte répression, car, disent-ils, « si ces courses étoient tolerées, elles occasionneroient des larcins et des prinses injustes ». Le Conseil partage cet avis. Il décide que « les courses et prises sur ceux du party feront que les contrevenans seront poursuivis prévotalement ; ce que les consuls feront proclamer à son de trompe dans toute la ville, afin que personne n'en puisse prétendre cause d'ignorance ; et pour ce qui concerne le bétail du seigneur d'Aigremont, il devra être rendu ce jour même par ceux qui l'ont enlevé, sinon que la recherche en sera faite et la prise punie par toutes les voies de rigueur » (fol. 134).

Le Conseil est également appelé à empêcher la sortie du blé, que sous de faux prétextes certaines personnes enlèvent et vont vendre ensuite aux ennemis. Cette manœuvre coupable doit être promptement réprimée, disent les consuls, « car elle épuise les provisions de la ville et fortifie les ennemys ». Le Conseil est frappé de ce danger. Aussi décide-t-il que la sortie du blé ne sera permise « qu'à ceux du parti », et encore pour la nourriture seulement de leurs familles et pour la semence de leurs terres. Il charge quelques habitants honorables de faire pendant huit jours, à l'entrée de la porte de ville, la vérification des blés qui sortiront. Ce temps expiré, d'autres vérificateurs les remplaceront. En outre il nomme des députés

« qu'il charge de faire le relevé des bleds qui sont dans la ville, afin d'établir d'une manière exacte la quantité dont on peut autoriser la sortie, et celle qu'on doit y apporter pour l'approvisionnement de la population, en cas de siége » (fol. 135).

Dans la même séance, le Conseil donne charge aux consuls « de faire transporter dans la ville les gabions déjà confectionnés, et d'en faire fabriquer d'autres, pour servir en cas de besoing, veu que le bruit persiste toujours que la ville sera assiégée » (fol. 135).

Les compagnies du sieur de Beauvoir et du capitaine Hérail n'ont pas encore reçu l'ordre de quitter Anduze. Faut-il continuer à les nourrir aux dépens de la communauté ? Le Conseil répond d'une manière affirmative. Il décide qu'elles doivent recevoir la nourriture comme les jours précédents, jusqu'à ce que l'on « aura sceu plus amples nouvelles de l'estact des affaires publics ». Il charge les consuls d'employer la farine appartenant à la communauté, pour la fabrication des pains de munition.... « Cette farine devra être remplacée par le bled que Monsieur de Saint-Just a dans la ville, duquel on prendra cent charges, et si cette quantité n'est pas suffisante on en prendra de celui de M. des Gardies. »

Un capitaine nommé Bonnet a été chargé de surveiller les travaux des fortifications ; depuis un mois il remplit cet emploi, et il n'a reçu aucun salaire. Il demande qu'on le paie. Le Conseil lui alloue neuf livres pour les vacations qu'il a déjà faites, et il lui sera payé pareille somme pour chaque mois de vacations (fol. 138).

Depuis cinq semaines les soldats qui gardent le château de Sandeyran n'ont rien reçu pour leurs gages ; ils vont se retirer si la communauté d'Anduze ne leur paie pas l'arriéré de ce qui leur est dû. Le Conseil décide de faire droit à leur demande, et leur donne l'assurance qu'ils seront mieux traités à l'avenir (fol. 133-137).

Le vendredi 2 septembre, d'autres plaignants se présentent devant le Conseil. Ce sont les entrepreneurs des bastions qui réclament de l'argent, sans lequel ils ne peuvent continuer plus avant le travail des bastions. Le Conseil, voulant que ce travail se poursuive, décide de recourir à un emprunt, d'autant plus qu'il vient d'apprendre qu'un habitant d'Alais est disposé à prêter la somme de quinze cents francs.

La compagnie du sieur de Rouville a été retenue dans Anduze pour y garder la ville et les retranchements. Elle est nourrie et logée chez les habitants par *boulettes*, mais quelques-uns d'entre ceux qui les ont ainsi dans leurs maisons ne veulent plus les y garder, de sorte que ces soldats menacent de se débander. Le Conseil cherche à y mettre empêchement, car il n'est pas prudent « de laisser la ville sans gens de guerre ». Il décide que les habitants ayant des moyens seront obligés de loger et nourrir les soldats; que, dans le cas de refus de leur part, leurs meubles seront enlevés et vendus pour payer la nourriture des soldats qu'ils n'auront pas voulu recevoir » (fol. 141).

Le lendemain 3 septembre, la compagnie d'ordonnance du duc de Rohan arrive dans la ville, elle y passe la journée, et le lendemain dimanche, au moment de partir pour Lasalle, où, d'après une ordonnance de son chef, elle doit prendre ses quartiers, elle signifie aux consuls qu'elle ne délogera pas tant que la dépense qui a été faite pour la nourriture des hommes et des chevaux ne sera pas payée par la communauté. Les consuls en réfèrent au Conseil, qui reconnaît la justice de cette réclamation, et donne des ordres pour qu'il y soit satisfait.

Le 5 septembre, une députation arrive dans la ville d'Anduze ; elle est composée de M. Dufour, député de Montpellier ; de M. de la Grange, député de Nimes ; de M. Dulac, député d'Uzès. Ces Messieurs demandent à exposer leur créance. Ils parlent l'un après l'autre. Ils représentent « qu'il est nécessaire de secourir promptement la ville de Montpellier, qui est ja assiégée par les ennemys ».

Les membres du Conseil ordinaire partagent cet avis. Aussi décident-ils « unanimement et sans discrépance que le dit secours doibt estre octroyé pour ce qui regarde la présante ville avec aultant de gens de guerre et diligence que sera possible. Mais leur bon vouloir ne peut être suivi d'effet qu'à la condition d'être approuvé par la communaulté réunie en conseil général. » Cette assemblée est convoquée pour le lendemain. Les députés se rendent dans son sein, et y renouvellent leurs demandes. L'assistance applaudit ; elle décide : « Qu'attendu l'importance de l'affaire, Monseigneur le duc de Rohan sera très-humblement supplié de vouloir octroyer le dit secours, et pour lui faire la dite supplication le sieur juge, les consuls modernes et le sieur Courant pasteur, sont depputés » (fol. 142).

Dans la même séance, le Conseil décide d'emprunter mille livres à un habitant d'Anduze (le nommé Deleuzière) qui consent à lui en faire le prêt[1]. Il est saisi également d'une réclamation à laquelle il s'empresse de faire droit. Il s'agissait de mulets qui avaient été pris par ennemis sur la route de Som-

---

[1] Mais il retira sa parole, parce qu'il ne trouva pas suffisante la garantie que la communauté lui offrait pour lui assurer sa créance.

mières. On les avait conduits vers cette ville pour l'approvisionner de munitions de guerre, par le mandement des consuls, et d'après une ordonnance de Rohan. Leur propriétaire en exigeait la valeur, se fondant sur la promesse faite par les consuls que, dans le cas où ces bêtes de somme viendraient à tomber entre les mains des ennemis, la communauté en resterait responsable.

En se rendant à une assemblée de la province qu'il avait convoquée dans la ville d'Alais, Rohan était passé par Anduze, et il y avait visité les travaux des fortifications. Les bastions que l'on élevait d'après le plan primitif devaient être isolés l'un de l'autre. Dans cette disposition, ils n'avaient pas été approuvés par le général en chef, qui avait conseillé de les faire joindre en tenaille, et de leur donner la forme d'étoile. Il avait même ordonné à l'ingénieur écossais de tracer ce nouveau plan sur le terrain. Valquer s'était mis promptement à l'œuvre; les « marques » étaient faites, mais les entrepreneurs ne voulaient pas s'y conformer, sans avoir reçu des ordres supérieurs. Le Conseil les leur donna, sur la proposition des consuls. « Attendu, dit-il, dans une délibération en date du 7 septembre, les ordres de Monseigneur le duc de Rohan, il est décidé que les bastions seront parachevés et joints en forme d'estoile, suyvant le marquement que le sieur Valquer en a fait, à la charge qu'en cas le travail que y conviendra faire par ce moyen excedera celuy qui est contenu dans les priffaits, soit par bastiment ou creusement des fossés, au dit cas le pris en sera augmenté en proportion de celluy qui est contenu dans les dits priffaits » (fol. 146).

Le Conseil, dans la même séance, vit se présenter devant lui le gouverneur du Mazerois, du pays de Foix, qui venait lui faire une demande. Ce gentilhomme, appelé Dessus, s'exprima à peu près en ces termes : « Je me suis acheminé vers ces quartiers avec mes chevaux, pour en cas de besoing m'employer au bien du public de nostre party. Je m'étois mis en route sans être muni de beaucoup d'argent, croyant en recevoir de certains gentilhommes qui sont mes débiteurs et qui font partie de la suite de Monseigneur le duc de Rohan. Jusqu'à ce moment ce remboursement n'a pu s'effectuer. Pendant le long séjour que j'ai fait dans cette ville, non-seulement j'ai épuisé l'argent que j'avois apporté, mais encore je me suis endetté de la somme de septante-cinq livres auprès de mon hoste. Je ne pourrois le payer qu'à la condition de vendre mes chevaux ; mais on ne veult me les achepter qu'à vil prix. Je ne connois personne en ces quartiers, et mon hoste ne veut me laisser partir qu'après que je me serai acquitté auprès de lui. Cependant je crois que je pourrois recevoir de l'argent à Nismes ou j'ai des connoissances, et par ce moyen je payerai la somme dont je me reconnois redevable ; je prie donc la compagnie qu'il lui plaise de me faire délivrer mes chevaux et de me donner un homme dont je rembourserai la dépense et à qui je remettrai la somme que je dois. En même temps je laisserai l'un de mes chevaux qui sera plus que suffisant pour payer mon hoste. Ce cheval, avec mon fils, restera dans cette ville comme gatge, jusqu'à ce que je me sois acquitté de ce que je dois et de toute la dépense qui aura été faite. »

Cela dit, il se retira. L'assemblée fut touchée à la vue de ce gentilhomme qui venait ainsi lui faire l'exposé humiliant de sa gêne. Elle décida « que la communaulté repondroit auprès de l'hoste de la somme qui lui étoit due ; que le sieur Dessus seroit libre de partir avec ses chevaux pour la ville de Nismes, et qu'il auroit huit jours pour se procurer les septante-cinq livres, dont la ville se rendroit garant pour lui. Qu'une fois cette somme trouvée, il la remettroit entre les mains d'une personne qui lui seroit désignée ; que néanmoings, et aux fins de l'occasionner davantage à cela, qu'il seroit supplié vouloir laisser son dit fils avec l'ung de ses chevaux, jusqu'à ce que les sieurs consuls auront reçu advis certain de la dite consignation. Pendant lesquels huit jours, la dépense que son fils fera, ainsi que celle de son cheval, sera payée et acquittée par la communauté sans que le dit sieur Dessus soit tenu en faire le remboursement » (fol. 146).

Ainsi la pauvreté venait en aide à la pauvreté ! Cet acte de générosité du Conseil était sans doute fort modeste ; mais de la part d'une communauté aussi obérée, il dut acquérir un grand prix aux yeux de ce gentilhomme sans argent.

En prévision d'un siége, les consuls avaient fait publier à son de trompe que les denrées emmagasinées dans la ville ne devaient pas en sortir. Mesure sage, car avant tout il fallait assurer l'alimentation d'une population de plusieurs milliers d'habitants, qui d'un moment à l'autre pouvait être condamnée à un long blocus ; mais la contrebande bravait les ordonnances consulaires, et s'exerçait sur une grande échelle. Un muletier avait été surpris en fraude, emportant « en cachette » une charge de sel. Il fut dénoncé au Conseil. Cette assemblée n'usa pas envers lui d'indulgence. Dans une séance du 11 septembre, elle décida : « que le sel étoit de bonne prise, et duement saisi ; et à ces fins, pour la conséquence et pour tenir un chacuneg en debvoir de ne contrevenir aux délibérations politiques, le dit sel sera confisqué, un tiers au profit de ceux qui faisoient la garde ordinaire à la porte le jour de la saisie, autre tiers au profit des pauvres de la presante ville, et l'autre tiers au profit de la communaulté » (fol. 149).

XXX.

Dix-huit jours s'étaient écoulés depuis le commencement du siége de Montpellier, et cette ville n'avait encore reçu aucun secours du dehors. Réduits à leurs seules ressources, les assiégés faisaient preuve d'une énergie indomptable. Mais, plus ils se défendaient avec vigueur, plus leurs sorties étaient fréquentes, plus ils reconnaissaient la nécessité qu'on leur vînt promptement en aide ; car à chaque attaque qu'ils repoussaient, à chaque sortie qu'ils faisaient, leurs munitions s'épuisaient, et leur nombre allait en diminuant. Ils renouvelèrent donc leurs demandes et s'adressèrent une nouvelle fois aux consuls d'Anduze. M. Lafoux, leur député, se présente devant le Conseil, porteur d'une lettre des consuls de la ville assiégée. Dans cette missive, « un prompt et pressant secours est sollicité, attendu l'état des affaires des habitans et l'oppression dans laquelle leur ville s'en va être réduite, si elle n'est pas secourue. »

Après la lecture de cette dépêche, communication est donnée d'une ordonnance du duc de Rohan, portant « que par les consuls d'Anduze sera pourvue à faire faire quantité de farine pour être employée en pains de munition, pour nourrir les troupes qui seront levées pour le secours de Montpellier. »

Le Conseil renvoie le député de Montpellier au duc de Rohan, qui doit arriver le soir même ou le lendemain matin. Quant aux farines demandées, les consuls donneront des ordres pour les faire, et à cet effet « ils prendront du bled que les sieurs de Saint-Just et des Gardies ont en la presante ville » (fol. 154).

Mais voici d'autres réclamations. Elles viennent des entrepreneurs des bastions qui se plaignent du changement que l'on a fait subir au plan primitif des travaux. Le Conseil les écoute avec bienveillance et les renvoie devant une commisson qui est chargée d'examiner leurs griefs. Il décide en même temps de faire les contrescarpes qui ont été conseillées par l'ingénieur Valquer. Celui-ci reçoit la charge de tracer sur le terrain « les marques » de ces nouveaux travaux ; et comme son départ d'Anduze est fixé à peu de jours, le Conseil désigne quelques-uns de ses membres auxquels il confie le règlement des gratifications dues à cet habile ingénieur.

Le duc de Rohan arriva le même jour à Anduze, le 18 septembre, et en repartit le lendemain. De ce qu'il fit et de ce qu'il décida, nous ne savons qu'une chose : c'est qu'il exigea, avant de quitter la ville, que la dépense faite dans les hôtelleries par sa compagnie d'ordonnance fût réglée et entièrement payée. Grand embarras pour les consuls, qui étaient, comme toujours, au dépourvu d'argent. Ils en référèrent au Conseil, qui décida « que la souppée, couchée de la veille, et disnée du jour même de la compagnie des gardes de Monseigneur, seront payées au moyen d'un emprunt » (fol. 156).

Tout cela coûtait de l'argent, et il n'y en avait pas. Les entrepreneurs des fortifications en demandaient continuellement, menaçant d'abondonner les travaux s'ils continuaient à n'être pas payés. Les consuls, voulant faire droit à leurs justes doléances, avaient cherché partout à emprunter, mais ils n'avaient pas trouvé un seul prêteur bien disposé. Cependant il était urgent de finir les bastions, sur lesquels on comptait avant tout pour la défense de la ville. Comment sortir de cette difficulté ? Le Conseil consulté décide d'avoir recours à un expédient qui montre à lui seul le degré de gêne dans laquelle la ville se trouvait en ce moment. « Attendu, dit-il, à la date du 23 septembre, qu'il est grandement nécessaire et important que les bastions soient achevés avec diligence, et qu'on ne peut trouver d'argent pour ce faire : par les consuls, au nom de la communaulté sera achepté telle quantité de bled qu'ils trouveront à vendre *à crédit*, et que de ce sera faite réquisition, pour savoir si les sieurs baron d'Aigremont, Dupont de Vézenobre, et autres circonvoisins, en ont aulcun, et s'ils le veulent vendre à crédit à la presante communaulté, de quoy il leur sera fait obligation ; *pour être en apprès le dit bled converti au payement des priffaits des dits bastions*. Neanmoings, que la verification cidevant délibérée sera faite, aux fins qu'on puisse sçavoir s'il pourroit être pris du dit bled qui s'y trouvera, au cas on n'en pourroit trouver ailleurs » (fol. 157 verso).

Pauvres gens ! ils étaient obligés, pour avoir de l'argent, de battre monnaie avec du blé qu'ils avaient en dépôt dans leur ville, et qu'ils projetaient d'acquérir pour le revendre ensuite. Ainsi font les gens ruinés : ils achetent à crédit et à des conditions fort onéreuses des objets qu'ils revendent immédiatement, mais bien au-dessous de leur valeur.

Au moment où la ville d'Anduze se débattait au milieu de ses embarras pécuniaires, une nouvelle difficulté venait compliquer sa position, déjà si peu riante. Le Conseil de Saint-Jean-de-Gardonenque, obéissant je ne sais à quel mobile, avait empêché d'emporter à Anduze les châtaignes, foin, bétail, et les autres vivres qui se trouvaient au dit Saint-Jean. Mais presque toutes les denrées, moins le blé, qui se consomment dans Anduze, passent par Saint-Jean, ou s'y récoltent. Et que deviendra la population anduzienne, surtout en cas de siége, si cette défense reçoit son exécution ! Le Conseil est ému de cette prohibition aussi intempestive qu'imprévue. Voulant en prévenir les suites, il envoie l'un de ses membres qui devra s'assurer de la réalité de cette défense, et, dans le cas où elle existerait, il priera les consuls de Saint-Jean « de se mettre en queste des expédiants qu'on jugera estre necessaires aulx fins de continuer l'union qui a esté de longtemps entre la présante ville et le dit lieu de Saint-Jean » (fol. 159).

Quoi qu'il en fût, la population d'Anduze n'en restait pas moins dévouée à la cause commune, et parfaitement disposée à se prêter à tout ce qui pourrait hâter le secours promis à Montpellier. Les consuls de Nimes n'ignoraient pas ses bonnes dispositions; aussi, voulant en tirer parti au profit de la ville assiégée, ils écrivirent une lettre adressée aux officiers, consuls et consistoire d'Anduze, et leur envoyèrent les sieurs de Vieulx et Rouvière. Ces députés se présentèrent devant la communauté entière réunie dans le temple, le 24 septembre, en conseil général, et firent valoir de la manière la plus pressante « l'importance qu'est au général du party aussi bien qu'à la ville de Montpellier que les secours promis à cette dernière ville lui soit promptement envoyés. » L'assemblée est profondément touchée. Elle décide « à l'unanimité et sans discrépance qu'il sera pourvu à ce secours avec toute la diligence que pourra se faire, sans aucun autre délai ni retardement; même qu'en la ville d'Anduze sera faite levée de plus grand nombre de gens de guerre qu'elle n'a été cotizée; et aulx fins de faciliter cette levée, il sera prins par les consuls, au nom de la communaulté, des armes chez ceux qui en ont le plus, pour estre en apprès délivrées à ceux qui n'en ont point, ni moyen d'en recouvrir, lesquelles armes seront restituées à ceux qui les auront fournies; et qu'il sera escript ou depputé aulx lieux qui ont été cottizés, de faire des gens de guerre pour le dit secours, et n'y ont encore satisfait; de faire marcher, ce jourd'hui ou demain bon matin, les dits gens de guerre les concernant; et pour les lieux de la viguerie qui se rendront refusans ou deslayans, leur cottité de gens de guerre sera prinse d'ailleurs à leurs despens par les dits consuls, auxquels est, a ces fins, donné pouvoir de ce faire, et de les contraindre au remboursement de ce qui aura esté bailhé par toutes voies et réquisitions permises. Néanmoings, et afin de faire haster avec plus de promptitude le dit secours, les sieurs de Vieulx et Rouvière sont exhortés s'arrester en la présante province des Sevennes aulx fins de s'acheminer aulx lieux ou sera nécessaire, et avec l'assistance de Monsieur Jean de Sostelle qui a été depputé pour se joindre a eulx, et tous ensemble faire les sollicitations que besoing sera » (fol. 162).

On ne pouvait pas montrer meilleure volonté. Les consuls se mirent immédiatement à l'œuvre. Le tambour bat dans toutes les rues de la ville, et la levée des gens de guerre commence. Les membres du Conseil sont tous occupés à rechercher des armes. La journée se passe dans ces préparatifs. Le lendemain 25 septembre est un dimanche, par conséquent jour de prières dans le temple. A l'issue du prêche, l'assistance se forme de nouveau, comme la veille, en conseil général, car les consuls ont à lui exposer les doléances et les réclamations des habitants de la viguerie basse.

Ceux-ci se plaignent que certains habitants d'Anduze, en dépit de toutes les défenses, font des courses dans leurs quartiers, et, enlevant les bêtes de laine, de labour, ils ravissent meubles, habits, argent, sans distinction de parti, autant chez les protestants que chez les catholiques. Il résulte de ces spoliations, que les paysans ne peuvent vaquer aux travaux des champs, obligés qu'ils sont de défendre leurs propres maisons ; de sorte que si cet état de choses continue, « ils se verront obligés de quitter leurs demeures, et d'aller s'établir ailleurs ». En attendant, ils sont réduits à l'impossibilité de payer les cotités auxquelles ils sont contraints. A l'appui de ces plaintes, les consuls ajoutent que les courses dont on se plaint avec tant de raison, empêchent le trafic et le commerce ; qu'elles retardent le secours destiné à la ville de Montpellier, car elles retiennent ceux qui les font, et empêchent de faire partie des contingents exigés. D'ailleurs, si elles ne permettent pas de faire les semailles, comment les habitants de la contrée pourront-ils subsister ?

L'assemblée applaudit. Elle décida « que les courses faites sur ceux du party sont désavouées comme n'estant ni légitimes ni permises ; que ceux qui les ont ja faites ou les feront à l'advenir, seront poursuivys par *voie prévotale*, ou aultre que le cas requerra ; que pour faire les dites poursuites, il sera nommé un syndic, avec promesse qu'en l'exercice de la dite charge lui sera donné aide, faveur et main-forte par les officiers, consuls et habitans de la dite ville et de la viguerie basse. »

XXXI.

Les démarches actives de Rohan, les sollicitations des députés, les délibérations des conseils, les injonctions des consuls, avaient enfin amené le résultat désiré : le gros d'armée destiné à secourir Montpellier commençait à se former. Les contingents des villes et des vigueries prenaient ou allaient prendre le chemin d'Anduze, qui devait être le rendez-vous général. Celui de Nimes, le plus important de tous, venait d'arriver sous le commandement de Vignôles. D'autres étaient attendus. Il devait en arriver d'Alais, de Saint-Jean-du-Gard, des hautes Cévennes, du Vivarais, de partout. On pouvait compter sur six mille hommes. Le 25 septembre, le sieur de Roques, agent du duc de Rohan, vint avertir les consuls que le général en chef faisait demander à Anduze le pain de munition pour nourrir les gens de guerre qui passeront par Anduze, « suyvant le rendez-vous qui leur a été donné ». Les commissaires des vivres, de leur côté, déclarent qu'ils n'avaient point de farine pour faire les pains ; ils demandèrent, en conséquence, qu'on leur cédât celle qui se trouvait dans la maison consulaire, offrant de la remplacer prochainement par du blé ou de la payer en argent. En même temps, ils signifient aux consuls que si leurs propositions ne sont pas agréées, si la farine qu'ils demandent par manière de prêt ne leur est pas délivrée, ils porteront plainte devant le duc de Rohan.

Le Conseil fut aussitôt saisi de toutes ces demandes. Il n'hésita point. Malgré le danger auquel on exposait la ville en vidant ses greniers, malgré le peu de garantie que présentaient les promesses des commissaires des vivres, il décida, vu l'urgence, « qu'il sera baillé jusqu'à cinquante quintals de la farine qui est dans la maison consulaire, et que les commissaires seront tenus la remplacer en bled ou en argent ».

Très-bien ! Les gens de guerre qui s'arrêteront à Anduze pour se rendre à Montpellier, trouveront des pains de munition dans cette ville ; mais il faut en même temps de l'argent aux ouvriers, aux manœuvres qui travaillent aux fortifications ; et ceux-ci, qui n'en recevaient pas, avaient fait signifier au Conseil qu'ils déserteraient les chantiers, si dorénavant on ne leur en fournissait pas *chaque jour*. Les consuls déclarent en même temps qu'ils n'en possèdent point, que personne ne veut leur en prêter, et qu'en aucune manière ils n'ont pu s'en procurer. Le Conseil, se voyant à bout de ressources, « décida qu'on feroit réquisition des bleds qui ont été apportés en dépôt, qu'on les mettroit en vente, et que l'argent qu'on en retireroit serviroit au paiement des ouvriers employés aux fortifications ».

Cet emprunt forcé était prévu. Aussi les propriétaires qui avaient fait apporter leurs blés dans Anduze, alors qu'on redoutait, après la prise de Sommières, une invasion de la contrée par les troupes ennemies, réclamaient leurs denrées sous le prétexte plausible qu'ils en avaient besoin pour l'entretien de leurs familles et les semailles de leurs champs. Le Conseil, dans cette même séance, autorisa la sortie des blés, mais seulement pour ceux qui en avaient porté dans la ville, et en proportion de leurs besoins domestiques et de l'ensemencement de leurs terres.

Mais la sortie des grains devait en amener le renchérissement, et le renchérissement devait exciter la convoitise des accapareurs. Les boulangers achetaient déjà les blés à tout prix, pour les revendre ensuite plus chèrement. Les habitants leur en faisaient du moins le reproche, et ils se plaignaient que cette manœuvre allait provoquer une cherté excessive, et réduirait beaucoup d'entre eux à aller mendier leur pain. Ces craintes étaient légitimes; aussi, dans cette même séance, le Conseil défendit, non-seulement aux boulangers, mais à tous les habitants, de faire des magasins de blé, leur permettant d'en acheter au fur et à mesure de leurs besoins; « à peine que tout qu'ils auroient achepté en sus seroit confisqué au profit des pauvres, et ceux qui auroient fait ces achats condamnés à dix livres d'amende ».

Ces réclamations et les difficultés qui surgissent de tous côtés n'empêchent pas le Conseil de prêter l'oreille à toutes les propositions qui ont pour objet la défense de la ville. Dans la même séance il voit se présenter devant lui l'ingénieur écossais, le sieur Valquer, qui lui conseille de faire un retranchement de l'autre côté du pont, sur la route d'Alais. « Malgré le terrassement que vous avez élevé, leur dit-il, depuis la tour Ronde jusqu'à la porte du Pont, la partie la plus faible de la ville se trouve depuis cette même porte jusqu'à la porte du Pas : vous devez donc empêcher l'ennemi d'approcher du côté du pont, d'y amener du canon et de s'y loger ; car s'il parvient à s'y établir, il dirigera ses efforts, et avec un plein succès, vers la partie vulnérable que je viens de vous indiquer. Il est donc nécessaire d'élever un retranchement de l'autre côté de la rivière, sur le chemin d'Alais, et je vous offre d'en faire le tracé sur le terrain. » Le Conseil reconnaissant présenta ses remerciements à Valquer, et l'autorisa « à tracer le plan de toutes les fortifications qu'il jugerait nécessaires pour la défense de la ville » (fol. 176).

Les contingents des vigueries arrivaient successivement. L'armée qui se formait à Anduze allait en grossissant d'heure en heure. Cette concentration de troupes n'était pas ignorée dans l'armée royale, qui s'attendait à voir arriver sur ses derrières le secours qui devait arriver aux assiégés. « J'avois l'œil, nous dit Bassompierre dans ses Mémoires, à empescher le secours des ennemis qui se préparoit à Anduze, dont nous eûmes l'allarme la nuit du mardi 27, et le roy voulut le lendemain, sur l'avis que l'on lui donna que le secours pour Montpellier marchoit, aller au-devant avec quelque cavalerie et deux mille hommes de pied. Il fut trois lieues au-devant, mais il rencontra un de nos espions qui lui assura que de six jours il ne seroit

Seconde édition.

prêt à marcher ; ce qui lui fit rebrousser chemin. » (*Id.*, pag. 477.)

L'espion ne se trompait pas ; le gros d'armée réuni dans Anduze n'était pas prêt à marcher le 27 septembre ; mais à qui la faute? Était-ce aux contingents, ou bien au duc de Rohan? Nous sommes porté à l'attribuer à ce dernier, qui, pour une cause ou pour une autre, ne commandait pas aux troupes de se mettre en marche. Dans tous les cas, on murmurait; et ces plaintes trouvèrent leur écho dans le sein du Conseil, à Anduze. Ce fut le 30 septembre ; les agents du duc se trouvaient à la séance, ainsi que trois députés de Nimes et ceux de la viguerie basse d'Anduze.

M. de Vieulx, député de Nimes, prit le premier la parole. Il dit « qu'il venoit au nom de la province du Bas-Languedoc, dans les Cévennes, aux fins de faire hâter le secours destiné à Montpellier ». M. Cruvellié, son collègue, se fit entendre après lui. « Il avoit, disait-il, la mission expresse de supplier M. de Vignoles de faire marcher en diligence les troupes de gens de guerre qui étoient sous son commandement, tant celles qui se trouvoient dans Anduze que celles qui étoient dans la province. »

Le Conseil d'Anduze partageait l'avis des députés de Nimes. Mais Rohan n'avait donné aucune instruction pour faire avancer les soldats ; pouvait-on se passer des ordres du général en chef, sans méconnaître son autorité? La difficulté était grande. Le Conseil crut pouvoir en sortir par la décision suivante : « Concluď que le sieur de Vignoles sera supplié faire advancer les dites troupes vers Montpellier, et à ces fins faire aller coucher aujourd'hui mesme celles qui sont en la présante ville, à la ville de Saulve, pour y demeurer, et d'y rester sur pieds jusqu'à ce que le dit sieur de Vignoles trouvera bon les faire marcher plus avant, lesquelles troupes y seront nourries par la ville et viguerie de Saulve, suivant les mandements ja dressés par lettres missives aux dits consuls de Saulve ; et aulx fins que les dites trouppes puissent y estre nourries, aient meilleur moyen d'y pourvoir, si faict n'a esté, les commissaires de vivres establis en ceste ville et viguerie sont priés faire apporter présentement au dit Saulve des pains de munition, tant pour la souppée de ce jourd'hui que disnée de demain des dites trouppes qui partiront de ceste ville ; et se y achemyner eux-mêmes pour en faire la distribution » (fol. 178).

Enfin, l'armée de réserve se mit en marche le 4 octobre. Les consuls d'Anduze en furent avisés par ceux de Sauve, qui leur demandaient deux mille pains de munition « pour nourrir et faire subsister les troupes de gens de guerre qui sont au dit Saulve pour le secours de Montpellier ».

Le Conseil acquiesça à cette demande : « Attendu, dit-il, le besoin qu'a nostre party que les gens de guerre qui sont sur pied, même ceux de Saulve, subsistent tant pour le secours de Montpellier que pour aultres affaires publics...... » Il exigea seulement que les consuls de Sauve eussent le soin d'envoyer à Anduze, par le retour des mulets qui portaient les deux mille pains, une quantité pareille de blé ou de farine ; il chargea en même temps l'un de ses membres d'aller proposer à Sauve cette condition. Il donna ordre aux consuls de faire chercher les pains chez les boulangers et les *pangossiers*[1], et en cas de besoing d'en faire fabriquer avec la farine appartenant à la communaulté » (fol. 183).

---

[1] Le mot *pangossier* est un terme patois. Il signifie regrattier de pain, celui qui vend de pain de seconde main.

L'armée commandée par le général en chef quitta Sauve, et se dirigea sur Montpellier en passant par le val de Montferrat. Un des lieutenants de Rohan en avertit les consuls d'Anduze, le 7 octobre, et en même temps il leur demanda des munitions de bouche pour la nourriture de l'armée.

Le Conseil, à qui cette demande fut immédiatement transmise, n'hésita pas à l'agréer. Il décida que quatre mille pains de munition seraient fournis par la ville d'Anduze. Ces pains seraient expédiés dès le lendemain matin, et les commissaires des vivres devaient donner des ordres pour les faire préparer, en prenant à cet effet, en cas de besoin, la farine nécessaire appartenant à la communauté. Il exigea seulement que cette farine serait remplacée, « en après, par les dits sieurs commissaires, ou payée en argent[1] » (fol. 189).

Le corps d'armée commandé par Rohan s'était arrêté à quatre lieues de Montpellier, dans un village appelé Corconne.

---

[1] Le même jour le Conseil eut à se prononcer sur une infraction commise contre ses ordonnances.
Malgré la défense de *faire magasin de bled*, un nommé Jean Comandré n'avait cessé d'accaparer les grains et de les vendre en cachette. La veille même, il en avait acheté une certaine quantité à des personnes qui en avaient un dépôt dans Anduze, et, profitant de la nuit, il l'avait fait transporter dans sa maison. « C'étoit de la part de cet homme, non-seulement une contravention à l'ordre politique, mais encore une *usure* manifeste. » Ainsi en jugeaient les consuls.
Le Conseil opina de même. Il décida que ledit Comandré serait condamné à l'amende de dix livres, fixée précédemment; qu'elle serait au profit des pauvres; qu'une perquisition serait faite dans la maison du délinquant; que si le blé accaparé s'y trouvait, il serait vendu aux enchères sur la place publique, par les soins des consuls et du syndic; que sur le montant de la vente serait prise l'amende de dix livres, et le reste rendu à Comandré; que si le blé ne se trouvait pas, et si le délinquant refusait de payer l'amende, ses meubles seraient saisis et vendus sur la place publique, sans autre forme de procès (fol. 190).

Les habitants d'Anduze en attendaient des nouvelles avec anxiété, lorsque le samedi, 8 octobre, à cinq heures du soir, ils furent convoqués dans le temple en conseil général, pour recevoir communication de nouvelles importantes. Ils accourent en grand nombre, et apprennent de la bouche des consuls l'arrivée d'un paquet de la part de sa Grandeur, « auquel y a une lettre dattée de ce jourd'hui, que Monseigneur escript aux consuls de la présante ville et viguerie d'icelle. »

Rohan, dans cette lettre, demandait « de lui envoyer aultant de gens de guerre qu'il leur seroit possible, bien armés et pourveus de munitions tant de bouche que de guerre, pour le venir joindre par tout ce jourd'hui ou demain de bonne heure, au lieu de Courconne, pour l'accompagner au secours de Montpellier. »

Cette lettre était accompagnée d'une ordonnance par laquelle il est enjoint à Anduze et à sa viguerie « de fournir pour chacung jour la quantité de quatre mille pains de munition pour sa cottité de la nourriture des gens de guerre qui sont sur pieds pour le secours de Montpellier ». Il y avait également des lettres à l'adresse des consuls d'Alais.

L'assemblée, appelée à se prononcer, fut d'avis d'agréer cette demande. « Attendu, dit-elle, l'importance du secours de Montpellier, il sera fait levée dans la présante ville d'aultant de gens de guerre que se pourra trouver, et qui seront de volonté d'aller joindre mon dit seigneur, pour s'achemyner avec lui aujourd'hui ou demain matin, sous le commandement du sieur Brunel, qui sera supplié de s'y employer. Ces gens de guerre seront munitionnés par la communaulté et fournis d'armes, s'ils n'en ont point ; que pendant tout le temps qu'ils séjourneront au dit secours ou qu'ils l'accompagneront, ils seront déchargés de toutes les gardes ordinaires et corvées qu'ils étoient tenus faire en la ville; que par les consuls il sera escript aux consuls de chacung lieu de la viguerie, et envoyé par porteurs exprès qui partiront ce soir, avec recommandation de faire levée dans les dits lieux d'aultant de gens de guerre qu'il leur sera possible, à l'effect de la lettre de Monseigneur le duc de Rohan, dont copie leur sera expédiée.

» Et en ce qui concerne les munitions de bouche ordonnées par mon dit seigneur, il doibt y estre satisfaict, et les sieurs d'Argentières et Labalme, commissaires des vivres, seront priés faire préparer les dits pains de munition nécessaires, et y pourvoir au nom de la communaulté; enfin que la lettre escripte aux sieurs consuls d'Allès y sera envoyée présentement par porteur exprès, aux fins que de leur costé les affaires concernant le bien du public soient également advancées » (fol. 193).

D'où venait cette demande de renforts envoyée avec tant de hâte, et l'empressement que les habitants d'Anduze montraient à y satisfaire? L'explication s'en trouve dans ces paroles de Bassompierre : « Le samedi 8, M. de Rohan avec les troupes qu'il amenoit pour jeter dans Montpellier, s'approchèrent de nous, et se vinrent loger à Fontanès et à Courconne. Nous fûmes avec notre cavalerie au devant d'eulx, mais ils se retirèrent. » (*Id.*, pag. 484.) Rien d'étonnant dans cette marche en arrière de Rohan. Il vit que des forces considérables s'avançaient contre lui, qu'il faudrait probablement avoir avec elles un engagement dans lequel il pourrait perdre beaucoup de monde; or le secours qu'il amenait, pour être profitable aux assiégés, devait leur arriver sans être entamé. D'ailleurs, il n'avait pas abandonné son projet de traiter de la paix. A quoi bon dès-lors en venir aux mains avec les ennemis? S'il n'évitait pas une rencontre, il y aurait probablement du sang répandu, et sans contredit ce sang ne pourrait que nuire à la reprise des négociations.

Quoi qu'il en soit, Rohan dut recevoir les renforts qu'il avait demandés à Anduze ou ailleurs, dans la soirée du 8 et dans la nuit et la matinée du 9[1]; car, au dire de Bassompierre, « il parut vers les cinq heures du soir sur un haut avec son armée, à demi-lieue au-deça de Courconne ; ce qui fut cause que les assiégeans durent se tenir sur leurs gardes, armés toute la nuit. » (*Id.*)

XXXII.

D'après la position que les deux partis avaient prise, il semblait qu'une rencontre allait avoir lieu, et que si les soldats partis d'Anduze parvenaient à entrer dans Montpellier, les assiégés prolongeraient leur résistance. Il aurait pu arriver alors ce qui se produisit devant Montauban, à savoir : la levée du siége par Louis XIII et la retraite de son armée.

Et cependant, lorsque le sang semblait prêt à couler, les hostilités cessèrent tout d'un coup. Le 9, les deux armées se touchaient presque, disposées à se battre, et le 10 la paix fut traitée. Ce changement si brusque fut dû aux efforts de Lesdiguières, qui était revenu dans l'armée du roi, et qui avait

---

[1] Beaucoup de ces renforts, bien disposés du reste, lui arrivèrent trop tard, entre autres celui d'Alais. Le dimanche 9, ce corps de troupes « volontaires » se présenta dans Anduze; il était commandé par un sieur André, second consul d'Alais. Il passa la nuit dans Anduze, et y fit deux repas. Le chef demanda que « la souppée et la disnée de ses soldats fussent acquittées par la ville d'Anduze. » Mais le Conseil s'y refusa. Il fit dire que « c'étoit aux commissaires des vivres à pourvoir à cette dépense, vu qu'ils en avoient la charge, et que si ces messieurs refusoient de s'en charger, M. André y pourvoiroit au nom de sa communaulté » (fol. 199).

amené ce dernier à s'entendre avec les protestants. Louis XIII, fatigué d'un siége qui traînait en longueur et qui pouvait bien avoir l'issue de celui de Montauban, prêta l'oreille aux conseils du connétable, et, dès que celui-ci eut reçu les pleins pouvoirs du monarque, au moyen d'émissaires il tomba d'accord avec Rohan.

Grâce à cette médiation, la paix fut traitée le 10. C'est Bassompierre qui fixe cette date. Le bruit en courut dans Anduze le même jour; mais, malgré la perspective d'une paix prochaine, le Conseil fit poursuivre les travaux des fortifications (fol. 202).

Après avoir arrêté le traité de paix, le même jour (10 octobre) Rohan était entré dans Montpellier pour le faire accepter par les habitants; mais il rencontra chez eux de vives résistances. Au dire de Ménard (tom. V, pag. 504), « les plus échauffés d'entr'eux voulaient l'assassiner. Ils disaient qu'il les avait trahis et l'appelaient *escanbarlat* : c'est le nom qu'on donnait à ceux qui se montraient modérés et flottants. Ils ne voulurent rien conclure sans s'être auparavant concertés avec ceux de Nimes et d'Uzès. Ils envoyèrent pour cela quatre députés dans ces deux villes. » Celles-ci n'étaient pas plus calmes, et peut-être encore moins bien disposées. Leurs habitants tenaient également à une paix avantageuse, et ils sentaient qu'ils ne pourraient l'obtenir qu'en restant étroitement unis avec les Cévennes. Dans cette pensée, ils envoyèrent un député à Anduze, nommé Teissier, porteur d'une lettre datée du 11, le lendemain même du jour que le traité de paix avait été signé par Rohan.

Le député, admis devant le Conseil général, représenta « qu'il étoit très-requis et très-important aux Églises du royaume, principalement à celles des provinces du Bas-Languedoc et des Sevenes, de nous raffermir à présent plus que jamais à l'entretien de l'union, comme aussi de secourir avec diligence la ville de Montpellier. »

L'assemblée applaudit l'orateur. Elle décida « que pour ce qui regarde l'union, elle doibt être entretenue, et que pour cet effet la communaulté de la présante ville continuera icelle, tant entre la province des Sevenes que celle du Bas-Languedoc, pour estre toujours de même volonté et correspondance pour le bien public ; et, pour ce qui concerne le secours du dit Montpellier, que Monseigneur le duc de Rohan sera très-humblement supplié, au nom de la présante communaulté, vouloir promptement secourir la dite ville; et pour faire la dite supplication à sa Grandeur, et pour lui offrir au nom d'icelle communaulté tout ce qui sera en son pouvoir, le sieur Pierre de la Farelle, premier consul de l'année dernière, a esté esleu à la pluralité des voix » (fol. 203).

Tandis que le sieur Teissier venait ainsi plaider au nom de Nimes dans Anduze la cause de l'union et de Montpellier, ceux de cette dernière ville s'étaient rendus à Nimes, où ils assistèrent à une assemblée mixte qui nomma deux députés chargés de les accompagner à Uzès, où les Églises s'étaient en quelque sorte donné rendez-vous.

Les décisions qui devaient être prises dans cette dernière ville devaient sans doute être définitives, puisque le duc de Rohan avait projeté de s'y trouver lui-même.

Mais auparavant il avait cherché à se concilier l'appui de la communauté d'Anduze. Dans cette vue, il leur avait écrit une lettre où il leur démontrait la nécessité d'une paix générale, et faisait ressortir les avantages du traité qu'il avait signé.

En outre, il demandait « l'approbation tant de la ville d'Anduze que des autres de la province des Sevennes, et que cette approbation lui fut tesmoignée par lettre missive ou par depputé qui lui seroit envoyé à Uzès, où il alloit s'achemyner. »

Il ajoutait à tout cela « qu'il falloit pourvoir à la nourriture de son armée, qui étoit allée coucher à Congéniès. »

Le Conseil décida : « qu'en ce qui concernoit l'approbation à donner au traité de paix, il seroit fait depputation devers sa Grandeur, et à ces fins, le sieur juge et le premier consul furent nommés, tant à l'effet d'icelle approbation pour raison de laquelle ils sont exhortés d'en conférer avec les depputés de la province du Bas-Languedoc, et se conformer à leurs résolutions, que aussi d'obtenir de sa Grandeur le contenu aux memoires qui leur seroient bailhés, tant pour la communaulté de la présante ville, que pour le public de ceste province des Sevennes. — Et pour ce qui regarde la munition, il y sera pourveu le plus promptement qu'il sera possible » (fol. 206).

Malgré l'opposition de plusieurs, le traité de paix fut ratifié de part et d'autre. Le duc de Rohan ayant reparu le 17 dans Montpellier, les députés des Églises vinrent faire leur soumission à Louis XIII.

Le mercredi 19, l'armée du roi fit son entrée dans la ville, qui avait ouvert ses portes, et le lendemain 20, « on fit sortir tous les soldats étrangers, et on leur donna une escorte jusqu'à Montferrier, d'où ils passèrent aux Sevennes. » (Bassomp., pag. 488.) Ces soldats, et probablement ceux qui avaient fait partie du secours préparé pour Montpellier, arrivèrent le 22 à Anduze, et demandèrent « d'y estre logés aux dépens de la province des Sevennes ou de la viguerie, faisant valoir qu'ils s'étoient employés pour le service du public ».

Les consuls proposèrent de leur accorder ce qu'ils demandaient, « ne seroit-ce que pour ne pas leur donner aucun subjet de mécontentement ». Le Conseil, auquel assistaient les députés de la viguerie, approuva cette proposition, et il décida « qu'il seroit donné à chaque soldat de chaque compagnie qui seroit de passage à Anduze en revenant du secours de Montpellier, un pain de munition et deux sous argent. »

La nouvelle officielle de la paix générale dans tout le royaume arriva le 25 octobre à Anduze[1]. Le traité portait en substance : la confirmation pure et simple de l'Édit de Nantes; le rétablissement des deux religions dans les lieux où elles avaient été supprimées pendant la dernière guerre; l'autorisation, pour les protestants, de tenir des assemblées ecclésiastiques, telles que consistoires, colloques, synodes provinciaux et nationaux; décharge de tous les actes d'hostilité pendant la dernière guerre; délivrance de tous les prisonniers; mais en même temps défense pour les protestants de tenir des assemblées politiques; démolition complète de leurs fortifications, sauf celles de La Rochelle et de Montauban, qui resteraient intactes; celles de Nimes, Milhau, Uzès et Castres ne devaient être détruites qu'à moitié.

[1] Avec cet avis, que les consuls qualifiaient de *certain*, arrivait aussi l'ordre de faire cesser le travail des fortifications. Le Conseil obéit. « Attendu, dit-il, les advis de paix, la continuation des dits bastions ne doibt estre plus avant poursuivie, et il sera intimé à ceux qui les ont pris à priffait, faire cesser le travail d'iceulx jusques à ce qu'on sera plus assuré *si la paix est faite ou non:* »
Ces derniers mots caractérisent les dispositions des esprits des protestants. Ils n'avaient pas foi en cette paix. Ils ne croyaient pas à la réalité, ni à la force de ses stipulations. En sorte que si le roi espérait tromper les protestants, comme Michelet l'affirme avec raison, les protestants, de leur côté, se promettaient bien d'éluder tout ce qui, dans ce traité, était trop rigoureux pour leurs intérêts.

Ainsi finit cette guerre de religion entreprise par Louis XIII ; elle avait duré plus de dix-huit mois, elle avait coûté la vie à plus de cinquante mille hommes, et elle avait été également funeste au roi et aux protestants : aux protestants, à qui elle avait fait perdre la plupart de leurs hommes de marque et deux grandes provinces, le Béarn et le Poitou ; au roi, dont elle avait épuisé les ressources et à qui elle avait enlevé deux armées, l'une devant Montauban et l'autre devant Montpellier. Encore si ces désastres avaient servi aux uns et aux autres de leçon et de frein ! Mais à peine conclue, elle fut violée dans ses dispositions principales ; ce qui prouve que la paix de Montpellier (c'est le nom qu'on lui donna) fut un armistice commandé par la fatigue et l'épuisement, plutôt qu'une réconciliation sincère entre le monarque et ses sujets protestants !

CHAPITRE IV

ANDUZE PENDANT LA SECONDE GUERRE DE RELIGION SOUS LOUIS XIII.
(Octobre 1622. — Février 1626.)

SOMMAIRE.

Situation embarrassée d'Anduze après la paix de Montpellier. — Cette ville est obligée de démolir ses fortifications et de participer aux frais de la démolition des bastions de Nimes. — Logement des troupes du roi dans Anduze et les autres villes des Cévennes. — Démolition des fortifications d'Anduze; la population s'y prête de très-mauvaise grâce. — Soubise et Rohan reprennent les armes. — Inopportunité de ce mouvement. — La Cour empêche Anduze d'y prendre part. — Cette ville proteste de sa fidélité pour le service du roi. — Rohan commence à agir. — Anduze ne veut pas le recevoir. — Rohan s'avance vers Anduze. — Il y est reçu. — Il échoue dans sa tentative pour pénétrer dans Nimes. — Il convoque une assemblée mixte à Anduze. — Le pasteur Paulet est arrêté dans Anduze par ordre de l'assemblée. — Siége de Sommières. — Rohan quitte Anduze et y institue une assemblée *en abrégé*. — Le conseil de ville fait des préparatifs de guerre. — Rohan et Thémines se battent dans le haut Languedoc, et Soubise détruit la flotte Franco-Batave. — L'assemblée d'Anduze déploie une grande activité. — Elle fait consentir Nimes à se rallier à la cause de Rohan. — Soubise est battu; — Rohan revient à Nimes. — Il parcourt la contrée et il fait de nouveaux armements. — Les négociations pour la paix sont reprises et sont couronnées de succès. — La paix est conclue.

I.

Après que la paix eut été signée de part et d'autre, les clés de la ville furent offertes au monarque, qui fit son entrée à Montpellier à la tête de son armée. Louis XIII entendit la messe dans une chapelle disposée en toute hâte pour la cérémonie. Il parcourut les rues de la ville à la suite d'une procession, et il se hâta de reprendre le chemin de sa capitale, assez peu satisfait d'un siége dont l'issue n'avait pas été fort glorieuse pour ses armes. De leur côté, les populations protestantes éprouvaient un vif regret à la pensée d'une paix qu'elles avaient traitée et qui était loin de répondre à leurs désirs, à leurs espérances et à leurs intérêts ; elles se sentaient tout à la fois humiliées et menacées dans l'avenir, par la clause du traité qui les obligeait à démolir leurs fortifications, non encore achevées, et qu'elles avaient élevées avec tant de hâte et tant de frais. Elles se trouvèrent bientôt en présence des embarras de toute sorte que la guerre entraînait à sa suite. Anduze ne pouvait pas échapper à ces difficultés. Cette ville, pendant la lutte, avait joué l'un des premiers rôles ; à elle, plus qu'à beaucoup d'autres, revenaient les complications qui naissent toujours du passage d'un état de guerre à un état de paix. La sagesse conseillait donc de traiter cette communauté avec douceur et bienveillance, si l'on tenait à dissiper la méfiance de ses habitants, à calmer leur ressentiment et à les gagner complètement à l'autorité royale.

Il était d'une bonne politique d'alléger le fardeau des charges qui pesait sur elle et déjà l'écrasait. Or, au lieu de tenir envers elle une telle conduite, les mandataires du gouvernement semblèrent prendre à tâche de se montrer exigeants et oppresseurs. D'abord, un sieur de Quillais (Gabriel du Perron), commissaire de Louis XIII, fit peser sur les villes et vigueries du diocèse de Nîmes les frais occasionnés par la démolition des fortifications de cette dernière ville. En même temps, le duc de Rohan écrivit aux députés de la ville d'Anduze une lettre dans laquelle il les invitait à démolir tous les travaux de défense dont il avait lui-même tracé le plan, et dont il avait tant pressé l'exécution quelques mois auparavant. En outre, le gouverneur de Montpellier Valençai (qui voulait s'assurer des

Cévennes), avait décidé de faire loger ses gens de guerre dans toutes les localités de cette contrée. Le 23 janvier, les consuls vinrent annoncer au conseil la nouvelle fâcheuse « que, dans la journée et la nuit précédentes, on avoit vu rôder plusieurs troupes de gens de guerre, qui s'étoient approchées de la ville sans qu'on en pût savoir le sujet. » Le lendemain, un député de la ville du Vigan augmenta les alarmes de la population, en racontant « que les troupes de Valençai étoient en grand nombre du costé et dans les environs de Ganges, Saint-Hippolyte et jusqu'au lieu de Durfort; que M. de Mollières étoit venu vendredi dernier, et qu'il avoit dit qu'ils étoient là pour y établir une garnison. Pour ces motifs, ces villes et les lieux circonvoisins étoient dans de grandes appréhensions et devoient, le lendemain même, conférer ensemble sur ce sujet. Qu'il avoit été depputé vers Anduze pour y faire connaître l'état des choses et demander avis sur la conduite qu'ils avoient à tenir en cette occurrence. Il supplioit en même temps la communaulté d'envoyer une députation à Ganges, pour conférer et prendre une bonne résolution dans l'intérêt de la province des Cévennes. »

Le 4 février suivant, arrivèrent des lettres de Lédignan, qui annonçaient « que deux cents gendarmes étoient entrés dans cette localité et s'y étoient établis ». En même temps, les habitants de Cardet écrivirent qu'une pareille troupe était venue chez eux dans la même nuit et y avait pris logement. Le surlendemain, 6 février, « les sieurs d'Hausset et Pagezy, envoyés vers M. de Mollières pour le prier de tirer les gens de cheval qu'il avoit logés aux lieux de Lédignan et de Cardet, revinrent sans avoir pu obtenir ce qu'ils demandoient. » Le 9 du même mois, deux cornettes de cavalerie se présentèrent pour entrer dans Anduze; cette troupe de gens de guerre venait des environs d'Alais, d'après Rulman, auquel pour un moment nous allons laisser la parole :

« Les régiments de Perault et d'Annibal campèrent près des portes d'Alais durant sept semaines et y firent de grands dégâts aux arbres, vignes et jardins, et les privèrent pour ce temps-là de la liberté de commerce avec leurs voisins..... Enfin, ces troupes s'étant dédaignées de leur trop long séjour aux environs d'Alais, abordèrent Anduze pour essayer d'y mieux réussir; elles prirent d'abord du bétail gros et menu de ce peuple, lequel fit une sortie si rude sur eux qu'il les fit reculer et perdre la vie sur place à un proche parent de Perault, qui les commandoit. »

Sur ces entrefaites, Rohan vint à Anduze. Il jouait en ce moment un double jeu. D'un côté il demandait au roi, en faveur des habitants des Cévennes, l'éloignement des gens de guerre; et de l'autre il conseillait à ces mêmes habitants de loger ces troupes, « ne seroit-ce que pour un jour, pour une heure », dans le but unique de faire acte d'obéissance à Sa Majesté. « J'arrivai justement à Anduze, dit-il, lorsque l'on étoit sur le point d'éclater, et j'eus beaucoup de peine à retenir le monde pendant trois jours; pour ce que peuvent les soldats et pour leur dernière main, ils ont encore fait pis qu'auparavant, et n'y a eu remède que de tenir les portes fermées pour empescher le peuple de sortir sur ces troupes. » Les gens de guerre se retirèrent enfin, commettant dans la campagne de nouveaux excès. Pressés par des sollicitations journalières, Valençai retira ses troupes des Cévennes. La province respira, mais elle acheta chèrement sa délivrance : il y eut accord entre elle et le gouverneur de Montpellier, qui exigea qu'elle contribuat à la subsistance de ses soldats. Ainsi elle dut traiter à beaux deniers comptants pour être affranchie de cette nouvelle plaie d'Égypte, charge bien lourde et bien propre à éloigner les esprits de l'obéissance et de l'affection dues au souverain [1].

Tandis que cette affaire, et plusieurs autres de moindre importance occupaient l'activité des magistrats anduziens, des événements d'un caractère beaucoup plus élevé se produisaient dans les hautes régions du pouvoir. La politique extérieure suivie depuis l'avènement de Louis XIII était complètement abandonnée. Les conseillers du roi n'avaient cessé jusqu'à ce jour de rechercher l'alliance espagnole, et maintenant cette alliance était non-seulement délaissée, mais encore la France allait déployer tous ses efforts pour rabaisser et combattre au besoin la maison d'Espagne. Ce changement radical était dû au cardinal Richelieu, qui était entré dans les conseils du roi depuis le 6 avril 1623. Dès que ce prince de l'Église tint en main le maniement des affaires publiques, il ne balança pas à s'allier contre l'Autriche et l'Espagne avec l'Angleterre, la Hollande, et les princes protestants du nord de l'Allemagne. Mais au moment même où il contractait ces alliances, il prenait avec lui-même la résolution d'anéantir en France le parti huguenot, qui

---

[1] Anne Rulman, fort suspect de partialité à l'endroit de Rohan, est obligé de reconnaître que ce chef des réformés se montrait disposé à faire retirer des Cévennes les gens de guerre de Valençai. Il s'exprime de la manière suivante dans sa narration troisième[*] : « Rohan prit son temps et l'occasion pour les vouloir obliger. Il disoit publiquement qu'il étoit fort intéressé à l'exécution des édits. De tous les côtés, il écrivoit vertement aux Cévennes de ne recevoir point les gens de guerre, les assurant que c'étoit son fait autant que le leur, et qu'il les feroit décharger. »

[*] Anne Rulman a écrit l'*Histoire secrète de mon temps*; cet ouvrage se trouve en manuscrit à la bibliothèque de la ville de Nîmes.

Seconde édition.

tenait selon lui la royauté en échec. En conséquence, sous l'inspiration du célèbre cardinal, les engagements pris par le monarque envers les protestants, au moment de la paix de Montpellier, ne furent nullement respectés. Au mépris du traité et des promesses verbales qui l'avaient suivi et complété, les troupes du roi restèrent dans Montpellier, alors qu'elles auraient dû en sortir, une citadelle fut construite dans cette ville pour la tenir en échec ; les deux tiers des fortifications de Nîmes, Uzès, Castres, Montpellier, durent être démolis, alors que le traité n'en stipulait que la moitié ; un fort considérable auquel on avait donné le nom de Louis, bâti dans l'extrême voisinage de La Rochelle, et qui était pour cette ville une menace perpétuelle, restait debout, malgré les instances de tous les protestants du royaume. Dans toutes les Églises, au fond des cœurs, il y avait des alarmes, et les plaintes étaient sur toutes les lèvres. Rohan, au dire de Rulman, faisait parcourir les Églises du Midi par des agents secrets qui cherchaient à exciter des mécontentements. Cependant rien ne faisait prévoir une nouvelle prise d'armes. Les esprits étaient aigris, mais nullement disposés à se jeter encore une fois dans les hasards d'une guerre civile, lorsque Soubise et son frère Henri Rohan, à la grande surprise et au mécontentement de la plupart des réformés, arborèrent encore une fois l'étendard de la révolte, et cherchèrent à provoquer un nouveau soulèvement.

II.

Jamais tentative ne fut plus impolitique, plus inopportune, plus imprudente, et plus impopulaire. Le gouvernement de Louis XIII, comme nous l'avons dit plus haut, venait de conclure un traité d'alliance avec les protestants de l'Angleterre, de la Hollande, de l'Allemagne, pour faire la guerre à la maison d'Autriche. Le Pape voyait avec le plus grand déplaisir que le monarque français, ce fils aîné de l'Église, que Richelieu, un cardinal prince de cette même Église, associassent les armes de la France avec celles des hérétiques ; et c'est en ce moment que Rohan et Soubise cherchaient à provoquer une insurrection contre le gouvernement du roi ! Mais ne prévoyaient-ils pas que les puissances protestantes allaient être obligées de les combatre pour rester fidèles à leur nouvelle alliée ?.. Ne comprenaient-ils pas que l'insurrection huguenote dont ils étaient les instigateurs allait contrarier l'exécution des plans conçus par Richelieu pour combattre les puissances catholiques ? Les intérêts politiques de la cause protestante allaient donc souffrir de cette nouvelle prise d'armes, et celle-ci, dès le début, était condamnée à un avortement malheureux. En effet, les Églises protestantes, fatiguées, épuisées, étaient incapables de soutenir une longue lutte, tandis que les forces militaires du roi étaient sur pied, prêtes à entrer en campagne, et que le gouvernement se trouvait entre les mains de Richelieu. Cet homme, à la tête puissante, à la volonté énergique, à l'esprit fécond en ressources, dérangé dans ses plans par l'insurrection huguenote, ne se montrerait-il pas d'autant plus terrible contre elle qu'il était provoqué en un moment où il ne désirait rien tant que de voir la paix régner à l'intérieur du royaume ? Mettre aux prises la faiblesse des protestants avec la force de ce terrible homme d'État, n'était-ce pas vouloir faire lutter un troupeau de brebis fatiguées avec un grand lion de l'Atlas ? Et qui donc se chargeait d'entraîner les protestants dans une lutte où les armes devaient être si inégales ? Soubise ! homme de cœur, mais non pas homme de tête ; Rohan ! homme de tête et de cœur, mais non pas en ce moment homme de popularité. Cette popularité dont il avait joui jusqu'au siége de Montpellier, il l'avait perdue en traitant la dernière paix. Nimes, Montpellier, Uzès, Castres, Milhau, ne pouvaient pas lui pardonner qu'il eût consenti à la démolition d'une partie de leurs fortifications. Et c'était cet homme à qui ils imputaient le sacrifice humiliant de leurs bastions, qui venait solliciter leur confiance et leur demandait de se placer encore sous son autorité! Aussi, dès le début de son insurrection Rohan ne rencontra que refus, opposition et blâme sévère. La Hollande, l'Angleterre, les grands seigneurs réformés, les députés généraux qui représentaient les Églises auprès de Louis XIII, de son propre aveu, lui témoignèrent leur mécontentement. La Rochelle elle-même désavoua sa tentative imprudente. La chambre de l'Édit, qui siégeait alors à Béziers, joignit ses protestations à celles de Nimes, Montpellier, Uzès, Castres, Milhau, qui refusèrent de s'associer à ses projets aventureux. Les Cévennes, quoique moins hostiles à ces mêmes projets, n'étaient pas mieux disposées à les seconder. Rohan n'ignorait pas la désaffection momentanée qui s'attachait à sa personne, et le blâme universel qui frappait ses projets. Mais il voulait opérer une diversion favorable au plan de son frère, qui allait se jeter sur Blavet; il avait à venger l'injure qu'il avait reçue de Valençai, lorsque celui-ci l'avait fait arrêter dans Montpellier; il comptait sur la mobilité des populations méridionales, pour reconquérir sa popularité perdue; il savait qu'au fond, dans tout le Midi, les classes inférieures étaient pour lui, si la bourgeoisie lui était contraire; enfin, il était aventureux; et au moment où Soubise s'emparait de la flotte royale, Rohan partit de La Rochelle, et alla en toute hâte soulever les Églises de la haute Guyenne, du haut Languedoc, de l'Albigeois, du Rouergue, et des Cévennes.

C'est dans les premiers jours de janvier 1625 que les deux frères entrèrent en campagne ; aussitôt Richelieu mit tout en œuvre pour prévenir les tentatives de Rohan, et, pour que les principales villes du Midi n'embrassassent pas son parti, tout fut mis en œuvre. Anduze, qui était la place la plus considérable des Cévennes, ne fut pas oubliée. Lettres émanant des députés généraux, du président du présidial, du roi lui-même; envoyés extraordinaires députés par le présidial, par la chambre de l'Édit, par les États du Languedoc, y arrivèrent tour à tour pour maintenir les habitants dans les sentiments de fidélité et d'obéissance dus à l'autorité royale.

Le 12 avril, entre autres, le Conseil de ville d'Anduze reçut communication d'une lettre du sieur Edième, le premier consul, qui se trouvait aux États, dans laquelle il était donné avis : « qu'il avoit été assuré à Monseigneur le duc de Montmorency que dans Anduze on avoit receu des envoyés de monsieur de Rohan ; qu'il étoit nécessaire de faire savoir la vérité de cette action à mon dit seigneur au plustôt, pour notre justification. »

Les assistants jurèrent tous, protestèrent « qu'ils n'avoient vu, encore moins ouy aucun envoyé, lettre, ou billet de monsieur de Rohan, ni d'aucun autre de sa part »; les consuls, à leur tour, firent le même serment, disant que « s'ils en avoient sceu aulcung dans la ville, suyvant le dû de leur charge, et pour ne pas contrevenir au service dû à Sa Majesté, bien et conservation du repos de l'Estat, et aux protestations qu'on a déjà faites, ils l'auroient arresté et mis entre les mains de la justice. » Le Conseil ne se borna pas à tous ces serments ; afin de se laver de tout soupçon, il décida « qu'il seroit depputé présentement devers sa Grandeur, pour l'assurer de notre innocence » (fol. 13).

La ville d'Anduze était donc en état de suspicion ; aussi le 25 de ce mois vit-elle arriver dans ses murs Messieurs de Rabaudi et de Candiac, commissaires du roi en la cour du parlement ès chambre de l'Édit, séant à Béziers. Ils étaient députés par la cour du parlement et par la chambre de l'Édit « pour informer de ville en ville des contraventions faites aux edits, et pour recevoir des habitans de la religion nouvelle assurance de la très humble obéissance due à Sa Majesté » ; dès leur arrivée ils avaient « requis de la ville ses devoirs, afin d'en apporter des témoignages à Monseigneur de Montmorency, à la dicte cour et à la dite chambre, et autre part que besoing sera ».

La compagnie se montra empressée à promettre tout ce qu'on exigeait d'elle. Confirmant « toutes les délibérations ci-devant prises, et protestations ja faites par réitérées fois à mon dit seigneur de Montmorency », elle promit et jura « de demeurer inviolablement dans la fermeté des dites délibérations, très humble subjection et obeissance due à Sa Majesté, sous le bénéfice de ses édits, brevets, articles secrets, déclarations et concessions » ; elle jura en outre « n'adhérer ni consentir à aucune faction contraire et tendant à troubler l'Estat directement ni indirectement, dedans ou dehors du royaume, soit du sieur de Soubise ou autre ; ains de s'y opposer de tout son pouvoir. Et pour porter des témoignages assurés des dites sincères intentions sur ce subjet à mon dit seigneur de Montmorency, à la cour et chambre, et partout ailleurs ou besoing sera, a depputé le sieur Edième, premier consul de cette ville ; et pour requérir le registrement, si besoing est, à la dite cour et chambre, a constitué son procureur irrévocable M. Malzac » (fol. 16).

Nous n'élevons aucun doute sur la sincérité des membres du conseil d'Anduze ; nous les croyons sans peine lorsqu'ils affirmaient avec serment qu'ils n'avaient lu aucune lettre de Rohan, qu'ils n'avaient conféré avec aucun de ses agents ; mais ce qu'ils n'avaient pas fait, d'autres dans la ville l'avaient fait à leur place, car les émissaires du duc étaient venus en effet dans la ville et y avaient tenu des conférences secrètes. Cette ville, aussi bien que la plupart de celles du bas Languedoc, était sourdement et activement travaillée par les agents secrets de Rohan. Nous tenons cette particularité de Bulman, qui l'a consignée dans sa narration onzième. « Rohan, dit-il, résolut de faire agir les depputés militans... Ils partirent tous quatre de Milhau en Rouergue, après y avoir impatiemment croupi dix-sept jours pour embarquer la ville en leur faction. Enfin, ils prirent la route des Cévennes ; bien qu'ils n'eussent pas eu de bonnes réponses de ces quartiers, par le retour de divers émissaires qu'ils y avoient envoyés.

» Ils se rendirent au Vigan sous les ailes de Saint-Blancard et de Ginestous, ses beaux-frères, lesquels traînoient après eux trente chevaux. Toutes les intimidations qu'ils surent faire au Vigan, à Ortoman et aux consuls, ne peurent pas empescher que, sur leur proposition, ils ne feussent renvoyés à Nismes avec promesse de suivre le branle qu'elle auroit pris. Ceux d'Anduze leur dirent le même. Quand ils voulurent passer du costé d'Alais, ils eurent avis des embuscades qui leur étoient dressées, et feurent constraints, veu le peu de fruits qu'ils faisoient et les hazards qu'ils couroient, de s'en retourner en

Rouergue, par des detours inaccessibles et inconnus à tous ceux qui les guettoient au passage. »

III.

Tandis que les émissaires de Rohan remplissaient leur office avec plus ou moins de succès dans le bas Languedoc et les Cévennes, le duc, fatigué de l'immobilité à laquelle il s'était momentanément condamné dans Castres, se décidait à agir.

Jusqu'au milieu du mois d'avril, à vrai dire, il n'avait pas sorti son épée du fourreau; il s'était borné à écouter les propositions d'accommodement qui lui avaient été apportées au nom du connétable, du duc de Savoie et de plusieurs autres. A l'entendre, « il s'étoit pretté franchement à toutes ces offres d'arrangement, par le désir qu'il avoit de porter toutes les armes en Italie pour le service du roi. » Mais, fatigué de ces négociations qui n'aboutissaient pas, il résolut de prendre les armes, lui qui jusqu'alors n'avait pas voulu le faire, « pour montrer que ce n'étoit pas son impuissance, comme on se le figuroit, qui l'en avoit empesché, mais bien le désir de pacifier toutes choses. » (*Mémoires*, pag. 254.)

Il appela donc à Castres la noblesse et les forces des colloques de l'Albigeois, Foix, Lauraguais et Rouergue; 200 chevaux et 1,500 fantassins vinrent le joindre. A la tête de ces troupes, il fit, le 1er mai, une tentative sur Lavaur, qui échoua, et bientôt après une seconde sur Réalmont, dont il se rendit maître. En même temps, il convoqua une grande assemblée à Castres pour le 28 de ce même mois.

Les résultats prévus de cette assemblée faisaient un devoir aux représentants de l'autorité royale de redoubler d'efforts pour empêcher les Églises de se rallier à Rohan.

La ville de Nimes envoya, le 4 mai, sur la demande de Montmorency, une députation à Castres et à Montauban, pour les engager à se maintenir dans l'obéissance à l'autorité du roi. Le Conseil de ville d'Anduze en fit autant deux jours après. Le 6 mai, le sieur Edième, consul, qui était aux États, revint subitement, « par commandement de Monseigneur de Montmorency »; il était porteur d'une lettre de ce dernier et de quelques autres venues de Nimes. Après que l'on eut pris connaissance de toutes ces missives, il fut décidé : « qu'il seroit escrit aux villes de Montauban, Castres et Puylaurens pour les exhorter à demeurer dans la ferme résolution de la très-humble subjection et obéissance due à Sa Majesté, sous le bénéfice de ses édits et concessions, et sans s'en départir ni adhérer à aucune faction contraire directement ou indirectement. »

Quelques jours après, un député de Valençai (le général Falguerolles) arriva dans Anduze. Il insista sur la nécessité de rester dans l'obéissance due à Sa Majesté, et il fit demande « qu'on délibérât sur l'objet de sa mission ».

Le Conseil applaudit à toutes ses paroles, il alla même au-delà de ses demandes. A l'unanimité, il décida : « que suyvant les précédentes délibérations, cette ville demeureroit *toujours* dans l'exacte obeïssance due à Sa Majesté, s'opposeroit de tout son pouvoir à tout ce qui seroit au contre; qu'elle enverroit mesme par exprès, pour exhorter la ville du Vigan à persister dans les mêmes résolutions, avec offre de lui assister, et en faisant tout ce qui sera au pouvoir de cette communaulté. »

Le 12 juin, cette délibération était prise, et le surlendemain Rohan était dans Anduze.

IV.

Rohan dans Anduze le 14 juin !.... Qui donc lui en avait ouvert les portes ? Étaient-ce les consuls et les membres du Conseil ? Non assurément, car tous ces Messieurs de l'Hôtel de Ville, qui étaient parfaitement sincères dans leurs protestations de fidélité pour le service du roi, déployèrent les plus grands efforts pour empêcher le duc d'entrer dans leurs murs. Mais à côté d'eux, il y avait un grand nombre d'habitants qui ne partageaient pas leur éloignement pour leur ancien général. La population d'Anduze était divisée en deux partis. Le premier (et c'était le moins nombreux) comptait dans ses rangs les nobles, les bourgeois, les commerçants, les propriétaires, tous les habitants enfin sur lesquels avaient pesé les charges de la dernière guerre; l'autre parti voyait se presser dans ses rangs les laboureurs, les artisans, tous ceux qui n'ont rien à perdre dans les mouvements insurrectionnels, les hommes aventureux, les fanatiques zélés pour les intérêts religieux, qui ne craignaient pas de courir tous les risques pourvu que l'Église fût protégée contre les périls dont elle était menacée. C'était le parti le plus considérable, que l'on retrouvait, du reste, dans toutes les villes protestantes des Cévennes et du bas Languedoc. Rohan ne l'ignorait pas, et c'est pour cela que, ne tenant aucun compte de ces protestations de fidélité au roi, dont les Conseils de ville se montraient si prodigues, il allait toujours en avant, persuadé qu'il pouvait compter partout sur l'appui de nombreux partisans.

Dans cette espérance, il ne s'était pas ému, comme il le dit lui-même, des menaces des deux députations qui étaient venues à sa rencontre à deux lieues du Vigan. En effet, il était entré sans coup férir dans cette ville, grâce à la connivence du pasteur Venturin.

Du Vigan, il s'était rendu à Ganges, à Saint-Hippolyte, et il les avait traversées avec la plus grande facilité. « Ceux de Sauve, nous dit Rulman (narration XII), avertis des vigoureuses délibérations de Nismes et du peu de résistance du Vigan, le reçurent à bras ouverts. Il les laissa au mesme estat qu'il les trouva. » Mais à son arrivée devant Anduze, la résistance fut plus grande. Les principaux habitants essayèrent résolûment de lui en interdire l'entrée. Ils étoient aidés dans leur opposition par le conseiller de Brissac. Mais « quoiqu'il sceut faire pour l'empescher de pénétrer, ce conseiller, nous dit Rulman, qui étoit puissant en amis et en moyens dans la ville, eut le regret de voir à sa barbe les tumultuaires en plus grand nombre que les pacifiques. »

Grand dut être, en effet, le tumulte, et quoique deux siècles et demi nous en séparent, nous pouvons par la pensée en être les témoins... A quelque distance de la ville, Rohan fait arrêter sa troupe, et il envoie des parlementaires. Ceux-ci se présentent devant la porte « commune » la seule « ouverte », et ils sont introduits et conduits à l'hôtel de ville.... Les consuls, les conseillers, M. de Brissac, leurs partisans, s'y rendent pour les entendre. En même temps les amis les plus chauds de Rohan vont et viennent d'un quartier à l'autre pour stimuler l'ardeur de ceux qui marchent avec eux. Les groupes animés se forment dans chaque rue, les armes sortent des maisons; un rassemblement considérable stationne sur la place publique, devant la porte de la maison consulaire. Nous entendons la demande du chef de la députation de Rohan. M. Olivier le juge, M. Edièvre le premier consul, le conseiller de Brissac, lui ré-

pondent et concluent tous au refus d'ouvrir les portes au duc ;
mais leurs harangues ne restent pas sans réplique : les plus
ardents amis de Rohan leur répondent ; les apostrophes, les
injures se croisent. Le premier consul est obligé de recueillir
les voix :... la majorité se prononce pour l'entrée de Rohan.
Aussitôt la foule se précipite vers la porte commune, s'en
fait donner les clefs, tire les verroux ; elle l'ouvre, et s'élance
au-devant du duc qui attendait avec impatience. Rohan, monté
sur son cheval de bataille, entre en triomphateur à la tête de
sa troupe, qui est entourée d'une foule de femmes, d'enfants
et de tous les partisans du duc. Le cortége tumultueux, la
sueur au front (c'était le 14 juin), au milieu d'une nuée
épaisse de poussière, se rend au temple ; car suivant son habitude Rohan a voulu d'abord entrer dans la Maison de Dieu,
pour rendre au Tout-Puissant des actions de grâces pour le
succès qu'il accorde à son entreprise. De là, il se transporte
à la maison consulaire, où il donne ses premiers ordres ; ses
soldats sont distribués chez les habitants, qui se disputent
l'honneur de les loger. Ainsi se passa, d'après toutes les pro-
babilités, cette journée, qui n'a laissé aucune trace dans les
documents publics. Aucune des délibérations prises ce jour-là
et les jours suivants jusqu'au 26 juin, n'a été consignée dans
les registres de l'hôtel de ville ; mais les récits de Rulman
suppléent, quoique très-imparfaitement, à cette lacune trop
regrettable. Selon cet auteur, « la condition de ceux qui
avoient fait mauvaise mine à la reception de Rohan ne fut
guère bonne ; les consuls, ne se trouvant pas assurés dans la
ville, quittèrent leurs maisons et furent suivis des principaux
habitants, lesquels y vinrent quelque temps après » (nar. xii).
Ainsi se passent toutes les révolutions : la victoire reste toujours

à l'élan et à l'enthousiasme. Les vaincus s'effrayent à l'ouïe des menaces des vainqueurs ; redoutant des représailles, ils s'éloignent du théâtre de la lutte. Bientôt après, pourtant, les passions se calment, le courage revient, les fugitifs rentrent sans bruit, et le nouvel ordre de choses se met à fonctionner en attendant qu'il soit renversé à son tour. L'humanité dans sa marche ne procède pas autrement.

V.

Rohan considérait son entrée dans Anduze comme un succès, mais il en ambitionnait une plus grand encore. Avec Anduze, les Cévennes lui étaient acquises ; cependant Alais, Uzès, Montpellier, Nimes lui restaient fermés ; et si cette dernière ville lui ouvrait ses portes, bientôt les autres abaisseraient toutes leurs barrières. Dès le lendemain de son arrivée à Anduze, il projeta donc d'entrer dans Nimes, « pour accomplir, au dire de Rulman, la prophétie qu'il avoit publiée dans Castres : qu'il tenoit dans ses mains Nismes, Uzès, les Sevennes, et qu'il feroit sauter par les fenêtres ou jeter par les murailles les premiers consuls des villes qui feroient semblant de s'y opposer. » En conséquence, « le lendemain même de son arrivée, il envoya un de ses gendarmes à Nismes. Celui-ci avoit l'ordre de voir les amis, et de faire comprendre aux autres les motifs urgents de son arrivée. »

Mais autant il désirait pénétrer dans cette ville, autant ses magistrats (les membres de l'hôtel de ville et ceux du consistoire) tenaient à l'empêcher d'y entrer. Résolutions publiques, sollicitations privées, gardes vigilantes aux portes, sur les remparts, dans les rues, ils n'épargnèrent rien dans ce but, et ils réussirent.

Rohan, qui se croyait attendu par ses amis, et qui pensait que tout avait été préparé par leurs soins pour faciliter son entrée, partit le 22 juin d'Anduze à la tête de sa troupe; mais à peine avait-il fait deux heures de chemin, qu'il fut abordé par un envoyé chargé d'une lettre que ses affidés de Nimes lui écrivaient. Il se mit à la parcourir avec précipitation, et « l'on vit l'étonnement se peindre sur son visage pendant sa lecture. Après l'avoir achevée, il s'écria à haute voix et tout ému : ce n'est pas ce que m'avoit promis celui qui accompagnoit La Grange, il est cause que je suis parti. Il se mit incontinent à l'écart dans un guéret qui étoit près du chemin. Là il tint un conseil avec ses mestres de camp et les gentilshommes de ses amis qui étoient à sa suite. Leur commun avis fut de céder, à cause du peu de troupes qu'il avoit, et de retourner à Anduze, ce qu'il fit en se plaignant de celui qui lui avoit donné de fausses espérances. »

Se voyant exclu de l'entrée des villes de Nimes, d'Uzès et d'Alais, Rohan « dépêcha le même jour (22 juin) un courrier au roi pour demander la prorogation de son passeport et du commandement aux villes, de convoquer une assemblée provinciale pour depputer vers Sa Majesté et demander la paix. »

En même temps, il convoqua à Anduze l'assemblée des Cévennes, la plus nombreuse qu'il lui fut possible, mais à laquelle, de son propre aveu, il manqua beaucoup d'Églises, surtout du colloque de Saint-Germain, où le marquis de Portes travaillait puissamment contre lui. (Mém., pag. 257.) Il invita, d'après Rulman « la plupart de la noblesse des Cévennes, laquelle s'y rendit; on envoya bien des excuses tirées de quelques particularités considérables, lesquelles néanmoins n'étoient pas assez fortes pour les pouvoir jamais détacher des intérêts généraux des Églises. Il minuta la surprise de Sommières par l'intelligence de quelques habitants qui lui promirent de faciliter l'entrée de la ville, et par les pressantes sollicitations de Fretton, qui l'assura de le mettre dans le château. Pour donner moins d'ombrage à ses voisins par des exécutions, et à Nismes pour son retour, il renvoya au haut Languedoc la plupart des troupes qu'il en avoit retirées, afin qu'ils peussent empescher le dégat dont cette contrée étoit menacée. Il mit des garnisons dans Tournac, Lezan, Gremont (Aigremont), Cardet et autres villes circonvoisines, pour la sûreté des habitants de la ville et des depputés de l'assemblée. Il fit marcher les depputés en cour pour demander la paix au roy. Il forma le conseil de direction. Il desautorisa ses contretenants, donna des fonds à la Rouïerette, Saint-Blancard, Saurin et Valescure pour la levée de leurs régiments ; il gratifia ses créatures, fit de nouveaux consuls à sa dévotion, et s'assura de la ville, de laquelle il donna la garde à Andredieu, sous ses commandements.

» L'assemblée embrassa passionnément tous ses intérêts, jetta par délibération Nismes dans l'interdit, la déclara désertrice des Églises, et ses habitants de bonne prise par arrestation. » (Rulman, narr. XIII.)

L'ardeur et la résolution de Rohan étaient passées dans l'esprit des membres de l'assemblée, et menaçaient de frapper quiconque entreprendrait de les modérer. Paulet, pasteur de Vézenobres, voulut le tenter, et il en fut la victime. Paulet était né à Anduze, où probablement il avait encore des parents et des amis ; il avait même, pendant la guerre précédente, prêté de l'argent à sa ville natale ; à tous ces titres, il accepta la mission « de tascher à ramener Anduze au sentiment de son devoir ». On l'accusa d'être un agent du marquis de Portes.

Le reproche était peut-être fondé ; mais il était néanmoins un de ces ministres de l'Évangile pour lesquels Rohan affichait tant de vénération ! C'était un compatriote, un voisin obligeant; il venait parler de cette soumission au roi, dans laquelle huit jours auparavant ils avaient promis tous de rester inébranlables ! En conséquence, sa liberté et sa vie auraient dû être garanties de tout danger. Et pourtant il n'en fut pas ainsi. On le jeta en prison. Au dire de Rulman : « il fut fort maltraité par ses confrères, fait prisonnier, très-étroitement resserré, et menacé de mourir sur un échafaud. » Tant était aveugle l'exaltation dont en ce moment l'assemblée était animée, et tant il est vrai que, dans les mouvements populaires, la voix de la raison et celle de la conscience sont bientôt étouffées par la passion surexcitée du moment !

VI.

Il nous faut revenir un peu en arrière, car l'arrestation de Paulet eut lieu le 18 juillet, et depuis le 14 juin, date de l'entrée de Rohan jusqu'à ce jour, il s'était produit dans Anduze certains faits dont nous devons la connaissance à nos lecteurs.

D'abord, le 26 juin, quatre jours après le départ interrompu de Rohan pour Nimes, le conseil de ville reprit ses séances ordinaires. Il était présidé par les consuls Pierredon et Conseille. Les deux autres étaient absents, et pour cause (Edième et Dumas).

Les membres présents étaient peu nombreux, quatorze au plus, parmi lesquels cinq seulement de ceux qui, le 12, avaient juré une fidélité inviolable à l'autorité du roi. Le Conseil eut à délibérer sur une seule proposition. « Il y fut requis de depputer à l'assemblée provinciale qui se tenoit en ceste ville outre

Plan du Temple protestant

construit à Anduze en 1600.

Façade principale.   Coupe en travers.

Ce temple avait une surface de 520 m² et la forme d'un carré parfait de 22m 80c de côté. Il pouvait contenir plus de 2000 auditeurs.

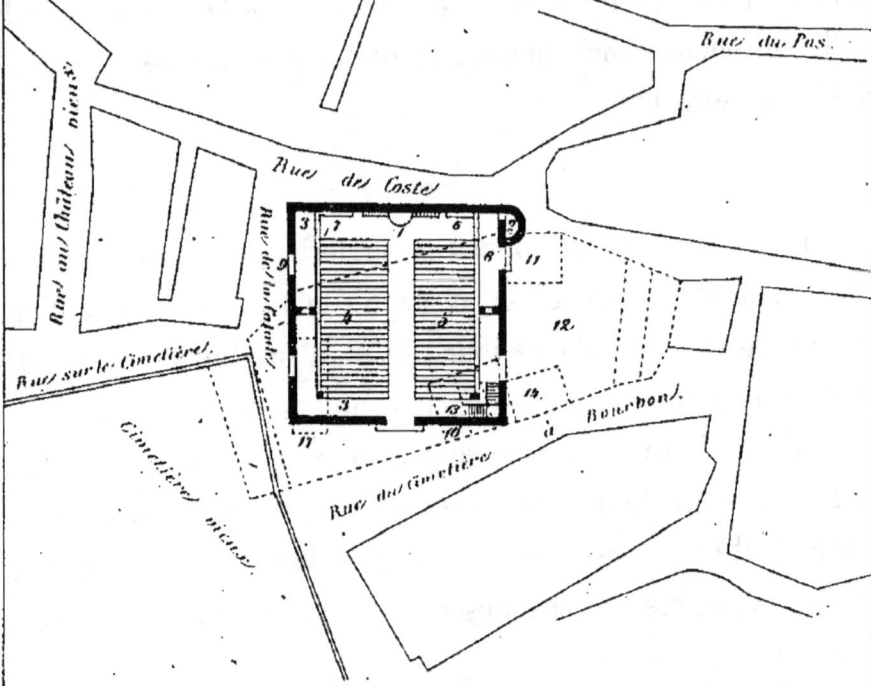

LÉGENDE.

1. Chaire.
2. Clocher
3. Tribunes
4. Bancs des hommes
5. id. femmes
6. id. consuls
7. id. capitaines
8. Porte de sortie de la place
9. id. la calade (haute)
10. Porte d'entrée
11. Clocher actuel de l'Église
12. Jardin ou place
13. Escalier des tribunes
14. Maison Vidal Rostaing
15. id. Jean Planet vieux
16. id. Jeanne Souveyranne
17. id. Seigneur des Gradies

Les lignes ponctuées indiquent le pourtour de l'Église actuelle.

Échelle de 1 à 1000.

ceux qui avoient esté déjà nommés. » Le Conseil décida « que charge estoit donnée à Messieurs les consuls et autres depputés d'assister à la dite assemblée, au nom de ceste ville, avec pouvoir de délibérer et conclure ce que verront bon estre pour le service du roy et conservation des Eglises de ce royaume. »

Le Conseil, on le voit, voulait paraître conséquent avec lui-même. Tout en s'associant aux travaux de l'assemblée générale, il entendait qu'on ne se départirait pas *du service du roi*. C'est dans cette même assemblée, nous l'avons vu plus haut, que le siège de Sommières fut décidé. Cette action de guerre n'est pas celle qui fait le plus d'honneur à la capacité militaire de Rohan. Il manqua, dans cette affaire, et de jugement, et de sang-froid, et de constance. Il compta trop sur l'appui que les protestants de la ville lui prêteraient, sur l'impossibilité où Valençai se trouverait d'envoyer à temps de Montpellier un secours suffisant aux assiégés. Sur ces deux points, il s'accuse lui-même; mais il ne reconnaît pas qu'il se troubla tellement sur la fin de l'action, qu'après son repas servi il demanda qu'on le lui servît encore; il ne parle pas de sa trop grande précipitation à faire retirer ses troupes. Il faut reconnaître que, dans cette rencontre, il ne dut pas à son génie militaire des inspirations heureuses. Nous ne donnons pas les détails de ce siège, parce qu'ils n'entrent pas directement dans notre sujet; nous dirons seulement que Rohan partit d'Anduze pour aller assiéger Sommières le 4 juillet. Il avait donné rendez-vous, à Sauve, à tous les contingents des villes circonvoisines pour le lendemain. Il arriva au jour et au moment indiqués, « avec trois ou quatre cents hommes d'Anduze ou du régiment de Fretton ou de celui de Valescure. » Ayant échoué dans son entreprise, il revint à Anduze, après avoir laissé beaucoup de

Seconde édition.

morts, et faisant emmener avec lui encore plus de blessés, parmi lesquels, à leur grande douleur, plusieurs mères de famille retrouvèrent leurs enfants.

Sans perdre de temps, il fit ses dispositions pour retourner à Castres, à cause de Thémines qui avait reparu dans les environs à la tête de toutes les forces royales placées sous son commandement. Mais avant de partir, il donna les ordres pour la guerre ; entre autres « fut résolu de subsister *en abregé d'assemblée* (comité exécutif) attendant la response des depputés, et qu'ils dirigeroient les affaires de la province en l'absence du duc de Rohan. ».

Voilà donc Anduze devenu le centre du mouvement de la contrée entière. C'est dans ses murs qu'arriveront les lettres, les exprès, les députés qui auront à faire des réclamations auprès de l'assemblée directrice. C'est de ses mêmes murs que partiront tous les émissaires chargés de gagner les populations à la cause de Rohan, tous les ordres d'armement, toutes les missives secrètes. Dès ce moment, Anduze devient le quartier-général du parti de l'action ; mais aussi tous les regards vont être tournés de son côté... Les amis en attendront assistance et conseil, et les ennemis irrités rouleront dans leurs têtes mille projets pour la surprendre et pour s'en emparer ! Qu'elle exerce une vigilance attentive, qu'elle s'entoure de tous les moyens de défense, sinon elle se verra tout à coup entourée de gens de guerre, et malheur à elle s'ils parviennent à pénétrer dans son enceinte ! Mais le Conseil ne s'endormit pas dans une dangereuse sécurité. Redoutant une surprise, il prit toutes les précautions. Approvisionnements, achats de munitions de guerre, appels de troupes, travaux de défense, lettres arrêtées au passage, il ne négligea rien, et il se prépara à bien recevoir l'ennemi. Évidemment le Conseil avait l'humeur guerrière. Était-ce l'assemblée qui siégeait dans la ville, ou Rohan dont le départ n'avait pas eu lieu encore, qui lui soufflait cette humeur belliqueuse? Suivait-il son instinct naturel, ou bien consultait-il l'intérêt seul de la communauté, qui lui ordonnait de préserver la ville de toute attaque? Probablement il obéissait à tous ces mobiles à la fois. Quoi qu'il en soit, si la ville d'Anduze, en ce moment, était dans la contrée le quartier-général du parti de l'action, elle se montrait également jalouse d'en être le boulevard.

V.

Rohan était enfin parti d'Anduze à la tête de deux mille hommes, et il s'était dirigé vers Castres, dont Thémines voulait lui interdire l'entrée. Mais les efforts de ce dernier furent impuissants. Après diverses manœuvres habiles, secondé par sa femme (la fille de Sully), qui dans toute cette guerre fit preuve d'autant d'habileté que de courage, Rohan pénétra dans Castres, où il rassembla toutes ses forces. Incontinent il se mit en campagne, allant à la recherche de son adversaire, auquel il ne put jamais faire accepter la bataille. En même temps il guerroya dans la contrée, se portant au secours des villes que Thémines attaquait, assiégeant celles qui étaient gardées par les troupes du roi. Le Lauraguais, l'Albigeois, le comté de Foix étaient tour à tour le théâtre des exploits des deux armées, qui ravageaient la campagne, brûlaient les villages, canonnaient les places-fortes... L'avantage restait presque toujours aux troupes de Rohan, dans les rangs desquels on ne comptait que des Cévenols ou des Anduziens.

Un grand succès avait également couronné l'audace de

Soubise. Nous avons dit plus haut que Richelieu venait de contracter une alliance avec l'Angleterre et la Hollande, au moment où les deux Rohan avaient repris les armes. En vertu de ce traité, qui était offensif et défensif, le ministre de Louis XIII avait demandé du secours à ses nouveaux alliés pour combattre les huguenots rebelles. Sa demande fut bien accueillie. Fidèle à sa promesse, la Hollande se hâta d'envoyer vingt vaisseaux, qui étaient arrivés sur les côtes du Poitou. Douze d'entre eux avaient déjà reçu des capitaines et des soldats français, condition exigée par Richelieu, qui savait que les marins hollandais ne servaient qu'avec regret contre leurs coreligionnaires. Manti, vice-amiral de France, s'était réuni, avec une dizaine de vaisseaux français, à Houtstein, amiral de Zélande qui commandait l'escadre auxiliaire, et l'on attendait encore vingt-deux bâtiments qui achevaient de s'équiper aux Sables d'Olonne, port poitevin qu'animait une ardente rivalité contre La Rochelle. Soubise, voulant prévenir la jonction des Olonnais avec les deux amiraux, abandonne le Médoc, où il s'était jeté pour faire diversion, et où il avait pris quelques petits forts; le 16 juillet, il assaillit brusquement avec trente-neuf voiles la flotte franco-batave, qui se croyait sous la foi d'une trêve, et il lança des brûlots sur les principaux navires. Le vaisseau amiral fut consumé, quatre autres navires pris et coulés, et quinze cents hommes mis hors de combat.

La fortune semblait sourire aux armes des deux Rohan. Profitant de ces événements heureux, les députés des Églises venus auprès du roi pour demander la paix, insistèrent avec plus d'ardeur pour faire agréer leurs suppliques. La cour était disposée à traiter, et sans l'opposition de Richelieu, qui ne voulut point que l'autorité royale eût l'air de céder devant les armes des factieux, la démolition du fort Louis eût été promise, sous la garantie de la reine-mère, « pour un temps prochain ».

Tandis que ces faits de guerre et de diplomatie se déroulaient au loin, que se passait-il dans Anduze? Le Conseil empruntait pour faire face aux nécessités du moment ; à défaut des bastions qui venaient d'être démolis, il faisait réparer les anciens murs d'enceinte. L'assemblée « par abrégé », toujours en permanence, déployait une incessante activité. Tous ceux de ses actes qui nous ont été transmis par les historiens, la montrent cherchant à rallier à la cause commune et à celle de Rohan les villes qui s'étaient opiniâtrées à rester étrangères à la nouvelle prise d'armes.

« Le 6 septembre, nous dit Rulman (narration XXII), arrivèrent dans Nismes, Ballein, depputé de Rohan; Rossel et Chamel, ministres, et Paul, d'Anduze, depputés de l'assemblée en abrégé qui siégeoit dans cette ville. Ils n'allèrent point voir les consuls ni les membres du consistoire ; ils s'assemblèrent chez Veillieu, logé dans la maison du jeune Roux, receveur des deniers de la cause et des derniers mouvements, où ils furent jusqu'à minuit, avec les quatre gentilshommes chefs du parti de Rohan.

» Ces depputés leur ayant communiqué les mémoires dressés au haut Languedoc, qui tendoient à l'acceptation de la paix et à l'union générale des Églises, ils ne les trouvèrent pas bien assaisonnés. Veillieu prit la charge d'en faire d'autres beaucoup plus agréables au peuple.

» Le lendemain, ils s'en allèrent de bon matin trouver les consuls, et les sommèrent de convoquer le conseil général au son de cloche, à cause de l'importance des affaires qu'ils avoient à communiquer. On s'assembla, en conséquence, le lendemain, en plus grand nombre, avec le corps du consistoire. Alors les depputés exposèrent, par un long discours, ce qui faisoit l'objet de leur depputation. Ils s'étendirent sur les maux et sur les désolations des Églises réformées. Ils déduisirent les attaques d'une armée navale qu'essuyoit Soubise, et les Rochellois exposés depuis longtemps à des canonnades et à des escarmouchades perpétuelles; le zèle de Rohan, le seul renfort et la seule consolation du party, qui sacrifioit sa personne et ses biens pour le soutenir; les ravages que Themines faisoit dans tous les lieux du haut Languedoc, ses courses dans le pays de Foix, aidé et soutenu par toutes les villes du party catholique, qui avoient porté leur zèle à le secourir, jusqu'à convoquer le ban et l'arrière-ban de leurs contrées. Ils dirent que, bien que la province des Cevennes n'eût pas été livrée aux mêmes dégasts, elle ne laissoit pas d'essuyer à son tour de grandes persécutions; qu'on y voyoit le baron de Perault interdire à ceux de la religion, dans le lieu de Vezenobres, l'exercice de la prédication et de la prière publique; le marquis de Portes contraindre à coups de bâtons plusieurs de ses vasseaux à aller à la messe; le pays, outre cela, agité par des menées et des pratiques continuelles de la part des catholiques pour en détourner de l'union de leurs frères, à quoy ils réussissoient tous les jours, par les impressions que faisoient sur les peuples l'exemple de ceux de Nismes. Ils ajoutèrent, enfin, que l'affaiblissement où se trouvoit le pays l'avoit obligé de recourir à l'assistance de cette ville. L'importance de l'objet sur lequel on avoit à délibérer obligea quelques-uns des assistants à demander la convocation, à son de cloche, d'une assemblée formée des trois ordres, et la présence et autorisation d'un magistrat. Mais la pluralité des voix fut de renforcer seulement l'assemblée de seize personnes du conseil général, choisies dans chaque classe, outre les barons d'Aubaïs et de Leques, qu'on résolut d'y appeler aussi. On fit au même instant la nomination de ces seize, et l'on renvoya la conclusion de l'assemblée à l'après-midi. Ce fut à deux heures qu'on s'assembla. Les depputés de Rohan et de l'assemblée d'Anduze prirent de nouveau la parole, après quoi on alla aux opinions. Il fut arresté qu'on feroit offrir à Rohan et aux communaultés du haut Languedoc tous les services et secours qui dépendoient de la ville, pour leur conservation et soutien; que le duc seroit remercié des témoignages de bienveillance que son depputé lui avoit donné de sa part; qu'on le prieroit de procurer l'accélération de la paix promise aux Églises réformées; qu'on détruiroit les impressions qu'on avoit données aux Cevennes contre la ville, et qu'on s'emploieroit avec chaleur pour remédier à leurs maux. En même temps, on nomma deux depputés pour aller porter ces assurances, l'une au duc de Rohan et aux communaultés du haut Languedoc, et l'autre à la province des Cevennes.

»C'étoit là un grand triomphe pour l'assemblée d'Anduze et pour ses depputés; heureux de leur réussite, ceux-ci quittèrent Nismes deux jours après, et se rendirent à Uzès, où ils furent loin d'obtenir le même succès. » (Ménard, V, pag. 514).

VI.

Mais tout n'est qu'heur et malheur dans ce monde. La flotte de Soubise fut battue par les vaisseaux du roi, auxquels étaient venus se joindre ceux de la Hollande (15 septembre). Ce succès éclatant changea les dispositions de la cour, qui voulut bien continuer les négociations pour la paix, mais sur des bases bien différentes. Elle offrit un traité aux protestants du Languedoc et de la haute Guyenne, et un autre à part à la ville de La Rochelle. Celle-ci, d'après ce traité, devait rétablir son gouvernement municipal tel qu'il était en 1610 (c'est-à-dire qu'elle supprimerait le conseil populaire des quarante-huit); qu'elle recevrait un intendant de justice et de police nommé par le roi; qu'elle démolirait toutes ses fortifications bâties depuis le commencement des guerres de religion; qu'elle recevrait le roi quand Sa Majesté lui ferait l'honneur de venir la visiter; qu'elle ne pourrait tenir dans ses ports des vaisseaux armés en guerre; et qu'elle serait obligée de prendre des congés de l'amiral de France pour les navires de commerce. Ainsi, la cour exigeait que La Rochelle entrât dans le droit commun des autres villes du royaume.

Le peuple de La Rochelle rejeta avec indignation de telles conditions. Il trouva un solide appui dans l'assemblée générale des Églises, qui se tint à Milhau en Rouergue, le 25 octobre. Les députés d'Anduze ne manquèrent pas d'y assister; Rohan s'y trouvait également. On y décida de demander la paix, mais avec la réserve que La Rochelle serait comprise, dans le traité général, aux mêmes conditions que les autres villes protestantes.

Deux semaines après, le 10 novembre, Rohan se rendit à Nîmes, où il fut reçu froidement par la bourgeoisie, et avec enthousiasme par le peuple. Le lendemain, ayant réuni la foule dans le temple, il prononça une longue harangue dans laquelle il s'étendit longuement sur la nécessité de relever les fortifications de la ville. Son avis fut approuvé. Il visita ensuite Uzès, Alais et les autres villes de la contrée qui lui étaient restées contraires. Il se fit reconnaître pour général, et leur fit jurer l'union.

Le 21 novembre, dans une assemblée qu'il tint à Alais, il proposa un armement de trois mille hommes, dont quinze cents pour les Cévennes, et le reste pour le pays plat. Il fit battre au marteau 500 boulets à Anduze.

Le 10 décembre, il se fit un « despartement » dans cette même ville pour couvrir les frais de cet armement. La guerre continuait; la Vaunage, située non loin de Nimes, était ravagée par les armées royales. En outre, le bruit s'accréditait de plus en plus que les troupes de Thémines, qui guerroyait dans le haut Languedoc, viendraient prochainement prendre leurs quartiers d'hiver dans les environs de Nimes et de Montpellier.

Cependant les alliés de la France, l'Angleterre et la Hollande, insistaient pour la conclusion de la paix. Richelieu, qui s'était montré intraitable après la victoire de Soubise et n'avait pas voulu souscrire aux demandes présentées par les protestants, consentit à faire des concessions. Il abandonna les dures conditions qu'on avait imposées aux Rochellois; il maintint les priviléges commerciaux et politiques dont ils jouissaient, se contentant de leur déclarer « que le fort Louis ne pouvoit être rasé ». Sous la garantie de la Hollande et de l'Angleterre, un traité de paix fut signé le 6 février 1626, par le roi, à Fontainebleau, et accepté le 20 mars à Nimes, dans une assemblée générale, par les députés des Églises du bas et du haut Languedoc, des Cévennes et du Dauphiné.

Mais avant que la paix fût officiellement proclamée, la ville d'Anduze voulut profiter du silence que le traité de paix gardait à l'endroit des fortifications existantes. Elle pensa que ces fortifications seraient maintenues. C'était au reste l'avis de Rohan; et c'est ce qui lui avait fait conseiller avec tant d'insistance, à Nimes et ailleurs, de relever les anciens travaux de défense entrepris durant la précédente guerre. Il se fit donc un « despartement » dans Anduze, le 20 février, qui taxa chacun des habitants en proportion de sa position de fortune. Les travaux commencèrent et furent poussés avec une grande activité. On en délivra même à prix fait le 10 mars. Mais, au dire de Rulman (narration xxxiv), ils ne furent pas poussés très loin, parce qu'ils avaient été commencés trop tard. En effet, ils durent cesser le 24 mars, jour de la publication de la paix.

Par ce traité, l'Édit de Nantes était confirmé avec tous les brevets et articles de paix qui en étaient les annexes. — La religion catholique était rétablie dans tout le royaume; le culte réformé était maintenu dans tous les lieux où il se célébrait en l'année 1620 ; tous les actes d'hostilité étaient oubliés ; — les deniers imposés à l'occasion de la guerre considérés comme bons et valables. — Les prisonniers étaient rendus de part et et d'autre ; — les assemblées ecclésiastiques étaient permises aux réformés, mais les assemblées politiques ne pouvaient avoir lieu sans une autorisation expresse du roi ; — les travaux de nouvelles fortifications et les levées des deniers publics étaient interdits, etc...

Ainsi finit cette seconde guerre de religion, entreprise sans réflexion, conduite sans habileté, terminée sans gloire et sans profit. Quoiqu'à regret, la ville d'Anduze s'y associa des premières; une fois qu'elle s'y fut engagée, elle en courut toutes les chances, et jusqu'à la fin elle en accepta toutes les charges. Cette guerre lui fut très-onéreuse, mais aussi elle lui fit jouer le premier rôle et lui assura le premier rang.

CHAPITRE V

ANDUZE PENDANT LA TROISIÈME GUERRE DE RELIGION SOUS LOUIS XIII.

(Septembre 1627. — 29 Juin 1629.)

SOMMAIRE.

Rohan, sur les promesses de l'Angleterre, provoque un nouveau soulèvement dans le Midi. — Anduze fait ses préparatifs de défense. — Fautes de l'amiral anglais, siége de Florac, etc. — Tentatives de Rohan pour prendre Montpellier. — Les habitants d'Anduze sont avertis qu'on veut s'emparer de leur ville. — Tentatives malheureuses des protestants pour surprendre Vézenobres. — Rohan va dans le Vivarais et fait passer son artillerie à Anduze. — Nouvel avis reçu à Anduze sur les projets des ennemis de se saisir de leur ville. — Rohan obtient du succès dans le Vivarais et revient à Anduze. — Siége de Meyrueis par les armées protestantes. — Le Pouzin est menacé par l'armée de Montmorency. — Siége de Saint-Affrique. — Anduze envoie du secours à cette ville. — Prise du château de Vézenobres par le duc de Rohan. — Montmorency vient faire le dégât dans la viguerie basse d'Anduze. — Exécution en masse de prisonniers protestants faits à Gallargues et à Monts. — Prise de La Rochelle. — Assemblée générale des Églises des Cévennes qui décident que la lutte sera continuée. — Les ennemis, se réunissant du côté de Saint-Hippolyte, semblent vouloir surprendre Anduze. — Les travaux des fortifications d'Anduze sont repris avec une nouvelle ardeur. — Siége de Corcone par le duc de Rohan. — Siége de Privas. — Louis XIII prend et détruit cette ville. — Il se rend à Alais pour en faire le siége. — Dans sa route, il reçoit la soumission de toutes les places protestantes du bas Vivarais. — Il met le siége devant Alais, qui capitule quelques jours après. — Rohan se retire dans Anduze. — Description des fortifications de cette ville. — Rohan fait des ouvertures pour négocier la paix, qui est conclue le 29 juin 1629.

I.

Richelieu désirait avant tout le relèvement de l'autorité royale et la constitution de l'unité nationale; mais il voyait pour ses projets une pierre d'achoppement dans la puissance politique dont les réformés jouissaient au moyen de leurs places de sûreté, et il voulait à tout prix faire tomber jusqu'à la dernière de ces forteresses. C'était là son rêve. Les historiens racontent que, dès les premières années du règne de Louis XIII, lorsqu'il n'était que l'évêque nécessiteux et inconnu du plus misérable diocèse de France, il déroulait aux yeux du capucin Joseph, son confident et déjà son admirateur, les plans d'attaque qu'il projetait pour s'emparer de La Rochelle. Depuis qu'il était arrivé au pouvoir, il avait été mis dans l'impossibilité d'accomplir ce projet de sa jeunesse, qui était devenu la résolution inébranlable, la pensée dominante de son âge mûr. Mais ce n'était dans sa pensée qu'un simple ajournement auquel une occasion favorable apporterait prochainement un terme.... Charles Ier, roi d'Angleterre, lui fournit cette occasion : ce prince, obéissant à des considérations intérieures et domestiques, avait brusquement rompu l'alliance qui l'unissait à la France, et était entré en négociations, quelque temps après la paix de 1626, avec Henri de Rohan. Il s'engageait à envoyer au secours des réformés « trente mille hommes en trois flottes, dont la première devait descendre dans l'île de Rhé, la seconde venir dans la rivière de Bordeaux, mettre pied à terre en Guyenne, et la troisième descendre en Normandie pour faire une puissante diversion, lorsque le roi (Louis XIII) seroit empesché du côté de la Guyenne ; tandis qu'avec les grandes ramberges (espèce de vaisseaux) il feroit tenir les embouchures des rivières de Seine, Loire et Garonne, le duc de Savoie feroit sa diversion du costé du Dauphiné ou de Provence ; et, outre cela, il promettoit 500 chevaux au duc de Rohan ; le duc de Chevreuse, disait-il, lui en assuroit autant ; il désiroit qu'avec ces mille chevaux, et l'infanterie qu'il feroit en Languedoc, le duc prît les armes et vînt à Montauban pour rallier les réformés de Guyenne, et pour joindre l'armée angloise qui devoit descendre par la rivière de Bordeaux. » (*Mém.* de Rohan, pag. 301.)

Rohan, qui était toujours disposé à guerroyer pour le service des Églises réformées, répondit « qu'incontinent la descente des Anglois en France, il s'engageroit à prendre les armes, et à faire déclarer le bas Languedoc, les Sevennes, le Rouergue et partie du haut Languedoc ; à faire de son chef quatre mille hommes de pied et deux cents chevaux pour passer à Montauban ; mais que s'il avoit seulement moitié de la cavalerie qu'on lui promettoit, il s'obligeoit de joindre l'armée angloise en Guyenne en quelque part qu'elle fut. » (*Idem*, pag. 302.)

En attendant que l'Angleterre tint ses promesses, Rohan « se mit à fomenter les mécontentements des réformés, surtout pour les consulats de Nismes et d'Alais, dont il empescha les accommodemens, et maintint ces communaultés en résolution de souffrir toutes extrémités plutôt que de relâcher quelque chose de leurs priviléges, et toutes les autres en état de ne les point abandonner. » (*Idem*, pag. 303.)

Cependant le ministre favori du roi d'Angleterre, Buckingham arriva en rade de La Rochelle, le 20 juillet 1627. La flotte dont il avait le commandement comptait cent vaisseaux, dont la moitié de guerre et l'autre moitié de transport. Les troupes de débarquement étaient de sept mille anglais, et de trois mille réfugiés français, revenus d'Angleterre avec Soubise.

Mais La Rochelle redoutait le crime et le danger de l'alliance anglaise. Elle ferma donc ses ports et ses havres à la flotte de Buckingham, et, lorsque Soubise se présenta pour entrer dans la ville et introduire le secrétaire de l'amiral anglais, il fallut que sa mère, cette femme si profondément vénérée de tous les réformés, vînt tirer le verrou de la porte à laquelle son fils frappait en vain.

Conduit devant le conseil de ville, le député de l'amiral anglais exposa entre autres « que son maître le roi d'Angleterre, compatissant aux souffrances des réformés, et se sentant obligé en son honneur à cause de sa promesse pour l'accomplissement des articles demandés, leur offrit une puissante assistance et par terre et par mer, en cas qu'ils la voulussent accepter, en entrant en action de guerre avec lui, protestant de ne poursuivre aucune prétention ni intérêt particulier, mais seulement les choses promises aux réformés... » (*Idem*, pag. 304.)

Le conseil de ville fut très-embarrassé. Il ne voulait ni accepter, ni refuser sur-le-champ l'alliance et le secours que l'on venait lui offrir. Pour se tirer d'affaire « il depputa vers le duc de Buckingham, pour remercier le roi de la Grande-Bretagne du soin qu'il avoit d'eux, et pour lui dire qu'ayant entendu et bien considéré ce que le sieur Bécher lui a représenté des bonnes intentions de Sa Majesté envers tous les protestants de France, dont ils ne sont qu'un membre, ils sont liés par le serment d'union de ne rien faire que par un consentement unanime; ce qui leur fait croire que leur réponse sera beaucoup plus ferme et agréable à Sa Majesté, si elle est accompagnée de celle du duc de Rohan et des autres réformés, vers lesquels ils vont envoyer en diligence, suppliant le duc de Buckingham trouver bonne la remise de la jonction demandée, et de la faire agréer au roi de la Grande-Bretagne. » (*Idem*, pag. 305.)

Cette réponse, prudemment évasive, et d'autres lettres, arrivèrent à Rohan, qui les attendait, mais qui comptait les recevoir bien différentes. Néanmoins il voulut s'en servir. Mais comment en faire usage? S'il les communiquait aux Églises à l'insu les unes des autres, peut-être elles provoqueraient des décisions opposées ; s'il convoquait une assemblée avant la prise d'armes, aucune ville ne voudrait envoyer ses députés, dans la crainte de se compromettre et de s'exposer au mécontentement de la cour. Il prit la résolution d'écrire le même jour aux principales Églises des Cévennes, et à celle d'Uzès, pour les prier de lui envoyer à Nimes des députés auxquels il voulait communiquer des choses qui leur importaient en particulier ; il espérait que, « s'il parvenoit à faire résoudre les réformés du bas Languedoc et des Cévennes, les autres suivroient leur exemple ». C'est lui-même qui nous donne ces détails dans ses Mémoires (pag. 310). La ville d'Anduze était trop comptée au nombre des Églises considérables de la contrée, pour que Rohan eût oublié de lui adresser son invitation. Les consuls, qui l'avaient reçue, la communiquèrent au conseil le 6 septembre. Ils lui annoncèrent « que le duc avoit écrit une lettre le 3 du même mois, aux fins qu'il fut fait une depputation de la part de la communaulté à la ville de Nismes, pour affaire important au bien de la présante ville. » Le conseil fut unanime pour accueillir la demande qui lui était adressée, et députa vers le duc de Rohan « les sieurs Pelet premier consul, et Combel bourgeois. (*Regist. des délibér.* de 1627, 1628, fol. 43.).

Ces députés se rendirent à Nimes, soupçonnant sans nul doute ce qui allait leur être communiqué, et munis de l'autorisation de souscrire à tout ce qui serait proposé. La ville d'Anduze, à qui la descente heureuse de Buckingham avait enflé le courage, était, selon nous, fort portée à prêter l'oreille à toutes les propositions de Rohan, et à s'associer à une nouvelle prise d'armes. Jamais les protestants n'avaient vu un secours pareil leur arriver d'une manière aussi inopinée. Ne pas l'accepter était à la fois un manque de gratitude et de sagesse; c'était tenter Dieu et décourager ses amis. Tels étaient en ce moment les sentiments des réformés du royaume, et en particulier de ceux d'Anduze. Aussi voyons-nous ces derniers, le jour même où leurs députés se trouvaient auprès de Roham, le 9 septembre, décider dans une séance du conseil « qu'il seroit pourvû à la garde de la ville, pour conserver la place *au service de Sa Majesté*, que les murs communs de la ville seroient visités et reparés au besoin ». Le prétexte de cette décision était « qu'en divers endroits de ces quartiers se faisoient amas de gens de guerre, sans savoir à quel dessein » (fol. 66).

Les députés d'Anduze ne furent pas les seuls qui se rendirent à Nimes; ceux de toutes les communautés à qui Rohan avait adressé sa lettre, s'y trouvèrent en même temps. Rohan s'en félicite dans ses Mémoires. Mais comme la députation d'Uzès ne s'était pas présentée, et qu'il craignait « quelque débauche en ce pays-là, il y mène incontinent tous les depputés et y forme l'assemblée ». Là, il rappelle avec chaleur toutes les infractions aux édits commises par la cour depuis la première guerre de religion, les dangers auxquels La Rochelle est exposée; il parle du secours puissant envoyé par l'Angleterre; il fait ressortir les avantages qu'on peut en retirer; mais à la condition seulement que le bas Languedoc se joindra aux armes de son puissant auxiliaire; il fait comprendre que l'alliance avec l'Angleterre ne peut être contractée qu'à la condition que l'on n'accepterait pas un traité de paix particulier, mais qu'on ne souscrirait qu'à une paix générale, et avec le consentement du roi de la Grande-Bretagne.

L'assemblée fut entraînée. Elle réintégra Rohan dans la charge de général en chef des Églises du royaume. On décida la convocation d'une assemblée générale entre les mains de laquelle serait déposé, pendant la durée de la guerre, le maniement des affaires; on renouvela le serment d'union. On conclut de s'allier avec le roi d'Angleterre et avec tous les princes et seigneurs qui voudraient prendre les armes pour la même cause. On promit de n'accepter aucune paix particulière, et de n'adhérer qu'à un traité général, du gré de tous les réformés et des princes avec lesquels ils seraient alliés.

L'assemblée d'Uzès eut lieu le 11 septembre. Le lendemain, les consuls d'Anduze reçurent de Rohan une lettre qui les engageait « pour le bien et utilité de leur ville, à s'assurer du château de Sandeyran, pour éviter qu'il ne fût saisi par ceux qui pourroient avoir de mauvais desseins contre la ville ». A l'appui de cette recommandation, un des députés qui avaient assisté à l'assemblée d'Uzès prit la parole, et insista sur la nécessité d'occuper ce château. Le conseil applaudit, et il envoya, séance tenante, un capitaine avec une troupe de soldats pour s'y établir « afin de le conserver pour le service du roy jusqu'à nouvel ordre » (fol. 49).

Cette décision avait été prise par le conseil ordinaire; mais pour la revêtir d'une plus grande autorité, et afin surtout d'obtenir l'approbation de la communauté entière pour tout ce qui avait été conclu par l'assemblée d'Uzès, le conseil général de la ville fut convoqué le lendemain, 13 septembre. L'assistance était nombreuse. Les deux députés présentèrent la lettre écrite par Rohan à la ville d'Anduze. Ils en firent la lecture, ainsi que de l'acte de l'assemblée tenue à Uzès. Ensuite, ils exposèrent toutes les raisons qui avaient dicté les résolutions de l'assemblée, et la part qu'ils y avaient prise. Lorsqu'ils eurent terminé, « par tous les habitans sans discrépance, au nom de la communauté entière, le contenu de l'acte de l'assemblée fut approuvé *en tous ses chefs de point en point, selon*

Seconde édition.

leur forme et teneur, et les depputés furent loués et approuvés » (fol. 50).

II.

Voilà donc la ville d'Anduze décidée à se jeter de nouveau dans les périlleuses péripéties de la guerre. Elle ne s'y est pas exposée seule et de contre-cœur. Cette fois, toutes les villes de la contrée se sont déclarées pour une nouvelle prise d'armes, avec une facilité d'acquiescement, avec une ardeur de bonne volonté qui trouvent leur explication dans la confiance que leur inspire l'assistance de l'Angleterre. Rohan peut agir et commander ; il ne sera pas arrêté par les mesquineries de la bourgeoisie, par les rébellions irréfléchies du populaire, par les résistances jalouses des magistrats. Il nous dit lui-même qu'après l'assemblée d'Uzès, « il donne ses commissions, il fait tout son armement à ses dépens, afin de ne dégoûter les peuples, et donne le jour pour exécuter diverses entreprises sur plusieurs places ». Une de ses commissions avait été confiée au seigneur de Saint-Jean de Gardonenque. Il s'agissait de faire déloger du château de Toiras le sieur Dupilon, que, pour une cause quelconque, Rohan avait déclaré déserteur de l'union des Églises. Dans son ordonnance, le général en chef avait chargé le sieur de Saint-Jean d'assiéger le château de Toiras avec tel nombre de gens de guerre qu'il trouverait convenable. Il avait donné mandement « à tous les consuls, chefs de gens de guerre, de prêter aide et main-forte pour l'exécution de ses ordres » ; et il avait ordonné à la ville d'Anduze de « bailler son petit canon, si le besoin le requeroit ».

A cette époque, où l'artillerie était si rare et si dispendieuse, prêter un canon était un acte de grande courtoisie. Anduze ne s'y refusa pas. Le 18 septembre,... « après lecture faite de l'ordonnance de Monseigneur le duc de Rohan ; ouy le sieur de Saint-Jean et le premier consul de la dite ville, lequel, au nom de la communaulté du dit Saint-Jean, a offert de s'obliger pour le canon qui sera délivré, de le rendre et de le remettre dans la présante ville ; par le Conseil général a esté délibéré et conclud qu'il sera obéi à l'ordonnance de Monseigneur le duc de Rohan, à la charge par le dit sieur de Saint-Jean et le dit premier consul du dit Saint-Jean de Gardonenque, de retourner et rendre dans icelle ville le canon qui sera octroyé pour la prise du dit château de Toiras..... » (fol. 53).

En ce moment, il suffisait à Rohan de commander pour être aussitôt obéi. Non-seulement, sur son ordre, la ville d'Anduze avait prêté sans hésitation l'un de ses canons, mais elle résolut de relever ses fortifications, uniquement parce que le général en chef en avait manifesté le désir.

Le 22 septembre, sur le simple avis « que Monseigneur le duc de Rohan a fait entendre à la présante ville qu'il est important, pour la conservation de la présante ville, de reprendre les fortifications qui avoient été ci-devant commencées, pour les continuer, attendu qu'il y a divers avis qu'on a des desseins contre la présante ville », le Conseil décida, « uniformément et sans discrépance, que les dites fortifications seront reprises et continuées, et qu'à ces fins mon dit seigneur sera très-humblement supplié en vouloir donner son ordonnance, et que auparavant faire aucune cottisation nouvelle, ceux qui ci-devant avoient été cottizés seront contraints à ce faire ; de quoy sera faite vériffication avec le despartement qui en fût fait. Que mon dit seigneur sera aussi très-humblement supplié de vouloir ordonner contrainte contre les lieux et communaultés qui avoient été ci-devant cottizés à contribuer aux dites contributions, et n'y ont satisfait. Et de même de vouloir faire bonne considération de la présante ville en usant de soulagement, attendu les charges et foules qu'elle a souffertes pendant les derniers mouvements, et qu'il lui convient faire. Et pour cest effect, seront dressés memoires contenant les requestes et demandes à faire de la part de la communaulté de la présante ville, pour estre apportées à Sa Grandeur et à l'assemblée qui doibt se tenir à la ville de Sauve, le vingt-quatrième de ce mois, par les depputés en icelle de la présante ville » (fol 58).

Les sentiments d'affection et de déférence dont les Anduziens étaient animés à l'égard de Rohan, se trahissent par l'accueil qu'ils se proposèrent de lui faire, le 30 septembre. Sa Grandeur ayant fait savoir qu'à l'issue d'une assemblée tenue à Sauve, il se rendrait à Anduze pour le soir même de ce jour, le Conseil est aussitôt convoqué, et sur l'avis de la prochaine arrivée du général en chef, il décida « qu'il sera pourveu au logement de Monseigneur et des gens de sa suite ; par les consuls et par les depputés nommés pour pourvoir au logis de Sa Grandeur dans telle maison que, par eux, sera advisé ; et pour le regard des gens de sa suite, qu'ils pourvoiront également à leur logement, pour ce qui regarde les chambres et les lits, par les maisons des habitants qui en auront la commodité, desquelles maisons sera fait rôle, pour, dès que le fourrier sera arrivé, estre fait le despartement » (fol. 61).

La présence de Rohan produisit son effet ordinaire. Le bon vouloir des habitants en fut raffermi. Il fut résolu, le 4 octobre, que l'on se mettrait à l'œuvre immédiatement, pour les travaux de défense dont le plan venait d'être tracé par l'ingénieur du général en chef, que les frais seraient payés au moyen d'une cotisation imposée sur tous les habitants, que les travaux seraient dès le lendemain délivrés aux enchères publiques, que la vérification des armes dont chaque habitant était pourvu serait faite soigneusement, et que l'on réparerait les anciennes murailles là où le besoin le réclamerait. On acheta des boulets, on fournit des munitions de guerre aux consuls de Saint-Geniez. Une recrudescence d'ardeur militaire enflammait les esprits. On sentait que l'infatigable guerroyeur Henri de Rohan venait d'enflammer la population entière de son souffle belliqueux!

III.

Les affaires offraient un aspect assez satisfaisant du côté du bas Languedoc et des Cévennes; mais il n'en était pas de même du côté de La Rochelle et du haut Languedoc.

Le duc de Buckingham commettait faute sur faute. Dédaignant les conseils de Soubise, au lieu d'attaquer l'île d'Oléron, où la résistance devait être peu sérieuse, il avait opéré sa descente dans l'île de Rhé, que défendait le brave Toiras. Ce chef courageux, après avoir disputé vaillamment le terrain pied à pied, s'était enfermé dans la forteresse de Saint-Martin, où il résistait avec succès à l'armée anglaise qui le tenait bloqué. Malgré les nombreux navires de Buckingham qui croisaient devant la forteresse assiégée, celle-ci avait reçu un secours considérable en hommes et en approvisionnements.

En même temps Richelieu dirigeait vers La Rochelle toutes les forces de terre et de mer qu'il avait pu réunir. Dès le premier jour de septembre, les hostilités avaient commencé devant ces hautes murailles de La Rochelle que le cardinal avait juré de faire tomber. Le roi et son ministre avaient quitté Paris, et venaient prendre le commandement de l'armée assiégeante.

Dans le haut Languedoc et dans la haute Guyenne, la plupart des villes protestantes refusaient de prendre part à la nouvelle guerre. En même temps, le roi d'Angleterre avait fait donner avis à Rohan qu'il abandonnait le projet d'une tentative du côté de Bordeaux, et que par conséquent il pouvait se dispenser d'aller attendre son armée à Montauban. Rohan recevait journellement des avis qui lui présentaient sous un mauvais jour l'état des choses dans le Rouergue, et qui réclamaient impérieusement sa présence. Dans les premiers jours d'octobre, il partit des Cévennes avec une armée de 4,500 hommes de pied et 200 chevaux. Il marcha vers Milhau, mais il ne put y entrer qu'en forçant les portes. Il fut également repoussé par les protestants de Castres ; Revel, Puylaurens, Sorrèze ne voulurent pas se déclarer pour lui. Il força Réalmont à le recevoir. Il prit ensuite la route de Mazères, où il rencontra l'armée de Montmorency qui lui barrait le passage, et il fut obligé d'en venir aux mains pour arriver à sa destination. A Mazères, où il comptait sur un accueil empressé, il trouva les portes fermées, et il n'y put entrer que par escalade. Son armée y mourut presque de faim, ce qui le mit dans la nécessité de se retirer à Saverdun, où il se vit également obligé de pénétrer par force. Il prend ensuite Pamiers en pratiquant une ouverture dans les murs au moyen d'un pétard. Il rallia enfin à sa cause tout le comté de Foix, mais ce fut uniquement par la contrainte qu'il put y parvenir.

A cette lutte incessante que l'héroïque général des Églises réformées soutenait tout à la fois contre ses ennemis et ses propres coreligionnaires, il avait fallu consacrer deux mois entiers (depuis le 6 octobre jusqu'au 6 décembre). Pendant ce temps-là, l'on n'était pas resté inactif dans le bas Languedoc et dans les Cévennes. Le conseil provincial que Rohan avait institué pour avoir la haute main, pendant son absence, sur les affaires de la province, avait inauguré son entrée en charge par l'établissement d'une assiette d'impôt qui devait peser sur toutes les communautés de la contrée. Elle veillait sur l'exécution d'une ordonnance rendue avant le départ de Rohan sur la milice. Elle faisait diriger des secours sur tous les points qui réclamaient la présence des gens de guerre. Nimes, Uzès, Alais, et toutes les villes protestantes de la contrée, recommençaient leurs préparatifs de défense. Anduze était de ce nombre. Cette dernière ville voyait se renouveler pour elle ces bruits d'attaque, ces alarmes, ces demandes de secours, ces besoins d'argent, ces levées de soldats, ces travaux de fortifications, qui l'avaient tant agitée pendant les deux derniers mouvements.

Le 11 octobre arrive un avis que le sieur de Beauvoir, chargé d'attaquer le pont de l'Ar, est menacé d'être attaqué à son tour; il demande prompte assistance. La ville d'Anduze veut bien lui prêter main-forte; mais d'un autre côté divers avis lui apportent la nouvelle que dans Saint-Martin de Londres les gens de guerre se réunissent en grand nombre pour venir l'assiéger. Que faire? expédier des soldats au sieur de Beauvoir? Mais la prudence ne permet pas que la ville soit laissée au dépourvu, alors qu'elle est en péril de voir l'ennemi fondre sur elle..... Elle est obligée de refuser l'assistance qu'on lui demande, et elle en écrit au conseil de la province pour expliquer son refus (fol. 66).

Le lendemain, 13 octobre, on apporte dans la ville la

triste nouvelle que le gouverneur catholique de la place de Sommières et le sieur de Perault viennent de frapper d'une forte contribution les communautés qui se trouvent dans la partie basse de sa viguerie (Lédignan, Aigremont, Marvéjols, Cassagnoles, etc.). Ces contributions seront rigoureusement exigées, et, si elles ne sont pas payées, les habitants de ces localités se verront enlever leurs bestiaux, leurs maisons seront ravagées, les soldats ennemis les emmèneront eux-mêmes prisonniers; il est du devoir de la ville d'Anduze de s'opposer à de telles exactions. L'ordonnance du duc de Rohan qui a établi l'ordre de la milice leur en fait une impérieuse obligation. Anduze n'hésite pas. Elle organise une compagnie de cent hommes de milice qui devra se porter sur tous les points où les ennemis pourraient faire irruption (fol. 67).

Dans la même journée, on décida de se conformer à une ordonnance de Rohan datée du 5 du même mois, enjoignant de faire travailler au plus tôt à la continuation, jusqu'à leur entière perfection, des fortifications, qui devaient consister en bastions, fossés, demi-lunes, contrescarpes. Cette même ordonnance en rappelait une autre du même Rohan en date du 25 décembre 1625, en vertu de laquelle six mille journées étaient imposées pour ces mêmes fortifications aux lieux circonvoisins, et elle exigeait que les localités qui ne s'étaient pas libérées eussent à le faire sans délai, rendant responsables de cette obligation le conseil et les consuls d'Anduze.

On mit enfin aux enchères la continuation des travaux de la courtine, ou terrasse destinée à défendre la ville du côté de la rivière, et, pour attirer les enchérisseurs, on décida que ceux qui se chargeraient de ce travail auraient la faculté de prendre les pierres dans les fossés et les bastions qui avaient été démolis en l'année 1623.

Enfin, il fut décidé que la garde des portes de la ville et des murailles se ferait avec la plus rigoureuse exactitude (fol. 66).

Le 22 octobre, « un certain personnage vient avertir M. Debaux que ceux du party contraire avoient formé le dessein de se saisir de la ville, et que ce dessein seroit bientôt exécuté. Le Conseil, en recevant cet avis, décide de fermer toutes les fenêtres, toutes les ouvertures qui sont pratiquées dans les murs d'enceinte ; que les portes de la ville ne s'ouvriront qu'alternativement, une seulement par jour, en attendant qu'il soit décidé si elles doivent être murées ; que l'on fera eslection des cappitaines de quartier, pour aider les consuls, en cas d'alarme, à conduire les habitants ; que ceux-ci ne devront pas circuler dans les rues sans motifs légitimes et sans lumière, après que la retraite aura été sonnée, à peine de l'amende et de la prison » (fol. 67).

Le 4 novembre, sous la menace d'être prochainement assiégée, la ville fait achat de fauconneaux.

Tandis que le Conseil cherchait à se pourvoir de nouvelles pièces d'artillerie, Florac était vivement pressé par le sieur de Perault, qui en faisait le siége depuis quelques jours, à la tête de quatre mille hommes. L'avis en avait été donné à Anduze, au moment où arrivait la demande d'envoyer de la poudre, du plomb et des mèches, aux soldats enfermés dans la place. Ce secours, réclamé le 6 et le 7 novembre, n'avait pu empêcher la prise de Florac, forcé, malgré sa résistance, à tomber entre les mains des assiégeants.

Mais ceux-ci ne restèrent pas longtemps maîtres de la ville,

Montredon, chef du colloque de Saint-Germain, secondé par le conseil de la province, qui s'était transporté à Barre, réunit tous les contingents des Églises de ces quartiers, et vint attaquer les catholiques, quelques jours après leur entrée dans la place. Il ne s'était pas borné à ramasser les troupes des hautes Cévennes, il s'était adressé aux villes des autres colloques, et en particulier il avait demandé assistance à Anduze. « Envoyez-nous quatre quintaux de mesches et de plomb », écrivit-il dans une lettre reçue le 12 novembre ; et dans une autre qui suivit immédiatement : « Envoyez-nous des hommes de guerre le plus que vous pourrez, avec des munitions pour cinq ou six jours ».

Le lendemain, 13 novembre, lettres plus pressantes : une compagnie n'est pas suffisante, qu'on mette sur pied et qu'on fasse partir tous les hommes de bonne volonté... La demande fut accueillie favorablement. Les consuls firent battre le tambour et firent proclamer par les carrefours que tous les hommes qui voudraient se rendre à Florac, vinssent se présenter aux consuls, qui auraient soin de les faire conduire par l'un d'eux, assisté d'autres chefs.

Au moyen des renforts arrivés d'Anduze et d'ailleurs, les troupes de Montredon avaient repris la ville ; mais la garnison catholique s'était enfermée dans le château, et il s'agissait de l'y forcer. On pratiqua des mines pour battre en brèche les murs de cette forteresse. On écrivit aussitôt à Anduze pour réclamer une charge de poudre. La ville n'en était guère pourvue ; aussi ne reçut-elle pas cette demande avec une satisfaction bien vive. Cependant, pour ne pas provoquer des plaintes de la part du conseil de la province, il fut décidé que la charge de poudre demandée serait accordée par les consuls. Enfin, le château tomba au pouvoir des assiégeants, et la compagnie des soldats anduziens était rentrée dans ses foyers le 19 novembre, à la grande satisfaction des habitants, qui lui accorda « la disnée », comme témoignage de satisfaction, avant qu'elle se fût dispersée.

L'attaque de Florac par le sieur de Perault n'était pas la seule qui eût été projetée par les troupes du roi. On avait également décidé de se saisir d'Anduze. Ce plan était journellement révélé aux consuls par des avis certains ; aussi prenaient-ils de plus en plus toutes les précautions réclamées par les circonstances. Le Conseil ordonna de murer à chaux et à sable toutes les portes de la ville, moins une. Comme l'on redoutait une surprise de la part du baron, qui était dans l'armée des ennemis, on exigea que les fenêtres de son château fussent murées dans toute leur épaisseur. On montait la garde nuit et jour dans les rues, sur les murailles et sur la montagne de Saint-Julien. Nul ne pouvait être exempté de ce service, quelle que fût sa condition. Le tambour battait la diane chaque matin ; et la garde chaque soir. On contracta des emprunts, on acheta du blé qui fut déposé dans l'hôtel de ville ; on décida de former, au moyen d'une cotisation forcée sur les habitants, un magasin où l'on enfermerait cinquante quintaux de poudre ; on écrivit aux communautés de la viguerie basse de s'armer et de se mettre en état de défense pour repousser les attaques que les ennemis se préparaient à faire dans leurs terroirs. On défendit sous les peines les plus sévères les courses que certains habitants d'Anduze se permettaient sans autorisation. On décida, le 5 décembre, de reprendre et de terminer les travaux des bastions qui avaient été commencés, comme nous l'avons dit plus haut, à la fin de la deuxième guerre, et laissées inachevées en vertu du dernier traité de paix. Le 12 du même mois, on mit en état de service les deux canons, surtout le petit, que Rohan voulait emmener quand il passerait à Anduze, et au sujet duquel il avait écrit d'Anglès, où il s'était arrêté dans sa marche vers le bas Languedoc.

IV.

En effet, Rohan arriva dans les Cévennes vers le milieu du mois de décembre. Il avait été ramené par la crainte que le prince de Condé ne s'emparât du Vivarais. Il appréhendait également de se voir bloqué dans le comté de Foix par les armées combinées de Montmorency et d'Épernon.

D'ailleurs, du côté de La Rochelle les événements ne s'étaient pas accomplis à l'avantage des protestants. Buckingham, par sa négligence, avait laissé ravitailler la citadelle de Saint-Martin dans l'île de Rhé; une fois les hommes et les approvisionnements entrés dans la place, l'inhabile amiral anglais avait tenté de s'emparer de celle-ci par un furieux assaut où il avait été repoussé; alors le découragement s'était emparé de lui, et il avait levé le siège; pendant sa retraite, son arrière-garde avait été taillée en pièces par les troupes de Louis XIII. Enfin, il avait levé l'ancre, et il avait fait voile en toute hâte vers l'Angleterre, laissant exposée à la colère de l'implacable Richelieu la malheureuse ville de La Rochelle qu'il avait entraînée dans la révolte, et dont il avait épuisé les ressources (15 novembre).

L'arrivée du duc de Rohan nous semble avoir été le signal du renouvellement de cette guerre d'attaques et de surprises dont la contrée avait eu tant à souffrir pendant les mouvements antérieurs. Les protestants, il est vrai, étaient les maîtres de presque toute la province des Cévennes, mais ils ne tenaient pas tout le pays. Quelques châteaux-forts, quelques places étaient au pouvoir des catholiques, qui y entretenaient des garnisons considérables. Telles étaient Vézenobres, Monts, Corconne, Sommières et surtout Montpellier. En outre, des régiments d'infanterie et des compagnies de cavalerie, sous les ordres de chefs catholiques, se tenaient sur la lisière des Cévennes, et s'apprêtaient à faire quelques tentatives hardies dans la contrée. Nous allons voir ces troupes se jetant sur les châteaux, sur les villages, ravageant la campagne, pillant les demeures des paysans, enlevant les bestiaux, emmenant prisonniers les hommes et les femmes. Les gens de guerre protestants en feront autant sur les localités « de religion contraire ». Il y aura danger à s'aventurer sur les chemins, si l'on n'est pas accompagné par une bonne escorte. Le commerce sera anéanti, l'agriculture ruinée, la misère deviendra générale et les charges iront toujours en augmentant. Cette situation déplorable, qui frappait tout le pays, avait atteint Anduze et l'avait réduite à l'état le plus misérable.

Un député de cette ville attendait Rohan dans une assemblée provinciale qui siégeait au Vigan. Il avait ordre de le supplier « de vouloir faire bonne considération de la dite ville en lui octroyant les demandes qui lui étoient faites touchant les fortifications ». Or, ces demandes tendaient à obtenir que la viguerie entière fût chargée d'une partie des travaux des fortifications, afin qu'ils ne pesassent pas tous sur la ville.

Rohan, frappé de la justice de cette réclamation, rendit une ordonnance, à la date du 28 décembre, qui enjoignait aux communautés de toute la viguerie d'Anduze, ainsi « qu'à celles de Cleiran et de Saint-Théodorit », de contribuer aux travaux des fortifications de cette ville, « suivant un despartement qui en seroit dressé ».

Aussitôt, les habitants satisfaits appellent un ingénieur de Nimes, qui soumet à leur approbation trois plans différents pour leurs bastions : l'un de ces plans est adopté le 7 janvier 1628, dans une assemblée générale; les travaux qui étaient restés à la charge des Anduziens, sont mis en adjudication, et les ouvriers couvrent bientôt les divers chantiers.

Ces travaux, qui avaient trouvé un entrepreneur pour la somme de 1,400 livres, avaient occasionné un emprunt. Il en était de même pour toutes les nécessités du moment. Au nombre de ces nécessités, le Conseil rangeait avec raison un approvisionnement de poudre de guerre. Ne devait-il pas en prêter aux communautés qui venaient journellement lui en emprunter ? ne fallait-il pas en fournir aux soldats qui faisaient des sorties ? surtout n'était-il pas nécessaire d'en pourvoir tous les habitants en cas de siége ? Il avait donc été décidé que l'on ferait un magasin où l'on réunirait cinquante quintaux de poudre. Mais où trouver cette quantité ? La poudre était devenue d'une rareté excessive, car toutes les localités des Cévennes cherchaient à s'en approvisionner. Rohan le savait ; aussi fit-il donner avis, le 18 janvier 1628, que, par ses soins, les habitants d'une province voisine (le Dauphiné sans nul doute) viendraient vendre de la poudre sur les bords du Rhône, qu'on pourrait en acheter au prix de 60 livres le quintal, et qu'il ferait escorter par ses propres gardes, jusqu'à sa destination, toute celle qu'on irait chercher au lieu désigné.

Aussitôt le Conseil emprunta 1,600 livres pour aller s'approvisionner de cette poudre; mais, soit que ses délégués fussent arrivés trop tard, soit qu'il ne leur eût pas été possible d'obtenir la quantité qu'ils désiraient, le Conseil fit bientôt un marché avec quelques habitants de Mialet, qui étaient tenus de lui fournir toute la poudre qu'ils fabriqueraient. Mais Saint-Ambroix, dont les besoins étaient aussi grands que ceux de la ville d'Anduze, envoya un agent à Mialet, qui traita avec ces mêmes fabricants « pour une livraison de poudre de quatre quintals ». Aussitôt grand mécontentement à Anduze. Le 11 février, le Conseil est convoqué, l'agent de Saint-Ambroix est mandé à sa barre, et celui-ci n'est autorisé à faire emporter la poudre qu'il avait achetée, qu'après avoir pleinement justifié sa conduite.

Ce n'était pas seulement la poudre qui manquait. Le blé et les autres denrées devenaient de plus en plus rares, et renchérissaient en proportion. C'était pour le Conseil un sujet de grandes préoccupations, car la ville était à la veille d'un siége; et comment subsister pendant le blocus, si les denrées venaient à faire défaut? D'autant plus que les spéculateurs exploitaient la circonstance : ils allaient dans les villages circonvoisins, sur les chemins, acheter le blé, les châtaignes, le gibier qu'on apportait au marché d'Anduze, et ils le revendaient ensuite à haut prix. Ces accaparements furent sévèrement défendus. Le 28 décembre 1627, le Conseil les interdit sous les peines les plus fortes; il permit seulement d'acheter des provisions de bouche pour la consommation des familles. Une telle ordonnance, alors même qu'elle n'eût pas été fréquemment violée, n'était pas suffisante pour procurer à la ville les approvisionnements nécessaires. Le Conseil de ville donna ordre aux consuls (1er janvier 1628) d'acheter à un riche propriétaire du voisinage tout le blé dont il voudrait se dessaisir. Mais, plus il entrait du blé dans la ville, plus les habitants des villages voisins venaient y en acheter. Le Conseil s'y opposa. Personne ne put venir s'approvisionner dans Anduze, excepté les habitants des villages de la viguerie, qui, en vertu de l'ordonnance de Rohan, faisaient la portion qui leur avait été assignée pour les travaux des fortifications de la ville.

Au milieu de ces préoccupations et de beaucoup d'autres que nous ne relevons pas, les demandes de secours ne discontinuaient pas. Il en vint une de Barjac. Cette ville, craignant d'être assiégée par le prince de Condé, invoqua l'assistance d'Anduze, le 25 décembre 1627. Le Conseil décida qu'on lui enverrait « une compagnie le plus tôt que faire se pourroit ». La ville de Saint-Ambroix fit la même demande quelques jours après et reçut la même réponse. Mais ces demandes, quoique importantes, n'étaient rien en comparaison de celle que toutes les vigueries des villes des Cévennes, et par conséquent celle d'Anduze, reçurent par ordonnance de Rohan.

Celui-ci avait formé le projet de s'emparer de la citadelle et de la ville de Montpellier. Un capitaine de la garnison de cette ville, que l'on croyait avoir gagné, devait contribuer à la réussite de cette tentative hardie. Par un tel coup de main, s'il avait obtenu le succès qu'il en attendait, Rohan aurait imprimé un caractère tout différent aux affaires générales dans les Cévennes et le Languedoc. Il le savait ; aussi prit-il toutes les précautions qui pouvaient assurer une heureuse issue à son dessein. Il demanda dans toute la contrée des hommes et des munitions ; non content d'écrire, il se transporta de sa personne dans les villes principales. Le 13 janvier, il fit porter à Anduze, par M. de Cleiran, mestre de camp du colloque de cette ville, une lettre dans laquelle il ordonnait « de mettre sur pied *tous* les hommes de guerre que la viguerie devoit faire d'après l'ordre de la milice ; il fit annoncer en même temps sa prochaine arrivée, et que lorsqu'il seroit dans la ville, il ferait « l'élection du capitaine qui auroit charge de conduire les soldats fournis par Anduze ».

Rohan arriva le même jour, et après avoir donné diverses instructions, il convoqua la communauté entière dans le temple pour le surlendemain, 15 janvier.

La veille du jour indiqué, une convocation extraordinaire avait été faite par le tambour, et au son de la cloche. Dès huit heures du matin, le 15 janvier, le temple était rempli d'une foule nombreuse, avide d'entendre son héros favori, « Monseigneur le duc de Rohan, général en chef des Eglises réformées de France ». Cette assemblée générale avait pour objet, disait-on, d'arrêter le tracé des fortifications de la ville. En effet, Rohan, dans sa harangue, n'aborda pas d'autre sujet. Il donna son approbation au plan de Maltrait, dont il ordonna l'exécution, recommandant d'y travailler avec diligence. Il conseilla de faire revêtir les bastions d'une muraille solidement bâtie, etc. Son discours terminé, « les assistants, après avoir très-humblement remercié mon dit seigneur des soings qu'il plaisoit à Sa Grandeur prendre de la présante ville, tous unanimement et sans discrépance promirent de faire tout ce qui seroit de leur pouvoir pour obeir à sa volonté et commandement... » (fol. 167).

Rohan partit d'Anduze immédiatement après la séance, accompagné, outre son escorte ordinaire, d'une compagnie de soldats appartenant à la ville. Dans l'après-midi du même jour, le conseil de direction fut de nouveau réuni, et les consuls lui donnèrent communication « d'une lettre écrite antérieurement d'Uzès par le général en chef, à la date du 10 du même mois de janvier, par laquelle il étoit ordonné à la présante ville de fournir et faire les avances de la quantité de bled nécessaire pour

Seconde édition.

faire 2000 pains de deux livres chacun ; de le faire moudre et de le réduire en pains au plus tôt ; du prix duquel bled, et autres fournitures qui seroient faites à l'effet susdit d'icelles, la présante ville seroit après remboursée ; ainsi que par Sa Grandeur seroit ordonné pour estre le dit pain mis ès mains du sieur de La Balme, et à icelui seroit fourni les mullets nécessaires pour l'apporter ; comme aussi de délivrer trente armes, hallebardes, sur le receu du dit sieur de La Balme, lesquels seroient rendus ou payés en cas de perte. Et de plus mon dit seigneur, aujourd'hui sur son départ, auroit ordonné de fournir les saches nécessaires pour mettre les susdits 2000 pains, ensemble la quantité de quatre quintals poudre, quatre quintals mesches, de caches-mesches du prix de deux sols chacung, aultant que s'en pourroit recouvrer, et certains ferrements, auxquels M. Daniel Durand, serrurier, avoit ja commencé de travailler » (fol. 167).

Quatre jours après, le 19 janvier, Rohan était sur la route de Montpellier, à la tête d'une armée de 6,000 hommes d'infanterie et de 400 chevaux. Arrivé à une lieue de la ville, il s'arrêta, et il donna l'ordre à une colonne de 1500 soldats choisis de pousser en avant. A son tour, cette troupe fit halte à un quart d'heure de la citadelle. Alors une trentaine d'hommes déterminés s'avancèrent ; et furent introduits en partie dans la place par celui qui devait la leur livrer. Mais c'était un traître qui les avait attirés dans un guet-à-pens. En effet, à peine la moitié de ces soldats eurent-ils franchi l'entrée de la citadelle, que le pont-levis fut levé ; « on abaissa un trébuchet où la plupart des entrés tombèrent dans une fosse où on les arquebusa, et en même temps la mousqueterie joua contre eux du dehors. Montredon, qui avoit charge d'estre à la porte pour faire entrer tout par ordre, fit retirer les troupes et en donna advis au duc de Rohan, lequel avoit mis tout son gros en bataille, et, quand ceux de l'avant-garde furent passés, il se retira entre Lunel et Montpellier. » (Rohan; *Mémoires*, pag. 344.) Dans cette malheureuse tentative, plus de vingt soldats de Rohan furent tués, et il y en eut autant de blessés. Parmi ceux qui perdirent la vie, il se trouvait un habitant d'Anduze, du nom de Jacquet. Il semble que l'échec de Rohan donna courage à « ceux de contraire party ». En effet, deux jours après on apprit dans Anduze que beaucoup de gens de guerre, infanterie et cavalerie, venaient de se jeter dans le château de Vézenobres; que d'autres régiments ennemis étaient logés non loin dans la campagne. Redoutant quelque surprise, le conseil, à cette nouvelle, redoubla de précautions; il fit murer deux portes de la ville, et s'assura que les fenêtres du château étaient solidement bâties dans toute leur épaisseur.

Le lendemain 22 janvier, nouvel avis. Le château de Lascours devait être attaqué la nuit même; deux exprès furent envoyés au même instant au propriétaire de ce château pour qu'il se tînt sur ses gardes. On lui conseilla de se retirer dans la partie la plus « tenable » de sa demeure, et de s'y défendre jusqu'au moment où les secours d'Anduze lui arriveraient.

Un monsieur de Pierre, qui se trouvait en ce moment auprès du seigneur de Lascours, le lendemain 23, à son tour fit savoir que la garnison catholique de Vézenobres devait tout prochainement tenter une attaque sur Alais, et qu'il était urgent d'en avertir cette ville. M. de Pierre fit savoir également que le marquis de Portes allait réunir les troupes qu'il commande à celles de M. Perault.

Le 25, autre avertissement « d'un certain personnage »,

qu'au château de Vézenobres on faisait amas d'échelles et pétards ; que M. de Portes y avait amené son régiment avec de la cavalerie ; que les ennemis projetaient quelque dessein sur Anduze, Alais ou Sauve ; que le gros des ennemis devait se faire du côté de Tornac, et qu'il fallait pourvoir à la garde de la ville et à celle du château de Sandeyran.

Ces avis étaient bien propres à donner l'éveil aux membres du conseil ; aussi décida-t-il que la garde « qui sortoit la nuit hors de la ville seroit doublée, qu'il en seroit de même de la garnison de Sandeyran ; que les consuls de Tornac, le seigneur de Marsillargues seroient exhortés à faire bonne garde ; qu'après la fermeture de la porte de la ville, il seroit publié dans tous les carrefours que les habitants tinssent leurs armes prêtes, et qu'en cas d'alarme ils se portassent en toute hâte chacun en son quartier ».

Le 2 février, le bruit se répandit que les ennemis étaient « en campagne du côté de Bagard, où ils alloient piller les meubles, enlever le bétail, et faire le ravage dans cette localité et les lieux circonvoisins ». Le Conseil expédia à l'instant trois « messages pour s'assurer de la réalité de cette attaque, et, si elle estoit réelle, on prendroit des mesures pour l'arrester » (fol. 197).

Le 7 du même mois, les habitants de Cardet firent prévenir la ville d'Anduze que la garnison de Vézenobres devait ce jour-là même venir ravager leur village, ainsi que ceux de Massanes et Cassagnoles. Ils demandaient d'envoyer sans délai cent ou deux cents hommes d'armes, en attendant qu'ils eussent opéré leur déménagement.

11 février. Les habitants de Ribaute craignaient que les ennemis ne vinssent leur enlever leur cloche. Ils désiraient la

faire apporter à Anduze, et l'y laisser sous la garde des habitants ; mais il y avait à craindre qu'elle ne fût enlevée en route par les ennemis. Le Conseil décida qu'on leur enverrait un nombre suffisant de soldats pour escorter cette cloche, et empêcher qu'elle tombât entre les mains de ceux qui tenteraient de s'en emparer.

Ces demandes de secours pour des localités qui étaient dans le voisinage d'Anduze, ces avis mystérieux mais « certains » qu'on projetait une surprise sur Anduze, les soupçons que l'on avait des trames secrètes du baron contre la ville, étaient bien propres à inspirer des craintes aux habitants ; aussi le Conseil, voulant donner raison aux plaintes qui lui étaient adressées sur la négligence avec laquelle on montait la garde pendant le jour, à la porte de la ville, ordonna-t-il « que le capitaine de ronde resteroit tout le jour au corps de garde, avec tous les hommes placés sous son commandement ; que la sentinelle placée hors des barrières arrêteroit tous les étrangers entrant dans la ville, et les interrogeroit sur les motifs qui les amenoient dans Anduze, et que tous les délinquants seroient punis d'une amende de douze sols à chaque manquement ».

Les craintes inspirées aux populations de la Gardonenque par la garnison de Vézenobres firent concevoir le projet au sieur de Mormoyrac d'attaquer cette place. Le 4 février, les consuls d'Anduze se présentèrent devant le Conseil de direction, et lui annoncèrent « que le sieur de Mormoyrac désiroit faire sortir de la ville les compagnies de son régiment qui y étoient en cantonnement ». Il s'était concerté avec le baron d'Alais pour la poursuite d'un « certain dessein qu'ils avoient arresté pour le bien du party ». Il demandait en outre que l'on voulût bien permettre également la sortie à ceux des habitants qui auraient la volonté de se joindre à eux, et que, si tel était le bon plaisir de l'assemblée, elle voulût bien élire le capitaine chargé de commander les habitants qui feraient partie de cette expédition. Le Conseil, qui n'ignorait pas le but que l'on se proposait, s'empressa d'autoriser « la sortie des habitants », et pour leur conduite, il élut le capitaine Jean Teissier. Il ordonna en outre que, dès la fermeture de la porte de la ville, « il seroit fait un ban de tambour par la ville, à ce que ceux qui seroient en volonté faire la dite sortie se rendissent chez le capitaine Jean Teissier. »

Les dispositions furent prises en conséquence, le jour opportun fut attendu, et l'affaire fut engagée le 16 du même mois; mais elle fut malheureuse pour les protestants. Au dire de Dom Vaissette (tom. V, pag. 560), « le baron de Perault attaqua, à la tête de son régiment, un corps de 600 hommes de pied du parti de Rohan, des régiments de Mormoyrac, du baron d'Alais, de Roques, et de Gasques, qui étoient arrivés à Vézenobres avec cent gens d'armes, après avoir pillé et brûlé le bourg de Deaux, à un quart de lieue de Vézenobres. Mormoyrac qui commandoit ce corps fut tué avec trois officiers et deux cents soldats; tous les autres furent poursuivis jusqu'à Alais. » Quelle défaite, si elle fut telle que les auteurs catholiques la rapportent! Comme elle dut attrister douloureusement la population d'Anduze et toutes les communautés protestantes assises sur les bords du Gardon!

V.

Rohan en fut sans nul doute péniblement affecté. Tout en ce moment tournait à mal pour lui et pour la cause réformée: Richelieu poursuivait son plan, qui consistait à bloquer entièrement La Rochelle. Depuis plusieurs mois, il avait commencé d'entourer cette ville, du côté de la terre, par une triple ligne de circonvallation, et du côté de la mer il faisait activer la fameuse digue, ouvrage gigantesque, qui suffirait à elle seule pour immortaliser son nom, et qui devait enlever aux vaisseaux Rochellois la faculté de sortir des ports, et à ceux des Anglais la possibilité d'y entrer. En même temps, le duc de Rohan, comme il le dit lui-même dans ses Mémoires, « étoit pressé de deux côtés, à savoir, du haut Languedoc et du Vivarais. Au premier étoit le prince de Condé, qui, se préparant à attaquer le pays par la force, ne laissoit de tascher à ébranler, par ses pratiques, les villes qui s'étoient rangées du parti des réformés; si bien que la présence du duc de Rohan avec ses troupes y étoit fort nécessaire. D'autre côté, le Vivarais, depuis le passage du prince, étoit en piteux état, le haut Vivarais perdu, et ce qu'il tenoit sur le Rhône. Outre cela, le duc de Ventadour en ses terres, et Mazargues en celles de sa femme, usoient de grandes cruautés et violences contre les réformés, prenant leurs biens et les contraignant à coups de bâton et d'étrivières d'aller à la messe; tellement qu'il venoit des dépêches et des depputés, coup sur coup, pour requérir le duc de Rohan et toutes ses forces, afin de les remettre un peu au large; autrement qu'ils étoient contraints de se rendre à quelque condition que ce fut... » (*Mém.*, pag. 345.)

En conséquence de ces mauvaises nouvelles, Rohan décida de se rendre dans le Vivarais. « Il lève quatre mille hommes de pied, et près de deux cents maîtres. Avant que de partir, il fait démanteler Saint-Geniez et autres lieux clos dans le diocèse d'Uzès, le long du Gardon, afin qu'en son absence les catholiques romains ne les prissent et n'empeschassent, avec de petites garnisons, les contributions de toute cette campagne, qui est pleine de bons villages, et n'incommodassent le passage du bas Languedoc aux Cévennes ; puis fit résoudre aux susdites provinces de ne prêter l'oreille à aucun traité particulier, ains lui renvoyer le tout, comme de sa part il promit le semblable, et de n'y consentir jamais qu'avec eux, les autres provinces, La Rochelle et le roi de la Grande-Bretagne.

» Après avoir donné cet ordre, il se rend à la ville d'Alès au commencement de mars avec toutes ses troupes, où il fut persécuté des habitants d'icelle et de celle d'Anduze jusqu'à sédition, d'employer ses forces prendre Vézenobres et Monts qui les incommodoient ; mais s'étant démelé de cette importunité, il passa outre. » (Rohan ; *Mém.*, pag. 347.)

Il se rendit à Nimes, où il prit ses mesures pour son expédition dans le Vivarais. Il n'était pas encore parti le 10 mars, car ce jour-là il écrivit une lettre datée de Nimes, dans laquelle il demandait aux consuls d'Anduze « de regarder où son canon pourroit passer, pour aller de ceste ville à la ville d'Alès, et qu'on eut soin de faire accommoder les chemins ; il annonçoit que son armée devoit passer par ces quartiers, qu'on eut soin de faire des pains de munition jusqu'au nombre de dix mille livres de pain, et qu'ayant quelque dessein en passant pour le bien de cette ville et de celle d'Alès, il falloit qu'elles nourrissent la dite armée, et qu'elles fournissent de poudre, plomb et mesches » (fol. 223).

Trois jours après, une seconde lettre émanant de la même source arrivait aux consuls d'Anduze. Rohan écrivait « qu'il désiroit que le petit canon marchât, et il prioit qu'on le fit conduire le lendemain jusqu'à Bagard ; que ceux (les canons) pour venir de Nismes ne sont pas suffisamment *accommodés*, qu'il seroit nécessaire d'y pourvoir ; que son armée doit passer dans ces quartiers suyvant sa précédente lettre, mais qu'elle ne peut passer que par Anduze, attendu l'inondation de la rivière du Gardon; qu'il est également nécessaire d'y pourvoir à la nourriture et au logement des compagnies de la dite armée au moment de son passage » (fol. 226).

Les demandes de Rohan étaient des ordres pour Anduze. Le canon fut mis en état de marcher, les chemins furent arrangés, la viguerie convoquée, afin de pourvoir à la nourriture de l'armée qui allait arriver, et celle-ci put suivre l'itinéraire tracé par son général.

En route, Rohan prit successivement le château de Brousson, Tirargues, Saint-Jean-de-Marvéjols, Salavas, Vallon, la tour de Moulins, Chomerac, et il arriva au Poûzin, dont il s'empara facilement, et où il s'établit après l'avoir fait fortifier. Ces châteaux-forts ne s'étaient rendus qu'après avoir été battus par le canon, et après que les mines avaient ouvert des brèches suffisantes. Il avait donc fallu brûler beaucoup de poudre, et les approvisionnements de Rohan avaient été bientôt épuisés. Il le reconnaît lui-même dans ses Mémoires. Mais il savait où en prendre; il n'ignorait pas que la ville d'Anduze en était pourvue, et il ne manqua pas de lui en demander; le 26 mars, il écrivit aux consuls pour réclamer « que la présante ville fournisse la quantité de cinquante boulets du petit canon, dix quintals de bonne poudre, qu'on les lui envoie promptement, et qu'on prenne l'occasion de joindre la dite munition avec les munitions qui viennent de Nismes; de l'escorter; qu'il est de toute importance et nécessité qu'on lui fasse recouvrer les dites munitions au plus tôt; ensemble de faire des provisions de farines ».

Le Conseil de direction accorda généreusement tout ce qui

lui était demandé. Mais, ne voulant pas que ses approvisionnements fussent amoindris par l'envoi considérable qu'il allait expédier au camp de Salavas, il décida « d'emprunter 1500 livres pour remplacer les munitions envoyées à Rohan, en quantité pareille, qui seroient acheptées sans retard » (fol. 227).

Ainsi, Anduze était un des arsenaux de Rohan, comme depuis longtemps elle était une place des plus considérables pour tout le parti. Ceux de contraire religion le savaient; ils avaient toujours sur elle les yeux attentivement fixés, et ils roulaient mille projets pour s'en emparer. Mais si elle excitait la convoitise des ennemis, elle était en quelque sorte l'objet de la vigilance et de la sollicitude de tous ceux qui étaient attachés à la cause protestante.

Le 31 mars, les consuls de Nimes écrivirent « aux consuls et au consistoire d'Anduze qu'ils avoient eu deux advis réitérés que les ennemys avoient faict dessein d'entreprendre sur ceste ville, et quelque autre place de ceste province; que l'exécution doibt s'en faire promptement, et qu'on prenne garde premièrement à la présante ville, sans retarder ung moment, et qu'aussi on en donne advis à Sauve, Allès, Ganges, le Vigan, et ailleurs où il sera jugé à propos, et qu'il importe que cet advis coure promptement » (fol. 238).

Les mêmes consuls de Nimes écrivent encore à la date du 5 avril : « qu'ils ont eu advis que les ennemys continuent en leur dessein sur quelque place de ceste province, et que c'est par intelligence qu'ils ont appris que Monseigneur de Montmorency se doibt mettre à la tête de l'armée, et que la présante ville se tienne sur ses gardes » (fol. 235).

Trois jours après, le 8 avril « un certain personnage de

qualité vint en la présante ville, exprès, pour les advertir que ceux de contraire party continuent toujours en leurs desseins sur la présante ville ; qu'ils ont intelligence avec quelques habitants d'icelle ; qu'on croit qu'ils veulent exécuter par moyen de quelque mine » (fol. 237).

Ces avertissements réitérés faisaient prendre les résolutions les plus sages par les consuls et le conseil de direction. Ils décidèrent d'abord « de pourvoir à la garde des murailles et des fortifications, d'envoyer en diligence aux lieux circonvoisins de faire bonne garde, aux fins qu'en cas d'approche des ennemys les advis en soient donnés où besoing sera, mesme de se tenir prets et préparés pour donner secours à la présante ville et aultres lieux circonvoisins qui pourroient être attaqués. Neantmoings que doresnavant seroient employées des personnes à gaiges, pour se tenir dans les lieux de contraire party ou autres où besoing sera, aux fins de descouvrir les desseins des ennemys, et en donner advis. Lesquelles personnes seront payées aux despans de la présante ville, selon la prudence des consuls » (fol. 233).

Il fut décidé en outre « que la présante ville avec le lieu de Tornac ayant été cotizés pour fournir, par l'ordre establi de la milice, une compagnie de cent hommes armés et munitionnés, il étoit nécessaire de la mettre promptement sur pied, aux fins de s'en servir lorsque les occurrences s'en présenteront, vû les advis qu'on a que ceux de contraire party font de grandes levées de gens de guerre » (fol. 235).

Enfin, sur le dernier avis que les ennemis avaient des intelligences dans la place, au moyen desquelles ils pourraient faire jouer une mine et pénétrer ainsi dans la ville, il fut décidé que « les murailles seroient vérifiées, tant dedans que dehors ;

que doresnavant, pour la garde ordinaire pendant la nuit, les caporals seront changés chacune nuit qu'ils entreront en garde, pour estre les escouades commandées par ceux qui seront advisés par les dits sieurs consuls, et que les cappitaines des quartiers s'emploieront par tour, pendant le jour, à la garde ordinaire de la porte commune, pour la faire faire exactement et veiller au nécessaire » (fol. 236).

Rohan leur écrivit de son côté, à la date du 6 avril; il leur fit parvenir une lettre dans laquelle « Sa Grandeur leur annonçoit le succès qu'elle avoit obtenu touchant son voyage en la province du Vivarès, et les exhortoit qu'on advançat les fortifications de la présante ville ».

Nimes ne se lassait pas d'envoyer des avertissements. Le 15 avril, ses consuls écrivaient encore à Anduze « qu'ayant eu advis de l'approche des ennemys, estant dejà deça Montpellier en nombre de quatre mil hommes ou plus; qu'ils ont fait sortir deux canons de la dite ville de Montpellier, cela les avoit obligés d'en donner advis à Monseigneur le duc de Rohan, et envoyé la despêche par messager exprès, jusques en la présante ville, les suppliant de la faire tenir par messager exprès à mon dit seigneur » (fol. 240).

La commission fut remplie, car, au dire de Rohan « pendant le siege du Chaylar par Cheyrilles, il reçut, au Pouzin, advis de toutes parts, de la venue de Montmorency au bas Languedoc, qui assembloit toutes ses forces pour venir l'attaquer au passage, ou pour le lui boucher en prenant Barjac, ce qui le fit résoudre de ne plus différer son retour... Après avoir fait raser toutes les places qu'il avoit prises, et bien établi Chevrilles, il part de Privas le jour de Pâques » (23 avril). Auprès de Villeneuve-de-Berg, il est averti « que les ennemys paraissent avec cavalerie et infanterie ; c'étoient toutes les forces que Ventadour et Montréal avoient ramassées dans le pays. Ils avoient choisi ce lieu là, comme le plus commode pour le combattre avec avantage ; mais le duc de Montmorency se trouvant court d'un demi-jour, ils se contentèrent de faire une escarmouche ; sur quoi Rohan proposa de les pousser et forcer le village (de Saint-Germain), ce qu'il eut pu faire ; mais il en fut déconseillé, et bien à propos, sur l'appréhension que, durant le combat, le duc de Montmorency ne survint avec ses troupes fraîches ; ce qui fut advenu, car il arriva à Villeneuve deux heures après le passage de Rohan, qui se fit en bon ordre, y ayant eu quelques morts et blessés de part et d'autre. Après cela, il ne parut aucun ennemy, et étant arrivé à Lagorce, il y prit son canon, le reconduisit à Anduze, et y rafraîchit ses troupes qui en avoient bon besoin ». (pag. 353).

Anduze était donc, dans cette guerre, tout à la fois, pour Rohan, un arsenal et un lieu de rafraîchissement.

VI.

Les troupes de Rohan étaient à peine rafraîchies qu'elles reçurent l'ordre de se rendre au siége de Meyrueis. Leur chef les dirigeait vers cette ville, parce qu'elle confinait avec le haut Languedoc, menacé dans ce moment par le prince de Condé. Rohan désirait s'opposer à ce dernier, qui s'apprêtait à attaquer Réalmont ; mais il appréhendait que ses soldats ne voulussent pas s'engager dans cette expédition, arrêtés par la crainte de retrouver les mêmes souffrances qu'ils avaient endurées dans leur campagne du Vivarais. Il se borna donc à leur parler du siége de Meyrueis, où il espérait « que tout le pays accourroit, se promettant, comme il l'avoue lui-même, « que quoi qu'il arrivat, leur ayant fait faire la moitié du chemin, il auroit plus de facilité à leur faire franchir le reste. » (*Mém.*, p. 359.)

Dès que le duc de Rohan eut conçu ce projet, il donna ordre à le Fesq d'attaquer la place et de s'en emparer. Celui-ci la prit en effet, mais il ne put pas se rendre maître du château, qui est placé à pic sur un rocher escarpé. Aussitôt il envoya chercher du secours dans les Cévennes. Les consuls du Vigan furent les premiers avisés. A leur tour, ils écrivirent aux villes importantes des Cévennes, et eurent soin de ne pas oublier Anduze. Leur lettre, datée du 8 mai, contenait en substance : « que ceux de nostre party se sont saisis de la ville de Meyrueis, et qu'à cause que le chasteau tient encore, il est necessaire d'y envoyer des gens de guerre, et en donner advis aux villes et lieux circonvoisins ; et en outre, de faire tenir un paquet à Monseigneur le duc de Rohan.

» Dès que cette nouvelle fut connue, le Conseil de direction décida « que la présente ville prépareroit autant de gens de guerre que faire se pourroit, aux fins de les faire marcher au dit Meyrueis, ou aultres lieux que besoing sera, au premier advis ou mandement ; que monsieur de Brenoux sera sollicité et exhorté de partir au plus tôt avec son régiment pour se rendre au dit Meyrueis, suivant l'ordre qu'il en a de Monseigneur » (fol. 254).

Les assiégeants reçurent du renfort : mais ce n'étaient pas seulement les gens de guerre qui étaient nécessaires, il fallait, avant tout, des canons d'un plus fort calibre que ceux qu'on avait amenés. Rohan, qui s'était rendu sur les lieux, en jugea ainsi. L'artillerie de Milhau, qu'il avait été chercher lui-même, ne pouvait pas être conduite à Meyrueis, à cause de l'état des lieux ; il écrivit aussitôt à Anduze une lettre, datée de

Milhau (19 mai), dans laquelle il disait « de lui envoyer le canon de Nismes qui auroit été par lui laissé en la présante ville pour venir tost à bout du siége de Meyrueis, et le délivrer avec tous les boulets de son calibre quy sont en la dite présante ville, et tout l'attirail nécessaire au capitaine Blanc, qui a ordre pour conduire le dit canon au dit Meyrueis, et lui fournir les mules, attelages et aultres choses nécessaires, aux fins de le faire marcher nuit et jour. Et en oultre, que icelle ville et viguerie lui envoient le plus de gens de guerre que faire se pourra. »

Les consuls de Meyrueis, de leur côté, avaient écrit des lettres pour le même objet, datées du 19 du même mois.

La demande de Rohan et des consuls de Meyrueis n'était pas de facile exécution, à cette époque où les chemins étaient si mal tracés, et surtout si mal entretenus. D'Anduze à Meyrueis, il y a plus de douze lieues qu'on doit parcourir en gravissant de très-hautes montagnes, et en plongeant dans de profondes vallées. Il fallait donc beaucoup de bêtes de trait pour traîner la couleuvrine de Nîmes, beaucoup de bêtes de bât pour porter les boulets, beaucoup d'hommes pour rendre les chemins praticables et pour servir d'escorte.

Anduze ne recula pas devant ces difficultés. Dès que les lettres de Rohan et des consuls de Meyrueis eurent été communiquées au Conseil de direction et au conseil général, on délivra le canon et les boulets, on fournit les hommes nécessaires « pour accommoder les chemins et servir d'escorte ; on écrivit à la viguerie basse par homme exprès, d'envoyer des mules pour trayner le dit canon, et à toute la viguerie de mettre sur pied et faire marcher promptement aultant de gens de guerre que faire se pourroit, pour escorter et se rendre au dit Meyrueis » (fol. 255). Et cependant, en ce moment, la ville avait à faire revêtir ses bastions d'une forte muraille bâtie à chaux et à sable, de la hauteur « de vingt pans » (cinq mètres), et ce travail considérable entraînait à une dépense de « trois mil cinq cens à quatre mil livres ». Mais Anduze, qui comprenait « combien il importoit, pour servir d'exemple, qu'elle contribuât à ce coup de main de tout son pouvoir, à cause de l'importance de la place de Meyrueis, consentit sans hésitation à ce nouveau sacrifice, et acquiesça à tout ce qu'on lui demandoit » (fol. 259).

Après la demande de l'envoi du canon et des gens de guerre, vint celle de la poudre. Le 24 mai, Rohan écrivit du camp de Meyrueis, « qu'il est important et très-nécessaire de lui envoyer en toute diligence la quantité de quinze quintals de poudre, pour venir bien tost à bout du château du dit Meyrueis ».

Le Conseil accorda la poudre comme il avait accordé tout le reste. Il décida « de la faire conduire par mulatiers à louage, en toute diligence, à mon dit seigneur, à Meyrueis ». Et comme cette quantité amoindrissait l'approvisionnement de la ville, et que les « poudriers employés par la ville ne pouvoient travailler pour n'avoir du salpêtre, laquelle on ne sait d'où la prendre, d'aultant que les terres de cette ville sont épuisées, on prieroit les consuls et le conseil de direction de Nysmes de permettre l'achept et sortie de celle qui est dans la dite ville » (fol. 265).

La prise de Meyrueis, qui dans la pensée de Rohan ne devait être qu'une affaire de peu d'importance, devint un épisode considérable de cette guerre. L'arrivée des soldats venus en grand nombre au secours des assiégeants, donna l'éveil aux catholiques. Rohan « eut advis de divers endroits qu'il se faisoit un gros pour secourir Meyrueis, que tout le Larzac et le Rouergue s'y ramassoient, qu'il étoit sorti douze cents hommes de la garnison de Montpellier, et que du costé de Béziers et Gignac y venoient force gens de guerre; que le rendez-vous étoit Voïros (Vébron), à deux lieues du dit Meyrueis. » (Rohan; *Mém.*, pag. 361.)

On connaissait à Anduze l'existence de ces rassemblements de troupes, et par la rumeur publique, et par les lettres de Rohan. Celui-ci avait écrit le 26 mai, « que les ennemys faisoient des amas de gens de guerre et préparatifs, aux fins de le venir attaquer au dit Meyrueis ». Les esprits étaient donc en suspens, et les habitants attendaient avec impatience l'issue de cette affaire, qui avait pris des proportions si considérables, lorsque l'on vit arriver dans la ville « plusieurs soldats de ceux qui estoient allés au siége de Meyrueis, et qui sans aucung ordre s'en retournoient. » L'indignation fut générale; car, à cause de ce départ, « les troupes de gens de guerre qui y étoient, se pourroient trouver affaiblies, disaient les consuls d'Anduze; il étoit donc nécessaire d'y pourvoir et de l'empescher. »

On y pourvut, en effet. Le conseil décida « qu'il seroit envoyé un messager exprès au dit Meyrueis, avec lettre dressant à mon dit seigneur ou aultres que besoing sera, aux fins de savoir le subjet de la venue des dits soldats; et que ceux qui passeront par la présante ville et aultres, qui pourront être appréhendés, seront arrestés dans icelle avec leur armes, jusques à ce qu'on aura esté informé du subjet de leur venue, et des volontés de Sa Grandeur en ceste occurrence » (fol. 268).

Cette désertion trouvait dans Anduze, comme on le voit, des censeurs sévères et disposés à la réprimer rigoureusement.

Seconde édition.

Elle avait été occasionnée par le bruit qui avait couru dans l'armée de Rohan, qu'il allait la quitter « pour prendre le chemin de Castres, et qu'on préparoit un grand secours au château. Effrayés par ceste nouvelle, chacun s'étoit debandé, les habitants avoient debagagé. » Mais Rohan, qui s'était porté de Milhau à Saint-Affrique, était revenu en toute hâte, et la confiance avait de nouveau pris la place du découragement. Aussi, lorsque les catholiques, sous les ordres du baron de Puzols, lieutenant de Montmorency, vinrent attaquer au nombre de plus de deux mille hommes les retranchements dont Rohan avait en toute hâte entouré son camp, ils furent si vigoureusement reçus, la couleuvrine amenée par les habitants d'Anduzé « les salua si rudement » qu'ils remontèrent bien vite les coteaux d'où ils étaient descendus, et ne furent plus ramenés à l'attaque. Débarrassé de ces ennemis, Rohan se retourna vers le château ; il fit jouer le canon avec un tel succès, les assiégeants s'approchèrent tellement du fort, que ses défenseurs furent obligés de capituler. Leur nombre s'élevait à cent trente, et, comme ils avaient résisté pendant trois semaines, il leur fut accordé de sortir avec tous les honneurs de la guerre.

A peine les Anduziens avaient reçu la nouvelle de cette capitulation, qu'ils virent arriver dans leurs murs un député des Églises du Vivarais. Il s'appelait Église. Il se présenta devant le conseil de direction, le 30 mai, porteur de plusieurs dépêches, entre autres d'une de Rohan, qu'il avait été trouver au Vigan, après la reddition du château de Meyrueis. Celui-ci représenta « que la province du Vivarès et les Eglises qui s'y trouvent étoient assaillies par les ennemis ; que les villes de Privas et de Pouzin étoient menacées d'être investies et assiégées par les troupes de Montmorenci, au nombre de huit mille hommes et huit canons; que tout cela avoit obligé les depputés de ces Eglises de l'envoyer dans cette province des Cévennes pour y demander et obtenir un notable secours, soit de Monseigneur le duc de Rohan, soit de cette province ou de cette ville d'Anduze; qu'il s'étoit déjà adressé à Monseigneur le duc de Rohan, que Sa Grandeur avoit escript une lettre à la présante ville, au sujet du dit secours. En même temps il remit cette dépêche, ainsi que celle des depputés du Vivarès, ayant le même objet. »

La lettre de Rohan était écrite de Meyrueis, à la date du 28 mai. « Sa Grandeur exhortoit la ville d'Anduze de fournir par avance cent hommes armés et munitionnés pour un mois pour le secours du Pouzin, et se joindre avec les gens de guerre que ceux de Nismes, Uzès, Allès, Saint-Ambroix et Barjac y enverroient. La lettre des depputés des Eglises du Vivarès et de Privas, à la date du 22 du même mois, contenoit la nécessité et l'importance d'envoyer le dit secours. »

Tout cela était parfaitement vrai. Montmorency, n'ayant pu concourir à arrêter Rohan, comme nous l'avons vu plus haut, auprès de Villeneuve-de-Berg, s'était mis à guerroyer dans le Vivarais. « A la tête d'une armée puissante que le Lyonnais, le Dauphiné, le Vivarès et le bas Languedoc lui entretenoient, afin de libérer le Rhône, il avoit déjà assiégé et pris plusieurs places fortes, il battoit Mirabel, et il menaçoit Privas et le Pouzin » (fol. 270).

Le Conseil de direction adhéra à tout ce qui lui était demandé pour le Vivarais, et il se mit en mesure de le lui procurer. Il y travaillait avec diligence, secondant les consuls, lorsque Rohan lui écrivit deux nouvelles lettres datées du Vigan, l'une du 1er juin et l'autre du 3. Dans la première, il annonçait « qu'il avoit donné ordonnance pour servir de règlement touchant la levée des gens de guerre, par l'ordre de la milice, aux fins d'être suivie exactement; et la levée des gens de guerre faicte dans peu de jours pour s'opposer aux mauvais desseins de l'armée du prince de Condé; et de payer pour le passé aux capitaines de la dite milice le nombre de soldats qu'ils ont eu d'effectif, à raison de quatre sols par jour à chacun soldat durant quinze jours, qu'ils ont pris de pain de munition, et le surplus de temps qu'iceux ont servi suivant la première taxe. Et qu'il faut que les compagnies soient complètes et bien munitionnées pour pouvoir faire effort. » — Dans l'autre lettre, Rohan annonçait « qu'il avoit eu advis que Monsieur le prince de Condé avoit eu ordre du roy d'assiéger la place de Meyrueis, et qu'il est nécessaire de faire marcher en toute diligence, tant les compagnies de la milice complètes, que tout aultant d'aultres soldats capables de porter les armes qui se pourroient trouver armés et munitionnés. Et que, outre leurs armes, chaque soldat porte un pic, pelle, panier, et autres instruments pour travailler à la terre, pour se rendre au dit Meyrueis le neuvième du présant mois, où est donné le rendez-vous de toutes les troupes de ces cartiers. Et qu'on ne paie les soldats de la milice à leur départ que pour quatre jours, lesquels seront payés, et après chacun jour, pendant quinze jours pour le moins, suivant le controlle qui en sera fait par un commis qui suivra chacune compagnie, aux fins d'éviter les abus qui se sont commis jusqu'à présent » (fol. 271).

Les consuls d'Anduze cherchaient à mettre sur pied les hommes de guerre demandés pour Meyrueis, lorsqu'ils reçurent une nouvelle lettre de Rohan, écrite encore du Vigan, à la date du 7 juin. Celle-ci parlait seulement d'aller secourir la ville de Saint-Affrique; devant laquelle le prince de Condé venait de mettre le siége. Elle était adressée aux consuls, au consistoire et aux habitants de la ville et de la viguerie. « Elle ordonnoit de lui envoyer en toute diligence autant de gens de guerre qui se pourroient trouver armés et munitionnés pour secourir Saint-Affrique, qui est assiégée et battue par l'armée de M. le Prince. » Il avait écrit également au sieur de Carlincas de faire hâter l'armement et l'envoi des troupes qu'il demandait.

Le sieur de Carlincas se présenta devant le Conseil; il « représenta le besoing et l'importance de faire marcher promptement le dit secours ».

Le Conseil, obtempérant à l'ordre de Sa Grandeur, décida que « les consuls modernes assistés des capitaines de quartier, dès l'issue de la séance, marcheroient par la ville pour faire prendre aux habitants leurs armes, aux fins d'en estre choisis ceux qu'on jugeroit estre propres, suffisants et capables pour marcher, à quoi ils les contraindroient, et les habitants qui marcheroient et auroient besoing d'estre payés le seroient par les habitants qui ne marcheroient pas et qui sont bien aisés. »

Les consuls, accompagnés des capitaines de quartier, se mirent aussitôt à parcourir les rues; mais la journée s'écoula « sans avoir fait aucune levée, pour ne s'estre voulu aucun habitant s'enrôler », lorsqu'une nouvelle lettre de Rohan arriva le lendemain, écrite du Vigan. Celle-ci n'était que la répétition de la précédente: elle ajoutait seulement que la ville de Saint-Affrique « étoit battue de cinq canons ». A cette dépêche était jointe la copie d'une lettre du sieur de Saint-Étienne au sieur baron d'Aubais, son frère, sur le même sujet. Le baron de Serinhac, qui en était porteur, représenta la nécessité de secourir promptement cette place, qui autrement allait être perdue. Le Conseil se montra aussi bien disposé que la veille; et pour faciliter la levée des gens de guerre qu'il avait résolue, il décida « que jusques l'enrollement fait les botiques demeureroient fermées, comme aussi les portes communes de cette ville » (fol. 277).

Ces résolutions rigoureuses produisirent leur effet. Il y eut un tel nombre d'habitants qui partirent pour le secours de Saint-Affrique, que le surlendemain le Conseil de direction se plaignit du petit nombre de soldats auquel, depuis deux jours, les escouades de la garde de nuit étaient réduites. Mais les valeureux défenseurs de la ville assiégée n'eurent pas besoin de l'assistance qu'on leur apportait. Trois jours auparavant, c'est-à-dire le 6 juin, le prince de Condé, après avoir vu son armée repoussée dans trois assauts qu'il avait ordonnés sur deux points à la fois, avait fait retirer ses troupes, laissant devant la place 400 morts dont 40 officiers, et 300 blessés.

VII.

Malgré la levée du siège de Saint-Affrique, les affaires des protestants empiraient toujours davantage au lieu de s'améliorer. La flotte anglaise avait enfin paru sur les côtes de l'Océan, en vue de La Rochelle; mais après avoir couru des bordées pendant quelques jours, elle avait disparu le 18 mai, emportant les approvisionnements si impatiemment attendus par les malheureux assiégés. Dans La Rochelle, la famine allait toujours en augmentant, tandis que le blocus devenait de plus en plus rigoureux. En même temps, depuis la prise de Pamiers, le comté de Foix était tenu en échec par les armées catholiques; le pays Castrais souffrait des divisions qui avaient éclaté entre les chefs. La ville de Milhau se plaignait des excursions de la garnison enfermée dans Creyssels, et demandait à Rohan qu'il vînt mettre le siége devant cette place. Le Vivarais criait à l'aide, effrayé par les succès de Montmorency, qui s'était déjà rendu maître du Pouzin, de Mirabel, et menaçait Privas.

Ainsi sollicité, Rohan, qui ne pouvait suffire à tout à la fois par sa présence, envoie l'un de ses lieutenants dans le comté de Foix, un autre à Castres, et il va mettre le siége devant Vézenobres, espérant « divertir Montmorenci du Vivarais ». Dans ce coup de main, véritable surprise, Rohan obtint une complète réussite. Il faut dire aussi qu'il dut une grande partie de son succès à l'assistance qui lui vint « des communes », et en particulier de la ville d'Anduze.

Cette dernière reçut, le 16 juin, la nouvelle de la prise « du lieu de Vézénobre » qui avait eu lieu la veille. Rohan, en la lui annonçant, lui disait également « que le château tenoit encore, qu'il convenoit de le battre et avoir par le canon ». Déjà les consuls avaient expédié, la veille, les deux pièces d'artillerie, les seules qui appartinssent à la ville, avec leurs attelages, boulets et autres choses nécessaires; mais ce secours étant insuffisant, Rohan demandait qu'on lui amenât tous les canons de batterie que les villes voisines pourraient lui expédier; le Conseil décida « qu'on depputeroit un homme suffisant et capable pour s'acheminer en la ville de Nismes, aux fins de supplier les consuls, le conseil de direction et les habitants de cette ville de vouloir fournir les boulets, poudres, mesches et aultres choses nécessaires dont ils seroient requis pour le siége et prinse du dit château » (fol. 269).

Le gros canon d'Anduze avait servi à battre le château de Vézenobres; une fois le siége terminé, il importait de le retirer sans retard, car il pouvait tomber entre les mains des ennemis, s'il restait plus longtemps à Vézenobres. Dans cette appréhension, Rohan écrivit le 19 juin, et chargea de sa lettre le sieur de Brenoux. Celui-ci vint exposer devant le Conseil l'objet de sa mission. Il fut aussitôt décidé qu'on irait dans la viguerie basse faire demande de toutes les bêtes de trait nécessaires pour traîner le gros canon et le ramener dans la ville, et « qu'il seroit proclamé à voix de trompe par tous les carrefours, que tous soldats volontaires eussent à se rendre dans l'armée de Sa Grandeur sous leurs capitaines, le lendemain dès le matin » (fol. 280).

Ce nouveau secours était urgent; car Montmorency, qui était accouru du Vivarais pour porter assistance à la garnison de Vézenobres, voyant qu'il était arrivé trop tard, s'était retiré à Beaucaire, se préparant à faire le dégât dans le territoire de Nîmes et d'Uzès. Rohan s'était hâté de se rendre dans la première de ces villes, et il souhaitait vivement d'empêcher l'exécution des projets de dévastation que l'ennemi devait poursuivre. Dans ce but, il fit réquisition de tous les gens de guerre dont la contrée pouvait disposer, et, même avant d'aller à Nîmes, il écrivit à Anduze, à la date du 25 juin, une lettre portant en substance « que les villes de Nismes et d'Uzès non-seulement se trouvoient menacées, mais attaquées au dégast de leurs fruits par les ennemys, qui avoient usé d'une diligence et précipitation extrême pour assembler toutes leurs forces à poinct nommé; qu'il étoit nécessaire de mettre sur pied, à lettre vue, toutes les troupes armées et munitionnées, sans excepter personne, conduites par des chefs et officiers qui seront trouvés les plus propres, pour s'acheminer avec leurs armes et faucilles à Nismes, et s'y rendre mardi ou mercredi prochain pour le plus tard, et les faire marcher jour et nuit, et que la viguerie de la présante ville fit un bon effort ». (fol. 286).

Cette lettre était un ordre pour Anduze. Aussitôt les habitants délèguent huit d'entre eux pour aider les consuls à faire la levée demandée par Rohan. Il est décidé qu'une compagnie composée de 80 hommes, sans compter les officiers, sera envoyée à Nimes, qu'elle devra être en route au plus tard dans trois jours. On nomma le capitaine qui devait la commander. Celui-ci traita avec les consuls pour les frais de sa future compagnie, et il obtint 500 livres. Mais comme cette somme ne se trouvait pas entre les mains des consuls, on décida qu'on se la procurerait au moyen d'un emprunt.

Le projet de dévastation que Rohan prêtait à Montmorency n'était que trop réel; ce dernier rassembla une armée de plus de six mille hommes, et il alla s'établir à Marguerite, à une lieue de Nimes, seulement il ne commença le ravage qu'à une assez longue distance de cette ville et d'Uzès. De Marguerite, il se transporta à Saint-Geniez et à la Calmette; c'était le 17 juillet. L'avis en fut donné dans la nuit aux consuls d'Anduze. Ceux-ci furent avertis « que les ennemys en nombre de sept à huit mille de pied et cinq cents maistres, étoient ès lieux de la Calmette et de Saint-Geniès, où ils avoient mis le feu tant aux gerbiers qu'aux maisons, ensemble aux autres lieux circonvoisins, s'acheminant du côté d'Anduze pour en faire de mesme aux lieux de la viguerie basse d'icelle ville; ayant dessein, ainsi qu'on présuppose, d'entreprendre sur la presante ville, sur celles d'Alais et de Sauve. »

A la réception de cette missive, les consuls donnèrent avis incontinent à ces deux villes de se tenir sur leurs gardes. Ils ecrivirent « aux communaultés de la viguerie haute d'envoyer à

Anduze tous les gens de guerre capables de porter les armes, aux fins d'assister la ville d'Anduze et d'empescher tel pernicieux dessein des ennemys. » Ces premières mesures prises d'urgence, ils convoquèrent le Conseil de direction qui, approuvant la diligence des consuls, s'occupa de pourvoir à la nourriture des gens de guerre qui allaient arriver. Il leur alloua pour chaque homme « une livre pain, une feuillette vin, et un sol d'argent par repas », et il fit proclamer par tous les carrefours à son de trompe « que les habitants eussent à tenir leurs armes prettes et en estat, et que chacun eut à porter l'épée doresnavant, pendant que les ennemys seroient si proches de la ville » (fol. 298).

Ces résolutions étaient à peine prises, lorsque le Conseil reçut une lettre de Rohan écrite de Nimes à la date du 16, portant en substance « que la veille 15, samedi au soir, l'armée de Montmorency, campée à Marguerite, s'étoit rendue du côté de Saint-Geniès et de la Calmette, à dessein de ravager la campagne d'Anduze, d'Alais et de Sauve; qu'il alloit le suivre pour entreprendre sur lui, mais qu'il étoit aussi absolument nécessaire qu'on s'emploiat vigoureusement à la défense commune; que, pour cet effet, il ordonnoit d'assembler tout le peuple de la viguerie en armes et au son du tocsin, et les obliger de se rendre à Aigremont dans toute la journée de ce jour, lundi, sous la conduite de leurs consuls ou ceux qui seroient choisis; mais qu'il falloit que ce fut avec toute la diligence qui pourroit être apportée; qu'on devoit avertir les voisins afin qu'ils se missent en estat, et l'avertir de temps en temps de tout ce qui se passeroit d'important, afin qu'il y put pourvoir. »

Le Conseil, encouragé par cette lettre, « fit proclamer aussitôt, par voix de trompe, dans tous les carrefours, que tous les habitants eussent à fermer leurs botiques à l'instant même, prendre leurs armes, et se rendre au devant la maison consulaire, pour en estre choisis ceux qui pourroient marcher incontinent, avec armes et munitions de guerre, sous la conduite du sieur Brunel, vers le lieu d'Aigremont, ou ailleurs si le besoing est. Et en cas il seroit choisi plus d'une compagnie, les consuls nommeroient un autre cappitaine. Et pour que la levée des habitants fut plus tôt faite, les consuls, avec leurs armes et leurs livrées, durent aller « par la ville pour faire marcher les habitants en armes ». En même temps on fit partir à cheval des messagers vers les autres lieux de la viguerie, « pour solliciter et faire hâter les habitants à se rendre promptement à Anduze » (fol. 301).

Au son du tocsin, qui faisait entendre ses lugubres appels dans toute la viguerie, les hommes valides prirent les armes et furent dirigés vers Anduze. Le colloque de Saint-Germain envoya également les siens. Voici ceux de Saint-André, de Saint-Étienne, de Saint-Germain, de la Salle, de Saint-Jean de Gardonenque. A peine sont-ils arrivés dans la ville, qu'on les dirige vers les localités menacées de la viguerie basse. Les uns vont à Saint-Jean-de-Serres, les autres devront s'arrêter à Lézan. Ceux d'Anduze et de la viguerie basse s'étaient déjà concentrés dans Cassagnoles. C'est près de cette localité que l'armée de Montmorency devait déboucher, c'est là où il fallait concentrer le plus grand nombre de gens de guerre pour la surveiller et l'arrêter s'il était possible. Les capitaines de Clairan, de Crouzet, de Cassagnoles, Brunel, Bauniers, s'y étaient établis avec leurs compagnies, et ils attendaient. Le 18, ils écrivent au Conseil de direction d'Anduze, et lui demandent des instructions. Arrivent en même temps des lettres de Rohan qui renouvelait ses avis de la veille, et des lettres des consuls de Sauve, qui réclamaient assistance, « pour échapper aux mauvais desseins des ennemys dont leur viguerie estoit menacée ». Le Conseil ne voulut pas refuser le secours que la ville de Sauve lui demandait, mais il ne désirait pas assumer la responsabilité de dégarnir de gens de guerre la partie de sa viguerie, qui d'un moment à l'autre pouvait être envahie par l'armée de Montmorency. Il décida de laisser à la sagesse des capitaines, réunis à Cassagnoles, le soin d'examiner « s'ils pouvoient détacher de leurs troupes cent cinquante hommes pour les envoyer au secours de Sauve. S'il n'y avoit pas danger à se priver de ce nombre de soldats, qu'on les prit sur ceux du colloque de Saint-Germain, qui avoient été s'établir à Lézan. Que la viguerie d'Anduze continuat à être défendue par ses propres soldats; que les capitaines choisissent eux-mêmes les lieux où ils voudroient les faire loger; qu'on se servit d'eux pour s'assurer du château et du lieu d'Aigremont, car c'estoit une position importante qu'on ne devoit pas laisser prendre par les ennemys. La ville d'Anduze continueroit la fourniture du pain de munition pour toutes ces troupes. » Telles furent les décisions prises par le Conseil de direction. Le premier consul (le sieur Pierre de Lafarelle) « devoit se transporter à Cassagnoles et se concerter avec les officiers qui y commandoient » (fol. 304).

Tous ces gens de guerre et toutes les mesures prises ne purent empêcher le passage de l'armée des ennemis. D'après les Mémoires de Rohan (pag. 371) « Montmorenci, après être venu loger à Saint-Géniès et à la Calmette, *suit les villages du Gardon*, entre dans la Vaunage, et pour finir va loger à Bernis et à Vehas (Uchaud). En tout ce tour, qui dura six ou sept jours, il brula force bleds, et même plusieurs villages, puis retourna à Beaucaire, n'ayant entrée dans le territoire de Nismes. » Les dégâts faits dans les localités dépendant de la viguerie d'Anduze durent être considérables, car plusieurs habitants de la contrée se mirent à couper les arbres des bois dépendant du château de Sandeyran, qui appartenait à Madame de Perault « de contraire party », par représailles « du bruslement des bleds qui avoit été fait par les ennemys dans la viguerie basse, et il fallut que le 28 juillet le conseil et les consuls d'Anduze intervinssent pour arrêter ces dévastations. Rohan lui-même se crut obligé de tirer vengeance des dégâts faits par les troupes de Montmorency; il se mit à la tête de toutes les forces dont il pouvait disposer, et il alla ravager les champs appartenant aux catholiques de Beaucaire, jusqu'à une portée de mousquet des murailles de cette ville.

On ne peut se défendre d'un sentiment de profonde tristesse, à l'ouïe de pareils récits. Comment ne pas déplorer cette affreuse guerre qui obligeait les généraux en chef de lever des armées, et de marcher à leur tête uniquement pour couper des arbres et pour incendier des moissons!

VIII.

Nous venons de parler, avec la tristesse dans le cœur, des dégâts faits dans la campagne, de ravages de blés, d'incendies de maisons; il nous reste à raconter maintenant des actes de barbarie plus déplorables encore : il s'agit de pendaisons en masse dont Anduze fut à la fois et la victime et le théâtre.

Rohan, après une course productive dans la Camargue, alla, le 31 août, mettre le siége devant Creyssels, place-forte du Rouergue, à une très-petite distance de Milhau. Tandis qu'il battait en brèche cette ville, Montmorency et Condé arrivèrent avec leurs armées réunies, ce qui l'obligea de renoncer à son attaque (11 septembre). Sans perdre temps, il reprit le chemin du bas Languedoc, et se dirigea vers Aimargues, gros bourg situé dans la plaine, à une lieue de Lunel, avec l'intention d'en faire le siége. Arrivé devant cette place, il écrivit à Anduze une lettre, à la date du 20 septembre. Il demandait aux consuls de « faire advancer promptement les boulets du canon de Nismes, qu'il avoit laissés dans leur ville, de les faire marcher nuit et jour, sans arrester, jusques qu'ils seroient arrivés à Aimargues, avec la meilleure escorte qu'il seroit possible » (fol. 330).

Le Conseil de direction, avec l'approbation de l'assemblée générale des habitants, acquiesça à tout ce que Rohan demandait. Il élut en même temps un capitaine (Bernard Béchet) pour commander l'escorte, composée de soixante hommes, qui devait accompagner les boulets de canon; c'était la cotité des gens de guerre que la communauté d'Anduze devait sur la dernière levée ordonnée par Rohan dans les Cévennes. Il délivra à ce capitaine la somme de deux cents livres pour la solde de sa troupe, et à celle-ci les armes et munitions nécessaires (fol. 332). Il fournit même un attelage « pour traîner le canon de Nismes, qui avoit été laissé dans Anduze sur la demande de Rohan, arrivée quelques jours après (26 septembre). A la vue de ce canon, Aimargues se rendit (30 septembre), ainsi que plusieurs autres villages situés dans les environs de Nimes, qui étaient défendus par des garnisons catholiques.

Montmorency, apprenant la nouvelle de ces succès, quitta précipitamment le Rouergue et chercha à reprendre Aimargues, mais il ne put y parvenir. Dans son dépit, il alla mettre le siége devant Gallargues le Monteux avec quatre mille hommes d'infanterie et quatre cents chevaux. Il se trouvait en ce moment dans ce village cinq à six cents hommes de guerre, venus presque tous des Cévennes, sous le commandement d'un nommé Valescure, originaire d'Anduze, auquel Rohan avait recommandé de ne pas attendre que Montmorency vînt le bloquer, parce que la place n'avait pas de murailles assez solides pour résister au canon. A la vue de l'armée assiégeante, la garnison de Gallargues s'effraie, et le 10 octobre elle demande des secours à Rohan. Celui-ci accourt avec un corps de troupes de 2000 hommes.

Il fait prévenir les assiégés de sa présence. Il les avertit qu'une troupe de cinq cents hommes sera postée à petite distance de la place, pour les recevoir s'ils font une sortie dans la nuit, et qu'ils trouveront toute son armée pour renfort à une lieue plus loin. Ils promettent de suivre ses instructions, et cependant, au signal convenu, ils restent derrière les remparts ! Malgré les signaux qu'on leur fait, ils ne sortent pas; enfin Rohan, qui pour les sauver s'était placé dans une position périlleuse, fait retirer ses soldats, plein de colère et de dépit. Le lendemain 11 septembre, ils capitulèrent, se rendant à discrétion, à la seule condition que si Rohan, à leur demande, livrait Aimargues à Montmorency, ils auraient la vie sauve, la liberté, ainsi que leurs bagages. Valescure est aussitôt député vers le général en chef, pour lui communiquer les clauses de la capitulation; mais celui-ci, loin de lui faire bon accueil, le fait arrêter comme un traître et un lâche. Cependant il parvient à s'échapper, et il se dirige vers les Cévennes « pour émouvoir les communautés, et tascher de les soulever si l'on ne rendoit pas Aimargues. » (Mém., V, pag. 579.)

Rohan voulut prévenir les menées de Valescure. Pensant

qu'il ne manquerait pas de prendre le chemin d'Anduze, il y envoya, le jour même de sa fuite, deux députés au nom de la province du bas Languedoc, munis d'une lettre à l'adresse du Conseil de direction et du consistoire. Le 13, l'assemblée se réunit à trois heures après midi ; on y voyait comme membre du consistoire, le sieur Baille, ministre du Saint-Évangile. (Était-ce l'ancien pasteur d'Anduze, celui qui en 1603 avait été nommé pasteur à Lyon, où l'un de ses fils?) La députation était formée de Rosselet, pasteur, et de Castanet. La lettre de Rohan qu'elle présenta concernait « ce qui s'étoit passé en l'affaire du Grand-Gallargues, et tendoit à ce qu'il fut fait depputation en l'assemblée convoquée en la ville de Nismes pour pourvoir aux affaires des Églises » (fol. 338).

Les députés ajoutèrent « que Monseigneur désiroit que le sieur de Valescure, qui étoit l'ung des cappitaines commandant les gens de guerre qui estoient au dit Gallargues, et lequel se seroit évadé du dit Nismes, fut arresté en cas il passeroit par la présante ville ». L'assemblée remercia le duc de Rohan et la province du bas Languedoc du zèle qu'ils déployaient dans l'intérêt des Églises ; elle décida que la viguerie serait convoquée pour nommer les députés qui seraient envoyés à l'assemblée projetée de Nîmes, et promit « qu'en cas que le dit Valescure viendroit en la présante ville, les consuls, au nom de la communaulté, se saisiroient de sa personne, jusques qu'il ait plû à Monseigneur d'en ordonner. »

Ces protestations ne suffirent pas à Rohan. « Appréhendant quelque émotion en la province des Cévennes, y va, mène les depputés de Nismes et Uzès, fait assembler les deux provinces à Anduze, y fait résoudre qu'on ne rendroit point Aymargues, et qu'on traiteroit avec pareille rigueur tous ceux qu'on tenoit prisonniers, et qu'on pendroit à l'avenir, comme le seroient ceux de Gallargues. » (*Mém.*, pag. 381.)

Au moment où l'on prenait ces résolutions à Anduze, il y eut une vive alerte dans la ville et dans toute la contrée environnante. Il paraît que Montmorency, immédiatement après son heureux succès, s'était dirigé vers Sauve et Quissac avec l'intention de s'en emparer, de tenter même un coup de main sur Anduze, ou tout au moins de ravager la campagne. Le premier cri d'alarme fut poussé par les consuls de Sauve. Le 13, ils écrivirent à Anduze « de leur envoyer autant de gens de guerre que faire se pourra, pour les secourir et s'opposer à l'armée des ennemys, laquelle est du costé de Quissac en grand nombre. » A cette nouvelle, le Conseil fit donner avis par des *messagers exprès*, « aux lieux de la viguerie basse, avec exhortation de faire apporter promptement dans la ville d'Anduze leurs bétails, grains et meubles, aux fins que les ennemys ne s'en puissent servir, et de faire venir en cette ville autant de gens de guerre qu'ils pourront »; en même temps il députe deux de ses membres pour aller dans la viguerie haute « exhorter les communautés de faire venir promptement tout autant de gens de guerre qu'ils pourront, pour être employés à secourir tant la ville de Sauve que aultres lieux que besoing sera » (fol. 339).

Un espion que les consuls avaient envoyé pour surveiller la marche de l'armée ennemie, revint bientôt et augmenta les craintes en rapportant « que cette dernière avoit quitté la route qu'elle avoit d'abord prise du costé de Sauve, et qu'elle se dirigeoit maintenant vers la viguerie basse d'Anduze. Aussitôt le Conseil donna l'ordre à un capitaine qui était à la tête d'une troupe de volontaires, d'aller s'assurer avec sa compagnie de la route suivie par les ennemys, et de s'établir là où il jugera nécessaire » (fol. 340).

En même temps, il fut résolu que les gens de guerre qui se rendraient à Anduze seraient logés chez les habitants, car la ville était trop endettée et trop dépourvue d'argent pour les héberger dans les hôtelleries. Tandis que les consuls préparaient les billets de logement, le 16 octobre ils furent encore avisés « que l'armée de Monseigneur de Montmorency s'avançoit vers ces quartiers ». De nouveau la troupe des volontaires qui était rentrée la veille fut commandée « de s'achemyner aux lieux où besoing seroit, tant pour y faire les fonctions que son cappitaine jugeroit nécessaires que pour prendre garde de la route de l'armée ennemye, et en donner les advis nécessaires » (fol. 345).

Rohan, qui se trouvait en ce moment dans la ville d'Anduze, comme nous l'avons déjà dit, déclara qu'il « avoit fait dessein d'aller attaquer les troupes ennemyes qui étoient du costé de Quissac, et manda à tous les lieux circonvoisins de lui envoyer autant de gens de guerre qu'ils pourroient pour l'accompagner. » Il manifesta également le désir que les habitants d'Anduze l'accompagnassent aussi avec l'un de leurs consuls, et que « la communaulté lui fournit les munitions nécessaires ». Aussitôt le Conseil fit proclamer à son de trompe par les carrefours de la ville « que tous les habitants eussent à prendre les armes promptement, pour qu'on choisit ceux d'entr'eux qui seroient jugés propres et capables d'accompagner mon dit seigneur, sous la conduite de ceux qui seroient advisés, lorsqu'ils commenceroient de marcher aux champs » (fol. 346).

C'était le 19 octobre. Les Anduziens prennent les armes, les voisins accourent, un corps de troupes se forme; mais, soit que l'expédition projetée contre Montmorency n'ait pas eu lieu, soit qu'elle ait été bientôt terminée, une autre fut décidée quelques jours après contre le château de Monts. Ce village, situé à deux lieues d'Alais, derrière Vézenobres, sur un mamelon, était alors occupé par une garnison catholique qui depuis quelque temps inquiétait les communautés protestantes du voisinage. Il y avait donc urgence à l'empêcher de nuire. En outre, il importait à Rohan d'y faire des prisonniers, afin d'arrêter par la menace des représailles les mauvais traitements que le prince de Condé réservait, disait-on, aux prisonniers de Gallargues. Ayant donc sous la main les soldats réunis pour s'opposer à Montmorency, Rohan les emmena au nombre de deux mille, et il alla attaquer le château de Monts. « Il fut cinq jours devant, dit-il dans ses *Mémoires* (p. 382), parce que les pluies continuelles empeschèrent le plus gros canon d'Anduze, trois jours entiers, d'y arriver. Mais, si d'un côté le mauvais temps lui nuisoit, de l'autre il le favorisa, en ce qu'ayant fait grossir les deux Gardons, quatre ou cinq régiments qui n'étoient, par le droit chemin, qu'à une journée de lui, ne pouvant plus passer les dites rivières que sur un pont, il leur falloit faire quatre ou cinq journées ; et afin d'allonger encore plus leur chemin, il fit enfoncer tous les bacs et bateaux, et garder le port de Saint-Nicolas ; si bien que, sans nulle crainte, dès que son canon fut arrivé, il battit le château et mit les assiégés, au nombre de cent cinquante, en si mauvais termes, qu'ils se rendirent aux conditions de subir les mêmes peines que l'on feroit souffrir aux prisonniers de Gallargues ».

Il les fit conduire immédiatement à Anduze ; le plus grand nombre d'entre eux étaient déjà arrivés le 31 octobre, et on les avait enfermés provisoirement dans une tour qui manquait de couvert. Voyant qu'on leur en expédiait huit autres, dont « six chefs et deux prêtres », les consuls convoquèrent le même jour les membres du conseil de direction, et leur demandèrent de prendre une décision au sujet du logement de ces prisonniers.

Le Conseil décida « que ceux qui étoient en la tour de Veirac y seroient gardés jusque qu'il ait plu à Monseigneur d'en ordonner, auxquels seroient fournis des perches et des peaux pour faire un couvert en la dite tour, et se garantir, l'hors des pluies, de l'injure d'icelles, et que ceux qui avoient esté conduits cejourd'hui seroient mis dans la chambre basse du château vieux de la présante ville pour y estre gardés » (fol. 356).

Malgré les précautions prises pour les mettre à l'abri des intempéries de la saison, les malheureux prisonniers souffraient beaucoup dans ces lieux où, sans distinction de rang, ils avaient été enfermés pêle mêle. — Rohan en fut averti, et, obéissant à un sentiment d'humanité, il écrivit d'Alais, le 1er novembre, « qu'ayant ouy dire que les chefs et officiers des prisonniers de Monts étoient dans les prisons d'Anduze conjointement avec les soldats, où ils étoient avec beaucoup d'incommodités, il seroit bien aize qu'on sortit les chefs et officiers des prisons pour les mettre en quelque aultre lieu sûr; d'aultant que pourvu qu'ils soient bien gardés et ne s'évadent, il n'y a point de mal de les traiter doucement, et cela fera du bien à ceux qu'on nous détient ». Aussitôt les ordres de Rohan furent exécutés ; sur la décision du Conseil, les chefs et les officiers furent sortis de la prison où ils étaient, changés dans la chambre basse du château neuf du seigneur baron, et placés sous la surveillance des habitants, qui « devoient les garder par tour ». Quant aux autres prisonniers, ils furent laissés dans la tour de Veirac

« sous la surveillance des premiers gardiens qu'on leur avoit
donnés, et dont on augmenteroit le nombre s'il en estoit besoing » (fol. 357).

Dès que Rohan eut ces malheureux à sa discrétion, il se
hâta d'en proposer l'échange au prince de Condé, donnant à
comprendre qu'il infligerait aux prisonniers de Monts le même
traitement qu'on ferait subir à ceux de Gallargues. Mais Condé,
qui était dans l'intention d'envoyer ces derniers à la potence,
se montra impitoyable. Il s'autorisa des ordres venus de la
Cour, à laquelle, dit-on, il avait tenu cachée la prise de Monts,
et il ordonna que tous les chefs de la garnison de Gallargues
fussent attachés au gibet. « On prit jour au 3 novembre, dit
un auteur contemporain, pour cette exécution, qui eut lieu à
Montpellier, où tous ces prisonniers avoient été conduits, et
l'on choisit l'île dite des Barrières, hors la porte de la Sau-
nerie, dans le même lieu où la nouvelle église de Saint-Denis a
été bâtie. Là, sur trois rangées de gros soliveaux soutenus par
des piliers droits qui tenoient toute la largeur de l'aire, on expédia ces misérables, qui donnoient un spectacle bien touchant,
mais particulièrement le fils de M. Laroque, gentilhomme des
Cévennes (de La Salle), âgé de 14 ou 15 ans, qui fut obligé
d'assister au supplice de son père. »

La nouvelle de cette exécution en masse arriva le lendemain
4 novembre, dans la ville d'Anduze. Au lieu d'y produire la
terreur, comme le prince de Condé s'y attendait, elle n'inspira
que l'indignation et le désir de la vengeance. Les consuls se
hâtèrent de convoquer le conseil de direction, auquel M. de Lafarelle, premier consul, annonça « qu'ils venoient de recevoir
nouvelle touchant la cruauté et barbarie qui fut exercée le jour
de hier à Montpellier contre les prisonniers de Gallargues, tous

les chefs et officiers qu'on a fait pendre, excepté tant seulement dix, qui ont été reservés ; laquelle nouvelle les a obligés d'assembler le présent conseil pour délibérer ce qu'on doibt faire en ceste triste occurrence. » En même temps il communiqua des lettres missives qui lui avaient été écrites par les dix chefs prisonniers qui avaient été réservés, et par d'autres personnes. Que de larmes durent couler des yeux des membres du Conseil à l'ouïe de ces lettres ! les unes contenant les recommandations des victimes allant à la mort, leurs prières, leurs adieux à leurs camarades avant de s'en séparer pour toujours ; les autres donnant des détails navrants sur cette horrible exécution ! Que d'exécrations contre Condé ne durent pas sortir de leurs bouches crispées par la colère ! Que de vœux de représailles contre les malheureux prisonniers de Monts ! Ces infortunés en éprouvèrent bientôt les terribles effets. Immédiatement, le premier consul fut envoyé vers le duc de Rohan « pour le supplier au nom de la communaulté de vouloir apporter en cette occurrence les remèdes que sa prudence jugeroit nécessaires ». En même temps il fut décidé « que les prisonniers seroient restreints, et estroitement, mesme que ceux qui étoient dans le château du baron seroient changés en une autre part plus assurée ; que les autres seroient liés avec des cordes pour empescher qu'ils s'évadent ; qu'il seroit faite exacte garde par tous les lieux où les prisonniers étoient enfermés ; qu'à cet effet seroient employés, nuit et jour, sept hommes à la tour de Veirac, autres huit au château, oultre ceux qui y sont déjà mis pour la surveillance, et même un plus grand nombre s'il estoit jugé nécessaire, jusques après avoir receu les avis et ordres de Monseigneur » (fol. 358).

L'ordre que l'on attendait de Rohan, que le premier consul avait été chargé d'aller demander, c'était celui de dresser la potence, d'y attacher les malheureux prisonniers de Monts. Se repaître de l'agonie de ces infortunés était le seul dédommagement capable de calmer l'indignation des habitants d'Anduze. OEil pour œil, dent pour dent! voilà l'unique maxime qu'ils voulussent écouter en ce moment ; et pourtant elle est énergiquement flétrie par Jésus-Christ dans cet Évangile qu'ils connaissaient si bien et pour lequel ils se montraient disposés à tout sacrifier. Tant il est vrai que la vengeance aveugle les hommes et leur fait oublier jusqu'aux principes dont ils se sont proclamés les défenseurs !

Ce fut au tour de Condé de chercher à arracher les prisonniers de Monts à la vengeance des Cévenols et de leur chef. Le 4 novembre, il écrivit de Béziers à Rohan une lettre pleine de hauteur, dans laquelle il lui disait entre autres : »... Outre Savignac que je tiens, et trente autres avec lui ès prisons de Toulouse, les prisonniers de Traquet et Montpellier, et tous autres pris et à prendre, souffriront le même traitement que vous ferez souffrir à ceux que vous tenez ; et tous les huguenots du royaume, les ministres et officiers non exempts, le même que vous ferez recevoir aux catholiques qui sont en votre puissance dans les villes que vous occupez ; tenez-le très-assuré. »

Mais le ton fier et menaçant de Condé n'intimida pas Rohan... Il lui répondit d'Alais, le 6 novembre : « ..... Vous faites mourir les prisonniers de Gallargues, je vous imite en faisant le semblable de ceux que j'ai pris à Monts : je crois que ce jeu nuira plus aux vôtres qu'aux nôtres, parce qu'ils doivent plus craindre la mort, puisqu'ils sont incertains de leur salut. Vous me faites commencer un métier contre mon naturel, mais je penserois être cruel à mes soldats si je ne leur immolois des victimes.... » (Rohan ; *Mém.* pag. 384.)

Et ces victimes, il les désigna, il donna la liste des prisonniers qu'il voulait faire exécuter au sieur Carrive, lieutenant du prévôt, qui arriva dans Anduze le 7 novembre ; celui-ci exhiba l'ordre de Rohan lui enjoignant de faire cette exécution dans la ville, et il demanda main-forte. Une telle demande était sage, car il était à craindre que des désordres n'éclatassent à cause « du grand nombre d'estrangers qui se trouvoient dans Anduze », attirés sans doute par le désir d'assister à cet horrible spectacle. Ni les consuls, ni le conseil de direction ne voulurent accepter la responsabilité des mesures à prendre. On en appela au conseil général de la communauté, qui décida « que l'exécution seroit faite, pour les chefs dans la ville, et pour les autres hors d'icelle. Que l'hors des dites exécutions tous les habitants seroient obligés de prendre les armes pour la garde de la ville, et empescher qu'il n'arrivat quelque surprise ni désordre. Qu'il seroit également pourveu à la garde extraordinaire de la montagne de Saint-Julien ; que le tout seroit remis à la prudence des consuls. Néanmoins, attendu qu'il y avoit grand nombre d'estrangers dans la ville, qu'il seroit crié et proclamé à voix de trompe par tous les carrefours que les estrangers eussent à poser leurs armes et espées incontinent, avec inhibition et deffense de les reprendre jusque la dite exécution faite, à peine de la prison et aultres punitions que de droit ». (fol. 361).

Pourquoi ces défenses et ces précautions ? Pourquoi cette garde plus nombreuse que d'habitude, qui devait s'aller poster sur la crête de la montagne de Saint-Julien ? Craignait-on que, mettant à profit la confusion qui régnait dans Anduze, les ennemis fissent quelque tentative pour s'emparer de la ville ? Nous ne saurions affirmer le contraire ; car, en ces temps de surprise et de trahison, tout était à prévoir parce que tout était à appréhender. Avait-on peur que les nombreux étrangers accourus de près et de loin, tous protestants, tous remplis d'indignation à cause de l'exécution des prisonniers de Gallargues, se jetassent sur les prisonniers et les missent en pièces ? Nous voudrions protester contre cette appréhension ; mais nous ne l'osons pas, car l'exaspération devait être extrême au milieu de ces étrangers dont chacun comptait des amis et des parents parmi les victimes de la cruauté de Condé.

Quelle que soit la cause à laquelle se rattachaient les mesures de précaution arrêtées par l'assemblée générale de la communauté, elles furent scrupuleusement exécutées. Le lendemain, 8 novembre, c'était un mercredi, un jour de marché ; les Anduziens sous les armes se rendirent aux postes qui leur avaient été assignés. Les uns allèrent s'établir dans le corps-de-garde de Saint-Julien, les autres à la seule porte de ville laissée ouverte, le plus grand nombre devant les prisons où se trouvaient les condamnés. Une potence était élevée hors des murs de la ville, d'après la décision prise la veille par le conseil général. Elle ressemblait probablement à celle qui avait été dressée à Montpellier pour les prisonniers de Gallargues. C'étaient deux ou trois longues poutres très-solides posées horizontalement sur des piliers en pierre. Placées à deux mètres au plus de distance les unes des autres, des cordes étaient attachées, flottant au vent, en attendant qu'elles servissent d'instrument de mort.

Une foule immense attendait les malheureux condamnés. Enfin, ils parurent étroitement garottés, venant de la tour de Veirac, accompagnés d'une escorte nombreuse d'Anduziens armés de piques ou d'arquebuses. Je me plais à penser qu'à la vue de ces infortunés, pâles, abattus, les yeux noyés dans les pleurs, la pitié l'emporta sur la colère, et que l'émotion finit par gagner cette foule attirée par le ressentiment. Je me plais à croire que les nombreux assistants s'imposèrent à eux-mêmes le silence du respect à la vue de ces condamnés qui marchaient à la mort, et qu'ils ne les accompagnèrent pas de leurs huées et de leurs outrages. Je me plais à croire qu'ils ne battirent pas des mains à mesure qu'ils les voyaient attachés à la corde fatale, ni qu'ils ne firent pas entendre des rires hideux, au spectacle des contorsions de ces malheureux et des convulsions horribles de leur agonie. Sans doute le cœur des spectateurs était ulcéré, car dans chacun de ces condamnés ils voyaient un ennemi; mais ces ennemis étaient néanmoins des compatriotes avec lequels ils avaient plusieurs fois trafiqué dans les foires et sur les marchés : c'étaient des ennemis sans doute, mais pour lequels Jésus-Christ avait recommandé d'avoir de l'amour et des prières! Oui, je crois que la soif de la vengeance cessa dans leur cœur dès qu'ils virent les condamnés menés à la potence, et qu'ils respectèrent leur abattement en présence du gibet.

L'agonie de ces infortunés fut horriblement longue, et dut être pour eux plus douloureuse que le supplice lui-même. En effet, ils étaient près de cinquante-six qui allaient recevoir la mort; ils ne pouvaient être suppliciés que l'un après l'autre. Or, quelque expéditif et agile que fût le bourreau, avant qu'il eût hissé chacun de ces malheureux au haut de l'échelle fatale, avant qu'il lui eût passé le lacet autour du cou, qu'il l'eût lancé dans l'espace, qu'il eût accéléré la strangulation par de violentes secousses, il mettait au moins cinq minutes à chaque pendaison. Cinq minutes! mais les condamnés étaient, avons-nous dit, au nombre de cinquante-six, et par conséquent l'exécution totale dut exiger plus de cinq heures ! Et pendant ces cinq heures, les derniers attendirent que leur tour arrivât; ils virent malgré eux les apprêts et les suites horribles du supplice de leurs compagnons d'infortune ! Quelle torture pour chacun de ces infortunés avant que le moment de recevoir la mort fût arrivé pour lui !

Mais lorsque ces cinquante-six furent suspendus à la potence, tout n'était pas fini. Il fallait encore procéder à l'exécution des condamnés renfermés dans la salle basse du château du baron. Leur supplice fut renvoyé au lendemain. Ils étaient beaucoup moins nombreux que ceux de la veille; on en comptait huit au plus. On procéda à leur pendaison avec le même appareil que pour leurs camarades. Suivant la décision du conseil général, ils devaient être exécutés dans la ville, et par conséquent la potence fut dressée sur la place du marché, probablement au même endroit où avait été allumé le bûcher sur lequel périt Claude Rozier, le premier martyr à Anduze de la foi protestante. Nous nous plaisons à croire que les étrangers qui assistèrent à leur supplice étaient en nombre beaucoup moins considérable qu'à l'exécution de la veille. Le spectacle des cinquante-six premiers pendus avait dû satisfaire leur vengeance et leur curiosité. Quant à nous, la triste fin de tant de malheureux excite tout à la fois notre pitié et notre indignation. Nous exécrons ces hécatombes de créatures humaines, immolées à l'esprit de représailles. Nous proclamons à haute voix qu'à nos yeux ce sont tout autant de monstruosités qui s'élèvent en témoignage accusateur, et contre les temps qui les ont produites, et contre les chefs qui les ont ordonnées, et contre ceux qui, les ayant désirées, sont venus en repaître leurs yeux, pour donner à leur colère un apaisement et une satisfaction !

IX.

L'avant-veille du jour que le château de Monts tombait entre les mains de Rohan, La Rochelle se rendait à Louis XIII. Cette ville héroïque capitula le 28 octobre 1628. Depuis un an, étroitement bloquée, ravagée par la famine, elle avait refusé de se soumettre, soutenue par l'espérance que la flotte anglaise viendrait briser la barrière qui lui interdisait l'accès de la mer, et la ravitaillerait. Cette flotte était bien arrivée le 30 septembre; mais ses premières tentatives n'ayant pu réussir à entamer la digue, les habitants de La Rochelle avaient bientôt jugé qu'ils ne devaient plus compter sur elle, et ils ouvrirent leurs portes, « n'ayant plus d'herbe à manger sur leurs contrescarpes, comme Richelieu le reconnaît dans ses Mémoires, de cuirs de bœuf, ni de cheval, de courroies, de bottes, de souliers, de ceintures, de pendants d'épée, de pochettes dont ils avoient fait des gelées avec de la cassonnade, et des bouillies sucrées qu'ils faisoient pour se nourrir. » (*Mémoires* de Rich., collect. Petitot, 2e série, tom. 24, pag. 169.)

La prise de La Rochelle fut un coup mortel pour les protestants. Ils le sentirent tous ; aussi se montrèrent-ils disposés à entrer en négociation pour faire la paix. Au milieu de cette défaillance générale, Rohan ne perdit pas courage. Il avait entamé des pourparlers avec le gouvernement espagnol, qui lui avait promis des subsides considérables ; et comptant sur ce secours, aussi bien que sur l'assistance du duc de Savoie, il espérait pouvoir tenir tête aux généraux de Louis XIII, qui allait avoir encore sur les bras les forces réunies d'une puissante coalition.

Dans cet espoir, il réunit à Nimes l'assemblée du bas Languedoc, à qui il fit partager sa confiance, et dont il obtint le renouvellement du serment de l'union. Immédiatement il l'amena à Anduze, où les députés des Cévennes vinrent le joindre. Dans cette assemblée, le serment d'union fut renouvelé, et l'ordre donné « que chacune Eglise de la province en feroit de mesme ». Celle d'Anduze ne manqua pas de se conformer à cette décision. « Le 10 décembre, dans le temple, à l'issue de la prédication du matin,... l'acte du serment d'union ayant esté leu, en présence des sieurs magistrats, consuls, consistoire et habitants de la ville d'Anduze, iceux l'ont juré solennellement et promis l'observer la main levée en hault » (fol. 367).

Toutes les Églises de la province en firent autant, et Rohan, rassuré de ce côté, se hâta de se rendre à Castres pour apaiser les divisions qui y étaient survenues. Il convoqua immédiatement les colloques de l'Albigeois, du Lauraguais, pourvut de vivres et de munitions les villes de Castres, de Réalmont, de Saint-Amand et plusieurs autres qu'il avait reprises, leur imposa des gouverneurs qui lui étaient dévoués, et vint tenir à Nimes l'assemblée générale des Églises, qu'il y avait convoquées pour les derniers jours de janvier 1629. Trompant les espérances de ceux qui en attendaient la résolution de conclure la paix, cette assemblée se prononça énergiquement pour la continuation de la guerre, et approuva une levée de quatre mille hommes et une imposition de quarante mille livres sur le bas Languedoc et sur les Cévennes. Cet armement et ces subsides considérables devaient servir, dans la pensée de Rohan, à défendre la province du Vivarais, qui redoutait de tomber entre les mains des soldats de Louis XIII. Ceux-ci venaient du siége de La Rochelle, et ils étaient dirigès, en passant par l'Auvergne et le Vivarais, vers le Dauphiné, où ils devaient joindre le roi, qui allait porter la guerre dans le Piémont.

L'entreprise du roi obtint une complète réussite : Louis XIII, se plaçant à la tête de ses troupes, en plein hiver, au milieu des neiges, s'empara le 7 mars du Pas-de-Suze, qui semblait imprenable. Le duc de Savoie demanda aussitôt la paix, et la campagne que Richelieu avait préparée contre l'Italie se trouva terminée au début par un heureux coup de main (11 mars 1629).

Depuis le renouvellement du serment de l'union jusqu'au moment où Louis XIII forçait son ennemi le duc de Savoie à traiter une alliance avec lui, la ville d'Anduze n'était pas restée inactive. Au contraire, à mesure que la cause protestante courait de plus grands périls, elle redoublait d'activité, de sacrifices et d'efforts. Dès le lendemain de cette prestation solennelle de serment, le 11 décembre, sur le simple avis « que les troupes des ennemys *agrossissoient* (sic) près de Saint-Hippolyte, et qu'ils avoient dessein sur la dite présante ville ou sur celle d'Allès », les consuls s'empressèrent « de faire faire bonne et exacte garde pour empescher qu'il n'arrive aulcune surprise, et à ces fins firent crier et proclamer par tous les carrefours, que tous les habitants eussent à faire la garde ordinaire lorsqu'ils y seroient commandés, et tenir leurs armes prestes et préparées en cas d'alarme » (fol. 368).

Le bruit d'une prochaine attaque, loin de s'affaiblir, avait été en se fortifiant. Le 14 du même mois, d'après un avis certain adressé aux consuls d'Anduze, « l'armée des ennemys composée de cinq cens maistres et de six mille hommes de pied s'approchoit du costé du lieu de Saint-Hippolyte, partie en estant déjà logée au lieu de Pompignan, a dessein de forcer le dit lieu de Saint-Hippolyte, ou aultre des Sevennes, et après ravager la viguerie basse d'Anduze, et se saisir du lieu de Lézan ou autres ». Aussitôt les consuls et le Conseil de direction envoyèrent des messagers, et même des membres de cette dernière assemblée, pour réitérer aux gentilshommes et aux habitants les exhortations qui leur avoient été ci-devant faites de faire apporter en diligence leurs blés, grains et meubles en la ville d'Anduze, conformément à l'ordonnance du duc de Rohan sur ce sujet, pour empescher que les ennemys ne s'en servent et les ravagent, avec intimation qu'en cas ils ne le feroient, on les tiendroit pour complices des ennemys, et déserteurs de l'union des Eglises, et comme tels leur seroit couru sus; » les députés devaient « particulièrement avertir les habitants du lieu de Lézan de prendre bien garde à eux, et en cas ne pourroient garder le dit lieu, d'ouvrir les murailles, afin que les ennemys venant à les forcer ne s'y puissent fortifier et arrester » (fol. 370).

Les habitants de Saint-Hippolyte ne se bornèrent pas à donner des avis sur l'approche et les projets des ennemis. Se voyant menacés, ils demandèrent du secours, le 15 décembre. Ils avaient confié leur lettre à un capitaine que le conseil provincial, encore siégeant à Anduze, avait envoyé « pour savoir au vray l'estat du lieu qui estoit menacé d'être attaqué, et pour apprendre quel estoit celui dont l'armée estoit le plus proche. » Ce capitaine, qui était allé jusqu'à Saint-Hippolyte, fit son rapport, et aussitôt, sur l'invitation du Conseil, « le tambour battit dans les rues, le crieur public advertit les habitants qu'ils eussent à fermer leurs boutiques et à se porter avec leurs armes sur la place devant la maison consulaire». Les consuls se mirent à parcourir la ville, et les « cappitaines furent exhortés à se vouloir employer en cette occurrence, soit en y allant eux-mêmes, soit en employant leurs amys et leurs soldats. Promesse fut faite à tous les habitants qui iroient au secours de Saint-Hippolyte qu'ils pourroient aller disner ou boire avant leur départ aux despens de la communaulté, qu'ils auroient aussi le disner et le souper à leur retour. Il devait leur être bailhé, au départ, poudre, mesches, balles pour s'en servir au besoing. En outre, il fut envoyé une charge de munitions de guerre, pour la leur distribuer. »

Quelques jours après, le 31 décembre, Anduze alla beaucoup plus loin dans ses sacrifices. La population entière, réunie en assemblée générale, jugeant nécessaire « la création de magasins de munitions de bouche et de guerre pour la conservation de la ville au service du roy, comme aussi la continuation des fortifications », décida qu'il serait emprunté par les consuls, au nom de la communauté, la somme de TRENTE MILLE LIVRES (plus de cent cinquante mille francs de notre monnaie) à intérêts honnêtes (huit pour cent au moins), « des personnes qui en voudroient faire le pret; pouvoir estoit donné aux consuls de passer les obligations, pour l'assurance du payement; d'obliger les biens de la communaulté et *des particuliers*, *ensemble leurs personnes propres* solidairement ». Les munitions devaient demeurer dans la maison consulaire. La même assemblée nomma, séance tenante, les députés « chargés de l'achat du bled, des châtaignes, des munitions de guerre. » (*Regist.* de 1629, fol. 48.)

Les députés chargés de ces divers achats se mirent immédiatement à l'œuvre; tandis qu'ils allaient et venaient dans la contrée, la communauté décida d'augmenter le nombre de ses

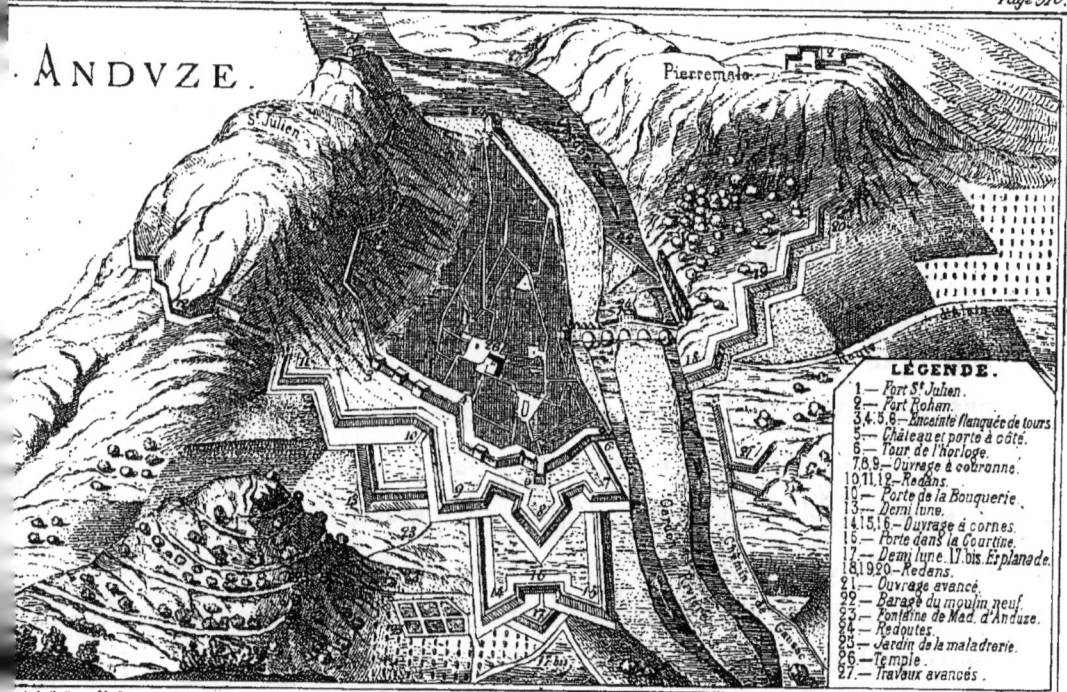

canons; elle en avait déjà deux de calibre différent, sans compter ses fauconneaux; il lui en fallait davantage, d'autant plus que Monseigneur le duc de Rohan, par une ordonnance, lui en avait donné le commandement. D'après une décision prise le 9 janvier 1629, on devait faire fabriquer des canons d'un calibre pareil à celui « du petit canon d'Alès, et on les ferait fondre dans cette ville, puisque ses consuls offraient généreusement l'usage de leurs fourneaux » (fol. 51).

Les travaux des fortifications reçurent une impulsion nouvelle et vigoureuse. Sous la direction de l'ingénieur Maltrait, on assigna le 12 janvier, à chaque communauté de la viguerie, la portion « du bastiment » des bastions qu'elle était obligée de faire. — Le Conseil décida l'établissement d'une esplanade qui devait occuper une grande étendue au-devant des fortifications les plus avancées. On obligea chaque habitant de la ville à se pourvoir d'une quantité déterminée de poudre; on dressa un « despartement des matériaux » que chaque habitant devait fournir pour la fabrication des canons (fol. 61); on fit monter les fauconneaux (fol. 66). Sur le désir exprimé par le duc de Rohan, la communauté entière, réunie en assemblée générale le 4 février, délibéra que l'on construirait un fort sur la montagne de Pierremale, « pour deffendre la tenaille qui avoit esté faite sous icelle montagne » (fol. 71).

Le 13 mars, le conseil de ville envoya à Alais, d'après une lettre de Rohan, le petit canon avec son attelage, et cinquante boulets, sous l'escorte de plusieurs soldats. Cette pièce d'artillerie devait servir au siège de Portes, qui avait été commencé par Saint-André de Montbrun.

Le 22 du même mois, une autre demande fut adressée aux consuls par Rohan. Il s'agissait maintenant d'une compagnie de soldats qu'il fallait faire partir en diligence pour aller joindre l'armée du sieur de Montbrun.—Le conseil arrêta « qu'il se feroit une bonne troupe sous la conduite de monsieur de Brenoux, et qu'elle seroit armée et munitionnée » (fol. 86).

Le 23, le conseil général ordonna « que les habitans seroient rangés en douze compagnies, ayant chacune son cappitaine, et immédiatement il fut procédé à la nomination de ces chefs » (fol. 87).

Comme on le voit, les habitants d'Anduze, pressentant le péril qui les menaçait, s'organisaient toujours davantage pour la défense de leur ville. Ils voyaient déjà descendre des Alpes l'armée royale qui allait fondre sur eux, et malheureusement ils ne se trompaient pas dans leurs prévisions. Louis XIII, fier de son triomphe récent, se proposait d'attaquer les protestants du Midi, et il était bien décidé à les réduire pour toujours à l'impuissance de prendre les armes contre son autorité.

X.

Avant de commencer cette campagne, qui devait être si désastreuse pour la cause protestante, Louis XIII avait donné à Montmorency l'ordre d'attaquer Soyon dans le Vivarais, et il avait envoyé le duc d'Estrées faire le dégât autour de Nimes à la tête d'une armée de six mille hommes; de son côté, il se préparait à faire le siége de Privas. Rohan était ainsi menacé sur tous les points. Cependant il ne considérait pas encore sa cause comme entièrement désespérée: il comptait sur la rupture prochaine de la paix récemment conclue entre la France et la Savoie; il espérait que l'Angleterre le soutiendrait de son assistance, et il attendait les subsides que l'Espagne lui venait de promettre par un traité secret en date du 4 mai; mais comme il ne savait comment faire subsister ses troupes, il proposa à la ville de Sauve de faire le siége de Corcone et de la délivrer ainsi de la garnison de cette place qui l'inquiétait sans cesse. Son offre ayant été agréée, il fit approcher ses troupes, et le siége commença incontinent. Il lui fallait un canon et des boulets, et c'est à la ville d'Anduze qu'il les demanda. Le 4 mai, le jour même de son accord avec l'Espagne, il adressa aux consuls d'Anduze « l'ordre de bailher au sieur Boissonnet le petit canon de cette ville avec cinquante boulets et son attelage, pour affaire important au bien du publicq, et le faire escorter par quatre compagnies » (fol. 101).

Le lendemain, nouvelle lettre; elle avait été écrite le matin même de ce jour. Elle contenait l'ordre « d'envoyer encore trente boulets pour le siége de Corcone » (fol. 101).

Autre lettre du 10 pour qu'on expédiât sans retard des munitions de guerre et de bouche.

Le canon et les boulets d'Anduze remplirent parfaitement leur office. Rohan reconnaît dans ses Mémoires que les défenses de Corcone furent abattues; mais que lorsqu'il fallut « monter à l'assaut, les échelles se trouvèrent trop courtes ». Il en faisait préparer de plus longues, quand il apprit l'arrivée du maréchal d'Estrées avec six mille hommes de pied et quatre cents maîtres. Il leva aussitôt le siége, et fit retirer son armée dans Sauve. De là, il envoya promptement chercher du renfort à Uzès, à Nimes, à Saint-Hippolyte, à Anduze, et il se mit en mesure d'attaquer l'armée ennemie. Mais il n'eut pas le temps de prendre l'offensive; il fut prévenu par le marquis d'Estrées, et son armée se trouva tellement serrée de près dans Calvisson, qu'elle fut obligée de capituler. Il avoue lui-même que dans cette affaire, « peu s'en fallut qu'il ne reçût un échec qui pouvoit entraîner sa ruine et celle de son party. »(*Mém.*, pag. 415.)

Comme la capitulation portait que les troupes de Rohan enfermées dans Calvisson se retireraient dans les Cévennes, la ville d'Anduze dut en loger plus qu'elle ne pouvait en recevoir. Le 15 mai, trois jours après l'affaire malheureuse de Calvisson, elle vit paraître, avec ordre de les loger « les compagnies des sieurs Quiloy, de la Serres et Davin ». Elle les héberga, leur « bailla le couvert, pain et vin, mais pour une nuit seulement », parce que déjà elle regorgeait de gens de guerre qui étaient arrivés les jours précédents (fol. 103).

Dans le même temps, le roi Louis XIII mettait le siége devant Privas avec dix mille hommes de troupes de pied et six cents chevaux (17 mai). En prévoyance de ce siége, Rohan avait envoyé Saint-André de Montbrun à la tête de cinq cents hommes et de quelques maîtres, pour porter secours à la population de Privas. Celle-ci était animée d'un grand courage, et elle était soutenue par un corps de milice de la province du Vivarais. Aussi les troupes du roi qui avaient été chargées de faire les approches de la place furent repoussées vigoureusement et elles perdirent deux maréchaux de camp. Mais après que Richelieu eut amené au roi des renforts considérables, et que les défenses extérieures eurent été prises d'assaut, les habitants demandèrent à capituler; le roi le leur refusa. Alors, se voyant obligés de se rendre à discrétion, et craignant d'être traités avec la plus grande sévérité, ils pratiquèrent une ouverture dans la muraille, pendant la nuit du 27 au 28 mai, et ils se sauvèrent dans les montagnes. Le reste des habitants et des soldats allèrent chercher un refuge dans un fort bâti sur une montagne appelée Montolon, qui s'élève à la sortie de la ville, et qui la domine. Aussitôt l'armée royale se précipite dans Privas qu'elle saccage, elle entoure le Montolon, et menace de prendre le fort de vive force. Saint-André de Montbrun sort de la citadelle pour demander à capituler, il est fait prisonnier. On l'envoie avec une escorte en vue de ses compagnons, afin de les engager à se rendre à discrétion. Ils y consentirent ; mais tandis que les pourparlers étaient engagés, et que déjà des soldats de l'armée royale étaient entrés dans le fort pour s'accorder sur la reddition, voilà qu'une explosion terrible de poudre se fit entendre dans la citadelle. De part et d'autre on s'effraie et l'on crie à la trahison. Les assiégés sautèrent du haut des remparts, et furent taillés en pièces par les soldats du roi, qui croyaient qu'on avait fait périr par cette explosion ceux d'entre eux qui se trouvaient déjà dans l'intérieur de la place. Le reste des assiégés qui ne périrent pas par le feu furent attachés au gibet (29 mai). Il en périt ainsi plusieurs centaines. Le roi, qui voulait imprimer une grande terreur dans la contrée par le traitement infligé à Privas, ne se contenta pas du pillage, de l'incendie de cette ville, de la mort de tous ceux des habitants qui lui tombèrent sous la main ; par une ordonnance publiée dans les premiers jours de juin, il déclara confisqués à son profit tous les biens des habitants qui s'étaient trouvés dans Privas pendant le siège ; il défendit sous les peines les plus expresses, à peine de vie, à toutes personnes, de quelque condition qu'elles fussent, d'habiter dans cette ville sans son expresse permission.

La nouvelle de la prise de Privas se répandit dans la contrée avec la rapidité de l'étincelle électrique, et fortifia dans leurs résolutions ceux qui étaient portés à faire leur soumission. La ville d'Anduze comptait dans son sein quelques-uns de ces hommes, et probablement de ce nombre se trouvaient les membres du corps consulaire et du conseil de direction. Aussi, le même jour de l'entrée du roi dans Privas (29 mai), des députés de l'assemblée générale s'étant présentés pour communiquer au conseil général de la communauté « quelque chose, disaient-ils, d'important pour le bien public, le Conseil voulut préalablement recevoir communication de ce qu'ils venoient proposer à la population entière, afin de s'y préparer »; mais, sur le refus des députés, la convocation demandée dut avoir lieu, et les trois ordres ayant été réunis (magistrats, tiers-état, consistoire) (29 mai), Messieurs de Gasques, Desmarres, Dupuy et de Lafarelle, dirent que, suivant la charge à eux donnée, ils étoient venus pour advertir la ville d'Anduze de toutes les affaires générales et importantes que l'assemblée générale a gérées despuis qu'elle est sur pied, et particulièrement sur les traités de paix de laquelle des personnes privées ont voulu s'ingérer de parler, les uns sans en faire les ouvertures à Monseigneur le duc de Rohan et à Messieurs de l'assemblée, pour, sous le nom de paix, tascher de débaucher de l'union des Eglises quelque ville considérable, et à ce défaut une province entière; bref, de parler de paix pour toutes les Eglises, à la charge de n'y comprendre le sérénissime roy de la Grande-Bretagne ni Monseigneur de Soubise; et les autres s'étant présentés à mon dit seigneur le duc de Rohan et à l'assemblée, auroient déclaré qu'ils y venoient sans charge, et ne croyant obtenir les passeports qui leur étoient demandés, tant pour aller trouver Sa Majesté que mon dit seigneur de Soubise. Et d'aultant que mon dit seigneur le duc de Rohan et l'assemblée n'ont d'autre but ni desir que de voir les Eglises en une bonne et seure paix sous le bénéfice des édits du roy, et qu'ils n'ont jamais refusé d'en parler, ni prendre les expédients qui leur pouvoient être présentés ; et que jusqu'à présent ceux qui se sont meslés de tels négoces ne l'ont fait qu'à la sollicitation des ennemys qui artificient et font courir ces bruits pour semer la division parmi les Eglises, s'estant adressés à la ville de Montauban, puis à celle de Castres, et encore qui auroient renvoyé ces personnages à mon dit seigneur et à l'assemblée, ont requis la compagnie de délibérer si, approuvant les délibérations de la dite assemblée générale, et se soumettant à icelles pour vivre dans l'union qui doibt être inviolable, elle entend traiter de paix particulière, et ouyr parler sans le déférer à la dite assemblée qui a toujours offert d'embrasser tous les expédients plausibles. »

« La compagnie fut unanime à louer et approuver le procédé des députés de l'assemblée générale et de Monseigneur le duc de Rohan ; elle les remercia des soins et travaux qu'ils prenoient pour assurer une bonne paix ; elle les pria de les continuer, en leur faisant la promesse de souscrire et de se soumettre entièrement à leurs conclusions et deslibérations ; et de vivre et de mourir dans l'union qui avoit été ci-devant jurée et réitérée ; et en cas qu'il y eut quelque expédient de paix qui viendroit à la notice du corps des habitants ou de l'un d'eux, elle s'engagea à le rapporter à l'instant au duc de Rohan et à l'assemblée générale » (fol. 110).

Ces paroles étaient bonnes, ces résolutions étaient sages ; mais pour y rester fidèle, que de fermeté, que d'abnégation, que d'héroïsme ne fallait-il pas déployer !

XI.

La nouvelle de la prise de Privas arriva dans Anduze le 31 mai. Aussitôt les consuls convoquèrent le Conseil, lui rapportèrent ce qu'ils venaient d'apprendre, lui exposèrent que les ennemis s'approchaient, et lui demandèrent d'aviser « sur les moyens de la deffensive ». L'assemblée ne fut pas abattue. Loin de perdre courage et de proposer de se soumettre, elle donna ordre aux consuls « d'achepter des moulins à bras et aultres provisions. » Il décida que « l'on feroit de la farine, que l'on créeroit de nouveaux greniers. » Il députa un de ses membres à Alais « pour y achepter du charbon, y prendre les boulets qui avoient été déjà donnés à priffait, en commander vingt aultres, et réclamer l'attelage de canon qui y avoit été laissé en dépôt. » Il décida de faire garnir les fauconneaux « de tous leurs ferrements », d'écrire à Monseigneur le duc de Rohan pour qu'il fît venir le petit canon qui avait été laissé à Sauve. Il chargea le député qui va se rendre à Alais pour l'achat du charbon, de dire « aux Messieurs d'Alais que la ville d'Anduze les secourrait de tout son possible. »

Le lendemain, 1er juin, le Conseil se préoccupa de la nécessité « de parachever le travail des fortifications, et des expédients auxquels il convenoit d'avoir recours pour avancer la besogne qui restoit à faire pour le terrassement, jusques à ce que les contrescarpes fussent marquées et qu'on put les bailher à portion. » Après mûres réflexions, il fut ordonné « que les boutiques seroient fermées et que tout autre travail cesseroit. Tous les habitants et aultres personnes indifféremment seroient obligés et contraints de travailler par tous quartiers, les pauvres seroient en quelque façon soulagés et payés par ceux qui seroient cotizés. On nomma quatre Messieurs pour aider les consuls, dont un, le premier, M. de Brenoux, étoit en prison, à faire les choses qui sont en grand nombre. On élut ensuite un conseil de direction composé de quarante membres. »

Le lendemain, 2 juin, il fut répondu par un refus aux consuls de Saint-Ambroix, qui avaient demandé de leur envoyer « dix ou douze quintals mesches et aultant de poudre ».

Les consuls furent autorisés à acheter « jusques à trois cents charges d'ays (d'ails), à faire la visite dans les boutiques des revendeurs, et à acheter de poudre, mesche, soufre, plomb, à prix raisonnable, et les bailher aux habitants qui n'ont pas leur provision. »

Le fondeur de canons devait être employé à faire des grenades et autres engins de guerre.

L'escouade chargée de garder le quartier du bout du Pont devait s'établir, la nuit, dans le fort de Pierremale, et les habitants du village de Boisset seraient contraints d'y faire la garde.

On ordonna aux *rentiers* qui étaient logés dans l'hôtel de Ville, qu'ils eussent à vider les *appartements* qu'ils occupaient, afin d'éviter qu'ils ne missent feu, et que les approvisionnements entassés dans les divers magasins ne fussent consumés par l'incendie.

Défense fut faite aux cabaretiers « de recevoir les habitants et de leur donner des vivres, à peine aux contrevenants de l'amende, tant contre eux que contre les habitants, et plus grande contre les consuls et assesseurs et députés du conseil de révision. »

Il fut décidé que « visite seroit faite par la ville de tous les étrangers pour savoir d'où ils sont, s'ils sont utiles ou inutiles, et n'ont pour vivre ; qu'il seroit prohibé à voix de trompe, à tous les habitants, de recevoir aucun estranger sans la permission des consuls, et aux habitants de les dénoncer. »

Il fut enfin ordonné « que le tambour battroit la garde, et que les consuls des lieux de la viguerie seroient priés de faire savoir le nombre de gens (de guerre) qu'ils pouvoient promettre » (fol. 114).

Deux jours après, le 4 juin, Louis XIII quittait Privas, accompagné de son armée et précédé par la terreur. A son approche, Lagorce, La Bastide, Vagnas, Salavas, le Pont de l'Arc, Vallon, Barjac, firent leur soumission.

Le 7, Saint-Ambroix capitula.

Le 9, l'armée royale se présenta devant Alais, où elle avait reçu ordre de se réunir.

Le duc de Rohan, de son côté, avait donné rendez-vous aux milices des Cévennes pour le même jour, dans cette même ville d'Alais.

Il était à Nimes au moment de la prise de Privas. Prévoyant la marche que Louis XIII allait suivre, il visita rapidement Uzès, Alais, et vint s'établir dans Anduze.

A peine y fut-il arrivé, qu'il adressa aux consuls et consistoires des communautés des Cévennes, l'appel le plus chaleureux et le plus pressant.

« Messieurs, leur écrit-il, j'ai différé jusqu'à maintenant de mettre votre province en armes, ne voulant vous obliger à cet effort qu'à l'extrême nécessité ; mais à cette heure que le roy tourne tout droit à nous et qu'il témoigne que c'est votre province qu'il veult premièrement attaquer, et que les ennemys menacent d'y exercer, s'ils avoient de l'avantage sur nous, toutes les cruautés dont ils sont capables ; que, même les avis que j'ai receus portent : que le roy est arrivé à Barjac, où il prépare le gros de son armée pour fondre sur vous, j'ai cru qu'il ne falloit plus user de remise ; c'est pourquoi je vous convie à armer tous sans délai à votre propre deffense, tout autant que vous êtes de gens capables de porter les armes, et qui avez à cœur la conservation de l'Eglise de Dieu. C'est maintenant que je connoistrai ceux qui affectionnent le salut public et qui sont de mes amis. Si nous sommes aussi lestes qu'il faut, nous les arrêterons à la porte, et rendrons leur entreprise si difficile et perilleuse qu'ils ne gagneront rien sur nous, s'il plaît à Dieu, et penseront de nous laisser en repos. Je seroi à votre tête, et vous feroi connoistre, par les faits, le désir que j'ai de vous conserver. Il ne faut pas attendre de rechange ; car le besoin ne sauroit estre plus pressant. Il faut que ce qu'il y a de vigoureux accoure à moi, et voie que celui-là sera, ou lache et méchant, qui manquera à une aussi importante occasion. Il s'agit de votre vie et de votre liberté à jamais. Au nom de Dieu, faites connoistre que vous estes désireux de maintenir les choses qui vous sont les plus précieuses, et lesquelles, une fois perdues, nous ne retrouverons plus. Le rendez-vous est à Alais. Il faut que les gens de guerre s'y rendent armés et munitionnés ; marchez jour et nuit. Sur ce, je prie Dieu, Messieurs, qu'il vous tienne en sa sainte garde.

» D'Anduze, ce 6 juin 1629.

» Votre très-affectionné à vous servir,

» *Signé*, H. de Rohan. »

Cet appel ne fit pas retentir en vain les échos des Cévennes ; plusieurs vigueries de la province envoyèrent leurs gens de guerre, qui entrèrent successivement dans Alais et en augmentèrent la garnison. Ces renforts étaient nécessaires, car sans eux la population, effrayée et sollicitée secrètement à capituler, aurait songé dès le premier jour du siége à faire sa soumission. Mais rassurée par Rohan, qui était venu d'Anduze pour lui faire prendre courage, elle se décida à tenir tête à l'ennemi, sur la promesse que tous les jours il lui arriverait de nouvelles troupes avec les munitions de guerre qui lui seraient nécessaires. Rohan tint parole ; adressant aux communautés d'incessants appels, il leur écrivait à la date du 12 :

« Il est ordonné aux consuls et aux habitans de... d'envoyer et faire rendre en cette ville (d'Anduze), demain mercredi matin, tous les gens de guerre du dit lieu capables de porter les armes, et à ce les refusans seront tous contraints par toutes voies et rigueurs, emprisonnement de personnes et bruslement de maisons ; et seront les consuls responsables des manquemens, s'il y en a, en leur propre et privé nom.

» Fait à Anduze, le 12 juin 1629.
» *Signé* H. de ROHAN. »

Plusieurs contingents arrivèrent, et le 15, dans la nuit, Rohan essaya de les faire entrer dans Alais ; mais ils en furent empêchés par le cardinal de Richelieu, qui, d'après ses Mémoires (Coll. Petit., tom. IV, pag. 444), « ayant eu quelque advis, dans la nuit, de l'arrivée de ce renfort, monta à cheval avec trois cents chevaux, y accourut, les chargea, et les fit retirer avec peu de perte, à cause des ténèbres de la nuit; quelques soldats qui y furent faits prisonniers furent pendus. »

L'insuccès de cette réussite, loin de refroidir le zèle de Rohan, ne fit que l'enflammer : à peine le secours envoyé à Alais fut-il rentré dans Anduze, qu'il fit partir l'ordre suivant :

« Henry, duc de Rohan, etc.; à vous, Monsieur de Parafort, salut. Attendu les delaiement et retardement que plusieurs communaultés ont porté d'envoyer en diligence tous leurs gens de guerre en ceste ville d'Anduze, pour nous opposer aux desseins et efforts de nos ennemys pour la deffense et conservation des Eglises de ceste province, nous vous avons commis et depputé, commettons et depputons par ces présantes pour vous transporter au plustôt es villes et lieux, paroisses et communaultés de la dite province des Sevennes que besoin sera, pour en notre nom et hautorité enjoindre à tous expressement, *à peine de la vie*, aux consuls et habitants des villes et communaultés, de prendre les hommes et se rendre promptement en ceste ville, les faisant marcher jour et nuit; à quoi tous refusants et delayants seront constraingtz par toutes actes et voies d'hostilité, enlevement des personnes, ravages des meubles, et bruslement de maisons; et de ce faire, donnons tout pouvoir et commission, et de constraindre par moyens de rigueur tous ceux qui estant venus s'en seroient retournés, enjoignant aux consuls et communaultés de donner logement et nourriture au dit sieur de Parafort et aux gardes qui l'accompagnent, tant d'y allant et séjournant que s'en retournant; mandons à tous ces dits gens de guerre, magistrats, consuls, soldats de nos gardes et aultres de prester ayde et main-forte à l'exécution des présantes, sous peine de désobeissance et d'estre responsables des manquements et retardements, en leur propre et privé nom.

»Donné à Anduze, ce seiziesme juin 1629.

»*Signé*, H. de ROHAN. » (*Archives de Monoblet*).

La population d'Alais n'attendit pas l'arrivée des renforts retardataires que le sieur de Parafort devait lui recruter. L'ordre de Rohan était daté du 16, et la capitulation de la ville eut lieu le 17. Elle se fit à la condition que les 2,500 hommes de guerre qui s'y trouvaient en sortiraient, avec promesse qu'ils ne porteraient plus les armes contre le roi.

XII.

Ces troupes se retirèrent dans Anduze, où probablement elles auraient oublié l'engagement qu'elles venaient de prendre, si l'armée royale était venue attaquer cette ville. Mais il était difficile de l'investir, tant à cause de sa position que de ses travaux de défense. En effet, les montagnes qui l'avoisinent et qui s'étendent au loin la mettaient à l'abri des dangers d'un blocus.

Mais si elle ne pouvait être bloquée, il était facile de s'en approcher et de l'attaquer sur quatre points différents.

La défense avait reconnu la facilité de ces approches et de ces attaques; aussi y avait-elle suffisamment pourvu. Contre un ennemi qui serait venu du côté du nord, on avait établi un corps-de-garde et une puissante redoute sur la crête de Saint-Julien (n° 1)[1]; de ce point élevé, une seule pièce d'artillerie pouvait arrêter les colonnes d'attaque. En supposant que celles-ci eussent pu arriver sous le canon de Saint-Julien, elles seraient venues se briser contre les parois gigantesques de granit qui se dressent à droite et à gauche de l'entrée de la gorge. Et en admettant qu'elles eussent pu se loger au pied de ces formidables rochers, elles auraient été arrêtées par les travaux de défense protégeant les portes des deux chemins qui, du côté du nord, donnent entrée dans la ville (n°s 24, 27).

La place était également abordable du côté du levant. En mettant son artillerie en batterie, une armée venant d'Alais pouvait tirer à coup sûr sur les maisons de la ville qui, s'é-

---

[1] Voyez le plan des fortifications de la ville d'Anduze.

levant en amphithéâtre, regardent toutes vers le soleil levant. Mais Rohan avait fait construire un fort sur Pierremale (n° 2), destiné à empêcher, de ce côté, l'approche de l'ennemi. Ce fort était relié avec le bas de la montagne par un travail à tenailles appelé redan (n°s 18, 19, 20), qui se soudait à une redoute élevée sur la rive gauche de la rivière, au-dessous du pont, lequel était également fortifié. De sorte que si le canon de Pierremale ne pouvait pas arrêter l'armée venant du côté d'Alais, celui de la redoute (n°s 24, 21) devait l'empêcher d'établir son artillerie en face de la ville. Et, dans la supposition que celle-ci lancerait des projectiles sur la place, la plus grande partie des maisons étaient protégées contre les boulets par une puissante courtine qui s'élevait sur la rive droite de la rivière et servait de bouclier à la ville.

Du côté du couchant, l'ennemi aurait pu gravir le flanc, à pente facile, de Saint-Julien, et, une fois maître du plateau de cette montagne, il se serait abattu sur la ville comme un vautour s'abat sur un agneau sans défense. Mais une forte barrière avait été construite pour empêcher une pareille attaque. Le pied de la montagne était entouré d'une muraille épaisse, couronnée de corps-de-garde d'où les assiégés pouvaient tenir les ennemis à distance (n°s 11, 12). Ensuite venaient des redans (n°s 9, 10) pareils à ceux de Pierremale, qui se rattachaient, d'un côté à cette ceinture, et de l'autre aux bastions (n° 9)....
Après cette première enceinte, on en rencontrait une seconde (n°s 3, 4, 5, 6) qui montait au haut de la montagne et fermait l'entrée du plateau. Enfin, si l'ennemi parvenait à forcer toutes ces barrières, il se trouvait en face de l'artillerie de la redoute de Saint-Julien, qui le foudroyait, et des assiégés qui, portés en masse sur ce plateau, le précipitaient du haut des rochers,

Ces trois premières attaques étaient peu probables, à cause de la difficulté de faire avancer le canon dans les quartiers voisins de la ville, fortement ravinés et hérissés de rochers et de mamelons. L'approche de la place n'était possible, et par conséquent redoutable, que du côté du midi, parce que les avenues suivant le Gardon sont en plaine et permettaient de faire avancer l'artillerie. Mais aussi c'était sur ce point que la défense avait multiplié ses moyens de résistance.

D'abord, en aval de la ville, à une distance de trois kilomètres, on avait élevé les retranchements dont nous avons parlé à la page 353, qui, s'appuyant d'un côté contre la montagne de Sandeyran, et de l'autre contre les rochers de Paulhan, pouvaient arrêter l'ennemi pendant quelques jours.

Cette première barrière enlevée, l'ennemi arrivant devant la ville d'Anduze, à trois cents mètres de la place devait rencontrer une esplanade (n° 17 *bis*), où il se voyait exposé aux boulets des assiégés. Après l'esplanade, s'élevait une demi-lune (n° 17) qui défendait l'approche d'un travail à corne (n°s 14, 15, 16) placé en arrière, et dont elle était séparée par un fossé large et profond.

Le travail à corne, qui était casematé, protégeait à son tour un travail à couronne (n°s 7, 8, 9), composé de trois forts bastions portant chacun un nom différent. Celui qui est désigné par le n° 7 s'appelait le bastion de la Tour, le n° 8 le bastion du Château, le n° 9 le bastion de la Bouquerie; ce dernier était, en outre, défendu par le bastion dit des Cordeliers. Entre ces fortifications et le travail à couronne, s'ouvrait encore un fossé aussi profond et aussi large que le premier. Derrière les bastions, encore un fossé, appelé fossé de la Ville, et enfin en arrière l'ancienne enceinte, celle qui datait du moyen-âge, qui était solidement bâtie, crénelée et couronnée par des tours, ou rondes ou carrées. Ces fortifications extérieures avaient quatre mètres de hauteur, avec un puissant revêtement en pierres de taille, et elles étaient également défendues par des contrescarpes. Les fossés, larges de douze mètres, étaient remplis d'une eau qui se renouvelait sans cesse en coulant d'une source (n° 26) dont on avait détourné le cours.

L'artillerie de la place, suffisante pour l'époque, était composée de six canons dont une couleuvrine de fort calibre, et de plusieurs petits canons appelés fauconneaux.

Dans la ville, de forts approvisionnements d'armes ou de munitions de guerre et de bouche ; une garnison de trois mille soldats, tous aguerris et armés de piques ou d'arquebuses.

En possession de toutes ces ressources, Rohan aurait pu tenir longtemps contre l'ennemi. Il est permis de présumer que Louis XIII, déjà ennuyé de sa longue campagne, effrayé à la pensée de la peste qui menaçait son armée, aurait été pressé d'en finir avec le siège d'Anduze, et se serait montré de facile composition pour arriver à un traité de paix. Malheureusement les circonstances présentes ne permettaient pas au chef des protestants de s'enfermer résolûment dans cette place et d'y attendre l'armée royale de pied ferme. Toutes les communautés de la contrée étaient fatiguées, épuisées, effrayées. Elles étaient travaillées par des agents secrets qui, faisant briller à leurs yeux l'espérance d'une paix avantageuse, les encourageaient à faire avec le roi des traités particuliers. Sauve voulait ouvrir ses portes aux ennemis. La Salle convoquait les communes voisines et décidait avec elles de députer vers Louis XIII. D'un autre côté, « les provinces du haut Languedoc, Foix, Montauban et Rouergue, lui demandoient des hommes et de l'ar-

Seconde édition.

gent.... » Il pouvait même appréhender, s'il faut se fier à son dire, « que le peuple d'Anduze ne prit des résolutions très-dangereuses contre lui; qu'on le connoissoit assez séditieux pour cela, et qu'il y avoit de mauvais esprits dedans; bref, qu'en une telle extremité ils étoient capables de le livrer. Il se disoit donc que, s'il demeuroit dans Anduze, il y attiroit le siége, et ne la jugeoit suffisante de le souffrir longuement. Si le roi appréhendoit de s'y embarquer, tout le pays se rendroit, et chaque communaulté ayant fait sa paix, Anduze demeureroit seule. Il jugea qu'il falloit promptement se resoudre à prendre le parti le moins ruineux, et qu'une paix générale, quelque désavantageuse qu'elle put être, étoit meilleure qu'une dissipation des édits qui s'ensuivroit immédiatement, si chaque communaulté faisoit sa paix en particulier. » (*Mém.*, p. 431.)

« Pour y parvenir, il convoqua une assemblée à Anduze de toutes les communaultés des Sevennes, et il envoia chercher Candiac (seigneur de Saint-Veran), conseiller en la chambre du Languedoc », à qui il écrivit la lettre suivante: « Monsieur de Candiac est prié, de la part de M. de Rohan, de prendre la peine d'aller devant M. le Cardinal pour lui dire qu'il veut tesmoigner qu'il est bon François, et que s'il plait à Sa Majesté d'accorder des passeports en blanc pour faire venir les personnes nécessaires qui sont à Nismes pour traiter de la paix, je me promets que sy on ne nous veult pousser tout à fait jusques au bout, nous la verrons réussir.... »

Richelieu ne fut pas fâché de voir arriver à lui le mandataire de Rohan. A l'en croire cependant, il était presque asssuré d'entrer dans Anduze par la trahison d'un des chefs qui se trouvaient dans la ville; aussi les premiers pourparlers entamés par le sieur de Candiac le mirent, dit-il, dans une grande perplexité.

« L'entreprise qu'on avoit sur Anduze, raconte-t-il, étoit infaillible ; mais ceux qui la conduisoient dans la ville ne la pouvoient différer aisément un seul jour sans se perdre, d'autant que, comme un chacung sait, les gens de guerre changent tous les jours de poste en telles occasions. » (*Mém.*, p. 462.) En prenant Anduze, on faisait tomber toute la province des Cévennes dans la dépendance du roi, et si l'on s'emparait en même temps de la personne de Rohan, qui était la principale et presque unique tête du monstre de la rébellion, ce qui resterait après lui serait un corps sans âme et sans mouvement réglé.

« Mais Rohan pouvoit échapper ; et dans ce cas, s'il se retiroit dans une ville plus considérable qu'Anduze, telle que Nismes ou Montauban, il ne pourroit pas y amener la population à traiter de la paix, comme il y poussoit celle d'Anduze. Or, à cause du mauvais levain qui se trouvoit encore en Italie, à cause des Allemands qui étoient entrés déjà dans les Grisons par ordre de l'Empereur, sans compter le frère du roy qui pouvoit être embarqué par ses mauvais conseillers dans quelque action qui déplut au roy, la paix étoit très désirable. » (*Id.*)

Les passeports demandés par le sieur de Candiac furent donc accordés, et l'assemblée générale qui était à Nimes put arriver à Anduze. Il se trouvait donc en ce moment, dans cette ville, outre l'assemblée générale, les députés de la province des Cévennes et ceux de Nimes et d'Uzès.

Avant l'arrivée de ces députés, Rohan avait encore écrit au sieur de Candiac un engagement qu'il devait soumettre à Richelieu. « Je promets à M. le Cardinal que, moyenant qu'il plaise au roy accorder la paix à tous ses subjets de la religion suivant ses edits, de faire consentir ces dits subjets de la religion à la démolition des fortifications de toutes les villes tenues en ce royaume ; et qu'au cas qu'il y eut quelques provinces qui ne voulussent pas accepter la paix générale, je promets, dès à cette heure, l'accepter avec la province des Sevennes, et faire raser toutes les places qui sont es dites Sevennes, à savoir : Anduze, Sauve, Ganges, le Vigan et Meyrueis. »

Cet engagement fut exactement rempli. D'abord, l'assemblée générale ne voulut rien décider sans avoir préalablement connu l'avis de l'assemblée provinciale des Cévennes, comme étant la plus intéressée dans la poursuite des négociations ; celle-ci en appela à son tour au conseil de la ville d'Anduze, comme ayant plus à cœur « la subsistance de ses bastiments et fortifications, et la plus résolue à les bien delffendre. » (Rohan, *Mém.*, pag. 440.)

Voilà donc cette terrible question du rétablissement de la paix ou de la continuation de la guerre laissée en quelque sorte à la discrétion des habitants d'Anduze. Responsabilité immense devant laquelle ils durent longtemps hésiter ; d'autant plus qu'ils étaient ainsi condamnés à s'imposer à eux-mêmes l'obligation de démolir leurs fortifications de leurs propres mains. Obligés cependant d'émettre un avis, ils proposèrent « de depputer pour traiter de la paix qui étoit absolument nécessaire, et de charger les depputés de ménager l'article des fortifications, de même qu'il avoit été déjà proposé, en tout, ou en partie, ou à temps. » Le Conseil d'Anduze communiqua cette décision à l'assemblée provinciale, qui l'adopta et la transmit à l'assemblée générale, qui s'y rallia également.

Mais la Cour ne voulut entendre parler d'aucun ménagement au sujet de l'article des fortifications. Les députés revinrent et firent leur rapport. « Sur quoy la ville d'Anduze et la province des Sevennes ayant été de nouveau consultées, remontrèrent la perte évidente de toute leur province si la paix ne se faisoit, parce que chacun étoit résolu de la prendre en particulier, et que de leur ruine celle du bas Languedoc s'en ensuivoit; que le feu étoit à leur porte et qu'ils aimoient mieux subir ledit article que de n'avoir la paix. »

Les envoyés d'Uzès et de Nimes protestèrent contre cette détermination et se retirèrent. Mais on passa outre à leur opposition, et les députés eurent plein pouvoir de traiter de la paix, qui fut signée le 28 et publiée le même jour à Lédignan.

Ce jour-là, Richelieu obtint un grand triomphe. Grâce à son énergique persévérance, la royauté, dès ce moment, fut affranchie d'un immense souci, et l'esprit de faction fut privé d'une puissante ressource. Le trône, l'unité nationale, la paix publique, gagnaient beaucoup à l'anéantissement de l'influence politique des protestants. Mais la victoire du ministre fut en même temps mortelle pour la liberté de conscience et pour la religion réformée. Le renversement de leurs forteresses entraînèrent pour les disciples de Calvin la perte des garanties que les rois précédents avaient trouvé juste de leur accorder. Dès-lors ils se virent à la merci de leurs adversaires; et si le Protestantisme avait dû périr en France, assurément le traité de paix signé à Alais le 28 juin 1629 aurait été pour lui un véritable arrêt de mort.

CHAPITRE VI

ANDUZE DEPUIS LA PAIX D'ALAIS JUSQU'A LA MORT DE RICHELIEU
ET DE LOUIS XIII.

(1629-1643.)

SOMMAIRE.

Les suites de la guerre se font sentir dans Anduze. — Cette ville est obligée de démolir ses fortifications. — La peste s'y déclare. — Elle est forcée de contribuer à la démolition des fortifications de Nimes. — Tableau de ses dettes. — Les moines de tous les ordres s'établissent dans les villes protestantes, et particulièrement dans Anduze. — Révolte du frère du roi; les protestants du Languedoc et d'Anduze refusent d'y prendre part. — La fidélité des protestants est mal récompensée. — A Anduze, où il se trouve très-peu de catholiques, le consulat est mi-parti, par ordre du roi. — On y laisse une garnison qui maltraite les habitants, pour punir la population, parce qu'elle a protesté contre une ordonnance qui lui enlève une partie de la maison de Ville pour la transformer en église. — On défend aux consuls de subventionner le collége. — Par une ordonnance des intendants de la province, toute la maison de Ville est cédée au vicaire, et l'emplacement de l'ancien cimetière à l'église catholique. — Malgré ces spoliations injustes, la population d'Anduze reste fidèle à Louis XIII, qui ne cesse de préparer la ruine de la religion réformée.

I.

En acceptant la paix d'Alais, les protestants abdiquèrent à tout jamais le rôle politique qu'ils avaient joué jusqu'à cette heure. Ils renonçaient à traiter à l'avenir, avec le monarque, d'égal à égal, et leurs armées ne devaient plus se mesurer avec celles du roi. Sous les ruines de leurs bastions qui allaient être abattus, ils enfouissaient pour toujours leurs canons et leurs arquebuses. De leur part, plus de guerre ni plus de bruit de guerre; Anduze en avait hâté la fin. En consentant au sacrifice de ses fortifications, cette ville avait fait taire le tocsin des prises d'armes. Elle n'en fut pas mieux récompensée pour cela. Au reste, c'était la peur qui lui avait conseillé de souscrire à l'humiliante condition que ses travaux de défense seraient ruinés; et la peur ne peut offrir, à bon droit, pour récompense des lâchetés, que des misères bien méritées. Grandes furent pour les villes protestantes du Midi, et particulièrement pour Anduze, celles qui suivirent le traité de la paix d'Alais.

Il fallut d'abord abattre et raser les fortifications élevées pendant les derniers mouvements. Un des articles du traité prescrivait formellement cette démolition, et Richelieu entendait qu'il fût strictement observé. Voulant prévenir toute infraction à cet égard, il avait demandé des ôtages aux places-fortes condamnées à être démantelées [1]. Ceux d'Anduze étaient au nombre de dix, et ils avaient été pris dans les familles les plus riches et les plus élevées [2]. Le Cardinal ne s'était pas borné à cette mesure coercitive; il avait nommé des commissaires chargés de veiller à la prompte exécution de cette clause de l'édit. Dans les Cévennes, celui qui avait reçu une pareille mission était le sieur de Candiac, le même dont Rohan avait réclamé les services pour les premières négociations de la paix. Sans perdre un moment, le seigneur de Saint-Véran, dès le 15 juillet, rendit une ordonnance qui obligeait toutes les communautés de la viguerie d'Anduze à participer aux frais de démoli-

---

[1] Il prenait la peine d'en dresser lui-même la liste. Nous avons vu à l'hôtel de Ville de Montauban, grâce à l'obligeance de M. l'archiviste Devalz, la liste des ôtages de cette dernière ville modifiée de la propre main de Richelieu.

[2] Ces ôtages furent obligés de suivre l'armée royale; Richelieu les fit interner ensuite à Pézenas, où ils se trouvaient encore en 1632. À leur sujet, le Conseil de ville d'Anduze prit une décision qui peint d'une manière curieuse la situation des lieux, des choses et des hommes de cette époque.

tion des fortifications de cette ville, et qui fixait le nombre « des cannes cubes de bastiment que chaque communaulté devoit abattre, et de cannes cubes de fossé qu'elle devoit combler ». La part qui revint à Anduze dans ce premier « despartement » s'éleva à 1450 cannes cubes montant à 2000 livres. L'ouvrage devait être terminé en quinze jours, et ceux qui s'en étaient chargés auraient sans nul doute rempli leurs engagements, s'ils n'avaient pas été arrêtés par un empêchement irrésistible…. la peste.

II.

La peste! Elle s'était manifestée déjà dans la contrée même avant la conclusion de la paix. Elle exerçait ses ravages à Nimes, Montpellier, et les autres principales villes du Languedoc avant qu'elle fît sentir à Anduze ses terribles atteintes. Du moment que l'épidémie était générale, cette dernière ville ne pouvait pas lui échapper. Comment en aurait-elle été préservée, elle dont l'enceinte était si resserrée, les rues si étroites, les maisons si mal aérées, et dont la population avait été doublée par les troupes qu'on y avait concentrées? Dans de telles conditions d'insalubrité, le fléau devait sévir dans Anduze plus que partout ailleurs, et il n'y manqua pas. Aux premiers symptômes du mal contagieux, les précautions sanitaires usitées en pareilles circonstances furent soigneusement observées. Les consuls passèrent des traités avec des médecins, des chirurgiens, des apothicaires, qui s'engagèrent à fournir leurs soins et leurs médicaments aux habitants atteints de la peste. On nomma quatre capitaines de santé, le 22 août 1629, « qui auroient charge sur cent soldats, et avec eux feroient la garde de la ville et répondroient des maisons et aultres choses qui y étoient restées ; qui empescheroient tous les larcins, guet-à-pens et voleries, et serviroient fidelement sans pouvoir abandonner que la mort ne s'en ensuive, ou que Dieu eut remis la ville en santé. » (*Rég.* du notaire André Pelet, année 1629, pag. 327.) Mais que pouvaient toutes ces précautions contre la violence de l'épidémie? La population décimée abandonna les maisons par ordre des consuls ; elle alla s'établir dans « des huttes », sur les montagnes avoisinantes. Les membres du consulat et du conseil étaient au nombre des émigrants. La contagion s'était déclarée dans les premiers jours du mois d'août, et dès le 9 septembre le Conseil, composé seulement de six membres et réuni dans le lieu « de Gaujac », distant de quatre kilomètres de la ville, s'occupait des secours à donner aux pauvres sortis de la ville et établis dans « les lieux circonvoisins ». Il décida d'emprunter la somme de cent francs pour acheter du blé, et en faire la distribution à ceux qui « seroient dans la necessité ». (*Rég. des délib.*, année 1629, pag. 127.)

Les procès-verbaux de ces assemblées renferment des particularités aussi curieuses que tristes. Les conseillers venus des divers endroits du terroir où ils avaient été s'établir, se réunissaient pour délibérer, ou dans une pièce de terre, ou sur les bords d'une rivière. Mais ils ne se mêlaient pas, ils ne s'approchaient pas les uns des autres ; un fossé les tenait séparés, ou bien une muraille quelconque, surtout lorsque quelques-uns des conseillers présents étaient venus de la ville.

Les mêmes précautions étaient prises quand il s'agissait de recevoir un testament. Les notaires n'entraient pas dans les maisons. Ils se plaçaient devant les portes, et les malades se mettant à la fenêtre dictaient leurs dernières dispositions. Ils se gardaient bien de signer, de peur que la plume dont ils se seraient servis, passant de main en main, ne communiquât au notaire et aux témoins le mal contagieux dont ils étaient atteints.

Le 2 octobre, l'un des capitaines de santé, le sieur Crès, sorti de la ville, vint assister à une des séances du Conseil, réuni ce jour-là au bord du ruisseau dans le lieu de Gaujac; il exposa « qu'il avoit servi dans la ville depuis quarante-cinq jours et plus; que pendant le temps qu'il y étoit demeuré, tous ceux qui étoient dedans, tant capitaines que soldats, étoient morts; qu'il n'en restoit que huit ou dix qui pussent servir; que le consul Bonnier et le greffier Pelet étoient malades, ayant la peste; que pour lui, il étoit résolu à n'y rester davantage; qu'il prioit en conséquence la compagnie d'y pourvoir, mesme à la nécessité des pauvres malades de la peste qui étoient au bout du pont, ensemble à la garde de la ville; il demanda qu'on le pourvût d'un lieu pour faire sa quarantaine, ainsi que les capitaines et soldats encore survivants, l'apothicaire Roque, les chirurgiens venus de Montpellier, dont un étoit déjà mort. »

Le Conseil, frappé de ce récit, prit des résolutions énergiques. Il décida « que le capitaine Crès feroit crier dans la ville que tous ceux qui s'y trouvoient eussent à en sortir dans la journée du lendemain, au risque de voir leurs maisons abattues; que pour la garde de la ville on éliroit deux capitaines auxquels on bailheroit vingt hommes qui garderoient en dehors des murs de l'enceinte, pour empescher qu'on ne vint faire ravage à l'intérieur; que la ville seroit fermée pendant quarante jours; que dans cet intervalle de temps personne n'auroit le droit d'y entrer; que les capitaines Jean Crès et Jean Casenove recevroient soixante livres pour leurs gaiges; qu'il seroit alloué quinze livres par mois pour chaque soldat qui étoit resté avec eux; que les uns et les autres seroient logés dans des maisons commodes aux dépens de la ville, et payés de leurs gaiges pendant la quarantaine ; qu'il seroit emprunté mille livres pour parer à toutes ces dépenses ; qu'on chargeroit un habitant de pourvoir à l'entretien des pauvres malades logés au bout du pont ; que cette personne feroit cuire chaque jour du pain pour les pestiférés, qu'il leur fourniroit de la viande et du vin qu'il leur feroit apporter dans un lieu fort commode et fort propre. » (*Reg. de la ville*, fol. 129.)

Après avoir fait de grands ravages pendant tout le mois d'octobre, le fléau parut perdre de son intensité, et dès les premiers jours de novembre on put s'occuper de la désinfection de la ville[1]. Cette opération se prolongea jusqu'à la fin de l'année 1629. Au milieu du mois de janvier suivant (1630), les habitants furent autorisés à rentrer dans leurs maisons, à la condition qu'ils seraient porteurs d'un certificat de santé ; mais plus de trois mois s'écoulèrent encore avant que la population entière pût abandonner les huttes misérables où elle s'était réfugiée, et fût rentrée dans la ville entièrement désinfectée !

III.

Malgré la peste, la démolition des fortifications d'Anduze n'avait pas été entièrement interrompue. A mesure que le fléau exerçait ses ravages dans les rangs des travailleurs, on remplaçait les morts par des recrues qui succombaient bientôt après. Quoi qu'il pût en coûter, le travail devait être continué : tels

[1] Le temple fut également désinfecté. Ceux qui avaient été chargés de cette opération firent rapporter au Conseil qu'il se trouvait dans le temple plusieurs bancs *cariés*, et par conséquent qui étaient susceptibles d'avoir conservé l'infection ; il fut décidé incontinent que tous ces bancs seraient brûlés (fol. 142).

étaient les ordres du sieur de Candiac, ou plutôt de Richelieu. On avait établi à Lédignan un poste d'hommes de guerre à cheval qui venaient visiter tous les jours les chantiers, et, lorsque leur inspection était terminée, en toute hâte ils s'éloignaient de la ville, craignant toujours d'être atteints par l'épidémie.

Anduze poursuivit donc, en dépit de la peste, la démolition de ses fortifications, pour satisfaire aux exigences du commissaire, le sieur de Candiac. Toutes les villes infectées ne se montrèrent pas si dociles, entre autres Nimes qui, voyant la mortalité décimer les ouvriers chargés des démolitions, suspendit ce travail. Elle le reprit dans le mois de mars 1630. La dépense ne fut pas laissée uniquement à la charge de ses habitants; le sieur de Candiac rendit une ordonnance qui la faisait peser sur toutes les communautés protestantes du diocèse. En conséquence, les consuls d'Anduze reçurent assignation pour venir assister au mesurage des fortifications de Nimes, et pour recevoir la portion des travaux de démolition qui revenait à la communauté. A cette nouvelle, la population d'Anduze fut atterrée : elle qui avait obéi avec tant de ponctualité à tout ce que le commissaire avait ordonné pour la poursuite de ses propres démolitions, elle dont les rangs avaient été si éclaircis par la mortalité, elle qui rentrait en tremblant dans ses demeures infectées encore la veille, et où le fléau pouvait se renouveler! Ruinée par la guerre, décimée par la peste, elle se voyait obligée de contribuer à la démolition des fortifications de Nimes! Quelle aggravation de ses misères! Le Conseil, interprète des doléances de la population, fit entendre les plus chaleureuses réclamations. Mais ses protestations ne changèrent pas les résolutions du sieur de Candiac. Celui-ci, passant outre à toutes les plaintes de la viguerie et de la ville d'Anduze, leur ordonna d'envoyer à Nimes sans délai des hommes pour travailler à la portion des démolitions qui leur était assignée, les menaçant de faire retomber sur elles « les despens, dommages intérêts qui pourroient résulter de leurs refus » (*Registre de la ville*, fol. 162.)

La ville d'Anduze se soumit encore une fois. Dans une assemblée du Conseil, il fut décidé qu'on donnerait « à priffait » le travail qui lui était assigné à Nimes; mais il ne se présenta aucun entrepreneur qui voulût s'en charger. Lorsque le fléau cessait à peine, et qu'il pouvait recommencer à tout instant, quel était le téméraire qui aurait voulu courir les risques d'une grande entreprise dont il aurait été obligé de poursuivre à tout prix la continuation ! Nouvel embarras pour la communauté d'Anduze et pour ses consuls. Enfin ces derniers, mis en demeure de s'exécuter, recrutèrent à grands frais des travailleurs, et le 18 mai 1630 ils les firent partir sous la conduite de l'un de leurs collègues, pour aller démolir à Nimes la portion des fortifications qui avait été assignée à la communauté Anduzienne[1]. (*Idem*, fol. 164.)

IV.

Le marteau et la pioche reprirent donc leur œuvre de destruction, momentanément interrompue par la contagion, et ils la complétèrent si bien partout, que deux années après, autour de ces villes naguère si fortifiées, l'on ne trouvait pas un seul vestige de ces murailles si solidement bâties, de ces terrassements si élevés et si épais, de ces fossés si larges et si profonds ! Le sieur de Candiac fut loué par Richelieu de la dili-

---

[1] La communauté d'Anduze fut également condamnée à payer le tiers des frais pour la démolition des fortifications d'Alais (fol. 326).

gence qu'il avait apportée dans l'exécution de son mandat; mais les éloges qu'il s'attira lui furent acquis aux dépens de toutes les communautés de la contrée, qui virent s'accroître par cette nouvelle dépense la somme écrasante de dettes qui déjà pesaient sur elles.

Le gouvernement du roi ne pouvait laisser subsister l'état déplorable dans lequel se trouvaient les finances des villes de la province. Voulant apporter la lumière dans ce chaos de dettes entassées, il envoya des commissaires spéciaux chargés d'en faire la vérification. Ceux-ci vinrent à Anduze et se livrèrent à un minutieux examen des emprunts que la ville avait contractés dans les derniers temps, et des nombreuses obligations qu'elle avait souscrites. Leur travail, fait avec soin, fut divisé en trois tableaux dont voici le résumé succinct :

Sommes dues par les habitants réformés d'Anduze..	84,497^l	6^s	10^d
Intérêts dus par les mêmes habitants........	35,458	3	
Sommes dues par les habitants des deux communions.....................................	9,736	0	1
Intérêts dus par les mêmes...............	1,500	8	
	131,171^l	17^s	11^d

Cent trente et une mille livres, c'est-à-dire plus d'un MILLION de notre monnaie ! Et la ville qui était débitrice de cette somme énorme ne comptait pas une population supérieure à trois mille âmes ! Et chacun de ses habitants avait eu à souffrir dans son commerce qui avait été anéanti, dans son industrie dont les métiers depuis longtemps ne fonctionnaient plus, dans ses champs qui étaient restés incultes [1] ! A la vue de cette popula-

---

[1] La misère était si grande dans toute la province, qu'au dire de Ménard, les champs n'avaient pu ni être ensemencés ni cultivés. (Tom. V, pag. 601.)

tion si appauvrie, on se demande avec effroi comment elle parvint à payer des dettes si considérables, et comment elle put arriver à son entière libération !

V.

Aux ennuis dont les populations protestantes étaient en ce moment dévorées, vint se joindre celui du retour des ordres monastiques, ennui aussi amer et aussi cuisant que tous les autres. Les pères religieux de toutes les dénominations, dès que la paix d'Alais fut conclue, firent invasion dans les villes où la population réformée était en grande majorité, et d'où par conséquent depuis plusieurs années ils avaient dû se retirer. Ils arrivaient appelés, encouragés par le monarque lui-même, qui voulait leur établissement dans ces mêmes villes, afin qu'ils s'y appliquassent à la propagation de la religion catholique. Sans doute, Louis XIII qui avait déclaré aux protestants son vif désir de les voir rentrer dans le sein de l'Église romaine, se montrait conséquent avec lui-même, lorsqu'il favorisait au sein de ces mêmes populations la fondation de quelque monastère. Et les pères capucins ou autres qui arrivaient ainsi à l'appel du monarque, étaient parfaitement dans leur droits. Mais les protestants aussi, qui voyaient dans tous ces nouveaux monastères autant de foyers d'une propagande acharnée, dans tous ces ordres autant de milices établies contre leur culte et leur foi, s'en effrayaient justement, et avec raison déploraient une telle invasion. D'autant plus que les parlements[1], les corps judiciaires,

[1] A cette époque remonte une série d'arrêts rendus par les juges présidiaux, par ceux des sénéchaussées, par les parlements, par le conseil d'État ; tantôt dans une province, tantôt dans une autre, contre les livres, les temples, les pasteurs, les églises des réformés. Ceux de

animés contre eux de dispositions hostiles et recherchant les faveurs de la cour, favorisaient dans les villes protestantes le rétablissement des ordres monastiques.

Forts de tous ces appuis, les moines, les membres du clergé régulier rentrèrent dans ces villes, s'y établirent et les assiégèrent de leurs incessantes réclamations. Anduze les vit bientôt arriver dans ses murs, et dès leur rentrée le Conseil de ville fut assailli de leurs demandes.

Les frères mineurs réclamèrent immédiatement la restitution des anciennes possessions attachées à leur monastère. Un de leurs syndics vint faire valoir leurs droits : il trouva qu'une partie de leur ancien enclos avait été convertie en cimetière, et que sur l'autre partie on avait élevé un bastion et creusé des fossés. Voyant que le tout « étoit inutile et desert » il en aliéna une portion, se contentant de la redevance « d'une livre de pension annuelle ». Cette vente n'empêcha pas les cordeliers de s'établir encore une fois dans Anduze, ayant déjà obtenu, en 1631, du sénéchal de Nimes, une ordonnance condamnant les consuls à restituer « tout l'enclos qui avoit appartenu jadis au monastère ». Ils poursuivirent également en restitution les habitants devenus acquéreurs des autres pièces de terre que les consuls avaient vendues comme faisant partie des biens de la communauté.

En même temps le vicaire fit réclamer trois cents livres qui, au dire du baron d'Anduze (1630), lui étaient dues depuis longtemps.

---

nos lecteurs qui tiendraient à les connaître, les trouveront dans l'*Histoire de l'Édit de Nantes*, par Benoît. (Delft, 5 vol. in-4º, année 1693), et dans l'*Histoire chronologique de l'Église protestante de France jusqu'à la révocation de l'Édit de Nantes*, par Charles Drion, 2 vol. in-12. Strasbourg, 1855.

Mais cet ecclésiastique ne se borna pas à cette première demande. Il voulut s'approprier « la partie *basse* de la maison consulaire pour y célébrer les offices divins ». C'était aller bien loin et bien vite. Le Conseil ne s'attendait pas à une pareille prétention, qui fut repoussée par un refus formel. Les catholiques avaient eu à leur disposition, avant les derniers mouvements, la chapelle des Maladreries ; pourquoi ne s'en contenteraient-ils pas après le rétablissement de la paix ? Leur nombre s'était-il accru ? Au contraire, à l'occasion de la guerre, les sept ou huit familles qui le composaient avaient presque toutes quitté la ville. D'ailleurs, le collége protestant était établi dans la partie de l'hôtel de Ville que le curé voulait transformer en chapelle catholique : y avait-il justice et opportunité à le déplacer à grands frais pour y établir une église dont on n'avait pas besoin, puisqu'il en existait une autre qui pouvait parfaitement suffire ? Ainsi avait raisonné le Conseil, et il avait rejeté la demande du vicaire ; mais celui-ci ne se laissa pas décourager par cette fin de non-recevoir ; il en appela auprès des magistrats judiciaires qui, pour cette réclamation et pour toutes les autres, s'empressèrent de lui donner gain de cause, comme nous le verrons plus tard.

VI.

Sur ces entrefaites, le frère du roi, Gaston d'Orléans, après avoir quitté la France en 1632, avec sa mère, Marie de Médicis, à la suite de ce que les historiens appellent « la journée des Dupes », essaya de renverser par la force des armes le cardinal de Richelieu, que les intrigues du palais n'avaient pu abattre. Il rentra en France à la tête de plusieurs régiments recrutés à l'étranger, et il se dirigea, en traversant les provinces

Seconde édition.

centrales du royaume, vers le Languedoc, où il était parvenu à se créer un puissant parti.

A la tête des amis de ce prince se trouvait le gouverneur de la province, le duc de Montmorency, appuyé d'une grande partie de la noblesse de la contrée et de plusieurs membres du corps épiscopal. L'évêque de Nimes surtout se faisait remarquer par son zèle pour la cause du frère du roi. Le Languedoc, sous l'influence de tous ces hommes de marque, était donc le foyer de l'insurrection, qui avait pris des proportions menaçantes. Louis XIII aurait eu beaucoup de peine à l'étouffer, si les protestants avaient voulu s'y ranger. Montmorency, qui comprenait combien ils donneraient de force au parti de Gaston, essaya de les y faire entrer ; mais toutes les communautés où les réformés étaient en majorité (moins celle d'Alais, entraînée probablement par le sieur de Perrault, intendant de la province), repoussèrent énergiquement les avances de Montmorency. Anduze fut du nombre des villes protestantes résolues à rester fidèles et attachées au service du roi. Dès le début de l'insurrection, même avant qu'elle eût éclaté, le gouverneur, voulant détacher cette dernière ville du parti du roi, lui envoya (le 26 juillet 1632) un député qui, en présence du Conseil, tint le langage suivant : « Je suis mandé par Monseigneur le duc de Montmorenci en ceste ville pour faire savoir aux habitants : que les Estats de ce pays ayant esté assemblés à Pézenas et ayant depputé par diverses fois devers le roy pour le supplier très-humblement, conformément à sa patente, de supprimer les *eslus* établis de nouveau dans la province[1], et nous

---

[1] Les élus étaient des officiers des finances institués par Richelieu. Leur charge consistait à faire la répartition des impôts dans les vingt-deux diocèses du Languedoc.

en vouloir décharger pour le soulagement de ses subjets, n'auroient eu d'autre réponse de Sa Majesté que la subsistance d'iceulx ; à cause de quoi les dits Estats auroient supplié mon dit seigneur de les vouloir protéger en leurs libertés, et prendre ceste affaire à cœur, afin de supplier de rechef le roy de vouloir ouyr le pays en leurs justes plaintes, et les vouloir entretenir dans les anciens priviléges ; sur quoi les dits Estats se seroient séparés après que mon dit seigneur leur auroit promis d'apporter tout son possible pour leur conservation ; ce que mon dit seigneur a voulu faire entendre en la présante ville et autres de la province, afin que, demeurant *unis pour le service du roy, et soubz les ordres de monseigneur*, il plaise à Sa Majesté octroyer au pays les justes demandes qui lui ont été faites pour la suppression des eslus. »

Le Conseil, qui ne tenait pas à mécontenter le gouverneur de la province, quoique voulant rester en dehors du complot qui s'organisait, fit une réponse vague dans la forme, mais significative dans le fond ; il décida unanimement « de vivre et mourir dans l'obeissance à Sa Majesté, et demeurer inviolablement attaché à son service en toutes occasions ; et *qu'à cet effet*, on suivra les ordres de Monseigneur le duc de Montmorenci comme gouverneur de la province » (fol. 230).

Bientôt après, les protestants d'Anduze se prononcèrent ouvertement pour le parti du roi. En vain les habitants d'Alais, qui s'étaient rangés du côté de Gaston d'Orléans, voulurent les entraîner dans leur défection, en se servant pour les entraîner de l'influence de leur consistoire et de leurs pasteurs; en vain Montmorency fit jouer auprès d'eux beaucoup d'autres ressorts: toutes les tentatives vinrent échouer contre la résolution bien arrêtée de cette population de rester fidèle à la cause de la royauté. Le Conseil interdit l'entrée de la ville à certains habitants d'Alais, au sieur de Lézan, qui venaient y nouer des intrigues en faveur du parti de Gaston d'Orléans. Sur l'avis souvent renouvelé que leur ville allait être attaquée par les ennemis (les partisans du frère du roi), les Anduziens s'organisèrent en compagnies, montèrent la garde, fortifièrent les parties les plus faibles de leurs anciens murs d'enceinte; ils appelèrent à leur aide les contingents des communautés voisines, pourvurent à la subsistance de ces gens de guerre et de tous ceux qu'ils eurent à loger par ordre des généraux de Louis XIII. Pour faire face à ces dépenses extraordinaires, ils contractèrent des emprunts onéreux. A chaque lettre leur arrivant de la part des chefs militaires qui commandaient dans la contrée l'armée du roi, à tous les députés extraordinaires envoyés par Richelieu, ils ne cessèrent de répondre qu'on pouvait compter sur leur fidélité et leur obéissance au service du monarque. Ils envoyèrent même une députation nombreuse à Louis XIII, lorsqu'il vint lui-même avec le Cardinal pour diriger dans la province les mouvements de son armée contre les troupes de son frère. Celles-ci, privées du concours des protestants, ne pouvant compter que sur quelques villes, furent attaquées, le 1er septembre 1632, par l'armée du roi, et elles furent complètement battues. Montmorency, qui les commandait, tomba dans la mêlée percé de blessures. On le fit prisonnier et on l'emmena à Toulouse, où il fut condamné bientôt après par le parlement et décapité dans une cour de l'hôtel de Ville. Le frère du roi se hâta de faire sa soumission, et l'ordre fut aussitôt rétabli dans le Languedoc. Ce succès doit être attribué sans contredit, en grande partie, à la position que les protestants prirent vis-à-vis de l'insurrection, et à l'habileté du maréchal de Laforce, zélé réformé, chargé du commandement de l'armée royale. Louis XIII aurait dû reconnaître de tels services. Les réformés s'y attendaient d'autant plus que, par une déclaration publique, le roi avait rendu témoignage à leur fidélité. Leurs espérances furent trompées. Au lieu de leur accorder les faveurs et les grâces qu'ils réclamèrent à cette époque, la cour, et ses agents dans les provinces, les dépouillèrent peu à peu de leurs franchises municipales, repoussèrent leurs demandes, et les condamnèrent toutes les fois que des conflits éclatèrent entre eux et les membres du clergé.

VII.

Nous venons de reprocher au gouvernement de Louis XIII de s'être rendu coupable vis-à-vis des protestants, après la révolte de Gaston d'Orléans, d'ingratitude et d'injustice. Les preuves abondent malheureusement ; mais voulant nous restreindre, et en même temps désireux de ne pas nous écarter de notre sujet, nous nous contenterons d'emprunter à l'histoire de l'Église réformée d'Anduze quelques faits à l'appui de notre accusation.

Peu de mois s'étaient écoulés depuis le supplice de Montmorency ; les protestants de la province se réjouissaient encore du triomphe obtenu par les armées du roi sur celle de l'insurrection, lorsqu'un des régiments de l'armée de Louis XIII fut mis en garnison dans Anduze. Il y commit mille excès. A bout de patience, les consuls réunirent le Conseil le 23 décembre 1632, et lui exposèrent que les soldats du régiment du sieur de Lèques « violentoient, battoient, desroboient les habitants, qui ne cessoient d'en porter plainte ; la veille même, vers dix heures du soir, des soldats avoient esté aux maisons de Pierre Noaillac et Moyse Pagès, sous prétexte d'avoir, disoient-ils, des billettes sur eux, les auroient battus et excédés, et auroient desrobé le manteau du dit Pagès et d'estain dans sa boutique; en outre, que les dits soldats se seroient entrebattus, se disputant ce qu'ils avoient desrobé; qu'après on se seroit plaint aux capitaines, qui auroient mis en prison les habitants » (fol 282).

On députa aussitôt vers le sieur de Machault, pour demander qu'il fît déloger d'Anduze ce régiment, dont les excès continuels donnaient lieu à des plaintes journalières. M. Pagezy, chargé de présenter les justes doléances de la ville, partit incontinent, mais il revint avec la triste nouvelle « qu'il avoit trouvé le sieur de Machault au lieu de La Voulte; qu'il lui avoit rendu sa lettre de créance, et la lui avoit exposée; que celui-ci n'avoit voulu rien entendre au dit délogement, à cause d'un certain relief d'appel que les consuls de la religion réformée du dit Anduze avoient relevé en la cour et chambre de l'édit séant à Castres, pour raison de l'ordonnance qu'il avoit donnée en faveur des catholiques de ceste ville, pour raison du bas de la maison de Ville pour y faire leurs exercices; moings auroit voulu entendre de nous bailher aucuns aides, lui ayant dit qu'il enverroit par de là pour pourvoir à toutes choses » (fol. 287).

Ainsi donc, la population entière d'Anduze devait rester exposée aux outrages, aux vols, aux excès d'une soldatesque effrénée, uniquement parce que les consuls protestants avaient réclamé contre une ordonnance qui les dépouillait injustement d'une partie de l'hôtel de Ville pour en faire jouir les catholiques, alors qu'en réalité ceux-ci n'en avaient pas besoin!

Un tel déni de justice était révoltant. M. de Machault le

comprit, et, voulant en atténuer la rigueur, il envoya quelques jours après un lieutenant général de prévôt (le sieur Guiraut). Il avait ordre, disait ce dernier « de soulager la ville d'Anduze du délogement du régiment de Lèques, mais il demandoit en retour l'original des lettres d'appel relevé par la ville de l'ordonnance rendue par le sieur de Machault touchant le bas de la maison de Ville, bailhé aux catholiques pour faire le service divin ; ou que le consul Henri Puech iroit trouver le sieur de Machault, et qu'il diroit quel est celui-là qui a fait exploiter les dites lettres » (fol. 288).

De telles conditions étaient humiliantes ; néanmoins il fallut les subir, car la position de la ville était intolérable. Avoir à souffrir plus longtemps les excès des soldats de Lèques était au-dessus des forces de la patience des Anduziens. On acquiesça aux demandes de M. le lieutenant général du prévôt. Il fut décidé « que l'original des dites lettres seroit rendu au sieur de Machault, et à faute de ce, on se départiroit d'icelles, sauf à se pourvoir devers les seigneurs commissaires par le roi, pour l'exécution de ses édits. » (*Idem.*)

Cette affaire ainsi réglée, les soldats de Lèques partirent, non sans avoir commis d'autres vols en quittant la ville. Mais la coupe d'amertume n'était pas épuisée pour les protestants d'Anduze ; ils allaient se voir condamnés sans retour à être privés du droit, consacré par les anciens usages et par leurs priviléges, de conférer à leurs coreligionnaires toutes les charges consulaires.

Par un arrêt rendu le 9 octobre 1630, Louis XIII avait ordonné que dans toutes les communautés du royaume où la population était composée de catholiques et de protestants, le consulat serait *mi-parti* ; c'est-à-dire qu'il y entrerait un nombre pareil de membres des deux communions. Rien de plus équitable. Mais ce décret portait que dans ces mêmes communautés, quelles que fussent l'importance et la supériorité numérique de la population protestante, le rang de premier consul serait donné à un catholique ;

Celui de deuxième consul à un protestant ;

Celui de troisième consul à un catholique ;

Celui de quatrième consul à un protestant.

Cette disposition du décret constituait une véritable iniquité. C'était une violation manifeste des principes de toute justice et des dispositions de l'Édit de Nantes, que Louis XIII avait cependant promis, même en signant la paix d'Alais, de respecter religieusement et d'observer dans son entier[1].

Les réformés protestèrent, on passa outre à leur opposition; et aux élections consulaires qui eurent lieu bientôt après la promulgation de ce décret, on leur imposa des consuls catholiques dont il fallut bien reconnaître et subir l'autorité. Au reste, il en avait été partout ailleurs comme dans Anduze. Cependant, après le triomphe de Louis XIII sur l'armée de son frère Gaston, en Languedoc, les protestants de cette province conçurent l'espoir que la cour, en reconnaissance de leur fidélité, ne les obligerait pas à se conformer à ce décret aussi humiliant que préjudiciable à leurs intérêts. De très-humbles requêtes avaient été présentées à ce sujet au gouverneur de la province, et l'on se demandait avec une certaine anxiété quel accueil leur était réservé. Selon l'usage, les élections consulaires avaient été an-

---

[1] Si le fils de Henri IV n'osa pas éloigner entièrement les réformés des charges municipales, son petit-fils n'éprouva pas ce scrupule. Nous verrons bientôt Louis XIV chasser les protestants non-seulement du consulat, mais même du conseil de ville.

noncées à Anduze pour le 25 décembre, jour de la fête de Noël; les habitants se préparaient à procéder à la nomination des consuls, sans tenir compte de ce malencontreux décret, lorsque l'avant-veille du jour fixé, le 23 décembre, on vit arriver un des gardes de Monseigneur le gouverneur du Languedoc, avec l'ordre « de surseoir à l'assemblée de l'eslection consulaire jusqu'à l'arrivée de M. Rudanel, commissaire qu'il avoit commis » (fol. 323).

Le Conseil, présumant qu'un tel ordre d'ajournement et l'envoi d'un commissaire avaient pour objet de faire nommer des consuls catholiques, décida que « pour supplier Monseigneur le gouverneur de la dite eslection et assemblée au jour prescrit et ordinaire, Messieurs de Montbonnoux et de Lafarelle seroient depputés. » (*Idem.*)

Ceux-ci se mirent incontinent en route, et se dirigèrent vers Montpellier, où ils ne purent rien obtenir du gouverneur, qui exigea que ce qu'il avait ordonné fût ponctuellement exécuté. M. Rudanel arriva donc, et notifia aux Anduziens qu'ils eussent à faire les élections suivant la teneur du décret royal, et il agit de telle sorte que le 28 décembre, le premier et le troisième rang du consulat furent décernés à deux catholiques [1]. Il pré-

---

[1] Une telle nomination imposée aux protestants était d'autant plus fâcheuse, que les familles catholiques dans Anduze ne s'élevaient pas au nombre de dix..... Les registres de l'hôtel de Ville en font foi. « 2 août 1643... Par le sieur Barbusse, consul, a esté proposé que, par arrêt de la souveraine cour du parlement, il auroit esté ordonné qu'il seroit procédé à nouvelle eslection consulaire, lequel arrest apporté, à l'instant ils auroient fait advertir noble Charle de Vidal, seigneur de Générargues; Jean Amat; Claude Castanier; Ayme Quissac; Lozéran Barot; Jean Pagès; Jean Martin; Paul Valrès, *qui sont tous les catholiques qui sont dans la présante ville*; Jean Pelisson et Jean Chaptal estant absents, ou n'estant voulu venir dans la présante assemblée, etc. » (fol. 644 recto).

sidait lui-même les opérations, et, pour que l'humiliation des protestants fût plus complète, il fit insérer dans le procès-verbal de la prestation du serment, « que le juge ayant fait jurer les consuls catholiques devant la porte de la maison de Ville servant d'église, il avoit fait prêter serment aux deux autres dans le temple, la main levée à Dieu, comme faisant profession de la R. P. R. »(religion prétendue réformée). Ces trois lettres R. P. R., aussi flétrissantes pour l'Église réformée que les lettres T. F. P (travaux forcés à perpétuité), dont on marquait naguère les forçats sur l'épaule, paraissaient pour la première fois dans les actes publics de la ville d'Anduze. Depuis longtemps elles avaient été rendues obligatoires par ordonnance royale; mais les officiers publics de cette ville, tous réformés, tous jaloux de l'honneur de leur Église, s'étaient bien gardés d'entacher leurs croyances d'une telle note d'ignominie. Cette résistance aux ordres du monarque parut criminelle aux yeux du commissaire Rudanel, qui ne permit pas qu'elle se renouvelât sous ses yeux (fol. 325). Et voilà la récompense que le

---

Parmi ces quelques familles, deux ou trois au plus offraient quelque garantie de position de fortune et de culture d'esprit. Ainsi, le 17 février 1634,... le Conseil ayant à répondre à une demande du gouverneur de la province, touchant un état des dettes de la ville, décida de faire dire à ce fonctionnaire : « qu'on est en estat de nommer des auditeurs catholiques, s'il s'en trouve qui sachent lire et escrire » (fol. 331).

Le 25 décembre 1635, à l'occasion du renouvellement des consuls, il est proposé par le sieur Roquette : « Qu'attendu qu'il ne se rencontre de catholiques pour pouvoir occuper le premier rang, qu'il seroit à propos de prier le sieur Naville, au nom de ceste communaulté, de vouloir continuer » (fol. 375).

Le 25 décembre 1639, on ne présente que les sieurs Charles de Vidal, seigneur de Générargues, et le capitaine Jean Cazenove, « seuls catholiques, n'en pouvant nommer d'autres, pour n'y avoir dans la ville d'autres catholiques pour pouvoir estre nommés et remplir le rang de premier consul » (fol. 511).

gouvernement du roi réservait à la fidélité et à la soumission des protestants !

VIII.

La violation de l'Édit de Nantes, l'oubli de toute justice vis-à-vis des protestants, étaient à l'ordre du jour dans les conseils du roi et dans les diverses cours judiciaires du royaume. Après le partage des consulats entre protestants et catholiques, on chercha à l'introduire dans les colléges. Louis XIII avait rendu à ce sujet (23 juillet 1633) une ordonnance en vertu de laquelle les colléges tenus par les protestants appartiendraient par moitié aux catholiques, et recevraient des maîtres des deux communions, qui seraient chargés de l'enseignement. Une fois cette ordonnance rendue, il fallait s'attendre à en voir faire l'application au collége d'Anduze. En effet, le 2 février 1634, les consuls de cette ville reçurent « de Messieurs le juge criminel et le garde-sceau de la sénéchaussée de Beaucaire, commissaires depputés pour la vérification des colléges et escoles, une lettre, avec ordre d'envoyer deux depputés, dont un catholique et un de la religion, pour faire voir l'estat de la ville au sujet des escoles et du collége » (fol. 328).

Le premier consul, qui était catholique, et un Monsieur Ponteau, protestant, furent immédiatement délégués à Nimes vers ces commissaires. Que leur dirent-ils ? Probablement, ce qui était vrai, que les écoles et le collége étaient exclusivement dirigés par des maîtres protestants, que ces établissements avaient été soutenus en partie par les deniers de la communauté ; mais ils durent ajouter en même temps que les enfants catholiques de la ville étaient en trop petit nombre pour qu'il fût nécessaire d'appeler à leur intention, dans ces établissements, des maîtres de leur communion.

Les commissaires, quoique mal disposés à l'égard du collége et des écoles d'Anduze, comprirent le ridicule dont ils allaient se couvrir et l'injustice qu'ils allaient commettre, s'ils imposaient aux protestants l'obligation du partage de l'enseignement. Pourquoi, se dirent-ils sans nul doute, appellerions-nous dans ce collége et dans ces écoles des maîtres catholiques, alors qu'il n'y a pas dans la ville d'élèves de leur religion pour en recevoir les leçons? Ils reculèrent donc devant l'application de la déclaration royale. Toutefois, ils voulurent s'en armer pour nuire à ce collége et à ces écoles qui leur portaient ombrage. Ils leur enlevèrent les subsides de la communauté, espérant par cette voie indirecte en préparer la ruine. En conséquence, le 7 février 1634, ils rendirent une ordonnance dans laquelle ils s'exprimaient de la manière suivante :.... « Nous faisons inhibition et deffences aux consuls de la ville d'Anduze de souffrir l'establissement et ouverture d'aucungs collége, escoles et lectures publiques dans la dite ville; de donner aux régents aucung lieu public, ni de contribuer aux gaiges et entretenement d'iceux sur la communauté, sans permission expresse du roy, par lettres-patentes en bonne forme et duement vérifiées, à peine de l'amende et d'en répondre; permettant néanmoings à des maistres particuliers de tenir escoles privées en leurs maisons d'habitation, sans être, leur escole, composée d'autre régent, sans prendre salaire ni gaiges que des escoliers ou de leurs parents, à peine de mille livres d'amende » (fol. 330).

D'après ce décret, le collége d'Anduze ne pouvait subsister qu'à la condition d'être autorisé par lettres-patentes du roi, et, comme une telle autorisation serait refusée si on en faisait la demande, cet établissement allait rester sous le coup d'une menace continuelle de suppression. On pouvait, sans doute, y suppléer par des écoles privées; mais celles-ci n'étaient autorisées qu'à la condition d'être tenues dans la maison des maîtres, dirigées par eux seuls, sans le secours d'aucun régent, salariées exclusivement par les élèves ou leurs parents, et sans cesse exposées à être fermées pour la plus petite infraction. Comment ouvrir, dès-lors, des écoles pouvant tenir lieu de collége, alors qu'on était soumis à de telles restrictions, et que l'on courait le risque d'être condamné à une amende exorbitante! Par conséquent, les protestants d'Anduze se virent frappés, dès le mois de février de l'année 1634, par la menace continuelle de perdre leur collége, cet établissement pour lequel ils avaient tant lutté, et qui depuis son existence avait été une source constante d'ennuis et de sacrifices!

IX.

Ce mois de février 1634 devait être fécond, pour la population protestante d'Anduze, en réclamations mal fondées et en jugements iniques. M. Pierre Lambrochon (tel était le nom du vicaire) convoitait toute la maison consulaire. Il en avait déjà obtenu *le bas* pour le transformer en église; maintenant il en désirait les étages supérieurs, dont il voulait faire sa résidence. Il fondait ses prétentions sur ce que cette maison avait appartenu jadis, disait-il, à la confrérie de Saint-Étienne, et qu'à ce titre elle devait lui être restituée comme propriété ecclésiastique; il demandait même l'ancien cimetière, transformé depuis soixante et dix ans en place publique[1]. Jamais réclama-

---

[1] Dans un ouvrage resté en manuscrit dans les archives de la maison commune d'Anduze et qui a pour titre: *Hôtel de Ville et Presbytère*, M. Reilhan a réduit à néant les prétentions de ce vicaire et de tous ceux qui les ont renouvelées après lui.

tions aussi peu fondées en fait et en droit, et cependant il obtint gain de cause.

Dans ce même mois de février, les intendants Le Camus et de Miron se rendirent à Anduze, et y firent signifier une ordonnance longuement motivée qui se terminait par ces mots : « Nous avons ordonné et ordonnons que la dite maison de la confrérie de Saint-Étienne (la maison de Ville) sera rendue au dit Lambrochon. Enjoignons aux consuls et à tous ceux qui l'occupent, ou en partie et en portion d'icelle, de vuider dans quinze jours la dite maison, et en laisser la possession libre et vacante au dit Lambrochon, pour y habiter et y retirer les prêtres et religieux qui pourront estre envoyés dans la dite ville *pour la propagation de la religion catholique, apostolique et romaine* et exercice d'icelle, avec deffence à tous d'y apporter aucun trouble ni empeschement, *sur peine de la vie....* Ordonnons pareillement que le lieu du cimentière attenant ès environs de la dite maison de la confrérie de Saint-Étienne, où par abus et depuis les troubles le marché du bestial auroit esté établi, sera rendu à l'esglise pour l'usage d'icelle[1]... » Ainsi, les magistrats de tous les ordres semblaient prendre à tâche, les uns après les autres, de dépouiller les protestants d'Anduze de tout ce qu'ils croyaient leur être garanti par les usages, par les priviléges municipaux et surtout par les édits.

---

[1] Les consuls d'Anduze firent opposition à l'exécution de cette ordonnance, ils en appelèrent devant le parlement de Toulouse; le procès se prolongea jusqu'en 1647 et fut terminé par une transaction amiable. Ces magistrats furent autorisés à rester dans la maison de Ville, mais à la condition qu'ils paieraient au vicaire une rente annuelle de douze livres.

X.

Et cependant, quelles que fussent les injustices dont ils étaient l'objet, ces mêmes protestants continuèrent à se montrer dévoués à la personne du monarque et aux intérêts de l'État. Ils en donnèrent la preuve dans deux grandes circonstances. En 1637, lorsque les Espagnols en guerre avec la France envahirent nos provinces méridionales, les réformés du Languedoc prirent les armes à la première réquisition, et marchèrent résolûment à l'ennemi [1]. Ceux d'Anduze ayant été convoqués en assemblée générale, le 20 septembre de cette année, déclarèrent par acclamation : « Que pour ne pas retarder le service du roy, attendu la volonté de tous les habitants qui est de s'en aller servir le roy, sous la conduite et commandement de Monsieur le baron d'Anduze, leur seigneur, tous les dits habitants capables de porter les armes partiront demain matin..... » (fol. 448). Quel entrain et quelle bonne volonté !

Deux ans après, le 9 octobre 1639, les mêmes dangers s'étant renouvelés, « la jeunesse de la ville d'Anduze voulant témoigner sa bonne volonté pour servir le roi, s'organisa elle-même en compagnie franche, « et le Conseil de ville ne fut pas plus tôt avisé de cette résolution que, rivalisant de zèle, il lui accorda deux mulets pour porter ses bagages » (fol. 507).

Tous ces témoignages de bon vouloir de la part des pro-

---

[1] Catholiques et protestants, nobles, prêtres et bourgeois rivalisèrent d'ardeur, dit Henri Martin ; on vit les montagnards des Cévennes marcher côte à côte avec la milice bourgeoise de Toulouse, et l'évêque d'Alby chevaucher, les pistolets aux arçons, à la tête d'une compagnie. (*Histoire de France*, tom. XI, pag. 468.)

testants n'échappait pas à l'œil clairvoyant de Richelieu et de Louis XIII qui s'y montraient sensibles, et qui en manifestaient leur contentement à l'occasion. Mais ils n'en restèrent pas moins dominés par leur aversion pour la religion réformée, et, tout en la laissant subsister dans le royaume, ils ne discontinuèrent pas jusqu'à leur mort de la miner sourdement, afin d'en préparer la ruine.

CHAPITRE VII

LE CONSISTOIRE D'ANDUZE ET L'APPLICATION QU'IL FAIT DE LA DISCIPLINE.
(1643-1660.)

SOMMAIRE.

La mort de Richelieu et celle de Louis XIII procurent aux réformés du royaume plusieurs années de calme. — Le consistoire d'Anduze était en grande partie composé de membres appartenant à la bourgeoisie. — Affaire du pasteur Arnaud. — Affaires diverses dont ce corps ecclésiastique est chargé. — Affaires intérieures et matérielles. — Observation du jour de repos. — Fréquentation du culte. — Participation à la Sainte-Cène. — Rapports défendus entre les protestants et les catholiques. — Sollicitude du consistoire pour les pauvres. — Sa vigilance pour prévenir les mauvaises mœurs. — Emploi fait par le consistoire des peines disciplinaires. — Le consistoire appliquait au besoin la discipline sur ses propres membres. — Il les faisait respecter.

I.

La mort qui frappa presque coup sur coup Richelieu (4 décembre 1642) et Louis XIII (14 mai 1643), vint empêcher pour plusieurs années la cour de France de travailler ostensiblement à la conversion des protestants du royaume. La régente Anne d'Autriche et Mazarin avaient trop à s'occuper des troubles de la Fronde pour chercher à extirper ouvertement et avec suite ce que dans le langage clérical on appelait « les erreurs de l'hérésie de Calvin »; d'ailleurs, leurs alliances avec les peuples protestants leur commandaient de s'abstenir de toute hostilité flagrante à l'égard des réformés. A la vérité, les intendants, les gouverneurs des provinces, les parlements et les autres corps judiciaires ne se montraient pas si réservés. Pour le moindre prétexte, à la première occasion, ils prononçaient des condamnations tantôt contre des pasteurs, tantôt contre des Églises; mais c'étaient là des actes isolés, des jugements particuliers, qui étaient rendus, disait-on, en vertu des édits. La partialité dictait ces arrêts, toutefois elle avait soin de les revêtir d'un caractère de légalité. Somme toute, les protestants se seraient estimés très-heureux s'ils avaient pu conserver la liberté et la tranquillité relatives dont ils jouirent jusqu'aux environs de l'année 1660. Pendant dix-sept ans il y eut donc repos à peu près satisfaisant pour les réformés du royaume. Ils purent sans trop d'entraves célébrer leur culte, convoquer leurs assemblées ecclésiastiques, et vivre dans l'exercice de leur religion selon leurs règles disciplinaires. Durant cette période, aucun événement majeur en rapport avec les affaires générales du pays ne se produisit au milieu d'eux, et particulièrement dans la ville d'Anduze. Dans l'intervalle de ces dix-sept années, l'historien n'est donc pas appelé à relever des faits de guerre religieuse ou des actes d'arbitraire et d'injustice, émanant de la cour contre les protestants; il peut donc mieux que jamais tracer le tableau de cette piété, de cette discipline, de ces mœurs particulières, de cette organisation presbytérienne qui faisaient des réformés dans le royaume comme un véritable peuple à part. Jamais moment plus opportun pour saisir le véritable caractère de la physionomie de la société protestante pendant le XVIIe siècle. Jusqu'à la mort de Louis XIII, les prises d'armes, les préoccupations militaires avaient en quelque sorte transformé les disciples de Calvin en hommes de guerre; ils tenaient trop souvent entre leurs mains le mousquet et la pique, pour qu'ils pussent apporter assez d'attention à la lecture de leur Bible; et ils se montraient trop fréquemment dans les assemblées politiques, pour qu'ils fussent assidus aux assemblées religieuses. Plus tard, lorsque le gouvernement de Louis XIV se mit à les harceler par des vexations continuelles, la violence des persécutions produisit dans leurs esprits, ou une surexcitation furieuse, ou un morne découragement; les uns s'exaltèrent au point de préférer l'exil et la mort à une honteuse apostasie, les autres s'effrayèrent tellement qu'ils abjurèrent même avant que d'y avoir été contraints. Nous sommes donc arrivé au bon moment pour saisir dans sa vérité la physionomie protestante du XVIIe siècle; arrêtons-nous donc devant elle, et traçons-en le portrait d'une main calme et impartiale.

II.

Chaque Église réformée, comme on le sait, était administrée par un consistoire; celle d'Anduze avait le sien composé de deux pasteurs, de douze anciens et d'autant de diacres. A ceux-ci revenait le soin des pauvres, d'après les statuts disciplinaires, tandis que les anciens étaient chargés de la direction des affaires ecclésiastiques, et qu'ils constituaient une espèce de tribunal de mœurs. Mais, dans la pratique des affaires, la spécialité des fonctions disparaissait presque toujours.

Ces charges n'étaient pas perpétuelles, elles ne pouvaient durer qu'une année. Au consistoire seul appartenait le droit de nommer les membres qui le composaient. L'Église n'intervenait en rien dans le renouvellement des corps ecclésiastiques placés à sa tête. Il est juste de reconnaître que Napoléon Ier, en exigeant, dans la loi organique de l'an X, l'adjonction de douze notables aux anciens en exercice pour le renouvellement des consistoires, et Napoléon III, en confiant ce renouvellement au suffrage universel, ont montré plus d'entente des principes protestants que les auteurs de la discipline alors en usage.

De ce mode de nomination, il résultait que le consistoire d'Anduze (et il en était de même dans toutes les Églises du royaume) était toujours composé des mêmes membres, et que ces membres appartenaient aux familles les plus considérables du troupeau. Sans nul doute, l'importance du nom et de la position des anciens relevait leur autorité et plaçait leurs décisions au-dessus des attaques et des révoltes du commun des fidèles. Il y avait là un avantage incontestable, et presque une nécessité absolue pour l'exercice du pouvoir consistorial qui, n'ayant pour sanction qu'une pénalité purement disciplinaire, ne pouvait fonctionner qu'à la condition d'être appuyé sur le respect et sur l'obéissance volontaire de tous.

Mais, du fait que le pouvoir ecclésiastique était en quelque sorte devenu le monopole de la bourgeoisie, découlait un inconvénient regrettable. Cet inconvénient, c'était le manque de courage et de résolution dans les circonstances difficiles. Les notaires, les médecins, les hommes de loi, les marchands, les nobles, entre les mains desquels résidait l'autorité consistoriale, soit par excès de prudence, soit par habitude de soumission, pliaient trop souvent sous la pression des menaces des intendants et des gouverneurs, et ne protestaient pas avec assez d'énergie contre les jugements iniques qui parfois frappaient les Églises ou les pasteurs. La facilité de souscrire sans résistance aux arrêts et aux décisions des magistrats malveillants et injustes se trahit en 1644, à l'occasion de l'arrestation et de l'interdiction illégale d'un pasteur d'Anduze nommé Arnaud.

A cette époque, les Églises de la contrée, déjà épuisées par les anciennes guerres, accablées par le logement des troupes qui depuis deux ans sillonnaient le pays, se voyaient dans l'impossibilité, à cause de leur extrême misère, de pourvoir à l'entretien de leurs ministres. Dans cette cruelle nécessité, deux d'entre elles, voisines de l'Église d'Anduze, conçurent l'idée de s'associer avec cette dernière pour jouir, moyennant indemnité, du ministère de ses deux pasteurs. Cet arrangement fut bientôt accepté, car le consistoire d'Anduze était assez embarrassé pour payer « les gaiges » de ses deux ministres, malgré la diminution notable qu'il leur avait fait subir (de 500 livres il les avait réduits à 300).

Voilà donc les pasteurs Arnaud et son collègue (Soleil) autorisés à exercer leur ministère à Tornac et à Ribaute. Malheureusement, la châtelaine de cette dernière localité était ardente catholique, et elle voyait avec peine ces deux ministres venant remplir leurs fonctions dans le ressort de sa seigneurie. Elle chercha à les en empêcher, et, pour arriver à ses fins, elle s'autorisa d'une ordonnance du roi rendue en 1636, défendant aux pasteurs de prêcher dans les lieux autres que ceux pour lesquels ils avaient été appelés. Arnaud ne tint aucun compte de l'opposition de la dame de Ribaute. Celle-ci en appela au lieutenant général de la province, qui, pour lui prêter main-forte, envoya sur les lieux une compagnie de soldats. Arnaud passa outre et vint présider le culte. Sur l'ordre de la châtelaine, la troupe le chassa en usant de violence contre lui. La population indignée protesta avec énergie contre cet acte brutal et arbitraire, et menaça de se mutiner contre la force armée. Le lieutenant général envoya de nouvelles troupes et fit emprisonner le pasteur. Il le relâcha pourtant quelques temps après, mais il obtint un ordre du roi qui prononçait son interdiction.

Pendant tous ces débats, le consistoire d'Anduze, qui aurait dû prendre en main la défense d'Arnaud, resta prudemment tranquille ; il laissa lâchement son pasteur exposé aux poursuites de la dame de Ribaute et du gouverneur de la province, et, dès qu'il eut appris la condamnation d'Arnaud, il se hâta de pourvoir à son remplacement. Le conseil du roi ne se contenta pas du jugement d'interdiction dont il avait frappé ce malheureux pasteur ; il se plaignit avec hauteur, au début du synode tenu à Charenton l'année suivante (1645), par l'organe de son commissaire, de la conduite de la population de Ribaute et de celle d'Arnaud. Le modérateur de l'assemblée (Garrissoles) les justifia l'un et l'autre. (Aymon, tom. II, pag. 634 et 639.)

Arnaud se présenta devant le synode, implorant ses conseils et son assistance. L'assemblée, qui lui était sympathique, lui conseilla : « que s'il vouloit faire lever l'interdict que le roi avoit mis sur lui, il s'adressât aux cours de justice de Sa Majesté et non pas à d'aultres »; et comme le malheureux pasteur d'Anduze s'était plaint de son consistoire et d'un pasteur nommé Bouy, sur lequel il faisait retomber en partie l'abandon où son Église l'avait laissé, le synode, faisant droit à sa plainte, ajouta : « qu'au cas qu'il plût à Sa Majesté de lever l'interdict et de le rétablir dans son ministère, alors il allât au consistoire de l'Église de Nismes qui, après avoir envoyé des depputés sur les lieux pour prendre connoissance du procédé que l'Église d'Anduze avoit tenu à son endroit, et s'informer pareillement de la conduite de M. Bouy à son égard, lequel avoit été mis dans la dite Église, et qui, après avoir appelé trois ou quatre pasteurs de Églises voisines à son assistance, pour rendre ses actes plus valides, procéderoit, par l'autorité de ce présent synode, au rétablissement du dit sieur Arnaud, et à la censure des personnes qui l'avoient si lâchement et si honteusement laissé dans l'embarras, et censureroit le dit sieur Bouy qui avoit pris sa place ; et qu'on useroit envers lui selon les rigueurs de la discipline, si après une exacte information il étoit notoire qu'il n'y eût pas été mis selon les formes prescrites par les canons. Et il fut décrété que l'Église d'Anduze et le sieur Bouy payeroient les frais que les depputés du consistoire de Nismes seroient obligés de faire. » (*Idem*, pag. 691.)

Le synode se montra sévère dans cette circonstance, et sa décision fut presque une flétrissure pour le consistoire d'Anduze. Il faut reconnaître aussi qu'elle était bien méritée, car la conduite de ce corps ecclésiastique, dans l'affaire de M. Arnaud, trahissait une trop grande pusillanimité. A part cette timidité, dont la bourgeoisie protestante se montra quelquefois animée, il est juste de dire qu'elle déploya toujours, au sein des consistoires, un grand zèle dans l'exercice des fonctions ecclésiastiques qu'elle s'était presque appropriées.

III.

Ces fonctions étaient nombreuses, difficiles et délicates surtout dans l'Église d'Anduze. Celle-ci, comme il a été dit précédemment, était chef-lieu d'un colloque, et à ce titre elle avait à s'occuper d'une foule d'affaires dont la solution lui était journellement confiée.

Le consistoire d'Anduze était chargé de sanctionner par son approbation les choix de pasteurs faits par les Églises de la province des Cévennes dans l'intervalle d'un synode à un autre. Ainsi, « les depputés de l'Église de Cardet s'étant présentés devant le synode des Cevennes tenu à Alais, en juin 1664, pour requérir un pasteur, et en cas qu'ils n'en puissent obtenir un, ayant demandé la permission de se pourvoir d'un ministre dedans ou dehors la province, la compagnie leur permit de faire cette recherche et de recevoir le pasteur qu'ils auroient choisi, mais à la condition qu'il seroit approuvé par le consistoire de l'Église d'Anduze. » Dans la même assemblée, « les Églises de Saint-Romain de Cadières, Saint-Hilaire de Lavit, Gabriac, Molezon et autres, voyant que le synode n'avoit point de pasteurs pour les pourvoir, réclamèrent la permission d'en rechercher au dedans ou au dehors de la province. Cette autorisation leur fut accordée, mais à la condition d'avoir le consentement et l'approbation du consistoire d'Anduze, lorsqu'il s'agiroit de la désignation de la personne des pasteurs qu'elles rechercheroient. » Une telle mission était sans doute honorable, mais elle faisait peser sur le consistoire d'Anduze une bien lourde responsabilité. Elle n'était pas la seule. Ce corps ecclésiastique jugeait les différends survenus dans le voisinage entre les pasteurs et leurs Églises, ou les membres de leurs troupeaux : ainsi, dans ce même synode de 1664, « un pasteur du nom de Thubert s'étant plaint que l'Église de Ledignan et Aigremont refusoit de lui payer quelques restes de sa subvention et le transport de ses meubles, la compagnie nomma le consistoire de l'Église d'Anduze pour connoistre de ce différend, et juger selon l'autorité du synode. » Douze ans plus tôt, en 1652, le sieur Lacombe comparaissait devant le même consistoire pour une affaire qu'il avait avec mademoiselle Lacoste. La compagnie, après l'avoir ouï dans sa défense, conclut « que si, entre ce jour et le mercredi suivant, il ne satisfaisoit pas à mademoiselle de Lacoste de la somme de 115 livres qu'il lui devoit, il seroit suspendu de son ministère, conformément à l'article du synode. »

L'examen de l'aptitude des proposants était également confié au consistoire d'Anduze. En 1772, le 29 décembre, « le sieur Pontier, proposant, se présenta à la censure de cette assemblée; il fut loué de sa piété, et exhorté à travailler incessamment pour se rendre capable des saintes Lettres, pour pouvoir en jouir et servir utilement l'Église de Dieu. »

Les questions de comptabilité étaient soumises à son arbitrage. Ainsi, le synode d'Alais, tenu en 1666, décida « que l'Église d'Anduze feroit recherche de tous les despartements (cotisations imposées) qui avoient été faits depuis trente ans dans la province, et qu'ils (les anciens) les apporteroient au prochain synode, et que les pasteurs Pelet et Bouton se joindroient au consistoire d'Anduze pour travailler à la révision de ces comptes. »

Ce même consistoire était dépositaire des archives de la province et des papiers importants des Églises du ressort synodal. Ainsi, dans le synode de 1666, « le pasteur Baudau représenta à la compagnie que, suivant les pouvoirs qui lui avoient été conférés, il avoit transigé au nom de la province avec le procureur des habitants de Florac, et qu'un extrait de cet acte avoit été remis à M. Deleuzière, ancien du consistoire d'Anduze, pour qu'il fût déposé aux archives des actes de la province. » Le consistoire se montrait fort soucieux de ce dépôt et prenait toutes les précautions nécessaires pour le garder intact. En conséquence, le 30 juillet 1681, il décida : « que le diacre de semaine ne feroit l'ouverture des archives, pour chercher des actes, sans l'assistance de son ancien ou aultre de la compagnie, et qu'ils ne laisseroient sortir aucun acte pour quelque prétexte que ce fût, sans une délibération expresse du consistoire. »

Ces affaires extérieures, sans compter beaucoup d'autres qu'il serait trop long de rapporter, réclamaient tous les jours l'intervention du consistoire d'Anduze et aggravaient lourdement sa charge.

IV

A l'intérieur, les questions à résoudre étaient plus délicates et plus nombreuses. Elles se divisaient en deux catégories : les unes concernant les affaires matérielles, et les autres les affaires disciplinaires. Faisons une rapide énumération des premières.

La question des ensevelissements. Le consistoire devait veiller à l'entretien du cimetière, à la nomination du sépultureur (préposé aux pompes funèbres), à la police des inhumations, à la bonne tenue des registres des décès.

La question du temple. La cloche se cassait ou elle était fêlée, il fallait la remplacer ; — les murs se lézardaient ; le pavé, la toiture se détérioraient, il fallait en appeler au Conseil de ville ou ordonner des réparations.

La question du personnel des employés du culte. Le chantre, le lecteur, l'avertisseur (le concierge) se retiraient, il fallait les remplacer ; — ils se plaignaient du non-paiement ou de l'insuffisance de leurs gages, il fallait satisfaire à leurs justes réclamations.

La question des bancs du temple. Chaque famille avait le droit d'en faire placer, avec l'autorité du consistoire. Ces bancs, véritable propriété de ceux qui les avaient établis, pouvaient être vendus, légués par dispositions testamentaires, ou partagés entre héritiers ; de là, des procès entre vendeurs et acheteurs, des querelles entre frères, des plaintes, des réclamations journalières à l'occasion lesquelles le consistoire avait à prendre des décisions.

La question du ministère. Il y avait toujours deux pasteurs

à Anduze, et comme, à cette époque difficile, les Églises ne conservaient pas longtemps leurs conducteurs spirituels, cette question occupait souvent le consistoire. A chaque vacance, il devait faire de longues recherches pour trouver un pasteur qui pût répondre aux convenances du troupeau ; il avait ensuite à s'entendre pour la confirmation de son choix avec le Conseil de ville, qui intervenait toujours, avec le synode de la province, auquel revenait le droit de nommer les pasteurs. Il fallait fixer les gages de ces derniers, en assurer le paiement par une cotisation sur tous les membres du troupeau, dresser *le livre de l'imposition du ministère*, charger un receveur d'en opérer le recouvrement.

La question du collège. Depuis que Louis XIII avait interdit aux conseils des villes du royaume de fournir un local pour les écoles et les collèges des réformés, d'en salarier les régents, le consistoire d'Anduze s'était vu chargé de tout ce qui concernait l'administration du collège protestant établi dans la maison de Ville. Il avait fallu lui procurer un local et en payer la ferme, rechercher des régents, pourvoir à leur remplacement, réclamer le paiement de la somme due par chaque Église de la province pour l'entretien de cet établissement. Que d'affaires de cette nature ! que d'occupations elles occasionnaient au consistoire d'Anduze, et en même temps que de difficultés et d'ennuis !

Passons vite, et abordons enfin les affaires purement disciplinaires qui étaient de la compétence de ce corps ecclésiastique.

V.

Dans cette catégorie venaient se grouper les questions concernant le culte, la charité et les bonnes mœurs.

Le culte était régulièrement suivi. Il faut dire, à la louange de nos pères, qu'ils observaient scrupuleusement le repos du dimanche ; ce jour-là, tout travail manuel était suspendu ; les hommes des champs n'allaient pas cultiver la terre, les marchands fermaient leurs boutiques, les artisans leurs ateliers ; les chirurgiens-barbiers ne devaient pas recevoir leurs pratiques, les cabarets n'étaient pas fréquentés. Le consistoire veillait avec une active vigilance à l'observation exacte du jour du repos. A la moindre infraction qui lui était signalée, il appelait à sa barre les délinquants.

Le 11 avril 1657, « le consistoire ayant appris que Monsieur Arnaud cordonnier avoit travaillé le jour du dimanche, décida qu'il seroit cité au mercredi suivant. »

Le 25 du même mois, « les maistres chirurgiens à qui défense avoit été faite de travailler le jour du dimanche, à peine d'être suspendus des saint Sacrements, promirent de le faire ; ils supplièrent seulement la compagnie de leur permettre de tenir leur boutique ouverte pour faire les opérations chirurgicales ; ce qui leur fut accordé, sans innovation et infraction de la défense qu'ils seroient tenus d'observer ponctuellement, sans qu'ils puissent faire aucune barbe ; et dans le cas qu'ils y contreviendroient, le consistoire décida qu'il seroit procédé contre eux suivant la teneur de son ordonnance. »

Le 22 mai de la même année, « il décida que les sieurs Deleuze, Imbert, et la dame Durand, seroient cités pour avoir tenu leurs boutiques ouvertes le dimanche. »

Le 29 août de la même année 1657, « le consistoire ordonna que les maistres cordonniers et tailleurs seroient cités au mercredi suivant, sur ce que les chirugiens avoient rapporté à la compagnie qu'ils travailloient le dimanche. »

Le 24 juillet 1675, « Marc Duplan ayant scandalisé l'Église pour avoir travaillé le dimanche, fut suspendu du saint Sacrement. »

Le même jour, « Favier et sa femme ayant enfreint le jour du repos, furent suspendus du sacrement de la Cène. »

Le 8 septembre 1683, « Pierre Puech *dit* Regnard ayant comparu devant le consistoire, le sieur Malplach pasteur lui représenta que, sur le rapport fait à ceste compagnie qu'il auroit scandalisé l'Église en ce que, dimanche dernier, il auroit travaillé, en semant des raves à sa pièce, que cela avoit obligé à le faire citer, et il l'exhorta à dire la vérité. Puech répondit qu'il étoit véritable que dimanche dernier il s'étoit rendu à sa pièce et qu'il avoit jeté sur la terre quelque peu de graine, et qu'il l'avoit enterrée avec le pied, et en a demandé pardon à Dieu et à l'Église. La compagnie, après cette confession, usant de sa douceur accoutumée, décida que Puech seroit grièvement censuré, et suspendu en particulier de la sainte Cène du Seigneur ; ce qui fut fait par M. le pasteur Malplach, qui, après l'avoir grièvement censuré, lui prononça la suspension et l'exhorta d'y obéir. »

Le 26 novembre 1683, « le sieur Atger marchand fut dénoncé au consistoire pour avoir cueilli des olives le dimanche précédent, et les avoir apportées à sa maison dans un sac de toile. La compagnie décida que le sieur Atger seroit cité au mercredi suivant, pour raison de ce dont il étoit accusé. »

Le 4 juin 1677, « le consistoire fit défendre en chaire, avec une vive exhortation, de n'aller point manger au cabaret le dimanche. »

Le 26 mai 1683, le consistoire décida « que le pasteur Vincent, qui étoit en semaine, à la fin de sa prédication du matin feroit une exhortation aux habitants de ne se faire point payer le jour du dimanche, sous peine d'être suspendus publiquement de la Sainte-Cène, suivant les règles de la discipline. »

VI.

Ne devant pas travailler, sous peine des censures canoniques, ni dans les maisons ni dans les champs ; détournée de la fréquentation des cabarets le jour du dimanche, la population protestante d'Anduze fréquentait assidûment le temple. Il y avait, chaque dimanche, deux prêches qui étaient régulièrement suivis. Le consistoire y veillait attentivement. Par son ordre, dès le matin du jour du repos, les anciens parcouraient les rues de la ville et engageaient tous les protestants dont ils avaient la rencontre, à se rendre dans la maison de Dieu. Il ne se contentait pas d'employer ses membres à aller faire entendre ses exhortations, il appelait à cet office les conseillers de l'hôtel de Ville. Le 28 novembre 1677, le consistoire décida que « les anciens qui seroient à la portée des conseillers engageroient ces derniers à prendre garde, avec eux, qu'on ne profanât pas le jour de repos, et qu'on se rendît assidûment au temple. »

Le consistoire ne se bornait pas à inviter les membres de l'Église à se montrer assidus au culte, il exigeait en même temps qu'ils restassent dans le temple jusqu'à l'issue du service. Il paraît que quelques-uns avaient la mauvaise habitude de se retirer avant la bénédiction finale ; le consistoire se hâta d'y apporter bon ordre. Le 9 juillet 1681, il arrêta « que personne ne sortiroit du temple sans que la bénédiction n'eût été prononcée ; il ordonna que les anciens chargés de se tenir à la porte prendroient soin de les empescher ; il décida que les contrevenants seroient cités devant lui, et qu'il seroit procédé contre eux par les voies de la discipline; et afin que personne ne l'ignorât, il fut convenu que cette délibération seroit lue en chaire le dimanche suivant, après la prédication du matin. »

VII.

Nourris dans les sentiments d'une piété profonde, les protestants d'Anduze se montraient empressés à participer au sacrement de la Sainte-Cène. A chaque fête solennelle, on les voyait s'approcher de la Table sacrée, sans distinction de sexe, d'âge et de condition. Si quelque membre du troupeau négligeait de communier, il était aussitôt mandé devant le consistoire. C'est ce qui arriva, le 4 septembre 1682, à un nommé Bastide fils. « Le pasteur Vincent lui représenta qu'il étoit venu à la connoissance de la compagnie qu'il n'avoit pas communié au saint sacrement de la Cène, depuis un an et plus, et que cette négligence les avoit obligés à le faire comparoistre; à quoi il fut exhorté, et il promit de communier à l'avenir. »

Le consistoire n'exhortait pas seulement les membres de l'Église à fréquenter la Table sacrée, il tenait surtout qu'on s'y présentât dans des dispositions convenables. A cet effet, plusieurs jours avant chaque fête, il se réunissait en séance extraordinaire où il faisait ce qu'on appelait « les censures ». Il dressait deux rôles : l'un pour les membres de l'Église qu'il autorisait à communier, et l'autre pour ceux qui à ses yeux ne devaient pas se présenter à la Table sainte. Aux premiers il faisait délivrer des marreaux (espèce de jeton) afin qu'ils pussent justifier, en présentant cette marque, qu'ils étaient autorisés à participer au sacrement de la Cène... Le 16 décembre 1682, il décida que « personne ne seroit reçu à la communion, s'il ne portoit un marreau qui seroit délivré par les sieurs Martin et Soubeiran à l'un des chefs de chaque famille ou autres personnes bien connues, dans la maison des dits Martin et Soubeiran. Il exhorta également les étrangers à faire leur communion, chacun à son Église, ou à ne point se présenter sans avoir un certificat de son pasteur. »

Quant à ceux qui étaient exclus de la sainte Cène, ils étaient avertis de la décision prise à leur égard. C'est ce qui arriva, entre autres, le 25 mars 1644, à un nommé Jean Bernard, et à sa femme Mademoiselle Robert, à qui, par ordre du consistoire, l'avertisseur (le concierge) alla dire « de ne pas se présenter au sacrement de la sainte Cène le dimanche suivant »; et à un nommé Gauzaguet, soldat de M. le chevalier d'Anduze, que l'ancien M. Flavart, par ordre du consistoire, le 12 avril 1675, alla trouver, « pour lui déclarer qu'il eût à s'abstenir de la participation de la sainte Cène, parce qu'il avoit scandalisé l'Église. »

Ceux à qui la communion avait été interdite allaient quelquefois communier dans les Églises voisines; le consistoire, blessé de ce manque de respect pour son autorité, ne manquait pas de prendre des mesures afin d'arrêter un tel abus. Ainsi, le 26 août 1682, il chargea le sieur Flavart, son secrétaire, « d'envoyer des billets à tous les ministres des Églises circonvoisines du colloque d'Anduze, pour les prier, au nom du consistoire, de ne recevoir point à la communion le sieur Mirel Dumas, marchand, et Jaques Nicolas, facturier, comme en ayant été privés par délibération du consistoire. »

Sans doute, ces précautions n'étaient pas suffisantes pour éloigner des Sacrements ceux qui en réalité n'étaient pas dignes d'en approcher. Mais toutes les mesures avaient été prises afin que la Table sainte ne fût pas profanée ; la discipline avait été observée et le mandat du consistoire était rempli : c'était à la conscience des interdits et à l'esprit de Dieu à faire le reste.

VIII.

Plus les réformés se montraient assidus à fréquenter leurs temples, à lire les saints Livres, à participer à la communion, et plus ils éprouvaient de l'attachement pour leurs principes religieux. Il était avantageux pour leur foi de trouver ainsi un aliment journalier dans les exercices de la piété, car elle était en butte, de la part des catholiques, aux tentatives du prosélytisme le plus ardent et le moins scrupuleux. Depuis Louis XIII et Richelieu, tout le monde voulait jouer auprès des protestants le rôle de convertisseur. Les uns par bon ton, les autres par dévotion, le plus grand nombre par ambition, se posaient en ennemis de la Réforme et travaillaient à lui enlever des âmes. Ce prosélytisme naissant, encouragé par le clergé, se servait du concours de tous pour faire des conquêtes. Par les instituteurs et les institutrices, on cherchait à gagner les enfants ; par les maris, les femmes ; par les femmes, les maris ; par les maîtres, les serviteurs et les servantes ; par les missionnaires, les esprits simples et ignorants ; par les grands seigneurs, les ambitieux ; par l'argent, les âmes bassement vénales. Malheur au protestant jeune ou vieux, riche ou pauvre, qui se trouvait en relation continuelle avec les catholiques ! il était bientôt attaqué dans sa croyance, harcelé, sollicité, et il lui fallait beaucoup de fermeté pour échapper aux pièges qu'on lui tendait. Les réformés étaient donc sans cesse exposés à ce danger, et, pour l'éviter, le plus sage pour eux était de se tenir éloignés des catholiques. Les consistoires leur en faisaient une obligation; cet isolement, commandé par les circonstances du moment, leur donnait un air d'étroitesse et d'intolérance qui semble incompatible avec la largeur de vues des protestants. Mais le péril rend les hommes prudents jusqu'à l'inconséquence, et les corps ecclésiastiques qui avaient charge d'âmes, se préoccupant avant tout de celles-ci, au risque de se montrer en contradiction avec leurs principes, ordonnaient, sous les peines canoniques les plus sévères, de ne pas se mettre en rapport avec les gens de contraire religion et de ne pas leur confier les enfants. Ainsi agissait le consistoire d'Anduze.

Le 17 février 1744, « il fut avisé que la fille de feu Bourelly avoit été envoyée à Frontignan entre les mains d'un habitant de contraire religion. Aussitôt il décida d'appeler tout présentement les parents de la jeune fille. Un nommé Firmin Robert, oncle de celle-ci, et son tuteur, affirmèrent n'avoir point consenti à l'envoi qu'on leur reprochoit, et ils promirent de l'envoyer chercher dans huit jours, à peine d'être privés des saints Sacrements; à quoi ils acquiescèrent. »

Le 16 mars de la même année, le consistoire « chargea les Messieurs Malachane et Cahours (anciens) de dire à Monsieur de Brenoux de ne pas envoyer à l'avenir sa fille à aucune maistresse de contraire religion; autrement qu'on procéderoit contre lui et Mademoiselle sa femme suivant la discipline. »

Le 25 du même mois, « il fut délibéré dans le sein du consistoire, que tous ceux et celles qui avoient été le jeudi précédent au soir à l'église (probablement pour y entendre quelque missionnaire), ne participeroient pas au sacrement de la Cène, jusques à avoir été en consistoire, ce qui seroit publié en chaire le dimanche suivant. »

Le 30 du même mois, « le sieur David Bouscaris fut appelé devant le consistoire, à cause qu'il tenoit (logeait) une maistresse de contraire religion dans sa maison, et qu'il y envoyoit aussi ses enfants. Après plusieurs remontrances qui lui furent faites, il promit de la congédier. »

Le 19 juin, « le nommé Jean Franc, travailleur, et sa femme, furent signalés au consistoire comme ayant baïlhé leur fils au prieur, qui le vouloit obliger d'aller à la messe. Ils furent cités pour comparoistre devant la compagnie. »

Le 30 juin, « la femme se présenta seule; on lui dit que, d'après la rumeur publique, son fils s'étoit révolté, et on lui fit plusieurs remontrances pour qu'elle le retirât, ce qu'elle ne voulut pas promettre. Alors la compagnie donna charge aux dits sieurs Cabanis et Condamine (anciens) de s'informer si le fils de cette femme alloit à la messe, oui ou non, pour procéder, selon leur rapport à cette affaire, suivant la discipline. »

Dans le même mois, le consistoire délibéra « que le sieur Dronby, dit Langedron, et sa fille, seroient appelés, attendu qu'il vouloit consentir au mariage de sa fille avec un de religion contraire. »

IX.

La charité envers les pauvres, si recommandée dans l'Évangile, considérée par toutes les communions protestantes comme l'une des obligations les plus sacrées de la religion chrétienne, entrait pour une très-grande part dans l'œuvre des consistoires. En présence de l'Église romaine, qui épiait d'un œil jaloux les faits et gestes des réformés, en présence des profondes misères que les guerres, les épidémies, la disette accumulaient à cette époque sur la population générale du royaume, à l'instar de tous les consistoires, celui d'Anduze faisait, des besoins des pauvres, le sujet constant de ses préoccupations. Il demandait beaucoup, et il est juste de reconnaître que ses appels n'étaient pas infructueux. Tous les testateurs, en dictant aux notaires leurs dernières dispositions, avaient grand soin de léguer aux pauvres de l'Église une somme plus ou moins considérable. Il arrivait souvent que des membres du troupeau donnaient à ces derniers leurs biens en entier. A l'issue de tous les services religieux, une collecte avait lieu à la porte du temple. Dans le courant de l'année, le consistoire faisait des quêtes de maison en maison; lorsque les besoins devenaient plus nombreux et plus pressants, il imposait l'Église entière, et obligeait les membres les plus aisés du troupeau à fournir, selon la cotisation qui avait été fixée pour l'alimentation des pauvres, une certaine quantité de pains. Il avait même placé dans les magasins des marchands, des boîtes pour recevoir les dons des acheteurs. Il ne se bornait pas à pourvoir à la subsistance des pauvres, il leur fournissait des vêtements, il procurait des outils aux ouvriers et il leur prêtait de l'argent. Si des enfants à la mamelle étaient abandonnés, il faisait les frais de leur allaitement. Il s'appliquait surtout à soulager les pauvres *honteux*. Ces malheureux étaient secourus par lui de la manière la plus discrète et la plus délicate. Des diacres étaient chargés d'aller les visiter, de s'enquérir de leurs besoins et de leur délivrer secrètement des secours. Les preuves de sa sollicitude pour les nécessiteux abondent, et il suffit d'ouvrir les anciens registres, pour les trouver consignées à chaque page.

Un an après la mort de Louis XIII, pendant cette grande famine qui désolait la France entière, le 16 février 1644, le consistoire, ému de pitié, « désigna quelques-uns de ses membres (les sieurs Edièves, Roquette, Cahours et Nolhiac), avec l'assistance de Messieurs les consuls, pour la cotisation des habitants pour le pain, pour pourvoir aux nécessités des pauvres et la taxe des habitants. Et, à cause de cherté du bled, et qu'il n'y avoit aucun moyen de lever l'argent qui étoit dû à la caisse des deniers des pauvres, le consistoire décida de recourir à un emprunt d'argent ou à l'achat de bled, promettant de relever tous ceux qui s'obligeroient solidairement, tant du principal que des dépens et intérets qu'ils pourroient souffrir pour cet emprunt. ».

Le 13 avril 1644, le consistoire fut informé que « suivant la procuration passée par quelques-uns de ses membres, le sieur Claude Jonquet avoit acheté dix salmées de bled touzelle à *crédit*, jusqu'à la Saint-Barthélemy prochaine, pour subvenir à l'entretenement des pauvres, et que ceux qui avoient passé cette procuration demandoient à être relevés solidairement de cette obligation ; ce qu'il promit de faire sans aucune discrepance. Il les loua et les remercia du soin qu'ils avoient eu des pauvres, et il ordonna que le bled acheté seroit mis dans la maison du dit Jonquet pour être distribué aux diacres, chacun par sa semaine, suivant les billettes qui leur seroient adressées pour que le bled fût mis en pains par les diacres, et ensuite être distribués aux pauvres par eux. »

Le 20 octobre 1655, le consistoire, à l'appproche de l'hiver, jugea nécessaire de pourvoir à la subsistance des pauvres, et de faire dans ce but une taxe de pain que les habitants les mieux aisés bailleroient, chaque semaine, pour être distribué aux pauvres, afin qu'ils n'allassent pas mendier aux portes. »

Le 17 juin 1676, le consistoire apprit par un de ses membres (le sieur Cabanis) « qu'il y avoit quelque charité honteuse à faire, et qu'il supplioit la compagnie de nommer quelques personnes pour en avoir la connoissance, sans dire le nom de ces personnes qui sont dans la nécessité, à la face de cette compagnie. Aussitôt la compagnie désigna quelques-uns de ses membres, qui auroient soin de voir ces personnes qui étoient dans la nécessité, et de leur distribuer la charité selon qu'ils le jugeroient à propos. »

Le 18 novembre 1676, le consistoire fut informé « par M. de Lafarelle qu'il y avoit quantité de pauvres qui souffroient faute d'être habillés, et que la compagnie devoit employer ses soins pour les préserver du froid. La compagnie délibéra qu'il falloit habiller ces pauvres, et que n'ayant pas assez d'argent de celui qui se recueille à la porte du temple, à l'issue des exercices, il falloit vendre de leur fonds jusqu'à suffisance. »

Le 15 janvier 1681, le consistoire apprenant « qu'il se trouvoit des comptes chez les apothicaires pour avoir soigné des malades sans qu'il en eût donné l'ordre, décida qu'à l'avenir il seroit informé des malades pauvres qu'il feroit traiter à ses despens, et que les remèdes seroient délivrés de l'avis de trois ou quatre anciens qui en feroient rapport au premier consistoire. »

Le 18 du même mois, « le sieur Vestieu se présenta devant la compagnie du consistoire, et lui représenta qu'il y avoit quelque temps, le nommé Pierre Saltet s'étant vu embarrassé, par la mort de sa femme, d'un petit enfant, l'abandonna; ce que voyant, par charité il avoit obligé sa femme de donner du lait à cet enfant, sous la promesse qui lui fut faite par quelques Messieurs du consistoire qu'on lui feroit payer la dépense du petit enfant à raison de quatre livres par mois; et parce qu'il y a environ deux mois qu'il n'a rien pris pour la nourriture de cet enfant, il prie la compagnie de faire qu'il soit payé, vu qu'il est un pauvre homme, offrant, en considération de l'amitié qu'il a contractée, ainsi que sa femme, pour ce petit enfant, de le nourrir à l'avenir pour quarante sols le mois, pourvu qu'il lui soit payé quarante sols du passé. Le consistoire loua la charité de Vestieu et de sa femme, et décida qu'il lui seroit expédié un mandat de quatre livres : deux livres pour le passé, et deux livres pour un mois à l'avenir, pendant lequel il pensoit que le père du petit enfant viendroit pour le secourir ; et en cas qu'il ne le fît pas, la compagnie useroit de charité pour que ce petit enfant ne mourût pas faute d'aliments. »

Le 4 juin 1681, « un nommé Lauriol vint représenter devant le consistoire qu'il n'avoit pas de quoi vivre, et qu'il ne pouvoit pas travailler de son métier de cardeur, parce qu'il n'avoit point d'outils. La compagnie décida sur-le-champ qu'il lui seroit donné une paire de cardes pour travailler de son métier. »

Ces quelques citations, et mille autres pareilles, témoignent de la sollicitude vigilante que le consistoire déployait en faveur des pauvres nécessiteux. Il était toujours disposé à remplir cette partie importante de sa charge, et même il se montrait jaloux d'en conserver le monopole, tellement qu'il ne permettait pas que des collectes fussent faites dans la ville sans sa permission.

Le 17 février 1644, il apprit que « la femme Bourguet avoit fait une quête par la ville sans son autorisation. Aussitôt il décida que cette femme seroit citée au mercredy suivant, pour rendre compte de cette quête. » La femme Bourguet se présenta au jour indiqué, et, après avoir été censurée, « elle promit de ne pas y retourner à l'avenir, sans la permission de la compagnie. »

Le 5 août 1682, le consistoire fut informé « que deux femmes, Mademoiselle Thaveirol et Rousse Touredione, avoient fait une quête par la ville sans sa permission. Il delibéra qu'elles seroient citées au mercredy suivant, pour rendre raison de leur action. »

Ainsi donc, le consistoire d'Anduze se réservait le soin de pourvoir aux besoins des pauvres. Prétention excessive, dira-t-on peut-être! Sans doute; mais combien sont excusables et dignes d'estime les corps ecclésiastiques qui réclament pour eux, et rendent profitable pour les pauvres le monopole de la charité!

X.

Au reste, les consistoires n'étaient pas seulement institués pour secourir les pauvres et distribuer les aumônes, ils devaient surtout se montrer gardiens vigilants des bonnes mœurs. A ce titre, il entrait dans les devoirs de leur charge d'arrêter les désordres du vice, de pacifier les familles au sein desquelles survenaient des brouilleries, de réconcilier les amis divisés par des questions d'intérêt, d'empêcher les enfants de se rendre coupables envers leurs parents d'ingratitude ou de manque de respect, de protéger les deux sexes contre les tentations périlleuses du monde. Il ne faudrait pas conclure de cette surveillance que la société protestante, à cette époque, fût souillée par la débauche, que la vieillesse n'y fût pas honorée, que les familles y fussent divisées, que l'amour du monde y fût excessif; tout au contraire, les réformés se faisaient remarquer alors par l'austérité de leurs mœurs, par la simplicité de leurs habitudes, par le respect pour la vieillesse, et par leur attachement à la famille. Néanmoins, de temps à autre, des femmes perdues se glissaient dans les villes protestantes, des jeunes filles se laissaient séduire, plusieurs autres allaient se livrer avec les garçons de leur âge au plaisir de la danse ; des procès, des querelles éclataient entre les parents et les amis; des enfants oubliaient le respect et les soins qu'ils devaient aux auteurs de leurs jours : alors les consistoires intervenaient ; ils citaient à leur barre les délinquants, et tâchaient de les rappeler dans les sentiers du devoir. Ainsi faisait celui d'Anduze. Quelques faits, pris au hasard, seront les témoignages vivants de la vigilance qu'il exerçait sur les mœurs.

Le 19 juin 1644, « le consistoire donna charge à deux de ses membres (Cahours et Malachane) de solliciter Messieurs les consuls, ensemble les officiers au besoin, de faire sortir de la ville la femme Cabrialage, vu qu'il lui avoit été affirmé qu'elle continuoit à mener une mauvaise vie. »

Le 3 novembre 1655, « le sieur Bertrand fut cité devant le consistoire, pour avoir retiré Isabeau Lagarde, qui depuis longtemps menoit une vie debordée et scandaleuse. Il reconnut la vérité de cette accusation, et il dit que c'étoit pour avoir moyen de terminer certains procès et différends qu'ils avoient ensemble, mais qu'à présent elle s'étoit retirée de sa maison; demandant néanmoins pardon à Dieu et à la compagnie du scandale qu'il peut avoir donné. Le consistoire jugea ce Bertrand grandement censurable d'avoir retiré dans sa maison la dite Isabeau Lagarde ; cette censure lui fut aussitôt appliquée, et il fut exhorté à ne pas commettre à l'avenir un pareil scandale. »

Le 1er avril 1677, « le consistoire décida que Messieurs les consuls seroient priés de faire sortir de la ville une femme de mauvaise vie qu'on y avait menée. »

Le 12 octobre 1655, « la fille Dassasse fut citée pour avoir été rendue enceinte. Elle reconnut la vérité de cette accusation, mais elle ajouta que c'étoit sous la promesse du mariage qu'elle avoit été rendue enceinte par Teissier, ce dont elle était grandement repentante, et en demanda pardon à Dieu et à la compagnie. Le consistoire exhorta cette fille à vivre mieux à l'avenir qu'elle n'avoit fait par le passé, et il décida qu'elle seroit suspendue de la Sainte-Cène prochaine en particulier. »

Le 6 octobre 1655, « une nommée Marie Carrieresse fut citée pour avoir permis la fréquentation dans sa maison entre un nommé Mauran et la fille de Lafont, qui avoit été rendue enceinte. Cette femme reconnut qu'elle avoit donné l'entrée de sa maison au dit Mauran et à la dite Lafonte ; mais néanmoins qu'elle ignoroit la conduite qu'ils y tenoient. La compagnie jugea que cette femme Carrieresse était grandement censurable d'avoir permis une telle fréquentation dans sa maison, et décida qu'elle serait suspendue publiquement de la Sainte-Cène. »

Le 5 avril 1656, le consistoire « fit comparoistre le sieur Lafont, qui avoit été appelé parce que sa fille étoit devenue enceinte des œuvres d'un nommé Mauran. Lafont déclara, larme à l'œil, la réalité du fait, mais affirma qu'il n'y avoit pas consenti, et il témoigna une très-grande repentance. La compagnie, témoin de la douleur sincère de Lafont, l'a consolé et l'a exhorté à veiller à l'avenir sur les actions de sa fille, et à ce qu'elle ne retombât point en une pareille faute. »

Le même jour, devant le consistoire, la fille nommée Jeanne Dasse « demanda à être reçue à la paix de l'Église pour avoir été suspendue de la Sainte-Cène par ordonnance de cette compagnie, parce qu'elle avoit fait un enfant; de quoi elle demandoit pardon à Dieu de la faute qu'elle avoit faite, ayant vécu depuis lors chrétiennement sans donner aucun scandale à l'Église. Le consistoire décida que cette fille seroit reçue à la paix de l'Église, le dimanche suivant, à l'issue du prêche. »

Le 23 mai 1657, « sur la proposition faite au consistoire que plusieurs honnêtes jeunes filles apprennent à danser, au grand scandale de l'Église, la compagnie nomma pour s'en informer les sieurs Bouy et Michel, et pour faire appeler les délinquantes en consistoire. »

Le 27 juin de la même année, « le sieur Ribes ayant été cité pour avoir dansé, se présenta devant le consistoire et confessa son péché. Il en demanda pardon à Dieu et à l'Église. La compagnie, ayant égard à sa confession, décida qu'il seroit censuré, ce qui fut fait immédiatement. »

Le 23 février 1655, « le consistoire reçut avis que quelques personnes s'étoient masquées, ce qui portoit un grand scandale à l'Église. Aussitôt il décida que Monsieur le pasteur Berthe seroit prié de faire une exhortation expresse sur ce sujet, le dimanche suivant, et que ceux qu'on reconnoistroit s'être masqués seroient poursuivis par le consistoire, suivant ce qui étoit porté dans la discipline. »

Le 9 janvier 1659, « le consistoire fut avisé que certaines personnes se masquoient et commettoient de très-mauvaises actions. Il décida que l'article de la discipline seroit lu, le dimanche suivant, à l'issue de la prédication du matin; et dans le cas que quelques habitants permettroient de se masquer dans leurs maisons ou prêteroient des habits pour se masquer, ils seroient publiquement suspendus de la Sainte-Cène. »

Le 20 décembre 1676, le consistoire décida « que le sieur Malplach prêcheroit le dimanche suivant, et le sieur Vincent le dimanche d'après au matin, et qu'ils feroient une exhortation au peuple de vivre dans la modestie et de ne point user d'habits somptueux, afin de témoigner au dehors l'humilité de nos âmes. »

Le 12 avril 1682, « il fut proposé que le luxe étoit si extraordinaire dans l'Église d'Anduze au temps présent, qu'il étoit nécessaire d'y pourvoir, même que les femmes et les filles alloient s'asseoir avec les hommes aux galeries et ailleurs. Le consistoire décida que Monsieur Malplach seroit prié d'exhorter, le dimanche suivant, le peuple à la modestie, et qu'il deffendroit aux femmes et aux filles de s'asseoir avec les hommes, suivant les peines portées par la discipline. »

Le 25 août 1683, « sur la proposition qu'il y avoit des femmes et des filles qui alloient se promener, le dimanche soir, à la place et y demeuroient jusques à dix et onze heures de la nuit, ce que l'on n'avoit jamais vu, étant un scandale qui devoit être réprimé, le consistoire décida que, le dimanche suivant, le ministre chargé de la prédication, à l'issue du sermon feroit une exhortation générale de ne plus commettre un tel scandale, et aux pères et mères de ne pas souffrir que leurs femmes et filles y allassent, et, dans le cas de désobéissance, qu'il seroit procédé contre eux par suspension publique. »

Le 8 mars 1658, « on signala au consistoire le scandale que quelques personnes commettent en jouant aux cartes par les cabarets et autres maisons, et au jeu de *chicane*, qui est deffendu par les ordonnances, tandis qu'on est au temple le dimanche pour entendre la parole de Dieu. La compagnie décida que, le dimanche suivant, l'article de la discipline seroit lu en chaire, et en cas de contravention qu'il seroit procédé contre les délinquants, conformément à la loi, et que chaque dimanche, le matin et le soir, les diacres et anciens qui seront portés du côté de Messieurs les consuls, iront les prendre pour faire la visite. »

Le dimanche, 24 avril 1644, « Jean Pauc, fils d'autre Jean Pauc, appelé devant le consistoire à cause de la mauvaise intelligence qu'il a avec son père, fut exhorté d'obéir à son père, à l'entretenir et à vivre en paix et union avec lui; ce qu'il promit de faire. »

Le 19 mai 1675, « charge fut donnée par le consistoire à Messieurs Malplach, Malachane et Pepin de s'opposer, avec Messieurs les consuls, aux désordres violents que Durand fait à sa mère. »

Le 26 novembre 1683, « il fut proposé au consistoire que les blasphèmes et les jurements étoient si fréquents, qu'il étoit nécessaire d'y pourvoir. La compagnie décida que le ministre qui prêcheroit dimanche prochain au matin, seroit averti de faire une exhortation au peuple, en lui représentant la gravité de ce péché envers Dieu, afin qu'il s'en abstienne, sinon qu'il sera procédé contre les délinquants conformément à la discipline. »

Le 16 mars 1644, « Monsieur Vebron et sa femme furent appelés en consistoire, à cause de quelque mauvaise intelligence qu'ils avoient ensemble depuis quelque temps. Après avoir été grièvement censurés, ils promirent de retourner ensemble; et en cas de refus de l'un ou de l'autre, la compagnie décida que le refusant seroit suspendu publiquement du saint sacrement de la Cène. »

Le 23 mars de la même année, « Monsieur Vebron et sa

femme furent rappelés, et ils vinrent de nouveau en consistoire ; mais, sur leur refus de retourner ensemble, ils furent grièvement censurés et privés des saints Sacrements. »

Le 1er octobre 1676, « les sieurs Malplach et Flavard furent chargés par le consistoire de travailler à la réconciliation du sieur de Lafarelle, marchand, avec sa mère et sa sœur. »

Le 2 juin 1677, « Saltet père, avec ses enfants, furent appelés devant le consistoire qui, après avoir entendu leurs raisons, les exhorta à la concorde : le père à aimer ses enfants, et les enfants à obéir à leur père. »

Le 16 juin 1677, « la femme de Fontane vint se plaindre de ce que, au préjudice du règlement fait par le consistoire entre elle et ses cohéritiers, elle étoit troublée en la possession de ce qui lui étoit échu. La compagnie ordonna que les parties seroient citées au dimanche suivant, après l'action du soir. »

Le 24 novembre 1655, « il fut annoncé au consistoire qu'il y avoit eu dispute entre les sieurs Adrien Flavard, Jean Basbusse et Lambert Jurant. La compagnie décida que les sieurs Malachane et Durand travailleroient à leur réunion, en leur représentant leur devoir au nom du consistoire. »

Le 8 janvier 1681, « le consistoire fut averti que divers membres de l'Église étoient divisés par inimitié et donnoient des scandales ; que, pour obvier à ces désordres, il seroit nécessaire de commettre, dans chaque quartier de la ville quatre anciens, qui veilleroient sur les inimitiés qu'il y auroit, afin de réprimer le scandale et réconcilier ceux qui avoient de l'animosité contre leur prochain. Le consistoire approuva cette proposition, et fit les nominations jugées nécessaires dans chaque quartier, pour veiller sur les scandales ou inimitiés qui pourroient s'y produire. »

XI.

Ainsi donc, les consistoires étaient de véritables tribunaux de mœurs. Revêtus de ce caractère, ils avaient à leur disposition, pour la répression du mal, pour faire respecter et leur autorité et leurs jugements, une série de peines ecclésiastiques dont la discipline les avait armés. Ces peines se graduaient de la manière suivante : réprimande, censures, privation *particulière* et *publique* de la Sainte-Cène, retranchement de l'Église, réparation publique.

Le consistoire d'Anduze (et il en était de même de tous les autres) était porté à l'indulgence plutôt qu'à la sévérité. Selon ses propres expressions, il faisait tout son possible « pour retirer les pécheurs à la repentance par la douceur ». Il usait habituellement de remontrances, et tout au plus de censures ; c'était seulement dans les cas extrêmes qu'il appliquait les peines les plus rigoureuses de la discipline. Cependant, quoique habituellement doux et paternel, il savait se montrer rigoureux et résolu, lorsque les circonstances l'exigeaient.

Le 7 mai 1681, « la femme de Monsieur Bousquet, et la femme de Monsieur Soubeyran son voisin, ayant été désobéissantes aux ordres du consistoire, furent suspendues du sacrement de la Cène, laquelle suspension fut lue en chaire, le dimanche suivant, après la prédication du matin. »

Le 18 juin 1681, « la compagnie du consistoire, après avoir ouï Monsieur Pagès, avertisseur, qui déclara avoir cité la demoiselle veuve Lafarelle-Lagarde pour une troisième fois, blessé de la désobéissance de cette demoiselle, décida qu'elle seroit suspendue de la participation du sacrement de la Sainte-

Cène, et que cette suspension seroit lue publiquement en chaire le dimanche suivant, après la prédication du matin. »

Le 15 juillet 1682, « Nicolas se présenta devant le consistoire, qui lui représenta qu'il s'étoit rendu réfractaire à la discipline, et qui l'exhorta à vouloir lui obéir. Nicolas ayant persisté à ne le vouloir faire, on le fit retirer. La compagnie se mit ensuite à délibérer, et elle décida qu'il seroit suspendu publiquement de la Sainte-Cène du Seigneur, comme réfractaire aux ordres de la discipline ecclésiastique, et à l'instant l'ayant fait appeler, le sieur Vincent pasteur lui prononça son interdiction, qui sera lue encore dimanche prochain, après la prédication du matin. »

De pareilles révoltes étaient rares. Le plus souvent, de bonne ou de mauvaise grâce, on se soumettait, et force restait au consistoire et à la discipline.

La suspension, prononcée comme peine extrême, n'était pas indéfinie. Dès que ceux qui en avaient été frappés donnaient des marques de repentir et qu'ils témoignaient le désir sincère de rentrer dans la paix de l'Église, le consistoire se montrait disposé à agréer leur demande, et les y rétablissait après leur avoir imposé l'obligation de faire réparation publique.

Le 25 mars 1682, « la demoiselle de Lafarelle-Lagarde se présenta devant le consistoire et le supplia de la vouloir recevoir à la paix de l'Église, comme repentante de sa faute. La compagnie la reçut dans la paix de l'Église, suivant sa demande. »

Le 25 décembre 1676, « le sieur Cazenove, qui avoit été suspendu particulièrement pour scandale donné au sujet des barbes[1], vint faire devant le consistoire réparation particulière,

---

[1] Il était chirurgien-barbier, et il avait rasé ses pratiques un jour de dimanche.

en attendant de la faire publiquement le dimanche suivant. »

Le 31 octobre 1657, « Madame la marquise d'Anduze se présenta devant le consistoire et lui témoigna le sensible desplaisir qu'elle avoit d'avoir offensé Dieu et scandalisé l'Église en s'étant mariée avec une personne de contraire religion, cognoissant et avouant que c'étoit contrairement à la parole de Dieu et malgré sa deffense, et elle protesta qu'elle se soumettoit à la volonté de l'Église.

» La compagnie pesa mûrement l'importance de cette affaire, et désirant que l'Église de Dieu fût édifiée de l'humilité et de la repentance de cette dame, il décida qu'elle demanderoit pardon tout présentement à Dieu et à l'Église, et qu'elle seroit exhortée à publier partout sa faute, afin que personne ne se conformât à son pernicieux exemple, et que dimanche prochain sa repentance et sa réparation seront publiées hautement en chaire après le prêche du matin ; que la dite dame se mettra debout pour tesmoigner ouvertement la recognoissance de sa faute, et le sensible desplaisir qu'elle ressent de l'avoir commise, priant Dieu ardemment de ne point lui imputer son péché ; à quoi Madame la marquise satisfit. »

Le dimanche suivant (7 novembre 1657), « Madame la marquise d'Anduze, conformément à l'ordonnance ci-devant donnée par le consistoire, fit réparation publique et fut reçue à la paix de l'Église. » (*Registre du consistoire.*)

XII.

Faire consentir une épouse à venir déclarer dans un temple, en présence d'une nombreuse assistance, que son mariage est une faute, un acte condamné par la parole de Dieu ; obtenir cet aveu d'une femme nouvellement mariée, alors qu'elle est fière et heureuse de l'union qu'elle vient de contracter ; obliger à comparaître, en présence de la foule, cette femme qui n'est rien moins que la plus grande dame de la ville,... la marquise : oh ! pour que l'ordonnance du consistoire d'Anduze ne rencontrât pas de résistance, il fallait que la soumission aux prescriptions disciplinaires eût jeté de bien profondes racines dans les esprits et se fût transformée en habitude. Mais, pour que cette habitude devînt générale, pour qu'elle entrât dans les mœurs publiques et en fît partie, il fallait plus qu'un grand fond de piété, il fallait que les corps ecclésiastiques, entre autres les consistoires, se rendissent respectables et se fissent respecter. Cette double nécessité était parfaitement comprise par le consistoire d'Anduze, et il agissait toujours en conséquence.

Il se rendait respectable dans la personne de ses membres, non-seulement en exigeant d'eux qu'ils vécussent dans la piété et dans la moralité, mais encore en les soumettant à une discipline rigoureuse et en les frappant, au besoin, de peines très-sévères.

Le 16 mai 1657, « on se plaignit en consistoire que quelques-uns des anciens et des diacres négligeoient de relever les scandales qui se commettoient, et que cela donnoit lieu à ceux qui les commettoient de les continuer. La compagnie exhorta, par la bouche de M. de Saint-Vial, pasteur, tous les anciens et diacres de veiller soigneusement sur les scandales qui se commettoient, et de s'en rendre savants et bien informés pour les rapporter au consistoire afin d'y remédier ; faute de quoi faire il seroit procédé contre eux jusqu'à la suspension de leur charge. »

Le 8 septembre 1680, « le consistoire suspendit de sa charge d'ancien, pendant un mois, le sieur Serre, parce qu'il ne s'étoit pas trouvé aux dernières censures, et qu'il n'avoit pas communié. Il lui deffendit, en outre, de venir prendre place au parquet pendant ce même mois. »

Le 23 mai 1681, le consistoire fut informé « que les délibérations prises dans cette compagnie, qui devoient être secrètes, étoient néanmoins divulguées. La compagnie délibéra que les anciens qui seront connus pour avoir révélé les secrets et délibérations du consistoire, seront tirés du banc : et pour que la présente délibération soit observée, la compagnie nomme pour veiller extraordinairement à découvrir ceux qui divulgueroient les secrets et délibérations, Messieurs Bouvier, Jonquet et Troupel, qui feront rapport à la compagnie des délinquants. »

Mais si le consistoire sévissait au besoin avec rigueur contre ses membres, il avait grand soin de les faire respecter.

Le 3 mai 1656, « le sieur Bony, cardeur, se présenta devant le consistoire, après avoir été cité parce qu'il avoit permis que sa femme et sa fille eussent parlé avec mépris de M. de Saint-Vial, pasteur. M. Bony répondit qu'il en étoit extrêmement fâché. La compagnie lui représenta qu'il ne devoit pas souffrir les procédés de sa femme et de sa fille, et que s'il retomboit dans la même faute, on le poursuivroit en justice ; et que cependant elles viendroient tout présentement devant la compagnie pour demander pardon à Dieu et à Monsieur le pasteur Saint-Vial ; à quoi elles ont satisfait et ont promis de ne plus y retourner. »

Le 26 juillet 1676, « le sieur Cabanis, ancien, porta plainte en consistoire de ce que s'étant transporté, par l'ordre de la compagnie, en la maison de M. Cabanis, facturier, avec Messieurs Flavard et Martin, anciens, le sieur Cabanis, facturier, l'avoit insulté; de quoi il portoit plainte à la compagnie, et demandoit réparation.

» Le consistoire, après avoir cité et entendu Cabanis, facturier, accusé par Cabanis, l'ancien, et ouï les dépositions des sieurs Flavard et Martin, ordonna que l'accusé, étant convaincu d'insultes, seroit gravement censuré, et qu'il demanderoit pardon à la compagnie et au dit Cabanis, ancien, de ses irrévérences et de ses emportements.

Quelles décisions! Combien elles étaient propres à entretenir au sein des Églises l'esprit de religion, de moralité, de sacrifice et de respect! Mais qui voudrait aujourd'hui, à titre d'ancien, rendre de telles ordonnances, et qui, à titre d'accusé, consentirait à s'y soumettre? Avec le besoin d'indépendance dont notre société actuelle se montre travaillée, avec la légèreté de nos mœurs et le manque de gravité de nos habitudes, a charge consistoriale ne saurait être remplie telle que les réformateurs l'avaient instituée. Autre temps, autres mœurs! Mais n'importe. S'il est impossible, sans commettre un grossier anachronisme, de penser au rétablissement de l'ancien régime disciplinaire, les protestants doivent le tenir en grande estime, car il a valu à leurs pères cette réputation de zèle, de piété, de haute moralité que leurs adversaires n'ont pas même osé leur contester, et à laquelle la génération actuelle, malgré sa frivolité, applaudit avec une respectueuse admiration.

CHAPITRE VIII

L'ÉGLISE RÉFORMÉE D'ANDUZE DEPUIS LA MORT DE MAZARIN JUSQU'A
LA PAIX DE NIMÈGUE.
(1661-1679.)

SOMMAIRE.

La mort de Mazarin met un terme au calme dont ce ministre avait laissé jouir les réformés. — Louis XIV poursuit le projet de détruire en France la religion protestante. — Plainte des Pères cordeliers d'Anduze. — Condamnation prononcée contre le pasteur d'Anduze et contre un synode provincial tenu dans cette ville. — Plaintes et poursuites contre les protestants à l'occasion d'une croix abattue. — Suppression du collége d'Anduze. — Le prieur d'Anduze exige qu'on l'appelle dans toutes les assemblées du Conseil de ville. — Recherche par ordre supérieur et découverte de canons qui étaient cachés dans une maison particulière depuis plus de trente ans. — Érection de trois croix dans Anduze. — Demande de la construction d'une église. — Les cordeliers d'Anduze empiètent sur la voie publique, ils en sont empêchés. — Extrait de la relation d'un voyage de l'évêque de Nimes. — Ce qu'était à cette époque la population protestante et catholique de cette ville.

I.

Le calme dont Mazarin avait laissé jouir les réformés, fut brusquement interrompu par la mort de ce ministre. Louis XIV, parvenu à l'âge de sa majorité, prit en main les rênes du gouvernement, et voulut aussitôt poursuivre le projet, conçu par son père et par Richelieu, de détruire en France la religion protestante. Tout le portait à l'exécution de cette idée : l'aversion dans laquelle il avait été nourri contre les doctrines de la Réforme; sa hauteur naturelle, qui ne lui permettait pas d'admettre que dans son royaume on pût professer une autre religion que la sienne; le bigotisme de ses principes religieux, qui lui montrait l'expiation de ses scandaleuses amours dans le zèle avec lequel il poursuivrait les protestants; les excitations incessantes du clergé, qui l'encourageaient à armer son bras pour frapper l'hérésie; surtout l'ambition de constituer l'unité nationale. L'extirpation de la Réforme, en France, devint l'une des idées fixes du monarque, l'une des grandes œuvres auxquelles il espérait attacher la gloire de son règne. Pour l'accomplissement de cette importante entreprise, dont il se croyait chargé par le Ciel, il se servit de tous les moyens, sauf la force brutale, la persécution à main armée, auxquelles il ne voulut pas recourir jusqu'à la paix de Nimègue, en 1679, mais qu'il n'hésita pas d'employer dans la suite, comme nous le verrons plus tard.

Dès les premiers jours de janvier 1660, il fit sentir aux protestants tout ce qu'ils avaient à appréhender de son mauvais vouloir, en les faisant traiter de factieux par son commissaire, à l'ouverture d'un synode national tenu à Charenton, et en leur faisant signifier qu'à l'avenir, il n'autoriserait plus ces assemblées ecclésiastiques. Mais, à cette époque, enlever aux Églises réformées leurs synodes nationaux, c'était les décapiter, et par conséquent la déclaration du monarque était, par anticipation, l'avis d'un arrêt de mort. Aussi, dès ce moment, tout le monde se tint pour averti.

Les protestants ne se firent plus d'illusions sur le sort réservé à leur religion, et s'attendirent à tous les actes de violence, d'iniquité, de spoliation, qui vinrent les frapper tour à tour: les parlements, les gouverneurs des provinces, les intendants, tous les officiers de justice et de guerre, se crurent autorisés à rendre des arrêts contre les Églises et les pasteurs, sans pitié et sans merci; les juristes se hâtèrent de creuser leur cerveau pour trouver les moyens propres à autoriser les violations de l'édit de Nantes, tout en paraissant vouloir en respecter la lettre; les controversistes mirent plus d'ardeur que jamais à diriger leurs attaques contre les doctrines de la Réforme. La chasse était de nouveau ouverte contre le calvinisme; le monarque la présidait et se proposait de la mener avec vigueur; il y invitait tous ses sujets, et celui qui porterait les plus terribles coups devait avoir la plus grande part à la curée. Les moyens employés déjà furent de nouveau mis en œuvre, mais sur une plus grande échelle et dans de plus larges proportions.

Les actes de mauvais vouloir, les arrêts iniques dont les protestants du royaume eurent alors à souffrir, devaient également atteindre ceux de la ville d'Anduze. Ces derniers n'étaient pas ménagés; on recherchait les occasions pour les frapper, et si elles ne se présentaient pas naturellement, on ne balançait pas à les faire naître. Les quelques faits que nous allons enregistrer en seront la triste mais concluante démonstration.

II.

Le 13 mars de l'année 1661, une dépêche du gouverneur de la province fut adressée aux consuls d'Anduze; elle portait en substance « que Son Altesse mettoit sous la protection du roi, et sous la sienne, les Pères cordeliers qui résidoient dans la ville d'Anduze, avec l'injonction d'empescher qu'il ne leur fust mesfait et mesdit; que cette lettre avoit été obtenue par les Pères cordeliers, sur les plaintes qu'ils lui avoient portées de ce qu'on leur avoit fait dans leur enclos.

Les consuls furent stupéfaits. Pourquoi une telle plainte portée à leur insu au gouverneur de la province? Les cordeliers n'avaient-ils pas acquis la certitude « que les consuls actuels et leurs devanciers avoient toujours eu en singulière recommandation d'éviter qu'il ne fût fait aucun trouble aux Pères cordeliers actuels et à ceux qui les avoient précédés ? » D'ailleurs, de quoi s'agissait-il ? « Le dégât étoit de quelques plants de saules qu'on leur avoit coupés, quelques tuiles rompues à leur couvert, un carreau de vitre enfoncé d'un coup de pierre, et quelques murailles bâties à pierre sèche et enduites, qui sont sans doute tombées d'elles-mêmes. »

La plainte des bons Pères avait tout autre but que de réclamer uniquement la protection du gouverneur et du roi. Il existait dans la ville, comme nous le révèle une délibération du conseil (10 mars 1661), « des personnes si ennemyes de la communaulté, qui faisoient en sorte qu'il y eût des troubles pour en amener la ruine et la destruction. »

Or, la destruction que les mal intentionnés provoquaient, n'était autre chose que les amendes exorbitantes, le logement des soldats, la perte des franchises municipales, l'expulsion des réformés du consulat et du conseil; terrible épée de Damoclès suspendue déjà sur les communautés protestantes, et qui les tenait dans des craintes continuelles.

Le conseil, justement effrayé, se hâta de conjurer l'orage. Il députa deux consuls, dont l'un était catholique, vers Son Altesse le gouverneur du Languedoc, qui se trouvait en ce moment à Pézenas « pour lui faire cognoistre la sincérité des actes des consuls, qui avoient été toujours portés à laisser les Pères cordeliers jouir paisiblement de leurs biens, et à éviter que personne ne leur donnât aucun trouble. » Ces députés avaient été également invités « à protester à Son Altesse qu'il n'y avoit point de communaulté en ceste province qui fût plus soumise à ses ordres; » et ils disaient vrai, car la déférence de la ville d'Anduze vis-à-vis des dépositaires de l'autorité ne s'est jamais démentie, et souvent elle a été poussée jusqu'à la pusillanimité.

III.

Ces mêmes dépositaires du pouvoir, qui avaient montré tant d'empressement à prendre sous leur protection les Pères cordeliers d'Anduze, déployèrent immédiatement après une sévérité excessive contre les pasteurs de cette ville. Le 30 septembre 1661, « le pasteur Rossel fut interdit de sa charge de ministre à Anduze, et il lui fut enjoint de se retirer de la province du Languedoc dans deux mois ». Quel était le crime énorme qui lui valait une telle punition? Sous sa présidence, le synode des Cévennes, tenu à Anduze trois mois auparavant, avait autorisé à siéger dans son sein un pasteur de Camarès, député du synode du haut Languedoc, « nonobstant l'insistance du commissaire du roi, disant : « que l'intention de Sa Majesté étoit qu'il n'y eût aucune communication d'une province à une autre. » De plus, « il avoit été enjoint, par cette assemblée, à tous les ministres d'assister les annexes de conseils et de consolations, à peine de suspension aux ministres, et aux autres d'être privés de la communion, nonobstant toutes deffenses. » Enfin, le synode avait décidé « que leur religion ne pouvoit avoir aucune communication avec celle des catholiques, la vérité ne pouvant avoir communication avec le mensonge, non plus que les ténèbres avec la lumière, quoique le commissaire eût représenté qu'il falloit se servir d'autres termes, ceux-là étant injurieux pour la religion du prince. » Tel était le crime de Rossel. Les lecteurs vont certainement lever les épaules de pitié, et pour empêcher qu'en une si triste matière ils n'éclatent en rires homériques, nous nous hâtons de leur dire avec le poète latin : *Risum teneatis amici !*

Le pasteur Rossel ne fut pas le seul puni. L'assemblée dont il avait été le modérateur se vit également frappée. L'arrêt portait : « que le roi avoit cassé les trois délibérations incriminées, qu'il ordonnoit qu'elles seroient tirées des actes du synode et envoyées à Sa Majesté, pour être ordonné par elle ce que de raison. » (Extrait d'un arrêt du conseil, cité par Benoît, tom. III, pièces justificatives, pag. 85.) On rendait des ordonnances iniques, et si les réformés, dépouillés par elles de leurs libertés et de leurs franchises, refusaient de s'y soumettre, on les frappait sans pitié. Ainsi s'exerçait, non pas la justice, mais l'inflexible hostilité du roi !

IV.

Quelques mois après cette sentence, les plaintes des cordeliers et le mauvais vouloir de l'autorité supérieure contre les protestants d'Anduze eurent une nouvelle occasion de se reproduire.

Le 22 septembre 1662, dans la matinée, une croix plantée au coin de l'enclos des cordeliers se trouva abattue. Peut-être était-elle tombée arrachée par le vent, par l'effet de la vétusté ou par le manque de solidité ; peut-être aussi la main de l'un de ces mal intentionnés dont le conseil avait signalé les machinations, l'avait-elle renversée. Ces suppositions étaient permises, mais les cordeliers ne s'y arrêtèrent pas. Leur père gardien fut le premier à s'apercevoir que la croix était tombée, et il courut chercher les consuls pour requérir le juge et vérifier le fait. Des perquisitions furent aussitôt commencées pour découvrir le coupable, mais infructueusement. Les consuls s'effrayèrent et virent qu'on ne manquerait pas de donner à cette affaire des proportions dont la communauté aurait à souffrir. Ils communiquèrent leurs craintes au Conseil, et aussitôt celui-ci décida « que les poursuites commencées seroient continuées aux frais de la communaulté, jusqu'à ce que l'auteur de ce crime seroit découvert. » Pour faciliter les recherches des consuls, il leur adjoignit trois commissaires protestants et trois catholiques. Mais ces perquisitions nouvelles ne furent pas plus heureuses que les précédentes.

Les consuls, le conseil, le juge étaient dans l'anxiété. Ne pouvant arriver à aucune découverte, ils décidèrent de députer le juge (il était catholique) vers Monseigneur l'évêque de Nimes et vers Son Altesse le gouverneur du Languedoc, pour les informer « de l'extrême désir que la communauté avoit de découvrir les auteurs d'un tel crime ». Le député se mit incontinent en route, mais la malveillance avait couru plus vite que lui. Elle avait rapporté à ces éminents personnages « que, après que la croix avoit été abattue, on l'avoit traînée dans la ville en chantant par dérision ». Le gouverneur reçut donc le député d'Anduze avec l'expression du plus vif mécontentement. Il lui signifia « que la communaulté étoit coupable de ce crime; qu'il falloit avoir ceux qui étoient coupables, autrement il en seroit pris contre la communaulté pour être punie comme le crime mérite d'être puni. » Le Conseil de ville, informé de ces bruits calomnieux et de l'impression que le gouverneur en avait ressentie, ordonna de nouvelles perquisitions qui restèrent également sans résultat. L'autorité supérieure, ne voulant pas laisser échapper l'occasion de frapper la ville d'Auduze, envoya un conseiller du roi au sénéchal de Nimes pour informer; mais l'enquête ouverte par ce magistrat n'amena pas mieux la découverte des coupables. Les soupçons continuèrent à planer sur la communauté entière, alors que sans nul doute l'abattement de la croix était l'action d'un seul homme, et que cet homme peut-être n'était pas un protestant!

V.

Aux yeux de l'autorité supérieure, les religionnaires d'Anduze (tel était le nom qu'elle donnait aux réformés) étaient les auteurs du renversement de la croix. En expiation de ce crime, dont il les croyait coupables, le conseil du roi rendit un arrêt qui portait la suppression de leur collège.

Pauvre collège! une fatalité implacable semblait s'être acharnée contre lui. Nous l'avons vu plus haut l'objet des convoitises des protestants du Vigan et d'Alais, qui le demandèrent à plusieurs reprises dans les synodes de la province des Cévennes, et même dans les synodes nationaux. Cependant ces réclamations, toujours repoussées, avaient eu un terme, et l'Église d'Anduze semblait ne devoir plus être troublée dans la possession de son collège, lorsque l'intendant de la province fit signifier aux consuls et au conseil de ville l'ordonnance dont nous avons parlé précédemment, qui défendait à la communauté d'accorder un local au collège et de pourvoir à sa subsistance. Une telle mesure semblait, aux yeux de ses auteurs, devoir frapper de mort cet établissement. Mais le synode des Cévennes avait décidé de le maintenir, et avait pris à sa charge, conjointement avec l'Église d'Anduze, les frais considérables de son entretien. Dans chacune de ses assemblées annuelles, le synode fixait la somme que toutes les Églises de son ressort devaient payer pour l'entretien du collège d'Anduze. Le total de ces cotisations s'élevait à plus de mille livres. Toutefois, ce subside n'était pas suffisant, et il avait fallu recourir à l'assistance du synode du bas Languedoc. Le secours demandé avait été accordé en 1646, et il s'élevait à la somme de deux cents livres.

Ainsi soutenu, ce collége avait subsisté. Une commission nommée par le synode des Cévennes veillait sur l'administration de cet établissement, et faisait subir des examens aux docteurs qui s'offraient pour remplir les places vacantes de régents, et prononçait leur nomination. De son côté, le consistoire d'Anduze était chargé de la direction du collége; il s'occupait de tout ce qui l'intéressait; il adressait même au besoin des admonestations si les progrès des élèves ne répondaient pas aux soins de leurs maîtres. Une telle communauté de sacrifices et de vigilance donne la mesure de l'importance que les protestants de la contrée attachaient au collége d'Anduze. Ils comprenaient parfaitement qu'il leur permettait seul de donner sous leurs yeux une instruction libérale à leurs enfants, et de les abriter contre le prosélytisme toujours croissant de l'Église romaine.

Les prêtres comprenaient aussi que, à leur point de vue, il importait d'enlever aux familles protestantes cette précieuse ressource; ils demandèrent donc la suppression du collége d'Anduze, et ils l'obtinrent. L'arrêt d'interdiction porte lui-même qu'il a été accordé à la demande des syndics du clergé du diocèse de Nimes; en voici la teneur : « Sur la demande du syndic du clergé du diocese de Nismes contre les habitants de la religion prétendue réformée d'Anduze, Sa Majesté fait expresses deffenses aux religionnaires de la dite ville d'y tenir aucun collége, leur permet tant seulement d'avoir des escoles publiques dans lesquelles on ne pourra enseigner qu'à lire, à écrire, et l'arithmétique seulement.» (Extrait de l'arrêt du conseil d'État qui vide les partages faits par les commissaires en Languedoc, parag. 43e, Benoît, tom. III, pièces justificatives, pag. 124.) Dès ce moment, les protestants d'Anduze et de toute la contrée furent placés dans cette pénible alternative : ou de ne tenir leurs enfants que dans les petites écoles autorisées de leur communion, dans lesquelles on leur apprendrait seulement la lecture, l'écriture et l'arithmétique ; ou de les envoyer dans les colléges et les universités tenues par les catholiques, qui leur enseigneraient les belles-lettres et les sciences, mais qui se feraient en même temps un devoir de travailler à les convertir. Position cruelle, que l'on peut ranger à bon droit au nombre des plus grandes vexations dont, à cette époque, les réformés furent accablés !

VI.

On supprimait les colléges protestants, et en même temps l'on prenait des mesures pour augmenter l'influence des prêtres catholiques. Par deux arrêts de la cour des comptes, aides et finances de Montpellier, rendus les 18 octobre et 10 décembre 1661, les curés et leurs vicaires avaient été autorisés à assister aux séances des conseils de ville, et même à y opiner les premiers. Cette faveur avait pour objet de relever le crédit des ecclésiastiques, de donner, dans chaque conseil, un auxiliaire aux membres catholiques, et surtout de placer sous la surveillance des prêtres les consulats et les conseils où les réformés se trouvaient en nombre. On rehaussait le clergé de cette manière, mais en même temps on lui faisait jouer le rôle peu honorable d'espion.

Le prieur d'Anduze s'était empressé de réclamer à son profit le bénéfice de ces arrêts, et il avait été fait droit à sa demande ;

mais probablement, par suite d'une transaction, il était admis seulement dans les assemblées politiques ou générales. En 1666, ses exigences augmentèrent, et le 3 janvier de cette même année il fit signifier par un acte à M. de Lafarelle, alors consul : « qu'il étoit deffendu, tant à lui qu'à ses collègues, de tenir aucun conseil, tant général que particulier, sans qu'il y fût appelé. »

Le consul communiqua l'acte comminatoire aux membres du conseil. Ceux-ci pensèrent qu'il était prudent et sage de ne faire aucune opposition. Le prieur voulait jouir dans toute sa plénitude d'un privilège qui semblait incompatible avec ses fonctions ecclésiastiques; à lui la responsabilité de ses réclamations. L'assemblée se contenta de lui faire répondre : « que tout ainsi que le sieur prieur a été appelé à toutes les assemblées politiques qui ont été tenues par la communaulté, on continuera à l'appeler en icelles conformément. » Où était le temps que le conseil de la ville se montrait jaloux de ses droits et prérogatives, et les défendait hardiment contre les prétentions attentatoires du baron et même du gouverneur de la province! Mais alors, Anduze était une des meilleures places de sûreté du parti protestant, et le conseil n'avait pas à craindre que Louis XIV ruinât la ville, pour la punir de l'opposition qui aurait été faite aux prétentions du prieur. Ainsi, la crainte de la force brutale empêche les réclamations les plus légitimes et fait subir les plus révoltantes usurpations!

VII.

L'espionnage dont on chargeait les membres du clergé catholique vis-à-vis des conseils de ville, s'exerçait déjà sans nul doute par des agents secrets dans Anduze; sans son existence, nous ne pourrions comprendre l'expédition burlesque dont nous allons sommairement raconter les ridicules incidents.

Le 26 décembre 1666, la population vit arriver en grand équipage, à cinq heures du soir, un M. de La Rouvière, conseiller du roi et juge aux présidiaux de Nimes, accompagné d'un lieutenant de prévôt, de quelques archers et d'un garde de M. de Verneuil, lieutenant général. Immédiatement après s'être installé dans un des logis de la ville, le conseiller du roi fit présenter une lettre de Monseigneur de Feuret, premier président en la souveraine cour du parlement de Toulouse, et en celle de nos seigneurs des grands jours séant à Nimes. Cette lettre, dont les consuls avaient rompu le cachet avec anxiété, leur enjoignait « de donner main-forte au sieur de la Rouvière, qui étoit envoyé pour le service du roy, lorsqu'il les en requerroit. » A la lecture de cet ordre, les consuls se rendirent avec empressement au logis du Chapeau-Rouge, où le sieur de la Rouvière s'était établi, et lui offrirent « tout ce qui dépendroit de la communauté et de l'obéissance que tous les habitants avoient pour le service du roy, de nos seigneurs des grands jours, et recevoir leurs ordres. Le commissaire les remercia et leur demanda, pour le lendemain matin à son lever, vingt-cinq à trente hommes avec des pieux et des pelles de fer. » Cela dit, il les congédia sans leur faire connaître la cause du commandement mystérieux qu'il venait de leur faire.

Les consuls, en cherchant les hommes qui leur avaient été demandés, avaient éveillé la curiosité publique. On allait de maison en maison en se demandant ce qu'on voulait faire de ces ouvriers, à quoi l'on destinait leurs pieux et leurs pelles. Le lendemain, à l'heure indiquée, les magistrats de la ville se trouvèrent devant le logis du Chapeau-Rouge avec les hommes demandés et leurs outils ; mais ils n'y étaient pas seuls, une foule considérable s'y était également rassemblée.

Bientôt après, le conseiller du roi se montre et ordonne aux assistants de le suivre. Où allons-nous? lui dirent ceux-ci. —Vous le saurez bientôt, marchons. Le cortége s'ébranle, et à peine a-t-il fait quelques pas, que le sieur de la Rouvière ordonne qu'on le dirige vers la demeure de M. Recolin. On l'y conduit, il examine minutieusement « les confronts de cette maison, et, s'introduisant avec tout son cortége dans la basse-cour, il commande à des ouvriers de creuser la terre. »

Cela dit, il sortit aussitôt, et, tandis que l'on exécutait ses ordres, il demanda qu'on le conduisît dans l'habitation de M. de la Barrèse; là, il prescrivit à dix autres ouvriers de se mettre à pratiquer un grand trou, ne disant pas encore la cause de ces «creusements». Cependant il se ravisa; reconnaissant que le mystère dont il s'environnait devenait un objet de raillerie, il se tourna vers les consuls et leur dit : « Vous vous étonnez sans doute de tout ce que nous faisons ici ? Eh bien ! nous cherchons des canons, et, si vous savez où ils sont, vous ferez bien de nous le dire, car vous éviterez la peine de poursuivre nos recherches. »

Les consuls protestèrent de leur ignorance : « Nous ne sommes en charge que depuis deux jours ; nous ignorons les affaires de la commune, et nous n'avons pas ouï dire qu'il y eût aucun canon ; lors des guerres de religion, nous n'étions pas encore venus au monde. Mais nous convoquerons les habitants et nous conférerons avec eux. » En effet, le conseil fut réuni dans la journée, et les consuls, ayant exposé les faits, insistèrent auprès des assistants, leur disant « que si quelqu'un d'entre eux savoit par ouï dire ou aultrement qu'il fût resté quelques canons ou autres armes de celles qui furent faites du temps des guerres, de les découvrir et de les rendre, car elles n'avoient pu être gardées que pour le service du roy; et maintenant, puisque la volonté de Sa Majesté étoit de les avoir, il falloit les bailler. » Les membres du conseil répondirent : « Nous avons bien entendu dire que du temps des guerres qui eurent lieu dans les années 1628, 1629, il fut fait quatre canons, deux grands et deux petits, et que, immédiatement après la paix faite, il survint la peste, qui continua plus d'une année, laquelle étoit si maligne, que les habitants furent obligés de sortir de la ville, et pour lors les canons furent enterrés, de crainte qu'ils ne fussent derobés; et quelques années après que les habitants furent rentrés dans la ville, M. de Machault, pour lors intendant dans ceste province, vint et demanda les deux gros canons, les balles et quelques aultres munitions, ce qui fut fait et même payé; mais nous ne savons pas au vray où sont les autres canons. » Cela dit, le Conseil opina « que l'on feroit des perquisitions exactes, et que les consuls iroient aux informations. »

L'affaire devenait grave; heureusement l'on ne chercha pas longtemps. Les consuls apprirent bientôt que « les canons étoient dans la maison d'un nommé Pierre Manoël, teinturier. » En effet, ils y furent trouvés et remis au délégué des Messieurs des grands jours, qui reconnut avoir reçu des consuls et des habitants d'Anduze : « deux canons, deux fouconneaux, trois mosquets, une certaine quantité de mesches et de soufre, dont procès-verbal fut soigneusement dressé. » Ainsi finit l'expédition du conseiller la Rouvière, qui emporta triomphalement ses trophées, et la communauté d'Anduze fut prise en flagrant délit de recel de canons enterrés depuis trente-six ans, et dont l'existence était un mystère pour la population entière, excepté pour les espions et les délateurs ! (*Arch. de l'hôtel de Ville.*)

VIII.

Une ville huguenote coupable d'avoir tenu cachés des canons et autres engins de guerre, pendant le règne du grand roi, coupable d'avoir été le théâtre du renversement d'une croix sans avoir signalé les auteurs de ce grand crime, avait grandement besoin d'être punie. Il y avait urgence à cette punition ; heureusement les seigneurs des grands jours s'empressèrent d'y pourvoir. Le 7 février 1667, ces hauts personnages ordonnèrent qu'on mît à exécution, dans la ville d'Anduze, « un arrêté par lequel il étoit ordonné que, par tous les lieux et villes de la province, il seroit posé trois croix, savoir : l'une dans la ville et dans le lieu le plus commode et le plus élevé, et les autres deux aux chemins et avenues. »

La croix, instrument du supplice de Jésus-Christ, n'a en elle-même rien qui blesse les principes des protestants ; ils ne répugnent pas à voir des croix, puisque les luthériens en élèvent partout, et que dans le nord de la France les réformés en ont décoré la façade de leurs temples ; mais à cause des respects superstitieux et presque idolâtres dont, à cette époque, les catholiques environnaient les croix ; à cause de l'usage qu'ils en faisaient, s'en servant comme d'un signe de ralliement, les réformés se gardaient bien d'en planter, et, lorsque les juges des grands jours ordonnèrent qu'on en dressât trois dans la ville protestante d'Anduze, les habitants ne purent voir dans cette triple érection qu'une punition, une menace et une provocation.

IX.

La plantation de ces trois croix n'était pas, aux yeux des prêtres, une expiation suffisante des griefs récents qu'on reprochait aux protestants d'Anduze. Il y avait une punition à leur infliger, plus fructueuse pour les catholiques : c'était la construction d'une église.

Le 29 avril 1667, les habitants furent convoqués par le premier consul, sur la réquisition de M. le prieur. Quelques-uns se rendirent à l'hôtel de Ville, et, lorsqu'ils furent assemblés, le prieur leur dit « que le père Saint-Bonnet, religieux de la compagnie des jésuites du collège royal de Nismes, lui avoit donné ordre de dire à M. le premier consul, de la part de Monseigneur l'évêque de Nismes, qu'on trouvât un moyen pour avoir de l'argent pour la construction de l'église de la présente ville, en conséquence de ce qui est porté dans quelque arrêté de rebastir les églises demolies dans les lieux et communaultés de cette province. Il ajouta que, pour ne pas fouler les habitants de la ville, il proposoit d'augmenter la chair de la boucherie de trois deniers par livre, pendant dix années, servant pour faire ladite réparation. »

A cette époque, la viande de boucherie coûtait au plus deux sous. Trois deniers d'augmentation, pendant dix années, constituaient pour la ville une charge énorme. Le prieur le savait bien ; il savait également que la population était ruinée par l'acquittement de ses vieilles dettes. Mais n'était-elle pas huguenote, n'avait-elle pas des crimes récents à expier ? Elle ne méritait aucune pitié ; elle devait donc supporter les frais de construction d'une nouvelle église, dût-elle être écrasée par ce surcroît d'impôt.

L'assistance n'osa pas articuler un refus formel ; elle se contenta de répondre que « attendu le petit nombre d'habitants qui se trouvoient dans l'assemblée pour conclure sur la proposition de M. le prieur, ils renvoyoient au dimanche suivant pour faire assembler un conseil général. » Ce moyen dilatoire réussit. La demande du prieur fut ajournée, mais non pas abandonnée, comme nous le verrons plus tard.

X.

En attendant que le projet de construire une église fût de nouveau repris, les Pères cordeliers faisaient bâtir un monastère. Les circonstances les favorisaient, et ils s'empressaient d'en profiter. Mais ils ne se contentaient pas d'exploiter le moment présent, ils s'appropriaient en même temps le bien de la communauté, en empiétant sur la voie publique.

Le 2 octobre 1672, les consuls furent avisés « que les religieux du couvent des frères mineurs avoient fait creuser long du grand chemin qui va de la porte des frères mineurs vers l'enclos du sieur Naville, ensemble vers le chemin qui va de la dite porte à la maison du capitaine Crès. Ces religieux, disoit-on, sous prétexte de chercher le vieux fondement de leur église, avoient fait faire le dit creusement, et ils avoient avancé leurs murailles plus de huit pans (2 mètres) dans le grand chemin. » Les consuls se portèrent aussitôt sur les lieux avec un grand nombre d'habitants, et rencontrèrent le révérend père provincial, qui leur dit « qu'ils faisoient creuser sur la voie publique uniquement pour voir s'ils trouveroient les fondements de leur ancien couvent, et que s'ils ne trouvoient rien, le tout resteroit comme non avenu. » (*Registres du Conseil*, an 1672.)

Nonobstant cette promesse, les consuls furent encore avertis « que les religieux faisoient mettre dans le fossé qu'ils avoient fait, une grande quantité de pierres sèches, pour commencer à faire le fondement d'une muraille dans le grand chemin, ce qui causeroit un grand préjudice au public, si l'on n'empeschoit pas le dessein des religieux, attendu que c'étoit un grand chemin, de temps immémorial. »

A cette nouvelle, le conseil assemblé décida « qu'il seroit donné assignation aux religieux de ne pas bastir dans le fossé, et de ne pas porter empeschement au grand chemin. »

Cette résolution donne la mesure du peu d'autorité dont les Pères cordeliers jouissaient, en 1673, auprès de la population anduzienne. Quelques années plus tard, ils n'eurent qu'à demander, pour que le conseil se fît un devoir de tout leur accorder; mais en ce moment, on ne leur permit pas même un petit empiètement sur la voie publique. C'est qu'à cette époque, malgré les moyens de séduction qu'on avait mis en jeu, malgré une mission de jésuites qu'on avait établie dans Anduze, le catholicisme y était encore à l'état d'infime minorité. Nous en avons la preuve dans le Journal d'une visite épiscopale faite en 1674, et reproduit dans Ménard (tom. V, preuves, pag. 8). Nous citons textuellement : « Le 21 du mois d'octobre, nous fumes à Anduze. C'est un prieuré simple, monacal, de l'ordre de Cluny, annexe à la camérerie de Saint-Pierre de Tornac, d'environ 1,200 livres de rente. On se sert pour église d'une chapelle d'emprunt. Il y a *environ* cent catholiques communiants et trois mille cinq cents huguenots. Il y avait une mission de jésuites[1] qui a cessé par la mort de

---

[1] La mission, qui avait cessé en 1674, ne tarda pas à être rétablie. Elle existait déjà dès les premiers mois de l'année suivante, et les mission-

M. Machault. Il y a un petit couvent de cordeliers hors la ville, qui ont commencé à bâtir. »

Trois mille cinq cents huguenots dans Anduze! c'est-à-dire presque la population entière en 1674. Évidemment, les moyens employés jusqu'à cette heure pour les convertir avaient été inefficaces. Si l'on voulait briser l'entêtement de ces hérétiques, il fallait recourir à la force brutale. Le sabre des dragons était seul capable d'amener ces obstinés dans le giron de l'Église romaine. Ce procédé était sans doute indigne d'un monarque qui se flattait d'être le père de ses sujets, et qui s'était bercé dans l'idée de convertir les protestants par les seules voies de la douceur; mais avant tout, l'expiation des scandales du roi; avant tout, l'accomplissement de sa volonté souveraine. Louis XIV avait arrêté le projet d'anéantir dans son royaume l'Église réformée, et, puisqu'il n'avait pu arriver à cette destruction par les menaces, les sollicitations et la ruse, ce fut par la force armée que dans son conseil on résolut de l'opérer.

naires qui y étaient attachés abordaient de préférence les questions de controverse. Les pasteurs, auxquels la prudence faisait un devoir de ne pas traiter de tels sujets, mais qui croyaient ne devoir pas laisser sans réponse les allégations des prédicateurs catholiques, demandèrent au consistoire l'autorisation de les réfuter. Cette autorisation leur fut accordée. « Le 30 juillet 1675, sur la proposition faite par Messieurs les ministres s'ils doivent prescher la controverse pour répondre à ce qui a été avancé par Messieurs les jésuites, la compagnie leur a enjoint de le faire, conformément à l'Écriture Sainte et à la discipline ecclésiastique. »

Ces missionnaires ne se bornaient pas à discuter, ils injuriaient les pasteurs. L'un d'eux alla si loin dans la voie des invectives, que le consistoire se vit obligé de porter plainte contre lui à l'évêque de Nimes et à l'intendant. « Le 16 avril 1676, proposé que le sieur de Sainte-Marie, missionnaire, injurie nos ministres à tout bout de champ, presche à faire des affaires au général et aux particuliers de notre religion.

» La compagnie a délibéré d'en informer Monseigneur l'intendant et Monsieur l'évêque de Nismes, et pour cet effet le sieur Solier, consul, et le sieur Brunel, capitaine, ont été depputés. » (*Reg. du Consistoire.*)

CHAPITRE IX

L'ÉGLISE D'ANDUZE DEPUIS LA PAIX DE NIMÈGUE.
(1679-1683.)

SOMMAIRE.

Louis XIV exclut les réformés du consulat et du conseil de ville d'Anduze. — Le conseil et les consuls catholiques dénoncent M. le juge Olivier, l'accusant d'être de connivence avec les réformés. — Les consuls et les conseillers catholiques s'appliquent à donner des preuves de leur zèle pour leur religion. — Deux rapports de police. — Conversions à la religion réformée. — Accroissement de la piété. — Projet de Claude Brousson concernant le rétablissement du culte dans tous les lieux où il avait été interdit. — Saint-Hippolyte exécute ce projet. — Le consistoire d'Anduze se prononce et agit dans un sens tout à fait contraire. — Mouvements dans le Dauphiné, dans le Vivarais. — Assemblée de Colognac. — Toutes les démarches tentées pour empêcher l'arrivée des troupes dans les Cévennes sont inutiles. — Les dragons viennent à Anduze.

I.

Le projet d'anéantir la religion réformée fut repris avec plus d'ardeur que jamais par Louis XIV, à la fin de l'année 1679, après la paix de Nimègue. N'ayant plus d'ennemis à combattre au dehors, ce monarque, poussé par Louvois et madame de Maintenon [1], tourna toute son attention et dirigea toutes ses troupes contre les protestants. Ceux-ci se virent, dès ce moment et de plus en plus, dépouillés des droits les plus légitimes et les plus sacrés qu'ils tenaient de la nature, des lois, des édits, des priviléges

---

[1] Madame de Maintenon, à la date du 24 août 1681, écrivait ce qui suit : « Le roy commence à penser sérieusement à son salut et à celui de ses sujets. Si Dieu nous le conserve, il n'y aura plus qu'une religion dans son royaume. C'est le sentiment de M. de Louvois, et je le crois là-dessus plus volontiers que M. de Colbert, qui ne pense qu'à ses finances et presque jamais à la religion. » (Rulhière; *Œuvres complètes*, édit. de 1819, tom. I, pag. 139.)

séculaires. Les réformés d'Anduze furent les premiers frappés. Quelques mois s'étaient à peine écoulés depuis la paix générale, que Louis XIV s'empressa de leur interdire à tout jamais l'entrée du consulat et du conseil de ville. Le décret d'exclusion était formulé de la manière suivante : « Le roy ayant été informé, non seulement de la mauvaise administration de l'hôtel de Ville d'Anduze, au diocese de Nismes, causée par les habitants de la religion prétendue réformée, qui sont en plus grand nombre que les catholiques; mais encore de l'impiété commise en ladite ville, la nuit du 24me mars 1678, par quelques particuliers de la religion prétendue réformée, dont les consuls ou magistrats n'ont fait faire aucune justice; par la protection et tolérance qu'ils ont pour ceux de la R. P. R., et Sa Majesté désirant pourvoir au bien et avantage de ladite ville d'Anduze et à celui de la religion catholique, en faisant le consulat et conseil politique tous catholiques, Sa Majesté étant en son conseil, a ordonné et ordonne que les habitants de ceste ville et banlieue, faisant profession de la R. P. R., seront exclus pour toujours du consulat et conseil politique d'icelle; ce faisant qu'à l'avenir, il ne sera admis au consulat et conseil politique d'Anduze que des personnes faisant profession de la religion catholique, apostolique et romaine; et pour la première fois, et sans tirer à conséquence, Sa Majesté a nommé et nomme pour consuls d'Anduze, sçavoir : pour premier consul, le sieur de la Barrèze; pour second, le sieur de Bagard; pour troisième, M. Etienne Cantiteau, et pour quatrième, M. Pierre Pélegrin; et à l'égard des conseillers politiques, qui ont toujours été au nombre de seize, Sa Majesté, pour certaines considérations [1], les a réduits

---

[1] Ces considérations, passées sous silence dans l'arrêt du conseil, sont faciles à indiquer. On réduisait de moitié le nombre des membres du

à huit seulement; et pour cet effet, a nommé et nomme : pour la première échelle, les sieurs de Begesses et Saint-Jean ; pour la deuxième, les sieurs Marsau et Boireau ; pour la troisième, Pierre Latour et Antoine Gallière, et pour la quatrième, Jean Froment et Louis Bastide ;.... faisant Sa dite Majesté très-expresse inhibition et deffense aux habitants de la R. P. R. d'y apporter ni donner aucun trouble, ni empeschement, voulant Sa dite Majesté qu'au 1er janvier de l'année 1681 et les suivantes, il soit procédé par les formes ordinaires au renouvellement des consuls et conseillers politiques, tous catholiques ; enjoint aux gouverneurs, lieutenants généraux en la province de Languedoc, intendants de justice et tous autres officiers, de tenir la main à l'exécution du présent arrêt, qui sera lu et enregistré dans le registre de la maison de Ville d'Anduze, pour y avoir recours quand besoin sera. Fait en conseil d'Estat du roi, Sa Majesté y estant, tenu à Saint-Germain, en date du 20me jour de novembre 1679. » *signé*: PHÉLIPPEAUX. »

(*Arch. de l'hôtel de Ville.*)

II.

Désireux de justifier la confiance du monarque, les nouveaux consuls se crurent obligés de prouver qu'ils « étoient bons catholiques ». En conséquence, ils débutèrent dans l'exercice de leur charge par une dénonciation en bonne forme contre le sieur Olivier, juge, nommé consul à plusieurs reprises, qui était catholique, mais qui probablement se montrait bienveillant et équitable vis-à-vis des protestants. « Supplient humblement, disaient-ils dans leur requête, les consuls modernes

---

conseil de ville, parce qu'à cette époque on n'aurait pas trouvé dans la ville d'Anduze seize catholiques qui fussent aptes à diriger les affaires municipales.

de la ville d'Anduze, tous faisant profession de la R. C. A. R., et vous représentent que, depuis les mouvements des guerres causées par ceux de la R. P. R. du Languedoc, les habitants religionnaires d'Anduze étant en plus grand nombre, se seroient, de leur autorité, rendus les maîtres et gouverneurs de la communauté de ladite ville; lesquels religionnaires se servant de quelques particuliers, habitants catholiques dudit Anduze, qui étoient à leur dévotion, ils les auroient mêlés à leurs intérêts, et particulièrement le sieur Olivier, que, depuis vingt ans, ils avoient fait nommer premier consul neuf diverses fois, lequel, par cette voie, avec les susdits religionnaires se seroient emparés et saisis de toutes les rentes et revenus de l'hôpital dudit Anduze, que les uns et les autres auroient convertis en leur usage particulier, sans en avoir donné compte d'aucune manière; et voulant lesdits suppliants, comme *bons catholiques*, assembler le conseil politique pour délibérer sur certaines affaires de la communauté, et singulièrement pour faire rendre compte audit sieur Olivier et autres qui détiennent les biens de la communauté et de l'hôpital, par-devant le sieur curé de la ville, faute d'aucun officier et adjoint catholique, les suppliants en auroient été empeschés par un acte que le seigneur marquis d'Anduze leur avoit fait signifier, portant qu'il avoit fait établir ledit Olivier, tant pour la justice distributive que pour autoriser les délibérations qu'ils avoient à prendre; leur ayant enjoint et aux autres habitants de ne reconnoistre autre pour l'administration de la justice et autorisation de leurs délibérations que ledit d'Olivier; et parce qu'il est absolument nécessaire de faire rendre compte à M. Olivier des administrations qu'il a faites depuis lesdites vingt années, et de faire délibérer sur diverses autres affaires où ledit M. Olivier est suspect, de même qu'en l'administration de la justice, comme étant germain du seigneur d'Anduze, les suppliants ont recours, Monseigneur, à ce qu'il vous plaise commettre et députer tel qu'il vous plaira, pour autoriser les délibérations qu'il conviendra prendre audit Anduze, et ordonner que devant le même commissaire, M. Olivier et autres qu'il appartiendra seront assignés pour rendre compte de leur administration, pour icelui (compte) clôturer par-devant ledit commissaire, et être prononcée par vous telle condamnation que de droit; et les suppliants continueront leurs prières pour votre prospérité et santé. » (*Registre* des délibérations de l'hôtel de Ville.) Voilà une dénonciation où le zèle d'un catholicisme haineux éclate à chaque ligne. Un premier consul, un juge catholique qui, de concert avec les protestants, se rend coupable depuis vingt ans de péculat, au détriment de la communauté et de l'hôpital, et cela sans qu'une seule plainte se soit fait entendre! Jamais accusation moins plausible et moins acceptable. Cependant, l'intendant de la province lui fit accueil; il envoya un commissaire extraordinaire qui vérifia les comptes de M. Olivier, et, quoique ils eussent été reconnus parfaitement exacts, néanmoins M. Olivier fut dépouillé des fonctions de juge et remplacé par un M. Portal, qui, probablement, pour offrir plus de garantie aux catholiques, dut se montrer hostile aux protestants.

Les consuls ne se contentèrent pas de cette preuve de catholicité. Voulant donner une haute idée de leur zèle religieux, ils firent retirer « les meubles de l'hospital des mains de la veuve de Pierre Cahours, ci-devant hospitalier (parce qu'elle était protestante), et les confièrent au nommé Pierre Malplaz, *catholique*, qu'ils establirent dans l'hospital. » (*Reg. de l'hôtel de Ville.*)

Quelques mois après (le 19 avril 1680), ils décidèrent de contracter un emprunt « pour payer le révérend Père prédicateur qui preschoit le caresme dans Anduze. »

Le 6 septembre de la même année, ils s'empressèrent de suivre les instructions de l'intendant, qui « leur écrivoit pour leur dire qu'ils eussent à choisir un catholique pour lever les tailles de la communaulté, et prendre garde surtout que celui qu'ils jugeroient propre pour cela fût un homme solvable et sûr. »

Ainsi, d'un jour à l'autre, tout protestant d'Anduze exerçant une charge, quelque modeste qu'elle fût, se voyait dépouillé de ses fonctions et remplacé par un catholique *sûr*.

Les consuls de l'année 1682, jaloux de se signaler par leur zèle, décidèrent de faire agrandir l'église. Cette mesure était nécessaire, disaient-ils (le 8 juillet 1682), « pour contenir le nombre des habitants catholiques qui s'augmente, à cause des conversions qui se font tous les jours ». Si le fait allégué eût été véritable, rien de plus légitime que de mettre l'église en rapport avec l'accroissement du nombre des assistants. Mais ces « conversions qui se faisoient tous les jours » étaient une pure invention des consuls et des conseillers. Depuis 1678 jusqu'au mois de juillet 1682, il s'était opéré dans Anduze treize conversions, dont cinq d'enfants en bas âge[1]. Et les consuls osaient affirmer que les conversions qui avaient lieu tous les jours rendaient indispensable l'agrandissement de l'église! Malgré la grossièreté de cette allégation mensongère, le conseil (tout catholique) décida « que, sous le bon plaisir

---

[1] Nous en avons fait le relevé exact dans les registres curieux de cette époque, et nous affirmons qu'il serait impossible d'en découvrir une de plus.

de Monseigneur l'évêque, l'église seroit agrandie, selon les devis et plans de l'architecte, tant de l'église que de l'escalier, clocher, logement du vicaire et autres salles ou membres servant à l'utilité des dits habitants ; et que la somme d'environ 1,500 livres seroit prise tant sur les relicataires (débiteurs) de la communaulté, que sur deux deniers pour chacune livre de chair fraîche qui se débitera dans Anduze durant l'année »... Cette nouvelle dépense fut donc motivée sur l'allégation mensongère des conversions, comme plus tard Louis XIV et ses ministres osèrent prononcer la révocation de l'édit de Nantes, en affirmant qu'il n'y avait plus de protestants en France, vu que presque tous s'étaient déjà convertis.

III.

Les actes d'oppression, de spoliation, les mensonges impudents ne s'accomplissaient pas contre les protestants sans exciter leurs plaintes, sans provoquer de leur part des projets de résistance. On ne se résigne pas facilement à être dépouillé de ses droits naturels, à se voir menacé dans sa foi, dans sa liberté de conscience, dans sa famille, dans sa dignité, dans sa fortune, dans sa vie, sans se roidir contre les injustices, sans maudire ses persécuteurs et sans former contre eux des vœux dictés par la colère, sans chercher à se concerter secrètement pour se mettre à l'abri des attaques incessantes auxquelles on est exposé. Ainsi agissaient les protestants d'Anduze, à cette époque, et nous ne saurions avoir le courage de les en blâmer. Voici deux documents, à la fois curieux et tristes, où se reflètent, comme dans un miroir, d'un côté les bouillonnements de colère, les correspondances clandestines, les conciliabules, les humiliations de la défaite, les espérances folles auxquelles les protestants se livraient; et d'un autre côté, la vigilance inquiète, l'espionnage, la délation dont ils étaient les objets de la part des agents subalternes de l'administration supérieure. Ces deux documents sont des rapports de police secrète parfaitement authentiques, que nos recherches ont amenés dans nos mains; ils nous paraissent dignes d'être placés sous les yeux des lecteurs, et à ce titre nous allons les citer textuellement.

« L'information faite par le sieur de Saint-Auban, juge d'appeaux de la ville d'Allès, le 7° du présent mois de juin 1680, est composée de deux temoins, sçavoir : de M. Pierre Elzière, régent aux ordinaires du sous-canton près Allès, et de Jaques de Leuze, procureur ez juridiction d'Allès. Ils déposent unanimement que le six du mesme mois de juin, ayant rencontré sur le chemin d'Allès à Anduze le nommé Saltet, de la religion prétendue réformée, et ci-devant valet des consuls d'Anduze, pendant que le consulat estoit composé de catholiques et d'huguenots, ils lui auroient demandé d'où il venoit; à quoi il respondit qu'il venoit de là, sans s'expliquer; et leur ayant demandé s'ils estoient de la religion prétendue réformée, ils feignirent d'en estre, ce qui obligea le dit Saltet de leur dire que puisqu'ils estoient frères, il pouvoit leur parler librement, et commença par se plaindre qu'on traitoit mal les huguenots, leur ayant osté leurs consulats et les offices pour les bailler aux papistes, et que mesme on faisoit tous les jours des affaires aux ministres, comme on avoit fait à Vincens, ministre d'Anduze, qui venoit d'arriver de Thoulouse pour des affaires que les papistes lui avoient faites, et qu'aussitost après qu'il étoit arrivé, il lui avoit baillé une lettre pour porter à tous les ministres des colloques d'Allès et d'Anduze.

»Sur quoy les déposans lui ayant demandé s'il portoit une lettre à chaque ministre, il leur dit qu'il n'en avoit qu'une pour tous, laquelle il avoit portée le matin à Boutton, ministre d'Allès, lequel, après l'avoir lue, avoit mis en bas : *veu*, et l'avoit signée, et l'avoit envoyée au nommé d'Espaignac, ancien du consistoire, qui le mena chez les quatre autres ministres d'Allès, qui lurent pareillement la lettre, mirent le *veu* et signèrent; et qu'alors il venoit de la porter aux autres ministres du colloque, qui avoient fait la mesme chose, et que le lendemain il devoit aller en divers endroits, pour faire voir cette lettre aux ministres qui sont dénommés dans l'information, au nombre de huit.

»L'un des déposans ayant demandé au dit Saltet s'il ne sçavoit pas le sujet de la lettre, il leur dit que c'étoit pour faire une assemblée dans la ville d'Anduze après la Pentecoste, que c'étoit lui qui avoit soin d'avertir les ministres lorsqu'il falloit faire quelque assemblée sur leurs affaires, à cause qu'on vouloit leur donner un commissaire catholique pour descouvrir leurs secrets.

»Les déposans lui ayant dit que les ministres avoient bien de la confiance en lui, il respondit qu'ils le pouvoient bien, puisqu'il y avoit trente-huit ans qu'il les servoit fidèlement, et qu'ils n'employoient que lui dans leurs affaires; qu'il y avoit quinze jours que le consistoire d'Anduze, apprehendant que le ministre de Bagards ne se fît catholique estant dans la misère, il auroit porté une lettre aux ministres du colloque, qui lui avoient baillé 20 escus pour donner à ce ministre. Il adjouta qu'au commencement de cette année, le sieur marquis de Tornac ayant, en vertu d'un arrest rendu sous la cheminée, fait faire tout le consulat d'Anduze catholique, il le fît venir dans la maison d'un curé, où il lui proposa de se convertir, qu'il lui donneroit dix pistoles et le feroit continuer valet des consuls; mais qu'il résista au diable, pour quoi il fut félicité dans le consistoire, qui lui donna une émine de bled et des chastaignes; et dit que ceux de la religion se vengeroient des papistes en ne leur donnant pas à travailler pour gagner leur vie.

»Enfin, le dit Saltet finit son discours en leur disant qu'il leur étoit fort fascheux de se voir traités de la sorte, mais que le roi n'en sçavoit rien; sur quoi les déposans lui ayant dit qu'il falloit bien que le roy le sçeut, Saltet répartit que si le roy pouvoit mourir, on verroit une belle lessive; à quoi Deleuse, l'un des témoins, ayant repliqué que cela ne leur serviroit de rien, puisque la reyne et Monseigneur le dauphin y seroient encore, Saltet dit qu'on pouvoit bien prier Dieu pour eux, les persécutant si fort comme ils faisoient; que s'ils pouvoient faire un coup de nuict que personne ne vit, ou s'il manquoit des bourreaux, il s'en trouveroit beaucoup; qu'il valoit mieux périr pour périr, et qu'il sçavoit beaucoup d'autres choses qu'il ne pouvoit pas dire; et portant le doigt sur son nez, il auroit dit: patience, lequel mot il auroit répété plusieurs fois, et estant arrivés proche d'un pont, ils se séparèrent. »

(*Archiv. impér.*, série TT, 290.)

« *Procès-verbail.* — L'an 1680, et du mercredi 28ᵉ jour du mois d'aoust, dans la ville d'Allès, maison et par-devant nous Louis de Saunier, sieur de Saint-Auban, juge d'appeaux de la ville et comté d'Allès, heure de midy.

»Ont comparu M. Pierre Elzière, baille en la juridiction du Pin, et Simon Pascal, habitant de la presante ville d'Allès, lesquels, moyennant serment par chacun d'eux presté, la main mise sur les Saints Evangiles, nous ont dict et dénoncé que

Seconde édition.

lundi dernier, 26ᵉ du dit mois, jour de foire en la presante ville, ils y auroient veu beaucoup de ministres étrangers, entre lesquels icelui Elzière auroit recogneu les nommés Vincens frères, ministres de Sauve et d'Anduze; Malplach, aussi ministre d'Anduze; Audibert, ministre de Brenoux; Dumas frères, ministres de Vézenobres et de Cassagnoles; Almeiras, ministre de Saint-Sébastien; Olimpies, ministre de Saint-Paul; Guion, ministre de Saint-Martin de Boubeaux, et le ministre de Mellet; n'ayant pas recogneu les autres ministres ni quelques autres estrangers y estant la plupart du temps avec eux, qui étoient des proposans, à ce qu'il a ouï dire de despuys; la plus grande partie desquels ministres, ensemble Coulan, ministre de cette ville; Bastide, ministre de Sostelle, et Desmarets, ministre de Saint-Hilaire, résidant aussi en la presante ville, se seroient assemblés le dit jour lundi dernier, sur les dix heures du matin, dans la maison de M. Bouton, autre ministre de cette ville, les uns entrant par la porte qui regarde la grand'rue, et les autres par la porte de derrière, où ils auroient demeuré jusques environ l'heure de midy, et ce jourd'hui sur les huit heures du matin, iceux Elzière et Pascal auroient veu plusieurs ministres qui alloient au temple, d'où le peuple estant sorti, les dits ministres y auroient resté environ une heure; après ayant ouï dire que le nommé Flavard avoit proposé dans le temple, ce qu'ils ont voulu nous dénoncer, requérant acte de leur dénonciation, laquelle ils ont signée.

» *Signés* : ELZIÈRE, PASCAL.

» Nous dict juge, avons octroyé acte de la dite dénonciation dont notre procès-verbal demeurera chargé.

» *Signé* : SAINT-AUBAN, juge. »

(*Archiv. impér.*, série TT, 290.)

IV.

Malgré les espions, les missionnaires, les fonctionnaires publics, et peut-être à cause des efforts des uns et des autres, l'Église d'Anduze, loin de s'affaiblir, allait toujours en augmentant. Il ne se passait pas d'année sans qu'elle reçût dans son sein quelques néophytes. Ces abjurations du catholicisme eurent lieu, à Anduze, jusqu'à l'année 1680, époque où il y eut péril pour les prosélytes, car défense fut faite aux catholiques d'abandonner leur religion; péril pour les pasteurs, car il leur fut expressément interdit de recevoir des convertis; péril pour les consistoires, qui étaient rendus responsables des infractions à cette défense [1].

[1] Les déclarations d'abjuration, soigneusement inscrites dans les registres du consistoire, étaient formulées à peu près comme la suivante : « Le 17 avril 1680, se sont présentés Pierre Chaunillié, travailleur de bourre, natif d'Arlau? en Auvergne, et Benoëte Faure, native dudit lieu, sa femme, qui ont dit qu'ils ont fait profession jusques à présent de la religion catholique, apostolique et romaine; mais ayant reconnu que, dans cette religion, ils ne peuvent point faire leur salut, et connoissant la pureté de la religion réformée, qui est la seule par laquelle on va à Christ, requièrent cette compagnie, vu qu'ils font abjuration de la religion catholique, apostolique et romaine, les recevoir à notre communion, dans laquelle ils protestent vouloir vivre et mourir.

» Il leur a été remontré que les personnes qui ont fait profession de notre religion, et ayant embrassé celle de l'Église romaine, ne peuvent pas revenir dans la nôtre sans qu'ils ne soient déclarés relaps, et punis comme est suivant la déclaration de Sa Majesté, et que partant, si le dit Chaunillié ou Faure sa femme ont autrefois fait profession de notre religion, et ayant embrassé la religion romaine, ils s'y doivent tenir. D'ailleurs, ils ne doivent pas non plus faire abjuration de l'Église romaine pour embrasser la nôtre, par aucune considération du monde, et doivent considérer que ceux de notre communion sont exposés à diverses afflictions.

» Sur quoi le dit Chaunillié et Faure sa femme répliquant ont dit : qu'ils sont nés tous les deux catholiques romains, et ont toujours fait pro-

Les assemblées religieuses attiraient de plus en plus des auditoires nombreux dans le temple d'Anduze. Sous les coups de la contrainte et de la menace, qui devenaient tous les jours plus terribles ; à la pensée des épreuves prochaines dont ils étaient menacés, les membres de cette Église s'empressaient d'aller chercher dans le sanctuaire des consolations, des forces et des encouragements. Les pasteurs prêchaient avec plus de véhémence, et leurs paroles chaleureuses pénétraient profondément dans les cœurs. Jamais le consistoire n'avait trouvé plus de soumission chez ceux qu'il frappait de ses censures. Il était assiégé de demandes pour établir de nouveaux bancs dans le temple ; chacun voulait s'humilier, retremper sa foi, participer aux sacrements dans cette maison de prières dont il pressentait la prochaine destruction.

fession de ladite religion jusques à présent; qu'ils en veulent faire abjuration, étant pleinement persuadés que dans notre seule communion ils peuvent faire leur salut; et c'est pour cela seulement qu'ils requièrent de plus fort cette compagnie les vouloir admettre dans notre communion.

« La compagnie, après avoir examiné le dit Chaunillié et Faure sa femme sur les principaux articles de notre religion, les a reçus à notre communion, après qu'ils ont eu renoncé à la croyance de ceux de l'Église romaine.

» Le dimanche 23 avril, après la prédication du matin, le dit Chaunillié et Faure sa femme ont fait la même déclaration à la face de tout le peuple. »

Nous avons relevé exactement le nombre des abjurations du catholicisme qui eurent lieu dans l'Église réformée d'Anduze, et nous avons constaté que, depuis l'année 1677 jusqu'à l'année 1680, il y eut quatorze conversions à la religion protestante. Ce nombre se décompose comme suit :

    Année 1677, 5 conversions.
    — 1678, 5 —
    — 1679, 2 —
    — 1680, 2 —

Ces quatorze personnes qui se convertirent étaient toutes d'un âge mûr, et, si l'on en excepte deux, elles n'étaient pas originaires d'Anduze.

A ces motifs, qui faisaient affluer les auditeurs dans le temple, venait se joindre l'interdiction du culte dans presque toutes les Églises du voisinage. Aux environs d'Anduze, les localités, peuplées presque exclusivement de réformés, étaient privées de leurs temples qui avaient été démolis, de leurs pasteurs qui avaient été expulsés. C'était la seule Église, pour toute la contrée, où l'on pût célébrer les baptêmes, bénir les mariages, enseigner les catéchumènes, prêcher l'Évangile. Les jeunes gens trouvaient là seulement des maîtres de leur religion qui leur apprissent les éléments de la lecture, de l'écriture et de l'arithmétique. Les pasteurs bannis par des arrêts du sein de leurs troupeaux, y venaient chercher et y trouvaient un refuge.

V.

Tandis que le zèle religieux se ravivait chez les reformés, sous la pression des mesures iniques et par l'appréhension de rigueurs plus terribles encore, la résolution de recourir aux mesures extrêmes s'affermissait toujours davantage dans l'esprit du monarque et de ses conseillers. Sans discontinuer les sollicitations menaçantes, les tentatives de corruption, les arrêts iniques, Louis XIV et ses ministres essayèrent, pour vaincre l'obstination des protestants, de transformer les soldats en missionnaires. On fit l'essai de ces *missions bottées*, c'est-à-dire des dragonnades, dans le Poitou et le Limousin. En envoyant dans ces deux provinces quelques compagnies de dragons, Louvois écrivit à l'intendant : « Le roi n'estime pas qu'il faille loger tous les cavaliers chez les protestants ; mais si, suivant une répartition juste, ils en devoient porter dix, vous pouvez leur en faire donner vingt, et les mettre tous chez les plus riches des religionnaires.» «Louis XIV voulait encore conserver quelque ordre et quelque mesure dans l'injustice même ; mais ce fut l'esprit de Louvois et non le sien qui dirigea l'exécution. Les soldats, encouragés par les intendants, par la plupart des fonctionnaires et par les catholiques fanatiques de chaque localité, commirent des brutalités et des déprédations qui répandirent partout l'épouvante. Des milliers de protestants se convertirent par peur ; une infinité d'autres, surtout parmi les populations maritimes du Poitou et de l'Aunis, rassemblèrent toutes leurs ressources et s'apprêtèrent à quitter la France. » (Henri Martin, tom. XIII, pag. 627.)

Effrayés par le bruit de ces exécutions militaires, et jugeant avec raison qu'elles recevraient bientôt leur application, au premier moment et pour le plus léger prétexte, dans toutes les parties de la France, et particulièrement dans le Languedoc, quelques protestants du Midi conçurent le projet de tenir tête à l'orage en rétablissant l'exercice de leur culte dans toutes les localités où il avait été interdit. Le promoteur de ce plan hardi était Claude Brousson.

Claude Brousson, qui porte l'un des plus grands noms du martyrologe protestant, avait reçu le jour à Nimes, et il exerçait à Toulouse la profession d'avocat. A la fois légiste et théologien, orateur du barreau et de la chaire, homme de cabinet et missionnaire, Claude Brousson appela secrètement auprès de lui quatre membres de chacun des comités de direction qui existaient dans les provinces synodales du Bas-Languedoc, des Cévennes, de l'Ardèche et du Dauphiné. Il leur fit comprendre que le seul moyen d'arrêter le monarque dans la voie fatale de la force brutale où il s'engageait contre les réformés, était de lui montrer, par une démarche unanimement adoptée, qu'à bout de patience ils protestaient contre les traitements tyranniques dont ils étaient les victimes, non pas en prenant les armes et en renouvelant la guerre civile, mais en célébrant leur culte dans tous les lieux où ses arrêts leur en avaient fait la défense. Il y aura des victimes sans doute dans chaque Église, disait-il ; on mettra à mort ceux qui auront été le plus en vue, on emprisonnera, on bannira un grand nombre de protestants ; mais les bourreaux se fatigueront, les prisons ne seront pas suffisantes pour recevoir tous ceux qui auront été mis en arrestation, nos ennemis s'effrayeront de notre audace à la fois calme et décidée, nos amis du dehors prendront notre défense, et à coup sûr le monarque renoncera au projet de détruire l'Église par la violence de la persécution.

Les confidents de Claude Brousson partagèrent ses idées. De concert avec lui, ils rédigèrent un manifeste dans lequel ils invitaient tous les réformés à reprendre l'exercice de leur culte partout où il avait été défendu. Agissez sans bravade, écrivirent-ils, mais aussi sans timidité ; ayez l'allure de gens qui ne cherchent pas à offenser la volonté du monarque, mais qui sont décidés à souffrir tout ce que cette même volonté jugera à propos de prononcer contre eux. Le 27 juin était le jour fixé pour la mise en exécution de ce projet.

La hardiesse d'un tel projet devait naturellement lui procurer des approbateurs, et encore plus de détracteurs. Les artisans, les gens du peuple, les membres des Églises interdites, un certain nombre de pasteurs lui étaient favorables ; mais il avait contre lui les timides, les hommes prudents, les riches, les gentilshommes, les membres des consistoires et les pasteurs des villes et des localités où le culte n'avait pas été défendu. Ce projet est chrétien, modéré, peu dangereux, disaient les premiers ; il hâtera la ruine de nos Églises, répliquaient les les autres, car il sera considéré comme un complot où tous les protestants auront trempé, et nous serons tous punis par la perte de la liberté de conscience et par la destruction complète de notre culte dans tout le royaume.

A la distance de deux siècles, il est difficile de décider d'une manière certaine de quel côté se trouvaient la sagesse et la meilleure appréciation de la situation du moment. Au point de vue humain, peut-être les détracteurs du projet étaient dans la vérité ; mais au point de vue chrétien, ses approbateurs raisonnaient avec plus de justesse. De tout temps, les intérêts de la foi ont été mieux servis par la fermeté que par la timidité. Le défaut d'entente et le manque d'une adhésion générale nuisirent considérablement au projet de Claude Brousson. Il y eut pourtant quelques Églises qui suivirent son manifeste : celle de Saint-Hippolyte fut de ce nombre. Le 11 juillet 1683, jour auquel l'exécution du projet avait été renvoyée, nous dit Claude Brousson lui-même, « les réformés de cette ville, que l'on avoit injustement privés de la liberté de prier Dieu, s'assemblèrent dans un champ, à la pointe du jour, pour leur exercice de piété. Jamais assemblée chrétienne n'avoit été faite avec plus de modestie. Le ministre, qui prêcha sur ces paroles de l'Écriture : *Rendez à César les choses qui sont à César, et à Dieu celles qui sont à Dieu*, n'entretint ses auditeurs, qui étoient au nombre de trois ou quatre mille, que du service religieux que les chrétiens doivent à Dieu, et de la fidélité que les sujets doivent à leur prince. Le prêtre qui était alors à Saint-Hippolyte voulut être le témoin de cette action, et, lorsqu'il alla rapporter à l'évêque de Nismes ce qui s'étoit passé, il ne put s'empêcher de louer les réformés, et de dire que le pasteur n'avoit rien avancé que l'évêque lui-même n'eût pu dire, s'il eût fait un sermon sur cette matière. Les exercices qui se firent dans la suite au même lieu furent aussi faits avec beaucoup de piété et de retenue. » (*Apologie du projet des réformés*, tom. III, pag. 133.)

VI.

La conduite courageuse des réformés de Saint-Hippolyte jeta l'effroi dans l'esprit de tous les protestants de la contrée, qui désapprouvaient le projet de Claude Brousson. De ce nombre se trouvaient les pasteurs et les membres du consistoire d'Anduze. Ils s'imaginèrent que l'heure de la ruine allait sonner pour eux et pour leur Église. Remplis de cette crainte, et désireux de conjurer le danger, dès que le jour de leur réunion hebdomadaire fut arrivé, c'est-à-dire le mercredi, 14 juillet, ils rédigèrent la délibération suivante, qui donne la mesure de leur mécontentement et des craintes dont ils étaient assiégés.

« 14 juillet 1683. Par le sieur Vincent, ministre, a été proposé qu'il a ouï dire que les habitants de Saint-Hippolyte ont repris la prédication depuis dimanche dernier; et comme cette entreprise est une contravention à l'arrêt du conseil du roy qui leur en interdit l'exercice, et une désobéissance aux ordres de Sa Majesté, il est nécessaire de délibérer de quelle manière nous nous devons conduire pour faire voir que cette compagnie n'y a point de part et qu'elle n'approuve point leur action. Sur quoy a été décidé d'une commune voix que nous irons au sortir d'ici déclarer à Monsieur d'Anduze que nous n'avons point de part à l'entreprise des habitants de Saint-Hippolyte et qu'on n'approuve en aucune manière leur action;

comme contraire à l'obéissance que nous devons à notre roy; et le prier en même temps de vouloir en assurer les puissances, pour leur faire connoistre notre sentiment, de répondre de notre obéissance et fidélité de la manière la plus forte qu'il se pourra. Et cela étant fait, Messieurs Rafin, Bonniol et Flavard iront faire la même protestation à Monsieur le juge Portal, de la part de la compagnie. »

Le consistoire d'Anduze ne fut pas le seul à protester contre la conduite des habitants de Saint-Hippolyte ; ceux de Montpellier, de Nimes, d'Alais, de Sauve se hâtèrent également de témoigner leur désapprobation auprès « des puissances ». En même temps Rumigny, le député général des Églises, écrivit une lettre circulaire, le 18 août, à tous les consistoires de la contrée. Dans cette missive, il blâmait « les mouvements de ceux de la religion dans les Cévennes et dans le Dauphiné, reprochant à leurs auteurs d'avoir tenu une conduite d'autant plus criminelle que, outre l'offense commise contre Dieu en violant le respect deu au roy et à ses édits, ils avoient fourni par leur désobéissance à Sa Majesté un légitime prétexte de les châtier sévèrement. Il était d'autant plus fâcheux, disait-il, qu'ils seroient la cause qu'une infinité de personnes innocentes souffriroient avec les coupables, étant fort à craindre que le roi fît démolir les temples de vingt à trente lieues à la ronde de ceux qui se trouveroient engagés dans cette action. » Il invitait les coupables « à revenir à leur devoir, tâchant de fléchir de bonne heure la justice de Sa Majesté par leurs très-humbles supplications à sa bonté, et par une entière soumission à ses volontés. » Il engageait en conséquence les consistoires « à employer tout ce qu'ils avoient de crédit auprès d'eux pour les y ranger, et de faire tous leurs efforts pour retenir dans le devoir d'une parfaite obéissance tous les peuples qui étoient sous leur discipline. » Il terminait par une exhortation à la résignation, disant que « si l'on supportoit les épreuves avec patience, peut-être Sa Majesté seroit touchée de pitié pour eux [1]. »

Cette lettre, ayant été communiquée aux trois chefs de colloque de la province des Cévennes, provoqua la tenue d'une assemblée composée des députés de ces trois Églises, et à laquelle assisterait le consistoire d'Alais « en abrégé ».

Celui d'Anduze s'assembla le 22 août, pour faire choix de ses députés. Il nomma MM. Vincent, ministre; de Lafarelle, Flavard, médecin, Rodier, avocat; Flamen, auxquels il donna le mandat « de porter le sentiment de la compagnie, qui est de se tenir inviolablement à l'obéissance du roy ».

L'assemblée d'Alais, qui se tint le 24 août, fut unanime à délibérer « que les lieux et Églises qui se trouveroient dans le cas du rétablissement de l'exercice de la religion, en dépit des ordonnances du roy, seroient puissamment exhortées de suivre le sentiment du député général, et à cet effet d'avoir recours à la bonté, à l'équité du monarque, pour en obtenir les effets. »

Munis de cette décision, dont ils portaient un extrait authentique, les députés d'Anduze firent réunir dans le temple, le 29 août, les membres de cette Église, et leur en donnèrent publiquement connaissance.

Une telle communication, accompagnée probablement de commentaires et d'exhortations à la paix, était commandée par l'état d'agitation où se trouvaient les esprits; car si les membres du consistoire, appartenant tous à la bourgeoisie,

---

[1] *Apologie du projet des réformés*, III, pag. 155.

étaient disposés à rester dans l'obéissance due à la volonté du roi, il n'en était pas de même de la masse du troupeau. Le peuple d'Anduze, ainsi que celui de toutes les villes protestantes de la contrée, non-seulement approuvait le projet de Claude Brousson, et applaudissait au courage de ceux qui l'avaient exécuté, mais il parlait de prendre les armes et de voler à la défense de ses frères opprimés.

La guerre civile et l'oppression avaient en effet commencé dans le Dauphiné. Dès que les protestants de cette province s'étaient remis à célébrer leur culte dans les lieux où il avait été interdit, les catholiques avaient pris les armes, des troupes avaient été envoyées dans la contrée. De leur côté, les protestants s'étaient précautionnés pour repousser les agressions dont on les menaçait. Des rencontres avaient eu lieu où, de part et d'autre, le sang avait coulé; des excès avaient été commis par les soldats. Il est vrai qu'une amnistie avait été accordée, mais elle contenait beaucoup d'exceptions, et déjà plusieurs protestants avaient été mis à mort.

Dans le Vivarais, mêmes soulèvements : on prit les armes des deux côtés, mais on n'en vint par aux mains, parce que les protestants firent bientôt leur soumission. Ils cédèrent aux conseils des députés de leurs coreligionnaires des Cévennes et du bas Languedoc[1], et d'après les promesses du comte de Roure, lieutenant général. Celui-ci leur avait fait espérer une amnistie générale et l'autorisation de rétablir en quelques lieux l'exercice de leur culte. Toutefois, malgré ces promesses, les dragons pénétrèrent dans le Vivarais et se livrèrent, comme dans le Dauphiné, au viol, au pillage et au meurtre. Une amnistie

---

[1] *Idem*, pag. 181. Ces conseils leur avaient été donnés dans une conférence qui eut lieu le 26 août, deux jours après celle d'Alais.

fut accordée aux protestants de cette contrée, ce qui n'empêcha pas que plusieurs d'entre eux ne fussent pendus, et que le bourreau ne fît périr sur la roue le vénérable Homel, âgé de 78 ans, et l'un des plus dignes pasteurs de la province.

Le bruit de ces mouvements et de ces exécutions arrivait dans les Cévennes et dans le bas Languedoc. Les zélateurs ardents en étaient indignés et demandaient à reprendre les armes; mais plus leurs murmures devenaient menaçants, plus les timides et les prudents protestaient de leur soumission à la volonté du roi, et prenaient des mesures afin de prévenir toute explosion.

Telle fut, dans ces conjonctures difficiles, la conduite du consistoire d'Anduze. Ayant appris que « des Messieurs avoient été à Nismes pour obliger le consistoire de cette Église d'approuver l'action de Saint-Hippolyte, ce qui avoit causé quelque bruit dans la ville, et ce qui étoit contraire à ses intentions », ce corps ecclésiastique s'assembla le 3 septembre, et décida « que le sieur Rafin seroit député pour aller à Nismes avec le sieur Baudan, d'Alais, et Cavalier, de Sauve, pour informer Messieurs du consistoire de Nismes que ce qui avoit été fait le mardi et mercredi, dernier août et premier septembre, avoit eu lieu à l'insçu des Églises d'Anduze, d'Alais et de Sauve, et pour dénoncer à telles personnes dudit consistoire et autres qu'ils jugeront à propos, comme ils n'approuvoient en nulle manière leur conduite, ni aucune chose qu'ils aient fait, et qu'ils délibèrent sur ce sujet, afin qu'ils le rapportent audit consistoire de Nismes. »

Le mandat donné à M. Rafin fut exactement rempli, et trois jours après (5 septembre) il vint rendre compte de la manière dont il s'en était acquitté. Il raconta qu'il avait vu les sieurs

Cheyron et Paulhan, ministres, et de Restauray, directeur (c'étaient les chefs du parti des timides dans le consistoire de Nimes), « qu'il leur avoit rapporté le sentiment de la compagnie (d'Anduze) et protesté qu'elle n'étoit entrée en aucune manière dans les propositions qui leur avoient été faites touchant l'affaire de Saint-Hippolyte, qu'elle n'approuvoit en aucune manière; que le tout avoit été fait à son insçu, et que les sieurs Paulhan, Cheyron et Restauray s'étoient chargés de le rapporter à leur consistoire et direction. » Un mandat si bien rempli méritait des éloges. Le consistoire ne manqua pas de les accorder à son député.

Ces démarches isolées, ces communications de consistoire à consistoire prouvent la gravité de la situation dans laquelle la contrée se trouvait en ce moment. Voulant y prévenir l'explosion, prête à éclater, le comte de Roure, lieutenant général des armées du roi, autorisa les Églises de la province à réunir une assemblée générale dans le lieu de Colognac « pour régler la conduite que la province devoit tenir touchant les affaires de la religion, et pour faire cesser la prédication de Saint-Hippolyte. »

Cette assemblée devait avoir lieu le 6 septembre. Le consistoire d'Anduze ne manqua pas d'y envoyer ses députés; la veille du jour indiqué, le 5 septembre, il se réunit à l'effet d'élire ses mandataires; il en nomma huit : c'étaient les sieurs Vincent et Malplach, pasteurs; Flavard, de Lafarelle, le capitaine Portal, le capitaine Brunel, Étienne et Flamen, et il leur donna pour instruction : « qu'ils concluroient suivant la volonté uniforme de ceux qui composent nos Églises, de faire cesser de prêcher à Saint-Hippolyte et de se soumettre à la volonté du roy. »

L'assemblée de Colognac eut lieu comme elle avait été décidée. « Elle étoit composée de cinquante ministres, de cinquante-quatre gentilshommes et de trente-quatre avocats, médecins ou bourgeois. » Claude Brousson, qui donne ces détails, ajoute « que cette assemblée, qui étoit la plus belle qui eût peut-être jamais été faite dans les Cevènes, dressa un acte de protestation de son inviolable fidélité pour Sa Majesté; elle exhorta surtout les députés de Saint-Hippolyte, qui étoit le seul lieu interdit où l'on prêchoit dans ce pays là, à ne se départir jamais du profond respect qui étoit dû à leur auguste monarque. Les députés de Saint-Hippolyte protestèrent de leur côté, dans l'assemblée, qu'ils n'avoient jamais eu la pensée de manquer à leur devoir, et qu'ils ne le feroient de leur vie; mais que leur conscience les avoit contraints de s'assembler pour rendre à Dieu le culte qui lui est dû. Sur quoy l'assemblée, ayant loué leur piété, les exhorta à demeurer toujours dans la même modération qu'ils avoient fait paroitre jusqu'alors; et néanmoins, elle députa trois gentilshommes vers M. le comte de Roure et l'intendant, pour leur porter l'acte de l'assemblée, et les assurer plus fortement de la fidélité de leur province pour le service de Sa Majesté[1]. »

« Cette députation n'eut pas lieu, ajoute notre historien, parce que les députés du consistoire d'Alais et quelques autres du même colloque crurent que M. le comte de Roure et M. l'intendant ne se contenteroient pas de la protestation de fidélité de l'assemblée. » Au nombre de ces « quelques autres » se trouvaient les députés d'Anduze : ils se hâtèrent de venir « faire leur rapport de la délibération prise à Colognac ».

[1] *Idem*, pag. 265.

Aussitôt le consistoire s'assembla le 8 septembre, et persistant « dans sa précédente délibération sur ce sujet, il déclara qu'il formoit opposition à la délibération prise à Colognac ».

L'objet de la conférence de Colognac n'était donc pas atteint. Les députés de Saint-Hippolyte avaient été loués de leur modération par l'assemblée, et ils n'avaient pas pris l'engagement de faire cesser dans leurs Églises le culte qui avait été repris. L'exercice continuait donc dans cette ville, ce qui effrayait les protestants timides, entre autres les membres du consistoire d'Anduze, et ce qui mécontentait vivement le lieutenant général et l'intendant de la province.

Ces deux personnages voulaient en finir à tout prix avec la persévérance courageuse de Saint-Hippolyte. Voyant qu'ils pouvaient compter sur la bonne volonté des membres du consistoire d'Anduze, ils firent convoquer une autre assemblée dans cette ville, composée seulement des directeurs des Églises de la contrée. Le sieur d'Aubessargues, gentilhomme réformé, mandataire du comte de Roure, affirma « que pourvû que l'on se mît dans un état de respect, et que l'on fît suspendre seulement pour quinze jours l'exercice de Saint-Hippolyte, il avoit ordre de les assurer qu'ils obtiendroient de l'adoucissement dans leurs affaires générales, de la satisfaction pour les habitants de Saint-Hippolyte en particulier, et une amnistie générale pour toutes les choses qui pouvoient être arrivées. » Sur la foi de cette parole, il fut arrêté que l'on feroit suspendre l'exercice de Saint-Hippolyte, ce qui fut fait; on dressa un acte de soumission, on nomma les sieurs de la Porte, ministre, et les sieurs de la Valette et de Baudau, gentilshommes, pour aller porter cet acte, et on leur donna les instructions dont nous avons fait l'heureuse découverte aux archives impériales, que son importance nous ordonne de mettre en entier sous les yeux de nos lecteurs.

Mémoire à MM. les députés qui vont à Nismes vers Monseigneur le comte de Roure, lieutenant général des armées du roy et de ses provinces du Languedoc, de la part de l'assemblée tenue à Anduze, le 23 septembre 1683.

« Les députés assureront M. le comte de Roure des respects de la compagnie et de l'inviolable fidélité que toutes les Églises de cette province, et en particulier les habitants de Saint-Hippolyte, ont pour le service de Sa Majesté, et le supplieront très-humblement d'agir et d'intercéder envers Sa Majesté en faveur de ceux de notre religion, pour nous faire obtenir la révocation des édits, déclarations, arrêts et ordonnances qui nous privent de la liberté de conscience, qui interdisent nos exercices publics, qui nous ôtent les moyens de gagner notre vie, qui exposent nos biens et notre vie entre les mains des juges qui sont nos parties, et qui anéantissent tous les priviléges qui nous sont accordés par l'édit de Nantes, quoiqu'il ait été donné pour être perpétuel et irrévocable; sans la révocation desquels édits notre condition est extrêmement déplorable, nous jette dans le désespoir, et nous fait trouver la vie plus amère que la mort même.

»Les sieurs députés supplieront aussi Monseigneur pour obtenir de Sa Majesté qu'il ne soit fait aucune poursuite ni recherches, directement ou indirectement, soit contre les Églises, soit contre les ministres, directeurs, anciens, diacres et autres personnes de quelque qualité qu'elles soient, tant de cette province que des autres qui ont concerté par lettres, députations, assemblées, sollicitations ou autres, dans cette province et

Seconde édition.

autres, tant à raison de l'exercice public de notre religion, qui a été repris en quelques lieux où il avoit été interdit et discontinué, que autres choses faites à ce sujet; ensemble de tout ce qu'il s'est passé en cette occurrence, soit à l'occasion de la reprise dudit exercice, soit sous prétexte de ne s'être pas tenus aux édits, déclarations, arrêts, surpris au préjudice de l'édit de Nantes, et autrement; attendu qu'ils n'ont fait que suivre les mouvements de leur conscience et, quoique en cela ils ne croient point avoir rien fait contre la fidélité qu'ils doivent à Sa Majesté.

»Néanmoins, pour éviter que les uns et les autres n'en puissent jamais être recherchés, et afin que silence perpétuel soit imposé aux procureurs généraux, leurs substituts, et aux autres qu'il appartiendra : — Qu'il plaise à Sa Majesté leur accorder une amnistie générale, tant pour eux que pour leurs frères des autres provinces, sans exception, laquelle sera enregistrée où besoin sera.

»Les dits députés supplieront encore mon dit seigneur de demander le rétablissement de l'exercice public de notre religion dans le lieu de Saint-Hippolyte, attendu qu'il ne leur a été osté que pour un cas qui regarde quelques particuliers, et que ce lieu est composé de 4 à 5000 âmes qui ne peuvent pas vivre sans consolation et sans exercice de leur religion.

»Enfin, ils supplieront mon dit seigneur de représenter à Sa Majesté les malheurs dont nos frères du Dauphiné sont accablés, causent beaucoup de douleur et donnent un grand sujet de crainte dans cette province, aussi bien que dans les autres; que nous ressentons leurs maux, comme faits à nous-mêmes, qu'il ne nous est pas possible de vivre en repos tandis qu'ils sont dans la dernière désolation, ce qui fait qu'ils supplient très-humblement mon dit seigneur d'intercéder envers Sa Majesté pour faire cesser promptement leurs misères. »

Extrait des actes de l'assemblée de direction des Églises des Cévennes et Gévaudan, tenue à Anduze, sur la lettre de M. le comte de Roure, le 20 septembre 1683. (Archives impériales, série TT.)

Les députés partirent immédiatement, et ils allèrent trouver le duc de Noailles à Nîmes, où ils ne le rencontrèrent pas, et ensuite dans le Vivarais, au lieu de La Voulte. Celui-ci reçut avec un mécontentement très-prononcé les instructions de l'assemblée d'Anduze, prétendant qu'elles n'exprimaient pas d'une manière suffisante la soumission due à Sa Majesté, et, traitant les députés de factieux, il les fit emprisonner, après les avoir menacés de les faire jeter dans une basse fosse[1]. En même temps, sans tenir compte d'un autre acte dressé à Anduze, le 2 octobre, par l'assemblée de direction et rédigé dans les termes les plus soumis, il fit marcher des troupes vers les Cé-

[1] Voici comment l'auteur des Mémoires de Noailles raconte cette circonstance :

« En arrivant à Nismes, le duc y trouva une députation de l'assemblée calviniste des Cévennes, qui s'étoit tenue à Anduze. Ces députés lui présentèrent une requête, et lui dirent avec une hardiesse dont il eut lieu d'être étrangement surpris, qu'ils sont chargés de s'adresser à lui pour obtenir de la bonté et de la justice du roy une amnistie générale, le rétablissement de l'exercice de leur religion dans Saint-Hippolyte, où quatre mille personnes en avoient besoin ; en un mot, l'exécution entière de l'édit de Nantes, avec révocation de tous les édits, déclarations et arrêts du conseil donnés au préjudice de leurs libertés et privilèges depuis le commencement du règne de Sa Majesté.

» Surpris de la hardiesse ou plutôt de l'extravagance de ces pauvres misérables (ce sont les termes de sa lettre à Louvois, du 2 octobre), je n'hésitai pas un moment à les envoyer tous prisonniers dans la citadelle de Saint-Esprit, et je leur dis que s'il y avoit des petites maisons en Languedoc, je ne les envoierois pas au Saint-Esprit. (*Mémoires* de Noailles, collection Petitot, 2ᵉ série, tom. VII, pag. 252.)

vennes et particulièrement vers Saint-Hippolyte. Le consistoire d'Anduze était dans la plus vive anxiété lorsqu'il vit arriver dans son sein, le 3 octobre, « un sieur Noguier, ancien greffier, de la part du marquis d'Anduze, pour dire que le dit sieur marquis partait le lendemain pour aller voir à Montpellier monseigneur le duc de Noailles; et comme ci-devant il l'avoit assuré de l'obéissance des habitants et de leur fidélité au service du roy, il requéroit le consistoire que les habitants continuassent à demeurer fermes toujours pour notre grand monarque, et que, pendant son absence, il ne fût rien innové, et que messieurs les ministres exhortassent toujours le peuple à demeurer dans l'obéissance, comme ils l'avoient fait jusqu'à ce jour.

» La compagnie remercia très-humblement le seigneur marquis des bons adieux qu'il lui donnoit, et le fit assurer de de l'inestimable fidélité et obéissance que cette ville avoit pour le service du roy, de laquelle elle ne se sépareroit jamais. Elle députa en outre, vers le dit sieur marquis, les sieurs Bouvier et Flavard, médecins, pour lui confirmer par leur bouche la délibération de l'assemblée, et pour le supplier d'en assurer le duc de Noailles. »

Le consistoire ne se borna pas à cette démarche. Le lendemain, 5 novembre, il se réunit extraordinairement, ayant invité à sa séance les principaux protestants de la ville, et il décida unanimement « que les sieurs Brunel, capitaine, et Flavard, docteur en médecine, partiroient incessamment pour aller assurer Monseigneur le duc de Noailles de sa fidélité inviolable et de la soumission respectueuse avec laquelle il recevroit les ordres de Sa Majesté, quand ils lui seroient portés de sa part, le suppliant continuellement de vouloir honorer les habitants de sa bienveillance et de sa protection favorable. »

Un extrait de cette délibération, signé de tous les membres présents, fut remis aux députés pour être présenté au duc de Noailles. Mais toutes ces supplications, ces placets, ne produisirent aucun effet.

La population ne s'était pas soulevée, le consistoire n'avait pas discontinué de désapprouver le projet de Claude Brousson et la conduite des protestants de Saint-Hippolyte, les pasteurs avaient toujours encouragé leurs auditeurs à rester dans l'obéissance due au roi ; et cependant, le jour même de l'envoi de leur députation vers le duc de Noailles, sur le soir, ils virent entrer dans la ville ces dragons, objets de tant de terreurs, que par leurs actes réitérés de soumission ils avaient espéré tenir éloignés de leurs murs.

CHAPITRE X

LES DRAGONNADES A ANDUZE ET DANS TOUTES LES ÉGLISES DU ROYAUME, DEPUIS LE RÉTABLISSEMENT DE LA RELIGION DANS LES LIEUX OU LE CULTE ÉTAIT INTERDIT, JUSQU'A LA RÉVOCATION DE L'ÉDIT DE NANTES.

(5 octobre 1683. — 18 octobre 1685.)

SOMMAIRE.

Les dragons s'établissent dans Anduze et dans toutes les Cévennes. — Plaintes et demandes des protestants de cette province, dont le consistoire reçoit la mission d'être l'interprète. — Les troupes en quartier dans les Cévennes affament cette province. — Moyens nombreux, mais inutiles, pour convertir les protestants. — Condamnations prononcées contre les pasteurs, les laïques et les Églises accusées d'avoir pris part au projet du rétablissement du culte dans les lieux où il était interdit. — Les dragonnades commencent dans toutes les provinces du royaume où se trouvent des réformés. — Elles sont dirigées dans les Cévennes par le duc de Noailles. — Anduze en est le théâtre. — Cette ville reste inébranlable dans sa fidélité à l'Église réformée.

I.

Le 8 octobre 1683, les dragons entrèrent dans Saint-Hippolyte, et déjà depuis trois jours ils étaient installés dans Anduze.

Dès leur arrivée dans cette ville, ils se livrèrent à leurs excès habituels. Ils cherchèrent querelle aux habitants, et l'un d'eux fut blessé dans la rixe. Immédiatement deux bourgeois accusés d'être les auteurs des blessures de ce dragon, furent saisis et jetés en prison. Cette arrestation ne suffit pas, on infligea aux membres du consistoire l'humiliation de répondre de la personne des deux prisonniers. « 7 octobre 1683.... Il est proposé que M. le comte de Jessé, commandant les dragons logés en cette ville, a chargé le consistoire en la personne du sieur Bouvier, ancien, de la sûreté, conduite et surveillance de Samuel Manen et Guillume Laget, prisonniers, arrêtés et mis dans la tour ronde de la présante ville, de l'ordre dudit seigneur comte, accusés d'avoir blessé un dragon. » Aussitôt le consistoire, transformé en geôlier, obéit aux ordres de ce comte de Jessé et se hâta de députer six de ses membres « pour cette affaire et ses dépendances ». Il fit plus encore, il s'établit en quelque sorte comme garde-malade du militaire blessé et envoya quérir, pour lui donner des soins, un chirurgien et un apothicaire ; et comme un commissaire avait été expédié à Anduze pour informer de cette affaire, le 10 octobre le consistoire décida « de pourvoir au paiement de la dépense du dragon blessé et de députer vers M. le commissaire du roy quelqu'un de la compagnie pour le complimenter. » (*Reg. du consistoire.*)

Cette malheureuse affaire était encore pendante, et le consistoire n'avait pas encore soldé ce qui était dû au chirurgien « pour ses soins extraordinaires », lorsqu'un nouveau détachement de dragons arriva dans la ville. Ordre fut aussitôt donné au consistoire de pourvoir au logement ainsi qu'à la nourriture des hommes et des chevaux. « 25 novembre 1683, sur la proposition faite que M. Estrossy, capitaine d'une compagnie de dragons dans le régiment de M. de Berbiguière, a ordre du roy de loger en cette ville, en quartier, étant nécessaire de nommer des personnes pour faire les billets, attendu qu'ils doivent être *sur nous* (sur les protestants), en les faisant signer par le sieur Amat, premier consul. » La compagnie désigna quatre de ses membres qu'elle chargea de ce soin.

Il lui fut encore proposé de « nommer des personnes pour

avoir soin d'avoir du foin et de l'avoine, de payer ou d'en faire leurs billets du prix. La compagnie députa quatre de ses membres pour y pourvoir, avec promesse qu'ils seroient relevés et garantis de leur gestion. »

Aussi il lui fut proposé « de nommer des personnes pour faire le contrôle des dragons, *recevoir les plaintes des habitants* et y pouvoir. » La compagnie députa quatre autres de ses membres.

Ces quatre derniers députés, chargés de recevoir les plaintes des habitants, n'avaient pas le mandat le plus facile à remplir. Avec ces dragons, à qui tout était permis, sauf le meurtre et le viol, les plaintes durent être nombreuses, et les griefs dont elles n'étaient que la timide expression durent être bien sérieux !

Ce n'était pas la ville d'Anduze seule qui avait à supporter le logement des soldats, mais toute la province des Cévennes; on voulait tout à la fois la contenir et la punir, parce qu'on la soupçonnait d'avoir approuvé le projet de Claude Brousson et d'avoir voulu prêter les mains pour en assurer la réussite.

On avait donc envoyé des soldats « qui étoient logés en quartier dans les trois colloques d'Anduze, de Sauve, de Saint-Germain, et l'intendant du Languedoc avoit donné une ordonnance le 20 novembre, en vertu de laquelle un règlement général devoit être fait sur les habitants de la religion prétendue réformée des Sevènes, de la subsistance des troupes qui y étoient logées en quartier. A cet effet, les colloques d'Anduze, Sauve et Saint-Germain, qui composoient toutes les Sevènes, devoient s'assembler, au nombre de quatre députés au plus pour chaque colloque, dans la ville d'Anduze, pour procéder, en présence de M. Bernard, commissaire délégué, à la répartition de ce que chaque lieu dépendant de chaque colloque devoit contribuer pour la subsistance des troupes, à compter du vingt-cinquième jour du présent mois. »

Le consistoire d'Anduze ne manqua pas de nommer ses quatre députés, et il leur ordonna « de déduire les intérêts des protestants de la ville dans l'assemblée des trois colloques qui devoit avoir lieu trois jours après. »

Le même jour et dans la même séance, il lui fut représenté « que pour le payement de la compagnie de dragons qui étoit en quartier chez les réformés de la ville, pour la subsistance et pour les contributions que ceux-ci devoient faire, il étoit nécessaire de faire *une imposition considérable* sur tous les habitans de la religion réformée, afin d'y pouvoir subvenir. » Le consistoire décida qu'il serait fait un état et une imposition sur le livre des gages de Messieurs les « ministres de la présente année, et qu'on *tripleroit* les cotités d'un chacun, et à cet effet il nomma quatre de ses membres. »

II.

La province des Cévennes était donc plongée dans une grande tribulation. Elle souffrait en ce moment du logement des hommes de guerre et de l'absence d'un assez grand nombre de ses pasteurs. Tous ceux d'entre ceux-ci qui étaient soupçonnés d'avoir aidé et même seulement approuvé le rétablissement du culte à Saint-Hippolyte, se voyant sous le coup des poursuites, s'étaient hâtés, à l'approche des dragons, de se soustraire par la fuite aux condamnations qu'on ne manquerait pas de prononcer contre eux. L'exercice du culte dans leurs Églises était donc forcément interrompu. Les temples se trouvaient fermés, sans avoir été encore condamnés à être démolis. Plus de prières publiques, plus de prédications. Les consistoires n'osaient pas se réunir, les enfants restaient sans baptêmes, les nouveaux époux attendaient la bénédiction nuptiale, les malades mouraient sans consolation, après avoir repoussé les prêtres qui venaient les convertir. La situation de ces Églises était affreuse, précisément parce qu'elle était aggravée par les menaces du clergé et par les alarmes des membres du troupeau. Voulant sortir de cette position vraiment déplorable, plusieurs s'adressèrent au consistoire d'Anduze. Elles lui représentèrent : « que des inconvénients fâcheux étoient arrivés à l'occasion de la reprise de notre religion dans le lieu de Saint-Hippolyte, et que particulièrement il y avoit plusieurs Églises qui se trouvoient sans consolation depuis quelque temps, à cause de l'absence de leurs ministres, et de plus que la province étoit accablée par les logements des gens de guerre. » Elles lui demandèrent en même temps « de travailler aux moyens de remédier à ces maux, le plus promptement qu'il se pourroit. »

Le consistoire s'empressa de se faire l'interprète de ces plaintes et de ces demandes. Se référant à la résolution prise à Alais, le 24 août dernier, par les députés des trois consistoires chefs-lieux de colloque, et aux délibérations prises par Messieurs les directeurs, portant de se soumettre à la volonté du roi, et de recourir à sa clémence, cette compagnie décida « de députer quelqu'un vers le roy, pour se jeter aux pieds de Sa Majesté, implorer sa grâce et lui demander en toute humilité une amnistie générale pour tous ceux qui ont eu quelque part, soit à la reprise de l'exercice public de notre religion de Saint-Hippolyte, soit aux choses qui ont été faites en conséquence; et de plus de supplier très-humblement le roy de faire retirer au plustôt les troupes qui sont dans les Cevènes, ayant compassion de ses pauvres sujets qui ont été réduits à la dernière misère. »

« A cet effet, le consistoire jeta les yeux sur le sieur de Baudan-Montaud, de la ville d'Alais, et le chargea de partir incessamment pour la cour, et d'y user de toute la diligence possible ; il lui enjoignit en outre de ne quitter la cour qu'après en avoir reçu ordre de la part de la compagnie. Et pour ce qui regardoit son départ, les journées qu'il emploieroit dans cette députation furent taxées à neuf livres pour sa route, allant et venant, et six livres pour le séjour ; en outre, il fut délibéré de donner avis de cette décision aux consistoires de Sauve et de Saint-Germain, afin qu'ils en prissent une semblable pour eux et pour les Églises de leur colloque. » (*Reg. du consistoire.*)

III.

Le sieur Baudan-Montaud, ayant été également agréé par les consistoires des chefs-lieux des colloques de Sauve et de Saint-Germain, se mit immédiatement en route pour la capitale. Il se rendit à la cour ; il pria, il insista ; mais, malgré ses démarches et ses supplications, il ne put rien obtenir. L'amnistie générale qu'il avait charge de solliciter ne fut pas accordée ; les troupes restèrent dans la province des Cévennes pendant tout l'hiver, qui fut, cette année, exceptionnellement rigoureux. Elles dévorèrent les approvisionnements que les habitants avaient ramassés. « Quand les troupes eurent consumé, nous dit Claude Brousson [1], tous les vivres et tout l'argent des habitants de Saint-Hippolyte et du Vigan, qui est une ville des Cévènes

---

[1] *Apol. du projet des réformés*, pag. 334.

où l'on avoit aussi fait paroître beaucoup de zèle, les réformés de ces deux lieux s'adressèrent à M. l'intendant, pour lui représenter leur misère et pour implorer sa justice et sa pitié; mais il leur fut répondu qu'ils avoient des meubles, et qu'il falloit les vendre pour payer les contributions. Quand tous les meubles dont on pouvoit faire de l'argent furent vendus dans tous les lieux et villes du voisinage, où les dragons les portoient à cet effet, on pilla ce qui pouvoit rester dans quelques maisons particulières qui étoient plus accommodées que les autres, on mit en prison les six principaux habitants de Saint-Hippolyte; mais, enfin, ne restant rien pour subsister, il fallut faire rentrer les troupes, le 22 juillet 1684. »

« Il seroit mal aisé, ajoute ce même auteur, de dire aisément à quoi revient la foule que toutes les Cevènes ont souffert au préjudice de l'amnistie; nous dirons seulement que les habitants de Saint-Hippolyte assurent que celle que leur lieu a souffert et dont une partie peut, à la vérité, avoir été rejetée sur tout le pays des Cevènes, revient à 244,400 livres. Car il a été payé :

« Au régiment de Montpézat, pour 65 jours, 50,000 livres; à trois comp^{es} de dragons rouges, pour 95 jours, 30,000 livres; à trois compagnies de dragons régiment de Villeneuve, pour 30 jours, 600 livres; à trois compagnies de dragons bleus du Languedoc, pour 9 jours, 37,000 livres; à une compagnie de cravates, pour 14 jours, 1,400 livres; le passage de 309 compagnies de cavalerie ou infanterie, 10,000 livres; pour la nourriture des troupes, 60,000 livres; pour le dommage causé aux habitants, soit à l'égard de leurs meubles pillés, brisés ou vendus à vil prix, ou autrement, 50,000 livres. »

Il n'y a point d'exagération dans ce relevé. Les sommes

que Saint-Hippolyte et le reste des Cévennes eurent à payer depuis le mois d'octobre 1683, jusqu'au milieu de juillet 1684, pour la subsistance des troupes, s'élèvent peut-être à une somme plus considérable. Tandis que la contrée était écrasée, et particulièrement la ville de Saint-Hippolyte, celle d'Anduze n'était pas ménagée. Elle avait à sa charge, le 6 février 1684, le logement et la subsistance de deux compagnies. A la date du 19 mars, il se trouvait dans ses murs la compagnie mestre de camp de M. le marquis de Villeneuve. L'argent manquait, et, comme il fallait pourvoir à la subsistance de ces soldats, le consistoire avait décidé « d'emprunter par une taxe qu'il avoit faite sur une partie des habitants », la somme de 2,548 livres, due par le colloque d'Anduze pour sa portion de 8,500 livres qui venaient d'être imposées sur les trois colloques des Cévennes, par une ordonnance toute récente de l'intendant.

Toutes ces levées d'argent, si iniques dans leur principe, si odieuses dans leur application, si difficiles dans leur exécution, étaient à la charge du consistoire d'Anduze. Il fallait faire opérer les recouvrements, sous peine d'amende et d'emprisonnement. Ainsi l'intendant l'avait ordonné.

IV.

Pendant les dix mois que les dragons restèrent dans les Cévennes et dans Anduze, ils travaillèrent activement à la conversion des protestants. Mais ils n'étaient pas les seuls qui fussent chargés d'amener les soi-disant hérétiques à la foi romaine. Il se trouvait avec eux une nuée de missionaires et de dames de miséricorde, tandis que les soldats s'abandonnaient contre les réformés à tout ce que la licence peut inventer de plus effréné pour user de contrainte. « Dans le même temps, raconte Claude Brousson [1], que les réformés des Cévennes étoient dévorés par les troupes et réduits à la dernière misère, on leur envoya des missionnaires pour les solliciter à renoncer à leur religion. Ces missionnaires étoient accompagnés des dames de miséricorde, qui offroient de l'argent à tous ceux qui voudroient embrasser la religion romaine, car c'est ainsi que nos adversaires ont accoustumé d'agir. Ils ruinent les réformés, et, quand ils les ont réduits à la mendicité, ils leur présentent de l'argent pour les tenter. Ainsi les dragons, les missionnaires et les dames de miséricorde travailloient de concert à la conversion de ce pauvre peuple, mais ils employoient des moyens bien différents. Les dragons exerçoient des rigueurs et des oppressions; les missionnaires usoient de douceur et d'artifice; et les dames de miséricorde taschoient de corrompre les esprits avec de l'argent. Mais les réformés de Saint-Hippolyte et des autres lieux des Cevènes où l'on agissoit de la même sorte, ayant résisté à toutes ces tentations, on trouva le moyen de leur faire payer les frais de voyage des missionnaires qu'ils avoient laissé travailler en vain, et pour cet effet les contributions que l'on exigeoit de ces pauvres gens servirent à payer cette dépense [2]. »

[1] Claude Brousson; *Apol. du projet des réformés*, pag. 130.
[2] Le récit de Claude Brousson se trouve confirmé par celui du duc de Noailles. « Au milieu de ces rigueurs, Nouailles désiroit toujours que, pour abolir efficacement le calvinisme, la persuasion fut préférée à la violence. Il demandoit des hommes capables de dissiper les erreurs. Le roi envoya enfin l'abbé Hervé avec douze missionnaires, pour suppléer en Languedoc à la disette d'ecclésiastiques zélés et suffisamment instruits. Des gratifications en argent destinées aux nouveaux convertis ajoutoient du poids aux discours des prédicateurs : les sommes se régloient sur le nombre de ceux qui composoient les familles.....
»Malgré les travaux infatigables des missionnaires, secondés par l'évêque de Nismes; malgré la présence des troupes et la démolition

V.

Claude Brousson dit vrai, lorsqu'il affirme que les réformés des Cévennes résistèrent énergiquement aux violences, aux ruses, aux subtilités, aux offres d'argent par le moyen desquelles on espérait les tenter et les séduire. Nous en avons la preuve dans le petit nombre de personnes dont les registres curiaux d'Anduze nous ont transmis l'apostasie. Pendant les années néfastes de 1683 et 1684, deux femmes seulement et un gentilhomme étranger firent dans cette ville abjuration de la religion réformée [1]. Trois conversions sur une population protestante de 3500 âmes, et sous la pression de tant de moyens de séduction! Évidemment les réformés d'Anduze étaient solidement attachés à leurs principes religieux, et il n'était pas facile de les en distraire. Au reste, on trouve la preuve de cet attachement dans les registres du consistoire de l'époque. Ces témoins irrécusables de la constance de nos pères nous apprennent que, malgré l'orage terrible qui éclatait avec plus de force que jamais sur toutes les Églises réformées du royaume, celle d'Anduze était restée la même. Même régularité dans les réu-

des temples, les conversions n'étoient pas aussi fréquentes qu'on avoit osé l'espérer... » (*Id.*, pag. 258.)

[1] Voici les noms et les qualités de ces trois convertis:

1683, 15 mars. Jeanne Atgière, fille de sieur Charles Atgier et de Jeanne Lichaire. Elle abjure entre les mains du révérend Père Archange Carrière, gardien du couvent des frères mineurs.

1684, 19 février. Isabeau Bousquette, veuve de Jean Condamine, maître tondeur d'Anduze, 32 ans, avec deux garçons, l'un âgé de 9 ans, l'autre de 16 mois.

Même année, 20 novembre. Noble Henri de Montauban, seigneur et baron de Gearyès?. Il abjure entre les mains de Séguier, évêque de Nimes, en présence de M. de Brieude.

Et voilà tout!

nions et les travaux du consistoire. Cette compagnie vénérable, pendant les années 1683 et 1684, continua, comme par le passé, à censurer les mœurs, à réprimer les scandales, à secourir les nécessiteux, à réconcilier les parents et les amis, à prononcer les censures, à délivrer les marreaux aux communiants. Sur la fin de l'année 1684, il procéda au renouvellement des diacres et des anciens. Les fidèles, de leur côté, se montrèrent aussi zélés qu'auparavant pour la célébration de leur culte. De leur part, même empressement à demander des places aux bancs du temple, même fréquentation des saintes assemblées, même ardeur à s'approcher de la Table sacrée, même docilité pour recevoir les censures du consistoire, même désir de rentrer dans la paix de l'Église !

VI.

Et cependant les courtisans et les prêtres avaient fait croire à Louis XIV que les réformés ne tenaient à leur religion que par un fil qui se romprait de lui-même ou au moindre souffle menaçant ! Ceux qui les connaissaient savaient bien le contraire. A leurs yeux, ce n'était pas un fil léger, mais des cables de fer qui rattachaient les protestants des Cévennes aux doctrines et aux pratiques de la Réforme. L'intendant, le gouverneur, le lieutenant général qui commandaient dans le Languedoc, ne se faisaient pas illusion à cet égard. A leurs yeux, la compression la plus énergique, la sévérité la plus impitoyable pouvaient seules rompre ces chaînes indissolubles. En conséquence, pour punir les fauteurs du projet relatif au rétablissement du culte, l'intendant de la province rendit coup sur coup plusieurs jugements dont la teneur prouve qu'aux yeux de ce magistrat il fallait traiter les pasteurs et les Églises sans quartier et sans merci. Le premier de ces jugements, daté du 24 juin 1684, regardait les pasteurs du Bas-Languedoc. Il condamnait par défaut Icard, pasteur de Nîmes, à être rompu vif et tous ses biens confisqués ; Perol, pasteur de la même ville, et de la Borie, pasteur d'Uzès, à être pendus, avec confiscation de tous leurs biens, ce qui fut exécuté en effigie sur le marché de Nîmes le 3 juillet suivant ; Chambon, pasteur d'Aimargues ; Escofier, de Saint-Gilles ; Arnaud, de Vauvert ; Benoît, de Congeniès ; Rey, de Vergèze, à l'interdiction pour toujours et à une amende de 300 livres pour chacun ; Abrénéthée, pasteur du Chaila, à une interdiction pour trois ans et à une amende de 100 livres ; Gibert, pasteur de Saint-Laurent d'Aigouze, et de Vignoles, du Chaila, à l'interdiction pour six ans et à 300 livres d'amende chacun ; Modens, pasteur de Marsillargues, à l'interdiction pour toujours et au bannissement de la province pour cinq ans. Il était défendu en même temps à tous ces pasteurs de résider de plus près qu'à six lieues de leurs Églises. Le même jugement décrétait encore contre MM. Marchand, pasteur de Beauvoisin ; Constantin, d'Aigues-Mortes ; Bruguière, de Calvisson ; Grisot, de Nages ; Gautier, ci-devant pasteur de Montpellier.

Le second jugement, daté du 3 juillet, concernait les pasteurs des Cévennes. Il condamnait par défaut : MM. Rossel, du Vigan ; Olympie, de Saint-Paul ; de La Roquette, de Monoblet, à être rompus vifs et tous leurs biens confisqués ; — MM. Vial, d'Aulas ; Gally-de-Gaujac, de Mandagout ; Teissier, de Saint-Roman ; Dautun, de Saint-Privat ; Grougnet, de Saumane ; Mazel, de Gabriac ; Cordil, de Vestric ; Boyer, de Canaulès ; Astruc, d'Aigremont ; Rossel fils, d'Avèze, à être pendus et leurs biens confisqués ; ce qui fut exécuté en effigie au marché

Seconde édition.

de Nîmes le 4 du même mois. Le même jugement condamnait MM. Aiguoin, de Sumène, et Pestori, de Saint-Laurent le Minier, à l'interdiction pour trois ans, 200 livres d'amende chacun, et à ne pouvoir résider qu'à six lieues de leurs Églises; — MM. Portal, de Lasalle, et Barthélemy, de Molières, à l'interdiction pour trois ans, 100 livres d'amende, et à ne pouvoir aussi résider qu'à six lieues de leurs Églises. Il décrétait aussi prise de corps contre Roux, pasteur de Toiras, et il interdisait les exercices des lieux de Sumène, Molières et Avèze.

Un autre jugement du 4 juillet interdisait l'exercice de la religion réformée dans les lieux de Lasalle, Cros, Colognac, Monoblet, Valestalière, et il condamnait les habitants de ces lieux à certaines amendes. — Il décrétait de prise de corps ou d'ajournement personnel MM. Fesquet, de Colognac; de Peillix, du Pompidou; Pagézy, de Saint-André; Ducros, de Saint-Germain; Motte, de Saint-Étienne; Durand, de Barre; Malbois, de Genouilhac.

Ainsi, presque tous les pasteurs du Bas-Languedoc et des Cévennes furent frappés. Ceux d'Anduze, pour cette fois, se trouvaient dans les exceptions; mais, s'ils étaient épargnés, il n'en fut pas de même de tous les habitants de cette ville. Nous en avons la preuve dans l'ordre suivant, adressé par Louvois, ministre de la Guerre, à M. de Montanègre, commandant dans le Vivarais, et qui se trouvait à la tête des troupes cantonnées dans les Cévennes.

« J'ai reccu la lettre que vous avez pris la peine de m'écrire le 6 de ce mois. Le roy s'est conformé à votre advis sur la détention du sieur Boyer, avocat à Anduze, et je vous adresse l'ordre que Sa Majesté m'a commandé de vous expédier pour le faire arrester. S'il y en a encore d'autres qui, par leur mauvaise conduite, traversent les conversions, vous me manderez, s'il vous plaît, leurs noms, et je ne doute pas que, sur le compte que j'en rendroi au roy, Sa Majesté ne les fasse arrester. 29 octobre 1684. *Signé :* Louvois. »

VII.

Cependant, Louis XIV et ses conseillers avaient pris la décision de décréter, au plus tôt, la révocation de l'Édit de Nantes. Ils ne voulaient pas ajourner davantage cette fatale mesure. L'arrêt révocateur devait être rendu, au plus tard, dans le courant de l'année 1685. Noailles, qui fut l'exécuteur dans les Cévennes de cette décision, nous en fait lui-même l'aveu d'après l'auteur de ses Mémoires. « Son séjour dans la province, pendant les derniers mois de l'année 1685, fut une exécution perpétuelle du système de la cour pour la destruction du calvinisme. On ne voulut plus rien ménager ; on vouloit forcer les huguenots à devenir catholiques ; on vouloit que la terreur décidât et multipliât les conversions. Enfin, on avoit résolu d'envoyer des troupes au lieu de missionnaires partout où il restoit des partisans de l'hérésie, et de loger chez eux les soldats, jusqu'à ce que de tels hôtes les fissent obéir aux pieuses volontés du roy. » (*Mém.*, pag. 268.)

Les dragons commencèrent leurs missions bottées par la province du Béarn. Dès le mois d'août, ils avaient obtenu, dans cette seule contrée, l'abjuration de vingt-deux mille réformés. Ceux-ci avaient déclaré « se convertir sous la pression des brutalités, des dévastations, des tortures dont ils avoient été les victimes de la part des soldats. Les protestants de la généralité de Bordeaux en avaient fait autant, au nombre de soixante mille ; autant ceux de la généralité de Montauban, au nombre de vingt mille. D'après un rapport de Boufflers, Louvois, le 7 septembre, comptait qu'avant la fin du mois « il ne resteroit pas dans la Basse-Guyenne dix mille religionnaires de cent cinquante mille qui s'y trouvoient le 15 août ». De tels exemples étaient bien propres à vaincre la fermeté des protestants d'Anduze ; mais, à leur grande louange, ils restaient inébranlables.

Une déclaration du roi, en date du 15 juillet, porta « que ceux de la religion prétendue réformée ne seroient plus reçus docteurs ès-lois dans les universités, ni avocats dans les cours ». Une autre, du 6 août, fut rendue, annonçant « qu'il ne seroit plus reçu de médecins de la religion prétendue réformée ». Un arrêt du conseil, en date du 15 septembre, fit « défense à tous chirurgiens et apothicaires faisant profession de la religion prétendue réformée, de faire aucun exercice de leur art..... » Quelque temps auparavant, même défense avait été faite aux notaires de la religion réformée ; ils devaient faire abjuration de leur foi, ou céder incontinent leurs études à des catholiques. De telles mesures étaient bien propres à faire sortir de l'Église réformée tous ceux qui étaient dans ces carrières. Eh bien ! les avocats, les médecins, les chirurgiens, les apothicaires d'Anduze, forcés ainsi à choisir entre leurs intérêts terrestres ou l'apostasie, préférèrent courir le risque d'être dépouillés de leur gagne-pain, plutôt que d'abandonner leur religion.

Irrité de cette constance que rien ne pouvait affaiblir, l'intendant de la province rendit, le 7 septembre 1685, le jugement suivant : « Veu par nous Henri d'Aguesseau, intendant de la province du Languedoc, commissaire de Sa Majesté en cette province, le procès extraordinaire fait à la requeste du procureur royal, à l'encontre des habitants de la religion prétendue réformée de la ville d'Anduze, les nommés Vincent et Malplach, ministres des dits habitants de la religion prétendue réformée d'Anduze, défendus et accusés.

» Nous, par jugement, en dernier ressort, de l'avis des officiers du présidial de Nismes, et M. Alizon, avocat, faisant profession de la religion prétendue réformée, adjoint, avons, pour les circonstances résultantes du procès, ordonné que l'exercice de la religion prétendue réformée dans la ville et terroir d'Anduze sera et demeurera interdit à perpétuité, et le temple démoli jusqu'aux fondements, à la diligence du procureur du roy, et les frais de démolition pris par préférence sur la vente des matériaux. Faisons défense aux dits habitants d'Anduze de rétablir ledit temple dans la ville et terroir d'Anduze, à peine de contraventions sur les accusations faites contre les dits sieurs Vincent et Malplach; avons mis les parties hors de cour et de procès, dépens compensés entre les dites parties. Fait dans la chambre du Conseil du présidial de Nismes.

» *Signés* : D'Aguesseau, Novy, de Pierremale, Josseaud, Novy, garde des sceaux, Forton de Labaume et Alizon. » (*Arch. imp.*, série TT.)

Plus de temple, plus de culte public pour les protestants d'Anduze! Quel coup terrible, quel ébranlement imprimé à leur fidélité! Et cependant, malgré le découragement que ce jugement devait jeter dans leurs esprits, ils n'abandonnèrent pas leur religion.

Le 6 octobre, Noailles, lieutenant général du roi, obéissant aux ordres de la cour, se mit en campagne pour obtenir la conversion *forcée* des habitants de la contrée par le moyen violent du logement des dragons; il réussit facilement, à l'en croire [1], dans son entreprise. Les réformés de Nimes, Uzès, Alais, cédèrent sans résistance; ceux d'Anduze furent bientôt informés de ce changement général et rapide : néanmoins ils ne se convertirent pas encore.

La terreur était à son comble dans les Cévennes. Noailles, à la tête de sept régiments de dragons, allait d'un lieu à un autre, exigeant que les populations entières embrassent la religion romaine. « Ses ordres étoient exécutés avec une entière soumission. Les dragons étoient si redoutés! Je ne sais plus que faire des troupes, écrivait-il d'Alais [2], parce que les lieux où je les destinois se convertissent tous généralement; et cela va si vite, que tout ce que peuvent faire les troupes est de coucher une nuit dans les lieux où je les envoie. » Les protestants d'Anduze partageaient la terreur générale qui régnait dans leur voisinage, et cependant ils ne se convertirent pas encore!

Enfin, les dragons arrivèrent dans Anduze. Ceux qui avaient été chargés de faire abjurer cette ville formaient la compagnie colonnelle, et il se trouvait avec eux tout l'état-major de leur régiment. C'était le 19 octobre. Le lendemain, par ordre des consuls, le conseil général de la ville fut assemblé ; les membres présents étaient en bien petit nombre. Un des consuls exposa que « cette troupe étoit arrivée la veille au soir, avec ordre de loger jusqu'à nouvel ordre, et avec une ordonnance de Monseigneur

---

[1] « Les plus considérables de Nismes firent abjuration dans l'église le lendemain de mon arrivée. Il y eut ensuite du refroidissement; mais les choses se remirent dans un bon train, par quelques logements que je fis faire chez les plus opiniâtres ». On lit dans une autre dépêche que « deux de ces logements furent de cent hommes chacun. » (Mém., *id.*, pag. 269.)

[2] Mém. de Noailles, *id.*, pag. 272.

l'intendant, portant règlement de la manière que les dragons devoient être nourris, tant pour eux que pour leurs chevaux, comme aussi pour pourvoir aux moyens du fournissement du fourrage et avoine pour la subsistance des dits chevaux. »

Le Conseil ne pouvait que se soumettre et obéir. Il nomma des députés « pour aider à Messieurs les consuls pour pourvoir au fournissement, et régler *les foulles* que les habitants auroient à souffrir par moyen de ce logement. » (*Registre de l'hôtel de Ville*).

Ces foulles appréhendées par le Conseil eurent-elles lieu? Les dragons renouvelèrent-ils dans Anduze les violences, les menaces, les *mauvais traitements* qu'ils s'étaient permis dans les autres lieux? Quoique rien ne l'atteste, tout nous porte à le croire, car ce lieu leur avait été trop signalé comme « *entêté dans l'hérésie* » pour qu'ils ne se crussent pas autorisés à le traiter sans ménagement. Obtinrent-ils ce qu'on attendait de leur présence? Des promesses de se rallier à l'Église romaine furent-elles faites au nom de la population? Les délibérations du Conseil de ville de cette époque gardent à ce sujet un silence complet. Nous pouvons affirmer en outre que les registres curiaux ne mentionnent aucune conversion à la date du jour où les dragons vinrent forcer les protestants de la ville à embrasser la religion romaine. La conversion générale avait-elle eu lieu quelques jours auparavant? Nous ne le pensons pas, car alors la ville aurait été traitée comme toutes les autres localités dont parle Noailles, « où les troupes n'avoient besoin que d'y coucher une nuit », tandis que les dragons restèrent dans Anduze et y séjournèrent plusieurs mois.

La veille de l'entrée de Noailles dans cette ville, à la tête de ses cavaliers, c'est-à-dire le 18 octobre, l'édit de Nantes avait été révoqué. Dans le préambule du décret révocateur, Louis XIV, s'applaudissant du succès de ses tentatives pour la conversion des réformés, affirmait « que la meilleure et la plus grande partie de ses sujets de la R. P. R. avoient embrassé la religion catholique ». Au même moment, le grand roi recevait un démenti formel ! Et ce démenti lui venait des réformés d'Anduze, qui TOUS MOINS DEUX jusqu'à ce jour, depuis le commencement de l'année 1685, restèrent inébranlables dans leur foi, malgré les injonctions de Noailles et la présence de ses impitoyables dragons [1] !

---

[1] Voici le relevé exact des conversions à l'Église catholique, inscrites dans le registre curial de l'année 1685.

1685, janvier 20. Jean Blanché, tondeur de la ville de Sommières, âgé de 30 ans. Il fait abjuration entre les mains de M. Séguier, évêque de Nimes.

Id., janvier 22. Judith Flouride, fille de Jean Comte, de Saint-Hippolyte, âgée de 32 ans.

Id., id. Pierre Sanier, cardeur d'*Anduze*, abjure entre les mains de l'évêque.

Id., id., 26. Marie Dussaude, fille de feu Joseph Dussaud et de Marie Dumasse, de Bagard, âgée de 15 ans. Elle ne sait pas signer.

Id., juin 7. Antoine Cabrillac, 27 ans, de Saint-Martin-de-Cancelade, diocèse de Mende, habitant Cardet depuis quinze ans. Il ne sait pas signer.

Id., octobre 2. Noël Ours, chapelier, 68 ans, natif d'*Anduze*.

Id., id., 3. Olivier Durand, bourgeois de Sommières, 48 ans.

LIVRE TROISIÈME

HISTOIRE DE L'ÉGLISE RÉFORMÉE D'ANDUZE DEPUIS LA RÉVOCATION
DE L'ÉDIT DE NANTES JUSQU'A LA RÉVOLUTION FRANÇAISE.

CHAPITRE PREMIER

LES PROTESTANTS D'ANDUZE, DEPUIS LA RÉVOCATION DE L'ÉDIT DE NANTES
JUSQU'A LA LIGUE D'AUGSBOURG.
(18 octobre 1685-1689.)

SOMMAIRE.

Édit qui révoque celui de Nantes; comment il est jugé par Saint-Simon. — Mesures prises pour empêcher les protestants d'émigrer en pays étrangers et pour les attacher à la religion catholique. — Date présumée de la conversion générale des protestants d'Anduze. — Démolition du temple. — Des prédicants tiennent des assemblées religieuses; Fulcrand Rey, son arrestation à Anduze, sa fermeté. — Les assemblées religieuses sont continuées en dépit des mesures sévères prises pour les empêcher. — Déclaration des habitants notables d'Anduze, qui s'engagent à empêcher les nouveaux convertis de leur ville de fréquenter les assemblées du désert. — L'ancien cimetière protestant est supprimé à Anduze. — Les réfugiés d'Anduze; lettre de Pierredon. — Confiscation des biens des fugitifs et vente à l'encan de leurs meubles. — Les expatriés d'Anduze. — Enseignement catholique donné dans Anduze. — Dédicace de l'église Saint-Étienne. — Jugement des consuls d'Anduze sur les nouveaux convertis de cette ville. — Basville. — Avis de ce magistrat.

I.

L'édit rendu par Louis XIV, le 18 octobre 1685, en vertu duquel celui de Nantes était révoqué, portait en substance : Défense formelle aux protestants « de s'assembler pour faire l'exercice de leur religion, en aucun lieu et sous quelque prétexte que ce fût ; — ordre à tous les pasteurs qui ne voudroient pas embrasser la religion catholique de sortir du royaume dans le délai de quinze jours, défense de faire dans cet intervalle de temps aucun prêche, exhortation ou toute autre fonction sous peine des galères ; — promesse aux pasteurs qui se convertiroient de l'exemption des tailles, logement des gens de guerre, d'une pension d'un tiers plus forte que les appointements qu'ils touchoient en qualité de ministre, et pension dont la moitié seroit reversible, après leur mort, sur la tête de leur veuve ; — défense d'ouvrir des écoles particulières pour les enfants de la religion réformée ; — ordre aux protestants de faire baptiser leurs enfans par les curés, sous peine de 500 livres d'amende, de les élever ensuite dans la religion catholique ; — faculté aux protestants déjà sortis du royaume de rentrer dans la possession de leurs biens, s'ils étoient de retour en France dans l'intervalle de quatre mois après la publication de l'édit ; — au contraire confirmation de la confiscation des biens de ceux qui, étant déjà sortis du royaume, n'y rentreroient pas avant l'expiration de ces quatre mois ; — défense de sortir du royaume sous peine des galères pour les hommes, de confiscation de corps et de biens pour les femmes ; — confirmation des déclarations rendues contre les relaps ; — faculté laissée aux prétendus réformés, en attendant qu'il plaise à Dieu de les éclairer comme les autres, de demeurer dans les villes et lieux du royaume, y continuer leur commerce et jouir de leurs biens, sans pouvoir être troublés ni empeschés sous prétexte de leur religion, à condition de ne point faire d'exercice, ni de s'assembler sous prétexte de prière ou de culte de ladite religion, de quelque nature que ce soit. »

Tel est l'édit qui donne son nom à l'une des époques les plus tristes de notre histoire nationale, et contre lequel un grand seigneur, un courtisan de Louis XIV, Saint-Simon, écrivant dans Versailles même, non loin de la chambre du grand roi, n'avait pas assez de paroles de blâme et de condamnation. « La révocation de l'édit de Nantes, dit cet écrivain, sans le moindre prétexte et sans aucun besoin, et les diverses proscriptions, plutôt que déclarations qui la suivirent, furent les fruits de ce complot affreux qui dépeupla un quart du royaume, qui ruina son commerce, qui l'affaiblit dans toutes ses parties ; qui le mit si longtemps au pillage public et avoué des dragons ; qui autorisa les tourments et les supplices, dans lesquels ils firent réellement tant d'innocents de tout sexe, et par milliers ; qui ruina un peuple si nombreux, qui déchira un monde de familles, qui arma les parents contre les parents, pour avoir leur bien et les laisser mourir de faim ; qui fit passer nos manufactures aux étrangers, fit fleurir et regorger leurs États aux dépens du nôtre, et leur fit bâtir de nouvelles villes ; qui leur donna le spectacle d'un si prodigieux peuple proscrit, nu, fugitif, errant, sans crimes, cherchant asyle loin de sa patrie ; qui mit nobles, riches, vieillards, gens souvent très-estimés pour leur piété, leur savoir, leur vertu, des gens aisés, faibles, délicats, à la rame et sous le nerf très-effectif du comite, pour cause unique de religion ; enfin qui, pour comble de toutes horreurs, remplit toutes les provinces du royaume de parjures et de sacriléges, où tout retentissoit des hurlements de ces infortunées victimes de l'erreur, pendant que tant d'autres sacrifioient leur conscience à leurs biens et à leur repos, et achetoient l'un et l'autre par des abjurations simulées, d'où sans intervalle on les traînoit à adorer ce qu'ils ne croyoient pas et à recevoir réellement le divin corps du Saint des Saints, tandis qu'ils demeuroient persuadés qu'ils ne mangeoient que du pain qu'ils devoient encore abhorrer. Telle fut l'abomination générale enfantée par la flatterie et par la cruauté! De la torture à l'abjuration, et de celle-ci à la communion, il n'y avoit pas souvent vingt-quatre heures de distance, et leurs bourreaux étoient leurs conducteurs et leurs témoins. Ceux qui, par la suite, eurent l'air d'être changés avec plus de loisir, ne tardèrent pas, par leur fuite ou par leur conduite, à démentir leur prétendu retour. » — Quel jugement sévère! Ne le dirait-on pas rendu par une des victimes de cette grande iniquité appelée « la révocation de l'édit de Nantes ». Eh bien! non; celui qui a prononcé cette sentence était, avons-nous dit, un courtisan de Louis XIV, qui avait tout vu, tout entendu, et qui par conséquent avait pu tout soumettre à une sage appréciation. Et ce jugement, véritable stigmate imprimé sur le front des auteurs de la révocation de l'édit de Nantes, a été pleinement confirmé par tous les publicistes qui ont étudié avec calme cette époque de notre histoire nationale, et qui l'ont écrite avec impartialité. La révocation de l'édit de Nantes sera donc à tout jamais une flétrissure pour la mémoire de Louis XIV, comme la Saint-Barthélemy est la flétrissure de la mémoire de Charles IX.

II.

Lorsque les sentiments religieux sont violemment refoulés dans les cœurs, ils ne tardent pas à réagir. Sous l'empire de la crainte inspirée par les dragons, les protestants en général avaient promis d'abjurer, et ils en avaient même pris l'engagement par écrit; néanmoins, ils étaient restés sincèrement attachés à leurs croyances. Au moment même où ils s'engageaient à les abandonner, les uns se promettaient d'aller en chercher le libre exercice dans les pays étrangers, les autres espéraient que l'orage qui venait d'éclater sur leur Église aurait prochainement un terme, et que la liberté de culte leur serait inévitablement rendue.

Les premiers se hâtèrent donc de prendre les mesures nécessitées par leur projet de fuite; les autres, résolus à rester, trahirent bientôt leurs sentiments par leur éloignement des églises, des cérémonies et des prêtres catholiques.

Quel que fût l'aveuglement des auteurs de la révocation de l'édit de Nantes, ils ne tardèrent pas à connaître les dispositions véritables des protestants restés dans le royaume. A leur grande surprise, ils s'aperçurent bientôt que l'œuvre de la conversion véritable de ces derniers n'était pas même ébauchée alors qu'ils la croyaient terminée. Il fallait donc la reprendre à nouveau; il fallait empêcher les nouveaux convertis de sortir du royaume, et les attacher sincèrement à la religion catholique. Pour atteindre ce double but, les difficultés étaient grandes; n'importe, il y avait urgence à les aborder, et on se mit à l'œuvre sans un moment de retard.

Dès le lendemain de la révocation de l'édit de Nantes, les chemins furent couverts de fugitifs qui, abandonnant leurs biens, se dirigeaient vers les frontières de terre ou vers les ports de mer, pour sortir du royaume. Afin d'arrêter l'émigration, Louis XIV fit défense « à tous marchands, capitaines de navires, maîtres de barques, pilotes, lamaneurs et autres, de contribuer directement ou indirectement à l'évasion des religionnaires, sous peine de 3,000 livres d'amende et punition corporelle. » (Ordonnance du 5 novembre 1685.) Dans le même but, et pour le même objet, une autre ordonnance royale fut rendue en vertu de laquelle « la moitié des fonds des religionnaires fugitifs appartiendroient à ceux qui dénonceroient leur évasion ». Une déclaration fut publiée à la date du 6 mai 1686, par laquelle « tous les nouveaux catholiques qui seroient arrêtés sortant du royaume sans permission, seroient condamnés sçavoir : les hommes aux galères à perpétuité, et les femmes à être rasées et recluses pour le reste de leurs jours et leurs biens confisqués ». De plus, ceux qui directement ou indirectement avaient contribué à l'évasion de ces fugitifs, seraient punis de la même peine. En outre, on fit garder soigneusement tous les ports de mer, toutes les issues par lesquelles les fugitifs pouvaient franchir les frontières et pénétrer dans les pays étrangers.

Ces précautions, et beaucoup d'autres que nous passons sous silence, ne purent arrêter l'émigration, qui se prolongea pendant plusieurs années, et qui dépeupla plusieurs provinces du royaume. Il restait néanmoins beaucoup de nouveaux convertis qu'il importait d'attacher à la foi romaine, car leurs dispositions à l'égard de la religion qu'on les avait forcés d'embrasser n'étaient rien moins que bienveillantes, et ils ne prenaient pas beaucoup de peine pour les cacher. Afin de combattre ces répugnances non désavouées, Louis XIV, ses agents, les membres du clergé, employèrent à la fois la douceur et la violence. On autorisa les nouveaux convertis à différer pendant trois ans le paiement de leur dette ; on leur accorda des gratifications, des emplois, des charges ; on créa pour les pauvres des bureaux de bienfaisance destinés à remplacer les consistoires. On les autorisa à faire annuler les ventes des biens qu'ils avaient opérées en vue de leur fuite ; en même temps, on envoya des missionnaires capables, tels que Noailles les demandait ; entre autres des jésuites, dont la morale élastique, la parole doucereuse, l'instruction développée, paraissaient propres à gagner les plus obstinés. On fonda des couvents de filles, qui devinrent dans la suite de véritables prisons pour les jeunes personnes enlevées à leurs parents. On ouvrit des écoles où l'on amusait les enfants en leur donnant des images, des médailles, des chapelets. Afin que ces moyens de conversion ne restassent pas sans efficacité auprès des nouveaux catholiques, on obligeait ces derniers à aller à la messe, à communier ; on exigeait d'eux, sous peine d'amende, que leurs enfants fréquentassent les écoles, les catéchismes ; on les entourait d'espions, on les plaçait sous la surveillance des principaux habitants, qui devaient en répondre. Enfin, pour que rien ne manquât aux moyens de contrainte, après les avoir désarmés on fit loger des dragons chez les plus opiniâtres, on les jeta dans les cachots, on les envoya aux galères, on enleva leurs enfants, on condamna à être traînés sur la claie les cadavres de ceux qui refusaient, dans leur lit de mort, de recevoir la communion de la main des prêtres catholiques, et l'on fit déporter en Amérique et ailleurs ceux dont les mauvais traitements n'avaient pu vaincre l'inébranlable fidélité.

III.

Toutes ces mesures de contrainte furent employées vis-à-vis des réformés d'Anduze. Nous avons déjà vu qu'ils n'avaient pas fait abjuration au moment même de la révocation de l'édit de Nantes. Plusieurs jours s'écoulèrent encore avant qu'ils eussent signé la déclaration qui leur était imposée d'abandonner leur religion. Cependant, la population entière ne pouvant résister à toutes les pressions qui étaient exercées sur elle, consentit à se convertir. Les registres curiaux, pas plus que ceux du conseil de ville, ne donnent la date précise de cet acte public d'abjuration générale. Nous ne pouvons donc pas la préciser d'une manière exacte; toutefois, à notre avis, elle doit être placée dans le mois de janvier 1686[1].

Les deux pasteurs d'Anduze, Vincent et Malplach, obéissant aux prescriptions royales, avaient déjà pris le chemin de l'exil[2]. Tous leurs collègues du voisinage ne les avaient pas suivis. Quelques-uns, arrêtés par des considérations dont il est impossible aujourd'hui d'apprécier la nature, se décidèrent à apostasier. Mais quoique des pierres d'achoppement eussent été également placées devant les pas des deux ministres anduziens, ils eurent assez de fermeté pour ne pas succomber. Disant un

---

[1] Nous indiquons cette époque, parce que les documents antérieurs ne disent rien de l'abjuration générale des protestants d'Anduze, tandis que les documents postérieurs en font souvent mention.
Ce qui nous décide encore à fixer l'abjuration générale des protestants anduziens dans le mois de janvier, c'est la note suivante que nous avons relevée dans les mémoires de Dangeau. « 1686, janvier, samedi 12 et dimanche 13. On apprend tous les jours qu'il se fait une infinité de conversions dans tout le royaume; des villes entières où il y avoit beaucoup de huguenots se déclarent catholiques en présence de l'intendant et des magistrats, ce qui donne une grande joye au roy. » (*Mém.* de Dangeau, tom. I, pag. 218, édit. de 1830.)
Dans un paragraphe précédent, et à la même date, le même auteur raconte le fait suivant : « Madame la comtesse de Roi (réformée), à qui l'on ôte cinq de ses enfants parce qu'ils n'ont pas encore sept ans, et qu'ainsi le roy veut qu'ils soient élevés dans notre religion, obtint la permission pour elle et ses aînées d'aller en Danemarck. Elle a écrit à son mari, qui y est présentement, et attendra de ses nouvelles pour prendre son parti. »
[2] Ils se retirèrent d'abord à Genève, où ils participèrent à l'acte public du rétablissement de Pineton de Chambrun dans les fonctions pastorales, et de là ils passèrent à Lausanne, où ils signèrent l'un et l'autre un certificat donné à Combalive.

éternel adieu à leur patrie, à leur famille, aux membres de leur ancienne Église, ils préférèrent, comme Moïse, l'opprobre de Christ à tous les biens, à toutes les jouissances de cœur qu'ils auraient pu conserver dans Anduze, et ils allèrent chercher dans la terre étrangère la liberté de professer et de prêcher les croyances dont pendant de nombreuses années ils avaient nourri leur troupeau.

IV.

Peu de jours s'étaient écoulés depuis le départ de ces deux fidèles serviteurs de Christ, lorsque l'ancien officier de justice reçut de Basville une ordonnance qui enjoignait de procéder immédiatement à la démolition du temple. Les consuls et les conseillers auraient pu arrêter entre eux tout ce qui concernait l'exécution de cette ordonnance. Mais parce qu'ils étaient anciens catholiques, obéissant à un sentiment de délicatesse qui les honore, ils en référèrent à l'assemblée générale des habitants. Le 18 novembre, un dimanche, à l'issue de la grand'messe, le conseil politique (général) fut réuni. Le nombre des assistants était peu considérable (vingt-six bien comptés); toutefois, il était encore trop grand puisqu'il s'y trouvait plusieurs habitants appartenant à la bourgeoisie, et naguère encore faisant partie du consistoire. C'étaient les représentants de cette catégorie d'habitants timorés dont nous avons eu déjà à relever le manque d'énergie, et qui, dans les conjonctures graves où se trouvait en ce moment la population de la ville, voulaient prouver par leur présence leur entière soumission à la volonté du roi. L'un des consuls lut l'ordonnance de l'intendant. Après cette communication, l'assemblée décida « unanimement qu'il seroit incessamment procédé à la démolition

Seconde édition.

du temple ; que cette démolition seroit accordée à ceux qui en feroient la condition meilleure au profit de la communauté, après avoir fait proclamer les enchères à son de trompe, suivant la forme ordinaire ; que pour faire face à cette dépense, un emprunt seroit contracté, dont on demanderoit l'autorisation à Monseigneur l'intendant ». Et afin que les matériaux résultant de cette démolition fussent soigneusement conservés, on adjoignit aux consuls et aux officiers judiciaires quelques membres de l'assemblée pris parmi ces protestants si zélés naguère et qui maintenant jouaient le rôle menteur de sincères convertis.

Combien la tristesse dut être grande au sein de la population, lorsque la décision du conseil fut rendue publique ! Ce temple si spacieux, qui n'existait que depuis quatre-vingt-cinq ans, que leurs pères avaient élevé, dont ils avaient agrandi l'enceinte depuis si peu de temps, il était condamné à être rasé jusqu'aux fondements, et cette sentence allait recevoir son exécution ! Que de larmes secrètes durent couler en ce moment ! D'autant plus que les enchères furent aussitôt ouvertes, et donnèrent lieu à beaucoup d'offres qui durèrent deux jours.

L'œuvre de démolition commença immédiatement ; il ne pouvait y avoir d'empêchement. Les dragons étaient là, et malheur à ceux qui auraient tenté d'arrêter ce sinistre travail. On le poussa avec une telle rapidité, que le 20 janvier 1686 l'entrepreneur venait réclamer la somme qui devait lui être comptée après le rasement du temple.

Pendant que les ouvriers renversaient les murailles de cet édifice, à la grande désolation des protestants forcés d'assister à ce pénible spectacle ; les révérends Pères cordeliers se livraient à une joie bien vive, car ils avaient obtenu pour leur monastère et pour leur église, en ce moment en construction, « tous les bancs, toutes les boiseries, toutes les tuiles, toutes les calades, toutes les vitres qu'ils jugeroient nécessaires [1] ».

Le reste des matériaux fut mis en réserve pour la construction de l'église catholique qu'on allait édifier. Ainsi, les débris du temple élevé en 1600, sur l'emplacement de l'ancienne paroisse de Saint-Étienne, servirent à sa reconstruction quatre-vingt-cinq ans après, et peut-être par les mains des petits-enfants de ceux qui en avaient renversé les murs ! O mobilité des choses humaines !

V.

Une fois les temples abattus, les pasteurs exilés, les dragons en quartier dans les villes et les communautés nouvellement converties, les prêtres et les missionnaires allant de maison en maison pour solliciter des conversions, il paraissait que les réformés, le lendemain de leur abjuration, ne pourraient pas, n'oseraient pas se réunir en vue de leurs exercices religieux, alors même qu'ils en éprouveraient le désir. Où se rassembleraient-ils ? Il n'existait plus pour eux d'édifices consacrés au culte ! Qui les présiderait ? Les ministres n'étaient plus au milieu d'eux ! Ainsi pensaient les agents de l'autorité royale. Ils se trompaient néanmoins ! L'œuvre de la conversion forcée n'était pas encore terminée, tous les pasteurs n'avaient pas encore reçu des intendants leur passe-port pour se rendre à l'étranger, que, les premiers moments de stupeur passés, la conscience, éveillant les remords, bourrelait les nouveaux convertis. Elle les

---

[1] On trouve ce don fait aux Pères cordeliers, dans l'ouvrage manuscrit de M. Reilhan (Commune et Presbytère), à la page 329. Il l'avait extrait d'une feuille volante qui existait aux archives de la ville.

accusait de lâcheté ; elle leur reprochait d'avoir renié J.-C., comme saint Pierre. Ainsi tourmentés en eux-mêmes, la plupart d'entre eux avaient des visions ; dans le trouble de leur esprit, pendant les veilles de la nuit, ils entendaient le chant des psaumes, et dans la journée le roulement sinistre des tambours. Des voix mystérieuses les invitaient (ils le croyaient du moins), les uns à reprocher aux apostats leur chute criminelle, les autres à aller entendre les messagers des jugements de Dieu [1]. Ces appels de la conscience furent entendus. De simples laïques, poussés par la force mystérieuse dont ils étaient remplis, se levèrent aussitôt, et ils se rendirent auprès de leurs frères pour aider ceux qui étaient tombés à se relever, pour fortifier ceux qui avaient résisté, pour les consoler tous. Ils se transportèrent d'abord secrètement dans les maisons particulières des villes ou dans les fermes écartées ; ils y faisaient des lectures de la Bible, et après avoir commenté ce qu'ils avaient lu, ils prononçaient de ferventes prières entrecoupées de leurs larmes et de celles de leurs auditeurs. Ainsi débutèrent ces premiers apôtres *du désert*, dès le mois de novembre 1685. D'abord ils ne réunirent autour d'eux que les seuls habitants de la maison où ils avaient eu accès. Bientôt les parents, les voisins accoururent. L'affluence croissant toujours, ils se hasardèrent à tenir, pendant la nuit, des assemblées dans des grottes, dans des ravins d'un accès difficile. Les Cévennes, avec leurs montagnes escarpées, avec leurs gorges étroites, offraient à cet égard des ressources précieuses. On ne manqua pas d'en profiter : il y eut sur divers points des assemblées où les auditeurs se comptaient par milliers. On

---

[1] Jurieu parle longuement, dans ses *Lettres pastorales*, de ces étranges visions, tom. I, pag. 145 et suivantes. Nous y renvoyons nos lecteurs.

venait y déplorer les malheurs du temps, y confesser sa chute ; on y entendait de chaleureux appels à la repentance, on écoutait avec avidité les espérances des temps meilleurs qui étaient puisées dans l'ancien Testament et surtout dans l'Apocalypse ; on suivait en pleurant de longues et touchantes prières, on y recevait même parfois la communion.... Les noms de ces obscurs mais fervents messagers de la bonne Nouvelle nous ont été conservés. Ces hommes, en qui se réalisaient les paroles de l'apôtre : *Dieu a choisi les choses faibles de ce monde pour renverser les fortes*, étaient :

CAMBOLIVE, de Montpellier, avocat au parlement de Toulouse ;
NISSOLES (Moïse), ancien du consistoire de Sumène ;
PAPUS, dit LA ROUVIÈRE ;
MANUEL D'ALGUE, de La Salle, âgé de 33 ans ;
LAPIERRE, de La Salle, âgé de 30 ans, cordonnier ;
BRINGUIER (Antoine), de La Salle, âgé de 25 ans ;
SEREIN, lecteur et chantre au temple de Tornac, 50 ans ;
BERTHESÈNE (Ant.), de La Bastide, près de La Salle, 42 ans ;
CHAPUS, tisserand de cadis, âgé de 23 ans. d'*Anduze* ;
DUMAS, cardeur de profession, âgé de 40 ans, d'*Anduze* ;
FULCRAND REY, proposant, âgé de 24 ans, de Nîmes.

Tous ces hommes, excepté le premier et le dernier, étaient sans culture d'esprit, sans connaissances théologiques. Ils ignoraient entièrement l'art de parler en public. Mais leur vie était pure, leur zèle pour les intérêts de la religion était indomptable ; et de même que les apôtres, après la Pentecôte, tinrent tête à Caïphe, à Hérode, à Festus, au Sanhédrin ; de même ces prédicants cévenols (comme leurs adversaires les désignaient par dérision), tinrent tête à Basville, à Noailles, à d'Aguesseau, à Louvois, à Louis XIV, et rendirent vaines toutes les mesures que ces grands personnages avaient prises après la révocation de l'édit de Nantes pour bannir du sol de la France les principes, les croyances et les cérémonies de la Réformation.

VI.

Fulcrand Rey, venons-nous de dire, était le seul de tous ces premiers apôtres du Désert qui eût reçu une culture théologique. Sa qualification de *proposant* le prouve. Il avait étudié pour entrer dans la carrière pastorale, et il allait recevoir l'imposition des mains au moment de la révocation. D'après les prescriptions de l'édit, il aurait dû sortir du royaume comme les pasteurs. Il resta pourtant en France, se croyant appelé à aller fortifier et consoler ses frères. Pénétré de l'idée que Dieu lui avait confié une telle mission, il l'accepta, et il la remplit avec un courage surhumain. Il se rendit successivement à Montauban, à Milhau, à Saint-Affrique, au Pont-de-Camarès, à Montpellier, à Castres, et il arriva dans les Cévennes, où ses frères l'attendaient. Il fortifia ces derniers pendant six semaines, comme le raconte un auteur anonyme auquel nous empruntons textuellement le récit qui va suivre [1].

« Pour se délasser un peu de ses fatigues et de ses veilles continuelles, il se retira à Anduze, à dessein de continuer là et ailleurs son ministère; mais ce fut là où on en arrêta les fonctions, car il fut trahi par un certain Alméras, qui étoit ha-

---

[1] L'écrit auquel nous faisons cet emprunt parle longuement des diverses courses de Fulcrand Rey, et rapporte les paroles pleines du feu de l'Esprit qu'il adressait à ses auditeurs des Cévennes dans les nombreuses assemblées qu'il présida. (Voyez *Bulletin de l'histoire du protestantisme*, 10e vol., pag. 121.) Nous recommandons à nos lecteurs ce récit émouvant.

bitant d'Anduze, et qui l'y avoit conduit, après l'avoir accompagné dans les Cévennes et lui avoir promis de lui tenir fidèlement compagnie dans toutes ses courses. Comme la charité de ce bon serviteur de Dieu n'étoit pas soupçonneuse, il ne se défia jamais de celui qui l'avoit si bien accompagné, et qui lui avoit promis tant de fidélité. Il lui fit part de ses secrets; il savoit où il mangeoit et où il couchoit; mais comme un perfide Achitophel et un traître Judas, il leva le talon contre lui, il le trahit et le vendit[1], et le livra entre les mains des dragons rouges, lesquels, n'oubliant pas la cruauté de leur maître, exercèrent toute sorte d'inhumanités contre lui; ils le prirent de nuit, et ce fut la nuit du samedi au dimanche, dans une maison hors la ville, où il étoit dans une profonde méditation. Ils ne s'en furent pas plutôt saisis, qu'ils le menèrent avec violence dans la maison de Ville. Quelqu'un d'entre eux, plus furieux et plus animé que les autres, le prit à ses cheveux, et, le traînant de cette manière dans la prison, Rey se tourna vers lui, et se contenta de lui dire : Souviens-toi que Dieu te punira de tes œuvres....

» Cela n'arrêta pas pourtant le cours des injustices et des cruautés qu'on exerça contre l'innocent. Pendant sa prison d'Anduze, il fut chargé de fers et gardé à vue par six dragons, sans avoir la consolation de voir aucun ami et de recevoir aucun secours de personne. Il fut défendu à tout le monde de le voir et de lui porter à manger. Il n'y eut que celui que le juge avoit commis pour cela, qui put s'approcher de lui. Ce traitement ne lui fit point perdre courage; cette ressemblance,

---

[1] Au dire de Jurieu, qui parle, lui aussi, longuement de Fulcrand Rey (*Lettres pastorales*, tom. I, pag. 88), le traître Alméras reçut, pour récompense de son action infâme, la somme de 1,000 livres qui avait été promise à quiconque livrerait cet héroïque jeune homme.

au contraire, avec son Sauveur abandonné de tous dans le temps de ses souffrances, ne servit qu'à fortifier son cœur : il l'avoit préparé à toutes sortes d'événements ; celui-ci le trouva tout disposé à le souffrir sans murmure. Il fut visité par le juge, qui lui fit plusieurs interrogats, dont voici les principaux :

»Il lui demanda s'il avoit prêché ; il lui répondit que oui, que c'étoit le devoir que Dieu lui avoit prescrit et sa tâche ordinaire. — Il lui dit après de lui dire dans quels lieux il avoit prêché. — Partout, lui dit-il, où j'ai trouvé des fidèles assemblés. — Il lui demanda après quelles étoient les personnes devant lesquelles il avoit prêché ; à quoi il répondit qu'il ne s'étoit pas étudié à les connaître, mais à leur apprendre leur devoir. — Il lui fit enfin cette demande : Quelle fin il se proposait en leur prêchant ? — J'avois en vue, répondit-il, de les consoler, de les affermir à craindre Dieu, et de se repentir de leurs péchés. Après ces réponses, le juge le livra à trente dragons, pour le mener à Alais. Alors qu'il sortit de la prison et des portes d'Anduze, plusieurs femmes le suivoient en soupirant et en versant un torrent de larmes ; ce qu'ayant vu, il se tourna vers elles, et il leur dit : Pourquoi pleurez-vous et pourquoi affligez-vous ainsi vos cœurs ? Ne pleurez pas ainsi sur moi, mais pleurez sur vous-mêmes et sur vos péchés, pour trouver grâce devant Dieu et pour obtenir miséricorde, ce qui vous est toujours nécessaire, et après quoi vous devez toujours soupirer. »

Nous ne poursuivons pas nos citations, elles occuperaient trop de place dans notre histoire ; nous dirons seulement que l'héroïque Fulcrand Rey fit preuve, dans les prisons, à Alais, à Nimes et à Beaucaire, de la même fermeté, de la même sérénité d'âme qu'il avait déployées dans la prison et devant le juge d'Anduze. Il fut assiégé partout par les insistances des moines, des juges, des officiers du roi, qui le pressaient de changer de religion, lui faisant les plus belles promesses. Mais il resta inébranlable dans sa foi, et il mourut sur le gibet, à Beaucaire, en véritable martyr, le 6 juillet 1686, après avoir supporté, sans pousser un soupir, les terribles tortures de la question.

VII.

Fulcrand Rey n'avait rien voulu divulguer, dans ses interrogatoires, sur les lieux où il avait tenu des assemblées, ni sur les assistants qu'il y avait rencontrés. Cependant les autorités supérieures n'en ignoraient pas l'existence; elles avaient été trop nombreuses et trop fréquentes pour qu'elles eussent pu rester inconnues. Les dragons avaient été envoyés pour les surprendre et les disperser. Mais, malgré les arrestations qu'ils avaient faites, les coups de fusil qu'ils avaient tirés à bout portant, malgré les morts qu'ils avaient laissés sur place, les populations des Cévennes et du Bas-Languedoc, n'écoutant que leur exaltation religieuse, qui allait jusqu'au délire, se réunissaient en plein jour, par milliers, presque aux portes des grandes villes, sous les yeux de Noailles, de Basville et de leurs régiments de dragons. Et tout cela se passait en dépit d'une ordonnance royale publiée dès le 1er juillet 1686, portant « peine de mort contre tout ministre rentré dans le royaume au préjudice de l'édit de révocation, défendant de leur donner asile ou assistance, sous peine, contre les hommes des galères à perpétuité, contre les femmes d'être rasées et renfermées pour le reste de leurs jours, avec confiscation des biens pour les uns et pour les autres; promettant récompense de 5500 livres payées comptant à quiconque donnera lieu à la capture d'un ministre ; prononçant peine de mort contre tout sujet du roy qui seroit surpris faisant des assemblées ou quelque exercice de religion autre que la catholique. »

Ces dispositions draconiennes, exécutées avec la dernière rigueur, n'avaient pu contenir les populations cévenoles. Ce ne sont pas seulement les historiens protestants qui l'affirment, les officiers supérieurs qui commandaient dans la province en font eux-mêmes l'aveu. Dans une lettre à Louvois (du 29 octobre), Noailles avoue son embarras : « On ne sait quel parti prendre pour ramener ces misérables, et pour accorder les sentiments de la bonté et de la clémence du roy envers ses sujets, avec ce qu'il doit pour son autorité. » (*Mémoires*, *id.*, pag. 285.) Il ajoute « que si l'on juge nécessaire d'expatrier quelques peuples des Cevènes, il faudra commencer par ceux qui ne font aucun commerce et qui habitent des montagnes inaccessibles, où la rudesse du climat et la température de l'air leur inspirent un esprit sauvage, tels que ceux de la dernière assemblée. Il observe qu'il faudra au moins pour cela quatre bataillons, et que les difficultés seront très-grandes pendant l'hyver. Il ajoute qu'il se dispose à entrer dans ce pays, à faire une battue dans tous les villages et hameaux séparés, ainsi que dans les bois et dans les montagnes, pour tascher de prendre ces malheureux prédicants qui donnent tant de peine. »

VIII.

Ce projet de battue fut mis à exécution dans le mois de novembre 1686. Après une excursion du chevalier de Jessé, ajoute l'auteur de ces Mémoires, « dans les lieux qui sembloient ne pouvoir être habités que par des ours, les communautés considérables des Cevènes s'engagèrent, un pour tous et tous pour un, à empescher les assemblées et autres contraventions aux ordres du roy, de livrer les coupables et raser leurs maisons. Mais ces délibérations furent prises sous les yeux d'un officier envoyé exprès avec sa troupe. On devoit se défier depuis longtemps de toute promesse forcée qui blessoit la conscience. » (*Id.*, pag. 286.) Au nombre de ces protestations se trouvait celle des principaux habitants d'Anduze, arrachée comme les autres par la contrainte, et qui mérite à ce titre de trouver place dans notre récit.

« *A Monseigneur le comte de Rozen, maréchal de camp des armées du roy.*

» Monseigneur,

» Les principaux habitants de la ville d'Anduze, au nombre de 44, ayant eu l'honneur de vous rendre leurs respects et leurs soumissions aujourd'hui matin, et d'entendre de votre bouche les volontés de Sa Majesté au subjet de la religion qu'ils ont embrassée; touchés sensiblement des puissantes remontrances et des advis charitables qu'il vous a pleu leur donner à l'égard de la conduite qu'ils doivent tenir pour l'avancement de la religion catholique, apostolique et romaine, viennent protester à Votre Grandeur pour répondre aux sentiments pieux qu'elle leur a témoignés, qu'ils sont dans une forte et inviolable résolution de prendre tous les moyens et tous les expédients possibles pour entrer eux-mêmes dans tous les devoirs de la religion catholique, et pour obliger tous leurs concitoyens à en faire de même. Pour cet effet, ils assembleront incessamment tous les habitants, et signeront en corps de communauté la délibération qui contiendra les articles suivants :

»Premièrement, qu'ils regarderont tous ceux qui manqueront à leur devoir, soit messe, prédication, catéchisme, instruction ou autre exercice catholique, comme des ennemis jurés de la religion et de l'État.

»Secondement, qu'ils apporteront tous leurs soins possibles pour découvrir tous ceux-là, et les remettront entre les mains de la justice pour être procédé incessamment contre eux ; et pour mieux recognoitre ces violateurs des ordonnances divines et humaines contre ce qu'ils ont solennellement juré dans leur profession de foi, ils choisiront un nombre suffisant d'habitants, partie anciens et partie nouveaux catholiques, tant dans le lieu que dans les hameaux, pour être inspecteurs sur tous les autres, et les déférer (dénoncer) quand ils manqueront à quelqu'un des exercices de la religion catholique.

»En troisième lieu, ayant vu les malheurs arrivés à leurs voisins par les dernières assemblées, auxquelles, par la miséricorde de Dieu, aucun de leurs habitants n'a trempé[1] ; ils mettront des espions à toutes les avenues pour les empescher et se saisir de ceux qui pourront venir dans leur ville pour les fomenter.

---

[1] « Une déclaration analogue fut signée à la même époque par plusieurs nouveaux convertis de Nîmes ; elle contenait une promesse à Dieu et au roi de professer la religion romaine de bonne foi, de participer à ses sacrements, d'en faire toutes les fonctions, d'y vivre et d'y mourir, et se terminait par une très-humble supplication à Sa Majesté de ne pas distinguer des anciens catholiques ceux qui la tiendraient fidèlement, mais de punir des peines les plus rigoureuses ceux qui la transgresseraient. »

L'original de cette pièce est dans les archives du consistoire ; elle contient 326 signatures. (Borrel ; *Histoire de l'Église réformée de Nîmes*, 2e édit., pag. 325.)

Nous avons également trouvé une déclaration analogue dans les archives de la Maison commune de Ribaute.

»Enfin, Monseigneur, attendant de vous expliquer plus au long tous leurs sentiments dans la délibération qu'ils vous enverront, ils vous protestent qu'ils veulent entrer de bonne foi dans tous les debvoirs de bons catholiques, et mettre tout en usage pour que ceux de leur ville et paroisse en fassent de même.

»Et pour marque de la sincérité de leur promesse, les principaux se rendront garants et responsables en leur propre de la conduite de tous les autres autant qu'il sera en leur pouvoir, comme aussi chaque chef de famille répondra de tout ce qui se passera dans sa maison.

»Voilà, Monseigneur, les sincères sentiments des principaux habitants de la ville d'Anduze, qui vous supplient par advance de vouloir recevoir, attendant qu'il vous soient confirmés par tout le corps de la communauté.

»Après quoi ils osent bien mandier votre protection auprès de Sa Majesté, de monsieur le duc de Noailles et de monseigneur l'intendant, afin qu'il leur plaise d'avoir compassion d'eux; c'est, Monseigneur, ce qu'ils espèrent de votre bonté, et ils offriront à Dieu leurs prières pour votre conservation.

»Vos très-humbles et très-obéissants serviteurs, les habitants de la ville d'Anduze. » Suivent 44 signatures. (*Arch. de l'hôtel de Ville d'Anduze*, liasse 414.)

Anduze, ce 9 novembre 1686.

Quels ignobles engagements! Comme on a besoin de savoir, pour ne pas les flétrir, qu'ils avaient été dictés par la contrainte, qu'ils avaient été pris sous le coup des plus terribles menaces, et que ceux qui les avaient souscrits se promettaient bien de ne pas les remplir!

IX.

Ce qui se passait à cette époque dans la ville d'Anduze était bien propre à jeter les habitants dans le deuil et dans la consternation. D'abord l'église catholique était en construction. On se servait, pour la bâtir, des matériaux du temple, et elle s'élevait sur l'emplacement de cet édifice. Pour une population naguère toute protestante, qui avait abjuré par force et qui, en s'accusant de lâcheté, déplorait son apostasie, quel lugubre spectacle! Ce n'était pas tout : on ne se contentait pas de remplacer le lieu où se faisait le prêche, par celui où se dirait la messe, on s'attaqua au cimetière, dont la suppression fut décidée, sous le prétexte menteur qu'il était « trop plein ». Pourquoi ce changement? Parce que l'on appréhendait que la mémoire des pères ensevelis dans ce champ de repos ne réveillât des remords dans le cœur des enfants qui viendraient y accompagner leurs morts, et ne les ramenât de nouveau dans les bras de la Réforme! Sous l'empire de cette crainte, le R. P. Raybaud se présenta, le 22 novembre 1686, devant le conseil de ville. Il avait été envoyé en qualité de missionnaire par Sa Majesté elle-même, aussi avait-il la parole hautaine. D'un ton impératif, il signifia « qu'il ne vouloit pas que les habitants se servissent du vieux cimetière, à cause qu'il n'y avoit pas de place; mais il entendoit que la commune achetât une terre pour servir de cimetière, et que l'on bailleroit le dit cimetière vieux à dire d'experts, et que la somme seroit employée à l'achat du nouveau cimetière. » Ainsi parla le révérend jésuite, et aussitôt le conseil s'empressa de souscrire à tout ce qui venait d'être prescrit par cet important personnage. Il fut décidé « que le cimetière seroit baillé aux révérends Pères, et qu'on acheteroit la pièce du sieur Pelet, qui étoit proche de la grande glacière du seigneur marquis d'Anduze [1]. » (*Reg. de l'hôtel de Ville.*) Ainsi, dans la méfiance qu'on avait des dispositions de cette population nouvellement convertie, afin de la contenir dans le sein de l'Église romaine, on cherchait à la garantir même des enseignements du tombeau.

X.

Prévoyant tous ces changements, et ne pouvant capituler avec leur conscience, qui ne leur permettait pas d'embrasser la religion catholique, dès que la révocation de l'édit de Nantes eut été prononcée, plusieurs habitants d'Anduze se hâtèrent de sortir du royaume.

Les noms de ces proscrits volontaires, qui font honneur à leur ville natale comme à la foi réformée, méritent de figurer dans les pages de cette histoire. Nous les y inscrivons avec bonheur, désireux que nous sommes d'appeler sur eux la vénération de nos lecteurs et celle des générations les plus reculées.

---

[1] On donna suite à cette décision le 19 juillet 1687; après une nouvelle délibération du conseil, le révérend Père Raybaud se chargea de l'ancien cimetière protestant pour la somme de 400 livres*, et il acheta pour pareille somme la pièce de terre du sieur Pelet, qui fut immédiatement transformée en cimetière. Ce champ du repos a existé jusqu'en 1787, époque où la commune acheta le terrain des cimetières actuels. La pièce du sieur Pelet occupait l'emplacement où se trouvent aujourd'hui les remises et écuries de l'hôtel du Cheval Blanc, la maison et le jardin de M. Eugène Galoffre, les maisons de MM. Dufoix, Lapierre, Auguste Atger, et la maison, ayant façade sur le chemin neuf, de Madame veuve Simon Thérond.

* Cet ancien cimetière protestant, qui était attenant à l'enclos de la maison de M. Édiève, médecin, aujourd'hui, appartenant à Mademoiselle Cavalier, fut cédé au couvent des Dames du Verbe incarné, et fit bientôt partie de leur enclos. M. Guibal Fontenait en est à l'heure présente le propriétaire.

Voici cette liste honorable, telle que nous l'avons relevée dans quelques documents de l'époque :

Pierre Boyer, ministre ;
De Soustelle, ministre ;
David Fraissinet, ministre ;
David Vincens, ministre ;
Malplach, ministre ;
Jean Combes, ministre ;
Boyer, avocat, fils du ministre de ce nom ;
Berthomieu Graillon, cardeur ;
Jean Roussel, cardeur ;
Marie Flavard, femme du sieur Combes, ministre ;
Henri Baudan, ministre ;
Antoine Goffre, marchand ;
Jean Teissier jeune, marchand, gendre du sieur
De Lafarelle, médecin ;
Antoine Roussel, cardeur ;
Antoine Donnadieu ;
Antoine Dumas, facturier ;
Rossel, gendre de Trial ;
Jean, apothicaire ;
Jean, médecin ;
Jean cadet.

Voilà les exilés anduziens de la première heure ! Ils ne furent pas les seuls qui se réfugièrent en pays étrangers. A leur exemple, plusieurs de leurs compatriotes abandonnèrent le lieu de leur naissance pour cause de religion. En diverses époque, la ville d'Anduze fournit son contingent au Refuge. Nous en avons la preuve dans ce fragment de rôle des refugiés assistés à Genève, dont nous avons reçu communication :

« Mars 1729, donné dix sols à Jean Bourguet, d'Anduze, Pierrette sa femme, Jehan, Bernard, Louis-André, Pierre Bourguet, ses enfants. Autant à André Puech, d'Anduze, Iglette sa femme, Étienne-André, Jeanne Puech ses enfants.

» Avril 1729, donné dix sols à Jean Bourguet et sa famille; à André Puech et sa famille, à Martin Ducros, d'Anduze, et Pierre Ducros son fils.

» Mai 1729, à Pierre Rorette, d'Anduze, Rousselle sa femme, Martin, Jaques, Magdeleine Rorette ses enfants, etc. »

Ces familles furent précédées ou suivies à Genève par une autre famille anduzienne dont l'arrivée dans la cité de Calvin est prouvée par le fragment d'une lettre touchante que nous allons citer telle qu'elle nous a été communiquée.

« Monsieur, arrivé depuis ce matin à Genève, avec ma femme et mes deux enfants, je viens me mettre sur-le-champ sous votre protection, assuré que vous tendrez une main secourable à la famille qui quitte sa patrie pour le saint nom de Dieu. Il nous envoie des douleurs pour nous rappeler que nous sommes d'indignes créatures, et ne pas nous laisser languir dans une prospérité dangereuse. Que sa sainte volonté soit faite! Je baise la main qui me frappe, assuré que sa colère n'est pas à toujours, et que sa miséricorde abondera par-dessus.

» Voilà une douzaine de jours que je suis sorti d'Anduze avec ma femme et mes deux enfants, préférant abandonner tous mes biens que vivre dans les délices d'une fausse religion papiste, ayant péché indignement contre le saint nom de Dieu en méprisant la véritable religion. Dieu soutiendra ses enfants au milieu de la nation mauvaise des loups dévorants qui guettent leur proie pour sauter dessus et les mettre en pièces.

Seconde édition.

Dieu est plus grand que leurs vaines machinations; il élève les petits et il abaisse les superbes.

» Je ne veux pas vous dire dans cette lettre tout ce que nous avons souffert depuis notre départ d'Anduze. On ne nous avoit rien dit en sortant de la ville, mais on a commencé bientôt à nous regarder de si mauvais œil avec ma femme et mes enfants, que j'ai redouté quelques vengeances de leur part. Nous nous sommes cachés tout le temps, ne marchant que la nuit, laissant loin les villes, traversant les campagnes. Il nous falloit le secours de Dieu pour ne pas être pris par les méchants, mais sa droite nous a conduits. Il a abaissé un regard d'amour sur ses enfants persécutés. Grâce à son divin secours, nous avons été nourris miraculeusement et nous avons pu sans malheur traverser la frontière de France. Que son saint nom soit béni! Ma lettre seroit trop longue si je vous donnois tous les détails de ma fuite, je le ferai de bouche. Je viens donc, muni de quelques lettres, me recommander à vous.....

» *Signé*: PIERREDON. »

XI.

Ils avaient trompé la vigilance de ceux qui étaient chargés de les guetter, de les arrêter au passage, ces héroïques transfuges! Mais s'ils étaient parvenus à soustraire leur corps aux nombreux soldats qui gardaient les côtes et les frontières, ils avaient dû laisser entre les mains de leurs persécuteurs leurs maisons, leurs terres, leur ameublement, tout ce qu'ils n'avaient pu emporter dans leur fuite; les intendants avaient ordonné la confiscation de tous ces biens meubles et immeubles; bientôt les huissiers étaient arrivés, ils avaient dressé un inventaire, et ils avaient vendu les meubles à l'encan sur la place publique. Triste spectacle qu'on étalait à dessein sous les yeux des populations, afin de les empêcher de prendre à leur tour le chemin de l'exil, et que nous allons également exposer aux regards de nos lecteurs, afin de leur donner la mesure de l'esprit de sacrifice qui animait les fugitifs, et de l'esprit de froide inhumanité qui animait leurs spoliateurs. Nous pourrions produire les inventaires et les procès-verbaux de toutes ces ventes, car ils ont passé sous nos yeux; nous nous contenterons d'en citer quelques-uns.

« L'an 1686 et le trentième jour du mois de septembre, à la requeste de M. Théodore Coupy, commissaire nommé par M. Lamoignon, intendant, pour la régie des biens des fugitifs, et en vertu d'une ordonnance dudit seigneur intendant, moi Jean Poudavigne, huissier, etc., je me suis acheminé avec ledit sieur Coupy en la ville d'Anduze, ou estant pour l'absence du sieur Combes, ci-devant ministre, et de la demoiselle sa femme, lui ai saisi et trouvé dans sa maison, l'ouverture de laquelle nous a été faite par le sieur Pellet marchand, son beau-frère, un bois de lit noyer, une paillasse, un matelas, un traversier en plumes avec un garniment cadis vert-brun, une vanne (couverture) indienne, six linceuls vieux, douze vieilles serviettes, six vieilles nappes, deux plats et six assiettes d'étain commun, six chaises en bois de saule, garnies de paille; et finalement, dans la cour, deux tonneaux demi vaisseaux vin rouge, que, voulant faire déplacer, ledit sieur Pellet s'en est chargé pour les rendre et délivrer, quand il en sera requis, à peine d'y être contraint, et lui ai baillé copie, et s'est signé Pellet. *Signé:* POUDAVIGNE[1]. » (*Archives de la pré-*

---

[1] Le 6 avril de l'année suivante (1687), le même huissier procéda à la vente publique de ces meubles, qui furent achetés par le sieur Gras au prix de 50 livres 15 sols...

fecture de l'Hérault, 2ᵉ division, paquet 47.) Voilà quel était à cette époque l'ameublement d'un pasteur. N'était-ce pas la simplicité telle que l'Évangile la recommande à un véritable serviteur de J.-C., et de tel hommes méritaient-ils l'acharnement déployé contre eux par le gouvernement du grand roi ?

« L'an 1687 et le 26 avril, à la requeste du procureur du roy, en vertu des ordonnances rendues par M. l'intendant, par moi Jean Poudavigne, huissier audiencier au présidial de Nismes, étant exprès en la ville d'Anduze, second commandement a été fait au sieur Jean Novis, bourgeois, séquestre volontaire des meubles saisis sur la femme Goffre, à cause de son absence, de me les délivrer à l'effet d'être procédé à la vente, ce qu'il a offert de faire ; m'ayant aussitôt délivré douze chaises, une table, deux quenouilles, un bois de lit en noyer, et un vieux garniment de lit cadis vert, tout troué et mangé de vers, que j'ai fait porter à la place publique dudit Anduze, où j'ai exposé en vente le tout. Et après diverses publications, se seroient présentés le sieur Alméras, notaire, qui auroit offert de tous lesdits meubles, huit livres ; le sieur Pellet, marchand, dix livres, et Étienne Serrière, habitant d'Anduze, douze livres. Personne ne s'étant présenté pour enchérir, j'ai fait la délivrance du tout au dit Serrière, qui m'auroit délivré les dites douze livres du prix de la susdite vente. *Signé*: Poudavigne. » (*Archives de la préfecture de l'Hérault, id.*)

L'ameublement des époux Goffre étant ainsi vendu, il ne leur restait plus rien dans Anduze, car déjà leurs biens avaient été confisqués et mis en régie. A l'annonce de cette nouvelle, ils n'éprouvèrent ni émotion ni regret. Ils avaient acheté la paix de leur conscience, le libre exercice de leur religion par l'abandon de quelques arpents de terre et de quelques vieux meubles; à ce prix, ils ne croyaient pas avoir payé trop cher des biens si précieux!

XII.

Tous les émigrés protestants ne furent pas aussi favorisés que les époux Goffre. Un grand nombre d'entre eux avaient été arrêtés en route ou au moment qu'ils franchissaient la frontière. On les jeta en prison; les hommes étaient envoyés aux galères, et les femmes à la tour de Constance, dans des couvents, ou dans tout autre lieu de détention. Mais on y jetait également ceux que les dragons avaient capturés dans les assemblées du Désert. Les prisons regorgeaient donc de détenus, et il n'y avait plus de place pour eux même sur les bancs des galères. Ne trouvant plus de lieu pour incarcérer ces malheureux, on songea à s'en débarrasser en les expatriant. De cette manière, non-seulement on vidait les prisons, mais on se délivrait des prédicants, dont la présence dans les contrées protestantes semblait être, aux yeux des agents de l'autorité royale, la cause principale de la rébellion. Basville traita donc avec ces derniers par l'intermédiaire de Vivens, le plus hardi d'entre eux et par conséquent le plus redoutable. Il fut convenu qu'ils se retireraient tous en pays étranger, et qu'ils pourraient emmener avec eux tous les prisonniers dont ils donneraient les noms, mais à la condition qu'ils ne remettraient plus le pied dans le royaume.

En conséquence de ce traité, des centaines de prisonniers furent tirés de leurs cachots et conduits par bandes vers les lieux d'embarquement: ils arrivèrent dans un tel état de faiblesse, à cause des mauvais traitements dont on les avait accablés en route, que plusieurs moururent avant d'être mis sur les vaisseaux. Il y eut trois départs: le premier dans les premiers jours de mars 1687; il était composé de cinquante personnes au nombre desquelles était Vivens lui-même. Le vaisseau qui les portait aborda en Espagne, où les malheureux expatriés furent déposés, sans vivres, sans argent et toujours exposés à tomber entre les mains des miquelets ou des sbires de l'Inquisition. Mais Vivens conduisit hardiment ses compagnons, à travers ces pays inhospitaliers, vers les côtes de la Méditerranée et de l'Océan. Ceux qui n'avaient pas succombé dans la route furent reçus par des vaisseaux protestants qui les transportèrent en Hollande.

Le second embarquement eut lieu à Cette le 8 mars; on tira du navire appelé *Plate Royale* cent prisonniers qu'on y avait déposés en attendant le jour de l'embarquement; il y avait soixante et dix hommes et trente femmes. On les fit sortir si brusquement qu'ils eurent à peine le temps d'emporter leur peu de hardes. L'un d'entre eux étant demeuré un peu plus que les autres, afin de prendre les siennes, fut rudement frappé à coups de bâton. Le vaisseau sur lequel on les embarqua s'appelait *Notre-Dame de bonne Espérance*. Le 12 mars, l'on partit. Pendant la traversée, dix-neuf passagers périrent. Le 20, le navire échoua, et trente personnes trouvèrent la mort dans les flots. Ceux qui échappèrent au naufrage traversèrent les Apennins et les Alpes, et arrivèrent en Suisse.

Le troisème embarquement eut lieu le 18 septembre, il fut dirigé vers l'Amérique; le navire qui transportait les déportés arriva sain et sauf à la Martinique [1].

Au nombre de ces exportés se trouvaient plusieurs Andu-

---

[1] Ces détails ont été puisés dans les papiers d'Antoine Court, déposés à la bibliothèque publique de Genève.

ziens. Les noms de tous ces infortunés n'ont pas été conservés, et c'est à notre grand regret, car nous aurions été heureux et fier de les inscrire dans ces annales de leur ville natale. A défaut d'une liste complète, nous enregistrons ceux qui nous ont été transmis:

 Jean Fontane, marchand d'Anduze;
 Pierre Huc, facturier, d'Anduze;
 La femme Mieugue (sic); ne faut-il pas lire Miergue?
 Mazauric;
 Brunet;
 Pierre Barrafort;
 Marie Cabanis;
 Marguerite Pauc;
 Blanque;
 Motte;
 La veuve Dumas;
 Daudé.

Les trois premiers, qui faisaient partie du second embarquement, furent de ceux qui trouvèrent la mort dans le naufrage sur la côte d'Italie.... Les autres succombèrent bientôt probablement par l'excès de leurs fatigues et de leurs souffrances; mais ils se reposent tous de leurs travaux, car ils sont morts au Seigneur, pour lequel ils renoncèrent à tout ici-bas, et leurs noms vivront dans la mémoire des hommes, tant que les cœurs battront au souvenir des souffrances supportées courageusement pour la cause de l'Évangile et de la liberté religieuse!

XIII.

Tandis que ces infortunés périssaient dans les flots, en allant chercher au-delà des mers un refuge contre les obsessions des prêtres catholiques, les insolences des dragons et les condamnations arbitraires de l'intendant, celui-ci faisait établir dans la ville d'Anduze des écoles catholiques pour les enfants des nouveaux convertis. L'une de ces écoles était dirigée par deux ecclésiastiques, et l'autre par deux maîtresses, probablement deux religieuses.

Les leçons qui y étaient données étaient obligatoires. Malheur aux parents qui n'en faisaient pas profiter leurs enfants. Une forte amende, susceptible de doubler en cas de récidive, les rappelait bientôt à l'obéissance due aux ordonnances de l'intendant.

Le secondaire donnait, en outre, des instructions religieuses aux jeunes gens, deux fois par semaine dans un local à part. Sur quoi roulaient ces instructions? Évidemment sur les questions controversées entre les protestants et les catholiques, et naturellement les doctrines de l'Église romaine y étaient présentées sous un jour favorable. La présence à ces leçons était impérieusement exigée, et, si l'on ne pouvait pas présenter des raisons bien légitimes pour justifier son absence, on pouvait s'attendre à une punition exemplaire.

Les jésuites, établis à poste fixe, instruisaient également toutes les classes de la population.

Les R. P. cordeliers ne s'épargnaient pas de leur côté, pour fortifier les nouveaux convertis dans la foi aux doctrines catholiques.

La bonne semence, pour parler le langage des prêtres, était donc abondamment répandue au sein de la population anduzienne. Au reste, une garde attentive était faite autour d'elle par les dragons, qui avaient ordre d'écarter à coups de sabre et de fusil les mal intentionnés venus du dehors, et de châtier les mal intentionnés du dedans qui refuseraient de recevoir les enseignements qu'on leur prodiguait.

Le curé-vicaire et son « secondaire » suffisaient à peine pour baptiser les enfants des nouveaux convertis, bénir leurs mariages et ensevelir leurs morts. Ils disaient la messe et chantaient vêpres devant un auditoire nombreux, qui rendait insuffisante l'Église qu'on avait disposée, il y avait plus de cinquante ans, dans « le bas de la maison consulaire ».

Examinée à la surface, la situation religieuse, au point de vue catholique, allait au mieux dans Anduze. En effet, les magistrats de la ville avaient pressé les travaux de l'église en construction; commencée en 1686, malgré les agrandissements qu'on avait fait subir au projet primitif, celle-ci était complètement terminée dans le commencement de l'année 1688. On en fit la dédicace le 6 mai de cette même année. La cérémonie de consécration eut lieu avec beaucoup de solennité. Elle était présidée par Charles de Saulx, destiné à l'évêché qu'on fondait à Alais.

Le futur prélat officia épiscopalement, en présence des magistrats, des notables et de la population des lieux voisins. En commémoration de cette inauguration on traça l'inscription suivante, écrite en latin, et que nous allons traduire en français pour l'intelligence de tous nos lecteurs : « Pour perpétuer la »mémoire de cette dédicace, qu'il vienne à la connaissance de »tous que dans l'année de grâce 1688, pendant le règne heu-»reux de Louis-le-Grand, destructeur de l'hérésie de Calvin, »l'église de cette ville d'Anduze, qui avait été détruite de fond »en comble par la dépravation des hérétiques, depuis environ »cent-vingt ans, a été reconstruite aux frais du roi, et par un »effet de son zèle pour la propagation de la vraie religion ; et

»la dédicace en a été faite en l'honneur de Dieu, de la Très-
»Sainte et toujours chaste Vierge Marie, et de saint Étienne
»le premier martyr, par le très-illustre et très-vénérable sei-
»gneur François, chevalier de Saulx, docteur de la Sorbonne
»et évêque désigné du diocèse d'Alais, en présence des ma-
»gistrats de la ville et du peuple des lieux voisins, qui était
»accouru le 6 mai, jour de la Pentecôte. »

Le prédicateur qui, ce jour-là, occupa la chaire, sans nul doute ne manqua pas de célébrer le triomphe de l'Église romaine, obtenu dans cette ville sur l'hérésie de Calvin ; il félicita les habitants d'avoir rejeté l'erreur dont ils avaient sucé le poison dans la Réforme, pour embrasser la vérité, qui se trouvait pleine et entière dans la religion catholique ; et cependant, en dépit de ces louanges, en dépit de cette fête de dédicace, en dépit des efforts du clergé et de la pression exercée par les dragons, les nouveaux convertis d'Anduze étaient de mauvais convertis, des convertis de la pire espèce, de l'aveu des consuls eux-mêmes, qui étaient bien portés pour voir leur conduite, et par conséquent pour les bien apprécier.

C'est à l'occasion de leurs « gaiges », dont ils demandaient le maintien, qu'ils portaient un tel jugement sur leurs administrés. « Les consuls soussignés rappellent que depuis qu'ils sont en charge, ils ont été et sont encore actuellement occupés dans leurs fonctions, et particulièrement pour observer les nouveaux convertis dans leur conduite, empêcher autant qu'il est en eux qu'ils ne fassent point ce que leur *imagination méchante* leur suggère ; de l'autre côté, faire chastier *les coupables et mal intentionnés* pour la religion. Et quoique ces soins dussent leur faire avoir les mêmes avantages que les précédents consuls, cependant dans le temps qu'ils ont voulu parler de l'imposition qui se doit faire cette année, dans laquelle on doit comprendre les gaiges des suppliants, qu'ils ont toujours cru être de quarante livres chacun,... *les nouveaux convertis, qui composent presque toute la communauté et qui regardent les suppliants comme leurs ennemis*, leur ont opposé une ordonnance rendue par Votre Grandeur, qui réduit les gaiges des consuls à onze livres chacun; et d'autant que le sujet de cette ordonnance fut que tous les habitants d'Anduze étant présentement catholiques (ou bien les croyant tels), on ne devait pas craindre de manquer de sujets capables d'exercer les charges de consul. Ce motif seroit fort juste, s'il étoit vrai *qu'ils* (les nouveaux convertis) *fussent véritablement catholiques. Mais il est assuré que les bien convertis d'Anduze sont en fort petit nombre, ainsi que Votre Grandeur est pleinement informée, sur la conduite desquels il faut veiller plus que jamais*, etc. » (*Archives de l'hôtel de Ville*, liasse 412.)

Les consuls n'apprenaient rien de nouveau à Sa Grandeur Monseigneur l'intendant. Basville était parfaitement informé des dispositions hostiles que les nouveaux convertis d'Anduze et de toute la contrée nourrissaient à l'égard de la religion qu'on leur avait imposée; il les avait franchement signalées aux ministres de Louis XIV. « Il faut regarder les huguenots, écrivait-il, comme un peuple irrité, qui a le cœur aigri, qui ne renferme son ressentiment que par faiblesse, qui, se voyant privé par autorité de temples, de ministres, de sacrements, d'assemblées, supporte avec regret cette violence, et qui, s'étant persuadé qu'on lui a fait injustice de lui avoir ravi, contre la foi des édits, ce que les hommes ont naturellement de plus libre et de plus cher, croit aussi qu'il a droit, à son tour, de manquer de fidélité et de patience. On ne pourroit les apaiser qu'en les rendant plus formidables, soit qu'on les remît ouvertement dans leur liberté de conscience, soit qu'on leur laissât professer en secret leur religion. Il s'agit, pour assurer le repos de l'État, de changer leurs volontés, de se régler sur ce que l'on a fait, de se suivre soi-même, de les réduire à une entière soumission, en leur arrachant du cœur les préjugés de leur naissance et en les obligeant, par autorité, à se ranger à la religion du royaume. » (Rulhières, tom. I, pag. 414.)

Tel était le jugement de ce proconsul sur les nouveaux convertis de la province soumise à son autorité; il avait agi contre eux en conséquence, jusqu'en 1689. Loin de vouloir renoncer à l'emploi des mauvais traitements dont il les avait accablés depuis la révocation, il se proposait de les continuer, de les aggraver même; c'est ce qu'il ne manqua pas de faire, comme nous allons le voir dans le chapitre suivant.

CHAPITRE II

LES PROTESTANTS D'ANDUZE DEPUIS LA LIGUE D'AUGSBOURG JUSQU'A
LA GUERRE DES CAMISARDS.
(1689-1702.)

SOMMAIRE.

L'avènement de Guillaume d'Orange au trône d'Angleterre, les écrits de Jurieu, les prophètes et les prédicants, entretiennent dans les contrées peuplées de nouveaux convertis l'espérance du rétablissement prochain de l'Église réformée. — Basville s'applique à renverser cette espérance. — La maison d'un nommé Dumas est rasée, et les matériaux sont donnés aux dragons en garnison à Anduze. — Rapport adressé à Basville par un juge d'Alais, à la suite d'un entretien avec un habitant d'Anduze. — Capture d'un prédicant. — Assassinat d'un lieutenant de la milice bourgeoise d'Anduze; amende considérable dont les nouveaux convertis de cette ville sont frappés au profit de la famille de ce lieutenant. — Les dragons reviennent dans Anduze et y restent trois ans. — Fondation du monastère des Dames du *Verbe Incarné*. — Après la paix de Ryswick, le culte réformé est rétabli dans la ville d'Orange; les protestants des contrées environnantes se rendent dans cette ville, mais ils en sont empêchés par Basville, qui punit sévèrement ceux qui passent outre à ses ordonnances. — Claude Brousson rentre en France pour la troisième fois, préside plusieurs assemblées, dont quelques-unes dans les environs d'Anduze; il est signalé à Basville, il est pris, condamné à mort et exécuté à Montpellier. — Rôle des nobles et des bourgeois d'Anduze dénoncés à Basville comme favorables à la religion protestante.

I.

Louis XIV approuva les conseils de Basville. Se voyant ainsi appuyé, l'impitoyable intendant ne manqua pas « de se suivre lui-même » et de continuer l'application de ses propres maximes. Au reste, profitant des événements survenus au dehors et au dedans vers l'année 1689, il put jouer le rôle qu'il avait proposé aux autres, et qu'il avait accepté pour lui-même : celui de persécuteur et de bourreau.

II.

La ligue d'Augsbourg venait de se conclure. Terrible tempête qui éclata comme le tonnerre sur la tête de Louis XIV et faillit le foudroyer. Cette ligue d'Augsbourg n'était rien moins qu'une alliance formée contre le grand roi par les provinces unies des Pays-Bas, l'Autriche, la Savoie, l'Espagne ; le Pape même était de la partie. Cette formidable coalition avait pour organisateur et pour chef Guillaume d'Orange, stathouder de Hollande. Dès que ce prince se vit à la tête de la ligue, il équipa une puissante flotte, et, s'élançant sur la mer à la tête d'une armée composée à moitié de réfugiés français, il alla renverser son beau-père, Jacques II, qui s'était posé en restaurateur du catholicisme dans son royaume. Une fois maître de la couronne d'Angleterre, Guillaume se hâta d'associer les forces considérables de son nouveau peuple à celles de ses alliés, et la guerre, qui ne devait se terminer que sept ans après par la paix de Ryswick, éclata entre ce roi et son terrible rival Louis XIV.

Les grands événements qui allaient s'accomplir au profit du protestantisme, par la participation des réfugiés français, remplissaient d'espérances les cœurs des malheureux nouveaux convertis de toutes les provinces du royaume, et surtout de celles du Midi.

Ces espérances étaient en même temps entretenues par les écrits de Jurieu, qui annonçait la restauration du culte réformé pour l'année 1689, et par une nuée de prophètes et de prophétesses. C'étaient en général de jeunes filles et de jeunes garçons de basse condition, qui se disaient et se croyaient animés de l'esprit de révélation ; ils prétendaient être inspirés, et, dans leurs extases, ils voyaient les anges qui leur parlaient, ils prédisaient le relèvement du peuple opprimé. En même temps, ils censuraient les tièdes, ils condamnaient les pécheurs, et recommandaient surtout à leurs auditeurs de se convertir. Attirés par ces prédications extraordinaires, les protestants bravaient tous les périls et accouraient de toutes parts.

Les prophètes n'étaient pas les seuls occupés à relever le courage des populations protestantes ; Vivens, le premier prédicant, était rentré en France au moment où le nouveau roi d'Angleterre avait commencé les hostilités contre Louis XIV ; Vivens, qui, saisissant d'une main l'épée de guerrier et de l'autre l'épée de l'Esprit, tour à tour expliquait la Bible à ses auditeurs et les réunissait en bandes armées. A ce fougueux cévenol vint bientôt se joindre Claude Brousson, qui avait proposé, en 1683, le rétablissement du culte réformé dans tous les lieux où il était interdit. Retiré en Suisse depuis la révocation de l'édit de Nantes, il n'avait pu rester au loin et à l'abri de tout danger, lorsque tant de confesseurs du nom de Christ étaient en France exposés à tant de périls. Quelques-uns des pasteurs bannis de France au lendemain de la révocation, étaient revenus au sein de leurs anciens troupeaux, afin de les consoler et de les soutenir. Plusieurs autres se proposaient de suivre leur courageux exemple. Il y avait, là, plus qu'il n'en fallait pour entretenir dans leurs dispositions de résistance et de lutte ces populations frémissantes sous le joug des Noailles, des la Trousse, des Basville et surtout des dragons. Des montagnes du Dauphiné jusqu'aux plaines arrosées par le Tarn et par le Lot, des prophéties se répétaient, des prodiges se racontaient, des nouvelles, fausses ou vraies, se propageaient, avec la rapidité de l'éclair ; des émissaires mystérieux, venus de l'étranger, apportaient les conseils et les avis donnés par les réfugiés de la Suisse ou de la Hollande. D'autres messagers parcouraient les villages, les hameaux, et annonçaient l'heure et le lieu des assemblées que devaient présider, ou Vivens, ou Brousson, ou tout autre prophète ou prédicant.

Basville avait des espions pour l'informer de tout ce qui se passait ou de ce qui se projetait. Sa colère s'enflammait en voyant l'opiniâtreté que les huguenots mettaient dans leurs espérances et dans leur résolution de lui résister ; mais, plus il rencontrait chez eux de l'obstination, plus il les frappait d'amendes, de spoliations, de condamnations, comptant les réduire à un tel découragement, à une telle impuissance, qu'ils renonceraient à tout projet de désobéissance et se traîneraient à ses genoux, en lui criant miséricorde et merci. Telle fut sa conduite vis-à-vis des religionnaires de toute la contrée, et particulièrement de ceux d'Anduze. Nous allons raconter les traits principaux de ses procédés à l'égard de ces derniers, depuis le commencement de la ligue d'Augsbourg jusqu'en 1702, c'est-à-dire jusqu'à la célèbre guerre des camisards.

III.

L'année 1689 commençait d'une manière lugubre pour les religionnaires d'Anduze. Ils durent assister à la démolition de la maison d'un nommé Dumas, qui « avoit été condamnée à être rasée ». Quel était donc le crime qui attirait son auteur sur un tel châtiment ? Probablement il avait été surpris au milieu d'une assemblée, remplissant les fonctions de prédicant. Quel que fût le motif de sa punition « sa maison devoit être démolie, par ordre de M. de Rozen, lieutenant général des armées du roy, commandant pour Sa Majesté dans la province, et la communauté devoit fournir les ouvriers nécessaires avec les outils. » Les consuls, obéissant à un mouvement d'humanité, peut-être aussi voulant épargner à leur ville les frais de cette démolition, avaient différé de faire exécuter l'ordonnance de M. de Rozen... Mais les matériaux résultant de la démolition de la maison de Dumas avaient été donnés aux dragons de la compagnie de cet officier supérieur, logée dans Anduze. Leur capitaine avait, par anticipation, vendu les matériaux, et le « rasement » n'avait pas encore eu lieu ! Les consuls n'en avaient pas donné l'ordre ! ils avaient donc oublié que l'ordonnance portait, qu'en cas de « désobéissance, la ville supporteroit le logement des dragons en pure perte », c'est-à-dire qu'elle serait obligée de pourvoir, à ses frais, à l'entretien des hommes et des chevaux ! Voulaient-ils exposer la communauté à ce surcroît de charges ? Non, sans contredit, non ! Aussi se hâtèrent-ils de déférer l'affaire au conseil, qui décida « que la démolition ordonnée seroit mise aux enchères et faite aux frais de la communauté. » (Délib. du conseil.) Ainsi, le sieur de Rozen fut obéi, les dragons obtinrent le montant de ce qui leur avait été donné, et les religionnaires d'Anduze eurent encore à souffrir du joug qui pesait sur eux !

IV.

Ces pauvres religionnaires Anduziens ! les soupçons planaient toujours sur eux ; on les avait en haut lieu en grande méfiance. Pour prévenir les méfaits dont on les croyait capables, Basville tenait à pénétrer leurs secrètes résolutions. Il employait dans ce but un juge d'Alais qui lui servait d'agent provocateur et de mouchard. Cet homme méprisable s'était lié avec un « Ro-

Seconde édition.

dier, zélé huguenot », et, abusant de la confiance qu'il avait su lui inspirer, il obtenait la révélation de tous les projets vrais ou faux qui étaient venus à sa connaissance. Au commencement de 1689, quelques anciens pasteurs étaient rentrés en France, et plusieurs autres se proposaient également de revenir au milieu de leurs troupeaux. Olympie, qui avait exercé la charge pastorale dans Anduze pendant quelques années, était de ce nombre. Le ministre du roi, déjà informé par ses espions à l'étranger de ce projet de retour, désirait savoir ce qui en était. Il en écrivit à Basville, qui mit immédiatement en campagne son agent le juge d'Alais, le chargeant de faire parler Rodier. Quand il en eut tiré tout ce qu'il voulait savoir, il le transmit à l'intendant ; celui-ci écrivit aussitôt au ministre de Louis XIV la lettre suivante, qui, à tous les points de vue, mérite d'être placée sous les yeux de nos lecteurs.

« Montpellier, 20 mars 1689.

» MONSEIGNEUR,

» Le sieur de Saint-Auban, juge d'Alais, m'a dit que Rodier d'Anduze l'avoit assuré que le ministre Olympie, qui doit venir dans les Cevènes, étoit allé en Angleterre pour concerter avec le prince d'Orange le temps d'entrer dans ce pays avec cinq autres ministres ; — qu'ils ont résolu de n'y point venir que lorsque le prince d'Orange fera une descente sur les côtes ; — qu'ils blâment fort le mouvement fait dans le Vivarès, disant qu'il avoit été fait trop tôt, et qu'il ne servoit qu'à faire prendre les plus grandes précautions contre les nouveaux catholiques. Rodier a assuré que ceux des Cevènes se conduiroient mieux ; qu'on les verroit dociles à l'avenir, et fréquenter les exercices de notre religion, pour mieux couvrir leurs desseins et les faire paroître quand il en seroit temps. Il a toujours proposé à Saint-Auban d'aller à Genève aussitôt qu'Olympie sera revenu, et il l'a assuré qu'il comptoit sur lui pour retirer ces ministres dans sa maison. Il a encore pressé Saint-Auban de trouver le moyen de se bien mettre avec moi, afin qu'il fût moins soupçonné. J'ai pris le parti de faire un règlement entre Saint-Auban et les autres juges d'Alais, qui sont en grande division à cause des fonctions de leur charge, afin de le voir, quand il faudra, sous prétexte de solliciter son affaire. Il doit conférer au premier jour avec Rodier, sur tous les gentilshommes nouveaux catholiques des Cevènes, et Rodier doit déclarer ceux sur qui le parti peut compter.

»J'ai dit à Saint-Auban la récompense que vous voulez bien lui procurer, et il a une grande envie de la mériter. Je ne lui ai donné que quinze pistoles des cent que mon frère a reçues de votre part; je n'ai pas cru à propos de lui en donner davantage. Je garde le reste pour son voyage à Genève, s'il le fait, ou pour lui payer de temps en temps la dépense qu'il est obligé de faire, ou pour aller aux rendez-vous que Rodier lui donne, ou pour venir ici. Je vous rendrai compte de l'emploi de cette somme. Je suis, etc. » (*Archives du département de l'Hérault.*)

V.

Basville n'était pas le seul à employer des espions, ses agents s'en servaient également. Grâce aux rapports des délateurs, les consuls, les subdélégués parvenaient quelquefois à connaître les lieux de retraite où les prédicants se tenaient cachés. Ainsi, le maire et les consuls d'Anduze apprirent un jour qu'un de ces apôtres du désert séjournait non loin de leur ville, dans une caverne, au milieu d'un bois. C'était pour eux une occasion favorable de faire preuve de zèle et de mériter les faveurs royales ; ils ne manquèrent pas d'en profiter. Mais ici nous laisserons ces deux personnages faire le récit de leurs exploits. S'ils eurent le courage d'organiser une battue pour s'emparer d'un prédicant, comme l'on va à la chasse d'une bête fauve, qu'ils aient au moins l'honneur de raconter à la postérité ce qu'ils apprenaient secrètement à Monseigneur l'intendant.

«*Procès-verbal de la capture d'un prédicant et de son fils près de la ville d'Anduze* (25 février 1691).

» Sur l'avis donné, le jour d'hier, à 9 heures du soir, à nous François Coste, escuyer, et Antoine Lambert, bourgeois, premier consul de la ville d'Anduze, par une des personnes que nous tenons aux aguets pour nous rapporter ce qui se passe aux environs de cette ville, que dans un bois qui est proche d'une métairie appelée Blanas, paroisse de Saint-Jean-du-Pin, éloignée du dit Anduze d'une lieue et demie, il y avoit une baume (caverne) dans laquelle un prédicant habitoit avec son fils ; nous sommes partis, aujourd'hui, de chez nous, à l'heure de 4 de nuit, accompagnés de François Lafon, quatrième consul, du fils aîné de nous dit Lambert, du sieur Gallière, greffier consulaire, et du sieur Louis Barrafort, troisième consul de l'année dernière, tous gens en qui nous nous confions entièrement, que nous avons bien armés. Et étant arrivés au point du jour au bois marqué, qui est d'une épaisseur extraordinaire, nous l'avons presque tout parcouru, et enfin étant enfoncés un quart d'heure dans le bois, nous avons trouvé, entre des rochers, des buissons coupés qui couvroient partie de l'entrée d'une baume ou caverne qui est dans ces rochers ; ce qui nous auroit obligé de mettre notre détachement tout joignant autour de cet endroit pour voir ce qui se passeroit. Cependant nous sommes allés vers cette baume, et d'abord y avons vu remuer un homme auquel nous avons crié : demeure là ; et lui ayant appuyé nos fusils lui avons commandé de sortir, autrement que nous lui tirerions sus. Après bien des résistances, nous l'avons fait sortir, et il seroit monté sur un petit rocher qui est au bord de la cave, où nous dit Lambert avons commencé de l'attacher fortement; et dans le temps qu'un jeune enfant qui étoit dans cette baume, se disant être son fils, crioit et se lamentoit de la prise de son père, cet homme nous ayant prié de lui laisser verser de l'eau, ce que lui ayant accordé, lui, faisant semblant de le faire, tout à coup il s'est jeté de ce rocher en bas, et faillit entraîner avec lui nous Lambert, qui le tenoit par l'attache, et il s'est mis à prendre la fuite. Sur quoi nous Lambert avons couché en joue notre fusil et tiré sur lui; sur quoi nous Coste, qui étions en bas, aurions couru après, et l'avons pris par la casaque et retenu fortement. De cela ou du coup de fusil qu'il avoit reçu, il est tombé à terre faisant le mort. Il est vrai qu'étant tous accourus, nous avons vu presque toute sa tête ensanglantée. Cependant cela ne nous a pas empêché de le faire relever et de l'attacher fortement, et deux de nos gens le tenant, l'un d'un côté, l'autre de l'autre, nous l'avons exactement fouillé; avons trouvé dans les poches de sa casaque ou de ses culottes treize livres nommés Testaments, pséaumes ou prières huguenotes, un couteau, deux pierres à tirer du feu, une petite bourse avec 4 liv. 5 sols, desquelles choses nous nous sommes saisis; et pendant que nous, avec deux de nos gens, gardions cet homme-là, qui a dit s'appeler Poujol, du Vigan, nous Lambert, avec deux autres de nos messieurs, avons fouillé la baume ou caverne, dans laquelle s'est trouvé de la paille, deux draps linceuls, trois chemises, un méchant manteau, deux demi gros pains, du lard, une lampe, une cruche, des pots de terre, des courges pour tenir le vin, une hache, une serpe et un méchant sac. Nous avons seulement pris ces trois derniers objets, le reste ne valant pas la peine. Il a été remarqué que partie de l'entrée de cette caverne est couverte de plusieurs tuiles, qu'elle fait plusieurs angles qui ne sont pas pourtant profonds; et parce que ce bois est extrêmement dangereux, nous en avons tiré au plus vite ce prévenu; et en le conduisant il tenait les discours d'un prédicant, louant Dieu de ce qu'il avoit fait venir cette heure de mourir pour lui et pour sa religion, et plusieurs autres choses qu'il auroit fait suivre de bien d'autres, si nous ne lui eussions dit de se taire. Étant arrivés à Anduze, nous l'avons mis dans la prison, son petit garçon dans un autre endroit, et en même temps nous avons fait avertir le sieur juge de venir faire leur interrogatoire, à quoi il auroit à l'instant procédé. » (*Arch. hist. du minist. de la guerre*, n° 2523, pag. 309.)

Le pauvre prédicant Poujol ne tarda pas à être transféré d'Anduze, soit à Nimes, soit à Montpellier, où sa condamnation ne se fit pas attendre. Sans nul doute, après avoir subi la question ordinaire et extraordinaire, il périt sur un gibet.

Les auteurs de son arrestation, en rendant compte de sa capture, ont eu seulement la pensée de rédiger un sec procès-verbal, mais ils ont fait plus que cela : ils ont écrit la page la plus dramatique, ils ont tracé le tableau le plus émouvant de la vie des apôtres du désert.

Voilà Poujol, du Vigan, faisant en hiver sa résidence dans une caverne dont l'entrée est seulement abritée par quelques tuiles ! Il y passe les nuits, n'ayant pour couchette qu'un peu de paille recouverte de deux draps de lit ; sa nourriture se compose de pain noir et de lard ! Sur lui, il ne porte point d'armes, mais des exemplaires de l'Évangile, des Psaumes de Marot à l'usage de ceux qui viennent l'écouter ! Il veut se sauver des mains de ceux qui le traquent, et on lui tire des coups de fusil, comme les chasseurs à un renard qui s'échappe de sa tannière ! Sans égard pour sa blessure, on le force à faire à pied une course de plus de deux heures !

Les écrivains catholiques ont reproché à l'Église réformée de n'avoir point de vrais martyrs ; imputation ridicule qui a reçu des milliers de démentis et qui ne peut plus être reproduite en présence du prédicant Poujol. N'est-ce pas là le véritable imitateur du divin Maître, qui ne possédait rien et passait les nuits dans les déserts ? Et lorsque Poujol est entraîné couvert de sang, en proie à de vives souffrances, et que néanmoins il rend grâce à Dieu d'avoir fait venir l'heure de mourir pour lui et sa religion, ne croit-on pas entendre l'écho de la voix de Jésus remerciant son père de lui avoir permis de le manifester par sa mort? Et cet enfant qui se lamente à la vue des gens armés qui garrottent son père, quelle figure touchante! comme elle rappelle les filles de Jérusalem pleurant sur Jésus-Christ, alors qu'on le conduisait au Calvaire! Qu'on cesse donc de nous reprocher de n'avoir pas eu de martyrs: nous en avons eu par milliers; et, alors même que ce privilége nous aurait manqué jusqu'au 25 février 1691, nous le possédons à dater du jour que le maire et les consuls d'Anduze se saisirent de Poujol le prédicant.

VI.

La capture de ce malheureux dut valoir à ses auteurs les félicitations de Basville et des ministres de Louis XIV; mais, à la suite de ces récompenses, le consul Lambert en reçut une à laquelle il était loin de s'attendre:...... il fut assassiné. Terribles représailles qu'il s'était attirées par l'arrestation de Poujol! Les documents de l'époque ne nous apprennent pas où et comment il fut tué; ils nous disent seulement qu'il tomba sous les coups de gens armés venus pour le frapper.

Qui lui avait donné la mort? Nul ne put ou ne voulut le dire. On ne pouvait pas attribuer sa mort à Vivens, qui avait été tué dans une grotte, il y avait deux ans, entre Alais et Saint-Sébastien, par les soldats envoyés à sa recherche. Mais le poignard de ce farouche prédicant avait été probablement ramassé par quelqu'un de ses frères, qui se croyait, lui aussi, chargé d'être envers les traîtres et les persécuteurs l'exécuteur de la justice de Dieu[1]. Basville, irrité de ce meurtre et de l'inutilité des recherches pour en découvrir les auteurs, écrivit à la cour et proposa, pour réparation de cet attentat resté forcément impuni, de frapper les nouveaux convertis d'Anduze d'une forte amende. Son conseil fut adopté, et il en reçut l'avis du ministre Barbezieux : « Versailles, ce 1er janvier 1693. Monsieur, lui écrivit ce dernier, j'ai reçu la lettre que vous avez eu la peine de m'écrire, le 21 du mois passé, de laquelle ayant rendu compte au roy, Sa Majesté a trouvé bon que vous fissiez payer deux mille écus, ainsi que vous le proposez, à la veuve et aux enfants du sieur Lambert, aux dépens de la ville d'Anduze. Je suis, etc. » *Signé* : Barbezieux.

Fort de cette autorisation, Basville rendit l'ordonnance sui-

---

[1] « Vivens, dit Peyrat, lui proscrit, résolut de venger ses malheureux hôtes, et, du fond de sa caverne ignorée, d'effrayer leurs tyrans par une justice d'autant plus terrible qu'elle devait être mystérieuse et prompte comme la foudre. Quelques jours après, les curés persécuteurs de Saint-Marcel et de Conquérac furent tués, ce dernier de la propre main de Vivens ; le vicaire de Soudorgues reçut, en portant le Saint-Sacrement, un coup de poignard en plein midi. Bagard, ministre apostat, devenu premier consul de La Salle ; Gautier, Claparède, Sévérac, officiers des milices, furent trouvés morts dans leurs maisons ou sur les grands chemins. Sévérac avait saisi un prédicant qui fut envoyé aux galères. Pour que sa mort servît de leçon, Vivens laissa sur son cadavre un billet dont voici le sens : Du désert, touchant le sort de ce Judas, passants, ne soyez pas surpris de sa mort ! Dieu l'a permise, parce que cet impie a vendu le sang innocent. J'en appelle à votre justice. Ce misérable aurait pour de l'argent trahi les puissances comme il a trahi un membre de Notre-Seigneur ! Nous l'avons tué pour prévenir le retour d'un tel désordre envers la société et d'un tel scandale envers l'Église ; et nous avons résolu que, tout autant qu'il existera de pareils traîtres, nous les saisirons, avec l'aide de Dieu, s'enfermassent-ils dans la plus grande forteresse de France. » (Peyrat, *id.*, pag. 222.)

vante : « Le sieur Lambert, second consul et lieutenant de la compagnie de la bourgeoisie de la ville d'Anduze, y ayant été assassiné, sans que les nouveaux convertis de la ville ayent donné aucun avis concernant ses assassins, qu'ils ont même retirés dans leurs maisons avant et après l'action, et étant important que ceux qui s'attachent entièrement au service du roy ne soient exposés à de pareils périls, il a plû au roi de nous donner des ordres pour les contraindre de payer à sa veuve et à ses enfants la somme de six mille livres.

» Nous ordonnons que les nouveaux convertis de la ville d'Anduze seront tenus de payer à la veuve et aux enfants du dit sieur Lambert la somme de six mille livres, dans un mois de la signification de la présente ordonnance, à l'effet de quoy nous leur permettons d'en faire le département entre eux, et, à faute de payer la dite somme dans le dit délai, ordonnons que six des principaux d'entre eux y seront contraints par toutes les voies de rigueur, nonobstant opposition et autres empêchements quelconques, sauf leur recours contre les autres en la répartition de cette somme, ainsi qu'ils l'aviseront, etc. Montpellier, le 9 février 1693. *Signé* : de Lamoignon. » (*Archives de la préfecture de l'Hérault.*)

Les assassins de l'infortuné Lambert n'étaient pas d'Anduze, de l'aveu même de Basville, et cependant cette ville fut punie pour un meurtre qu'aucun de ses habitants n'avait commis, sous le vain prétexte que les nouveaux convertis avaient donné asile aux meurtriers. Quelle justice ! On répondra peut-être : c'est la loi de la guerre ! Sans doute ; mais si le gouvernement de Louis XIV traitait en ennemis les religionnaires qui restaient tranquilles dans leurs demeures, il ne devait pas s'étonner qu'à leur tour ceux-ci vissent en lui un ennemi implacable, contre lequel ils étaient en droit de s'insurger.

VII.

L'assassinat de Lambert devint fort onéreux pour les nouveaux convertis d'Anduze. Non-seulement ils eurent à payer la somme de six mille livres, qui leur avait été imposée au profit de la famille de cette victime des passions religieuses, mais encore ils eurent à souffrir du logement de la compagnie colonelle et de trois détachements d'un régiment de dragons. C'était là une punition de plus que l'intendant leur imposait, et punition bien lourde, car ils furent obligés de pourvoir à la nourriture, au logement et à l'entretien de tous ces soldats. Le séjour de ces derniers fut long et très-dispendieux. On avait affermé, pour les loger, trois grandes maisons qui leur servaient de casernes, et deux boutiques qu'on avait transformées en corps de garde. Ils restèrent trois ans en garnison dans Anduze, et ils y commirent les excès qui leur étaient habituels.

VIII.

Enfin, cette troupe fut retirée pour les besoins de la guerre qui se faisait au dehors. Mais à peine fut-elle partie qu'une nouvelle charge vint peser sur cette ville infortunée. Il ne s'agissait plus cette fois de l'envoi de quelques compagnies de soldats, mais bien de l'arrivée de plusieurs religieuses de l'ordre du *Verbe incarné*, qui étaient envoyées pour fonder un couvent dans Anduze. La nouvelle de leur prochain établissement fut un coup de foudre pour les habitants nouveaux convertis. A cette époque, où la communauté était écrasée d'impôts, où la misère était si grande, projeter la fondation d'un monastère c'était vouloir compléter la ruine des habitants. Toutefois la proposition en dut être faite au conseil. Le maire représenta : « que la communauté du Verbe incarné de la ville de Lyon avoit fait l'offre à Monseigneur l'évêque d'Alais de venir fonder un établissement dans une des villes de son diocèse, s'engageant à y envoyer six religieuses avec les fonds nécessaires pour leur subsistance et entretien, lesquelles se chargeroient de l'instruction des jeunes filles de la ville où elles seroient établies, pour tout ce qui regarde la religion, l'écriture et ouvrages d'aiguille convenables au sexe, moyennant qu'il leur seroit fourni, aux frais de la ville, une maison convenable avec la place d'une église, chœur, réfectoire, cour, chambres, classes, et un jardin; le tout en bon air et situation commode. » Le maire ajouta que Monseigneur l'évêque d'Alais avait envoyé ces offres en forme à Monseigneur le marquis de Châteauneuf (un des ministres de Louis XIV), pour demander au roi les lettres-patentes nécessaires pour cet établissement dans la ville d'Anduze, et que, d'après la réponse de Monsieur de Châteauneuf, Sa Majesté avait bien voulu les accorder, et que l'expédition en serait faite dès que Monseigneur l'évêque aurait envoyé son consentement, ainsi que celui de la communauté. En accordant à cette ville la préférence, l'évêque avait voulu lui donner un témoignage de son affection. En effet, il espérait « que ce seroit un moyen très-efficace pour élever les jeunes filles dans la pratique des devoirs de la vie chrétienne et de tout ce qui peut contribuer à la satisfaction des familles. N'est-il pas plus avantageux à la ville d'avoir une communauté fixe et permanente, qui se charge de l'éducation de ses filles, que non pas des maîtresses d'école, qui ne sont que passagères? En outre, il falloit considérer que les familles pourroient profiter de l'avantage d'y établir quelques-unes de leurs filles, et qu'enfin la dépense occasionnée pour cet établissement seroit compensée par la cessation de celle qui se faisoit pour l'entretien et le logement des maîtresses d'école. »

Ce plaidoyer complet renfermait toutes les raisons propres à entraîner les assistants. Volonté du roi, de l'évêque, avantages pour les jeunes filles et pour leurs familles, même pour la communauté : toutes ces raisons y étaient habilement développées. Mais, contrairement à leurs habitudes de soumission et d'acquiescement aux ordres supérieurs, les membres de l'assemblée se montrèrent insensibles à l'éloquence de M. le maire. La proposition fut repoussée à l'unanimité des assistants (ils étaient cent-trois) moins une voix. Ils décidèrent : « que par les grandes *foules* souffertes depuis quelques années, les habitants étoient réduits à la dernière misère, que la plupart n'avoient pas pu payer leurs tailles, ce qui les empêchoit pour le moment de faire la dépense de l'achat de la maison et des autres choses nécessaires pour l'établissement des dames religieuses; mais si, dans la suite, la communauté étoit en meilleur état de supporter cette charge, elle le feroit bien volontiers, suppliant Monseigneur l'évêque d'en être persuadé. »

Le renvoi à des jours meilleurs, dont l'assemblée se servait pour colorer son refus, ne put pas tromper la pénétration du maire. Ce magistrat, mécontent, se hâta de faire observer « que l'assemblée ne prenoit pas garde à la faute qu'elle faisoit, en refusant un si grand bien offert à la communauté; que l'établissement proposé, au lieu d'être à charge, procureroit un grand avantage aux habitants; que les puissances ne manqueroient pas de juger que leur refus étoit plutôt par un esprit d'opposition à l'établissement de la religion dans cette ville, que pour toute autre chose, et qu'ils fissent encore réflexion sur la décision qu'ils venoient de prendre. » L'insistance du maire ne modifia pas l'avis de l'assemblée, qui persista dans son refus. (*Dél. du Conseil de ville*, ann. 1696, pag. 247.)

Sans contredit, la situation déplorable de la communauté était un motif suffisant de la décision prise par le conseil général, mais il n'était pas le seul. Il y avait l'appréhension des exigences des dames religieuses, dont les prétentions étaient modestes au début, mais qui ne manqueraient pas de se produire du moment qu'elles seraient installées. Il y avait une appréhension, bien plus grave encore, de voir ce couvent transformé en prison pour les jeunes filles des nouveaux convertis, qu'on enlèverait à leurs parents. Ces craintes, parfaitement fondées, coïncidèrent avec les espérances que les religionnaires de la contrée nourrissaient en ce moment, et qui reposaient sur la maladie du roi et sur les négociations de la paix de Ryswick. Elles donnèrent du courage à ceux d'Anduze, et les amenèrent à se prononcer contre l'établissement du monastère des dames du Verbe incarné.

Basville ne s'y laissa pas tromper; il comprit les mobiles qui avaient dicté la résolution de l'assemblée, et il y répondit à sa manière. Ne tenant aucun compte de la misère où se trouvait la communauté, il enjoignit, nonobstant toute opposition, à la ville d'Anduze de faire construire un monastère pour les dames du Verbe incarné, d'acquérir sans délai tous les emplacements et tous les terrains nécessaires; en attendant, de fournir à ces religieuses un logement et une école provisoires, et de leur allouer par an la somme de 350 livres pour leur entretien et leur subsistance. En même temps, pour infliger une punition à ceux qui avaient fait l'opposition la plus vive dans le conseil général, il les frappa d'un emprunt forcé, destiné à faire face aux dépenses nécessitées par l'établissement provisoire de l'école de ces religieuses. Les habitants ne s'étaient donc pas trompés dans leurs prévisions. Ces dames, à qui leur ordre devait fournir la subsistance et l'entretien, furent largement salariées par la ville d'Anduze, et leur établissement, dont les proportions, disaient-elles, devaient être si modestes, devint bientôt l'un des plus vastes de la contrée[1]. Quant à la réclusion des jeunes filles protestantes, qu'on enfermerait dans ce monastère en vertu de lettres de cachet, pour les obliger à embrasser la religion catholique, elle ne tarda pas à se produire, et à jeter un grand nombre de familles dans les alarmes continuelles et dans le désespoir.

IX.

La paix de Ryswick, en 1697, fut sans résultat pour les malheureuses victimes de la politique et du fanatisme de Louis XIV. Elle valut cependant cet avantage aux religionnaires

---

[1] Dans le préambule de 1699 (budget des dépenses), on trouve les articles relatifs aux diverses dépenses occasionnées l'année précédente pour l'achat des emplacements destinés à l'établissement du couvent des religieuses du Verbe incarné. Nous en donnons le relevé sommaire, en faisant observer que nous ne mentionnons pas les dépenses de construction de ce monastère, qui durent être considérables.

Maison et jardin achetés au sieur Atgier.	380 liv.
Maison et jardin achetés à Simon Deleuze.	230 —
Plusieurs maisons et jardins achetés à M. André Alméras, ancien notaire.	4,341 —
L'enclos des jésuites, vendu pour agrandir celui des religieuses.	1,000 —
Droits de lods dus au marquis d'Anduze	175 — 5 sols.
Droits de lods dus à diverses seigneuries	432 —
Total.	6,558 liv. 5 sols.

Somme équivalente à 20,000 fr. de notre monnaie.

du midi de la France, qu'ils pouvaient assister à la célébration de leur culte dans la ville d'Orange, dont la souveraineté avait été restituée à Guillaume III, roi d'Angleterre. Mais la religion réformée ne fut pas plus tôt rétablie dans cette principauté, qu'aussitôt une ordonnance du Conseil (13 janvier 1698) défendit aux nouveaux convertis de s'y rendre, et surtout d'aller s'y établir. Autorisation fut accordée à Basville de juger sommairement, avec le concours des juges présidiaux, dont il avait le choix, tous ceux qui seraient convaincus d'avoir enfreint cette défense. Basville, sans perdre un moment, établit comme un cordon sanitaire autour de la principauté d'Orange, et fit garder par de forts détachements de soldats les passages qui y conduisaient. Les protestants arrivaient par centaines dans Orange, avides d'y entendre la voix si vénérée de leurs pasteurs, de chanter ces psaumes qui avaient pour eux tant de charmes, de célébrer dans des temples ce culte auquel ils ne pouvaient participer qu'au désert, dans les cavernes et dans les bois. Basville avait beau frapper de condamnations exemplaires ceux des nouveaux convertis convaincus d'avoir été à Orange; les prisons de Montpellier, pendant l'année 1698, regorgèrent, de l'aveu de l'abbé d'Aigrefeuille (*Histoire de Montpellier*, pag. 424), de détenus accusés ou condamnés pour avoir commis ce grand crime. Au nombre des coupables se trouvèrent Jacques Randon et Jean Barbusse, originaires d'Anduze. Ils furent condamnés, le 8 juillet 1700, aux galères, pour *avoir été dans la principauté d'Orange*. Ainsi, Anduze fournit, comme toujours, son contingent de réfractaires aux ordonnances draconiennes du farouche intendant.

X.

L'affaire d'Orange n'était pas en ce moment la seule qui donnât de l'occupation à Basville. Claude Brousson était rentré en France après la paix de Ryswick, et il avait recommencé immédiatement son troisième apostolat. Dans les Cévennes, ce courageux missionnaire avait tenu de nombreuses assemblées. Plusieurs d'entre elles avaient eu lieu dans les environs d'Anduze. Nouveau grief contre notre ville, de la part de l'intendant, qui ne pardonnait jamais les infractions commises contre ses ordonnances. Il en voulait surtout au courageux Brousson, dont il avait mis en vain la tête à prix, et qu'il fit réclamer à la nouvelle de son arrestation dans le Béarn, afin de se procurer la satisfaction de le juger et de le condamner à mort. Il eut la jouissance de le voir assis devant lui sur la sellette, obligé de subir son interrogatoire. Après l'avoir assiégé de ses questions captieuses, il le condamna à périr sur la roue. L'exécution de ce courageux martyr eut lieu le 4 novembre 1698, sur la place du Peyrou, à Montpellier; mais, obéissant à un sentiment d'humanité qui ne lui était pas naturel, Basville avait donné l'ordre au bourreau de faire périr le condamné sur le gibet.

XI.

L'intendant, avons-nous dit, tenait les Anduziens pour très-suspects; il demandait sur eux des rapports secrets, et il s'enquérait surtout des dispositions religieuses des nobles, des bourgeois, et de ceux entre les mains desquels avait été confiée l'administration des biens des protestants fugitifs. Comme spécimen de cette inquisition souterraine de Basville, et comme tableau des dispositions anti-catholiques des nouveaux catholiques de la contrée et d'Anduze, nous allons donner connaissance à nos lecteurs des documents qui suivent :

« Rôle des gentilshommes nouveaux convertis de la province du Languedoc, diocèse d'Alais.

» Le sieur de Générargue, habitant Anduze, fort timide et tranquille, paroît bien intentionné ; il n'a qu'un fils.

» Le sieur de Lascours, demeurant à Gaujac, près d'Anduze, paroît bien intentionné ; non marié. »

« Rôle des non nobles, mais capables d'entreprendre.

» Rodier, avocat.

» Portal, autrefois capitaine d'infanterie.

» Charles Dumas.

» Dumas, bourgeois. »

« Autre Rôle. Noms des nobles ou bourgeois riches accusés de s'opposer aux efforts pour convertir les protestants. Quartier d'Anduze.

....

» Les sieurs Guiraudet, d'Alais, notaire, et Rodier, avocat, d'Anduze, font plus de mal que tous les autres, et sont souvent cause de tous les désordres, ne craignant pas d'entreprendre, par l'espérance qu'ils ont toujours de sortir d'affaire par la recommandation de leurs amis, dont quelques-uns sont même anciens catholiques. Il n'y a pas d'esprit plus artificieux, plus séditieux, et en un mot plus protestant que ces deux hommes dans toutes les Sevennes, et je crois même dans toute la province. Rodier a été déjà à la tour de Constance, et n'en est revenu que plus méchant. »

« La demoiselle de Blatiers, de Bagard, depuis qu'elle a dû résider toujours à Nismes, est continuellement à Bagard ou à Anduze, où elle fait des levées d'aumônes pour envoyer aux fugitifs. Elle en a fait une de trois cents livres, et depuis encore, une autre, pour donner à Mallier et autres prisonniers de Saint-Hippolyte, quoique riches. C'est pour les récompenser, et ainsi encourager tous les mutins; il y a un ordre, lequel a été sursis, sur ce que cette femme s'étant retirée à Nismes, monseigneur l'évêque de Nismes s'est contenté de sa conduite. Il seroit à propos de lui ordonner d'y demeurer toujours, ou, pour mieux faire, de la faire arrêter, étant entièrement incorrigible. » (*Archiv. de l'Hérault*, paquet 42; extrait d'un dossier ayant pour titre : *Mémoires de M. l'Intendant Basville.*)

« État de ceux qui jouissent des biens des fugitifs dans la ville d'Anduze.

» Les biens de Pierre Boyer, ministre, sont possédés en partie par le sieur Charles Pelet, marchand d'Anduze, nouveau converti, ne faisant nul devoir de catholique, ni sa femme non plus, ni ses sœurs.

» Les biens d'Antoine Dumas, fugitif, sont possédés par autre Antoine Dumas, son fils, cardeur, très-méchant catholique, et sa femme aussi, n'assistant jamais à l'église.

» Les biens d'Antoine Goffre sont possédés par Madeleine Darboux, très-méchante catholique, qui vit en concubinage depuis quatre ou cinq ans avec le nommé Isaac Servier, sous prétexte de fiançailles. Il y a deux enfans. On n'a jamais pu les mener à leur devoir. Ils sont tous deux très-opiniâtres.

» Les biens de Jaquette de Pepin, d'Antoine Jean, de Pierre

Jean frères, ses enfants, sont possédés par Jean-Pierre Lavergne, bourgeois, en qualité de mari de Madeleine Jean; il a fait ses Pâques cette année, et il est assidu à l'église; ses enfants sont bien; mais sa femme ne vaut rien pour la religion.

» Les biens de Jean Combes, ministre, de sa femme et de ses enfants, sont possédés par Charles Pelet, marchand, comme mari d'Antoinette Flavard, sœur de la femme du dit Combes. On ne doute pas qu'il n'envoie le revenu de ce bien au dit Combes, ce qu'il peut faire très-facilement, faisant un très-grand commerce presque en tout pays. Le dit Combes avoit laissé un jeune enfant à Anduze, qui a été mandé à son père, il y a deux ou trois ans. Le sieur Pelet et sa femme n'assistent point à l'église, et sont méchants catholiques. Sa fille, qui avoit été laissée à Madame de Mormoirac, n'a point fait ses Pâques.

» Les biens de Jean Falgeirolles, cardeur, fugitif, sont possédés par le sieur André Alméras, ancien notaire, son cousin-germain, très-méchant catholique, et toute sa famille. On ne doute pas qu'il ne lui envoie le revenu de son bien. Il avoit dans sa maison une fille du dit Falgeirolles, qu'il a fait conduire en pays étranger, depuis six ou sept mois; il seroit bon de la lui demander. »

. . . .

Basville ne pouvait pas laisser ces biens entre de pareilles mains. Aussi en ordonna-t-il la saisie, pour en faire tel emploi qu'il plairait à Sa Majesté. (*Archives de Montpellier*, paquet 47.)

XII.

Ces mesures, et d'autres plus sévères, telles que amendes, condamnations aux galères, à l'échafaud, pouvaient bien amener quelques nouveaux convertis d'Anduze à simuler, pour la religion romaine, des dispositions qui n'existaient pas au fond de leur cœur, et à remplir ostensiblement tous les devoirs de bons catholiques; mais elles étaient impuissantes à gagner la masse des habitants. Il se trouvait, au sein de cette population, grand nombre d'hommes résolus, qui ne craignaient pas de se rendre à Orange pour y assister au culte protestant. Hommes et femmes assistaient aux assemblées du désert, au risque de se faire condamner à une détention perpétuelle [1].

Il y avait aussi des enfants des deux sexes qui prophétisaient après être tombés en extase. Le *Théâtre sacré des Cévennes* rapporte plusieurs de ces prophéties; nous nous bornerons à lui emprunter la relation suivante : Je partis d'Anduze, raconte un nommé Jean Aubanel, de cette ville [2], au mois de juin 1702, pour aller à Genève. Étant dans mon pays, j'ai

---

[1] Basville rendit un jugement, le 22 août 1701, qui condamnait aux galères perpétuelles : le nommé........., dit Deleuze, d'Anduze, et à la détention perpétuelle : les nommées Farelle, femme de Pize; — la femme Aaron; — la femme Barral; — la femme Philippe David; — la femme Jean Durant; — la femme Marie Dumas, pour avoir assisté à des assemblées illicites. (Archives de l'Hérault, 2e division, paquet 2.)

[2] Extrait du livre intitulé : *Les prophètes protestants*, pag. 147. Cet ouvrage, édité par M. Bost, est une réimpression du *Théâtre sacré des Cévennes*, publié à Londres en 1709.

A la page 179 de l'*Histoire des prophètes protestants*, on lit une relation concernant une jeune fille d'Anduze qui tomba en extase et eut des révélations.

A la page 179, il est fait mention de trois jeunes garçons catholiques qui eurent des révélations et que l'on enferma dans les prisons d'Anduze.

assisté à trois assemblées, dans l'une desquelles un jeune homme qui parloit dans l'extase, prononça ces paroles : « Je te dis, mon enfant, vous devez vous retirer d'ici ; je te dis que vous êtes vendus ; mais comme l'on n'obéit pas assez promptement, et qu'on demeura encore environ une heure dans l'assemblée, la bourgeoisie d'Anduze, en armes, tomba sur nous, et il y eut quinze personnes de l'assemblée qui furent faites prisonnières.

» Dans une seule de ces grandes assemblées, qui dura une grande partie de la nuit (dans un bois à demi-lieue d'Anduze), je crois avoir vu pour le moins quinze personnes de l'un et de l'autre sexe parler dans l'inspiration. Ils parloient tous françois, et je suis bien assuré que quelques-uns d'eux que je connoissois particulièrement et qui ne savoient pas lire, n'auroient jamais pu s'exprimer en si bon français, étant dehors de l'extase. J'ai vu ces personnes fort agitées pendant l'inspiration. Ils avoient de grandes secousses de tout le corps, des mouvements de tête, de bras et de poitrine. Ils exhortoient fortement à la repentance et assuroient que Dieu détruiroit Babylone et rétabliroit son Église. Ils avoient aussi des avertissements touchant la conduite particulière, et ils prédisoient diverses choses sur ces mêmes sujets, comme j'en ai donné tout présentement un exemple. J'ai entendu dire à plusieurs de ceux qui venoient de parler dans l'extase, qu'ils ne pouvoient pas répéter les choses qu'ils avoient dites.

« Je puis assurer avec certitude, comme étant une chose qui m'est particulièrement connue, que les personnes qui avoient reçu les grâces quittoient incontinent toute sorte de libertinage et de vanité. Quelques-uns qui avoient été débauchés, devinrent d'abord sages et pieux, et tout ceux qui les fréquentoient devenoient aussi plus honnêtes et menoient une vie exemplaire. »

Ayant affaire à une population témoin journalier de ces faits extraordinaires, et qui croyait à la divinité de leur origine, Basville ne pouvait guère compter sur l'efficacité de ses mesures répressives. N'importe, il punissait toujours les Anduziens soupçonnés d'opiniâtreté[1], et il accordait des décharges d'amendes à

---

[1] Nous en avons la preuve dans le document qui suit :
« Répartition faite sur les nouveaux convertis, habitans domiciliés de la ville et communauté d'Anduze, de la somme de 830 liv. 7 s. 6 d., à quoi se monte la cotte part des dits habitans des frais et dépenses faites à l'occasion de la garde des chemins de la principauté d'Orange, savoir : 750 pour leur portion des dites dépenses pour une année qui finit le 1er juillet prochain, suivant l'ordonnance de M. l'intendant du 27 juillet dernier, et le reste pour les frais de la garnison, mandée pour cela sur sept particuliers ; — intérêts de l'avance faite de la dite somme par les mêmes particuliers pour trois mois ; — frais du présent département et levures, ainsi qu'est mentionné en l'estat qui en a été dressé. Laquelle somme de 830 liv. 7 s. 6 d. a été répartie sur 690 livres à quoi monte le reste du présage des dits nouveaux convertis sur le pied qu'ils payoient les gages de leurs ministres, déduction faite des décharges par ordonnance de M. l'intendant, de sorte que chaque livre monte 1 livre 5 sols. »
Suivent, rue par rue, les noms des nouveaux convertis imposés, avec le montant de l'imposition qu'ils doivent payer et qui est basée dans la proportion ci-dessus énoncée, sur l'imposition qu'ils payaient pour les gages de leurs pasteurs.
Le nombre des cotisés est de 401.
A la suite de leurs noms vient la déclaration suivante :
« Auquel département, qui contient vingt feuillets, celui-ci compris, a été procédé en présence de nous, maire, consuls et députés de la communauté du dit Anduze soussignés, et, en conséquence, nous, maire, ordonnons que les cotisés y nommés payeront leur cotité aux collecteurs, et à cela contraints du commandement, conformément aux ordonnances de mon dit seigneur l'intendant, et, pour éviter vacances, les dix premiers feuillets du dit département ont été signés par nous, maire et premier consul. Fait et parachevé ce 12 janvier 1701. »
(Archives de l'hôtel de Ville d'Anduze.)

ceux qui pouvaient lui présenter des certificats de bonne catholicité[1]. Ainsi les années 1700, 1701, s'écoulèrent, lorsque

---

[1] Voici deux documents qui en fournissent la preuve :

« 1° Estats des nouveaux convertis de la paroisse d'Anduze, diocèse d'Alais, qui se sont acquittés de tous leurs devoirs de catholiques, et qui ont été déchargés de la taxe imposée sur les nouveaux catholiques pour la garde de la principauté d'Orange. » (Suivent les noms au nombre de cent seize.)

Vient après une ordonnance de Basville :

« Nous, etc., ordonnons que les dénommés en l'état ci-dessus jouiront de l'exemption de la contribution aux taxes faites pour la levée des deniers destinés pour la garde des passages par où les nouveaux convertis pourroient aller à la principauté d'Orange. Faisons deffenses de les y comprendre, et ordonnons que les sommes pour lesquelles ils seroient cotisés seront rejetées sur les autres nouveaux convertis. Fait à Montpellier, le 3 décembre 1700. Signé: de Lamoignon. » (Archives de la mairie d'Anduze.)

2° Demande de dégrèvement pour les frais de la garde de la principauté d'Orange :

« A Monseigneur, Monseigneur de Basville, intendant de Languedoc. Supplient humblement François Lafabrègue, cordonnier; Antoine Mathieu, boulanger; Antoine Gache, chapelier, de la ville d'Anduze, nouveaux convertis, mais véritablement catholiques, remplissant entièrement tous leurs devoirs de la religion, non pas par intervalle et par feinte, mais toujours et sans interruption depuis la conversion générale, et vous remontrent que, par ces motifs, ils sont en aversion aux autres nouveaux convertis, lesquels par malice ne laissent pas passer les occasions de faire comprendre les suppliants dans tous les nouveaux convertis par leur mauvaise conduite, et expressément pour les frais de la garde de la principauté d'Orange. Et d'autant, Monseigneur, que ce ne sont pas les suppliants qui donnent lieu à ces sortes de choses, puisque leur conduite est irréprochable, ne différant en rien de celle des anciens catholiques, et qu'il est par conséquent juste qu'ils soient regardés comme ces derniers, qu'ils veulent ressembler sans jamais se démentir, s'agirait-il de perdre leur propre vie pour le soutien de la religion et le service du roy, ils ont recours à vous, Monseigneur, pour obtenir la décharge de toutes ces impositions. A ces causes, plaise à vos grâces, Monseigneur, vu le certificat ci-attaché du sieur curé du dit Anduze, autorisé par Monseigneur l'évêque d'Alais, faire deffenses aux sieurs consuls et nouveaux convertis du dit Anduze de comprendre les suppliants dans aucune des répartitions qu'ils feront pour les dé-

tout à coup, au milieu de l'année 1702, éclata le terrible soulèvement des Cévennes connu dans l'histoire sous le nom de *Guerre des Camisards*.

penses qui les concerneront, à peine de desobéissance, et de répondre envers eux de tous despens, dommages et interest et frais de justice.

» Vu la requeste et certificat du sieur évêque d'Alais,

» Nous ordonnons que les suppliants demeureront dechargés de toutes les contributions et autres charges qui seront faites sur les nouveaux convertis d'Anduze, faisant deffenses de les y comprendre et de faire aucune poursuite contre eux pour raison de ce.

» Fait à Montpellier, le 21 février 1702.

» Signé : LAMOIGNON.

» L'an 1702 et le 30ᵉ jour d'avril avant midi, par moi Samuel Guérin, sergent d'Anduze, soussigné, en vertu et instance, la requeste et ordonnance a été signifiée aux maire et consuls du dit Anduze, en parlant à Mᵉ Gallière, greffier, trouvé dans son étude, et aux fins qu'ils ne l'ignorent, leur ai laissé copie en foi de ce.

» Signé : GUÉRIN. »

(Archives de l'hôtel de Ville d'Anduze.)

CHAPITRE III

LES PROTESTANTS D'ANDUZE DEPUIS LE COMMENCEMENT DE LA GUERRE
DES CAMISARDS JUSQU'A LA MORT DE LOUIS XIV.
(24 juillet 1702-1715.)

SOMMAIRE.

Tableau sommaire de la guerre des Camisards. — Anduze ne peut pas se prononcer ouvertement pour les insurgés. — Meurtre de l'abbé du Chayla; ses assassins poursuivis tiennent la campagne. — Diverses mesures de précaution prises dans Anduze contre les insurgés, par ordre de Basville. — La tête de Laporte exposée sur le pont de cette ville, l'impression qu'elle produit. — Les Camisards forment quatre troupes, dont deux manœuvrent dans les montagnes et les deux autres dans la plaine. — Cavalier et Roland étaient presque toujours avec les leurs dans les environs d'Anduze; leur voisinage inspire à Basville l'idée de fermer l'entrée de la ville, en faisant élever une forte muraille depuis le sommet de la montagne jusqu'aux anciens murs d'enceinte. — Les Camisards incendient les moulins du marquis d'Anduze et les domaines de quelques bourgeois de la ville, malgré un bataillon mis en garnison pour les garder. — La population entière de Mialet et celle de Saumane sont enlevées par Julien et emmenées prisonnières à Anduze. — État affreux de ces prisonniers. — Dévastation des villages des Hautes-Cévennes par ordre de la Cour; contre-coup de cette terrible exécution ressenti par Anduze. — L'enceinte des fortifications de cette ville est agrandie. — Les nouveaux convertis obligés de payer une rente annuelle de 1087 livres au marquis, pour le dédommager des dégâts faits à ses moulins. — Louis Brunel d'Anduze est rompu vif à Nimes. — Succès et revers des Camisards. — Propositions de paix. — Cavalier traite avec Villars à Nimes; il conduit sa troupe à Calvisson, où elle est autorisée à rester en attendant les ordres du roi. — Cavalier vient à deux reprises près d'Anduze engager Roland à faire sa soumission, il est fort mal reçu. — Il est abandonné de sa troupe et il écrit une lettre à Villars. — Le maréchal emmène Cavalier à Anduze. — De nouvelles propositions sont faites à Roland. — Entrevue de ce chef avec Cavalier et d'Aygaliers et autres, racontée par Basville au ministre de la Guerre. — Autre entrevue dont Ravanel empêche les bons résultats. — Les Camisards continuent leurs courses sous les ordres de Roland et de Ravanel. — Roland est tué au château de Castelnau. — La troupe de Ravanel est enveloppée dans les bois de Saint-Benezet; elle périt presque toute, mais son chef parvint à s'échapper. — Les chefs des Camisards sont autorisés à se retirer à l'étranger. — Des subsides en argent sont envoyés du dehors dans les Cévennes. — Regis et Gautier d'Anduze, convaincus d'avoir reçu certaines sommes, sont condamnés à mort. — Les chefs des Camisards rentrent en France pour l'exécution d'un vaste complot ; ils sont découverts et condamnés au dernier supplice. — Les Cévennes, et principalement la ville d'Anduze, sont ruinées. — Fin de la guerre des Camisards.

I.

La guerre des Camisards ! Dans notre histoire nationale, jamais épisode plus dramatique, plus propre à enflammer l'imagination et à jeter la terreur dans les âmes. D'un côté, des pâtres, des laboureurs, des artisans qui, poussés par le désespoir, saisissent leurs vieux mousquets, s'arment de leurs bâtons ferrés, des socs de leurs charrues transformés en piques et en hallebardes, et s'élancent sur leurs oppresseurs. Ils ne sont jamais nombreux : au début, une poignée ; au milieu de leurs plus grands succès, quelques milliers au plus. Leurs troupes ne sont jamais réunies. Dans leurs rangs, des femmes, des vieillards, des jeunes filles qui, sous le souffle de l'Esprit dont ils se croient inspirés, les soutiennent par leurs paroles prophétiques, les encouragent et les guident ; à leur tête, des chefs entièrement étrangers au métier des armes, ou bien qui n'ont fait la guerre que dans les rangs de simples soldats ; pour lieux de campement, ils ont les forêts ; pour casernes, pour ambulances, pour arsenaux, ils ont les cavernes ; les déserts leur servent de temples où ils sont souvent en prières ; jamais ils ne prennent part à un engagement sans avoir invoqué le secours du Dieu des armées, jamais ils ne remportent de victoires sans en rendre grâce au Très-Haut ; c'est en chantant les psaumes qu'ils s'élancent sur l'ennemi ; c'est en célébrant des jeûnes qu'ils se préparent aux prochaines batailles ; tous leurs chefs sont prédicateurs, la plupart ont reçu l'Esprit et prophétisent.

De l'autre côté, des troupes disciplinées, habituées aux manœuvres stratégiques, et qui ont pris part, dans maintes circonstances, à des batailles rangées; avec ces soldats, des milices dressées au maniement des armes, des miquelets habitués aux guerres des montagnes; à la tête de ces soldats exercés, des capitaines expérimentés, des colonels, des généraux, des maréchaux de France. Rien ne leur fait défaut : ils ont en abondance les vivres, les vêtements, les casernements, les armes, les munitions! Les consuls des villes, les intendants des provinces et leurs subdélégués veillent à leur entretien. Chacun se prête pour leur servir de guide, d'émissaire, d'espion. Les curés de toutes les paroisses, les moines de tous les ordres, les évêques, apparaissent au milieu de ces troupes, où ils jouent le rôle de victimes et d'instigateurs.

Les troupes au service du roi chargées de poursuivre et de détruire les bandes de Camisards, forment un corps d'armée de plus de 40,000 hommes, et cependant la guerre, après avoir duré plus de trois ans, ne put être terminée que par une capitulation. Jamais péripéties pareilles à celles de cette lutte dramatique! Tantôt les Camisards sont vainqueurs, tantôt ils sont battus ; mais, lorsqu'on les croit dispersés, anéantis, ils reparaissent plus audacieux, plus terribles qu'auparavant.

Exténués par les fatigues, découragés par leurs fréquents insuccès, enflammés par la colère et la honte, les chefs des soldats du roi n'ont d'autres ressources, pour forcer ceux qu'ils appellent les bandits à sortir de leurs retraites, que de brûler les villages et transporter les populations entières; mais aux incendies allumés dans les montagnes par les généraux de Louis XIV, répondent les incendies allumés dans la plaine par les chefs des Enfants de Dieu. Toute la province du Languedoc est sous les armes ou se prépare à les prendre ; l'étranger menace de franchir la frontière pour venir au secours des insurgés. Les flottes ennemies abordent les côtes de la Méditerranée, chargées d'approvisionnements et d'auxiliaires qui brûlent de prendre part aux périls de leurs frères. Les descendants des familles nobles, sous l'influence de rêves d'affranchissement, pactisent avec les Enfants de Dieu et appellent dans leurs proclamations les peuples à l'indépendance ! Telle fut cette guerre des Camisards, qui jeta l'Europe dans l'attente et les ministres du roi dans de terribles anxiétés ; elle a pris sa place dans l'histoire nationale et lui a fourni des pages saisissantes. Ses principaux acteurs, surtout dans les rangs des Enfants de Dieu, sont devenus des héros légendaires. Quel fut le rôle que la ville d'Anduze et ses habitants jouèrent dans ce drame sanglant ? C'est ce que nous avons dû rechercher et ce que nous allons raconter à nos lecteurs.

II.

La population d'Anduze, composée en très-grande partie de nouveaux catholiques restés au fond du cœur attachés à la religion réformée, se montrait naturellement favorable au soulèvement qui avait éclaté dans les Hautes-Cévennes. N'était-elle pas victime de la même oppression ? Ne maudissait-elle pas les prêtres qui tyrannisaient les consciences ? Ne souffrait-elle pas des mauvais traitements que lui faisaient endurer les gens de guerre ? Évidemment, elle se serait levée en masse et elle se serait armée pour secourir les insurgés ; mais les officiers consulaires, agents dévoués de Basville, au lieu de favoriser le mouvement, cherchaient à le comprimer. La milice, composée d'anciens catholiques ou de nouveaux convertis franchement ralliés à l'Église romaine, exerçait sur les protestants une surveillance rigoureuse. D'ailleurs, pour se joindre aux insurgés, il fallait s'exposer aux fatigues d'une guerre de montagnes, pour laquelle les artisans sédentaires de la ville ne se sentaient point d'aptitude. Quant aux bourgeois, aux marchands, ils voyaient trop de périls dans cette guerre pour s'y aventurer. L'assistance que les Camisards reçurent de la population anduzienne ne fut donc pas en proportion de l'intérêt qu'ils lui avaient inspiré; ils en retirèrent sans nul doute des secours en hommes, en argent, en approvisionnements, mais secrètement et d'une manière clandestine; au reste, il en fut de même des autres villes fermées de la contrée, telles que Sauve, le Vigan, Alais, Ganges, qui cent ans avant s'étaient montrées résolument les places-fortes du parti protestant.

Si nous en jugeons par les actes extérieurs et officiels, la ville d'Anduze devint à cette époque un quartier-général pour les troupes du roi, un magasin d'approvisionnements, un dépôt pour les prisonniers faits sur les Camisards, un rendez-vous pour les généraux, les négociateurs de la paix, une place d'armes, enfin, au service de ceux qui étaient chargés de poursuivre les protestants insurgés.

III.

Le soulèvement des Cévennes eut pour origine l'assassinat de l'abbé de Chayla, tué dans la nuit du 24 juillet 1702. Ce prêtre inhumain, supérieur des missions dans les Hautes-Cévennes, faisait souffrir des traitements affreux aux nouveaux convertis de tout âge et de tout sexe qui lui étaient signalés comme de mauvais catholiques. Il les faisait enfermer dans les caves de sa propre demeure, au Pont-de-Montvert, et il les soumettait à des tortures affreuses au milieu desquelles plusieurs avaient trouvé la mort. C'est dans cette même maison, transformée par lui en une espèce de forteresse, qu'il fut massacré[1] par une bande de paysans venus pour délivrer les malheureux qu'il tenait prisonniers. Dès que sa mort fut connue, les milices et les soldats qui se trouvaient dans la contrée furent lancés à la

[1] Cet assassinat est raconté dans une dépêche officielle de M. de Broglie, gouverneur du Languedoc. Ce document vraiment curieux méritait d'être placé sous les yeux de nos lecteurs[*] : « Montpellier, le 28 juillet 1702... Monseigneur, il vient d'ariver une désagréable adventure à l'abé du Cheyla, missionnaire, qui est chargé des paroisses du diocèse de Mende qui confinent le Gévaudan. Il estoit depuis quelques jours à un lieu qui s'appelle le Pont-de-Montvert, au pied de la Louzère ; il avoit fait areter quatre ou cinq personnes qu'un guide menoit hors du royaume, et come l'on instruisoit une procédure contre eus, et que cela dura quelques jours, les nouveaux convertis résolurent de les venir enlever, estant depuis longtemps animés contre l'abé du Cheyla qui estoit très apliqué au bien de la religion et du service du roy ; ils s'assemblèrent au nombre de deux cents bien armés, entrèrent à dix heures du soir dans le village, commencèrent à tirer quelques coups et à crier : Tue ! tue ! ils alèrent droit à la maison de l'abé, ils enfoncèrent les portes ; il estoit couché, il se sauve dans un grenier où il s'enfermast. Ils mirent le feu à la maison, ce qui l'obligea à sauter tout nud par la fenêtre. Ils le prirent et lui proposèrent d'aler chanter des pseaumes avec eux et de changer de religion. Il leur répondit qu'il aimoit mieux mourir ; ils lui tirèrent un coup de fusil et l'achevèrent de plusieurs coups de poignard ; le maistre d'ecole fut aussi tué, et le valet de l'abé. Ils passèrent la nuit dans le lieu, et ils en sortirent à la pointe du jour, et alèrent dans un lieu nommé Bruyères, qui est l'endroit où est le curé : il voulut se sauver, ils lui tirèrent un coup de fusil dont on le croit mort, et brulèrent sa maison ; après quoi ils se sont séparés, et l'on ne sait pas encore qui sont ceux qui étoient de cette partie qui est très séditieuse et d'une grosse conséquence. Il y a grande apparence que ce coup a été bien concerté, et que ceus du lieu même en estoyent consentants, c'est à quoy je vais donner mes soins pour estre bien instruit de tout, et y mettre tout l'ordre qui dépendra de moy. On peut juger par cette action de la mauvaise disposition des religionnaires...... » (Arch. hist. du minist. de la Guerre, regist. 1614, n° 35.)

[*] L'orthographe de cette dépêche prouve que Broglie n'était pas plus habile grammairien qu'habile gouverneur.

recherche des meurtriers ; ceux-ci, se voyant poursuivis et connaissant le sort qu'il les attendait s'ils étaient surpris, tinrent la campagne dans les Hautes-Cévennes, et en plusieurs rencontres ne craignirent pas d'en venir aux mains avec les troupes chargées de les arrêter ou de les détruire.

Tout cela se passait à plus de douze lieues d'Anduze, dans la région la plus montagneuse de la contrée, et ne paraissait pas devoir prendre les proportions d'un soulèvement, car il n'y avait du côté des Enfants de Dieu (tel était le nom que se donnaient les insurgés) qu'une centaine d'hommes au plus, incapables, d'après toutes les apparences, d'opposer une sérieuse résistance. Cependant Basville, dès le 14 août, fit publier dans Anduze, à son de trompe et sur toutes les places publiques, une ordonnance en vertu de laquelle cette ville devait « courir sur les vagabonds qui y paroîtroient armés et attroupés ; donner avis de cet attroupement aux lieux plus prochains où il y auroit des troupes ; — que les consuls défendroient de leur accorder aucun secours et vivres ; » et, à faute de faire toutes ces diligences, l'intendant déclarait « que cette communauté porteroit en pure perte toutes les dépenses qu'il faudroit faire pour la poursuite et punition des crimes qui pourroient être commis par ces scélérats. L'intendant mettait en outre « les curés et les prêtres sous la garde de cette communauté, qui seroit responsable de tout ce qui pourroit leur arriver. » (*Reg. des délibér.*, pag. 363.) Le 10 septembre, la ville d'Anduze, qui avait déjà à sa charge une compagnie *franche* composée de trente hommes, sous le commandement de son maire, vit arriver dans ses murs un détachement de vingt hommes, ayant à sa tête un lieutenant et un sergent. Cette troupe, détachée de la garnison du fort de Saint-Hippolyte, fut logée aux frais « des nouveaux convertis ; qui durent payer par jour et pour chaque soldat 2 sols pour l'huile et la chandelle, et 1 sol pour l'ustensile. » (*Id.*, pag. 364.)

Le 2 octobre, l'intendant ordonna pour la ville « la création d'inspecteurs chargés de dresser le rôle des habitants avec leurs professions, d'indiquer les motifs de leur absence, dans le cas où ils ne seroient pas présents dans leurs demeures; — ces inspecteurs devoient veiller sur la conduite de leurs concitoyens; ils étoient tenus de rendre compte, *tous les huit jours*, du nombre et de la qualité de ceux qui se seroient absentés. » L'intendant faisait dans la même ordonnance « très-expresse inhibition aux habitans d'Anduze de s'absenter, *une seule nuit seulement*, sans en donner avis aux inspecteurs et aux consuls, à peine d'être réputés complices et punis comme tels des désordres commis en leur absence. Il ordonnoit aux inspecteurs de s'informer des fugitifs et d'en donner avis, ainsi que de tous les déserteurs et des vagabonds qui se seroient retirés dans la ville. Les consuls devoient les faire arrêter aussitôt et les faire conduire au fort ou quartier de troupes le plus prochain, le tout à peine d'être réputés complices des crimes qui seroient commis, et d'en répondre en leur propre et privé nom. Aux mêmes fins, l'intendant faisoit deffenses aux hôtes, cabaretiers, particuliers, de recevoir ou donner retraite à aucun étranger sans en donner avis aux inspecteurs et aux consuls. » (*Id.*, pag. 366.) Le conseil général des habitants ne manqua pas de se montrer docile, comme toujours, aux ordres de Basville, et cinquante inspecteurs furent nommés immédiatement.

Trois semaines s'étaient à peine écoulées depuis la création des inspecteurs dans Anduze, lorsque, sur le pont de cette ville, le 25 octobre, on vit dresser un horrible trophée : c'étaient les têtes des Camisards qui venaient d'être tués, l'avant-veille, dans un engagement avec les troupes du roi, auprès d'un château nommé Témélac. Laporte, le chef de ces vaillants champions de la liberté religieuse, avait été trouvé parmi les morts, et sa tête bien connue, car il habitait le mas Soubeiran, hameau situé à quelques kilomètres de la ville, se faisait remarquer au milieu de toutes celles de ses compagnons. Horrible spectacle, bien fait pour inspirer le désir des représailles, autant qu'il était propre à frapper les esprits de terreur !

IV.

Basville exposa ces têtes à Saint-Hippolyte, après les avoir étalées sur le pont d'Anduze, et il les fit clouer ensuite sur la porte de la citadelle de Montpellier; il croyait avoir décapité et par conséquent tué l'insurrection, en faisant décapiter Laporte. Il se trompa: la tête de ce chef camisard plantée sur le pont d'Anduze remplit d'indignation le cœur de l'un de ses neveux, qui, sous le nom de Roland, remplaça son oncle dans le commandement d'une partie des Enfants de Dieu; elle fit prendre également les armes à un jeune homme devenu à jamais célèbre sous le nom de Jean Cavalier.

Ces deux chefs futurs de l'insurrection cévenole habitaient deux hameaux très-voisins d'Anduze : le premier, le mas Soubeiran, demeure de Laporte, et le second, Ribaute (rive haute), à 12 kilomètres de la ville. A l'instar de tous les campagnards, ils se rendaient régulièrement dans celle-ci les jours de marché, et ils ne pouvaient y pénétrer qu'en passant sur le pont où les têtes de Laporte et de ses compagnons avaient été exposées. Elles frappèrent leurs regards, et leur aspect livide

Seconde édition.

enflamma les sentiments d'indignation et de vengeance dont leur cœur débordait déjà.

Cavalier fut d'autant plus irrité qu'il avait habité pendant quelques années la ville d'Anduze, et qu'il y avait été témoin des mauvais traitements dont les nouveaux convertis avaient à souffrir journellement. C'était en qualité d'apprenti boulanger qu'il y avait séjourné, et lorsque le terme de son apprentissage fut arrivé, il partit pour Genève, après avoir obtenu un certificat en bonne forme, attestant la conduite régulière qu'il avait toujours tenue. Il nous a été permis de prendre une copie de cette pièce vraiment curieuse, dont l'original authentique a été placé sous nos yeux, et que nous publions dans la pensée d'être agréable à nos lecteurs : « Je soubsigné déclare à Antoine Cavailler, du lieu de Ribaute, d'estre comptant (content) et satisfait de son fils nommé Jean, qu'il ave (avait) mis auec nous en apprentissage du métier de boulanger, tant du prix qu'il m'en donnoit que du temps qu'il devoit me servir, dont le quitte. A Anduse le unzième d'avril mil sept cent un.

»Signé : DUPLANS. »

Parti d'Anduze pour se rendre à Genève, le jeune Cavalier ne resta qu'une année dans cette ville, d'où il revint après y avoir exercé le métier de boulanger, attiré par le désir de contribuer pour sa part à la délivrance de ses frères opprimés. Immédiatement après son retour auprès de ses parents, il réunit dix-huit jeunes gens de Bagard, village situé à 7 kilomètres d'Anduze, sur la route d'Alais. Entre tous, ils n'avaient qu'un fusil et deux vieilles épées. Cavalier les harangua; il leur dit « qu'il étoit honteux pour eux de rester en repos pendant que leurs frères combattoient; qu'il étoit encore plus honteux de les laisser périr et massacrer sans leur donner le moindre secours;

qu'il falloit, à leur exemple, délivrer leurs parens qui étoient dans les fers, et se délivrer eux-mêmes de la persécution; que la religion dans laquelle ils étoient nés devoit leur être plus précieuse que la vie, et qu'il falloit exposer celle-ci pour obtenir le libre exercice de celle-là. » (*Mém.* de Cavalier, p. 77.) La petite troupe se montra enflammée d'ardeur; mais comment s'aventurer sans armes dans les combats? Alors Cavalier les conduisit dans un hameau non loin d'Anduze (9 kilomètres au plus), appelé Saint-Martin-de-Corconac, où il savait que des armes avaient été déposées dans le presbytère; ils pénètrent dans cette demeure, et ils y trouvent vingt fusils, autant d'épées, et quelques paires de pistolets. Tels furent les commencements de cette troupe, qui, sous le commandement de son chef, joua un si grand rôle dans l'histoire de la guerre des Camisards.

A peu près à la même époque, deux autres troupes se formèrent dans les Hautes-Cévennes, l'une sous le commandement d'un nommé Couderc, dit la Fleur, qui associa son commandement à celui d'un nommé Salomon; l'autre obéissait à un nommé Joany (de Génolhac), qui avait servi dans les armées du roi et y avait acquis le grade de maréchal de logis.

Tandis que ces trois chefs faisaient leurs excursions dans les quartiers des plus hautes montagnes, Cavalier et Roland manœuvraient dans les environs d'Anduze et dans la plaine qui s'étend depuis cette ville jusqu'à la mer. Roland pénétra dans Sauve; Cavalier se présenta dans Aiguesvives, il y fit ouvrir l'ancien temple et il y célébra le culte, qu'il présida lui-même. Sa troupe, sous le commandement momentané de Catinat et de Ravanel, avait battu de Broglie et Poul au Val-de-Banne, non loin de Bernis, sur les bords du Vistre. Cavalier, après cette victoire, tenta de pénétrer dans le Vivarais, et il y gagna une bataille à Vagnas. Repoussé bientôt après par Julien, il retourna vers Anduze, où Roland l'attendait. C'était dans les environs du mois de février 1703. Montrevel, maréchal de France, arrivait en même temps dans la province, envoyé par Louis XIV, qui, apprenant à cette époque, pour la première fois, le soulèvement des Cévennes, voulait sans tarder en finir avec la rébellion.

V.

Le voisinage presque continuel des troupes de Cavalier et de Roland était une menace journalière pour Anduze. Il était bien facile à ces deux chefs de s'en emparer, grâce aux intelligences que les Enfants de Dieu entretenaient avec une partie de la population. Aussi, depuis plusieurs mois, Basville avait mis en garnison dans cette ville un bataillon du régiment de Dugua, logé chez les protestants et à leurs frais. Ces soldats faisaient journellement des courses dans la campagne.

Malgré l'active vigilance exercée par cette troupe, les habitants sortaient furtivement de la ville et allaient grossir les rangs des Enfants de Dieu. Comment empêcher cette désertion? Le conseil, redoutant les reproches de Basville, adressa des recommandations expresses aux inspecteurs. Il leur enjoignit « de faire une minutieuse visite dans tous les quartiers, pour savoir les personnes qui s'étoient absentées. » (*Reg.*, fol. 371.)

En outre les consuls, par ordre de l'intendant, firent dresser des palissades pour défendre l'entrée de la ville. (*Id.*, même fol.)

Ces précautions n'étaient pas sans motifs. Les Camisards se

trouvaient dans le voisinage, et, malgré les courses des soldats, ils s'approchèrent des murs d'Anduze. Le 22 février, ils incendièrent des moulins situés en face de le ville, sur la rive gauche du Gardon, qui appartenaient au marquis d'Ayrebaudouze. Cet incendie, véritable bravade à l'adresse des troupes du roi, était en même temps un acte de vengeance et de représailles envers le seigneur d'Anduze, fougueux ennemi des protestants, quoique descendant de ces Ayrebaudouze qui s'étaient montrés, pendant près d'un siècle, si zélés pour la cause de la Réforme. Il avait oublié les traditions de sa famille, mais les Camisards s'en souvenaient, et, en brûlant ses moulins, ils voulurent le punir tout à la fois, et de son apostasie et de son hostilité.

Ce marquis ne fut pas le seul anduzien qui eut à souffrir de la vindicte camisarde. Un docteur en droit, premier consul, possesseur de la seigneurie de la Blattière, à Générargues, eut également sa maison de campagne dévorée par les flammes: c'étaient les Camisards qui y avaient mis feu pour le punir d'avoir accepté le poste de major de la milice, lui l'arrière petit-fils du vénérable Alphonse, l'un des premiers pasteurs réformés d'Anduze.

Le maire perpétuel de la ville, le sieur Coste, eut également sa maison de campagne brûlée par les Camisards.

Autant il en advint à un nommé Louis Barafort, officier de bourgeoisie et consul d'Anduze.

Terribles effets de la colère populaire, que les excès de l'oppression et les représailles des ennemis ne permettent pas même d'excuser!

VI.

De pareils actes de vengeance contre les nobles et les magistrats d'Anduze, faisaient appréhender que les Camisards n'eussent formé le projet de pénétrer dans la ville, ne serait-ce que pour venir frapper dans leurs propres maisons ces lâches apostats acharnés contre leurs anciens coreligionnaires. Une telle tentative était facilement réalisable. La ville, sans doute, était entourée d'un mur d'enceinte et de palissades nouvellement établies ; mais elle était accessible par le haut de la montagne contre laquelle elle est adossée. Il suffisait de gravir le côté opposé de cette même montagne par des degrés qui étaient pratiqués dans la roche vive, et certainement connus des Camisards. Une fois parvenus au sommet, il n'existait plus d'obstacle qui pût les arrêter ; ils pouvaient se précipiter sur les maisons, en égorger la garnison et même s'emparer de la place. Basville avait été frappé de cette facilité dont les insurgés pouvaient profiter d'un moment à l'autre, et il voulut la leur enlever. En conséquence, il ordonna aux consuls « de faire élever un mur solidement bâti et garni de fortes redoutes, depuis le haut de la montagne à partir de l'extrémité du mur d'enceinte, qui viendroit aboutir au coin des prisons, afin de se défendre des entreprises des brigands. » (*Reg.*, fol., 377.)

Cette précaution, commandée par la prudence, n'était guère du goût des habitants, qui voyaient dans la construction de ce mur de clôture une charge nouvelle. Ils avaient à pourvoir à l'entretien d'un bataillon, appartenant tantôt à un régiment et tantôt à un autre, dont les soldats étaient logés chez les religionnaires. En outre, l'intendant leur avait ordonné d'ouvrir un magasin de fourrage pour la nourriture des chevaux de la cavalerie journellement en quartier ou de passage dans leur ville. A plusieurs reprises déjà, ce magasin avait été rempli et vidé; au 13 avril, il n'y avait ni foin ni avoine, et Montrevel, venu dans la province depuis un mois au plus, devait arriver à Anduze sous peu de jours. Il fallait se procurer à tout prix la nourriture des chevaux de son équipage, et de celle des chevaux montés par les dragons de son escorte. Occasion de soucis pour les consuls, et de dépenses pour les nouveaux convertis. (*Idem*, fol. 377.)

VII.

Non-seulement la ville d'Anduze avait à loger des soldats, à pourvoir par de grands approvisionnements aux besoins de la cavalerie employée contre les Camisards, mais encore elle était destinée par Basville à devenir un lieu de dépôt pour les populations entières des villages environnants dont on avait décidé le dépeuplement. On avait demandé aux curés la liste des communautés favorables aux insurgés, et les villages de Mialet et de Saumane avaient été signalés comme étant entièrement dévoués à la cause des Enfants de Dieu. En conséquence, Julien, l'un des généraux de brigade au service du roi, avait reçu la triste mission d'enlever tous les habitants de ces deux communautés, et de les mener de force dans Anduze. Ce chef exécuta son mandat, et fit lui-même le récit de sa double expédition au ministre de la guerre. Nous avons entre les mains ces deux relations; nous nous contenterons de placer sous les yeux de nos lecteurs celle qui se rapporte à l'enlèvement des habitants de Mialet.

« Saint-Jean du Gard, 29 mars 1703.

» MONSEIGNEUR,

» Je reçus lundi dernier un ordre de Monsieur le maréchal (Montrevel) pour aller enlever généralement tous les habitants de la commune de Mialet, consistant en sept hameaux, y compris la paroisse. Je me rendis avant hier matin avec 450 soldats de Hainaut ; en arrivant à Mialet, j'informai les habitants que je ne venois pas chez eux pour les faire piller ni brûler, mais seulement afin de connoistre les malintentionnés, ce que je verrois fort bien par le nombre des absents ; mais qu'à l'égard de ceux-là, s'ils ne revenoient pas dans leurs maisons avant le lendemain matin, je serois obligé de brûler leurs maisons ; au surplus, je défendis aux soldats devant les habitants, pour les mieux endormir, de ne rien exiger de leurs hôtes que le plus nécessaire, et de vivre avec la dernière discipline ; surtout de ne rien prendre quoi que ce soit dans les maisons ni dans la campagne. Je disposai ensuite mes 450 hommes à proportion de la force de chaque quartier, lesquels je fis visiter. Après quoi j'ordonnoi à chaque commandant de quartier de se rendre sur les quatre à cinq heures à Mialet, où étoit le mien avec les deux compagnies de grenadiers, et je leur dis de loger leurs soldats dans toutes les maisons où il y auroit des habitants, sans en laisser aucune exempte.

» Sur le soir, chacun m'étant venu trouver, je leur appris de quoi il étoit question, et leur ordonnoi de rassembler dans une maison la plus sûre de leur quartier, sur les huit heures du soir, tous leurs soldats pour y passer la nuit ensemble, et dès la pointe du jour d'envoyer chacun chez son hôte, avec ordre de ne laisser sortir de la maison âme qui vive, sans pourtant leur donner aucun soupçon, et une heure après de faire l'enlèvement de la manière et selon les instructions que je leur donnois. Le tout fut très-bien exécuté, à une même heure, dans chaque village, et je vous assure, Monseigneur, que de tous ceux que nous trouvâmes dans la dite commune, il ne s'en sauva pas dix.

» Comme il n'y avoit de Mialet à Anduze qu'une bonne lieue, j'envoyoi le même soir à Monsieur de Bombelle de prendre la peine de me joindre le lendemain à Mialet à neuf heures du matin, avec 200 hommes de son bataillon, à quoy il satisfit pleinement. Je lui appris en arrivant ce que j'avois exécuté, et que je l'avois prié de venir pour conduire à Anduze cet enlèvement, consistant en 210 hommes, 280 femmes et filles, et plus de 180 enfants tant mâles que femelles, depuis l'âge de 14 ans et au-dessous.

» Peu après j'eus avis que trois bandes de ces scélérats avoient paru le jour auparavant vers Bernous (Branous), et je jugeoi qu'il ne seroit pas difficile à cette canaille de se trouver dans mon voisinage sans que j'en fusse averti, et qu'il leur étoit aisé de l'être (avertis) du dit enlèvement et de tomber sur les 200 hommes de la marine; de sorte que ne voulant pas être la dupe de ces coquins, au lieu de m'en revenir l'après dinée à Saint-Jean, comme je l'avois résolu, je pris le parti d'escorter moi-même avec mon détachement cette troupe de prisonniers que j'avois remise à la conduite de Monsieur Bombelle; et me rendis à Anduze, envoyant seulement 80 soldats à Saint-Jean, pour y conduire trente mulets chargés de denrées que j'avois fait ramasser dans la paroisse de Mialet.

» Je fis mettre tous ces malheureux dans les maisons d'Anduze, où je couchoi, ayant là l'honneur de vous rendre compte de mon expédition. Recevez, etc.... *Signé* : Julien. »(*Arch. du min. de la guerre*, regist. 1707, n° 168.)

Ces malheureux ne furent pas les seuls jetés dans les maisons d'Anduze. Deux jours après, les habitants de Saumane, au nombre de 265, y furent également conduits par Julien. Le sort de ces infortunés était au-dessus de toute description. Arrachés brusquement de leurs maisons, n'ayant que le peu de vêtements qu'on leur avait permis d'emporter, sans argent, sans provisions de bouche, ils quittaient derrière eux leurs maisons exposées aux déprédations des larrons, leurs bestiaux qui allaient mourir de faim, leurs terres qui avaient besoin d'être cultivées. Dans quel état trouveraient-ils tous ces biens lorsqu'ils y reviendraient? Mais les reverraient-ils? On les avait entassés dans des maisons d'Anduze, n'ayant pour aliments que la nourriture fournie aux prisonniers, gardés par des soldats qui les accablaient de mauvais traitements. Leur sort était affreux! Dans ces maisons disposées à la hâte pour les recevoir, ils mouraient de malpropreté, de misère, de froid et du manque d'air. Transportés de désespoir, ils brisèrent les fermetures, qui leur servirent sans doute à se chauffer; ils renversèrent les cloisons, les planchers, pour respirer un air plus sain. Les soldats qui les gardaient firent de leur côté tous les ravages possibles. Les dévastations dans ces maisons prirent de telles proportions, que le propriétaire de l'une d'elles, un nommé Charles Fraissinet, teinturier, vint devant le Conseil « et fit acte de protestation des dégats commis dans sa maison des Trois Roys ». (probablement une auberge). « Ma maison est dévastée, dit-il, à cause du grand nombre de prisonniers étrangers et des soldats qui les gardent. Ils ont commis de grands désordres aux portes, aux fenêtres et aux planchers. » (*Regs*, fol. 377.).

Le même jour, Montrevel était attendu dans Anduze, et quand il y fit son entrée et qu'il parcourut la ville, en passant devant le logis des Trois Roys, il entendit les gémissements de malheureux prisonniers et les jurements des soldats à la garde desquels ils étaient confiés. Il dut être satisfait, lui qui, dès son entrée dans la province, avait proposé le dépeuplement des communautés favorables aux Camisards. Ces conseils barbares recevaient déjà leur exécution, et il put en contempler les terribles effets. Mais cette ville, déjà encombrée de soldats, ne pouvait pas contenir toutes les populations des villages qu'on allait y transporter. Pour faire place à d'autres, il fallut la débarrasser des habitants de Mialet et de Saumane. Aussi ces malheureux furent ensuite transportées par mer dans les prisons de Salces, place-forte de la province du Roussillon.

VIII.

Les dépeuplements de Mialet, de Saumane et de plusieurs autres villages de la plaine, loin de décourager les Camisards, augmentèrent leur ardeur belliqueuse. Ils se montrèrent plus nombreux, plus entreprenants que jamais. Mais, d'où venait leur audace, où puisaient-ils leurs ressources et leurs subsistances? C'est ce que se demandèrent les généraux du roi, réunis en conseil de guerre à Alais, avec Basville et Montrevel. L'assemblée fut unanime à reconnaître que l'insurrection trouvait sa force dans les services qu'elle recevait des villages des Hautes-Cévennes, où les rebelles allaient se cacher quand ils étaient poursuivis, se rallier après leurs défaites, se reposer après leurs expéditions, s'approvisionner si leurs ressources étaient épuisées. En conséquence, il fut décidé que tous les villages et hameaux de la région montagneuse seraient démolis ou brûlés, et que l'on transporterait les habitants dans des localités fortifiées et désignées à l'avance. Ce plan de destruction générale fut mis à exécution, et pendant les mois de septembre, d'octobre et de novembre, des corps de troupes considérables n'eurent d'autre occupation que d'allumer des incendies, ou de démolir des murailles avec le pic et la pioche. 466 bourgs, villages et hameaux furent détruits, et 19,500 habitants furent transportés et enfermés dans diverses localités.

Le contre-coup de cette épouvantable dévastation se fit ressentir dans la ville d'Anduze. Comme elle se trouve à l'entrée de la région montagneuse, il était à craindre pour les officiers du roi qu'elle ne tombât par surprise entre les mains des Camisards. Elle devait donc être protégée par des travaux de défense plus considérables que ceux qui venaient d'être terminés. D'ailleurs, en donnant plus d'étendue aux fortifications, on agrandissait l'enceinte de la ville, qui pouvait de cette manière contenir un plus grand nombre de familles internées. C'est ce que Montrevel écrivit au marquis d'Anduze : « Montpellier, 23 novembre 1703... Il y a un inconvénient à ne pas faire fermer vos faubourgs, c'est que c'est autant de logements perdus si l'on ne les comprend pas dans ce qui doit être clos, et que dans certaines occasions vous ne savez où mettre les troupes; outre que *devant recevoir plusieurs habitants des hameaux voisins*, vous ne sauriez vous ménager trop de logement. » (*Reg.*, fol. 402.)

Une telle lettre était plus qu'un conseil à l'adresse du marquis d'Anduze, c'était un ordre pour les consuls et pour le conseil : « Le maréchal de Montrevel, dit le premier magistrat consulaire, veut absolument que les réparations autour de la ville, tant à la courtine du pont, au bout du pont, qu'à la porte du Pas, soient incessamment faites par la communauté, pour la clôture de la ville et des dits endroits, afin que le tout soit à couvert et hors d'atteinte des rebelles. »

Le conseil répondit : « qu'il avoit une soumission aveugle aux volontés de Monseigneur le maréchal; ce faisant, il décida que les réparations qu'il souhaitoit se feroient incessamment sur les devis qui seroient dressés. » (*Reg.*, fol. 402)..... Quelques jours après, ces devis furent dressés, approuvés; mais comme la communauté était dépourvue de toutes ressources, et qu'elle ne pouvait trouver aucun prêteur, il fut décidé qu'un emprunt de 1500 livres serait contracté, dont huit des principaux habitants nouveaux convertis seraient obligés de faire les avances.

IX.

Cette charge pour les protestants d'Anduze venait après une autre presque aussi écrasante, due au mauvais vouloir et aux exigences du marquis. Comme il a été dit plus haut, les moulins de ce grand seigneur avaient été brûlés par les Camisards, mais sans la participation des nouveaux convertis de la ville, qui étaient restés étrangers à cet incendie. Ceux-ci ne devaient donc pas porter la peine d'une mauvaise action qu'ils n'avaient pas commise. D'ailleurs, ils souffraient assez « des malheurs du temps », pour que le gouverneur, qui connaisssait leur détresse, ne cherchât pas à l'aggraver ! Mais telle ne fut pas la conduite tenue par le marquis, quoiqu'elle lui fût tracée par la justice et par l'humanité. Il fit des réclamations à l'intendant, et il en obtint une ordonnance en vertu de laquelle « la communauté (les nouveaux convertis) étoit condamnée à lui payer annuellement la somme de 1089 livres pour l'indemnité ou chaumage de ses moulins, à cause et à compter du jour que le feu a été mis (le 2 mars), jusqu'à ce qu'ils soient rétablis et en état de travailler librement ; à l'effet de quoy cette somme seroit empruntée ou imposée à la diligence des consuls. »

Le 2 octobre, cette ordonnance avait été communiquée au conseil général de la ville. « Grande fut la surprise de l'assemblée, puisque la communauté n'avoit pris nulle part à l'incendie que les bandits attroupés avoient fait, et que les habitants sacrifieroient volontiers leurs biens pour faire punir les coupables. Néanmoins, pour marquer la soumission que l'on avoit ; dans la ville, pour les ordres de Monseigneur l'intendant, sans préjudice de répéter cette rente contre qui il appartiendra, l'assemblée décida que l'avance de la somme de 1089 livres seroit faite par MM. Jean de la Farelle, docteur en médecine, Isaac Rodier, docteur et avocat, Claude Troupel, bourgeois, Louis Durand, marchand, Jacques Teissier, facturier de laine, Elie Teissier, teinturier, Jean Rouveirol, hôte, et Jacques Berbiguier, boulanger. » (*Reg. des délib.*)

X.

Tandis que les nouveaux convertis d'Anduze souffraient des charges dont on les accablait, un de leurs frères était rompu vif sur une place publique à Nimes. Le malheureux condamné à cet horrible supplice s'appelait Louis Brunel ; il était travailleur de terre. C'est le 3 décembre 1703 qu'il périt sur la roue. Quel était son crime ? Il faisait partie d'une troupe de Camisards commandée par Cavalier, et il avait été fait prisonnier dans une rencontre avec les soldats du roi. Avec lui périrent également du même supplice, Pierre Laval, tisserand de serge, du lieu de Coulorgues, Jacques Thomas, vigneron, de Saint-Ambroix. Quelques jours auparavant, dans la même ville, le 17 novembre, Guillaume Isaac, du lieu des Montèses, avait été également rompu vif, et trois hommes avaient été pendus parce qu'ils avaient assisté à une assemblée de religion tenue du côté de Saint-Gilles; une femme nommé Durante, du lieu de Gajan, accusée d'être prophétesse, avait péri sur le gibet. Ainsi donc, les incendies dans la montagne, les potences et les roues dans la plaine, les populations déportées en masse, les soldats partout : voilà les moyens employés alors pour intimider et écraser les Camisards.

XI.

Ces moyens terribles aboutirent enfin. Dès que les Enfants de Dieu furent obligés de quitter la région montagneuse dévastée et dépeuplée, ils se jetèrent dans la plaine, incendiant les églises, massacrant tous ceux qu'ils considéraient comme leurs ennemis. Ils obtinrent d'abord des succès éclatants. Cavalier alla brûler un des faubourgs de Sommières; il remporta une victoire à Lussan, à Nages, aux roches d'Aubais, à Martygnargues; Roland battit également les soldats du roi au pont de Salendres; mais, à la fin, le premier de ces deux chefs fut défait par Montrevel à Nages, à Euzet; Salomon au Pont de Montvert. En outre, la flotte anglaise, chargée d'approvisionnements pour les Camisards, ne put pas aborder et déposer son chargement sur la côte. Les tentatives d'insurrection échouèrent dans le Rouergue et dans le Vivarais. Les magasins de vivres des Enfants de Dieu furent découverts dans les grottes où ils avaient été établis. A la suite de ces événements malheureux, on crut que le moment était venu de tenter la voie des négociations. Le baron d'Aygaliers, gentilhomme protestant, qui avait conçu ce projet, en devint l'ardent promoteur. Un propriétaire de Vézenobres, nommé Lacombe, au service duquel Cavalier avait été pendant son jeune âge, fit à son ancien valet de ferme des ouvertures qui ne furent pas repoussées. En ce moment, ce chef se trouvait avec toute sa troupe, composée de plus de 600 hommes, dans le bois de Tornac, aux environs d'Anduze, et cette ville devint l'un des théâtres des pourparlers qui ne tardèrent pas à être entamés.

XII.

Le 15 mai, Cavalier quitta le voisinage d'Anduze à la tête d'une partie de son infanterie et de cinquante chevaux, ayant avec lui son jeune frère, Lacombe et le baron d'Aygaliers.

Le 16, il entra dans Nimes, et il eut une conférence avec Villars; des offres lui furent faites qui durent naturellement être soumises à l'approbation du roi. En attendant que la réponse de la Cour fût arrivée, et on ne l'attendait que vers les derniers jours du mois, on autorisa le chef camisard à conduire sa troupe à Calvisson, où elle serait logée, nourrie et libre de célébrer son culte.

Le 17, Cavalier revint joindre le reste de sa troupe, laissée dans le voisinage d'Anduze, et il informa Roland de ce qui se passait, l'exhortant à suivre son exemple. Ce chef se trouvait en ce moment à Saint-Félix, à 7 kilomètres de cette dernière ville. Cette particularité nous a été révélée par un témoin oculaire nommé Pierre Verdeille, maçon, d'Anduze. Ce Verdeille, ayant été interrogé comme témoin, à l'occasion des dégâts faits par les Camisards à une maison de campagne, déposa «qu'étant allé, par ordre de M. de Bombelle, commandant les troupes du roy à Anduze, porter une lettre à Roland, l'un des chefs des Camisards, qui contenoit, ainsi qu'il l'avoit ouï dire, que le roy leur accordoit grâce en rendant les armes et se soumettant à sa volonté, il passa à la dite métairie, où il trouva les Camisards, et rendit la lettre à Roland, et pour lors il vit que dans les prés de la métairie il y avoit environ 50 ou 60 chevaux qui paissoient et mangoient le foin en herbe. » (*Arch. de l'Hérault*, 2ᵉ série, paquet 37.)

Après avoir fait ses communications à son compagnon d'armes, Cavalier partit avec tous ses soldats, et le 19 mai il arriva à Calvisson, dont il disposa comme s'il en était le maître : il plaça des sentinelles, installa sa troupe et convoqua les habitants de cette ville et tous les nouveaux convertis des villages voisins à venir prier, chanter des psaumes, écouter la prédication de la parole de Dieu sur les ruines de l'ancien temple.

Le 24, il fut envoyé par le maréchal Villars vers Roland, pour l'engager à se soumettre aux mêmes conditions qu'il avait acceptées. Roland accueillit fort mal ces propositions, au dire d'un témoin oculaire, le sieur Lacombe, qui raconte lui-même cette conférence dans une lettre que son importance historique nous fait un devoir de placer sous les yeux de nos lecteurs.

« 25 mai, Vézenobres. Monsieur de Winciel. Sur l'ordre que vous m'avez donné, en partant de Calvisson, de vous apprendre ce qui se passeroit avec le sieur Roland, que nous avons joint au-dessus d'Anduze, le samedi au soir sur les sept heures, et avons resté ensemble une heure, en lui démontrant ce qu'il devoit faire à l'égard de sa rébellion contre son prince, lui faisant connoître que s'il ne se rendoit pas sous les

Seconde édition.

pactes que le sieur Cavalier s'est rendu, il seroit la cause de la perte de beaucoup de familles et même de toutes les Cevennes; il a toujours paru fort opiniâtre et violent, et aussi téméraire par les paroles de vengeance qu'il avoit dans la bouche contre le sieur Cavalier, d'où j'ai eu peine d'empêcher qu'ils n'en soient venus aux mains.

» Après ma conférence avec le sieur Roland, je le remis entre les mains du sieur Cavalier, croyant qu'il pourroit le ramener, ce qu'il n'a pu faire. Il témoigna au sieur Cavalier qu'il étoit bien malheureux d'avoir écrit à Monseigneur le maréchal Villars sans en avoir eu aucune réponse, et par là qu'il juge qu'on ne fait aucun compte de lui. Voilà tout ce qui s'est passé. Le sieur Cavalier travaille à résoudre ses affaires et d'être mardi à Nismes, pour apprendre à Monseigneur le maréchal tout ce qui s'est passé dans notre voyage; il m'a prié de vous assurer de tous ses respects, comme aussi de M. de Bombelle, de qui nous avons reçu mille honnêtetés, buvant à votre santé, et moi qui vous prie de me croire votre, etc. *Signé* : Lacombe. » (*Arch. du ministère de la guerre, Reg.* 1707, n° 211.)

Le 27, Cavalier, très-peu satisfait du résultat de sa tentative, retourna à Nimes escorté de vingt-cinq Camisards bien armés, et de Salomon qui l'accompagnait pour connaître les conditions de paix. La conférence du chef des Enfants de Dieu avec Villars resta secrète, et Cavalier revint auprès de sa troupe à Calvisson le 29; mais, harcelé de questions par ses officiers sur le résultat de ses entrevues avec le maréchal, il hésita, il répondit avec embarras. Ravanel, son lieutenant, à qui il avait laissé le commandement, se laissa aller contre lui à des mouvements de colère; il le qualifia de traître, et il donna aux

Camisards l'ordre de quitter Calvisson et de retourner dans la montagne. Cavalier voulut en vain s'opposer à ce départ; sa troupe ne lui obéit pas. Hors de lui, il la suivit jusqu'à un village appelé Saint-Estève, à deux lieues de Calvisson, joignant la prière à la menace; il ne put rien obtenir. Honteux du rôle qu'il jouait, il demanda qu'avant de se séparer il lui fût permis d'écrire une lettre. On le lui accorda; la lettre terminée, il tenta un dernier effort en s'écriant : « Qui m'aime me suive ! » Mais la troupe entière, moins cinquante hommes, s'éloigna à la suite de Ravanel, et Cavalier, abandonné de ses soldats, sur lesquels la veille il exerçait une autorité absolue, alla cacher sa honte et son désespoir à Cardet, d'où il fit partir le lendemain la lettre que nous allons rapporter, qui avait été écrite en présence de sa troupe révoltée.

« A Monsieur de Basville. Du Désert, le 29 mai 1703. Monsieur, j'ay bien voulu prendre la liberté de vous escrire pour vous assurer de mes très-humbles respects, et en même temps l'extrême chagrin que j'ay ressenti de ne pouvoir pas exécuter vos ordres comme nous avions convenu, à cause de l'émotion qu'il y a eue dans la troupe sur ce que je leur avois proposé que leurs pères, mères, parents et amis et tous les captifs seroient en liberté. N'ayant pas voulu exécuter cette promesse, ils ont répondu tous ouvertement qu'ils ne marcheroient pas qu'ils n'eussent vu l'élargissement et la liberté au peuple de demeurer dans la tranquillité, et permission de prier dans leur maison et au désert; après quoy ils ont proposé d'une même bouche qu'ils iroient tous où Sa Majesté leur ordonnera, et qu'ils donneroient des marques de soumission et de respect à son service; vous suppliant, Monsieur, d'être persuadé que je n'ay rien oublié pour les ramener dans leur devoir, jusqu'à m'exposer à une infinité de dangers. Je continuerai, avec l'assistance de Dieu et des sieurs Salomon, Lacombe et Solier, qui me sont venus trouver ce matin, étant séparé de la troupe, pour tascher d'obliger les chefs à convenir tous ensemble de notre devoir, espérant de votre bonté que vous faciliterez la chose. Je suis, etc. *Signé* : Cavalier. » (*Arch. hist. du ministère de la Guerre*, Reg., 1706.)

Cette lettre reçut bon accueil. Villars fit répondre au jeune chef de venir le trouver à Saint-Geniès le 31 mai, et après un long entretien il l'emmena avec lui à Anduze. Le maréchal assembla dans cette ville les principaux habitants de toute la contrée, qui se réunirent ensuite à Durfort, le 3 juin, en présence de d'Aygaliers. Il fut convenu dans cette conférence d'envoyer une députation à Roland et à Ravanel, pour leur dire que « s'ils ne faisoient pas leur soumission, ils alloient s'armer et les poursuivre ». « Cette députation se composoit de trois habitants d'Anduze, trois de Saint-Hippolyte, trois d'Alais, au dire de Roland lui-même, qui le prièrent de faire réflexion au misérable état du pays, et de voir s'il ne pourroit pas faire une paix avantageuse pour le soulager. Le chef camisard leur répondit qu'il étoit plus sensible qu'eux au déplorable état du pays; mais puisque Dieu lui avoit inspiré de mettre les armes à la main pour rétablir son Église, qu'il vouloit combattre jusqu'à la dernière goutte de son sang; qu'il voyoit bien que toutes les démarches que le roy faisoit faire n'étoient que pour les amuser. » (*Un agent des alliés chez les Camisards*, pag. 20.)

Après cette réponse, que les historiens prétendent avoir été faite sur un ton très-menaçant, d'Aygaliers alla rendre compte de l'insuccès de leurs démarches à Villars et à Basville, qui les attendaient à Anduze. Il était à peine arrivé dans cette ville, que Roland lui fit demander une conférence. Il alla le trouver le 4 juin, et il ne put obtenir de lui qu'une promesse d'entrer en négociations avec Villars. La proposition du chef camisard fut acceptée et les résultats en furent transmis à Chamillart, ministre de la guerre, par Basville, dans la lettre suivante :

« Anduze, le 6 juin 1704. Monseigneur, j'ai déjà eu l'honneur de vous mander par le dernier courrier que vous aviez envoyé, que Roland avoit écrit à Monsieur le maréchal de Villars une lettre d'un style bien différent des autres, par laquelle il demandoit un nouveau délai pour se soumettre, et que Monsieur le maréchal avoit répondu qu'il n'en vouloit plus accorder après tous les autres qui avoient été donnés. Tout étoit disposé pour faire entrer les troupes dans la montagne par trois endroits différents, et nous devions partir ce matin à la pointe du jour; hier, à onze heures du soir, Roland, que Cavalier avoit joint, envoya demander à Monsieur le maréchal de Villars la permission de lui envoyer Mallier et Malplach pour lui faire sa soumission. Ils sont les deux principaux acteurs de sa troupe, et qui l'ont toujours conduit; car, pour lui, c'est un brutal qui n'a pas de sens. Cette permission leur ayant été accordée, ces deux hommes sont venus ce matin et ont parlé à Monsieur le maréchal avec beaucoup de soumission, demandant pardon pour Roland, sa troupe et tous les autres. Ils ont ensuite prié Monsieur le maréchal de donner un escrit par lequel il assuroit que le roi pardonne, afin de pouvoir achever de ramener tous ceux qui sont encore dans la défiance; ils doivent, dans demain et après-demain, ramener ici tous ceux qu'ils pourront rassembler, d'où ils partiront aussitôt pour suivre les ordres du roy. Avec d'autres gens, on croiroit l'affaire bien avancée ; mais on ne peut être bien assuré de ces insensés que lorsqu'ils seront partis, et entre les mains d'une bonne escorte, qui les conduira. Cavalier a fait et fait encore tout ce qu'on peut imaginer pour réduire toutes ces bandes différentes à suivre son exemple ; il s'est exposé à toutes sortes de dangers pour aller les chercher, et il a paru combien il étoit autorisé parmi ces rebelles par la déférence qu'ils ont pour ses sentiments, après que la première fureur dont ils avoient été saisis à Calvisson a été passée. Quelques Camisards se rendent ; il en est venu une vingtaine hier, entre autres un nommé Boulaïgne, un des principaux. Je suis, etc. *Signé* : Lamoignon de Basville. » (*Arch. du ministère de la Guerre, id.*)

Les envoyés de Roland obtinrent des conditions favorables, garanties par la signature de Villars. Cavalier et d'Aygaliers les accompagnaient, et au mas Soubeyran ils trouvèrent Roland qui les attendait dans sa propre maison, avec Saint-Pol, son capitaine de cavalerie, et les deux otages. Dès que les deux chefs camisards furent en présence, ils échangèrent des paroles de reproches ; toutefois on parvint à les calmer, et ils s'embrassèrent. Mais Ravanel ne voulut consentir à accepter aucune condition de paix, si la liberté de conscience n'était pas rétablie, et il quitta brusquement la conférence pour aller rejoindre sa troupe qui était à quelques minutes de là, dans un hameau appelé Luziès. Roland, Cavalier, Malplach, Moyse, Laforet, allèrent la trouver, mais ils furent mal reçus et coururent même de grands dangers.

Le 7 juin, Roland fit prier Villars de ne rien entreprendre, car il était résolu de venir se rendre avec cent-cinquante hommes ; mais le maréchal donna des ordres pour surprendre les Camisards, dont il savait qu'une partie était campée à Carnoulès, hameau situé à 12 kilomètres d'Anduze. Les troupes partirent d'Anduze, en prenant des directions différentes. Il se mit lui-même à la tête des soldats dirigés directement sur Carnoulès, mais inutilement ; car les Camisards, avertis à temps, avaient fui à son approche. Dans sa colère, il ordonna de saccager et de brûler ce village. Basville rendit compte de ces événements à Chamillart, par une lettre écrite de Nimes, le 11 juin. « Monseigneur, j'ai eu l'honneur de vous mander par ma dernière lettre, que Roland avoit envoyé Mallié et Malplach, les deux principaux acteurs de sa troupe, pour demander au maréchal de Villars une assurance par écrit de pardon, et il y avoit lieu de croire que cette démarche auroit d'heureuses suites, d'autant plus que le nommé Saint-Pol, qui commande sa cavalerie, s'est venu rendre avec quelques autres ; cependant, lorsque Mallié et Malplach, accompagnés de Cavalier, ont été retrouver Roland, ils ont été très-mal reçus par Ravanel, qui avoit soulevé cette troupe, comme il avoit fait de celle de Cavalier à Calvisson. Cavalier a eu beaucoup de peine à s'échapper après avoir été longtemps poursuivi. Des bourgeois d'Anduze qui l'avoient suivy ont couru le même risque ; le sieur d'Aygaliers a été le seul qui n'ait pas été maltraité. Ravanel a dit pour toute raison que l'Esprit de Dieu ne vouloit pas de cet accommodement. Ce discours a été accompagé de plusieurs extravagances. Vingt prophètes se sont mis à fanatiser ; M. le maréchal de Villars, voyant que toutes les voies de négociation ne produisoient pas l'effet qu'il en attendoit, et qu'il falloit aider Rolland, qui certainement voudroit se soumettre, a fait marcher les troupes : M. de Lalande, du côté d'Alais ; M. de Menou, du côté de Saint-Hippolyte, et il a marché lui-même à minuit, pour marcher sur cette troupe ; peu s'en fallut qu'il n'ait réussi, étant arrivé au lieu de Carnoulès deux heures après que cette troupe de Roland s'étoit séparée. Nous avons trouvé dans un bois les habits et les armes de Mallié et Malplach, qu'on croit avoir été tués par Ravanel. M. de Menou avoit envoyé des grenadiers visiter le château de Prades, où Roland estoit : il a été pris; mais, par un malheur très-fâcheux, il a échappé des mains de ces grenadiers ; on croit que l'un d'eux en a reçu de l'argent. On a pris ses habits, ses armes, ses chevaux, un Irlandais déserteur, et sept autres hommes qui l'avoient accompagné. On a pris aussi plusieurs chevaux de Camisards. M. de Lalande et M. de Menou les cherchent encore dans les montagnes, où il est très-difficile de les trouver, quand ils se séparent et sont cachés dans les ravins, les bois et les rochers. Plusieurs Camisards viennent se rendre; trente sont venus à Alais trouver M. de Lalande ; vingt se sont rendus à M. de Grandval ; six des principaux sont venus à Anduze trouver Cavalier, qui fait très-bien son devoir et paroit bien intentionné. Quand sa troupe sera plus considérable, on la fera partir avec ceux qui sont à Valabrègue. Si on n'a pu réussir tout d'un coup en fesant revenir ces rebelles, il faut espérer qu'ils reviendront en détail. Je suis, etc., *Signé* : Lamoignon de Basville. » (*Archives du ministère de la Guerre, id.*)

Cette dépêche, datée de Nimes, montre qu'après l'expédition infructueuse du maréchal à Carnoulès, l'intendant avait quitté la ville d'Anduze. Villars y était resté, mais il se fatigua bientôt d'attendre la reprise des négociations, et, ne sachant où atteindre les Camisards, dont il avait perdu la trace, il partit à son tour, le 11 juin, emmenant avec lui Cavalier, et la ville d'Anduze cessa d'être le théâtre des pourparlers et des négociations.

XIII.

Le départ de ces personnages ne changea rien à l'état de la contrée. Les Camisards, quoique découragés et affaiblis par la soumission de Cavalier, n'en tinrent pas moins la campagne ; les troupes du roi restèrent toujours sur pied, ne discontinuant pas leurs poursuites. Cette situation se trouve fort bien dépeinte dans le journal de Roucayrol, auquel nous allons faire un nouvel emprunt :

« ... Je quittoi Roland au mas de Grenier, à une heure et demie du Pont de Montvert, le 19 juillet 1704... Dès que nous eûmes joint le grand chemin jusqu'à un moulin à foulon, à M. Randon d'Anduze, à une demi-heure de cette ville, Catinat s'en fut passer sur le pont de Salendre, pour aller dans la plaine, et moi je fus en droiture à Anduze, où je dis à la sentinelle qui étoit à la porte de la ville de me mener chez le gouverneur, qui est M. le marquis d'Anduze, lequel, dès qu'il me vit assez bien mis et sans épée, me demanda d'où je venois et ce que je souhaitois ; je lui répondis en ces termes, pour éviter d'être soupçonné : Je viens, à mon regret, des Camisards. Ce mot le frappa, et il me dit si ce n'étoit pas moi qui fus arrêté par eux lundi dernier, et il me demanda de quelle manière j'avois pu échapper des mains de ces malheureux. Je répondis à la première demande, que c'étoit moi effectivement que l'on avoit arrêté au bois près de Saint-Gilles, et qu'on m'avoit conduit à la troupe de Roland, duquel j'avois eu bien de la peine d'obtenir mon cheval, après une longue prière de ne point me l'ôter. Il s'étoit contenté de garder mon épée et mes pistolets. Voilà l'entretien que j'eus avec M. le marquis, qui me renvoya à M. de La Planque, commandant de la ville, où je fus en sortant de là, et j'eus à peu près la même conversation.

» Ayant appris qu'il y avoit une escorte, le lendemain, de 200 dragons de Firmaçon et de Saint-Sernin et 300 fantassins du régiment de Cour, pour escorter les marchans d'Anduze jusques à Nismes, passant par Alais, pour prendre les marchans de cette ville qui devoient aller à la foire de Beaucaire, je trouvoi à propos de suivre cette escorte, afin de ne faire rien connoître ; car si je m'en étois allé avec d'autres marchans qui passoient en droiture, peut-être se seroit-on douté que j'étois d'intelligence avec eux ; car lorsqu'il y avoit quelque personne qui ne vouloit pas profiter des escortes réglées qu'il y a pour voyager dans tout ce pays-là, et qu'ils étoient découverts, on les arrestoit, et ils étoient bien examinés. Nous partîmes le lendemain, et je ne fus pas plus tôt hors la ville, que le commandant de l'escorte me fit appeler. Je ne sais pas si M. le marquis d'Anduze lui avoit donné l'ordre de me faire parler. J'étois toujours en conférence avec plusieurs abbés et plusieurs Messieurs qui suivoient l'escorte... » (*Id.*, p. 43.)

La terreur qu'inspiraient les Camisards et les précautions qu'on prenait pour se mettre à l'abri de leurs agressions, n'étaient pas sans fondement, car ils couraient à droite et à gauche, par petites bandes, et ils enlevaient tout ce qui tombait sous leurs mains. Ils prenaient surtout et emportaient dans leurs magasins secrets les blés, les avoines, que, du reste, les paysans nouveaux convertis étaient disposés à leur donner. La Planque, commandant de la ville d'Anduze, voulant mettre un terme à ces enlèvements, envoya *un ordre pour faire porter le blé dans les endroits où il y avait des troupes.* « Il est ordonné aux consuls de la communauté de Marvéjols d'obliger tous les habitants des hameaux, maisons escartées et villages, de faire porter leurs grains dans les lieux fermés, où il y a des troupes, en observant de laisser dans les dits villages, hameaux et maisons escartées, la subsistance pour chaque famille pour *un jour* tant seulement. Nous leur donnons le temps de six jours pour l'exécution du présent ordre, et, à faute d'y obéir, tous les grains qui y seront trouvés seront pillés par les troupes, suivant les ordres du maréchal de Villars. Fait à Anduze, le cinquième d'aoust 1704. *Signé:* Planque. »

Roland, surpris pendant la nuit dans le château de Castelnau, à vingt kilomètres d'Anduze, sur les bords du Gardon, fut tué le 14 août, après avoir défendu vaillamment sa vie. Sa mort était un nouvel échec pour les Camisards, qui ne se découragèrent pas encore. Plusieurs d'entre eux résistèrent à toutes les sollicitations de d'Aygaliers et d'autres négociateurs. Ils continuèrent leurs courses à main armée. Planque, instruit qu'ils s'étaient arrêtés à Corbès, fit brûler le 27 août ce village, qui est à quatre kilomètres d'Anduze, et fit fusiller vingt de ses habitants. (Court, tom, III, pag. 39.)

Frappés par tant de revers, Ravanel et ses compagnons résolurent de célébrer un jeûne extraordinaire le dimanche 13 septembre. A cet effet, ils se rendirent la veille dans les bois de Saint-Benezet, à dix-huit kilomètres d'Anduze. Basville, qui se trouvait alors dans cette ville, fut bientôt informé de leur projet par le maire de Lédignan (il se nommait Le Noir), et il prit toutes les mesures nécessaires pour surprendre et envelopper les Camisards, dont la présence était signalée dans son voisinage. Il fit diriger toutes les troupes en quartier dans Anduze vers le village de Domessargues, et fit donner ordre pour que les soldats en garnison à Alais et ailleurs allassent prendre des postes avantageux au-dessous de Saint-Benezet, sur les bords du Gardon. Les Camisards, se voyant surpris, se hâtèrent de prendre la fuite; mais tombant d'embuscade en embuscade, ils périrent presque tous. Au reste, leur nombre ne s'élevait pas au-delà de deux cents. Ravanel, leur chef, fut un de ceux qui échappèrent à ce massacre. On le chercha soigneusement, mais en vain. Le marquis d'Anduze se signala dans cette circonstance. Il montra une fois de plus son acharnement contre les Camisards, en adressant la lettre circulaire suivante aux consuls de la viguerie :

« Anduze, le 14 octobre 1704. Je vous envoye, Messieurs, une ordonnance de Monsieur le maréchal, pour que vous la fassiez publier et afficher dans votre paroisse. Il n'est pas nécessaire de vous dire de quelle conséquence il est de tascher, par vos soins continuels, à s'assurer de la personne de Ravanel, pour que d'un côté vous y voyiez une récompense assurée, et de l'autre un chastiment au crime que vous commettriez si vous et tous ceux de votre paroisse contreveniez à ces ordonnances. Je suis, etc. *Signé* : d'ANDUZE. »

XIV.

Ravanel se cacha si bien qu'il fut impossible de s'emparer de sa personne et qu'il put rester dans la contrée. Ses compagnons, se voyant à bout de ressources, firent leur soumission et furent autorisés à sortir du royaume. Leur éloignement permit à la contrée de respirer; mais les esprits étaient toujours en suspens, parce que l'on présumait avec raison que tous les chefs camisards tenteraient de rentrer en France et renouvelleraient la guerre. Basville finit par découvrir que des sommes considérables étaient envoyées du dehors dans les Cévennes. C'était le 10 décembre 1704. Au nombre des personnes accusées de recevoir ces subsides, se trouvèrent David Mallié, de Corbès, André Régis, d'Anduze, et Pierre Gautier, de la même ville. Ils furent convaincus d'avoir touché la somme de 529 livres 16 sols des mains des sieur Galdi et Fesquet, banquiers de Montpellier, sur des traites venues de Lyon, dont ils avaient donné quittance; et les juges du présidial de Montpellier, assistant Basville, les condamnèrent, « André Régis et David Mallié à être pendus et estranglés jusqu'à ce que mort naturelle s'en suive à des potences qui seroient à cet effet dressées à la place de l'Esplanade, pour leurs corps être ensuite exposés aux fourches patibulaires et leurs biens confisqués au profit du roy. A l'égard de Pierre Gautier, il fut ordonné qu'il seroit plus amplement informé contre dans le même mois. » Ce jugement fut exécuté le même jour, le 16 mai 1705. (*Archives de l'Hérault*, 2e série, paq. 2.)

Les chefs des Camisards étaient revenus avant cette époque, et ils étaient prêts à participer à l'exécution d'un vaste complot qui devait éclater le 13 avril de la même année; mais la conjuration, dont les instigateurs étaient le marquis de Miremont et l'abbé Labourlie, fut découverte, et Ravanel, Catinat et autres, ayant été arrêtés, furent condamnés et périrent dans les derniers supplices.

XV.

Toutes ces guerres, toutes ces poursuites, tous ces complots, avaient plongé la contrée dans l'état le plus déplorable. Les religionnaires avaient eu surtout à en souffrir. Ceux d'Anduze étaient réduits à un tel état de misère, que le 7 décembre

1704, le premier consul (le sieur de La Blaquière) exposa en plein conseil « que l'assemblée n'ignoroit pas les grandes dépenses que la communauté avoit faites, et les emprunts faits pour y subvenir, sans qu'il eût été pourvu au payement des créanciers. Cependant il falloit penser à s'acquitter envers eux, et si cela ne se répartissoit que sur la communauté des nouveaux convertis d'Anduze, cela les ruineroit entièrement. » (*Reg.*, fol. 451.)

Il proposa, en conséquence, « de prendre des mesures *pour faire régaler* ces dépenses », c'est-à-dire pour les mettre à la charge de la province ; malheureusement les États, réunis en ce moment à Montpellier, répondirent « qu'ils ne vouloient pas entrer dans ces sortes de dépenses, qu'on n'avoit qu'à pourvoir peu à peu à leur payement ». (*Idem*, fol. 458.) Et les nouveaux convertis d'Anduze, outre toutes les impositions qui avaient pesé sur eux pendant la guerre, furent obligés de payer 12,030 livres. (*Reg. de l'hôtel de Ville.*)

Malgré leur peu de succès dans leurs précédentes tentatives, les puissances en guerre avec la France, et les réfugiés, persistèrent dans leur projet de soulever les protestants du Midi. A leur instigation, il y eût un commencement de révolte dans l'année 1709, mais qui fut bientôt arrêté. Quelques anciens chefs des Camisards, entre autres Mazel, qui avait assisté à l'assassinat de l'abbé de Chayla, essayèrent de rentrer dans les Cévennes à cette époque, et de se mettre à la tête des mécontents. Mais toutes ces tentatives avortèrent ; au reste, elles avaient éclaté loin d'Anduze. Les religionnaires de cette ville n'en supportèrent pas les conséquences. D'ailleurs, la paix d'Utrecht, en 1713, mit un terme à tous les soulèvements provoqués par les ennemis de Louis XIV.

Ainsi finit cette insurrection camisarde, âpre, violente, fougueuse, parfois féroce, quelquefois généreuse, et presque toujours sublime. Elle était légitime, mais la justice de sa cause ne pouvait l'empêcher de succomber ; car, si elle avait été victorieuse, elle aurait peut-être entraîné la ruine de la France. Louis XIV, qui l'avait provoquée par ses rigueurs, aurait mérité de voir son triomphe, comme châtiment infligé à sa haine opiniâtre contre les réformés. Dieu lui épargna cette honte ; il en avait assez avec toutes celles dont sa vieillesse fut abreuvée. La guerre des Camisards était déjà terminée, lorsqu'il mourut à Versailles, le 1er septembre 1715.

CHAPITRE IV

LES PROTESTANTS D'ANDUZE DEPUIS LA MORT DE LOUIS XIV JUSQU'A
LA DÉCLARATION DU 14 MAI 1724.
(1ᵉʳ septembre 1715. — 14 mai 1724.)

SOMMAIRE.

Louis XIV fait persécuter les protestants jusqu'à la fin de ses jours. — Le régent est animé de bonnes intentions à leur égard, cependant il fait peu pour eux. — Antoine Court entreprend la restauration des Églises sous la croix. — Rapport d'un agent de Basville qui signale la présence de quelques prédicants et quelques assemblées religieuses dans les environs d'Anduze. — Un habitant de Saint-Sébastien s'offre, moyennant 600 livres, de dénoncer les assemblées religieuses qui auront lieu dans la contrée. — Assemblée religieuse très-considérable surprise dans les environs d'Anduze en 1717. — Interrogatoire de Jérémie Seytte, fait prisonnier dans cette assemblée. — La population anduzienne, accablée par le logement des soldats, conçoit le projet de construire des casernes. — Ce projet est ajourné. — Le chevalier de Bernage, nommé intendant à la place de Basville, ne laisse pas ignorer aux protestants qu'il est chargé de faire exécuter les édits rendus contre eux ; il visite Anduze et propose l'élargissement de Seytte. — Il maintient le consulat catholique d'Anduze. — La peste de Marseille fait suspendre l'application des lois rendues contre les religionnaires.

I.

Jusqu'à la fin de ses jours, Louis XIV poursuivit les disciples de la Réforme. Cette hostilité persévérante se trahit par la lettre suivante, écrite par Basville à l'adresse des religionnaires d'Anduze : « Montpellier, 14 juillet 1715. J'apprends que vos principaux habitans, Messieurs les consuls, ny les femmes, ne paroissent point à l'église pour entendre le missionnaire que le roy a bien voulu envoyer dans votre paroisse. Je vous déclare que l'intention du roy est que s'ils n'y vont, ceux qui manqueront au devoir s'en trouveront mal. Vous n'avez qu'à le leur dire de ma part. Il faut qu'ils soient bien déraisonnables pour ne pas vouloir entendre ce qu'on a à leur dire ; informez-moi bien exactement de ce qui se passera là-dessus. » (*Reg. des délib.*; année 1715.)

Le monarque descendit dans la tombe le 1er septembre 1715, et le lendemain de son décès cette même Église réformée dont il avait résolu la ruine, devenait l'objet de plans de relèvement de la part de deux hommes qui, à des titres bien différents, ont laissé un nom dans l'histoire. Le premier était Philippe d'Orléans, nommé régent pendant la minorité de Louis XV; le second Antoine Court, né à Villeneuve-de-Berg, dans le Vivarais, en 1696.

Le régent n'eut pas plus tôt en main les rênes de l'État, qu'il conçut l'idée d'abroger toutes les lois draconiennes rendues contre les protestants durant le règne de Louis XIV, et de leur rendre le régime de l'Édit de Nantes. Il en fit la proposition à ses conseillers. Ceux-ci reconnurent la grandeur d'un tel acte de justice, mais ils en contestèrent l'opportunité, et ils n'eurent pas de peine à en arrêter l'exécution. Cependant, comme il convenait de répondre aux espérances des religionnaires du royaume, qui avaient salué de leurs acclamations l'avènement au pouvoir de Philippe d'Orléans, on permit aux protestants la libre entrée et la libre sortie du royaume, et on écrivit aux intendants de se relâcher de leurs rigueurs envers les nouveaux convertis. Ces recommandations produisirent quelque adoucissement à la situation déplorable des réformés ; mais les poursuites contre leurs assemblées et contre les prédicants, quoique moins actives, ne furent pas abandonnées, et les condamnations, quoique moins fréquentes, conservèrent leur sévérité.

Tandis que le régent se demandait s'il ne serait pas d'une

Seconde édition.

bonne politique de rendre aux réformés leur liberté religieuse, Antoine Court, n'ayant pas encore atteint sa dix-neuvième année, roulait dans son esprit le projet de rétablir l'ordre disciplinaire au sein des populations protestantes. Depuis trente ans, ces populations n'étaient plus constituées en corps d'Église. Point de pasteurs régulièrement nommés, point de consistoires et de synodes, et point de sacrements administrés. Baptêmes, mariages, ensevelissements, tout était célébré par les prêtres catholiques, et même l'on faisait parfois acte d'apparition aux offices religieux dans les églises, afin d'échapper à l'accusation de commettre le crime de *relaps*. Mais restés au fond zélés protestants, presque tous les nouveaux convertis cherchaient leur édification dans des livres de religion soigneusement cachés ou dans des assemblées tenues secrètement au désert.

Ces assemblées étaient présidées par des prédicants de tout sexe et de tout âge : hommes, femmes, enfants avaient le droit d'y prendre la parole, et souvent ils parlaient tous à la fois, sous prétexte d'inspiration ; de là, confusion, désordre, et fort souvent opinions erronées mises sur le compte du Saint-Esprit, dont chaque orateur prétendait être rempli. Frappé des dangers que faisait courir aux débris des Églises réformées « cette conduite si déshonorante et si contraire aux maximes de l'Évangile, Antoine Court résolut d'y apporter remède. A cet effet, il convoqua une petite assemblée dont il éleva l'autorité en lui donnant le titre de synode, et il fit décider qu'au sein de toutes les populations protestantes, les corps ecclésiastiques seroient rétablis selon l'ordre de la discipline ; qu'il seroit défendu aux femmes de prêcher à l'avenir ; qu'il seroit ordonné de s'en tenir uniquement à l'Écriture sainte comme à la seule règle de foi ; qu'on rejetteroit toutes les prétendues révélations, à cause des grands abus qu'elles avoient produits; qu'on formeroit de jeunes prédicateurs, et qu'on appelleroit des ministres des pays étrangers. » (*Hist. des Églises du désert*, tom. I, pag. 25 et 26.) Ces mesures une fois décidées, Antoine Court en proposa l'application partout où il existait quelque agglomération protestante. Correspondance active, envois d'émissaires intelligents et zélés, courses fréquentes et prolongées, il ne négligea rien pour rétablir l'ordre disciplinaire sur les ruines entassées par la persécution, et ses efforts produisirent de tels résultats, qu'il a mérité le titre légitime de restaurateur des Églises réformées de France.

II.

Tandis que ce noble jeune homme, fidèle à la grande mission qu'il s'était donnée à lui-même, accomplissait la tâche difficile du rétablissement des Églises réformées du royaume, Basville et ses délégués, au moyen d'espions stipendiés, continuaient leurs poursuites contre les assemblées du désert et contre ceux qui les présidaient. La lettre suivante en est la preuve incontestable. « Alais, le 21 septembre 1716. M. l'intendant, j'ay l'honneur de vous informer que Durand a commencé à paroître aux environs d'Anduze depuis quelques jours. Je ne sais d'où il vient, ni où il est resté depuis plus de deux mois.

» Un autre prédicant a paru en même temps que lui. Vous trouverez son portrait ci-joint.

» J'ay l'honneur de vous proposer qu'un homme s'est offert à nous pour veiller jour et nuit pour faire surprendre les prédicants qui courent le pays et les assemblées qui se feront. Il me paroît très-bien intentionné et très-propre pour rehussir (réussir). Il me demaude pour sa sûreté qu'on lui donne deux pistolets pour se deffendre au cas où il seroit attaqué pour le service du roy. Il s'appelle X... Il est de la paroisse de Saint-Sébastien (proche d'Anduze). Si vous jugez à propos, Monsieur, de lui accorder sa demande, ayez la bonté d'écrire à M. Dyverny de me faire remettre par le premier prévôt, commissaire d'artillerie, deux pistolets, que je donneroi à cet homme. Il me paroît sage et de bonne volonté, et son curé, homme de bon sens, qui me le procure, veut m'en répondre. Il est nouveau converti, marié, et assez commode, ayant un bien considérable. Je comprends qu'il a envie de gagner 5 à 600 livres. C'est la seule personne que j'aie pu gagner dans cette paroisse, qui est une des plus suspectes des Cevènes.

» Il s'est fait depuis quinze jours deux ou trois assemblées dans la paroisse de Saint-Sébastien ou dans celle du Pin, mais la plus nombreuse n'a pas été de plus de vingt-cinq personnes. La misère des paysans, qui est très-grande cette année, les empêche de se mutiner, et je crois qu'il n'y a rien à craindre, et que toutes les menaces que Durand et les autres prédicants avoient faites, de faire remuer le pays, se réduiront à rien. J'ai l'honneur, etc. *Signé*: Lafont. » (Joint le signalement du prédicant mentionné dans la lettre.)

Dans une seconde lettre, du 28 septembre, le même Lafont rappelle à l'intendant les offres faites par X....; puis il ajoute : « J'oubliai de vous dire que le prédicant dont j'ay eu l'honneur de vous envoyer le portrait, mène avec lui deux hommes qui ne le quittent pas. Depuis cette lettre que je vous ay écrite, Bonbonnoux et Jalaguier ont paru à une lieue d'Alais, et Pierre Durand (de Sauzet), dit *la Moustache*. Ce dernier est malade quelque part. J'en ay informé M. Dyverny et je lui ai indiqué, depuis deux jours, des lieux et des maisons où cet homme pourroit être. Je crois qu'il a mis sur pied ses agents les plus actifs pour en faire la recherche.

» Samedi soir, il se fit une petite assemblée où le nouveau prédicant prêcha. Ce fut dans le bois de Lyonnais, entre Avènes et Saint-Sébastien. Ce prédicant leut (lut) hautement une lettre qu'il dit avoir reçue de Suisse, où on lui dit qu'un nombre de gens se prépare à revenir en France, mais qu'on étoit embarrassé par où on les feroit entrer. » (*Arch. de l'Hérault.*).

III.

L'intendant et ses délégués étaient donc tenus en éveil, et ils prenaient leurs mesures pour empêcher les assemblées du désert et pour s'emparer des prédicants. Toutefois, malgré les rapports de leurs espions et les rondes de leurs dragons, ils ne purent prévenir une assemblée considérable qui eût lieu aux portes d'Anduze, et à laquelle assistèrent presque tous les habitants. Cette assemblée, qui fut surprise et sabrée par les dragons, fit un tel bruit dans la contrée, que l'abbé d'Aigrefeuille crut devoir la mentionner dans son *Histoire de Montpellier* (pag. 527).

« Les religionnaires des Cevènes, dit cet auteur, regardant la minorité du roy comme un temps favorable pour l'exercice de leur religion, entreprirent, au commencement de 1717, de reprendre leurs assemblées. La plus nombreuse qu'ils tinrent fut à Moulières, près d'Anduze, où nos dragons ayant accouru pour leur donner la chasse, ils prirent 74 personnes, tant hommes que femmes, qui furent conduites à Montpellier, sur la fin des Estats assemblés en cette ville. M. le duc de Roquelaure les jugea militairement, et condama 22 hommes aux galères perpétuelles, à la réserve de 3, contre lesquels on ordonna une continuation d'information. Les femmes furent envoyées, partie à la tour de Constance, partie aux prisons de Carcassonne, et l'on fit partir le bourreau pour aller planter au milieu de la place d'Anduze une potence d'où pendroient les noms de tous les condamnés. Peu de jours après, l'on envoya un grand nombre de troupes, afin de contenir tout le pays. »

L'abbé d'Aigrefeuille avait été bien informé. Grand fut le nombre des soldats envoyés pour contenir la ville d'Anduze. Il s'y trouvait déjà trois compagnies du régiment de Brie, qui furent renforcées de deux autres le lendemain de cette fameuse assemblée. Le surlendemain, on en vit encore arriver deux. Deux jours après, encore trois : en tout, dix compagnies avec leur état-major ! Où loger tous ces gens de guerre ?..... On les établit chez les habitants. Mais il ne suffisait pas de leur trouver un abri, il fallait leur procurer tout le matériel nécessaire de literie, et une foule d'autres objets à l'usage des soldats. Le conseil de ville dut aviser. Il resta pendant plusieurs jours en permanence et pourvut à tout, après beaucoup de recherches et surtout en faisant des emprunts d'argent.

IV.

Tandis que les Anduziens étaient ainsi accablés par ces logements militaires, le procès de ceux d'entre eux qui avaient été surpris à l'assemblée des Moulières s'instruisait rapidement. Ils avaient été arrêtés le 5, et le 11 ils avaient déjà subi un ou plusieurs interrogatoires. Celui d'un nommé Jérémie Seytte a été trouvé heureusement aux Archives du département de l'Hérault ; et comme ce document, le seul qui reste du volumineux dossier de l'affaire des Moulières, donne une idée de cette assemblée, il est bon qu'il trouve sa place dans ce récit.

« 11 février 1717. Avons mandé venir par-devant nous l'accusé cy-après dénommé, et avons pris de lui le serment de dire la vérité.

» Interrogé de son nom, surnom, âge, qualité, demeure, religion. — A dit s'appeler Jérémie Seytte, charpentier, de la ville d'Anduze, âgé de 36 ans, nouveau converti.

» Interrogé s'il n'a été à l'assemblée des nouveaux convertis, qui se tint à Moulières la nuit du 4 au 5 du présent mois de février? — A dit que ouy.

» Interrogé qui l'advertit de se trouver à la dite assemblée? — A dit que la dite nuit, faisant colation avec le nommé Liron, qui est marié à Anduze, ils virent passer beaucoup de gens; que le dit Liron lui dit qu'il falloit qu'il y eût une assemblée; qu'ils suivirent les gens qui passoient, et se trouva à la dite assemblée dans le temps qu'elle avoit commencé.

» Interrogé si le dit Liron n'alla pas avec lui à la dite assemblée? — A dit que non, et qu'il ne sçait pas où il passa.

» Interrogé qui est-ce qu'il connut à la dite assemblée? — A dit qu'il ne connut personne.

» Interrogé qui étoit le prédicant? — A dit qu'il entendit dire à quelques femmes qu'il s'appeloit *Cadet*.

» Interrogé s'il connoit ou s'il sçait quel est le dit Cadet? — A dit que non, et qu'il n'en sçait rien.

» Interrogé si le prédicant ne prescha pas la révolte contre le roy? — A dit qu'il ne l'entendit pas.

» Interrogé de combien de gens étoit composée la dite assemblée? — A dit qu'il croit qu'ils étoient huit à neuf cents.

» Interrogé qui sont ceux qui conduisoient le prédicant, et qui le ramenèrent, et de quel côté il passa ? — A dit qu'il n'en sçait rien et qu'il étoit trop éloigné de l'endroit ou étoit le prédicant.

» Interrogé du nom de ceux qui furent arrêtés avec lui ? — A dit que ce sont tous ceux qui ont été faits prisonniers, et qu'ils ne les a connus que dans la prison.

» Interrogé si Liron n'étoit pas l'advertisseur de l'assemblée, s'il ne conduisit pas le prédicant, s'il ne le ramena pas ? — A dit que non, qu'il n'en sçait rien.

» Interrogé s'il ne sçait que le roy a deffendu ces sortes d'assemblées, à peine de mort ? — A dit que non.

» Interrogé si le dit Liron ou quelque autre ne lui ont pas dit que le roy permettoit d'y aller ? — A dit que non.

» Interrogé s'il n'a pas crû désobéir au roy en allant à la dite assemblée ? — A dit que ouy, et qu'il lui en demande pardon.

» Interrogé d'ou est le prédicant, s'il le connoit, de quelle famille il est du pays, ou étranger ? — A dit qu'il ne le connoit pas, qu'il parloit françois, et disoit qu'il ne falloit pas avoir peur d'aucun détachement.

» Interrogé pourquoy il disoit qu'il ne falloit pas avoir peur d'aucun détachement, et si ce n'étoit pas pour leur faire accroire qu'il leur étoit permis de venir à l'assemblée ? — A dit qu'il ne savoit pas pourquoy il le dit.

» Exhorté à dire la vérité. — A dit l'avoir ditte.

» Lecture faite, a persisté et n'a sçû signer, ainsi qu'il l'a affirmé. Ainsi procédé par nous. *Signé* : Loys, subdélégué.

» Plus bas, par monseigneur, Lasalle. » (*Arch. de l'Hérault*, deuxièmè divis., paq. 88.)

A la suite de cet interrogatoire minutieux, dans lequel, malgré les demandes captieuses, Seytte avait fait preuve d'une rare présence d'esprit et ne s'était pas départi d'une parfaite réserve, il fut condamné comme les autres, et envoyé aux galères.

La désolation était générale dans Anduze. Il s'y trouvait peu de familles qui n'eussent pas été frappées. Les unes pleuraient sur le sort d'un père, d'un frère, d'un fils, envoyés sur les galères à Marseille; les autres, sur le sort d'une mère, d'une femme, d'une sœur, détenues déjà dans la tour de Constance et dans diverses prisons de la province. Ajoutez à ces chagrins profonds, l'obligation ruineuse de loger une troupe considérable de soldats. Que faire en cette pénible conjoncture? On eut recours aux prières et aux supplications. Pour leur assurer un bon accueil, on invoqua l'intercession de l'évêque d'Alais. Ce prélat, heureux de voir les nouveaux convertis d'Anduze solliciter son intervention, fit aussitôt des démarches actives en leur faveur, s'il faut croire le rédacteur de la délibération suivante : « Il est proposé que le logement de ces dix compagnies est fort à charge à la communauté, par le défaut de casernes, et que les cinq compagnies qui sont sur les habitants *les foulent extraordinairement ;* en conséquence, il seroit à propos d'avoir le délogement de quelques-unes de ces compagnies ; et parce que Monseigneur l'évêque d'Alais a eu la charité de se donner beaucoup de mouvement auprès de Monseigneur le duc de Roquelaure et Monseigneur l'intendant, pour faire diminuer les peines auxquelles un nombre d'habitans se seroient attirés par leur mauvaise conduite, d'avoir assisté à une assemblée illicite défendue, à quoi il est assurément pourvu, puisque les puissances étoient dans la résolution de faire souffrir à cette ville de très-grosses peines ; il seroit bien de le remercier de toutes bontés, qu'il a eues, le supplier très-humblement de vouloir continuer sa protection, et lui procurer tout le soulagement possible, et pour cela lui députer des personnes qui lui fassent bien connoître les intentions de la communauté. » (*Délibération du 4 avril 1717.*)

V.

La proposition fut unanimement accueillie. M. le maire perpétuel reçut le mandat « d'aller remercier Monseigneur l'évêque d'Alais des bontés qu'il avoit eues pour Anduze, de le prier de lui continuer ces mêmes grâces, et de lui procurer quelque soulagement en lui faisant tirer quelques-unes des compagnies qu'elle loge. Il fut également invité à se rendre à Montpellier, pour faire pareille supplication à Monseigneur le gouverneur et à Monseigneur l'intendant. » (*Registre, id.*) Le maire remplit parfaitement sa mission,.. mais sans résultat. Les prisonniers restèrent sur les galères, les prisonnières dans leurs cachots, et les dix compagnies continuèrent à être logées en partie « chez les habitants ». Ceux-ci, désespérés, émirent le vœu de faire construire des casernes, et supplièrent les consuls d'en faire la proposition au conseil. Le 18 avril, cette question fut soumise aux décisions de la communauté, convoquée en assemblée générale.

« Il est proposé qu'on ne sauroit se passer de faire des casernes, soit parce qu'on ne trouve pas de maisons pour loger les quatre compagnies du régiment de Bryc qui sont encore chez les habitants, la compagnie qui est en ville des grenadiers ayant été mise aussi bien que les cinq premières dans les maisons qui servent de casernes ; soit encore que l'entretien de ces maisons couteroit des sommes très-considérables; puisqu'il faut être tous les jours à faire des réparations aux maisons qui servent actuellement pour le logement de six compagnies ; au lieu que, les casernes une fois solidement bien faites, l'entretien seroit très-peu de chose. D'ailleurs, on ne seroit pas dans cette rude nécessité de sortir des propriétaires de leurs maisons, comme on a été dans l'obligation depuis certain temps pour y mettre des troupes, et par là les habitants seront exempts du logement actuel dans leurs maisons, ce qu'ils trouvent leur être très-onéreux. » (*Reg. des délib.*)

L'assemblée générale qui avait provoqué cette motion l'accueillit donc avec une faveur marquée ; elle prit à l'unanimité la décision : « que, sous le bon plaisir de Monseigneur l'intendant, il seroit fait des casernes dans Anduze ». Elle chargea quelques habitants notables du soin de chercher un emplacement favorable, d'inviter les architectes à dresser des plans et à présenter des devis. Les vœux de l'assemblée furent promptement satisfaits, et l'intendant, qui voyait avec une vive satisfaction les habitants résolus à construire des casernes, ne fit pas attendre son approbation. Le 2 juillet, il écrivit aux consuls la lettre dont voici le contenu : « Je vous envoie, Messieurs, les devis et les plans que M. Durand, l'ingénieur, m'a adressés au sujet des casernes. Vous verrez les réflexions qu'il faut examiner sans prévention, et vous prendrez votre dernière résolution avec M. le Roy, qui sera dans huit jours à Anduze. Pour moi, je ne vous dis autre chose, si ce n'est que les troupes soient bien logées ; c'est donc à vous à examiner tous les articles du devis. Il paraît, en suivant ce que vous souhaitez, il en coûtera 20,000 livres, tant pour l'achapt des maisons que pour les réparations, tandis que pour des casernes neuves il en coûtera 22,000 livres. Si cela étoit ainsi, les neuves vaudroient mieux. Mettez les choses en état, afin que lorsque M. le Roy ira faire sa revue, on puisse décider. Je suis, etc.: de Lamoignon, 28 juin 1717. » (*P. S.*) « Depuis cette lettre écrite, j'ay chargé le sieur Desfours pour faire l'estimation et d'aller visiter les lieux. Je lui ay remis tous les mémoires de M. Durand, tant pour les nouvelles casernes que pour les réparations. Il examinera le tout, et il ira dans trois jours à Anduze avec M. le Roy ; après quoy vous me manderez l'avis de la ville, et je decideroi ce qu'il y aura à faire. »

Cette lettre, avec son *post scriptum*, fit ouvrir probablement les yeux de l'assemblée, composée en très-grande partie de nouveaux convertis, c'est-à-dire de protestants. Elle finit par comprendre que l'établissement de casernes permanentes imprudemment demandées, allait follement au-devant de la pensée secrète de Basville. Celui-ci, en effet, désirait vivement de placer dans Anduze une garnison considérable, chargée de dissiper les assemblées du désert qui pourraient avoir lieu dans les environs de la ville et de contenir les habitants.

Voyant le péril au-devant duquel elle avait couru, et voulant lui échapper, l'assemblée pensa qu'il ne fallait pas adopter l'idée de Basville, qui tendait à la création de casernes neuves. En conséquence, elle délibéra : « qu'il étoit plus avantageux pour la communauté de prendre les maisons des sieurs Lambert et Élie Teissier, pour les douceurs qu'elle y trouvera pour faire les casernes, sauf les réparations à faire, que de construire des casernes neuves. » Cette manœuvre habile réussit à la suite du désaccord entre la décision du Conseil général et des vues de l'intendant ; il fallut faire dresser de nouveaux plans et de nouveaux devis. Le temps s'écoula, Basville fut appelé à Paris, et le projet de construire des casernes vit passer de longues années avant de recevoir son exécution.[1]

VI.

Basville, rappelé à Paris, quitta Montpellier dans les premiers mois de l'année 1718, chargé des exécrations de la population protestante. Pendant les trente-trois années qu'il était resté à la tête de l'administration du Languedoc, il avait condamné, dit-on, plus de quarante mille réformés à la détention, aux galères ou à l'échafaud. Son successeur, le chevalier de Bernage, était chargé d'instructions fort sévères au sujet des assemblées religieuses du désert.

Dès son arrivée à Montpellier, il adressa une lettre-circulaire aux consuls d'Anduze, dans laquelle, à la date du 10 mai 1718, il recommandait aux nouveaux convertis de ne pas enfreindre les ordonnances du roi touchant les assemblées religieuses. Huit jours après, cette dépêche fut comuniquée au Conseil, au moment où on l'avisait, pour le jour même, de la visite de l'intendant.

L'assemblée, désireuse de se concilier les bonnes grâces de son puissant visiteur, délibéra unanimement : « de tenir la main, chacun en droit soy, pour qu'il ne fut point commis de contravention aux ordres du roy, amplement déduits dans la lettre de Monseigneur de Bernage; que l'on fût, au contraire, exact à observer la volonté de Sa Majesté, auquel effet chacun des assistans furent priés par les consuls de rendre public le contenu de cette lettre, afin que personne n'en ignorât, et que la con-

[1] La construction de ces casernes eut lieu en 1740.

duite des habitans de la ville fut irréprochable. » (*Reg. des délib.*)

Les principaux habitants, « avertis par le trompette ordinaire, se rendirent à la porte de la ville par laquelle Monseigneur de Bernage devoit entrer, et où les consuls l'attendoient, vers quatre heures du soir ; M. Dalgues, qui avoit été chargé de le haranguer, lui fit le compliment au nom de la communauté, et lui demanda l'honneur de sa protection. » (*Reg., id.*)

Probablement, la délivrance des Anduziens surpris à l'assemblée de Moulières et envoyés aux galères, fut demandée au nouvel intendant ; celui-ci, voulant faire preuve de bon vouloir, fit espérer qu'il favoriserait l'élargissement, sinon de tous, mais du moins de Jérémie Seytte, dont l'interrogatoire a été publié plus haut. Il tint parole, car il écrivit la lettre suivante au garde des sceaux, qui lui avait renvoyé un recours en grâce signé par plusieurs notables d'Anduze en faveur de ce pauvre galérien.

« Monseigneur, j'ai receu avec la lettre que vous m'avez fait l'honneur de m'écrire, le placet ci-joint, des habitants de la ville d'Anduze, par lequel ils demandent le rappel de Jérémie Seytte, charpentier, qui a été condamné aux galères pour avoir été dans une assemblée qui se tint au lieu des Moulières, la nuit du 4 au 5 février 1717. Il n'y eut point d'information contre ce particulier. Sur son interrogatoire, dont je joins ici une copie, par lequel il est convenu du fait dont il est accusé, il a été condamné par M. le duc de Roquelaure, en conformité de l'ordonnance du roy du 12 mars 1689. Il paroit par ce placet qu'un grand nombre de personnes, parmi lesquelles il s'en trouve de distinguées, s'intéressent à lui par rapport à ses talents et par rapport à sa famille. Je crois qu'en faveur de l'aveu qu'il a fait ingénuement de sa faute, dont il paroit même fort repentant, par ses réponses lors de son interrogatoire, il n'y a pas d'inconvénient d'abréger sa peine et de lui accorder le rappel qu'on exige de lui. » (Minutes. Arch. de l'Hérault, deuxième divis.; paq. 88.)

VI.

Cet acte d'indulgence ferait mal juger le chevalier de Bernage, si l'on en tiraitla conclusion que cet intendant fut favorable aux protestants. Au contraire, il donna souvent, à leur égard, des preuves non équivoques d'hostilité, au nombre desquelles il faut placer la minute d'un arrêt, trouvée aux Archives de l'Hérault. Un mot suffira pour faire comprendre la portée de cet arrêt, et son importance au point de vue de notre récit. Au commencement de l'année 1719, à l'époque des élections consulaires, l'intendant écrivit aux habitants de la ville d'Anduze qu'il ne leur *conseilloit* pas, mais qu'il leur *ordonnoit* de nommer pour leurs consuls les sieurs Dalgues, de Latour, Pelet et Chabaud, par la raison entre autres « qu'ils étoient de bon exemple pour la religion ».

L'assemblée accepta ces candidats; mais le seigneur d'Airebaudouze, pour des motifs personnels, protesta contre cette élection et en demanda l'annulation devant le parlement de Toulouse. Les religionnaires n'étaient pour rien dans cette démarche du marquis, connu de tous par son opposition déclarée contre la religion réformée. Toutefois l'intendant en fit tomber sur eux la responsabilité, les accusant de vouloir, de cette manière, entrer dans le consulat. Il présenta sous cet aspect, à la cour, l'opposition que rencontrait l'élection de ses candidats, et, ayant réussi dans ses imputations calomnieuses, il dressa et proposa l'arrêt dont voici la teneur : « Le roy étant informé que par arrêt de son conseil du 20 novembre 1679, il a été informé que les habitants de la ville d'Anduze faisant profession de la religion réformée, seroient exclus pour toujours du consulat et du conseil politique de la dite ville d'Anduze, et qu'il n'y seroit admis que des personnes faisant profession de la religion catholique, apostolique et romaine ; que depuis la conversion générale, en 1686, l'intendant Basville a fait faire les élections consulaires pour ôter aux nouveaux convertis l'administration des affaires de la communauté ; et, qu'en suivant cet établissement, M. de Bernage, actuellement intendant, ayant inspiré de nommer au 1er janvier dernier, qui est le temps de l'élection, les sieurs Dalgues, de Latour, Pelet et Chabaud, qui sont de bons sujets, très zélés pour la religion, pour consuls de cette année, ils l'ont été au conseil par acte du dit jour; mais les habitants nouveaux convertis, qui recherchent toutes les occasions de rentrer au consulat, ont engagé le sieur marquis d'Anduze, qui n'a nul intérest dans cette nomination, de se pourvoir au parlement de Toulouse, et d'obtenir une commission, le 1er février dernier, par laquelle il lui a été permis d'assigner les sieurs Dalgues, de Latour, Pelet et Chabaud, pour voir casser et annuler leur élection, sous prétexte d'autres contestations qu'il a avec les habitants d'Anduze, et que les sieurs Dalgues et consorts n'ont pas rendu compte de leur administration ; et comme ce n'est qu'un prétexte, parce que ces comptes à rendre sont d'un trop petit objet pour donner lieu au préjudice que la religion et le public souffriroient :

» Le roy, étant en son conseil, a confirmé et approuvé la nomination faite des sieurs Dalgues, de Latour, Pelet et Chabaud ; fait défenses de se pourvoir, pour raison de ce, ailleurs que devant le sieur de Bernage, et par appel. » (*Arch. de l'Hérault*, 2ᵉ divis., paq. 88.)

VII.

Les lois de proscription éditées contre les réformés continuaient donc à être appliquées ; toutefois, elles furent un peu négligées à l'occasion du terrible fléau qui décima les populations des provinces méridionales, et qui a laissé un souvenir terrible dans l'histoire, sous le nom de peste de Marseille. C'est dans l'année 1721 que « le mal contagieux » commença à sévir. De la ville où il avait pris naissance, il gagna bientôt les localités voisines, ensuite la Provence entière, enfin tout le Languedoc. Anduze, qui en avait souffert si souvent, prit les mesures les plus énergiques pour échapper à ses atteintes. Les portes de la ville furent fermées, tout commerce au dehors fut interrompu, sauf celui des denrées alimentaires ; et encore les vendeurs d'huile, de vin, de céréales, tant du dehors que du dedans, étaient arrêtés par deux rangs de barrières, au milieu desquelles les marchandises étaient mesurées par des agents préposés pour faciliter et surveiller les échanges.

Grâce à ces précautions, notre ville échappa au fléau. Il n'en fut pas de même d'Alais, qui fut ravagée par l'épidémie. Dès que le conseil de ville d'Anduze eut avis du malheur qui frappait cette population voisine, il lui adressa des compliments de condoléance et lui fit des offres de service ; alors le gouverneur de la province et l'intendant envoyèrent des troupes pour former un cordon sanitaire depuis Anduze jusqu'au Vivarais et au Quérci, afin que les habitants de ces deux contrées ne pussent pas trafiquer avec la Gardonenque, « sous peine de

Seconde édition.

vie ». Par ces mesures rigoureuses, notre ville fut ruinée, mais la population fut sauvée.

Ce fut seulement vers le milieu de l'année 1722 qu'Anduze se vit complètement affranchi de tout péril et de toute crainte. Tant que le danger dura, et même après pendant plusieurs mois, il ne se tint pas d'assemblée au désert dans le voisinage. Il n'en était pas de même dans les Hautes-Cévennes, où le fléau ne s'était pas montré, et où l'on espérait qu'il ne se déclarerait pas. Là, les réunions religieuses furent nombreuses, et l'on ne manqua pas de les signaler à M. de Saint-Florentin, ministre du régent. « On me donne avis, écrivit celui-ci à M. de Bernage, à la date du 17 février 1721, qu'il y a dans les Sevennes et dans le diocèse de Mende un grand nombre de prédicants qui ne se cachent presque plus et qui pervertissent tellement les peuples, qu'il ne reste presque plus de traces de religion dans certaines paroisses, où les curés se trouvent quelquefois seuls dans leurs églises ; que les assemblées des religionnaires sont fréquentes et publiques ; que le signal de la cloche pour la messe, le jour du dimanche, sert pour convoquer les assemblées des prédicants, et que souvent le prêtre, sortant de l'autel, entend de la porte de son église chanter les psaumes de Marot ; que l'on baptise plusieurs enfants dans ces assemblées, que l'on y fait beaucoup de mariages, et que les juges aussi bien que les autres officiers des lieux ne gardent aucune mesure pour la religion. (*Archiv. de l'Hérault*, 2ᵉ divis., paq. 89.)

L'attachement des nouveaux convertis pour les croyances de leurs pères allaient donc toujours en se fortifiant. Les assemblées du désert devenaient plus fréquentes, et les plaintes du clergé catholique à M. de Saint-Florentin étaient plus vives et plus nombreuses. Cet état de choses se maintint jusqu'à la fin de la régence. Mais le duc d'Orléans étant mort en 1723, et la présidence du ministère étant passée entre les mains du duc de Bourbon, ce prince, descendant du grand Condé, publia la terrible déclaration du 14 mai 1724, qui fait époque dans l'histoire des Églises sous la croix, parce qu'elle ouvrit contre les religionnaires une nouvelle série de persécutions.

CHAPITRE V

LES PROTESTANTS D'ANDUZE DEPUIS LA DÉCLARATION DU 14 MAI 1724
JUSQU'A LA PAIX D'AIX-LA-CHAPELLE.

(14 mai 1724. — 28 octobre 1748.)

SOMMAIRE.

Déclaration du 14 mai 1724. — Ses conséquences générales. — Rivière, premier pasteur de district à Anduze. — Antoine Court visite cette ville et y préside une nombreuse assemblée. — Le Languedoc est divisé en 156 arrondissements, composés de quelques communautés qui devaient supporter en commun les amendes infligées pour cause d'assemblées religieuses. — Anduze est le chef-lieu de l'un de ces arrondissements. — Des jeunes gens de la ville attaquent à coups de pierres quelques bergers allant à la messe de minuit. — La population entière est condamnée au logement de quatre compagnies de soldats. — Conversion d'un jeune homme, nommé Fraissinet, à l'insu de ses parents. — Les jeunes filles protestantes des Cévennes enlevées à leurs parents sont enfermées dans le couvent du Verbe Incarné à Anduze. — Jeanne de Villeneuve. — Mademoiselle Rodier. — Amendes imposées aux protestants pour n'avoir pas envoyé leurs enfants à la messe, ou pour avoir fréquenté les assemblées religieuses. — Incarcération de Pierre Albaret, réfugié à Genève, qui était revenu à Anduze sans passeport.

I.

La déclaration du 14 mai 1724 fut publiée quelque temps après la majorité de Louis XV. C'était le résumé des ordonnances, des décrets les plus sévères rendus contre les protestants depuis la révocation de l'Édit de Nantes ; elle était précédée d'un court préambule dans lequel on faisait dire au jeune Louis XV : « De tous les grands desseins que le feu roy, notre très-honoré seigneur et bisayeul, a formés dans le cours de son règne, il n'y en a point que nous ayons plus à cœur de suivre et d'exécuter que celui qu'il avoit conçu d'éteindre entièrement l'hérésie dans son royaume, à quoy il a donné une application infatigable jusqu'au dernier moment de sa vie. Dans la vue de soutenir un ouvrage si digne de son zèle et de sa piété, aussitôt que nous sommes parvenu à la majorité, notre premier soin a été de nous faire représenter les édits, déclarations et arrêts du conseil qui ont été rendus sur ce sujet, pour en renouveler les dispositions et enjoindre à tous nos officiers de les faire observer avec la dernière exactitude. Mais nous avons été informé que l'exécution en a été ralentie depuis plusieurs années, surtout dans les provinces qui ont été affligées de la contagion, et dans lesquelles il se trouve un plus grand nombre de nos sujets qui ont ci-devant fait profession de la religion prétendue réformée, par les fausses et dangereuses impressions que quelques-uns d'entre eux, peu sincèrement réunis à la religion catholique, apostolique et romaine, et excités par des mouvements étrangers, ont voulu insinuer secrètement pendant notre minorité : ce qui nous ayant engagé à donner une nouvelle attention à un objet si important, nous avons reconnu que les principaux abus qui se sont glissés, et qui demandent un plus prompt remède, regardent principalement les assemblées illicites, l'éducation des enfants, l'obligation pour tous ceux qui exercent quelques fonctions publiques de professer la religion catholique, apostolique et romaine, les peines contre les relaps, et la célébration des mariages ; sur quoy nous avons résolu d'expliquer bien disertement nos intentions.... » Or, ses intentions très-peu bienveillantes pour les prétendus réformés, comme il appelait les protestants de son royaume, selon l'ancienne dénomination, étaient exprimées dans dix-huit articles dont voici la substance :

« Peine des galères perpétuelles pour les hommes, et de réclusion à vie pour les femmes, avec confiscation des biens, s'ils assistaient à d'autres exercices que ceux de la religion catholique. — Peine de mort pour les prédicants. — Peine des galères ou de la réclusion contre ceux qui leur donneraient asile ou aide quelconque, et contre ceux qui négligeraient de les dénoncer. — Ordre aux parents de faire baptiser leurs enfants dans vingt-quatre heures par le curé de la paroisse, de les envoyer aux écoles et catéchismes catholiques jusqu'à l'âge de quatorze ans, et aux instructions des dimanches et fêtes jusqu'à l'âge de vingt ans. — Ordre aux sages-femmes d'annoncer aux prêtres les naissances, et aux médecins, chirurgiens, apothicaires, de les avertir des maladies graves des nouveaux convertis, et autorisation aux prêtres d'entretenir les malades sans témoins. — Si quelqu'un refusait les sacrements ou engageait l'un des siens à les refuser, il encourait la peine des relaps. — Il n'y avait de mariage légitime que celui qui était célébré selon les canons de l'Église. — Les parents ne pouvaient, ni faire élever leurs enfants hors du royaume, ni leur permettre de s'y marier. — Les enfants mineurs, au contraire, dont les parents étaient hors du royaume, pouvaient se marier sans leur consentement. — Les certificats de catholicité étaient déclarés obligatoires pour toutes les charges, tous les grades académiques, toutes les admissions dans les corps de métiers. — Enfin, les amendes et les biens confisqués devaient servir à l'entretien des sujets réunis qui en auraient besoin.» (De Félice, *Hist. des prot. de France*, édit. in-8°, pag. 460.)

Cette législation aussi monstrueuse qu'intempestive provoqua une recrudescence de mesures rigoureuses contre les protestants. Les incarcérations, les amendes, devinrent presque journalières. Les sommes provenant de ces condamnations prirent des proportions fabuleuses. Les galères, les prisons se remplirent de protestants surpris en flagrant délit de violation de la nouvelle déclaration royale. Tous les pasteurs furent poursuivis avec acharnement, tous ceux dont on put s'emparer périrent sur le gibet.

Effrayés de cette recrudescence de rigueurs, dont on ne pouvait présager le terme, un grand nombre de protestants prirent le chemin de l'exil ; ils y étaient encouragés par les réfugiés qui les y avaient précédés, et ils répondirent à leur appel. Quant à ceux qui restèrent en France, ils feignirent d'abord de se soumettre aux exigences de la loi nouvelle. On les vit assister quelquefois aux cérémonies du culte catholique ; ils envoyèrent leurs enfants aux instructions des prêtres, et ils sollicitèrent des certificats de catholicité. Le clergé triomphait, mais sa victoire ne fut pas de longue durée. Lorsque la première émotion fut passée, les protestants revinrent aux assemblées du désert, ils recueillirent les pasteurs, pour lesquels des cachettes furent pratiquées dans toutes les maisons ; les populations entières acceptèrent l'organisation ecclésiastique qu'Antoine Court s'appliquait à faire revivre, et les curés restèrent seuls, à la longue, au milieu des religionnaires, n'ayant ni enfants à baptiser, ni nouveaux époux à marier, ni malades à administrer, ni catéchumènes à instruire, ni morts à enterrer.

Pendant quarante ans, un spectacle curieux s'offrit aux regards des observateurs ; on vit, d'un côté, l'État et le clergé s'opiniâtrer dans leurs rigueurs pour empêcher la restauration du culte réformé, et, de l'autre, les pasteurs et les Églises travailler sans relâche à cette même restauration, au mépris de tous les périls. Ainsi se montrent souvent sur un champ de bataille deux armées, dont l'une, supérieure en moyens d'attaque, soudroie son adversaire et semble devoir l'anéantir ; mais l'autre, quoique décimée au début du combat, reste inébranlable, et, puisant des forces dans sa constance, elle fatigue son ennemi et l'oblige à cesser ses efforts impuissants. Telle fut la lutte engagée entre le clergé catholique soutenu par l'État, et les protestants du royaume, lutte qui tourna à l'avantage de ces derniers, et dont la ville d'Anduze resta jusqu'à la fin un des théâtres principaux.

II.

Immédiatement après la publication de la déclaration royale, les intendants, leurs subdélégués, les curés, les soldats, les espions, reprirent leur rôle avec une ardeur nouvelle. Des assemblées religieuses furent dénoncées et surprises, des condamnations furent prononcées, des amendes furent infligées ; mais ces mesures de rigueur ne purent empêcher les courses des pasteurs, l'introduction des livres religieux envoyés de l'étranger, les convocations des assemblées, les réunions des synodes. Il s'en tint un entre autres, en 1725, à Alais, quelques mois à peine après la déclaration royale, et un autre en 1727, dans lequel la province du Bas-Languedoc fut divisée en divers champs de travail auxquels on donna le nom de district. Le pasteur Rivière fut chargé de celui qui embrassait dans sa circonscription Anduze, Sauve, et probablement les Églises environnantes.

Le pasteur Rivière n'était pas établi à poste fixe. Il était à Sauve lorsque les soldats le cherchaient à Anduze, et il se trouvait caché dans Anduze lorsqu'on le supposait à Sauve. Il marchait de nuit plutôt que de jour, tantôt sous un déguisement et tantôt sous un autre. Il cherchait ses lieux de retraite plutôt dans les hameaux que dans les villes, et plutôt dans les fermes écartées que dans les hameaux. Par ses déplacements continuels, il tâchait d'échapper aux poursuites des agents de l'autorité. D'ailleurs, il avait peu de fonctions régulières à remplir au commencement ; les baptêmes et les mariages pour lesquels on l'appelait étaient rares, les prédications bien peu nombreuses ; on se rassemblait quand on pouvait et comme on pouvait, selon le mouvement des troupes. C'était pour chaque pasteur une affaire d'occasion et de courage. Rivière, à l'instar de ses rares collègues, épiait les circonstances qui lui permettaient de réunir les diverses portions de son vaste troupeau, aujourd'hui dans un lieu, et peut-être au bout d'un mois dans un autre. Mais, dans l'intervalle des assemblées, il se transportait clandestinement dans les diverses communautés de son district. Là, il organisait les consistoires et les diaconats, il visitait les familles, il donnait du courage à tous. L'œuvre de Rivière dans Anduze et autour de cette ville était d'une haute importance, et il rebâtissait l'ancienne Église réformée sur les ruines amoncelées depuis la révocation de l'Édit de Nantes.... Qu'on était loin déjà, et que l'on avait fait des progrès depuis cette époque néfaste !.. Au lendemain de la révocation, les pieux protestants s'estimaient heureux de la nourriture que des prédicants laïques, tels que Fulcrand Rey et Vivens, venaient leur apporter de loin ; jusqu'en 1715, ils n'eurent pas d'autres directeurs spirituels. Antoine Court leur offrit ensuite le ministère de pasteurs régulièrement institués. Mais ceux-ci s'étaient fait une loi de ne pas résider dans un endroit spécial, où ils auraient été facilement découverts. Devenus missionnaires par les malheurs du temps, ils entreprirent de longues courses et des visites nombreuses dans toute la province. Ce fut un nouveau progrès ;

car ces courses, faites avec suite et une infatigable ardeur, contribuèrent efficacement à nourrir la vieille piété et à empêcher les anciennes Églises de périr. Mais ces apôtres du désert, dont la province entière était le champ de travail, devinrent à leur tour insuffisants. Il fallut aux populations protestantes de la contrée, des pasteurs de district, dont on connaissait la retraite et que l'on pourrait appeler au besoin. Le cercle se resserrait. Encore quelques années et, grâce aux idées de tolérance qui prenaient journellement plus d'empire, grâce surtout à l'accroissement des besoins des troupeaux, les pasteurs de district devaient être remplacés par des pasteurs à poste fixe, résidant au milieu de leurs ouailles, au sein des communautés. En attendant, la nomination de Rivière marquait un nouveau progrès dans la restauration de l'Église d'Anduze. Cet apôtre du désert doit être, de la part des réformés de cette Église, un objet de vénération, autant que le respectable Pasquier Boust. Celui-ci l'organisa le premier, au début de la Réforme. Après la révocation de l'Édit de Nantes, Rivière fut le premier à la rétablir. Honneur à l'un et à l'autre !

III.

Le progrès du rétablissement des Églises était dû surtout à l'infatigable Antoine Court, qui ne cessait de se dévouer à son œuvre périlleuse. Bravant tous les dangers, ne se laissant arrêter par aucune fatigue, il allait et venait d'un district à un autre. On le voyait occupé tout à la fois de l'organisation des consistoires, de l'administration des sacrements, de la convocation des assemblées et de la prédication. Dans une seule de ses tournées pastorales, dont il a laissé le récit, il visita trente-deux Églises, il présida autant d'assemblées, il fit cent lieues et il consacra soixante jours à cette odyssée aussi longue que périlleuse.

Voyageant ainsi dans l'intérêt des Églises, il ne pouvait négliger celle d'Anduze. Il ne l'oublia pas, en effet, et non-seulement il la visita, mais il y présida une nombreuse assemblée, dont son Journal ne manqua pas de faire mention.

« 2 juillet 1728..... Je réservai le dimanche pour assembler les Églises de Saint-Jean-du-Gard, de La Salle et d'Anduze. L'assemblée fut belle et nombreuse. Le paysan s'y vit accompagné du noble et du bourgeois. Si le calcul est juste, quatre pauses d'un psaume et tout le cantique xl furent chantés pendant la communion, qui se fit pourtant fort à la hâte, pressés que nous étions par les rayons ardents du soleil qui donnoit perpendiculairement sur nos têtes; et nous servant d'ailleurs d'une coutume qui, dans son usage, fait qu'un pasteur, aidé d'un ancien, fait communier presque autant de personnes que s'ils étoient deux. Mais pourquoi, nous dira-t-on peut-être, des assemblées si nombreuses? N'en craint-on pas les conséquences? Il est des lieux où il seroit bien difficile de les faire d'une autre manière. Le nombre des fidèles y est grand, le zèle empressé, la faim dévorante, les prédications rares, les pasteurs encore plus; on épie l'occasion, on s'en saisit, et, pour éviter le plus grand nombre, il faut que le pasteur se cache, qu'il use de stratagème comme à la guerre; on le suit à la piste. Il y avoit huit jours que des fidèles de ces lieux étoient en mouvement pour épier cette dernière occasion. Et l'économe du père de famille peut-il interdire aux enfants de la maison le pain sacré de la parole, ce pain qu'on lui demande non-seulement avec empressement, mais même avec larmes! Non, nous dira-t-on; mais il faudroit multiplier les assemblées, voilà qui est bien; mais il faudroit multiplier le nombre des pasteurs. » (Coquerel, *Hist. des Eglises du désert*, tom. I, pag. 186.)

IV.

Des assemblées si fréquentes, dont l'existence ne pouvait pas être ignorée, démontraient, de la manière la plus éclatante, le peu d'effet produit sur les protestants du bas Languedoc par la fameuse déclaration du 14 mai 1724. Les ministres du roi crurent devoir recourir à une autre mesure qui, dans leur pensée, ne manquerait pas d'être plus fructueuse. Ils résolurent de rendre les communautés responsables des assemblées qui se tiendraient dans leur voisinage, et de les frapper de fortes amendes. Ils pensaient que les habitants paisibles et indifférents de ces localités, afin de se soustraire aux condamnations pécuniaires, s'interposeraient pour les empêcher.

Ils firent, en conséquence, diviser le Languedoc en 156 arrondissements, dont chacun était composé de quelques communautés, et ils rendirent, à la date du 8 novembre 1728, une ordonnance dans laquelle se trouvent, entre autres, les dispositions suivantes : « Sa Majesté étant informée que les différentes peines afflictives portées par les arrêts, déclarations et ordonnances rendus contre ceux qui assistent aux assemblées illicites des nouveaux convertis, n'ont encore pu en arrêter entièrement le cours, parce qu'elles ne font, sur les esprits remplis d'erreurs, que les impressions passagères que produit la crainte d'une peine à laquelle chacun d'eux se flatte d'échapper ; et Sa Majesté voulant mettre fin à ce désordre, qui cesseroit totalement si ceux des nouveaux convertis qui, craignant d'être surpris eux-mêmes dans les assemblées dont ils ont toujours connoissance, ne craignent pas d'y laisser aller et d'y envoyer souvent leurs enfants et domestiques, cessoient de favoriser et de fomenter ainsi ces assemblées par leurs mauvais conseils ou par leur tolérance et leur silence, qui ne les rendent pas moins coupables de désobéissance que ceux qui les fréquentent : elle auroit résolu d'obliger, par leurs intérêts particuliers, tous les nouveaux convertis à détourner ou déclarer les assemblées dont ils sont toujours informés, ou de les punir comme complices des dites assemblées, en établissant, contre ceux qui ne les déclareront pas, des peines pécuniaires et arbitraires, qui seront indifféremment supportées à l'avenir par tous les nouveaux convertis des cantons de la province du Languedoc dans lesquels il se tiendra quelques assemblées. A ces fins, Sa Majesté a ordonné et ordonne :

« Art. 1er. Que dans toutes les communautés du Languedoc comprises dans l'état des arrondissements qui en ont été dressés par les ordres de Sa Majesté, tous les nouveaux convertis habitant dans l'étendue des dits arrondissements demeureront responsables de toutes les assemblées qui se tiendront sur le territoire des communautés dont chaque arrondissement est composé.

» Art. 2. Les dits habitants nouveaux convertis des arrondissements dans l'étendue desquels il sera constaté qu'il se sera tenu quelque assemblée, seront condamnés sans forme et figure de procès par le commandant de la province, et en son absence par l'intendant, à une amende arbitraire et proportionnée à leurs facultés, ensemble aux frais des procédures qui auront été faites à l'occasion des dites assemblées, et la répartition des amendes et frais sera faite par l'intendant, sur la connoissance qu'il en aura, sur tous les habitants nouveaux convertis qui se trouveront compris aux rôles de la capitation dans toutes les communautés de l'arrondissement.

»Art. 3. Veut Sa Majesté que ceux des nouveaux convertis qui rempliront leurs devoirs de catholiques et en justifieront par les certificats de leur évêque ou de leurs grands-vicaires, portant qu'ils fréquentent l'église et les sacrements, et qu'au moins depuis trois ans antérieurs et consécutifs ils ont régulièrement satisfait à leur devoir pascal, ne soient point compris dans la susdite répartition, à moins toutes fois qu'il n'y ait preuve contre eux d'avoir assisté ou favorisé les dites assemblées.

»Art. 4. Les habitants nouveaux convertis d'une des communautés de l'arrondissement dans l'étendue duquel il se sera tenu une assemblée, qui en donneront avis et en fourniront la preuve, seront pareillement exceptés de la répartition; et lorsque les avis auront été donnés assez à propos pour que l'assemblée ait été surprise, tous les habitants de cette communauté seront déchargés de l'amende, et leur portion rejetée sur le reste de l'arrondissement....

»Art. 8. Et attendu que les prédicants qui viennent des pays étrangers ou s'élèvent dans le pays, et qui sont les principaux auteurs de toutes les assemblées, ne trouvent les moyens de les entretenir que par la facilité des retraites que les nouveaux convertis leur donnent dans leurs maisons, nonobstant les deffenses qui en ont été ci-devant faites, Sa Majesté ordonne que tous les nouveaux convertis des communautés d'un arrondissement dans l'étendue duquel un prédicant pourra être arrêté, seront condamnés en trois mille livres d'amende, applicables aux dénonciateurs qui en auront procuré la capture, et ce, indépendamment du procès qui sera fait et parfait suivant la rigueur des précédentes ordonnances, édits et déclarations, à celui dans la maison duquel le prédicant aura été arrêté.... »

La ville d'Anduze fut naturellement comprise dans un des arrondissements dont la précédente ordonnance fait mention. Elle y figurait avec quatre communautés voisines. Au reste, voici le tableau qui en fut dressé, avec les indications et les réflexions dont il était accompagné. Nous donnons le tout tel qu'il se trouve dans l'état général de ces arrondissements.

ARRONDISSEMENT et circuit.	COMMUNAUTÉS.	FAMILLES des nouveaux convertis.	FAMILLES des anciens catholiques.	CAPITATION.	DIOCÈSE
Anduze. 4 lieues.					
	Ville d'Anduze	676	128	3447 livr.	Alais.
	Boisset	17	2	100	
	Corbès	33	0	85	
	Tornac	90	11	704	
Dans la montagne et un peu en plaine.					

« Anduze est à l'entrée des montagnes des Sevennes, elle est située sur la rivière du Gardon dit d'Anduze, pour le distinguer de celui d'Alais, à trois lieues de Saint-Hippolyte et à deux d'Alais; cette ville, dans sa petitesse, est assez marchande et commode, et en même temps une des plus gâtées du Bas-Languedoc, qui, du côté de l'entêtement, pourroit aller de pair avec Uzès, Ganges et Saint-Hippolyte; les habitants sont d'ailleurs très-habiles et fort attentifs à leur petit intérêt; le territoire d'Anduze est court.

» Boisset et Corbès sont deux petites communautés. Celle de

Tornac est grande, et les gens de la campagne n'y valent pas mieux que ceux de la ville.

»Cet arrondissement est attenant à ceux de Saint-Jean de Gardonenque, de Saint-Christol, de Lezan, de Durfort et de Canaules [1]. »

V.

La population d'Anduze était donc, aux yeux de l'administration, *une des plus gâtées* du bas Languedoc, et pour l'entêtement elle pouvait *aller de pair* avec Uzès, Ganges et Saint-Hippolyte. Au moment où elle était représentée sous de telles couleurs, et qu'elle était de cette manière signalée aux méfiances et aux sévérités des agents du gouvernement, une agression de quelques jeunes gens de la ville fit condamner la plupart des habitants au logement dans leurs maisons de quatre compagnies de soldats. Un tel épisode est trop caractéristique pour être passé sous silence. La correspondance officielle en fournira le récit textuel.

« Alais, le 27 janvier 1729. Monseigneur l'intendant, en exécution de l'ordonnance de M. le marquis de la Faré du 8 de ce mois, je fus à Anduze, le 16, pour informer contre ceux qui avoient maltraité des bergers qui alloient à la messe de minuit. Je pris d'abord la plainte des bergers, qui disent qu'allant à la messe de minuit à l'église d'Anduze, plusieurs jeunes gens qu'ils rencontrèrent dans les rues leur demandèrent où ils alloient; et leur ayant répondu qu'ils alloient à la messe,

---

[1] Ce tableau est extrait d'un volume grand in-folio, manuscrit, qui faisait partie de la bibliothèque particulière du roi Louis-Philippe; ce manuscrit, rempli de documents du plus haut intérêt pour l'histoire générale du protestantisme français, a été acheté par nous à la vente des livres du château de Neuilly.   J.-P. H.

les dits jeunes gens dirent qu'il falloit donner cent coups de bâton à cette f.... gavotaille, et passèrent sans autre insulte. Après la messe, dans le temps qu'ils se retiroient, ils rencontrèrent encore des jeunes gens dans les rues qui leur dirent : d'où vient cette f.... gavotaille? de la messe, d'entendre les f.... sottises que disent les capélans et de dire leurs f.... chapelets ; et dans le même temps firent une décharge de coups de pierres sur les dits bergers, dont un fut blessé ; lesquels ayant pris la fuite furent encore poursuivis à coups de pierres ; et quatre des soldats de garde étant sortis sur la plainte des bergers, rencontrèrent encore les jeunes gens qui, de nouveau, leur jetèrent des pierres et blessèrent un soldat à la tête.

» J'entendis cinq témoins qui ne savoient rien du fait, excepté les soldats, qui sont conformes à ce dessus dans leurs dépositions. J'interrogeai encore deux prisonniers qu'on a arrêtés, les soupçonnant d'être les coupables, qui démentent le fait ; mais un d'entre eux, nommé Ferrier, dit que le nommé Brunel, du dit Anduze, lui auroit dit avoir lui-même jeté des pierres aux dits bergers et soldats, et qu'ils en avoient pour leur compte. Il croit aussi que les nommés Duplan, Pongy et Antoine Sollier étoient avec le dit Brunel, parce qu'il les avoit vus ensemble à la messe de minuit, et qu'ils avoient disparu d'Anduze depuis la plainte des dits bergers. On prétend que ces quatre jeunes gens se tiennent cachés dans Anduze, et nous attendons d'un moment à l'autre d'apprendre qu'ils auroient été arrêtés. C'est ce qui a fait trouver bon à M. d'Yverny de suspendre à vous en informer jusqu'à présent.... J'ai l'honneur, etc. *Signé* : DE LA BRUGUIÈRE. »

M. d'Yverny, commandant les troupes cantonnées à Alais, écrivit de son côté : « 28 janvier 1729. M. de La Bruguière aura aujourd'hui l'honneur de vous envoyer l'extrait de l'information qu'il a faite contre ces brigands d'Anduze qui ont assommé ces pauvres bergers pour avoir été à la messe de minuit. Il me paroît que la chose est bien pressante, telle que j'ai eu l'honneur de vous la mander. Je fairoi tout ce que je pourroi pour arrêter les coupables, me persuadant qu'ils méritent qu'on leur en fasse un exemple. La ville d'Anduze, comme vous savez, Monsieur, est si mal intentionnée, qu'il me semble que l'on ne doit pas négliger la moindre occasion pour la mortifier. Signé : D'YVERNY. »

Si l'on en juge par cette lettre, M. d'Yverny n'éprouvait pas une grande bienveillance pour les protestants anduziens. Il les traite de brigands, il veut les « mortifier », et il serait heureux de saisir cette occasion pour leur faire un bon exemple. L'intendant ne fut pas animé des mêmes dispositions. Jugeant avec calme les pièces du dossier, il n'y vit que l'agression isolée de quelques jeunes gens probablement pris de vin, agression dont les coupables devaient être punis, mais dont la responsabilité ne devait pas retomber sur la population entière. En conséquence, il répondit : « De la procédure, il ne résulte aucune preuve suffisante *pour étendre une condamnation*. Nous avons cependant pensé, M. le marquis de la Faré et moi, qu'il falloit faire en sorte de s'assurer de ceux qui sont soupçonnés d'être les auteurs de cette insulte; peut-être que lorsqu'ils seront arrêtés, on aura contre eux des preuves convaincantes, et, en ce cas, je demanderois un arrêt d'attribution pour leur faire leur procès et les punir d'une façon qui servira d'exemple. Je suis, etc. » (Minute.)

La population d'Anduze devait donc être épargnée. On se contenta d'arrêter deux habitants soupçonnés d'avoir maltraité les bergers, et on les jeta en prison. Ils y étaient encore dans le mois de mars 1729, lorsque d'autres jeunes gens, au milieu des folies du carnaval, allèrent les délivrer en forçant les portes de la prison. Dès-lors, l'affaire changea de face aux yeux de M. de Bernage. Autant elle lui avait paru sans conséquence au début, autant il lui trouva de la gravité. Il en écrivit aussitôt à la cour, et il adressa aux membres du conseil du roi la dépêche suivante : « 13 mars 1729. Nous fûmes informés dans le temps, M. le marquis de la Fare et moi, que quelques bergers des environs d'Anduze furent insultés en allant, la nuit de Noël dernier, à la messe de minuit, par des jeunes gens nouveaux convertis, qui les maltraitèrent encore au sortir de l'église, en tenant des mauvais propos sur la religion. Un détachement du corps-de-garde vint au secours de ces bergers, mais il fut reçu à coups de pierres ; quelques bergers et quelques soldats en furent blessés, et, les coupables ayant pris la fuite, aucun d'eux ne put être arrêté ni connu. Il ne résulta de la procédure que quelques indices contre deux jeunes gens. M. de Bernage les fit arrêter, et je n'eus pas l'honneur d'en rendre compte à Votre Altesse, parce que nous crûmes que cet exemple et la promesse que les principaux du pays firent de veiller sur la conduite des habitants, seroient suffisants pour contenir les autres dans la suite ; mais ils viennent de faire une seconde entreprise plus criminelle.

» Quatorze ou quinze habitants s'étant masqués, le mardi gras, ont été au milieu de la nuit enfoncer les portes des prisons, et en ont enlevé les deux jeunes gens que le marquis de La Fare y avoit fait mettre. Votre Altesse juge bien qu'il auroit été inutile de faire une information contre des gens masqués. Cependant, le cas étoit si grave que nous avons cru que les habitants méritoient en général un châtiment.

» M. de La Fare a, pour cet effet, tiré des casernes de la ville deux compagnies qui y étoient en quartier, et il en fait marcher deux autres, et il a fait loger les soldats chez les nouveaux convertis les plus mal intentionnés. M. d'Yverny, qui vient lui-même de faire l'établissement de ces logements, arriva hier ici; il nous a dit que cet exemple avoit beaucoup consterné les mutins. Les soldats ne sont pas moins logés à discrétion. M. d'Yverny a seulement réglé qu'il leur seroit payé par l'habitant dix sols par jour pour leur nourriture. Ce châtiment, quoique léger, rétablira, suivant les apparences, l'ordre et la tranquillité dans la ville d'Anduze, très-dangereuse par l'esprit de phanatisme et de rébellion qui y règne plus que dans aucune autre de cette province, et j'ai cru devoir prendre la liberté d'en rendre compte à Votre Altesse, pour ne rien lui laisser ignorer de tout ce qui peut mériter son attention et intéresser le service du roy en Languedoc. J'ai l'honneur. » (Minute.)

Une telle punition, quoique adoucie, était injustement infligée; car ceux qui étaient soupçonnés d'être les plus mal intentionnés de la ville n'étaient pas plus coupables de l'enlèvement des deux prisonniers que des mauvais traitements exercés contre les bergers. Elle reçut toutefois l'approbation des ministres de Louis XV. L'un d'eux, le comte de Saint-Florentin, répondit à l'intendant, à la date du 23 mars :

« ... Le roy, à qui j'ai rendu compte, en présence de Son Éminence (le cardinal de Fleury), de toute cette affaire, et de l'esprit de fanatisme qui règne dans la ville d'Anduze, a fortement approuvé le parti que M. le marquis de La Fare a pris, de concert avec vous, de faire loger quelques compagnies de la garnison chez les plus mal intentionnés. Sa Majesté espère tout l'effet qu'on peut en attendre. Il est fâcheux qu'on n'ait pu reconnaître aucun des auteurs de la rébellion, l'exemple eût été bien placé. Je suis, etc. »

La punition fut d'assez longue durée. Elle se prolongea jusqu'au 8 avril suivant. A cette date, on retira les soldats logés chez les habitants, et l'intendant se hâta d'en informer le comte de Saint-Florentin. « Ce châtiment, quoique léger, a fort humilié les séditieux. Six des principaux habitants, avec le curé, ont été trouver M. d'Yverny, pour l'assurer de leur repentir et de l'attention qu'ils auroient dans l'avenir de leurs démarches. Ces assurances, qui sont sincères, nous ont déterminé à faire rentrer les troupes dans les casernes. C'est présentement une affaire finie, et un pareil exemple ne pourra que contenir les nouveaux convertis du voisinage. J'ai l'honneur d'être, etc. » (*Arch. de l'Hérault,* deuxième division, paq. 90.)

VI.

Plusieurs années se passèrent sans incidents remarquables survenus à Anduze. Cependant, en l'année 1740, la population entière fut jetée dans la stupeur par un événement malheureux qui vint frapper une des familles les plus respectables de la communauté.

Un jeune homme de 14 ans avait été converti au catholicisme, à l'insu de ses parents, par les jésuites de Montpellier. Dans cette circonstance, l'autorité paternelle, qui avait été méconnue, fut non-seulement foulée aux pieds, mais même bâillonnée. Afin d'échapper à l'accusation de partialité, laissons aux auteurs de cette action coupable le soin d'en raconter les particularités. Nous donnons d'abord la parole à l'évêque de Montpellier, écrivant à son collègue d'Alais.

« 30 mars 1740. Je ne puis, Monseigneur, me dispenser de vous informer d'un fait important à la religion, qui vous intéresse: Jean-Baptiste Fraissinet, âgé de 14 ans, fils de François Fraissinet, marchand drapier d'Anduze, étudiant au collège des jésuites de Montpellier, y a été instruit dans la religion catholique, et il a désiré sincèrement d'en faire toutes les fonctions. En conséquence, après avoir été bien éprouvé, j'ai permis qu'on lui fît faire sa première communion. Son père, protestant, en ayant été informé, conçut le dessein de le rappeler chez lui; mais, sur le rapport que je fis à M. l'intendant, il défendit à son maître de le relâcher. Aussitôt après le départ de M. de Bernage, le père du dit Fraissinet n'a pas manqué de venir à Montpellier, et par artifice il a tiré son fils des mains du maître de pension et l'a emmené à Anduze. J'ai appris hier qu'il l'avoit emmené dans les montagnes du Rouergue, d'où l'on croit qu'il le fera passer dans les pays étrangers.

» Cependant, cet enfant, qui s'est converti de bonne foi, paroit digne de compassion, et il ne seroit pas juste de l'abandonner et de le livrer à la fureur de son père. M. l'intendant m'avoit offert d'avoir un ordre de la Cour, et j'eus l'honneur de vous en dire quelques mots pendant les États, n'ayant voulu rien décider sur cet article, qui concernoit plus votre diocèse que le mien. Nos occupations nous ont fait perdre de vue cet objet, mais le temps presse de sauver cet enfant. Je suis persuadé qu'il vous sera très-facile d'avoir un ordre au père de le représenter et de lui payer la pension chez un maître catholique. Si vous voulez, à cet effet, envoyer ma lettre à M. l'intendant ou au ministre, vous en êtes le maître. *Signé*: G., évêque de Montpellier, »

L'adhésion de Monseigneur d'Alais n'était pas douteuse, et

elle ne se fit pas attendre. M. de Bernage fut prié de demander un ordre de cour au ministre Saint-Florentin, qui se garda bien de le refuser. Le 26 avril 1740, il écrivit à l'intendant : « Je vous envoie l'ordre du roy nécessaire pour obliger le sieur Fraissinet de faire revenir son fils à Montpellier, où vous désignerez un lieu convenable pour son instruction. Il sera bon aussi de lui faire dire, si vous en trouvez l'occasion, que s'il tentoit une seconde fois de corrompre ce jeune homme ou de le faire passer en pays étranger, Sa Majesté prendroit à son égard un parti qui l'en feroit repentir. Je suis, etc. *Signé* : SAINT-FLORENTIN. »

L'ordre du roi fut apporté à Anduze par un archer, qui ne manqua pas de faire son rapport à l'intendant. « Alais, 15 mai 1740. Monseigneur, M. de la Bruguière m'a remis un ordre du roy ; je l'ai communiqué à M. Fraissinet, marchand de la ville d'Anduze, en parlant au sieur Bros, son beau-frère, qui m'a répondu que le sieur Fraissinet étoit à la foire de Clermont avec son fils ; qu'il alloit faire partir un exprès pour le faire revenir et le faire passer tout de suite à Montpellier, et à signé sa réponse au pied de mon verbal, que j'ai remis à votre délégué. Je suis, etc. *Signé* : CARON. »

Conformément à la promesse de M. Bros, le jeune Fraissinet fut ramené à Montpellier et, d'après les ordres de l'évêque, placé de nouveau entre les mains de son ancien maître de pension. L'intendant avait déjà perdu de vue cette affaire, lorsqu'il reçut le placet suivant, qu'il se hâta de soumettre à l'avis de l'évêque : « A Monseigneur. Le sieur Fraissinet, marchand de la ville d'Anduze, représente à Votre Grandeur qu'ayant appelé auprès de lui Jean-Baptiste Fraissinet, son fils aîné, qui faisoit ses études en la présente ville, pour lui enseigner son commerce, il lui fut signifié un ordre du roy, le 7 du mois de mai dernier, qui lui enjoint de faire revenir son fils à Montpellier pour être mis dans tel collége ou pension que Votre Grandeur indiquera; et le remontrant ayant mené son fils en la présente ville, à cause de votre absence s'étant adressé à Monseigneur l'évêque, le dit seigneur lui dit : qu'il pouvoit le remettre à la même pension où il avoit resté, et qu'il auroit soin d'informer Votre Grandeur de tout, et du bon témoignage et de l'offre que faisoit le curé d'Anduze de veiller sur la conduite de cet enfant, afin d'obtenir son rappel et lui donner moyen d'apprendre son commerce, étant entré dans sa seizième année; le remontrant offrant une entière liberté à son fils pour s'instruire de la religion catholique. Avec cette protestation, il a recours à ce qu'il vous plaise de permettre à son fils de se retirer dans la maison de son père pour apprendre son commerce, comme étant l'aîné de huit enfants, et en même temps l'instruire, sous la direction du curé d'Anduze, de la religion catholique, et le remontrant continuera ses vœux au Ciel pour la conservation de votre personne. »

Monseigneur de Montpellier consentit volontiers, par une lettre du 29 novembre, à ce que le fils du sieur Fraissinet lui fût remis. « Outre l'assurance qu'on m'a donnée, disait-il, qu'il n'y avoit point de danger, il est juste de déférer au sentiment de l'évêque d'Alais. »

D'après cet avis favorable, M. de Bernage demanda au ministre, en faveur du jeune Jean-Baptiste Fraissinet, l'autorisation de retourner auprès de son père. Celui-ci expédia immédiatement un ordre ainsi conçu : « De par le roy, il est permis au sieur Fraissinet fils, qui est, en conséquence de nos ordres, chez le sieur Saltet, d'en sortir présentement et de retourner chez son père, à la charge de se conduire, par rapport à la religion, de manière qu'il n'en revienne aucune plainte à Sa Majesté. Fait à Versailles, le 10 décembre 1740. *Signé* : Louis. » (*Arch. de l'Hérault*, 2ᵉ divis. paq. 81.)

Quel rôle ignoble joué par tous ces grands personnages ! Enlever un enfant à son père, et contraindre ce malheureux, s'il veut recouvrer son fils, à s'engager qu'il le fera élever par un prêtre, sous ses yeux, dans une religion pour laquelle il n'éprouve que de la répulsion ! Et l'on s'étonne ensuite que le clergé romain ait été et qu'il soit encore l'objet de haines invétérées ! S'il a été violemment attaqué, il peut bien se frapper la poitrine en prononçant son *meâ culpâ* : il a semé le vent [1], et maintenant il recueille la tempête... Il souffre, qu'il n'en accuse que lui-même !

---

[1] Dès les premiers mois après la révocation de l'édit de Nantes, le haut clergé se donna le rôle d'enleveur d'enfants protestants; le placet suivant nous en fournit la preuve :

« A Monsieur le marquis de Chasteauneuf, ministre et secrétaire d'Etat, en cour.

» A Anduze, ce 23 février 1686. Monseigneur, Il y a environ trois mois que j'ay pris la liberté de vous écrire et vous demander par grâce de faire en sorte qu'il me soit rendu justice, au subjet de ma fille que Monsieur (l'evêque) d'Alais a fait mettre dans un couvent, sous pretexte, Monseigneur, qu'elle n'alloit pas aux instructions, quoiqu'elle en soit dispensée, étant dans l'age de quinze années. Mais à présent, il n'est plus question de cela, puisqu'on l'a fait confesser et communier. Après quoy, Monseigneur, j'ay été voir Monsieur d'Alais, et le prier de vouloir faire sortir ma fille. Il m'a répondu qu'il n'étoit pas encore temps de trois années. Je m'adresse encore à vous, Monseigneur, pour qu'on me la mette en liberté, ne pouvant supporter la dépense qu'elle me fait, à cause des grandes charges qu'il me faut payer, ayant fort peu de bien et une famille à entretenir, et moi, qui suis estropié et accablé de vieillesse, ayant servi le roy l'espace de trente années sans discontinuer, et fus estropié en Portugal. Et je ne laissai pas, Monseigneur, de servir après la paix de Portugal, en France, ayant commandé une compagnie au régiment de Normandie l'espace de dix

VII.

L'humiliation dont les évêques de Montpellier et d'Alais abreuvèrent le sieur Fraissinet était profonde, mais ce malheureux père eut au moins la satisfaction de voir revenir son fils auprès de lui. Il n'en fut pas ainsi d'un grand nombre de parents à qui leurs enfants avaient été enlevés, et qui ne purent obtenir qu'on les leur rendît, malgré leur promesse de les laisser professer librement la religion catholique.

Ce malheur atteignit un M. Rodier, d'Anduze, dont la fille et trente-neuf autres furent enlevées en vertu d'une lettre de cachet, en 1738, et jetées dans le couvent du Verbe Incarné.

Plusieurs autres jeunes prévenues de la contrée, appartenant aux familles les plus honorables, les y avaient depuis longtemps précédées; entre autres une demoiselle Jeanne de Villeneuve, qui y fut deux fois enfermée, mais qui, en 1749, parvint à s'en faire ouvrir les portes, en dépit des résistances du vicaire général d'Alais, comme nous allons le raconter.

Jeanne de Villeneuve était la fille du maire de La Salle. Son père mourut, et elle fut confiée à un de ses oncles, nommé Villeneuve Ducros, marchand de soie à Saint-Hippolyte, qui la fit conduire au couvent d'Anduze, afin, disait-il, d'assurer sa conversion à l'Église catholique. Elle passa plusieurs années dans ce cloître, et à sa sortie elle vint habiter la maison de son oncle, où elle fut recherchée en mariage par un jeune homme

ans. C'est la prière que vous fait, Monseigneur, celui qui est et sera, avec toute sorte de soumission et de respect, Monseigneur, votre, etc. Signé : BRUNEL. »

nommé Pistoris, avec lequel elle fut fiancée. Malheureusement pour elle, cette union contrariait son oncle, qui devait lui compter une somme de 2,000 livres le jour de ses noces. Voulant se soustraire à cette obligation, le sieur de Villeneuve Ducros écrivit au vicaire-général d'Alais « que sa nièce étoit une très-mauvaise catholique, et qu'il étoit urgent de la faire enfermer au plus vite dans le couvent d'Anduze. » Le vicaire-général ne manqua pas de donner satisfaction aux désirs de cet oncle si soucieux du salut de sa nièce ; il sollicita une lettre de cachet, et Jeanne de Villeneuve, la veille de son mariage, fut appréhendée et conduite chez les religieuses du Verbe Incarné.

Arrachée brusquement à ses affections, sous un prétexte menteur, Jeanne de Villeneuve présenta une requête à l'intendant, conjointement avec son fiancé, dans laquelle elle accusait son tuteur « de l'avoir faussement représentée comme mauvaise catholique ; qu'il avoit agi ainsi par la seule raison qu'il ne vouloit pas lui restituer la somme de 2,000 livres dont il lui étoit redevable, et que son intention étoit, en la faisant enfermer dans un couvent, de se perpétuer dans la jouissance de ses biens. »

L'intendant écrivit à son subdélégué d'Alais, lequel prit des informations auprès du vicaire-général. Celui-ci répondit ce qui suit : « Alais, 20 septembre 1719. Monseigneur, Je reçus hier soir la lettre que vous me fîtes l'honneur de m'écrire, et que M. de la Bruyère, juge, me remit. Je n'ai pas voulu tarder à vous renvoyer le mémoire et la copie du contrat de Pistoris et de Jeanne de Villeneuve, que j'ai lus. Quand le sieur Pistoris prouveroit le fait qu'il expose, qui est que l'oncle de la demoiselle de Villeneuve est son débiteur de 2,000 livres, il me semble que cela ne feroit rien au fait pour lequel je pris la liberté de vous demander un ordre pour la mettre au monastère des religieuses du Verbe Incarné, à la prière de son oncle. Cette fille ne pratique pas la religion; elle est assez obstinée, et ce n'est pas la première fois que M. de Villeneuve, chargé de son éducation, la fait mettre au couvent. Elle avoit été déjà au monastère d'Anduze dès sa jeunesse. Son oncle, qui est homme de bien et fort bien intentionné pour la religion, n'a rien négligé pour la gagner à la religion catholique. Le sieur Pistoris vint me trouver la semaine dernière et me dit qu'il venoit de Montpellier, où il vous avoit présenté un mémoire et demandé un commissaire pour examiner sur les lieux la vérité des faits; il étoit tout effrayé et s'imaginoit qu'outre la raison de la religion, on avoit encore imputé d'autres choses à la demoiselle de Villeneuve. Je le rassurai, et je lui dis que ce n'étoit que par rapport à la religion que l'ordre avoit été obtenu; qu'il falloit que la demoiselle de Villeneuve se fît instruire dans la religion catholique, et qu'elle donnât aux dames religieuses des preuves d'un sincère retour; que j'irois la voir à Anduze pour savoir sa situation et pourvoir à son instruction. Cela le consola. J'allai à Anduze quelques jours après; je vis Mademoiselle de Villeneuve, que je consolai également; elle étoit dans le même préjugé que le sieur Pistoris, son fiancé. Je l'interrogeai sur la religion, et elle me promit de se faire instruire, de profiter de son séjour dans ce monastère. Je recommandai aux dames religieuses d'en avoir grand soin; elles me dirent que cela demandoit du temps, et qu'elles me rendroient un compte exact de sa conduite. J'assurai même M. Pistoris que quand elle feroit bien, je m'intéresserois le premier auprès de vous pour faire révoquer l'ordre. Il me parut satisfait, et il me répondit qu'il n'y avoit rien de plus juste que d'exiger qu'elle fut instruite et devint bonne catholique. — Puisque vous me faites l'honneur de me demander ce que je pense là-dessus, je crois qu'après les démarches que j'ai faites, il faut attendre le succès et voir comment la demoiselle se conduira. Cet ordre que vous avez obtenu a fait un effet merveilleux : il fait aller à l'église bien des gens qui n'y alloient pas et qui attendoient qu'ils fussent fiancés pour y aller. Il les empêche de tenir les discours qu'ils tenoient depuis peu et qui faisoient beaucoup de mal : que les puissances se relâchoient fort sur ce qui les regardoit; qu'on ne vouloit plus les presser; qu'à présent ce n'étoit plus le temps des ordres et des lettres de cachet; que ceux qui gouvernoient entendoient qu'on eut pour eux des ménagements. Tels sont les discours qu'on a tenus ici et dans toutes les Cévennes, qui ont produit un grand relâchement dans les nouveaux convertis, et dont nous ne nous sommes que trop aperçus. Ce coup les a un peu déconcertés et a fait revenir plusieurs des fausses idées qu'ils s'étoient faites. Je crois donc, Monseigneur, soumettant toujours mes lumières aux vôtres, qu'il seroit à propos de laisser Mademoiselle de Villeneuve dans le couvent d'Anduze, jusqu'à ce que nous ayons d'elle de bons témoignages par rapport à la religion, de la part des religieuses et du missionnaire chargés de son instruction et témoins de sa conduite. Quand on en sera content, je serai le premier à vous le faire savoir et à solliciter auprès de vous son élargissement. Je prendrai un soin tout particulier de son affaire. J'ai l'honneur, etc. *Signé* : ROCHEBOUET, vicaire-général. »

Malgré l'habileté avec laquelle il avait rédigé sa lettre, le vicaire-général d'Alais se vit arracher Jeanne de Villeneuve.

Celle-ci fit jouer tant de ressorts et sut si bien gagner la confiance du missionnaire chargé de son instruction et de la supérieure du couvent, que l'un et l'autre, quelques jours après la lettre de M. Rochebouet, lui délivrèrent des certificats de catholicité : « Je dois ce témoignage à Mademoiselle de Villeneuve, que toutes les apparences sont que sa conversion à l'Église catholique, apostolique et romaine est très-sincère et n'a rien d'équivoque. J'ajoute que j'ai là toute la certitude morale qu'on peut avoir, et que même du caractère dont elle paroît estre, je ne doute pas, avec l'aide de Dieu, de sa persévérance. Anduze, 2 octobre 1719. *Signé* : de BOISSIEU, jésuite, missionnaire du roy'. » — « Je soubsignée, supérieure de notre monastère du Verbe Incarné et du Saint-Sacrement, certifie comme la demoiselle de Villeneuve, du lieu de Saint-Hippolyte, ayant demeuré deux mois en notre monastère, a toujours pratiqué la catholicité avec édification, et certifie, sous le témoignage du révérend Père de Boissieu, jésuite, qu'elle a parfaitement bien fait les devoirs de catholique, et m'a asseuré qu'elle les continuera toute sa vie. En foy de quoy j'ay fait le présent certificat. Anduze, le 3 octobre 1719. *Signé*: sœur Marie de LAGRE, supérieure. »

A la suite de ces attestations, l'intendant, qui ne s'était pas mépris sur les vues coupables de l'oncle de Jeanne de Villeneuve, écrivit au vicaire-général, à la date du 15 octobre : « que les certificats obtenus lui faisoient supposer que la demoiselle de Villeneuve étoit bien convertie ; et qu'il écrivoit au ministre pour obtenir l'ordre de la faire sortir. » En effet, cet ordre fut expédié le 21 de ce même mois ; ce fut une grande leçon pour le sieur Villeneuve Ducros et pour le vicaire-général ! Heureux si ces personnages et leurs pareils avaient su en profiter[1].

VIII.

Après Jeanne de Villeneuve, il ne se passa pas d'année sans que les portes du couvent d'Anduze ne s'ouvrissent pour recevoir quelque jeune fille protestante enlevée à sa famille en vertu d'un ordre du roi[2].

Forcé de nous restreindre, nous nous bornerons à mentionner l'enlèvement en masse des quarante jeunes personnes dont il a été question plus haut, et au nombre desquelles se trouvait la fille de M. Rodier, l'avocat.

Enfermées en 1738 dans le monastère d'Anduze, toutes ces recluses s'y trouvaient encore en 1743. Le sieur Rodier, qui avait fait plusieurs tentatives infructueuses pour que sa fille lui fût rendue, jugea qu'il était opportun à cette époque de renouveler ses instances, promettant dans sa requête de laisser sa fille libre de professer la religion catholique. L'intendant consulta l'évêque d'Alais, qui, par la plume de son vicaire-général, fit la réponse dont voici la teneur :

« Alais, 20 octobre 1743. Je vous envoie, Monsieur, le placet que vous m'avez fait l'honneur de m'adresser, et je joins ici les éclaircissements que vous me demandez. Comme la demoiselle Rodier est dans le même cas que quarante autres pensionnaires que la cour fait élever au couvent du Verbe Incarné à Anduze, et que M. l'intendant pourra être souvent importuné

---

[1] Le dossier de cette affaire se trouve aux archives de l'Hérault ; il est très-volumineux (2e divis., paquet 88).

[2] Une demoiselle de La Farelle y fut enfermée le 28 janvier 1727 ; on parvint à la convertir et elle prit même le voile le 22 mars 1729. Ses parents, qui payaient sa pension, furent obligés de lui compter sa dot spirituelle, qui fut réglée à 2,000 livres.

par des demandes semblables à celle dont il s'agit, je crois qu'il est à propos de le mettre au fait de cette affaire. Il y a environ six ans qu'on jugea à propos à la Cour d'employer une partie des fonds des économats pour faire élever dans des couvents de jeunes filles des meilleures familles religionnaires de ce pays-ci. En conséquence de cet arrangement, M. le comte du Muy écrivit à M. l'évêque d'Alais, et le pria de lui envoyer un état de ces filles les mieux apparentées de son diocèse, depuis l'âge de sept ans jusqu'à onze, avec leurs extraits baptistères et des certificats authentiques qui prouvassent que leurs père et mère ne faisoient aucune fonction catholique. Il ajoutoit qu'il étoit inutile d'y joindre aucune recommandation ou apostille pour faire préférer les unes aux autres, parce que la Cour étoit bien aise de choisir là-dessus. M. l'évêque fit faire dans toutes les paroisses un dépouillement conforme à ce qui lui étoit demandé.

»Il y joignit les extraits et certificats, fit un paquet du tout, qu'il envoya à M. le comte du Muy. Quelque temps après, il en reçut une lettre qui lui donnoit avis que le roy avoit choisi un certain nombre de ces enfants pour être élevées aux dépens de Sa Majesté au couvent du Verbe Incarné d'Anduze, sans qu'elles en pussent sortir, jusqu'à ce que le temps destiné à leur éducation fût expiré. Leur pension fut réglée à 120 livres par an. La même opération fut projetée pour les diocèses de Nimes et d'Uzès; mais la modicité de la pension et le manque de couvents convenables furent cause qu'elle n'eut lieu que dans celui-ci. Il y en a maintenant quarante au couvent du Verbe Incarné qui y sont entrées successivement et par bandes différentes, mais toutes au choix de la Cour, sans que M. l'évêque soit entré pour rien dans la détermination.

»Il y eut des parents qui y ont mené leurs enfants de bon gré[1]; d'autres ont refusé, et sur leur refus la Cour adressa des ordres à M. de Bernage pour les y contraindre et même à payer leurs pensions à leurs dépens.

»Ce dernier point fut peu après révoqué, à la prière de M. l'évêque, et toutes les pensions sont payées sur les fonds des économats. Quelques parents, comme Mᵉ Rodier, ont hasardé quelques tentatives en différents temps pour redemander leurs enfants, mais sans succès jusqu'ici. Il n'y en a eu qu'une seule qui soit sortie à cause d'une maladie fâcheuse qui la rendoit même à charge à la maison. Je crois que M. le comte de Saint-Florentin envoya à M. l'évêque le premier placet présenté par Mᵉ Rodier, et que M. l'évêque lui présenta le danger auquel seroit exposée cette jeune demoiselle si, avant d'être suffisamment affermie dans la religion catholique, on la rendoit à une

---

[1] Les parents qui conduisirent eux-mêmes leurs filles au couvent d'Anduze ne durent pas être nombreux, et probablement, s'ils agirent ainsi, ce fut dans le but unique d'éviter à ces jeunes personnes la honte et la douleur d'être emmenées par les soldats de la maréchaussée. Le sieur Martin (de Saint-Hippolyte) dut être du nombre des parents qui opposèrent de la résistance, si nous en jugeons par la lettre de cachet (ordre de cour) que voici :

« De par le roy. Il est ordonné au sieur François Beauregard de retirer la nommée Françoise Martin de chez son père, demeurant à Saint-Hippolyte, et de la conduire dans le couvent du Verbe Incarné de la ville d'Anduze, où sa pension sera payée par son père; de ce, faire donner pouvoir et commission au dit Beauregard, enjoignant à la supérieure du dit couvent d'y recevoir et garder la dite Martin. Fait à Versailles le 27ᵐᵉ jour de février 1738. Signé : Louis, et plus bas : Phélippeaux. »

* Au bas de cet ordre se trouve la déclaration de la supérieure. « Nous, soubsignée, supérieure de notre monastère du Verbe Incarné et du Saint-Sacrement d'Anduze, certifions à tous ceux qu'il appartiendra que nous avons reçu Mademoiselle Françoise Martin (de Saint-Hippolyte), en conséquence des ordres de Sa Majesté ci-dessus. En foy de quoy nous avons signé. Sœur Marie de la Croix Versée, supérieure. » (Arch. de l'Hérault, ordres de cour, n° 82.)

famille qui n'en faisoit aucune profession ; et voilà apparemment la note que vous avez trouvée sur cette affaire. Je n'ai rien, Monsieur, de particulier à vous dire. Cette enfant fait son devoir dans le couvent, comme les autres ; mais il n'y a pas plus à compter sur sa persévérance que sur celle de ses compagnes. Du reste, je n'ai pas remarqué que sa santé fût dérangée. Après tout, il ne s'agit que de peu de temps pour sa sortie, elle est des plus grandes, et le terme fixé pour son éducation ne peut pas être éloigné. M. l'évêque, qui est à Paris, prend là-dessus des arrangements avec M. le comte de Muy ; il traite même de faire continuer dans leurs familles, à ces demoiselles, une partie de la pension qu'elles ont eue au couvent, et ainsi M⁰ Rodier, en se pressant trop, pourroit porter préjudice à sa fille. J'ai l'honneur, etc. ».. *Signé* : l'Abbé de Saint-Maximin, prieur d'Alais, v.-g. » (*Archiv. de l'Hérault*, 2ᵉ div., paq. 97.)

IX.

Mademoiselle Rodier ne fut pas rendue à ses parents, elle resta enfermée dans le couvent du Verbe Incarné, qui continua à recevoir les jeunes filles de la contrée arrachées à leurs parents par ordre du roi[1]. La Cour ne se bornait pas à ces enlè-

---

[1] On en trouve la preuve dans le placet suivant. « A Monseigneur le maréchal de Richelieu. Monseigneur, Jeanne de Serre, du lieu de la Bastide, paroisse de Valleraugue, diocèse d'Alais, représente très-humblement à Votre Grandeur qu'elle a été du nombre des filles qui ont été mises en 1738 au couvent d'Anduze, par ordre de monseigneur l'évêque d'Alais. Après y avoir été environ huit ans, elle en est sortie. Mais elle n'a pas jouy longtemps de cette liberté ; car, dans le mois d'octobre dernier 1747, on a fait signifier à sieur Jean Serre, son père, une lettre de cachet avec ordre de remettre l'exposante au nommé Beauregard, de la ville du Vigan, pour être de nouveau conduite au couvent d'Anduze, et de payer dans le même temps au même Beauregard la somme de 45 livres pour la pension de trois mois et 6 livres

vements, elle infligeait de grosses amendes aux parents dont les enfants ne fréquentaient pas la messe et n'assistaient pas aux catéchismes ; — elle punissait de la même manière toutes les communautés dans les arrondissements desquelles on avait tenu

par jour à ce conducteur. Le sieur Serre obéit d'abord pour la remise de l'exposante et de l'argent entre les mains de Beauregard, porteur de l'ordre, en présence des sieurs maire et consuls de Valleraugue. L'exposante, ayant trouvé moyen de s'échapper des mains de Beauregard dans un bois de la route éloigné de deux lieues du domicile de son père, en profita. On fit plusieurs perquisitions inutiles pour la trouver. Le sieur Serre, son père, fut cité devant monseigneur l'intendant et mis en prison à Montpellier, où il a été détenu pendant environ deux mois, après lesquels monseigneur l'intendant, convaincu de son innocence, l'a fait élargir. Et d'autant que l'éloignement de l'exposante prive le sieur Serre, son père, de ses secours, dont il a un extrême besoin, se trouvant chargé de huit enfants, desquels l'exposante est l'aînée, avec une fortune très-médiocre, l'exposante implore votre protection, Monseigneur, et vous supplie, avec toute la soumission et le respect dont elle est capable, de vouloir bien lui accorder la grâce de retourner dans sa famille, où elle est si nécessaire, et elle ne cessera de faire des vœux au ciel pour votre santé et prospérité. » (*Bulletin de l'hist. du prot. français*, vol. III, pag. 76.)

des assemblées religieuses, signalées aux intendants ou à leurs subdélégués[1].

[1] Voici le tableau des amendes pour assemblées religieuses dont les protestants du Languedoc furent frappés dans la seule année 1745.

NOMS des diocèses.	NOMS des arrondissements.	DATES des jugements.	MONTANT des amendes.	MONTANT des frais.
LE PUY.	Le Chambon	17 mars 1745	300 liv.	186 liv.
	Saint-Voy	24 du dit	1,000 » »	180 » »
VIVIERS.	Saint-Jean-Chambre	4 mars 1745	500 » »	82 » »
	Gilhoc	8 du dit	1,000 » »	82 » »
UZÈS.	Arpaillargues	4 mars 1745	1,000 » »	125 » »
	Baron et Moutarem	21 avril	1,000 » »	170¹ 16ˢ 2ᵈ
	Arpaillargues	25 octobre	3,000 » »	237 10 «
	St-Jean-de-Valeriscle	15 décemb.	2,000 » »	389 9 »
NIMES.	Milhau	3 janv. 1745	500 » »	300 » »
	Nimes	7 avril id.	3,000 » »	215 1 »
	Nimes	18 avril	3,000 » »	343 2 »
	Marsillargues	3 septemb.	1,500 » »	459 14 »
	Vauvert	15 id.	1,500 » »	382 6 »
	Nimes	12 novembre	4,000 » »	343 1 »
ALAIS.	Le Vigan	21 avril 1745	1,500 » »	265 » 6
	Saint-Christol	14 id.	1,000 » »	295 5 »
	Saint-Hippolyte	27 id.	2,000 » »	381 2 »
	Lunel	14 mars 1745	1,000 » »	169 » «
	Ganges	2 avril id.	2,000 » »	198 » »
ST-PONS.	Anglès	27 novemb.	1,000 » »	42 12 2
	Montredon	28 janv. 1745	500 » »	300 » »
CASTRES.	Castres	28 février	2,000 » »	304 3 4
	La Caune	25 mars	2,000 » »	265 13 8
	Castelnau-de-Brassac	25 id.	1,400 » »	209 7 »
	Vabres	17 octobre	1,000 » »	338 3 7
	Espérausse	17 id.	600 » »	233 8 7
	Montredon	24 id.	1,000 » »	337 14 7
	Roquecourbe	18 décemb.	500 » »	148 10 1
LAVAUR.	Puy-Laurens	14 avril 1745	2,000 » »	122 » »
	Mazamet	6 avril	4,000 » »	787 9 7
	La Bastide-St-Amant	2 novemb.	500 » »	245 19 9
	Mazamet	30 id.	2,000 » »	339 7 8
			50,900 « »	9,398¹ 2ˢ 4ᵈ
			9,398¹ 2ˢ 4ᵈ	
		Total...	60,298¹ 2ˢ 4ᵈ	

Les protestants d'Anduze, bravant ces sévérités, se faisaient presque journellement condamner. Voici le tableau des amendes qu'ils encoururent dans l'année 1742, uniquement pour n'avoir pas envoyé leurs enfants à la messe ou au catéchisme.

Nous extrayons ce tableau du compte général de M. Hostalier, receveur des amendes.

Janvier	71 liv.	» sofs.
Février	62	10
Mars	65	10
Avril	41	»
Mai	55	»
Juin	28	»
Juillet	78	»
Août	95	»
Septembre	100	10
Octobre	81	10
Novembre	120	»
Décembre	160	»
	938 liv.	00 sols.

X.

Les protestants qui fréquentaient les assemblées religieuses continuaient donc à être les victimes des rigueurs de la loi; il en était de même de ceux d'entre eux qui, s'étant réfugiés en pays étranger, rentraient dans le royaume sans autorisation expresse; un nommé Pierre Albaret, d'Anduze, ne l'apprit que trop à ses dépens.

Ce Pierre Albaret avait été envoyé par son père à Genève, en 1734, à l'âge de 15 ans. En 1746, il rentra en France, et après s'être arrêté deux mois à Lyon, il vint dans son pays natal. Il avait négligé de se munir d'un passeport, et comme il était en contravention avec la loi, il alla trouver à Alais le commandant des troupes du roi, et il lui demanda l'autorisation de rester quelques jours auprès de ses parents. Celui-ci ne voulut rien promettre sans avoir consulté l'intendant, auquel il écrivit la lettre suivante : « Alais, 8 novembre 1746. Monseigneur. J'ai l'honneur de vous envoyer un mémoire qui concerne Pierre Albaret, qui vient de Lyon, après avoir resté plusieurs années à Genève; il m'a paru être dans la bonne foy. Je vous prie de l'examiner et me marquer, Monsieur, s'il peut rester tranquille le temps qu'il demande pour vaquer à ses affaires. J'ai l'honneur, etc. *Signé* : LEBRUN, commandant pour le roy à Alais. »

Pour toute réponse, l'intendant ordonna que P. Albaret fût incarcéré au fort d'Alais. Profondément affligés de cette mesure rigoureuse, les parents du prisonnier mirent tout en œuvre afin d'obtenir son élargissement. Ils obtinrent entre autres, du juge de la ville, la lettre suivante :

« Anduze, 25 novembre 1746. Monseigneur, Je ne puis refuser au sieur Albaret, orfévre de cette ville, le bon témoignage qu'il me demande auprès de vous, à l'occasion de l'un de ses fils, âgé de 26 ans, marchand, qui est détenu par votre ordre, depuis le jour d'hier, dans le fort d'Alais, pour ne s'être pas muni d'un passeport. Il est vrai que ce jeune homme a passé plusieurs années à Genève, garçon de boutique; éloigné du dessein d'y rester, qui en conséquence a été à Lyon, chez le sieur Mièvre, marchand, où ayant resté environ deux mois, il lui prit envie de venir voir ses parents. Il allègue qu'il fut se présenter au commandant pour le roy, à Lyon, pour avoir un passeport, et que celui-ci lui répondit qu'il n'en avoit pas besoin pour l'intérieur du royaume, ce qui le détermina à partir; et, dès être arrivé en cette ville, il fut voir M. Lebrun, à Alais, qui a eu l'honneur de vous rendre compte de cette conduite. Il est certain que M. Albaret père, nouveau catholique (protestant), est un fort honnête homme, de bonne vie et mœurs, et qu'il se comporte fort bien; que son épouse, ancienne catholique, est irréprochable, et que si j'avois cru son fils suspect en la moindre chose, j'aurois eu l'honneur, Monseigneur, de vous en donner avis; au contraire, je lui ai offert de cautionner pour lui. Ainsi, j'ose vous supplier de vouloir bien que mon témoignage, conforme à la vérité, opère quelque chose en leur faveur. J'ai l'honneur, etc. *Signé* : PASCAL, juge. »

L'effet produit par cette lettre fut l'ordre de l'intendant, à son subdélégué Labruguière, de procéder à l'interrogatoire du prisonnier.

Le subdélégué remplit la commission qu'il avait reçue et en rendit compte dans la dépêche suivante. « Alais, 27 novembre 1746. Monseigneur, J'ai procédé à l'interrogatoire de Pierre Albaret, détenu aux prisons d'Alais, conformément à votre ordonnance du 25 de ce mois, et je joins ici sa réponse par laquelle il dit être de la religion protestante ; qu'il sortit du royaume en 1734, par ordre de son père, pour aller à Genève apprendre le métier de marchand ; qu'il y faisoit les fonctions de la religion, qu'il étoit venu au pays il y a six ans, qu'il y avoit resté vingt jours, qu'il y a deux mois il étoit venu à Lyon à dessein d'y résider ; qu'étant sorti du royaume avec le sieur Elie Paulet, ancien catholique d'Anduze, qu'il n'avoit que quinze ans, il ignoroit les ordonnances de sortir et de rentrer dans le royaume sans permission. »

Cet avis du subdélégué, déjà favorable à Pierre Albaret, fut corroboré par la lettre d'un prêtre, l'abbé de Pérussis, lettre qui révèle chez son auteur, tout à la fois des qualités de cœur et d'esprit. « Alais, 28 novembre 1746. M. l'intendant, Je vous priai l'année dernière de me permettre de m'adresser à vous, lorsqu'il seroit question d'implorer vos bontés pour des malheureux ; vous me le promites. Je le fais donc aujourd'hui avec confiance, et vous prie de vouloir bien traiter favorablement le nommé Pierre Albaret, qui est actuellement détenu dans le fort d'Alais. Ce jeune homme, fils et frère d'un orfévre, ayant habité plusieurs années dans Genève, quitta cette ville pour aller à Lyon. Après quelques mois de séjour, attiré par la tendresse maternelle, il vint à Anduze pour y embrasser sa mère et passer une quinzaine de jours avec elle. En y arrivant, il se rendit chez M. Lebrun, notre commandant à Alais, pour lui demander la permission de rester quelques jours à Anduze. M. Lebrun, dont la sagesse, les lumières, l'exactitude vous sont connues, ne voulut rien prendre sur lui et vous en écrivit sur-le-champ. Vous avez ordonné, en conséquence, que le sieur Albaret seroit détenu au fort d'Alais. C'est de là qu'il implore vos bontés. Sa mère, ancienne catholique, s'est adressée à moy ; je n'ay pu lui refuser de vous faire passer ses larmes et vous prier de les faire cesser, en lui rendant son fils pour quelques jours, ou du moins en permettant qu'il retourne à Lyon. J'espère que vous ne désapprouverez pas que je me sois adressé à vous et que j'aie saisi cette occasion, et de rendre service à une pauvre mère, et de vous assurer du respect de votre tout dévoué. *Signé* : l'abbé de PÉRUSSIS.

Cette lettre fut suivie d'une seconde du même prêtre, encore plus chaleureuse ; le frère du prisonnier alla présenter un mémoire à l'intendant. Toutes ces démarches semblaient devoir désarmer les sévérités de ce magistrat : il n'en fut rien cependant, et celui-ci prononça la condamnation suivante contre Pierre Albaret :

« Vu l'ordonnance du roy du 30 septembre 1729, portant défense aux nouveaux convertis de sortir du royaume sans permission, et aux réfugiés dans les pays étrangers de revenir sans passeport, sous peine d'être mis en prison, et d'y demeurer autant de temps que les gouverneurs, commandants, intendants estimeront à propos; de payer l'amende qui sera par eux arbitrée, et d'être ensuite reconduits à la frontière à leurs frais et dépens; — vu l'ordonnance par nous rendue, portant que le sieur Albaret, constitué prisonnier au fort d'Alais pour être revenu de Genève sans permission ni passeport, seroit interrogé par M. de Labruguière, notre subdélégué; — vu l'interrogatoire subi en conséquence par ledit sieur Albaret le 27 septembre, duquel il résulte que le sieur Albaret fait profession de la religion protestante, qu'il est natif d'Anduze, qu'il passa à Genève, il y a environ douze ans, sans permission, qu'il y a assisté aux exercices de sa religion, et qu'il en est revenu sans permission et sans passeport: — Tout considéré, nous condamnons ledit Pierre Albaret à rester dans les prisons du fort d'Alais pendant un mois à compter du jour qu'il y a été mis, à l'effet de quoy enjoignons au concierge de l'y retenir. — Condamnons en outre ledit Albaret en 50 livres d'amende payables entre les mains de M. de Laroque, receveur général des amendes prononcées contre les nouveaux convertis, et en 12 livres pour les frais d'interrogatoire, de jugement prononcé contre lui, jusqu'au payement desquelles sommes, des frais de subsistance et autres qu'il pourra avoir faits pendant sa détention dans la prison, il ne pourra être élargi, même après le délai d'un mois expiré. — Enjoignons à M. de Labruguière de tenir la main à l'exécution de la présente ordonnance. Fait à Montpellier le 17 décembre 1746, *Signé*: L'INTENDANT. »

Et après ce jugement, M. l'intendant écrivait à l'abbé de

Perussis : « que ses recommandations avoient puissamment contribué à le rendre favorable à Pierre Albaret. »! (*Arch. de l'Hérault*, deuxième division, paq. 157.) Quelle peine lui auroit-il donc infligée si cet excellent prêtre n'était pas intervenu ?

Ainsi les agents de l'autorité royale appliquaient la législation établie pour empêcher les protestants de sortir du royaume ou d'y rentrer. C'était une barrière déjà vermoulue, et qui menaçait ruine ; mais en 1746, deux ans à peine avant la paix d'Aix-la-Chapelle[1], elle était encore maintenue, et malheur aux enfants de la Réforme qui ne craignaient pas de la franchir.

[1]. La paix d'Aix-la-Chapelle fut traitée le 28 octobre 1748.

CHAPITRE V.

LES PROTESTANTS D'ANDUZE DEPUIS LA PAIX D'AIX-LA-CHAPELLE JUSQU'A LA RÉVOLUTION FRANÇAISE.
(1748-1789.)

SOMMAIRE.

Les poursuites recommencent contre les assemblées du désert et contre les pasteurs. — L'apostat Soulier, d'Anduze, dit Puechmille. — Son éloge par un prêtre catholique. — Son mémoire. — Indications fournies par lui sur les noms et la demeure des parents des ministres. — Fin des persécutions. — La liberté religieuse accordée par la Révolution française. — Conclusion.

I.

Après la paix d'Aix-la-Chapelle, le gouvernement du roi fit renouveler contre les protestants les rigueurs momentanément suspendues. On envoya de nouveau des détachements de soldats chargés de tomber sur les assemblées du désert. Une de ces assemblées, qui se tenait entre Lezan et Cardet, à quelques kilomètres d'Anduze, fut surprise par la garnison de cette ville. La troupe tira sur les assistants, en blessa quelques-uns et en saisit un certain nombre. Les parents, les amis de ces prisonniers voulurent les enlever; mais de nouveau les soldats firent usage de leurs armes, et ils blessèrent et tuèrent quelques-uns de leurs agresseurs. On ne se borna pas à dissiper cette assemblée, on envoya aux galères ceux qui y avaient été arrêtés.

Les ministres de Louis XV désiraient surtout se débarrasser des pasteurs, ces apôtres du désert, dont ils considéraient l'influence comme la cause unique du zèle toujours croissant des populations réformées. Mais comment s'en emparer? Et, si l'on parvenait à les saisir, l'héroïsme dont ils faisaient preuve en allant au supplice n'enflammerait-il pas l'ardeur des protestants? La cour était fort embarrassée, lorsqu'elle reçut un mémoire dans lequel on lui indiquait un moyen expéditif pour purger le royaume de la présence de ces prédicants, dont la fermeté au milieu des tourments encourageait la constance des réformés encore plus que leurs prédications dans les assemblées du désert.

II.

L'auteur de ce mémoire était un renégat, malheureusement originaire d'Anduze. Il s'appelait Soulier; avant sa conversion au catholicisme, il avait pris le nom de la Faye, et ensuite celui de Puechmille. Ce que nous savons de lui nous a été transmis par un de ses protecteurs, que nous allons faire parler, lui laissant ainsi la responsabilité de la vérité des circonstances qui précédèrent et suivirent la conversion de l'apostat anduzien.

« Le sieur Soulier, connu présentement sous le nom de Puechmille, et dans les Cévennes sous celui de la Faye, âgé de 25 à 26 ans, est né à Anduze de parents protestants, dont les ayeux avoient exercé le ministère. Ils le destinèrent à cette œuvre dès ses premières années, et n'oublièrent rien en conséquence pour lui donner une éducation convenable. Ils l'envoyèrent à Montpellier, où il fit ses humanités et sa philosophie sous les R. P. jésuites. Les exercices catholiques qu'il fut obligé d'y suivre lui inspirèrent dès-lors quelques doutes sur la vérité de la religion prétendue réformée.

» Au sortir de sa philosophie, ses parents l'envoyèrent à Lausanne pour étudier la théologie. Il y est resté cinq ans, pendant lesquels il s'est distingué parmi ses condisciples, non-seulement par son amour pour l'étude et par ses mœurs, mais encore par son intelligence et sa sagacité dans les matières théologiques. Avec les dispositions et le désir de connaître la vérité, ses doutes s'accrurent de plus en plus et lui attirèrent souvent, de la part de ses professeurs, de vives réprimandes par les objections fortes qu'il leur faisoit sur des questions de controverse. Après ses études de théologie et s'être mis en liaison avec les plus habiles gens de Genève et de Lausanne, il revint dans les Cevennes, où il fut reçu tout de suite *proposant*, c'est-à-dire aspirant au ministère. Sa réception est en bonne forme, ainsi que les certificats des anciens et autres chefs des Églises protestantes des Cevennes. Il prêcha avec succès et il se fit suivre d'une foule considérable dans le désert. Ses talents et sa réputation lui attirèrent la confiance de presque tous les hérétiques de ces cantons, et le firent inviter dans les consistoires, les synodes et les mystères les plus secrets de la secte. Il avoit déjà amené ceux qui l'entendoient, et même des principaux, au point de ne plus déclamer contre l'Église romaine, et de leur faire entendre que dans cette Église il n'y avoit point cette idolâtrie que des ministres mal instruits ou de mauvaise foi lui imputoient. Il jouissoit déjà de tous les avantages que procurent parmi les protestants le ministère, quoiqu'il n'en fût pas encore revêtu. Ce fut alors que ses parents prirent la résolution de l'envoyer à Genève pour y recevoir le ministère.

»Plus instruit que jamais de la vérité de la religion romaine et de la fausseté de la sienne, au lieu d'aller à Genève il passa par Avignon, fit part de son dessein à M. l'archevêque de cette ville, qui l'envoya avec des lettres de recommandation à M. l'archevêque de Vienne. Le prélat venait de partir pour l'assemblée générale du clergé, où il est député. M. de Puechmille s'adressa à M. l'abbé de Prumières, grand-vicaire de Vienne, qui le reçut à bras ouverts; après des examens et des conférences qui ont duré plus de deux mois, il fit publiquement son abjuration à Vienne, entre les mains du P. Moyrond, assistant des carmes, commis pour cet effet, en présence de M. l'abbé de Prumières et des personnes les plus considérables de la ville. Il en a l'acte authentique, daté du 20 décembre 1749.

» Ce jeune homme est parti de Vienne pour rendre compte à M. l'archevêque d'Avignon de ce qu'il venoit de faire ; d'où il est allé à Marseille avec une lettre de recommandation de ce prélat pour le sieur Maire, jésuite, attaché à M. l'archevêque de Marseille. Il y est logé à l'hôtel de Malte, où il attend quelques secours de ses parents, s'ils ne sont point informés de son changement, et ce que la Providence voudra ordonner de lui. M. l'archevêque de Vienne lui a fait dire qu'il travailleroit efficacement pour lui à Paris.

» La personne qui a fait ce mémoire est un ecclésiastique de Paris, assez versé dans les matières théologiques, et qui, pendant trois jours qu'il a passés avec M. de Puechmille, lui a trouvé de la science, de l'esprit, de la candeur et beaucoup de zèle au bien de la religion et de l'État. Il est inutile de faire connoître aux personnes en place de quelle utilité pourroit être ce jeune homme : ils le sentiront mieux qu'un particulier; mais deux choses sont absolument nécessaires pour y parvenir :

» 1° Un grand secret sur son changement, afin qu'en retournant chez ses frères errans il puisse ramener beaucoup de principaux qu'il sait être déjà ébranlés sur bien des points;

» 2° Mettre ce jeune homme en état de subsister sans le secours de ses parents qui, s'il dépend d'eux, le feront revenir dans les Cevennes, ou ne lui donneront de l'argent que pour retourner à Genève. Il a, dans cette dernière ville, un oncle fort riche et sans enfants, dont il est chéri. Mais il renonce volontiers à ses espérances et à celles qu'il a, de droit, sur les biens de ses père et mère.

» C'est aux personnes qui ont du zèle et du crédit à faire fructifier une circonstance favorable que la Providence leur fournit. » (*Archiv. de l'Hérault*, 2ᵉ div., paq. 102.)

III.

Ces recommandations étaient trop pressantes et ces éloges trop chaleureux pour qu'ils pussent rester inaperçus, il fallait seulement les justifier. Le sieur Soulier, dit Puechmille, le comprit, et, désireux de mériter les faveurs de la Cour, il écrivit un mémoire dans lequel il démontrait la nécessité de faire sortir les pasteurs du royaume, et il en indiquait les moyens. « Pour arrêter en France la propagation des protestants, disait ce renégat, on croit que le moyen le plus efficace est de chasser de ce royaume un nombre assez considérable de ministres et proposants de cette secte.

» Il est sûr qu'on le peut sans violence et sans alarmer le peuple. Il ne s'agit que de faire sortir du royaume les femmes de ceux qui sont mariés et les pères de ceux qui ne le sont pas, reléguer les premières dans un couvent et les seconds dans une citadelle, et les y laisser bien convaincus qu'ils ne seront pas mis en liberté que leurs maris et leurs fils ne soient sortis de France, et qu'ils n'aient donné des gages, des garants bien sûrs que les uns et les autres n'y reviendront pas. Sur ces actes de rigueur, les ministres et les proposants se hâteront de se retirer dans les pays étrangers, bien charmés d'avoir reçu par là l'avis d'un châtiment plus sévère qu'ils avoient à craindre pour leur rébellion aux ordres du roy....

» Les ministres et les proposants ainsi écartés, le nombre des sectaires diminueroit peu à peu, les assemblées au désert cesseroient par le défaut de prédicants[1] : elles sont infiniment dangereuses pour la religion et l'État.

» Pour la religion. Les enfants qui cesseroient d'être catéchisés ne prendroient plus avec le lait, pour ainsi dire, des préventions que l'âge fortifie et qu'on a peine à détruire. Les père et mère, ne craignant plus les menaces et les reproches des ministres, se rendroient plus faciles aux instructions des curés, qui, soutenus d'ailleurs par l'autorité du roy, se rendroient aussi encore plus maîtres des enfants.

» Les baptêmes se feroient à l'église ; ce sont les ministres qui empêchent les parents d'y porter leurs enfants, par la crainte de l'excommunication qu'ils prononcent contre ceux qui se mettent dans ce cas.

» Les mariages, qui ne se célèbrent plus qu'au désert, désapprouvés par les lois canoniques et par celles de l'État, causent un scandale affreux pour la religion et un préjudice irréparable à l'État......

» L'État n'est pas moins intéressé que la religion à l'expulsion des ministres...... Il ne paroît pas nécessaire de dire que les assemblées des protestants au désert sont infiniment dan-

---

[1] Notre apostat donne dans ce paragraphe une triste idée de ses connaissances historiques. Il ne savait donc pas qu'après la révocation de l'édit de Nantes, en 1686, les assemblées du désert étaient suivies par des milliers d'auditeurs, quoique *tous* les pasteurs, trois mois auparavant, eussent été bannis du royaume!

gereuses ; on en a vu qui étoient composées de neuf à dix mille âmes. C'est là où les ministres ont une autorité despotique et capable de faire tous ces gens selon leurs idées et au préjudice du service du roy. On y a vu des entreprises bien propres à conduire à la révolte. Il y en eut encore une le vendredi-saint, 27 mars 1750, où assistèrent quinze mille personnes....

»Les synodes, qui se tiennent de six en six mois, sont encore plus dangereux que les assemblées : c'est là où s'ourdissent des manœuvres bien dangereuses pour l'État.

»Dans un synode national tenu sur la montagne de la Lozère, dans les hautes Sevennes, il fut proposé de lever une grosse somme pour envoyer aux puissances protestantes pour les engager à procurer aux protestants de France la liberté de conscience, ce qui passa en délibération. C'est la couleur que les ministres donnèrent à cette proposition. Le produit de cette levée pouvoit être destiné à des usages plus dangereux ; deux proposans, bien intentionnés d'ailleurs, montrèrent ensuite aux particuliers le danger auquel on s'exposoit si cette affaire venoit à se découvrir. Par là, la levée n'eut pas son effet en entier....

»La secte, ou pour mieux dire les ministres, font entretenir un représentant à Lausanne, à qui toutes les délibérations des synodes tenus en France sont envoyées, ainsi que l'état des mariages, baptèmes, des facultés de chacun des sectaires et de leur nombre. C'est le ministre Court qui occupe cette place et qui se sert de ces instructions auprès des puissances ennemies de la France. Il est pensionné à cet effet par les États de Berne. Le même est aussi chef d'un séminaire que les protestants français entretiennent à Lausanne pour élever des jeunes gens au ministère. On y fait même passer tous ceux qui n'ont pas assez de courage pour assister aux assemblées du désert.....

Seconde édition.

»Ce qui augmente le crédit des ministres protestants, c'est l'impudence de supposer (comme Boyer le fait) qu'ils sont en commerce de lettres avec M. le chancelier et M. le comte de Saint-Florentin. Ils font lecture de celles qu'ils feignent en avoir reçues. Les sectaires, qui les croient véritables, font aveuglément ce que ces imposteurs leur inspirent. Toutes ces manœuvres peuvent, dans un temps de guerre, avoir des suites fâcheuses. Il est constant que Vivens et Besson seuls firent soulever les Camisards au commencement du siècle [1].

» La demeure de beaucoup de ministres, celles de leurs pères et de leurs femmes peuvent être indiquées par une personne qui en a une connaissance parfaite, et qui est animée d'un véritable zèle pour le bien de la religion et de l'État, et pour le salut de ses anciens frères. » (*Idem.*)

IV.

Cette « personne », le lecteur le prévoit bien, n'était autre que l'auteur du « mémoire », ignoble factum où l'ignorance le dispute à la malignité. Dans sa dénonciation mensongère, le sieur de Puechmille avait eu pour but de faire croire qu'il savait beaucoup de choses restées inconnues, et que ses services ne sauraient être trop payés. S'étant ainsi posé en important dénonciateur, il chercha à justifier ses prétentions par des indications sur la résidence des pasteurs et celle des membres de leurs familles. De tels renseignements étaient faciles à four-

---

[1] Nous surprenons encore ce renégat en flagrant délit d'ignorance et d'imposture. Chacun sait que la guerre des Camisards éclata en juillet 1702, à la suite de l'assassinat de l'abbé du Chayla, et que Vivens fut tué dans une caverne, dix ans auparavant, le 26 février 1692, entre Anduze et Alais.

nir, et depuis longtemps les cartons de l'intendance en possédaient de plus précis et de plus précieux [1]. N'importe, ceux du sieur de Puechmille étaient bons à recueillir, et il dressa « la note exacte des ministres du Désert, de leurs femmes et de leurs pères ». De toutes les indications fournies par ce nouveau Judas, nous copions seulement ceux qui se rapportent à Anduze.

« *Anduze*. La veuve de Bastide. Rue qui va de la place aux religieuses, proche la *Croix blanche*; femme de Boyer, ministre, âgée d'environ 50 ans. Elle a une fille; il faut prendre garde qu'on ne prenne pas l'une pour l'autre.

» *Anduze*. Chabrand, boulanger, vis-à-vis le château, père d'un proposant nommé Chabrand, ou autrement La Chapelle.

» *Anduze*. Lafont, père d'un proposant nommé Lafont.

» *Anduze*. Laujolet, jardinier-fleuriste, grand-père d'un proposant nommé Pujet; il lui tient lieu de père et est son tuteur, ses père et mère étant morts.

» *Anduze*. Tessier la Lèbre, père d'un ministre de ce nom.

....

» *Anduze*. Maître Valentin; vend des livres de la secte.

» Tous les papiers de la secte sont chez un de mes parents, à Anduze, mais je voudrois être assuré de sa grâce avant de le découvrir.

» Comme la prise des gens ici notés est extrêmement utile au bien de l'État et de la religion, on n'y sauroit porter

---

[1]. Le signalement des prédicants était entre les mains de l'intendant, qui recevait de ses agents et de ses espions les désignations les plus précises sur les localités et les maisons où les pasteurs étaient logés et se tenaient cachés. Nous avons entre nos mains ces rapports de la police de cette époque, que nous publierons peut-être un jour.

trop de précautions ; en conséquence, il seroit bon qu'il y eût un jour fixé pour cela, afin que le malheur des uns ne donnât pas le temps aux autres de se précautionner ; il faut ensuite donner des ordres très-pressants aux officiers chargés de l'exécution de s'acquitter de leur devoir, afin qu'ils prennent bien leurs dimensions ; que ceux qui douteront d'une bonne réussite, qui ne sauront pas la maison des personnes qu'ils devront prendre, ne s'adressent qu'au curé de l'endroit, en lui ordonnant même le secret de la part du roy. Il faut encore noter que le moindre préparatif marqué des troupes suffit pour faire décamper toutes les personnes qui sont dans le cas. Il y a des espions qui observent jusqu'aux signes, aussi on ne sauroit user de trop de finesse.

» Supposé, comme il pourroit bien se faire, qu'on attrapât quelque ministre couché avec sa femme, il faut que l'officier ne soit pas si téméraire que de se mettre en chemin tout de suite, sa troupe seroit écharpée et le ministre enlevé ; mais il doit les mettre dans les prisons de la ville ou du château, s'il y en a un, avec une bonne garde, et dépêcher tout de suite un exprès à M. l'intendant, qui ordonnera ce qu'il jugera à propos ; et qu'on ne laisse pas échapper la femme pour plus grande sûreté. Il faut encore que tout se fasse de nuit. Avec toutes ces précautions, on n'en manquera pas beaucoup. (*Ibidem.*)

V.

Les conseils, très-bien rémunérés sans doute, du sieur de Puechmille, ne manquèrent pas d'être suivis ; mais ils n'amenèrent pas les résultats qu'on en attendait. Les ministres restèrent dans la contrée et les rigueurs continuèrent. Benezet, Teissier dit Lafage, François Rochette, les frères Grenier, périrent sur l'échafaud ; Calas, accusé d'avoir donné la mort à son fils parce qu'il s'était fait catholique, fut roué sur la place publique à Toulouse ; les prisons et les galères continuèrent à recevoir de temps à autre les protestants surpris dans les assemblées du désert. Mais vaincue par la constance opiniâtre des protestants, la persécution diminua peu à peu et elle cessa tout à fait en 1764[1].

Dès ce moment, les prisonniers et les galériens furent rendus à leurs familles, les frontières furent ouvertes aux réfugiés qui voulaient rentrer dans le royaume, les pasteurs ne furent plus poursuivis et les assemblées du désert eurent lieu sans être inquiétées.

Les protestants d'Anduze, libres de toute entrave, célébrèrent leur culte, même à l'entrée de la ville. La demeure de leurs pasteurs, n'étant plus menacée, cessa d'être entourée par eux de mystère. Un cimetière leur fut donné, attenant à celui des catholiques, dont il n'était séparé que par un fossé peu profond. Quelques années après, l'état civil leur fut rendu par l'édit de 1787, et leurs mariages ainsi que leurs enfants furent légitimés aux yeux de la loi. Enfin, la Révolution française, à leur grande joie, compléta pour eux l'œuvre de la délivrance et de l'affranchissement, en proclamant le grand principe de la liberté des cultes.

VI.

Les événements ecclésiastiques dont Anduze a été le théâtre depuis cette époque mémorable, sont loin d'être dépourvus

---

[1] François Benezet, de Montpellier, fut pris, non loin du Vigan, le 30 janvier 1752.
Étienne Teissier, dit Lafage, arrêté au mas de Novis, ou près de Monoblet, non loin d'Anduze.

d'intérêt; mais la plupart de ceux qui s'y trouvèrent mêlés existent encore ou vivent dans la personne de leurs enfants ou de leurs petits-fils. Il y aurait imprudence de notre part à raconter ces événements, car nous nous engagerions dans la voie périlleuse des personnalités. La sagesse nous conseille donc de ne pas poursuivre notre récit; docile à cet avis, nous déposons la plume. D'ailleurs, sans trop présumer de notre œuvre, nous pensons qu'elle a atteint le but que nous lui avions assigné. Quel est, en effet, l'objet que nous nous sommes proposé? N'est-ce pas de faire ressortir l'attachement invincible de la population d'Anduze pour la religion protestante, son esprit de support malgré les guerres de religion pour les habitants membres de l'Église de Rome, sa soumission vis-à-vis des puissances? Eh bien! nous en appelons au jugement de nos lecteurs, et nous leur demandons de prononcer eux-mêmes, si notre récit ne met pas en lumière ces dispositions des protestants dont nous avons raconté l'histoire.

Voici une petite ville des Cévennes qui adopte avec enthousiasme les doctrines de la Réforme; elle n'est pas riche, tant s'en faut; elle ne vit que des profits d'un modeste trafic, des produits d'une pauvre industrie, des fruits d'un sol plus pauvre encore; elle a donc besoin de toutes les facilités de la paix, de toutes les faveurs des puissances! Et cependant elle accepte le rôle ruineux de place-forte, de boulevard du protestantisme méridional; elle persévère dans sa foi avec une constance que ne peuvent affaiblir, ni les guerres de religion, ni les vexations de Louis XIII, ni les dragonnades de Louis XIV et de Louis XV! Quelle fidélité de sa part, et en même temps quel démenti donné aux affirmations des sophistes, au dire desquels le protestantisme ne saurait être qu'une dissolvante négation! Ah!

si la religion réformée ne répondait pas d'une manière positive aux aspirations et aux besoins de la conscience, les habitants d'Anduze ne seraient pas restés groupés autour de leurs pasteurs, de leurs Bibles, avec une ténacité qui a fini par triompher de deux cents ans de luttes, de souffrances et de persécutions. La Réforme offre donc à l'âme humaine ce que Jésus-Christ appelle le pain de vie, c'est-à-dire Jésus-Christ lui-même, son Évangile et son Esprit.

Et c'est parce qu'ils ont été animés de l'esprit de leur divin Maître, que les protestants anduziens se sont montrés toujours tolérants envers ceux qui ne partageaient pas leurs croyances. Au milieu des ardeurs de la guerre, sous la pression irritante de la persécution, lorsqu'il leur était si facile d'user de représailles, ils n'ont jamais fait sentir leur ressentiment aux membres de l'Église de Rome, perdus en quelque sorte au milieu de leurs rangs. Sauf deux ou trois faits d'agression que nous avons relevés avec soin, et dont les auteurs, désapprouvés par la population entière, sont restés inconnus, les protestants d'Anduze, en aucun temps, ne se sont rendus coupables d'actes regrettables vis-à-vis de leurs compatriotes les catholiques romains. Ces derniers n'ont jamais pu se dire les objets de la répulsion et de la malveillance de leurs compatriotes protestants. Tant il est vrai que la Réforme porte en elle les germes de la tolérance et du support !

Autant ils ont aimé à sympathiser avec les membres de l'Église romaine, autant les protestants d'Anduze se sont montrés animés d'un esprit de soumission vis-à-vis des dépositaires de l'autorité supérieure. Ils se soulevèrent, il est vrai, contre la puissance royale; mais c'était uniquement pour défendre leurs intérêts religieux menacés par cette même puissance; et encore, en prenant les armes, cédaient-ils aux excitations venues du dehors. Ils s'armèrent quelquefois contre leurs princes, nous ne voulons pas le nier, mais c'était à leur corps défendant. Désireux de la paix, ils l'acceptaient dès qu'elle leur était offerte. Ah! les ligueurs se montrèrent bien plus tenaces que les protestants dans leurs rébellions. Ajoutons, du reste, que la population anduzienne a fini toujours par s'incliner devant les ordres venus d'en haut, avec une déférence que nous avons dû quelquefois trouver excessive. Dans certaines circonstances, elle s'est peut-être montrée impatiente et tumultueuse, mais elle était en réalité plus émue que désobéissante. Oh! ils l'ont jugée sainement, ces dépositaires du pouvoir qui n'ont pas fixé sur elle des regards de méfiance. C'est une race loyale, s'agitant sous la main qui la conduit, mais suivant toujours la direction qu'on lui donne, quand on la fait entrer dans la voie royale de la droiture!

Nous applaudissons avec bonheur à ces dispositions dont la réalité nous est parfaitement connue, et qui ressort avec évidence de tout notre récit. Oui, protestants d'Anduze, nous rendons hommage aux bons sentiments dont nous vous avons vus animés dans toutes les périodes de votre histoire religieuse! Travaillez à les fortifier en vous. Persévérez dans votre fidélité à la foi de vos pères. Mais persévérez surtout dans la piété dont ces hommes vénérables vous ont donné l'exemple. A la suite des guerres civiles, au milieu des saturnales révolutionnaires, sous l'action corrosive des bouleversements politiques, la sève religieuse qui vous a été transmise par vos devanciers aurait pu être desséchée; mais la source n'en a pas été tarie, elle circule toujours en vous et elle vous conduit vers l'Évangile de Jésus-Christ, qui est la loi éternelle du progrès et le flambeau resplendissant de la vérité. Continuez à marcher sous la bannière de la liberté religieuse, réchauffez votre piété à la lumière du soleil de justice; fortifiez-vous dans l'exercice des bonnes œuvres, et, dignes émules de vos pères, héritiers de leur foi et de leurs vertus, vous deviendrez de plus en plus de vrais chrétiens et de parfaits protestants !

APPENDICE

Les Pièces justificatives annoncées aux pages 17, 53 et autres ne paraîtront pas dans cet appendice. Nous les réservons pour une autre publication, dans laquelle elles trouveront plus naturellement leur place[1]. Nous nous contenterons d'y faire figurer la liste des pasteurs qui ont desservi l'Église de cette ville; — celle des ministres du Saint Évangile qui y sont nés; — celle des protestants qui se réfugièrent en pays étranger pour cause de religion, — et une courte notice sur le temple actuel d'Anduze.

I

Liste des pasteurs d'Anduze

DEPUIS LA RÉFORMATION JUSQU'A NOS JOURS.

De Moranges (Guy)............................	1557
Pasquier Boust................................	1560—77
Alphonse Bertrand.............................	1566—99
Baille (Isaïe).................................	1596—1603
Courant (Louis)...............................	1603—23
Novis...	1613—19
Horlé (François)..............................	1620—28
Paulet (Paul).................................	1624—31
Arnaud..	1637—39
Bony..	1644
Randon (Antoine).............................	1644—48
Dubruc (François).............................	1650
Rossel (Josué)................................	1652—67
De Saint-Vial (Joseph)........................	1654
Girard..	1654
Berthe..	1656
Bouton (André)...............................	1665—66
Rodier (Matthieu).............................	1666—67
Combes (Jacques).............................	1667—68

[1] Une Ville cévenole au XVe et au XVIe siècle, ou Histoire civile et administrative de la ville d'Anduze, à l'époque de la Renaissance et au début de la Réforme.

Sauvage (François)............................	1667—68
Arbussy.......................................	1668—70
Guichard (Lévy) père..........................	1668—71
Malplach (Jean)...............................	1671—85
Baudan (Henri)................................	1679
Vincent (David)...............................	1672—85
Rivière, pasteur de district...................	1715
Boyer, pasteur de district.....................	1730
Dalgue (Paul).................................	1753—1767
Olivier (Jaques)..............................	1767—1770
Barre...	1770—1803
Vesson (David)................................	1780—1792
Mirial (Jean).................................	1792
Encontre (Germain)............................	1792
Blachon.......................................	1803—1821
Soulier (Alexandre)...........................	1805—1855
Auzière.......................................	1821—1845
Hugues (Jean-Pierre)..........................	1845
Durand (Louis)................................	1855—1859
Dubois (Alfred)...............................	1859

II

Liste des pasteurs originaires d'Anduze.

NOMS ET PRÉNOMS.	FACULTÉS de théologie où ils ont étudié. Date de leur immatriculation.	ÉGLISES QU'ILS ONT DESSERVIES et date de leur ministère dans ces Églises.
Ayrebaudouze (P.).. seigneur d'Anduze.	Genève.	Jussy ( ), Lyon (1560-64), Uzès (1563-64), Nimes (1564-70).
De la Salle (Ant.)...		La Champ. (1566), Lézan (1579), St-Drézéry (1595), Anduze (1595-1603), Lyon (1603-37).
Baille (Esaïe).......		
Noyer (Jean)........		
Paulet (Paul).......	Gen. 1598	Vézenobres (1599-1623), Anduze (1624-31), Générargues (1637-46).
Paulet (Guillaume).		Uzès (1648-49), Les Vans (1656-60), Lussan (1660-63), Bagnols (1663).
Rodier (Matthieu)...	Montauban.	Ribaute (1655-57), Tornac (1662-64), St-Jean-du-Gard (1664-65), Tornac (1665-66), Anduze (1666-67).

NOMS ET PRÉNOMS.	FACULTÉS de théologie où ils ont étudié. Date de leur immatriculation.	ÉGLISES QU'ILS ONT DESSERVIES et date de leur ministère dans ces Églises.
Bony (Jean)	Gen. 1604	Sauve (1608-20), St-André (1623), St-Jean-du-Gard (1626-37).
Imbert (Antoine)	Gen. 1608	Monoblet (1600-15), Mialet (1637).
Pelet (Pierre)	Gen. 1618	Monoblet (1634-45), Générargues (1651-80).
Alméras (Théoph.)	Montp. 1657	Ardaliès (1658-60), Colognac (1660-65), Saint-Roman-de-Tousques (1667-70), Saint-Julien-d'Arpaon (1670-73), Générargues (1673-85), réfugié en Suisse.
Massane (Jean)	Gen. 1665	Past. chez M. de Ginestous (1670-71), St-Martin-de-Lansuscle (1671-74), Bagard (1667-77), Barre (1677-81).
Fraissinet (David)		Bagard (1668-72), Cardet (1672-85) réfugié à Genève.
Bruguier (Jean)		Chez M. de la Bastide (1673-77), Génolhac (1677-81).
Rossel (Charles)	Gen. 1677	Avèze (1681-84).
Fesquet (Jean)	1677	
Malplach (Jean)	Gen. 1706	Fils du pr d'Anduze Jean Malplach.
Veirac (David)	Gen. 1754	
Puget (Pierre)	Gen. 1756	En Provence (1760), dans les environs de Nîmes (1763-65), mort le 25 juillet 1769.
Volpélière (Jacques)	Gen. 1809	Orange (1815), Quissac (1817), Cannes (1820)
Bonifas (César)	Gen. 1811	Grenoble (1822), professeur à Montauban.
Rollin (Martin)	Genève.	A Orange (1815), à Caen. Aujourd'hui pasteur démissionnaire, membre du conseil central.
Sardinous (Alex.)	Montauban.	Aumônier au collège de Tournon, pasteur à Faugères, professeur à Montauban.
Gaussorgues (Fréd.)	Montauban.	Suffragant à Pignan (1855), pasteur à Pamproux (1858), à Flaujargues (1861).

III

Suite de la Liste des protestants d'Anduze

QUI SE RÉFUGIÈRENT EN PAYS ÉTRANGER POUR CAUSE DE RELIGION [1].

Louis Cornefer, dit Supply hoste, il sortit du royaume en 1687.
Regis (François), marchand, se fait naturaliser à Neufchâtel le 24 février 1710.
Cazenove (Jean-Pierre), se fait naturaliser à Neufchâtel le 28 février 1710.
Brès (Jean), marchand, se fait naturaliser à Neufchâtel le 3 mars 1710.
Paulet (Jean-Antoine), se fait naturaliser à Neufchâtel en 1759.
Boissier (Guillaume), reçu bourgeois à Genève le 2 août 1695.
Boissier (Gaspard),
Boissier (Pierre),
Boissier (Guillaume), } fils du précédent, reçus bourgeois à Genève le 2 août 1695.
Boissier (Horace),
Boissier (Jean), fils de précédent Boissier (Gaspard), reçu bourgeois à Genève le 31 janvier 1699.
Teissier (Étienne), reçu bourgeois à Genève le 13 février 1699.
Teissier (Jacques), fils du précédent, reçu bourgeois à Genève le 13 février 1699.
Regis (Jacques), fils de Regis (François) cité plus haut, reçu bourgeois à Genève le 20 décembre 1702.
Regis (Louis), fils de Jacques, reçu bourgeois à Genève le 20 déc. 1702.
Cazenove (Pierre), reçu bourgeois à Genève le 11 avril 1703.
Cazenove (Jean), fils du précédent, reçu bourgeois à Genève le 11 avril 1703.
Cazenove (Philippe), idem, reçu bourgeois à Genève le 11 avril 1703.
Brès (Jean), fils de Brès (Étienne), reçu bourgeois à Genève le 27 février 1705.
Brès (Théodore), fils de Brès (Jean), reçu bourgeois à Genève le 27 février 1705.
Regis (Pierre), confiturier, fils de Regis (André), reçu bourgeois à Genève le 18 décembre 1706.
Naville (Jean-Jaques) fils de Naville (Jean), reçu bourgeois à Genève le 25 août 1736.
Soubeiran (Jacques), fils de Soubeiran (Jean), reçu bourgeois à Genève le 27 décembre 1743.

---

[1] Voyez aux pages 672-673 les noms des premiers réfugiés.

Coulon (Pierre). Va s'établir à Morges, dans le canton de Vaud.
Salles.
Fontanes. A Gênes, où il meurt après avoir fait son testament en 1721.
Fontanes (Jean). Il quitta Anduze après la révocation de l'édit de Nantes[1].
Fontanes (Jean), fils du précédent, devient avocat au grand Conseil de Berne.
Fontanes (Louis), idem. Il rentra en France [2].
De la Farelle (Jean). Il passa en Hollande en 1711 [3].
Catherine de Boisson, veuve de François de Baschi. Elle passa à Genève et elle y mourut après avoir fait son testament en 1734, le 28 mars.
De la Farelle (Henri), passa en Prusse après la révocation de l'édit de Nantes. Il mourut à Berlin en 1754, avec le grade d'aide-de-camp du roi.
De la Farelle (autre Henri), neveu du précédent, est envoyé à Berlin auprès de son oncle à l'âge de 13 ans. Il acquit des grades élevés dans l'armée prussienne, rentra en France après la révolution et mourut à Anduze en 1815, à l'âge de 91 ans.
Fontanieu la Farelle (Louis) passa en Sardaigne, il s'y distingua sous le nom de Louis Fontanieu; il était officier-général des troupes sardes en 1797, et mourut à Paris en 1801.

IV

Le temple actuel d'Anduze s'élève sur l'emplacement des casernes bâties en 1740. L'architecte lui a donné la forme d'un quadrilatère rectangle (un carré long) de 55 mètres de longueur et de 18 de largeur; sa surface embrasse 646 mètres carrés de superficie. Il peut contenir trois mille auditeurs. La façade est en pierres de taille d'un calcaire gris veiné de blanc; elle est terminée par un fronton triangulaire auquel on reproche avec raison de n'avoir pas assez de saillie. Si l'on avait suivi le plan primitif, ce défaut n'existerait pas, car l'architecte avait donné, dans son projet, une grande saillie à ce

---

[1] Il laissa son plus jeune fils (Jacques Fontanes) chez sa mère nourricé, à Monsauve, qui devint le chef d'une famille dont le dernier rejeton aujourd'hui en vie porte le nom de Théodore Fontanes.

[2] Il est l'aïeul de l'ancien grand-maître de l'Université sous Napoléon Ier, le marquis de Fontanes.

[3] Il y fit une grande fortune dans le commerce, et il y épousa la fille d'un stathouder d'Amsterdam.

Temple de l'Eglise Réformée d'Anduze.
Terminé et consacré en 1822.

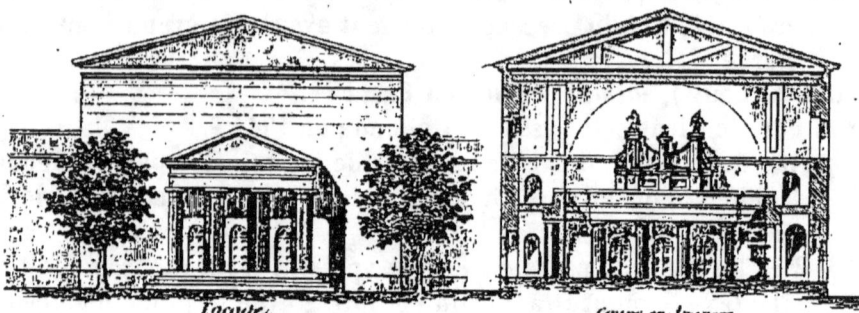

Façade.   Coupe en travers.

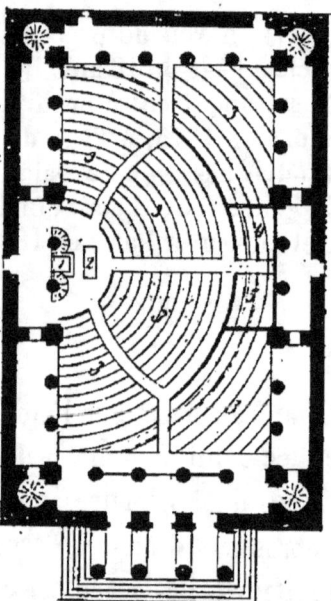

1. Chaire.
2. Table de communion.
3. Bancs.
4. id. du Consistoire.
5. id. des Autorités.

Plan.

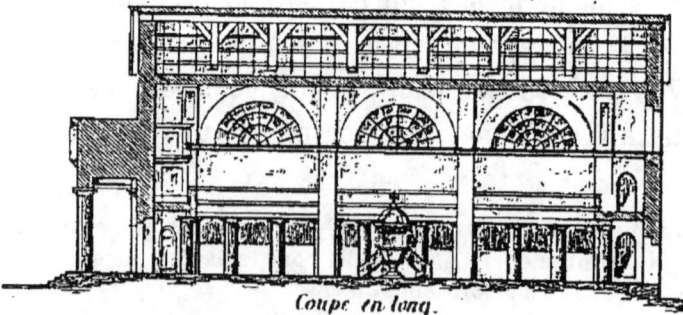

Coupe en long.

Surface intérieure... 686 m 75 c
Tribunes   220. 00.
Ensemble 906. 75.

Echelle de 1 à 1500

fronton de la corniche, qui devait être soutenue par des pilastres destinés en même temps à servir de décoration à la façade. Le péristyle, d'un très-bon goût, est décoré d'un joli fronton supporté par quatre colonnes. On y arrive par un perron de quatre marches.

On entre dans le temple par trois portes cintrées d'égale dimension, qui s'ouvrent sur un tambour percé de cinq portes pareilles à celles du péristyle. L'intérieur est orné de seize pilastres et de vingt colonnes qui supportent les tribunes. Celles-ci règnent tout autour de l'édifice, elles sont spacieuses. La voûte est en briques; quoique un peu trop surbaissée, les connaisseurs en louent la hardiesse. Elle est divisée en trois parties, au moyen de deux arcs doubleaux qui la coupent à intervalles égaux. On arrive dans les tribunes par quatre escaliers ménagés aux quatre angles, et se trouvant cachés dans l'épaisseur des pilastres correspondants à ces angles. Sept grandes ouvertures demi-circulaires éclairent l'édifice, dont l'architecture est de l'ordre toscan. La chaire ainsi que la Table de communion sont en marbre blanc; cette dernière surtout se fait remarquer par deux têtes de lion lui servant de console. Elles décoraient le piédestal de la statue équestre érigée par les États du Languedoc à Louis XIV. Cette statue, qui s'élevait sur la place du Peyrou à Montpellier, fut abattue en 1791, et une partie des marbres dont elle était formée servit à la Table de communion du temple d'Anduze, après être restée ensevelie pendant trente ans dans l'arrière-boutique d'un marbrier. Il résulte de ces particularités que la Table de communion offre un véritable intérêt historique, et montre encore une fois de plus la vicissitude à laquelle des monuments sont exposés aussi bien que les hommes. Elle fut donnée par M. le comte Alexis d'Adhémar, originaire d'Anduze. Elle est entourée d'une grille en fer demi-circulaire. On a donné cette même forme aux bancs qui garnissent le temple et qui, par cette disposition, offrent à tous les auditeurs l'avantage très-précieux d'être en face du prédicateur.

Sur la tribune du côté du Nord, au-dessus des trois portes d'entrée, on a placé, en 1848, un buffet d'orgue d'une architecture gracieuse, qui a coûté 10,000 fr.

Le temple en a coûté près de 100,000. Il fut commencé en 1818, et les travaux ne furent complètement terminés que dans le mois d'août 1823. Deux mois après on en fit la dédicace. Cette solennité fut une occasion de fêtes religieuses, non-seulement pour les protestants de la ville, mais pour tous ceux de la contrée; depuis Nimes jusqu'à Florac et depuis Montpellier jusqu'à Orange, on vit affluer des étrangers désireux de prendre part à la cérémonie de la consécration. On a évalué à quinze mille le nombre des protestants qui vinrent de près et de loin dans Anduze, où pendant trois jours ils reçurent la plus cordiale hospitalité. Cinquante-deux pasteurs et huit étudiants en théologie étaient présents à la cérémonie.

Le premier jour, trois prédicateurs occupèrent successivement la chaire; ce furent MM. Soulier, Auzière, Fraissinet, tous les trois pasteurs de l'église consistoriale d'Anduze. Le lendemain, on entendit MM. Vincent (Samuel) et Garde, de Nimes; le surlendemain, M. Roux, d'Uzès. Des cantiques composés pour la circonstance furent chantés en chœur. Les membres du consistoire offrirent un banquet aux pasteurs et aux anciens étrangers. Cette fête, sous tous les rapports, fut vraiment remarquable, et, quoique déjà plus de quarante années nous en séparent, son souvenir est encore resté vivant dans la mémoire de tous les protestants de la contrée.

TABLE DES CHAPITRES

LIVRE PREMIER.

LA RÉFORME A ANDUZE DEPUIS SON INTRODUCTION DANS CETTE VILLE JUSQU'A LA PUBLICATION DE L'ÉDIT DE NANTES (1545-1598).

CHAPITRE PREMIER.

L'Église catholique à Anduze au moment où la Réforme s'établit dans cette ville.

Introduction. Églises, cimetière, chapellenies, couvents, confréries, asiles hospitaliers. — Œuvres pies et de bienfaisance.. 1-13

CHAPITRE II.

Les causes qui ont favorisé l'établissement de la Réforme dans Anduze.

Le mouvement général. — La situation topographique. — Les colporteurs. — La famille d'Ayrebaudouze. — Les premiers prédicateurs. — Le spectacle des souffrances des martyrs. — Les mœurs du clergé........................ 14-38

CHAPITRE III.

Symptômes et préludes de la Réformation dans Anduze.

La prédication du cordelier Nicolas Ramondy. — Brutalité du prieur. — Décision prise à cette occasion. — Dénonciation du prieur à l'inquisition de Toulouse. — Ordre de ce dernier de lui emmener Nicolas Ramondy. — La population entière, en 1557, accueille les prédicateurs venus de Genève. — Expédition armée envoyée par le parlement de Toulouse. — Charles Rozier, Guy de Morange, Pasquier Boust..... 39-55

Seconde édition.

CHAPITRE IV.

Première organisation de l'Église réformée d'Anduze.

Conjuration d'Amboise. — Organisation de l'Église réformée d'Anduze. — Époque précise de son établissement définitif. — La population se déclare tout entière pour la Réforme. — Fragment du premier registre du consistoire. — Expédition du maréchal de Villars.................................. 56-75

CHAPITRE V.

Anduze pendant la première guerre de religion.

Massacre de Vassy. — Cause de la première guerre de religion. — Les protestants prennent les armes dans toute la France. — Anduze se fortifie. — Le fléau de la guerre épargne les Cévennes. — La paix est conclue après l'assassinat du duc de Guise devant Orléans........................ 76-85

CHAPITRE VI.

Anduze depuis la paix d'Amboise jusqu'à la reprise des hostilités.

Principales dispositions du traité de paix signé à Amboise. — Accueil fait à ce traité. — Garnison d'Albanais mise dans Anduze. — Restitutions exigées de l'ancien vicaire. — Établissement d'une école élémentaire supérieure. — Extinction de la mendicité............................... 86-91

CHAPITRE VII.

Anduze pendant la deuxième guerre de religion (1567-1568.)

Les préparatifs secrets de Catherine de Médicis pour l'extermination des protestants forcent ces derniers à reprendre les armes. — Anduze se met en état de défense. — Démolition des églises, expulsion des prêtres. — L'armée protestante du Midi vient se former à Anduze. — Péripéties de la deuxième guerre de religion. — La paix est conclue........ 92-98

CHAPITRE VIII.

Anduze pendant la troisième guerre de religion (1568-1570).

La guerre recommence. — L'armée des protestants se réunit de nouveau à Anduze. — Les protestants de cette ville attaquent plusieurs places voisines. — Ils confisquent les revenus ecclésiastiques et font des emprunts. — Une commission s'établit dans ses murs pour la vente des biens du clergé. — Anduze se fortifie et fait fondre des canons. — Les assemblées des protestants se tiennent dans la maison consulaire. — Les prêtres catholiques rentrent dans la possession de leurs biens et de leurs revenus après l'édit de Saint-Germain.................................... 99-110

CHAPITRE IX.

Anduze pendant la quatrième guerre de religion (1572-1574).

Sécurité des protestants d'Anduze pendant le massacre de leurs frères à Paris, le jour de la Saint-Barthélemy. — Leur anxiété en apprenant ce massacre. — Incertitude des protestants du Languedoc après la Saint-Barthélemy. — Anduze se range au nombre des villes qui prennent les armes. — La quatrième guerre de religion..................... 111-119

CHAPITRE X.

Anduze pendant les quatre guerres de religion qui eurent lieu depuis l'avènement de Henri III au trône de France jusqu'à sa mort (1574-1589).

Les cinquième, sixième, septième, huitième guerres de religion. — Souffrances du Languedoc. — Anduze n'est pas assiégé. — Réparations et agrandissement de ses fortifications. — Réquisitions, impositions extraordinaires. — La peste et les précautions pour s'en défendre. — Assemblée dans Anduze des députés des Églises réformées de la province. — Union de ces Églises. — Derniers événements du règne de Henri III.................................... 120-140

CHAPITRE XI.

Anduze depuis la mort de Henri III jusqu'à la promulgation de l'édit de Nantes (1589-1598).

Soumission du Bas-Languedoc à l'autorité de Henri IV. — La Ligue redouble ses efforts pour écarter ce prince du trône de France; elle est battue, et à la longue elle est anéantie. — Agrandissement du local qui servait de lieu de culte aux protestants d'Anduze. — Les doctrines prêchées et professées dans cette Église. — Ses deux premiers pasteurs. — Difficultés au sujet de leurs honoraires. — Anduze chef-lieu de colloque. — Son attitude au moment où l'édit de Nantes est promulgué...................... 141-156

LIVRE DEUXIÈME.

LA RÉFORME A ANDUZE DEPUIS LA PUBLICATION JUSQU'A LA RÉVOCATION DE L'ÉDIT DE NANTES (1598-1685).

CHAPITRE PREMIER.

L'Église réformée d'Anduze depuis la publication de l'édit de Nantes jusqu'à la mort de Henri IV (1598-1610).

.... 157-181

CHAPITRE II.

Anduze depuis l'assassinat de Henri IV jusqu'à la première guerre de religion sous Louis XIII (1610-1621).

Impression générale produite par la mort du roi. — Nouvelles réclamations adressées à la ville d'Anduze par les Cordeliers et un prétendu recteur de l'ancienne confrérie de Saint-Étienne. — Plainte du pasteur Courant contre les consuls, au sujet de leur refus de faire la recherche d'un second pasteur. — Les Cévennes détachées de la province du Bas-Languedoc et formant un synode à part. — Établissement d'un collége à Anduze. — Organisation politique des réformés. — Fidélité des réformés d'Anduze à la personne du roi. — Dispositions méconnues des habitants envers les catholiques. — Union des villes de la viguerie d'Anduze. — Secours envoyés par Anduze aux protestants des Cévennes. — Affaires du Béarn. — Secours envoyés à Privas par Anduze. — Cette ville se prépare à la guerre après la réunion du Béarn à la couronne de France....................... 182-267

CHAPITRE III.

Anduze pendant la première guerre de religion sous Louis XIII (1621-1622).

Réflexions au sujet de la guerre entreprise par Louis XIII contre les protestants. — Entrée en campagne de son armée. — Ses premiers succès. — Anduze prend des mesures pour se défendre. — Secours envoyés à Nimes pour le siége de Margueritles. — Impression produite par la nouvelle de la prise de Saint-Jean-d'Angély. — Siége de Montauban. — Secours envoyés à cette ville par les Cévennes. — Secours fournis par Anduze à Saint-Hippolyte, aux Vans. — Approvisionnements de bouche. — Projet de faire fondre deux canons. — Le commandement est retiré à Châtillon. — Envoi de deux députés à Nimes pour y pacifier les esprits. — Secours envoyé à Salavas. — Rohan appelé au commandement en chef du Cercle. — Il vient à Anduze, il prononce une harangue en présence des habitants, et il leur fait jurer de lui rester fidèles. — Les travaux de défense sont poussés avec activité. — Arrestation d'un gentilhomme du Dauphiné. — Siége du château de Montlaur. — Le coulage des canons ne réussit pas. — Imposition extraordinaire. — Secours en argent accordé à la ville de Montauban menacée d'un nouveau siége. — Création d'une maison de santé pour les soldats malades et blessés. — L'opération du coulage des canons est confiée à un autre fondeur. — Le tracé des fortifications est repris. — L'armée du roi s'approche de Montpellier et prend quelques places dans le voisinage de cette ville. — Siége de Montpellier. — Anduze devient le lieu de concentration des troupes de Rohan. — Après la prise de Sommières, la ville d'Anduze s'attend à être attaquée et se dispose à la défense. — Paix de Montpellier............ 268-396

CHAPITRE IV.

Anduze pendant la deuxième guerre de religion sous Louis XIII (1622-1626).

Situation embarrassée d'Anduze après la paix de Montpellier. — Cette ville est obligée de démolir ses fortifications et de participer à la démolition des bastions de Nimes. — Logement des troupes du roi dans Anduze et dans les autres villes des Cévennes. — Démolition des fortifications; la population s'y prête de mauvaise grâce. — Soubise et Rohan reprennent les armes. — Inopportunité de ce mouvement. — La Cour empêche Anduze d'y participer. — Cette ville proteste de sa fidélité pour le service du roi. — Rohan commence à agir. — Anduze ne veut pas le recevoir. — Rohan s'avance vers cette ville. — Il y entre, et il y convoque une assemblée mixte. — Le pasteur Paulet y est arrêté. — Siége de Sommières; Rohan va l'entreprendre après avoir institué dans Anduze une assemblée en abrégé. — Le Conseil de ville fait des préparatifs de guerre. — Rohan et Thémines se battent dans le Languedoc, et Soubise, frère de Rohan, détruit la flotte Franco-Batave. — L'assemblée d'Anduze déploie une grande activité. — Elle fait consentir Nimes à se rallier à la cause de Rohan. — Soubise est battu. — Rohan revient à Nimes. — Il parcourt la contrée et il fait de nouveaux armements. — Les négociations pour la paix, de nouveau reprises, sont couronnées de succès. — La paix est conclue.. 397-425

CHAPITRE V.

Anduze pendant la troisième guerre de religion sous Louis XIII (1627-1629).

Rohan, encouragé par les promesses de l'Angleterre, provoque un nouveau soulèvement dans le Midi. — Anduze fait ses préparatifs de défense. — Fautes de l'amiral anglais; siége de Florac, etc. — Tentatives de Rohan pour reprendre Montpellier. — Les habitants d'Anduze sont avertis qu'on veut s'emparer de leur ville. — Tentatives malheureuses des protestants pour s'emparer de Vézenobres. — Rohan, se rendant dans le Vivarais, fait passer son artillerie par Anduze. — Nouvel avis reçu à Anduze sur les projets des ennemis pour s'emparer de cette ville. — Rohan revient à Anduze après avoir obtenu des succès dans le Vivarais. — Siége de Meyrueis par les armées protestantes. — Le Pouzin est menacé par l'armée de Montmorency. — Siége de Saint-Affrique. — Anduze envoie du secours dans cette ville. — Prise du château de Vézenobres par le duc de Rohan. — Montmorency vient faire le dégât dans la viguerie basse d'Anduze. — Exécution en masse des prisonniers faits à Gallargues et à Monts. — Prise de La Rochelle. — Assemblée générale des Églises des Cévennes, qui décident que la lutte sera continuée. — Les ennemis réunis du côté de Saint-Hippolyte semblent vouloir surprendre Anduze. — Les travaux de ses fortifications sont repris avec une nouvelle ardeur. — Siége de Corcone par le duc de Rohan. — Siége de Privas. — Louis XIII prend et détruit cette ville. — Il se rend à Alais pour en faire le siége. — Dans sa route il reçoit la soumission de toutes les places protestantes du Bas-Vivarais. — Il met le siége devant Alais, qui capitule quelques jours après. — Rohan se retire dans Anduze. — Description des fortifications de cette ville. — Rohan fait des ouvertures pour négocier la paix, qui est conclue le 29 juin 1629......... 426-517

CHAPITRE VI.

Anduze depuis la paix d'Alais jusqu'à la mort de Richelieu et de Louis XIII (1629-1643).

Les suites de la guerre se font sentir dans Anduze. — Cette ville est obligée de démolir ses fortifications. — La peste s'y déclare. — La population anduzienne est forcée de contribuer à la démolition des fortifications de Nîmes. — Tableau de ses dettes. — Les moines de tous les ordres s'établissent dans les villes protestantes et particulièrement dans Anduze. — Révolte du frère du roi ; les protestants du Languedoc et d'Anduze refusent d'y prendre part. — La fidélité des protestants est mal récompensée. — Le consulat est mi-parti à Anduze, par ordre du roi, quoiqu'il s'y trouve peu de catholiques. — On y laisse une garnison qui maltraite les habitants. — On défend aux consuls de subventionner le collège. — Par une ordonnance des intendants de la province, toute la maison consulaire est cédée au vicaire et l'emplacement du cimetière à l'église catholique. — Malgré ces ordonnances injustes, la population d'Anduze reste fidèle à Louis XIII, qui ne cesse néanmoins de préparer la ruine de la religion réformée.................. 518-544

CHAPITRE VII.

Le consistoire d'Anduze et l'usage qu'il fait de son autorité disciplinaire (1643-1660).

La mort de Richelieu et celle de Louis XIII procurent aux réformés du royaume plusieurs années de calme. — Le consistoire d'Anduze composé en grande partie de membres appartenant à la bourgeoisie. — Affaire du pasteur Arnaud. — Affaires diverses dont la solution est laissée à la sagesse de ce corps. — Affaires d'administration intérieure. — Observation du jour de repos. — Fréquentation du culte. — Participation à la sainte Cène. — Rapports défendus entre les protestants et les catholiques. — Sollicitude du consistoire pour les pauvres. — Sa vigilance pour prévenir les mauvaises mœurs. — Usage des peines disciplinaires. — Le consistoire appliquait au besoin la discipline sur ses propres membres. — Il les faisait respecter............. 545-579

CHAPITRE VIII.

L'Église réformée d'Anduze depuis la mort de Mazarin jusqu'à la paix de Nimègue (1661-1679).

La mort de Mazarin met un terme au calme dont ce ministre avait laissé jouir les réformés. — Louis XIV poursuit le projet de détruire en France la religion protestante. — Plainte des cordeliers d'Anduze. — Condamnation prononcée contre le pasteur de cette ville et contre un synode provincial qui s'y était tenu. — Plaintes et poursuites contre les protestants à l'occasion d'une croix abattue. — Suppression du collége. — Le prieur exige qu'on l'appelle dans toutes les assemblées de l'hôtel de Ville. — Recherche par ordre supérieur et découverte de canons cachés dans une maison particulière depuis plus de trente années. — Érection de trois croix dans Anduze. — Demande d'une église. — Les cordeliers empiètent sur la voie publique, ils en sont empêchés. — Extrait de la relation d'un voyage de l'évêque de Nimes. — Tableau comparatif de la population protestante et catholique de la ville d'Anduze à cette époque. 580-599

CHAPITRE IX.

L'Église réformée d'Anduze depuis la paix de Nimègue jusqu'au projet de Claude Brousson (1679-1683).

Louis XIV exclut les réformés d'Anduze du consulat et du conseil de Ville. — Le nouveau conseil et les consuls catholiques dénoncent le juge Olivier, l'accusant de connivence avec les réformés. — Ils s'appliquent à donner des preuves de leur zèle pour la religion romaine. — Deux rapports de police. — Conversions à la religion réformée. — Accroissement de la piété chez les protestants. — Projet de Claude Brousson concernant le rétablissement du culte dans tous les lieux où il avait été interdit. — Saint-Hippolyte exécute ce projet. — Le consistoire d'Anduze le désapprouve. — Mouvements dans le Dauphiné et dans le Vivarais. — Assemblée de Colognac. — Toutes les démarches tentées pour empêcher l'entrée des troupes dans les Cévennes sont inutiles. — Les dragons viennent à Anduze................ 600-630

CHAPITRE X.

Les dragonnades à Anduze et dans tout le royaume jusqu'à la révocation de l'édit de Nantes (1683-1685).

Les dragons s'établissent dans Anduze et dans toutes les Cévennes. — Plaintes des protestants dont le consistoire d'Anduze est l'interprète. — Les troupes en quartier dans les Cévennes affament cette contrée. — Moyens nombreux mais inutiles pour convertir les protestants. — Condamnations nombreuses prononcées contre ceux qui sont soupçonnés d'avoir approuvé le projet de Claude Brousson. — Les dragonnades commencent dans toutes les provinces du royaume où se trouvent des réformés. — Elles sont dirigées dans les Cévennes par le duc de Noailles. — Anduze en est le théâtre. — Cette ville reste inébranlable dans sa fidélité à l'Église réformée.................................... 631-648

LIVRE TROISIÈME.

HISTOIRE DE L'ÉGLISE RÉFORMÉE D'ANDUZE DEPUIS LA RÉVOCATION DE L'ÉDIT DE NANTES JUSQU'A LA RÉVOLUTION FRANÇAISE (1685-1789).

CHAPITRE PREMIER.

Les nouveaux convertis d'Anduze depuis la révocation de l'édit de Nantes jusqu'à la ligue d'Augsbourg (1685-1689).

Édit qui révoque celui de Nantes ; comment il est jugé par Saint-Simon. — Mesures prises pour empêcher les protestants d'émigrer et pour les attacher à la religion catholique. — Date présumée de la conversion générale des protestants d'Anduze. — Démolition du temple. — Assemblées religieuses tenues par les prédicants. — Fulcrand Rey, son arrestation à Anduze, sa fermeté, sa mort. — Les assemblées religieuses sont continuées en dépit des mesures rigoureuses prises pour les empêcher. — Déclaration des habitants notables d'Anduze, qui s'engagent à empêcher les nouveaux convertis de leur ville de fréquenter les assemblées du désert. — L'ancien cimetière protestant est supprimé. — Les réfugiés d'Anduze ; lettre de Pierredon. — Confiscation des biens des fugitifs et vente à l'encan de leurs meubles. — Les expatriés d'Anduze. — Enseignement catholique donné à cette ville. — Dédicace de l'église paroissiale de Saint-Étienne. — Jugement des consuls catholiques rendu sur les nouveaux convertis de leur ville. — Basville. — Avis de ce magistrat.................................. 649-683

CHAPITRE II.

Les nouveaux convertis d'Anduze depuis la ligue d'Augsbourg jusqu'à la guerre des Camisards (1689-1672).

L'avènement de Guillaume d'Orange au trône d'Angleterre, les écrits de Jurieu, les prophètes et les prédicants, entretiennent dans les Cévennes l'espérance du rétablissement prochain de l'Église réformée. — Basville travaille à renverser cette espérance. — La maison d'un nommé Dumas est rasée, et les matériaux sont donnés aux dragons logés à Anduze. — Rapport adressé à Basville par un juge d'Alais. — Capture d'un prédicant. — Assassinat d'un lieutenant de la milice bourgeoise d'Anduze. — Amende considérable dont les nouveaux convertis de cette ville sont frappés à l'occasion de ce meurtre. — Les dragons reviennent dans Anduze et y restent trois ans. — Fondation du monastère des dames du *Verbe Incarné*. — Après la paix de Ryswick, le culte réformé est rétabli dans Orange; les protestants des contrées environnantes s'y rendent en foule, mais ils en sont empêchés par Basville, qui punit sévèrement les infractions commises contre ses ordonnances. — Claude Brousson rentre en France pour la troisième fois, il préside plusieurs assemblées; il est signalé à Basville, il est pris, il est condamné à mort et exécuté à Montpellier. — Rôle des nobles et des bourgeois d'Anduze dénoncés à Basville comme favorables à la religion protestante.................................. 684-712

CHAPITRE III.

Les nouveaux convertis d'Anduze depuis la guerre des Camisards jusqu'à la mort de Louis XIV (1702-1715).

Tableau sommaire de la guerre des Camisards. — Anduze ne peut pas se prononcer ouvertement pour les insurgés. — Meurtre de l'abbé du Chayla; ses assassins poursuivis tiennent la campagne. — Diverses mesures de précaution prises dans Anduze contre les insurgés. — La tête de Laporte exposée sur le pont de cette ville, l'impression qu'elle produit.

— Les Camisards forment quatre troupes ; deux manœuvrent dans les montagnes et les deux autres dans la plaine. — Les troupes de Cavalier et de Roland étaient le plus souvent dans les environs d'Anduze ; leur voisinage inspire à Basville l'idée de faire fermer l'entrée de cette ville en élevant une forte muraille depuis le sommet de la montagne jusqu'aux anciens murs d'enceinte. — Les Camisards incendient les moulins du marquis d'Anduze et les domaines de quelques bourgeois de la ville. — La population de Mialet et celle de Saumane sont emmenées prisonnières à Anduze. — Leur affreux état. — Dévastation des villages des Hautes-Cévennes, contre-coup de cette exécution ressenti par Anduze. — Son enceinte est agrandie et de nouveau fortifiée. — Les nouveaux convertis obligés de payer une rente annuelle de 1,087 livres au marquis pour le dédommager des dégâts faits à ses moulins. — Louis Brunel, d'Anduze, est rompu vif à Nîmes. — Succès et revers des Camisards. — Propositions de paix. — Cavalier traite avec Villars à Nîmes. — Il conduit sa troupe à Calvisson. — Il revient à deux reprises près d'Anduze pour engager Roland à faire sa soumission ; il est mal reçu. — Il est abandonné par sa troupe à Calvisson et il écrit une lettre à Villars. — Le maréchal emmène Cavalier à Anduze. — De nouvelles propositions sont faites à Roland. — Entrevue de ce chef avec Cavalier et d'Aygaliers. — Autre entrevue dont Ravanel empêche les bons résultats. — Les Camisards continuent leurs courses sous les ordres de Roland et de Ravanel. — Roland est tué au château de Castelnau. — La troupe de Ravanel est enveloppée dans les bois de Saint-Benezet ; elle périt presque toute, mais son chef parvient à s'échapper. — Les chefs des Camisards sont autorisés à se retirer à l'étranger. — Des subsides d'argent sont envoyés du dehors dans les Cévennes. — Régis et Gautier, d'Anduze, convaincus d'avoir reçu certaines sommes, sont condamnés à mort. — Les chefs des Camisards rentrent en France pour l'exécution d'un vaste complot ; ils sont découverts et ils sont condamnés au dernier supplice. — Les Cévennes et principalement la ville d'Anduze sont ruinées. — Fin de la guerre des Camisards.. 713-750

CHAPITRE IV.

Les protestants d'Anduze depuis la mort de Louis XIV jusqu'à la déclaration du 14 mai 1724 (1715-1724).

Louis XIV fait persécuter les protestants jusqu'à la fin de ses jours. — Le régent est animé de bonnes dispositions à leur égard, cependant il fait peu en leur faveur. — Antoine Court entreprend la restauration des Églises sous la Croix. — Rapport d'un agent de Basville qui signale la présence de quelques prédicants et de quelques assemblées religieuses dans les environs d'Anduze. — Un habitant de Saint-Sébastien s'offre, moyennant 600 livres, de dénoncer les assemblées religieuses qui auront lieu dans la contrée. — Assemblée religieuse très-considérable surprise dans les environs d'Anduze en 1717. — Interrogatoire de Jérémie Seytte fait prisonnier dans cette assemblée. — La population anduzienne, accablée par le logement des soldats, conçoit le projet de construire des casernes. — Ce projet est ajourné. — Le chevalier de Bernage, nommé intendant à la place de Basville, ne laisse pas ignorer aux protestants qu'il est chargé de faire exécuter les édits rendus contre eux. — Il visite Anduze et propose l'élargissement de Seytte. — Il maintient le consulat catholique d'Anduze. — La peste de Marseille fait suspendre l'application des lois rendues contre les religionnaires.................. 751-771

CHAPITRE V.

Les protestants d'Anduze depuis la déclaration du 17 mai 1724 jusqu'à la paix d'Aix-la-Chapelle (1724-1748).

Déclaration royale de 1724. — Ses conséquences générales. — Rivière, premier pasteur de district à Anduze. — Antoine Court visite cette Église et y préside une nombreuse assemblée. — Le Languedoc est divisé en 156 arrondissements composés de quelques communautés qui devaient supporter en commun les amendes infligées pour cause d'assemblées religieuses. — Anduze, chef-lieu de l'un de ces arrondissements. — Agression de quelques jeunes gens d'Anduze contre des bergers. — La communauté d'Anduze est condamnée pour cet acte regrettable au logement de quatre compagnies de soldats. — Conversion au catholicisme d'un jeune homme nommé Fraissinet. — Les jeunes filles protestantes enlevées à leurs parents sont enfermées dans le couvent du Verbe Incarné d'Anduze. — Jeanne de Villeneuve. — Mademoiselle Rodier. — Amendes infligées aux protestants pour avoir assisté aux assemblées religieuses, ou pour n'avoir pas envoyé leurs enfants à la messe ou au catéchisme. — Incarcération de Pierre Albaret, réfugié à Genève, qui était revenu à Anduze sans permission.............. 772-810

CHAPITRE VI.

Les protestants d'Anduze depuis la paix d'Aix-la-Chapelle jusqu'à la Révolution française (1748-1789).

Les poursuites recommencent contre les assemblées du désert et contre les pasteurs. — L'apostat Soulier d'Anduze, dit Puechmille. — Son éloge par un prêtre catholique. — Le mémoire qu'il adresse à la Cour. — Indications fournies par lui sur les noms et le domicile des parents des ministres du désert. — Fin des persécutions. — Conclusion.... 811-825

Appendice. — Liste des pasteurs d'Anduze depuis l'établissement de la Réforme dans cette ville. — Noms des ministres du Saint-Évangile qui y ont reçu le jour. — Liste des protestants anduziens réfugiés à l'étranger pour cause de religion. — Le temple actuel d'Anduze, sa forme architecturale, sa dédicace............................ 826-832

FIN.

Ouvrages du même Auteur.

Le Temple chrétien. Sermon prêché à l'occasion de la dédicace du temple de Gallargues. 1833, in-8°.

Une excursion dans la commune du Grand-Gallargues. 1835, vol. in-8°.

Observations sur une délibération du Consistoire d'Aiguesvives pour la nomination des diacres de son ressort. 1837, broch. in-8°.

A qui nous devons l'augmentation du traitement des pasteurs. 1842, broch. in-8°.

L'Almanach Protestant (1840-1845). In-18.

L'Inondation à la ferme d'Aiguelongue, ou l'Agriculteur pieux. 1845, in-18.

Tristesse et Reconnaissance. Sermon prêché à l'occasion des journées de Juin 1848. In-8°.

Les obligations de ceux qui sont appelés à la liberté. Sermon prononcé à l'occasion de la fête anniversaire du 24 février. 1849, in-8°.

Discours prononcé dans le temple d'Anduze, à l'occasion de la fête de l'Empereur, 15 août, in-8°.

Rapport lu à la Conférence de Nîmes sur cette question : Déterminer la discipline en vigueur et la comparer avec notre discipline historique. 1854, broch. de 72 pages in-8°.

Compte-rendu de la Société de l'extinction de la mendicité dans la ville d'Anduze. 1855, broch. in-8°.

Discours prononcé sur la tombe de M. Soulier. 1855, in-8°.

Discours prononcé à l'occasion de l'installation de M. le pasteur Durand. 1855, in-8°.

Compte-rendu d'une tournée en Hollande et en Belgique, adressé à M. le Président de la Société de l'histoire du Protestantisme français. 1857, in-8°.

Les grandes eaux. Sermon prêché à l'occasion de l'inondation du 1861. 4e édition, in-8°.

POUR PARAITRE PROCHAINEMENT :

Protestante de langue française. 3 forts

es Églises de la Provence, de l'ancien Comtat principauté d'Orange. 1 fort vol. in-12.

PARATION

ance Protestante. 1 fort

www.ingramcontent.com/pod-product-compliance
Lightning Source LLC
Chambersburg PA
CBHW070900300426
44113CB00008B/897